DEBT FINANCING INSTRUMENT MANUAL

债务资本市场融资工具手册

龙 丽 申文波 编著

法律出版社 LAW PRESS·CHINA

前　言

短短几年我国债券市场经历了史无前例的扩容大潮，2012年债券融资更是成为火热话题，全年企业（公司）债券的发行量已经突破万亿关口，如加上中期票据、短期融资券等债券品种，非金融企业在2012年通过债券融资方式筹集的资金超过3万亿。无论是从企业（公司）债券等信用类产品的发行规模、二级市场的活跃程度，还是从监管部门的政策变革来看，债券市场已然获得了长足发展，并正在经历快速增长的阶段，越来越多的企业利用债券市场进行融资。

债券和股票是企业直接融资的两种方式，债券融资的兴起不仅改变了中国社会的融资结构，更打破了直接融资历来盛行的“唯股论”思想，与2012年债券市场的快速扩容对比，全年国内股权融资规模仅4500亿左右，企业债券融资达到股权融资的6.7倍，而国际成熟市场上债券融资额通常是股权融资的3～10倍，我们欣喜地看到这一比例已经与国际成熟市场接轨。究其原因，债券融资同股票融资相比，在财务上具有许多优势，包括提供税盾、资本成本低、财务杠杆、资本结构优化等等。而在早年资本市场，公司都更愿意进行股权融资，这一财务经典理论似乎并无用武之地？

笔者先后在国际投行和国内证券公司从事债券和股权融资发行工作多年，对债券的发行时点、方案设计和利率成本有着深刻的理解，在实务工作中一直致力于与企业决策者交流、探讨、研究并引导。从我们的实务经验来看，影响企业融资决策的因素主要有两个，一是成本考量，二是效率把控。首先，就成本而言，企业需要就债券、银行贷款或股权融资手段的成本进行综合比较，通常是哪个成本低就用哪个。随着债券发行越来越常规化，企业对债券融资成本的估计也更为容易，能够容易地进行比较。相对银行贷款而言，债券融资由于通常采取公开方式发行，一般能够获得更低的融资成本。而衡量股权融资成本的最重要指标是发行市盈率，我们看到A股市场的发行市盈率2006年后重启发行一直在30倍左右，而2009年再次重启发行后发行体制改革，发行市盈率一路上行甚至高达一百多倍，平均也在40～60倍之间。2012年发行体制再次改革，2012年全年境内市场平均发行市盈率为30.12倍，较2011年同期46.94倍水平出现明显下降，估值正在逐步理性回归，有的企业甚至出现了十几倍的发行市盈率。面对越来越低的发行市盈率（越来越高的股权融资成本），更多的企业将目光转向债券融资。其次，就效率而言，主要指执行周期和审批效率。如果由于执行或审批时间过长，导致资金迟迟不能到位，那么债券融资的效率就难以对企业形成吸引力。在过去，的确因为审批周期较长、或审批的不确定性较大而导致企业（公司）债券的吸引力较弱，整个市场的发行规模增长也较为缓慢。而这种现象自2010年以来已出现转变，在国家高层促进债券市场发展的政策指导下，各监管部门频频推出政策变革，2012年国家发改委、中国证监会、银行间交易商协会等相关主管部门更是集体发力，多措并举为企业通过债券市场筹集资金提供便利，形成了各个债券品种监管的良性竞争，最直接的表现是缩短了审批周期、大大提高了债券融资效率，债券融资的执行周期基本可以提前预计。而与之相比，2012年商业银行贷款信贷略有收紧、股权融资审批周期不确定性加大，债券融资的效率优势明显。

可以看到，正是中国A股市场市盈率的逐步理性回归和债券融资效率的提升，为财务理论真正应用于实践提供了验证土壤，债券融资已经取代股权融资成为企业在银行贷款之外的最重要融资手段之一。

当前，我国正处于转变经济增长方式的关键时期，金融市场快速发展，金融产品不断创新，更好地满足企业多元化融资需求，既是优化金融市场结构的内在要求，也是支持企业转型升级的迫切需要，一方面，企业是否能够把握住市场高速发展的时机、是否利用好债券融资工具，将在一定程度上影响到企业的长期发展；另一方面，债券发行市场的迅猛扩容，每一只债券产品方案的设计、还款来源的认真安排、发行利率的降低、信息披露成本、投资者的风险判断、复杂的监管要求等细节，是考量投行专业人士真正的核心竞争力。《债务资本市场融资工具手册》一书凝结了笔者多年投行实务经验，汇集了在用的债券法律法规，为企业谋划最适合最有效率地融资。我们坚信，欣逢中华民族伟大复兴、资本市场成为大国博弈舞台的大时代，心怀热忱，求新知险，方能提升整个金融行业的价值创造能力。

本书期待给企业的董事长、财务总监、财务人员、战略管理者和证券公司投行人员带去一些查阅便利和决策思路，同时亦可作为国内研究生和MBA教学的参阅书籍。

最后想说的是，一则正值债务资本市场蓬勃发展之际，监管机构法律法规更迭频繁，为了反映债务资本市场的最新发展面貌，本书付梓之际甚至包括了某些法规的征求意见稿；二则限于时间和水平，书中难免有不少疏漏与不足之处，在此诚请读者批评指教，我们将不断修改、更新和完善。如有相关业务咨询，亦可来邮件探讨，我们也将竭力解答。

联系邮箱：longli11@ sina. com；wenbo. shen@ gmail. com

编　者
2013 年 3 月 5 日
于北京

目 录

上篇 债务资本市场融资实务

下篇 法 规

上篇　债务资本市场融资实务

Ⅰ　熟悉债券

Ⅱ　中国债务资本市场

Ⅲ　如何选择债务融资工具

Ⅳ　如何降低发债成本

Ⅴ　债券承销实务操作

I 熟悉债券

I.1 债券是什么

一、债券的定义

债券是政府、金融机构、工商企业等直接向社会借债筹措资金时,向投资者发行,承诺按一定利率支付利息并按约定条件偿还本金的债权债务凭证。债券的本质是债的证明书,债券购买者与发行者之间形成一种债权债务关系,债券发行人即债务人,投资者(债券持有人)即债权人。债券作为一种有价证券,其利息通常是事先确定的,所以债券是固定利息证券(定息证券)的一种。在金融市场发达的国家和地区,债券可以上市流通。

具体来说,债券定义包含四部分:(1)债券的发行人(政府、金融机构、企业等机构)是资金的借入者;(2)购买债券的投资者是资金的借出者;(3)发行人(借入者)需要在一定时期还本付息;(4)债券是债的证明书,具有法律效力。债券购买者与发行者之间是一种债权债务关系,债券发行人即债务人,投资者(或债券持有人)即债权人。

二、债券的基本要素

债券尽管种类多种多样,但在内容上都要包含一些基本的要素。这些要素是发行的债券上必须载明的基本债券内容,是明确债权人和债务人权利与义务的主要约定,具体包括:

1.票面价值。债券的面值是指债券的票面价值,是发行人对债券持有人在债券到期后应偿还的本金数额,也是企业向债券持有人按期支付利息的计算依据。债券的面值与债券实际的发行价格并不一定是一致的,发行价格大于面值称为溢价发行,小于面值称为折价发行。

2.偿还期。债券偿还期是债券上载明的偿还债券本金的期限,即债券发行日至到期日之间的时间间隔。企业要结合自身资金周转状况及外部资本市场的各种影响因素来确定债券的偿还期。

3.付息期。债券的付息期是指企业发行债券后的利息支付的时间。它可以是到期一次支付,或1年、半年或者3个月支付一次。在考虑货币时间价值和通货膨胀因素的情况下，付息期对债券投资者的实际收益有很大影响。到期一次付息的债券，其利息通常是按单利计算的；而年内分期付息的债券，其利息是按复利计算的。

4. 票面利率。债券的票面利率是指债券利息与债券面值的比率，是发行人承诺以后一定时期支付给债券持有人报酬的计算标准。债券票面利率的确定主要受到银行利率、发行者的资信状况、偿还期限和利息计算方法以及当时资金市场上资金供求情况等因素的影响。

5. 发行人名称。发行人名称指明债券的债务主体，为债权人到期追回本金和利息提供依据。上述要素是债券票面的基本要素，但在发行时并不一定全部在票面印制出来，例如，在很多情况下，债券发行人是以公告形式向社会公布债券的期限和利率。

三、债券的特征

债券作为一种债权债务凭证，与其他有价证券一样，也是一种虚拟资本，而非真实资本，它是经济运行中实际运用的真实资本的证书。债券作为一种重要的融资手段和金融工具具有如下特征：

1. 偿还性。债券一般都规定有偿还期限，发行人必须按约定条件偿还本金并支付利息。

2. 流通性。债券一般都可以在流通市场上自由转让。

3. 安全性。与股票相比，债券通常规定有固定的利率。与企业绩效没有直接联系，收益比较稳定，风险较小。此外，在企业破产时，债券持有者享有优先于股票持有者对企业剩余资产的索取权。

4. 收益性。债券的收益性主要表现在两个方面：一是投资债券可以给投资者定期或不定期地带来利息收入；二是投资者可以利用债券价格的变动，买卖债券赚取差额。

I.2 发行债券的优势

一、债券与股票的区别

股票和债券虽然都是有价证券，都可以作为筹资的手段和投资工具，但两者却有明显的区别。

1. 发行主体不同。作为筹资手段，无论是国家、地方公共团体还是企业，都可以发行债券，而股票则只有股份制企业才可以发行。

2. 收益稳定性不同。从收益方面看，债券在购买之前，利率已定，到期就可以获得固定利息，而不管发行债券的公司经营获利与否。股票一般在购买之前不定股息率，股息收入随股份公司的盈利情况变动而变动，盈利多就多得，盈利少就少得，无盈利不得。

3. 保本能力不同。从本金方面看，债券到期可回收本金，也就是说连本带利都能得到，如同放债一样。股票则无到期之说，股票本金一旦交给公司，就不能再收回，只要公司存在，就将永远归公司支配。公司一旦破产，还要看公司剩余资产清盘状况，那时甚至连本金都会蚀尽，小股东特别有此可能。

4. 经济利益关系不同。上述本利归属情况表明，债券和股票实质上是两种性质不同的有价证券，反映着不同的经济利益关系。债券表示的只是对公司的一种债权，而股票表示的则是对公司的所有权。因此，一般情况下，债券持有人无权过问公司的经营管理，但股票持有者有权直接或间接地参与公司的经营管理。

5. 风险性不同。债券只是一般的投资对象，交易转让的周转率比股票较低，而股票则是金融市场上的主要投资对象，交易转让的周转率高，市场价格变动幅度大，安全性低，风险大，但却能获得很高的预期收入。此外，在公司交纳所得税时，公司债券的利息已作为费用从收益中减除，在所得税前列支，而公司股票的股息属于净收益的分配，不属于费用，在所得税后列支。这一点对公司的筹资决策影响较大，在决定要发行股票或发行债券时，常作为选择的决定性因素。

二、债券筹资的优点

债券筹资具有以下几方面的优势：

1. 债券融资的税盾作用。债券的税盾作用来自于债务利息和股利的支出顺序不同，世界各国税法基本上都准予利息支出在税前列支，而股息则在税后支付。这对企业而言相当于债券筹资成本中的相当一部分是由国家负担的，因而负债经营能为企业带来税收节约价值。我国企业所得税税率为25%，也就意味着企业举债成本中有将近1/4是由国家承担，因此，企业举债可以合理地避税，从而使企业的每股税后利润增加。

2. 债券融资的财务杠杆作用。所谓财务杠杆是指企业负债对经营成果具有放大作用。股票融资可以增加企业的资本金和抗风险能力，但股票融资同时也使企业的所有者权益增加，其结果是通过股票发行筹集资金所产生的收益或亏损会被全体股东所均摊。

债券融资则不然，企业发行债券除了按事先确定的票面利率支付利息外（衍生品种除外），其余的经营成果将为原来的股东所分享。如果纳税付息前利润率高于利率，负债经营就可以增加税后利润，从而形成财富从债权人到股东之间的转移，使股东收益增加。

3. 资本成本低。债券投资比股票投资的投资风险低，因此其要求的报酬率也较低。此外，由于债券发行后可以上市交易，具有流动性，因此对债券定价具有补偿作用，从历年来的实际案例来看，AA 以上的企业（公司）债券的融资成本一般能够明显低于银行贷款成本。

4. 债券融资的资本结构优化作用。罗斯的信号传递理论认为，企业的价值与负债率呈正相关关系，越是高质量的企业，负债率越高。

5. 所筹集资金属于长期资金。发行债券所筹集的资金一般属于长期资金，可供企业在 1 年以上的时间内使用，这为企业安排投资项目提供了有力的资金支持。

6. 债券筹资范围广、金额大。债券筹资的对象十分广泛，它既可以向各类银行或非银行金融机构筹资，也可以向其他法人单位、个人筹资，因此筹资比较容易并可筹集较大金额的资金。

债券筹资也存在一定缺点：债券有固定的到期日和固定的利息支出，当企业资金周转出现困难时，易使企业陷入财务困境，甚至破产清算。因此筹资企业在发行债券来筹资时，必须考虑利用债券筹资方式所筹集的资金进行的投资项目的未来收益的稳定性和增长性，在债券偿付期内现金流入的稳定性，能否为还款提供足够的还款来源。如果存在一定的不确定性，或者选择股权类融资方式，或者在债券方案设计上选择拉长债券期限，中间时点上设置提前还款、上调利率选择权等条款，使发行人更加自如地根据自身资金情况来完成本期债券的到期偿付，避免支付不能的财务风险。

Ⅰ.3 债券的种类

一、按发行主体划分

1. 政府债券。政府债券是政府为筹集资金而发行的债券，主要包括国债、地方政府债券等，其中最主要的是国债。国债因其信誉好、利率优、风险小而又被称为“金边债券”。除了政府部门直接发行的债券外，有些国家把政府担保的债券也划归为政府债券体系，称为政府保证债券。这种债券由一些与政府有直接关系的公司或金融机构发行，并由政府提供担保。我国历史上发行的国债主要品种有国库券和国家债券，其中国库券自 1981 年后基本上每年都发行，主要对企业、个人等；国家债券曾经发行包括国家重点建设债券、国家建设债券、财政债券、特种债券、保值债券、基本建设债券，大多对银行、非银行金融机构、企业、基金等定向发行，部分也对个人投资者发行。

2. 金融债券。金融债券是由银行和非银行金融机构发行的债券。金融机构一般有雄厚的资金实力，信用度较高，因此金融债券往往有良好的信誉。

3. 公司（企业）债券。债券在国外没有企业债和公司债的划分，统称为公司债。在我国，企业债券是按照《企业债券管理条例》规定发行与交易、由国家发展和改革委员会监督管理的债券，在实际中，其发债主体为中央政府部门所属机构、国有独资企业或国有控股企业，因此在很大程度上体现了政府信用。公司债券管理机构为中国证券监督管理委员会，发债主体为按照《中华人民共和国公司法》设立的公司法人，在实践中发行主体为上市公司，其信用保障是发债公司的资产质量、经营状况、盈利水平和持续赢利能力等；公司债券在证券登记结算公司统一登记托管，可申请在证券交易所上市交易。

二、按债券形态分类

1. 实物债券（无记名债券）。实物债券是一种具有标准格式实物券面的债券。它与无实物票券相对应，在其券面上，一般印制了债券面额、债券利率、债券期限、债券发行人全称、还本付息方式等各种债券票面要素；不记名，不挂失，可上市流通。

2. 凭证式债券。凭证式国债是指国家采取不印刷实物券，而用填制“国库券收款凭证”的方式发行的国债，我国从 1994 年开始发行凭证式国债。凭证式国债具有类似储蓄、又优于储蓄的特点，通常被称为“储蓄式国债”，是以储蓄为目的的个人投资者理想的投资方式。从购买之日起计息，可记名、可挂失，但不能上市流通；与储蓄类似，但利息比储蓄高。

3. 记账式债券。记账式债券又称无纸化国债，指没有实物形态的票券，以电脑记账方式记录债权，通过证券交易所的交易系统发行和交易。我国近年来通过沪、深交易所的交易系统发行和交易的记账式国债就是这方面的实例。如果投资者进行记账式债券的买卖，须在证券交易所设立账户。记账式国债购买后可以随时在证券市场上转让，流动性较强，就像买卖股票一样；中途转让除可获得应得的利息外（市场定价已经考虑到），还可以获得一定的价差收益（不排除损失的可能）。记账式债券分为付息债券与零息债券两种，其中付息债券按票面发行，每年付息一次或多次，零息债券折价发行，到期按票面金额兑付，中间不再计息。由于记账式国债发行和交易均无纸化，交易效率高，成本低，是未来债券发展的趋势。

三、按债券是否记名分类

按债券上是否记有持券人的姓名或名称，分为记名债券和无记名债券。这种分类类似于记名股票与无记名股票的划分。在公司债券上记载持券人姓名或名称的为记名公司债券；反之为无记名公司债券。两种债券在转让上的差别也与记名股票、无记名股票相似。

四、按能否上市分类

按能否上市,分为上市债券和非上市债券。可在证券交易所挂牌交易的债券为上市债券;反之为非上市债券。上市债券信用度高,价值高,且变现速度快,故而容易吸引投资者,但上市条件严格,并要承担上市费用。

Ⅰ.4 债券发行的会计处理

企业应设置"应付债券"科目,用于核算企业筹集长期资金的活动,并在该科目下设置"债券面值"、"债券溢价"、"债券折价"、"应计利息"等明细科目,核算应付债券发行、计提利息、还本付息等情况。科目贷方登记应付债券的本金和利息,借方登记归还的债券本金和利息,期末贷方余额表示企业尚未偿还的长期债券。发行1年期及1年期以下的短期债券的,应当另设"应付短期债券"科目进行核算。

当企业按面值发行债券时,应按实际收到的金额,借记"银行存款"等科目,按债券票面金额,贷记"应付债券——面值"科目;存在差额的,还应借记或贷记"应付债券——利息调整"科目。

对于按面值发行的债券,在每期采用票面利率计提利息时,应当按照与长期借款相一致的原则计入有关成本费用,借记"在建工程"、"制造费用"、"财务费用"、"研发支出"等科目。其中,对于分期付息、到期一次还本的债券,其按票面利率计算确定的应付未付利息通过"应付利息"科目核算;对于一次还本付息的债券,其按票面利率计算确定的应付未付利息通过"应付债券——应计利息"科目核算。应付债券按(实际利率实际利率与票面利率差异较小时也可按票面利率)计算确定的利息费用,应按照与长期借款相一致的原则计入有关成本、费用。

长期债券到期、企业支付债券本息时,借记"应付债券——面值"和"应付债券——应计利息"、"应付利息"等科目,贷记"银行存款"等科目。

此外,企业发行债券时,如果发行费用大于发行期间冻结资金所产生的利息收入,按发行费用减去发行期间冻结资金所产生的利息收入后的差额,根据发行债券筹集资金的用途处理:属于用于固定资产项目的,按照借款费用资本化的处理原则处理;属于其他用途的,计入当期财务费用。如果发行费用小于发行期间冻结资金所产生的利息收入,按发行期间冻结资金所产生的利息收入减去发行费用后的差额,视同发行债券的溢价收入,在债券存续期间于计提利息时摊销。其他借款费用的处理原则,比照长期借款费用资本化的规定办理。

企业发行可转换公司债券,应在本科目中设置“可转换公司债券”明细科目核算。发行的可转换公司债券在发行以及转换为股票之前,应按一般债券进行账务处理。当可转换公司债券持有人行使转换权利,将其持有的债券转换为股票,按债券的面值借记上述科目(债券面值),按未摊销的溢价或折价借记或贷记上述科目(债券溢价、债券折价),按已提的利息借记上述科目(应计利息),按股票面值和转换的股数计算的股票面值总额贷记“实收资本”或“股本”科目,按实际用现金支付的不可转换股票的部分贷记“现金”等科目,按其差额贷记“资本公积——资本(或股本)溢价”科目。未转换股份的可转换公司债券,其到期还本付息的账务处理,按上述一般债券处理。

Ⅱ 中国债务资本市场

中国债务类工具交易的市场形成了“两个类型、四个场所”的体系。两个类型是指债券交易市场分为名义上的场内市场和场外市场。场内市场包括上海证券交易所和深圳证券交易所，市场参与者既有机构也有个人，属于批发和零售混合型的场内市场。场外市场包括银行间债券市场和商业银行国债柜台市场，前者的参与者限定为机构，属于场外债券批发市场；后者的参与者限定为个人，属于场外债券零售市场，是场内批发市场的延伸。从托管量和交易量看，银行间债券市场是中国债券市场的主体，在中国债券市场发挥主导作用。从托管结构看，中国债券市场的主体（约占债市存量的90%）实现了集中统一托管体系。中央结算公司作为中国债券市场的总托管人，直接托管银行间债券市场参与者的大部分债券资产，而中证登公司作为分托管人托管交易所债券市场参与者的债券资产，四大国有商业银行作为二级托管人托管柜台市场参与者的债券资产。此外，尚有部分债券未纳入上述中央托管体系，上海清算所和中证登分别为银行间债券市场和交易所市场直接托管一部分债券（约占债市存量的10%）。本书主要为债券融资发行实务，但为便于发行主体更好地理解债券融资成本为何能够低于银行贷款以及二级市场如何为债券提供流动性支持，本章仅对债券交易场所和常用的交易工具进行简要概述，而在法规汇编部分未纳入债券交易相关法规。

Ⅱ.1 银行间市场

银行间债券市场是指依托于中国外汇交易中心暨全国银行间同业拆借中心（简称同业中心）和中央国债登记结算公司（简称中央登记公司）的，包括商业银行、农村信用联社、保险公司、证券公司等金融机构进行债券买卖和回购的市场，是机构投资者进行大宗交易的场外市场。经过近几年的迅速发展，银行间债券市场目前已成为我国债券市场的主体部分。目前，银行间债券市场的发行量、托管量和交易量占债券市场的比重均为97%以上，其中记账式国债的大部分、政策性金融债券都在该市场发行并上市交易。

中国人民银行是银行间债券市场的监管机构。中央国债登记结算有限责任公司为市场参与者提供债券托管、结算和信息服务；全国银行间同业拆借中心为市场参与者的报价、交易提供中介及信息服务。经中国人民银行授权，同业中心和中央国债登记结算公司可披露市场有关信息。

银行间债券市场参与者均为机构投资者，包括银行、证券、保险等金融机构、工商企业，以及各类基金、年金、公积金等非法人的集合性资金。截至目前，银行间债券市场已经成为所有机构投资者均能参加的公开市场。此外，还有5万余户个人投资者通过4家国有独资商业银行债券柜台业务也间接参与了银行间债券市场。

一、银行间债券市场交易的主要角色

银行间债券市场是多层次的市场，按参与者的功能可划分为包括做市商、债券结算代理人、货币经纪公司、柜台交易商和其他市场参与者。具体来说，第一层是做市商和结算代理人，它们可以从事债券的自营业务、债券的承销业务，也承担结算代理业务；第二层是可以从事自营交易的金融机构，可直接参与交易，但不为其他机构进行代理；第三层是通过结算代理进行交易的中小金融机构和非金融机构法人，这类机构只能通过有结算代理资格的机构间接参与交易。银行间债券市场的核心是第一层和第二层，这两类投资者的定价能力和风险识别能力较强；第三层是大型金融机构与中小金融机构，以及金融机构于非金融机构联接的市场，实现了银行间市场资金与社会资金的交换。

（一）做市商

做市商是指在债券市场连续地报出债券买卖双边价格，并随时准备按其报价接受其他投资者的买卖要求，与其他投资者进行交易的市场参与者，通常由债券市场上具备一定实力和信誉的机构担任，主要是商业银行和证券公司。

为进一步活跃债券交易，银行间债券市场于2000年3月6日推出了双边报价业务。为推动双边报价业务的开展，提高银行间债券市场的流动性，促进银行间债券市场的规范发展，2000年4月30日，央行发布《全国银行间债券市场债券交易管理办法》，明确金融机构经批准可开展债券双边报价业务。2001年4月，中国人民银行发布《关于规范和支持银行间债券市场双边报价业务有关问题的通知》，对报价商的资格认定、业务范围及相关政策支持作出明确规定。2001年7月25日，中国人民银行发布《关于批准部分商业银行成为银行间债券市场双边报价商的通知》，正式批准：中国工商银行、中国农业银行、中国银行、中国建设银行、光大银行、烟台住房储蓄银行、北京市商业银行、南京市商业银行、武汉市商业银行等成为银行间债券市场的双边报价商。双边报价商的义务是，必须在债券交易时间同时连续报出现券买、卖双边价格。2002年，中国人民银行又先后发布了《关于调整双边报价商最大报价价差和最小报价金额的通知》、《中国人民银行与双边报价商融券业务操作规则》，对做市商制度进行规范和支持。2004年，中国人民银行发布了《关于批准招商银行等6家金融机构为银行间债券市场做市商的通知》，将做市商扩大到15家。2007年，中国人民银行发布《全国银行间债券市场做市商管理规定》，降低了做市商标准，放宽做市业务要求，加大对做市商的政策支持力度，并加强对做市商的考核，强化激励约束机制。目前，银行间债券市场共有做市商25家。在做市商的推动下，银行间债券市场的流动性得到一定程度的提高。

（二）债券结算代理人

债券结算代理是指吸收公众存款的金融机构法人受银行间债券市场其他参与者委托，为其办理债券结算等业务的行为。包括：以委托人名义为委托人在中央结算公司办理债券托管账户开户、销户等手续；根据委托人的指令，为其办理债券买卖、债券利息支付和本金兑付等相关事宜。

金融机构法人开办债券结算代理业务须经中国人民银行总行批准，即成为债券结算代理人。债券结算代理人制度是银行间债券市场结构的重要组成部分，为中小金融机构、非金融机构和企事业单位法人进入银行间债券市场创造了良好条件。

2000年，中国人民银行发布《关于开办债券结算代理业务有关问题的通知》（银发[2000]325号），在银行间债券市场推出了债券结算代理业务。制度框架包括以下几方面：(1)债券结算代理人应具备的条件。包括申请人前两年在银行间债券市场的债券交易量和承销量均居前列，内控机制健全，并具有合格的从事结算代理业务的专职人员，具备良好的债券结算和资金清算能力，申请前两年在银行间债券市场无违规、违约行为以及人民银行要求的其他条件。(2)代理协议。在开办债券结算代理业务前，结算代理人应与委托人按照有关法律、规章签订代理协议，未签订代理协议的不得为委托人提供代理服务。(3)债券托管账户的开立与管理。结算代理人要为委托人在中央结算公司以委托人的名义开立债券托管账户即丙类账户，代理委托人使用该账户进行债券托管和债券结算。结算代理人不得以开展结算代理业务的名义办理债券二级托管业务，不得在自营托管账户为委托人托管债券，不得挪用委托人的债券。

2005年，中国人民银行发布债券结算代理业务公告，调整了债券结算代理业务相关制度，允许非金融机构投资者在银行间债券市场和所有具有债券结算代理资格或做市商资格的金融机构进行债券交易，并允许开展债券逆回购业务。

对企业来讲,通过债券结算代理业务在银行间债券市场开立丙类账户,实现债券回购、现券买卖等交易,达到债券投资、现金管理等目的,具有投资安全、收益稳定、流动性好、操作方便的特点。债券结算代理业务拓宽了企业投融资渠道,企业资金紧缺时,可以通过债券结算代理业务在目前资金较宽裕的银行间债券市场融资,企业出现短期闲置资金时,结算代理业务又为企业提供了安全性高、流动性强、收益稳定的投资理财渠道,企业可以将短期性、周期性的闲置资产进行多种债券投资,实现资产多元化,满足企业对资金流动性管理和增加收益的需要。

(三)货币经纪公司

货币经纪公司(经纪商)是在金融市场开展经纪业务,为金融产品交易提供信息、促进交易达成的专业化机构。

我国银行间债券市场经纪制度启动较晚。2006 年 7 月,中国人民银行发布《关于货币经纪公司进入银行间市场有关事项的通知》,在银行间市场建立经纪制度,并分别批准上海国利货币经纪有限公司、上海国际货币经纪有限公司和平安利顺货币经纪公司进入银行间市场提供经纪服务。

(四)柜台交易商

柜台交易商是指部分在自己的营业网点,按照挂出的债券买入价和卖出价,与投资人进行债券买卖,并为投资人办理债券托管和结算的机构。

(五)其他市场参与者

除了上述核心的市场参与者,银行间债券市场还包括数量众多的其他金融机构、广大工商企业以及证券投资基金、企业年金、信托资金、理财产品等非法人的机构投资者,成为银行间债券市场的终端用户。

二、银行间债券市场交易的主要产品

银行间债券市场是产品多元化的市场。目前,银行间债券市场交易的主要债券融资工具包括:国债、地方政府债、政府支持机构债券、国际开发机构债、政策性金融债、央行票据、短期商业票据、混合资本债、普通金融债、企业债、次级债、集合票据、短期融资券、中期票据、资金支持证券等。

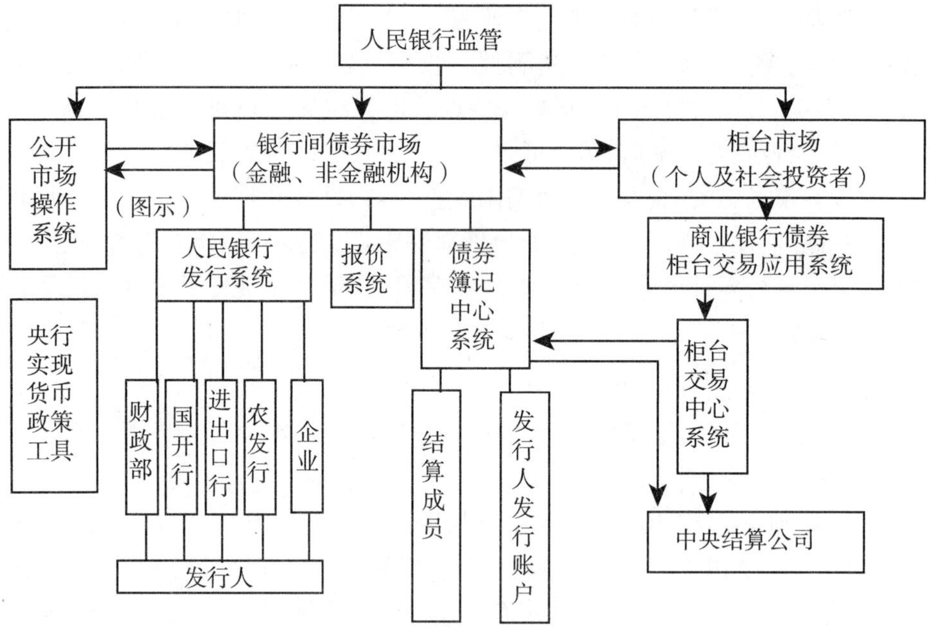

图1　银行间债券市场结构图示

Ⅱ.2　交易所市场

交易所债券市场是典型的场内市场，在我国主要指上海证券交易所和深圳证券交易所市场，其中上海证券交易所的证券交易份额占比重较大，深圳证券交易所的债券交易较少。交易所市场采用连续竞价方式交易和固定收益交易平台方式，债券的托管与结算都在中国证券登记结算公司。上海证券交易所后台的登记托管结算由中国证券登记结算公司（简称中国结算）上海分公司负责、深圳证券交易所是由中国证券登记结算公司深圳分公司负责。中国证监会负责对交易所债券市场的监督管理。

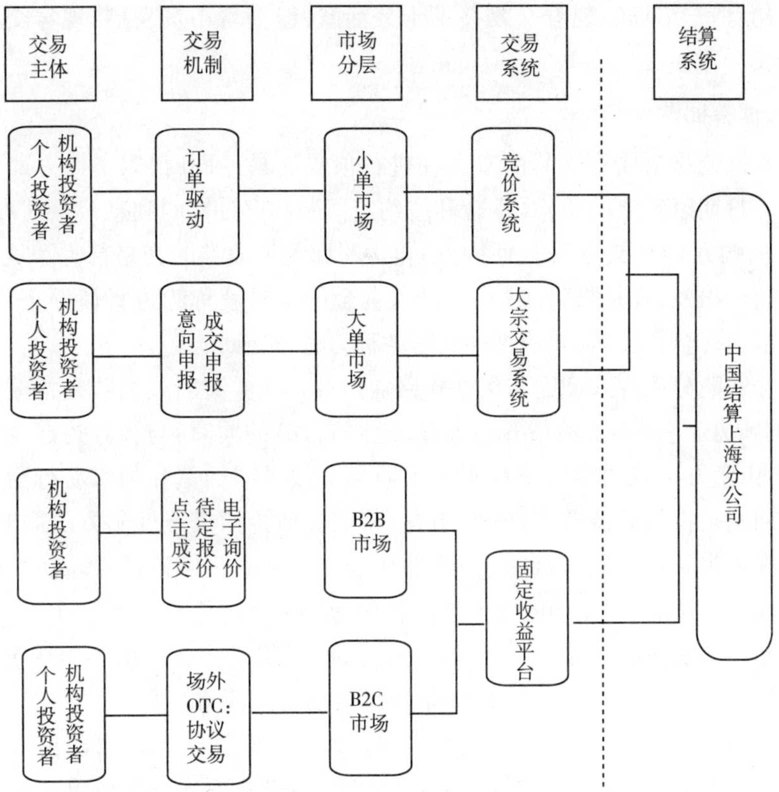

图2 上证债券市场框架图

Ⅱ.3 交易工具

债券市场的交易工具又称为债券市场的交易方式。在我国,债券市场交易工具主要包括现券交易、质押式回购、买断式回购、债券借贷、债券远期等。从各个交易工具的交易量看,目前我国债券市场交易主要集中于现货交易和质押式回购交易。目前,我国绝大多数债券市场的交易工具均是在2004年发展起来的,银行间债券市场包括上述所有的债券交易工具,交易所债券市场的类型较少,只有现券买卖和债券回购。

一、现券交易

现券交易,即现券买卖,是指交易对手以约定的价格,转让一定数量债券的所有权,并在规定的结算时间办理券款交割手续的交易行为。现券买卖是债券市场最早出现的、也是最基本的交易工具,是衡量债券市场流动性的主要指标。

我国债券市场的现券交易起步于1986年,当时企业债券获准在柜台进行转让。最初,债券市场的现券交易并不十分活跃,但随着市场发展,现券交易出现快速增长。

二、债券回购

债券回购是指债券交易的双方在进行债券交易的同时,以契约方式约定在将来某一日期以约定的价格(本金和按约定回购利率计算的利息),由债券的“卖方”(正回购方)向“买方”(逆回购方)再次购回该笔债券的交易行为。从交易发起人的角度出发,凡是抵押出债券,借入资金的交易就称为进行债券正回购;凡是主动借出资金,获取债券质押的交易就称为进行逆回购。

债券回购分质押式回购与买断式回购两种。债券买断式回购是指债券持有人(正回购方)将债券卖给债券购买方(逆回购方)的同时,与买方约定在未来某一日期,由卖方再以约定价格从买方买回相等数量同种债券的交易行为。债券质押式回购是指债券持有人(正回购方)将债券质押给资金融出方的同时,与买方约定在未来某一日期,以约定的价格从资金融出方买回该债券。在约定的回购期限尚未到达之前,正回购方不能出售作为质押物的债券。

买断式回购与前述质押式回购业务(亦称“封闭式回购”)的区别在于初始交易时债券持有人(正回购方)是将债券“卖”给债券购买方(逆回购方),而不是质押冻结,债券所有权随交易的发生而转移。该债券在协议期内可以由债券购买方(逆回购方)自由支配,即债券购买方(逆回购方)只要保证在协议期满能够有相等数量同种债券卖给债券持有人(正回购方),就可以在协议期内对该债券自由地进行再回购或买卖等操作。

按照上述交易机制,“买断式回购”的参与者可在依次递减的不同回购券种上进行多次回购操作。比如,投资者第一次选择了 90 天的交易品种进行逆回购,20 天后如果出现问题,他就可以通过正回购,再把手中该笔债券在 60 天内的任何品种上卖出去拿回现金,可以规避一定的资金紧张的风险。

我国的债券回购业务始于 1991 年。为了提高债券流动性,STAQ 系统于 1991 年 7 月宣布试办债券回购交易,随后,以武汉证券交易中心为代表的各证券交易中心也纷纷推出了债券回购业务。1994 年是债券市场迅猛发展的一年,回购市场的交易量急剧增大,回购交易总量在 3000 亿元以上。在债券回购市场的最初发展中,由城市兴办的证券交易中心,主要发挥的是在本省区范围内调剂资金供求关系的作用;资金流动的基本方向,是将分散在中心城市邻近区域的资金,集中到中心城市来使用。从资金在全国范围的流动来看,基本的格局仍然是从经济发展较为迟缓的地区流向经济较为发达的地区。

然而,作为一种新的金融交易方式,债券回购市场在我国出现后不久就暴露出了诸多的问题,如交易形式和资金用途不规范,加大了金融风险;金融机构的违规经费吸纳和运用情况较为严重；一些金融机构用回购资金绕开当局的信贷规模控制扩张贷款，逃避中央银行的监管；交易双方直接进行的“地下交易”也很活跃。有鉴于此，1995 年 8 月，中国开始对债券回购市场进行规范清理，场外交易基本被遏止，回购市场的混乱状况有了明显改善。对中国债券回购市场进行清理之后，债券回购就主要在上海证券交易所进行交易。从此，我国的债券回购实现了集中交易和集中托管，全国统一的债券回购市场由此形成，也因此形成了全国统一债券回购交易价格和债券回购利率，从而对推动中国的利率市场化改革创造了必要的基础性条件。

尽管形成了全国统一的交易所集中交易的债券回购市场，商业银行也广泛地参与到了交易所的债券回购交易中，一些证券公司和机构投资者通过债券回购从商业银行获得大量资金后转而投资于股票市场。于是，我国在 1998 年又对债券市场进行了一项重大的改革，将商业银行的债券交易业务从交易所分离出来，组建专门供商业银行之间进行债券回购交易的银行间市场，形成了两个相互平行的债券回购市场。最初，银行间债券市场与其名称是完全相对应的，即只有商业银行才能参与，包括证券公司在内的非银行金融机构则被排斥到了这个市场之外。自 2000 年起，证券公司、基金管理公司等机构，只要满足一定的条件也可以进入这一市场参与回购交易。自此，中国的货币市场与资本市场之间就正式建立起了资金流通的正规渠道和机制。

三、债券借贷

债券借贷是指债券融入方以一定数量的债券为质押物，从债券融出方借入标的债券，同时约定在未来某一日期归还所借入标的债券，并由债券融出方返还相应质物的债券融通行为。目前，债券借贷已成为国际债券市场广泛使用的重要工具之一。

我国债券市场的双边债券借贷(市场参与者通过一对一询价的方式进行债券借贷)业务是在 2006 年推出的。2006 年 11 月，中国人民银行发布了《全国银行间债券市场债券借贷业务管理暂行规定》，在全国银行间债券正式推出债券借贷。总体来说，银行间债券市场的债券借贷模式主要有如下几个要点：

1. 参与者范围：人民银行规定银行间债券市场所有市场参与者均可作为债券融出方或融入方进行债券借贷。

2. 抵押品种类：在债券借贷推出之初，抵押品的种类应仅限于市场参与者托管在中央结算公司的自由债券。

3. 债券借贷的期限：出于结算目的的债券借贷期限一般在 1 ~ 3 天，而出于交易策略和卖空目的而进行的债券借贷，期限相对较长，中国人民银行为防止过度做空规定为 365 天。

4. 足额质押要求：为防范融出方面临的信用风险、市场风险和流动性风险，避免由于质押严重不足产生的杠杆效应引发的系统性风险，中国人民银行规定，债券借贷须进行足额质押。

5. 特殊指标报告制度：为避免单只债券过度集中造成债券借贷大气交割时该只债券的其他市场参与者履约出现困难，人民银行对单个市场参与者单只券种的债券融入总额进行了一定限制，要求单个机构债券借贷融入余额超过其自由债券托管总量的30%起，单个机构单只债券融入余额超过该只债券流通总量15%起，每增加5个百分点应向全国银行间同业拆借中心和中债登书面报告。

6. 交割方式：为防范"逼仓"风险以及由此可能引发的系统性风险，债券借贷制度引入了现金交割机制。在债券借贷到期时，允许借贷双发协商一致后采用现金交割。

四、衍生产品交易

（一）债券远期交易

债券远期交易指交易双方约定在未来的某一日期，以约定价格和数量买卖标的债券的行为。远期交易标的债券券种应为已在全国银行间债券市场进行现券交易的中央政府债券、中央银行债券、金融债券等。市场参与者进行远期交易，应签订远期交易主协议。

我国债券市场的债券远期交易最早是在2005年5月由中国人民银行推出的。2005年，我国债券市场已经呈现出快速发展的势头，而与此同时，债券市场交易工具的供给与需求间的矛盾日益突出，特别是具有避险功能的金融衍生品极度匮乏，这与国际衍生产品市场的蓬勃发展极不相称，也逐渐成为制约债券市场发展的瓶颈。

（二）人民币利率互换交易

利率互换又称利率掉期，是指交易双方同意在未来的一定期限内，根据同种货币约定数量的名义本金交换现金流的金融合约。

利率互换是20世纪80年代出现并迅速发展起来的一种金融衍生工具。在短短的20多年间，利率互换市场已经发展成为全球最大的金融市场之一。

我国人民币利率互换是在利率市场化改革逐步深入和债券市场快速发展的背景下推出来的，经历了从开展试点到全面推开两个阶段。2004年10月29日，人民银行发布《关于调整金融机构存、贷款利率的通知》放开贷款利率上限，使得商业银行开始面临较大的存贷款期限结构、利率结构错配的风险，对利用利率互换进行资产负债管理的需求日益迫切。与此同时，随着债券市场的发展，越来越多的金融机构持有大量的以固定利率债券为主的债券资产，而政策性银行、商业银行发行的政策性金融债券、商业银行次级债券和一般性金融债券的规模越来越大，也迫切需要利率互换对其日益复杂的资产负债结构进行管理。

2006年，中国人民银行发布《关于开展人民币利率互换交易试点有关事宜的通知》(银发[2006]27号)，商业银行经授权可与其存贷款客户及其他获准开办衍生产品交易业务的商业银行进行利率互换交易或为其存贷款客户提供利率互换交易服务，人民币利率互换业务开始试点。截至2007年年底，全国银行间市场累计完成利率互换交易2081笔，名义本金额达2542.6亿元。在试点成功的基础上，2008年，人民银行发布了《关于开展人民币利率互换业务有关事宜的通知》(银发[2008]18号)，明确了人民币利率互换业务的政策框架。主要包括以下几方面：

1. 利率互换市场主体。全国银行间债券市场参与者中，具有做市商或结算代理业务资格的金融机构可与其他所有市场参与者进行利率互换交易，其他金融机构可与所有金融机构进行出于自身需求的利率互换交易，非金融机构只能与具有做市商或结算代理业务资格的金融机构进行以套期保值为目的的利率互换交易。

2. 利率互换交易参考利率。利率互换交易应以经中国人民银行授权的全国银行间同业拆借中心等机构发布的银行间市场具有基准性质的市场利率或中国人民银行公布的基准利率为参考利率。

3. 利率互换风险控制与管理。市场参与者进行利率互换交易应遵循公平、诚信、风险自担的原则，签署《中国银行间市场金融衍生产品交易主协议》，建立健全相应的内部操作规程和风险管理制度。金融机构在开展利率互换交易前，应将其利率互换的内部操作规程和风险管理制度送中国银行间市场交易商协会和全国银行间同业拆借中心备案。

4. 利率互换交易方式。利率互换交易既可以通过交易中心的交易系统进行，也可以通过电话、传真等其他方式进行。未通过交易中心交易系统进行利率互换交易的，金融机构应于交易达成后的下一工作日12时前报交易中心备案。

人民币利率互换举例如下：

1. 浮动利率转固定利率。假设A公司发行浮动利率人民币债券，期限为10年，每年支付一次利息，票面利率为“一年期定期储蓄存款利率+40个基点”。A公司预期未来10年，人民币利率将呈上升趋势，如果持有浮动利率债务，利息负担会越来越重，因此，A公司希望能将其转换为固定利率债务。此时，A公司可与B银行进行利率互换交易。通过签订利率互换合约，在每个利息支付日，A公司向B银行支付以固定利率计算的利息，从而获得以“一年期定期储蓄存款利率+40个基点”计算的利息额，用于债券付息。这样A公司将其今后10年的债务成本，一次性地固定在约定的利率水平上，达到规避利率风险的目的。

2. 固定利率转浮动利率。A 公司发行 10 年期、票面利率 6.5%、每年付息一次的固定利率债券；并预期未来 10 年人民币利率呈下降趋势。若持固定利率债务，未来债券付息水平将相对较高。A 公司与 B 银行进行利率互换交易。合约确定，在每个利息支付日，A 向 B 支付以"一年期定期储蓄存款利率 +40 个基点"计算的浮动利息，而获得以固定利率 6.5% 计算的利息额，用于支付债券利息，从而规避未来利率下降的风险。

人民币利率互换的应用及功能有：一是规避债务利率风险。即债务人利用互换交易对已有的债务进行重新组合。例如，预期利率下跌时，可将固定利率形态的债务换成浮动利率，当利率下降后，债务成本降低。若预期利率上涨时，反向操作。通过利率互换也可锁定借款成本，通过利率互换将目前随人民银行利率调整变化的利率，互换成 5 年期、10 年期等不同期限的固定利率，锁定利率成本，防范未来利率上升的风险。二是管理资产收益。如资产持有者在预期利率下跌时，转换资产为固定利率形态，或在预期利率上涨时，转换其资产为浮动利率形态。三是灵活资产负债管理。如金融机构可通过利率互换交易管理投资组合或锁定未来利率动向，而无须卖出资产或偿还债务。交易双方可以将固定利率转变为浮动利率或将浮动利率转变为固定利率，使其利率敏感资产和负债相匹配，并且按照需要适当调整现金流量。因此，利率互换有利于商业银行匹配资产负债的期限结构，对冲利率风险，还可通过开办人民币利率互换业务，开展代客资金管理及代客债务保值业务，帮助企业套期保值。对微观企业来讲，利率互换是一项债务保值工具，用于管理中长期利率风险。企业通过利率互换交易可以将一种利率形式的资产或负债转换为另一种利率形式的资产或负债，达到规避利率风险，降低债务成本，固定边际利润的目的，还能满足不同行业周期和不同企业的利率偏好差异。

Ⅲ 如何选择债务融资工具

Ⅲ.1 金融企业发债

金融债是由银行和非银行金融机构作为筹资主体为筹措资金而面向个人发行,并承诺按约定利率定期支付利息并到期偿还本金的一种有价证券,在英、美等欧美国家,金融机构发行的债介质体归类于公司债券。在我国及日本等国家,金融机构发行的债介质形式称为金融债券。在我国商业银行大量的发行金融债作为金融机构的主动负债。

一、分类

金融债券可分为政策性金融债及普通金融债。其中,普通金融债主要包括商业银行金融债(包括2011年推出的商业银行小微金融债),企业集团财务公司金融债,金融租赁和汽车金融公司债,商业银行、保险或证券公司的次级债务等。2012年以来,中国证监会先后公布了《证券公司次级债管理规定》、《证券公司债务融资工具管理暂行规定(征求意见稿)》,可以预见,证券公司在不断扩大资产和业务规模的过程中,也将更多地使用债务工具来进行融资。

二、发展历程

新中国成立之后的金融债券发行始于1982年。该年,中国国际信托投资公司率先在日本的东京证券市场发行了外国金融债券。

为推动金融资产多样化,筹集社会资金,国家决定于1985年由中国工商银行、中国农业银行发行金融债券,开办特种贷款,这是我国经济体制改革以后国内发行金融债券的开端。在此之后,中国工商银行和中国农业银行又多次发行金融债券,中国银行、中国建设银行也陆续发行了金融债券。1988年,部分非银行金融机构开始发行金融债券。1993年,中国投资银行被批准在境内发行外币金融债券,这是我国首次发行境内外币金融债券。1994年,我国政策性银行成立后,发行主体从商业银行转向政策性银行,当年仅国家开发银行就7次发行了金融债券,总金额达758亿元。1997年和1998年,经中国人民银行批准,部分金融机构发行了特种金融债券,所筹集资金专门用于偿还不规范证券回购交易所形成的债务。1999年以后,我国金融债券的发行主体集中于政策性银行,其中,以国家开发银行为主，金融债券已成为其筹措资金的主要方式，如1999～2001年，国家开发银行累计在银行间债券市场发行债券达1万多亿元，是仅次于财政部的第二发债主体，其通过金融债券所筹集的资金占其同期整个资金来源的92%；2002年，国家开发银行发行20期金融债券，共计2500亿元，而同期中国进出口银行仅发行7期金融债券，共计575亿元；2003年，国家开发银行发行30期金融债券，共计4000亿元，而同期中国进出口银行仅发行3期金融债券，共计320亿元；2004～2006年期间，国家开发银行分别发行了政策性金融债券4452.20亿元、6068亿元和8996亿元。同时，金融债券的发行也进行了一些探索性改革：一是探索市场化发行方式；二是力求金融债券品种多样化。国家开发银行于2002年推出投资人选择权债券、发行人普通选择权债券、长期次级债券和本息分离债券等新品种。2003年，国家开发银行在继续发行可回售债券与可赎回债券的同时，又推出可掉期国债新品种，并发行5亿美元外币债券。

三、作用

金融债券能够较有效地解决银行等金融机构的资金来源不足和期限不匹配的矛盾。一般来说，银行等金融机构的资金有三个来源，即吸收存款、向其他机构借款和发行债券。存款资金的特点之一，是在经济发生动荡的时候，易发生储户争相提款的现象，从而造成资金来源不稳定；向其他商业银行或中央银行借款所得的资金主要是短期资金，而金融机构往往需要进行一些期限较长的投融资，这样就出现了资金来源和资金运用在期限上的矛盾，发行金融债券比较有效地解决了这个矛盾。债券在到期之前一般不能提前兑换，只能在市场上转让，从而保证了所筹集资金的稳定性。同时，金融机构发行债券时可以灵活规定期限，比如为了一些长期项目投资，可以发行期限较长的债券。因此，发行金融债券可以使金融机构筹措到稳定且期限灵活的资金，从而有利于优化资产结构，扩大长期投资业务。

由于银行等金融机构在一国经济中占有较特殊的地位，政府对它们的运营又有严格的监管，因此，金融债券的资信通常高于其他非金融机构债券，违约风险相对较小，具有较高的安全性。所以，金融债券的利率通常低于一般的企业债券，但高于风险更小的国债和银行储蓄存款利率。

四、金融债券与存款的区别

同时商业银行资金的来源，同样起着扩大信贷资金规模的作用，金融债券与存款之间在行为方式和功能等方面有一定的差异：(1)筹资的目的不同。吸收存款在一定意义上是全面扩大银行资金来源的总量，而发行债券则着眼于增长长期资金来源和满足特定用途的资金需要。(2)筹资机制不同。吸收存款是经常性的、无限额的，而金融债券的发行是集中的、有限额的。在存款市场上，商业银行在很大程度上是处在被动地位,存款规模取决于存款者的意愿,因而存款市场属于买方市场性质。而发行性金融债券的主动权在银行手中,因而它属于卖方市场,是银行的“主动负债”。(3)筹资的效率不同。由于金融债券的利率高于存款的利率,对客户具有较强的吸引力,因而其筹资的效率在一般情况下高于存款。(4)所筹集资金的稳定性不同。金融债券一般都具有明确的偿还期,因而资金的稳定性强;存款的期限具有较大的弹性,即便是定期存款,在特定的状况下也可提前支取,因而资金的稳定性较差。(5)资金流动性不同。金融债券一般不记名,有广泛的二级市场流通转让,具有较强的流动性。而存款,一般都是记名式的,资金一旦转化为存款,债权债务关系便被固定在银行和客户之间,因而资金的流动性差。(6)受到准备金率的影响不同。吸收存款获得的资金因准备金率调整高低而可使用金额不同,而金融债券获得的资金则不受其影响。

五、市场与监管现状

2005 年 4 月 27 日,中国人民银行发布《全国银行间债券市场金融债券发行管理办法》,对金融债券的发行做出了相关规定。2009 年 5 月 15 日,中国人民银行发布的《全国银行间债券市场金融债券发行管理操作规程》对金融债券的发行做了进一步规范。此外,对于金融债券中的次级债务(包括商业银行次级债务、保险公司次级债务和证券公司次级债务)以及混合资本债券,其发行还需受一些专门性法律法规的约束,具体如下:

(1)商业银行次级债。为规范商业银行次级债务,中国人民银行和中国银监会共同制定了《商业银行次级债券发行管理办法》并于 2004 年 4 月 17 日公布实施。2009 年 10 月,中国银监会发布了《关于完善商业银行资本补充机制的通知》对此作了进一步规范。因次级债券可在全国银行间债券市场公开发行并正常交易,投资者结构相对丰富,次级债券的流动性大大提高,推出之后短期内便达到了一定的市场规模。2009 年 10 月,银监会发布了《关于完善商业银行资本补充机制的通知》,对商业银行次级债做了进一步规范。2012 年 6 月,银监会发布《商业银行资本管理办法(试行)》并将于 2013 年 1 月 1 日正式实施,原《商业银行资本充足率管理办法》(2004 年 3 月 1 日实施)废止。

(2)保险公司次级债。为规范保险公司次级债务,中国保监会于 2004 年 9 月 29 日发布了《保险公司次级定期债务管理暂行办法》,后又于 2011 年 10 月 19 日正式发布《保险公司次级定期债务管理办法》。

(3)混合资本债券。为规范商业银行发行混合资本债券的行为,根据《中华人民共和国中国人民银行法》和《全国银行间债券市场金融债券发行管理办法》,中国人民银行于 2006 年 9 月 6 日发布公告,就商业银行发行混合资本债券的有关事宜进行了规定。

（4）证券公司次级债。2010 年 9 月，根据《证券法》、《证券公司监督管理条例》、《证券公司风险控制指标管理办法》等法律、行政法规的规定，中国证监会发布了《证券公司借入次级债务规定》。2012 年 12 月 27 日，中国证监会发布了《证券公司次级债管理规定》。

（5）证券公司收益凭证。由于历史原因，证券公司的融资渠道较少，缺乏持续有效的长期融资渠道，行业迫切需要拓展新的融资渠道，满足业务发展带来的融资需求。为支持证券公司拓宽融资渠道，并为投资者提供更多、更灵活的投资工具，2012 年 3 月 3 日，证监会起草并公布了《证券公司债务融资工具管理暂行规定（征求意见稿）》（以下简称《暂行规定》），在对现有证券公司债券、次级债有关规定进行细化的同时，允许证券公司按照规定发行收益凭证这一新的融资工具。

《暂行规定》共 18 条，对立法依据、适用范围、审核与报备要求、投资者适当性管理要求、发行条件等作了具体规定。鉴于相关办法对公司债券和次级债已有明确规定，《暂行规定》重点对收益凭证作了规定，具体包括：收益凭证可以公开发行，也可以非公开发行，还可以向单一客户定向发行；证券公司可以根据自身和客户的需求，自行约定收益凭证的期限；收益凭证可以在证券交易所、证券公司柜台市场、机构间报价与转让系统以及中国证监会认可的其他场所发行、转让；证券公司公开发行收益凭证的，应当经证监会批准，证监会自受理申请之日起 20 个工作日内作出行政许可决定；非公开发行债务融资工具的，应当在发行完毕后 5 个工作日内报证券业协会备案；证券公司非公开发行收益凭证，只能面向合格投资者进行，合格投资者数量不得超过 200 人。

此外，《暂行规定》还明确，基金管理公司、期货公司、证券金融公司和中国证监会负责监管的其他公司，以及商业银行、保险公司、信托公司等其他金融机构在证券交易所、证券公司柜台、机构间报价与转让系统以及中国证监会认可的其他场所发行、转让债务融资工具的，参照适用本办法。证券公司收益凭证是指证券公司发行，约定本金和收益的偿付与特定标的相关联的有价证券。特定标的包括但不限于货币利率，基础商品、证券的价格，或者指数。该品种截至目前尚无发行。

Ⅲ.2 非金融企业发债

综前所述，国内发行人可以选择的债券融资品种较多，对于非金融企业而言，包括企业债券、公司债券、创业板公司私募债券、中小企业私募债券、中期票

据、短期融资券和企业资产证券化等。那么,企业可以在不同的发展阶段选择合适的融资产品:

1. 企业建立初期、规模相对较小阶段:在这个阶段,企业在经营业绩及未来发展前景上仍存在不确定性,如果公开发行可能难以获得投资者认可,因此可以选择中小企业私募债券。但该品种发行规模一般相对偏小,融资成本相对偏高。

2. 企业发展已较为成熟、具有一定规模:受证券法限制,公开发行的债券余额不能超过企业净资产的40%,因此,发行人需具有一定规模之后才能发行较大规模公开债券。这个阶段可以考虑企业债券、中期票据和短期融资券等,并结合企业自身对资金使用期限、募集资金用途、发行成本的要求,选择不同融资品种。

3. 上市后:受国内监管体制影响,企业上市之后发行公司债券归属于证监会监管,这个阶段可以选择创业板私募公司债券(限于创业板公司)、公司债券、中期票据和短期融资券等。同样,企业需结合自身对资金使用期限、募集资金用途、发行成本的要求,选择不同融资品种。

企业可以根据不同发展阶段选择不同的融资产品。如龙源电力集团股份有限公司,在上市之前发行了16亿元企业债券,在上市之后又根据资金需求申请发行了70亿元公司债券和50亿元私募中期票据,充分利用各种债券产品为企业发展补充资金。

此外,企业在发展的不同阶段,均可根据自身情况及市场的实际需求,选择企业资产证券化或其他创新类产品进行债券融资。

Ⅲ.2.1 中小企业发债

一、中小企业私募债券

中小企业私募债是我国中小微企业在境内市场以非公开方式发行的,发行利率不超过同期银行贷款基准利率的3倍,期限在1年(含)以上,对发行人没有净资产和盈利能力的门槛要求,这为一些本来无法在债券市场中发行债券的中小企业获得新的融资渠道。

2012年5月,上交所、深交所正式出台《中小企业私募债试点办法》,其中明确试点期间中小企业私募债券的发行人为未上市中小微企业,具体来说,是指符合《关于印发中小企业划型标准规定的通知》规定的,但未在上海证券交易所和深圳证券交易所上市的中小微型企业,目前试点名单中不包括房地产企业和金融企业。因此,中小企业私募债券的推出扩大了资本市场服务实体经济的范围,加强了资本市场服务民营企业的深度和广度。

由于中小企业私募债属于私募发行,因此不设行政许可。目前是发行前由承销商将发行材料向证券交易所备案，让市场组织者的交易所知晓情况，便于统计检测，同时备案材料可以作为法律证据。

从2012年6月第一只中小企业私募债发行至2012年9月底，共有49家企业发行了中小企业私募债，实现融资规模47.53亿元。

二、中小企业集合债

中小企业集合债，就是由一个机构作为牵头人，几家企业一起申请发行债券，是企业债的一种。2007年年底，我国曾发行深圳中小企业集合债券（简称“07深中小债”）和中关村高新技术中小企业集合债券（简称“07中关村”）由发改委审批发行。

截至2012年9月，中小企业集合债已经在债券市场存续了5年，总共发行了9期共11只集合债券。目前已发行的集合债，都依赖于大型银行或资信良好的企业为其提供全额无条件不可撤销连带责任担保。

三、中小非金融企业集合票据

中小非金融企业是指国家相关法律法规及政策界定为中小企业的非金融企业。集合票据，是指2个（含）以上、10个（含）以下具有法人资格的企业，在银行间债券市场以统一产品设计、统一券种冠名、统一信用增进、统一发行注册方式共同发行的，约定在一定期限还本付息的债务融资工具。

根据《银行间债券市场非金融企业债务融资工具管理办法》（中国人民银行令［2008］第1号），中国银行间市场交易商协会组织市场成员制定了《银行间债券市场中小非金融企业集合票据业务指引》，于2009年11月9日发布施行，适用于中小非金融企业集合票据的相关工作。

企业发行集合票据应依据《银行间债券市场非金融企业债务融资工具注册规则》在交易商协会注册，一次注册、一次发行。其中，任一企业集合票据待偿还余额不得超过该企业净资产的40%；任一企业集合票据募集资金额不超过2亿元人民币，单只集合票据注册金额不超过10亿元人民币。可获得当地政府明确支持（如财政贴息、项目补助优先支持、税收优惠、政府背景担保公司提供担保等）。

Ⅲ.2.2 企业债券

一、定义

根据1993年8月2日国务院第121号令发布的《企业债券管理条例》第2条和第5条的有关规定，企业债券是指在中华人民共和国境内具有法人资格的企业在境内依照法定程序发行、约定在一定期限内还本付息的有价证券(金融债券和外币债券除外)。一般地,企业债券为非上市公司发行,并由发改委审批并监管。

二、发展历程

中国发行企业债券始于1983年,最初主要是以集资方式出现,票面形式、还本付息方式等基本方面很不规范。1987年3月27日,国务院发布了《企业债券管理暂行条例》(该条例现已废止),使中国企业债券在发行、转让、形式、管理等各个方面开始走向规范化,其中规定:"企业发行债券必须经中国人民银行批准,并且授权中国人民银行对发行债券的企业和购买企业债券的企业、事业单位的资金使用情况进行监督、检查;企业债券的票面应当载明企业的名称、住所、债券的票面额,债券的票面利率,还本期限和方式,利息的支付方式,债券发行日期和编号,发行企业的印记和企业法定代表人的签章,审批机关批准发行的文号,日期等;企业发行债券的总面额不得大于该企业的自有资产净值;企业为固定资产投资发行债券,其投资项目必须经有关部门审查批准,纳入国家控制的固定资产投资规模;债券的票面利率不得高于银行相同期限居民定期存款利率的40%;单位和个人所得的企业债券利息收入,按国家规定纳税乡企业债券的发售可以由企业自己办理,也可以委托银行或其他金融机构代理;经中国人民银行批准,各专业银行和其他金融机构可以经办企业债券的转让业务",等等。

三、市场与监管现状

企业债券可具体分为城投债券与产业债券两大类。截至2011年年底,我国企业债券余额达到13,083.14亿元。2012年1月1日至9月30日,企业债券发行规模达4349亿元。

企业债券的发行受国家发改委、中国人民银行以及证监会的监管,此前城投债审核中要求的证监会审核承销团资格现已取消。发行企业债券应遵循的相关法律法规包括:1993年国务院发布的《企业债券管理条例》、《证券法》以及2008年1月4日发布的《国家发改委关于推进企业债券市场发展、简化发行核准程序有关事项的通知》。对于证券公司参与企业债的承销,还应满足证监会于2000年4月30日发布的《关于加强证券公司承销企业债券业务监管工作的通知》。

Ⅲ.2.3 公司债券

一、定义

公司债券是指上市公司依照法定程序发行、约定在一年以上期限内还本付息的有价证券。是由证监会监管的中长期直接融资品种。根据新公司法，公司债券是指公司依照法定程序发行、约定在一定期限内还本付息的有价证券。公司债券是公司外部融资的一种重要手段，是企业融资的重要来源，同时也是金融市场上的重要金融工具之一。

创业板私募债券是通过在境内以非公开方式发行的，但发行人是创业板的上市公司。

二、发展历程

中国债券市场的发展相对于股票市场一直是"跛足"，债券市场规模小、市场化程度低、发行和交易市场割裂。尤其是公司债，相对于国债和金融债，更是发展缓慢。截至 2006 年年底，中国债券市场余额为57,455亿元（不包括央行票据），与 GDP 的比例为27.44%，远远低于发达国家163.11%的水平，也远低于中国股票市值与 GDP 的比例42.70%。

在 2007 年 1 月全国金融工作会议上，中国政府高层领导坚决表态要大力发展公司债券市场，发行由审批制转向核准制，并在会议之后推出了一系列诸如做市商新规定、企业年金进入银行间市场等消息。

在 2007 年 3 月召开的全国政协十届五次会议上，《关于 2006 年国民经济和社会发展计划执行情况与 2007 年国民经济和社会发展计划草案的报告》提出，要加强债券市场基础性制度建设，扩大企业债券发行规模，做好产业投资基金试点工作。债券市场的发展迎来历史性的发展新机遇，公司债券这个新的债券品种也由证监会正式颁布办法推出。

三、市场与监管现状

2007 年 8 月 14 日，中国证监会发布实施了《公司债券发行试点办法》，对上市公司发行公司债券进行了明确的规范。2011 年 11 月，中国证监会发布第 29 号公告，启动创业板上市公司发行债券的工作，允许创业板上市公司根据《公司债券发行试点办法》发行公司债券。公司债券发行完成后，经核准可在证券交易所挂牌买卖。

根据上市交易所的不同，需根据《上海证券交易所公司债券上市规则》和《深圳证券交易所公司债券上市规则》，向证券交易所上报上市申请材料。此外，上海证券交易所依据《关于调整公司债券发行、上市、交易有关事宜的通知》（2009 年 11 月 2 日发布）对公司债券的发行、上市和交易进行分类管理。截至 2011 年年底，我国公司债券余额为 2813.6 亿元。

创业板上市公司申请非公开发行公司债券，则执行《公司债券发行试点办法》（证监会令第 49 号）的有关规定，符合规定的公司可依照程序向中国证监会报送申请文件。创业板上市公司非公开发行公司债券的转让执行深圳证券交易所的有关业务规则。在门槛方面,监管单位一般要求归属于母公司净资产规模大于12亿元,并且公司3年持续盈利,3年平可分配利润足以支付债券1年利息,此外公司待偿付的债券余额不应超过企业净资产的40%。从2012年5月第一只创业板私募债发行至2012年9月底,共有乐视网、向日葵、东宝生物和香雪制药4家企业发行了创业板私募债,实现融资规模8.1亿元。

Ⅲ.2.4 中期票据和短期融资券

非金融企业债务融资工具主要包括短期融资券与中期票据,短期融资券与中期票据的监管由交易商协会进行自律管理。

一、定义

短期融资券指具有法人资格的非金融企业在银行间债券市场发行和交易,并约定在一年期限内还本付息的有价证券。自2005年5月27日第一批109亿元短期融资券发行以来,截至2011年年底,短期融资券共发行33,547亿元,托管余额为8304亿元,现已成为债券市场的重要组成部分。

中期票据是指具有法人资格的非金融企业在银行间债券市场按照计划分期发行的,约定在一定期限还本付息的债务融资工具。截至2011年年底,我国中期票据余额为19,887.7亿元,在所有债券存量中占比已达9.32%。

二、发展历程

2005年5月23日,中国人民银行发布《短期融资券管理办法》,并根据该办法制定了《短期融资券承销规程》和《短期融资券信息披露规程》。2008年4月12日,中国人民银行颁布《银行间债券市场非金融企业债务融资工具管理办法》,明确规定短期融资券适用该办法,且自该办法施行日起(2008年4月15日),《短期融资券管理办法》、《短期融资券承销规程》和《短期融资券信息披露规程》同时终止执行;相应地,短期融资券的注册机构也由中国人民银行变更为中国银行间市场交易商协会。2008年4月16日,交易商协会公告并施行了《银行间债券市场非金融企业短期融资券业务指引》、《银行间债券市场非金融企业债务融资工具注册规则》、《银行间债券市场非金融企业债务融资工具信息披露规则》、《银行间债券市场非金融企业债务融资工具中介服务规则》和《银行间债券市场非金融企业债务融资工具募集说明书指引》等一系列规定。2010年9月,交易商协会制定了《银行间债券市场非金融企业债务融资工具持有人会议规程》,为短期融资券的发行和承销建立了新的运行框架。

企业发行中期票据适用于交易商协会于2008年4月16日发布的《银行间债券市场非金融企业中期票据业务指引》,同时还应按照《银行间债券市场非金融企业债务融资工具信息披露规则》在银行间债券市场披露信息。此外,发行人还应于中期票据注册之日起3个工作日内,在银行间债券市场一次性披露中期票据完整的发行计划。

三、非公开定向债务融资工具

非公开定向债务融资工具,是指具有法人资格的非金融企业以非公开方式向银行间市场特定机构投资人发行债务融资工具,所发行的非公开定向债务融资工具在特定机构投资人范围内流通转让。

2011年4月29日,银行间市场交易商协会发布《银行间债券市场非金融企业债务融资工具非公开定向发行规则》。2011年5月4日,中国银行间债券市场首批非公开定向债务融资工具推出,发行主体包括三家企业,发行规模达130亿元。其中,中国光大银行作为四家主承销商之一,独家承销的中国国电集团公司首批发行规模为50亿元,与中国银行联合承销的中国五矿集团公司首批发行规模为30亿元,合计发行规模占据半壁江山。

Ⅲ.3 资产证券化产品

资产证券化是指将缺乏即期流动性,但具有可预期的、稳定的未来现金收入流的资产进行组合和信用增级,并依托现金流在金融市场上发行可以流通买卖的有价证券的融资活动。简单地说,就是将资产未来预期收益以证券的形式预售以实现资金融通的过程。

资产证券化是一种典型的结构性融资,是将能产生稳定现金流的一部分具有不同现金流规模、流回速度、风险程度的资产打包建立一个资产池,并以这些资产将来产生的现金收益作为偿付基础,在金融市场上发行不同等级的资产支持证券进行融资的一种制度安排。从证券化资产的类型来看,银行信贷资产、企业产生的未来收益、基本建设项目收费权、房地产物业租金等具有稳定现金流的资产都可以进行资产证券化,通过发行资产支持证券在金融市场上融资。

资产支持类产品发端于美国的住房抵押贷款证券化(MBS)。目前,美国的资产证券化技术主要应用于银行债权资产、企业债权资产、收益类资产。据美国证券业和金融市场协会(SIFMA)的统计,截至2011年年末,美国资产支撑证券化(ABS)和住房抵押贷款证券化(MBS)存量合计达到10.3万亿美元,占同期债券总存量的28%。2011年,美国资产证券化产品的发行规模为1.7万亿美元,仅次于美国国债当年2.135万亿美元的发行量。在欧洲,证券化市场近年来发展迅猛。2011年,欧洲国家资产证券化产品的发行规模达5078亿美元,其中德国、英国、法国、意大利的发行规模分别为 179.14 亿美元、221.55 亿美元、1392.59 亿美元、658.47 亿美元。很显然，作为金融市场的一项重要创新，资产证券化以其新型的融资方式改变了传统的投资融资体系，带来了金融市场的巨大变革。资产证券化不仅拓宽了企业融资渠道，促进了经济增长，而且提升了债务资本市场功能，改善了低信用评级企业融资状况。

一、资产支持证券

资产支持证券（ABS，Asset Backed Securities）就是由特定目的的信托受托机构发行的、代表特定目的的信托的信托受益权份额。受托机构以信托财产为限向投资机构承担支付资产支持证券收益的义务。狭义的 ABS 通常是指将银行贷款、企业应收账款等有可预期稳定现金流的资产打包成资产池后向投资者发行债券的一种融资工具。目前我国资产支持证券的主要品种包括信贷资产支持证券及企业资产支持证券，而企业资产支持证券又以债券类资产及收益权资产而分为两大类。

1. 信贷资产支持证券的监管机构为中国人民银行和银监会，相关监管法规包括：中国人民银行和中国银监会于 2005 年 4 月 20 日发布的《信贷资产证券化试点管理办法》，中国银监会于 2005 年 11 月 7 日发布的《金融机构信贷资产证券化试点监督管理办法》。此外，中国人民银行于 2005 年 6 月 13 日发布的《资产支持证券信息披露规则》还对其信息披露作了详细规定。

我国信贷资产证券化试点始于 2005 年，上述办法颁布后，随后国开行和建行分别进行了信贷资产证券化和住房抵押贷款证券化，发行规模为 71.96 亿元；2006 年发行规模有 115.8 亿元；2007 年，由于出台了规范信贷资产证券化信息披露及资产支持证券在银行间市场质押式回购交易的相关规定，信贷资产证券化进入扩大试点阶段，规模不断扩大，延伸到不良资产，当年发行规模达到 178.08 亿元；2008 年，发行规模达 302.01 亿元，包括建行发行的首只不良资产证券化产品，进一步丰富了资产证券化产品种类。

截至 2008 年年底，共有 11 家发起人进行了 16 单信贷证券化业务试点，发行总规模为 667.85 亿元。无论在数量还是规模上，信贷证券化在债券市场中占比均较低。随着金融危机爆发以及国内宏观经济金融政策调整影响，监管机构出于审慎原则和对资产证券化风险的担忧延缓了市场发行速度，并于 2008 年年底暂停不良资产证券化试点。进入 2009 年来，资产证券化进程陷入停滞。

2012 年 5 月，中国人民银行、银监会、财政部联合发布《关于进一步扩大信贷资产证券化试点有关事项的通知》，500 亿元的试点额度再次扣响了资产证券化的扳机。9 月，国家开发银行发行信贷资产证券化产品（ABS）101.66 亿元，随后交行再次发行 30 亿 ABS。

2. 企业资产证券化又称专项资产管理计划，由证监会监管。企业资产证券化业务是证券公司以专项资产管理计划为特殊目的载体，以计划管理人身份面向投资者发行资产支持受益凭证，按照约定用受托资金购买原始权益人能够产生稳定现金流的基础资产，将该基础资产的收益分配给受益凭证持有人的专项资产管理业务。企业资产证券化是区别于股票、债券的一种直接融资方式。主要特征是：(1)将企业能够产生稳定现金收入的优质资产独立出来，以该资产为基础发行受益凭证，投资者受益来源于基础资产产生的现金收入；(2)专项计划通过买卖或者其他合法方式获得基础资产，当企业破产时，基础资产不能作为企业破产财产清算，从而实现资产与企业的风险隔离；(3)与股票、债券不同，企业资产证券化的融资企业与投资者之间不直接形成融资关系，而是企业以自有的优质资产为基础资产，通过证券公司设立专项计划向投资者发售受益凭证获得资金，并以基础资产产生的现金收入向投资者偿付本息的一种融资形式；(4)受益凭证有明确的期限和稳定收益率，具有固定收益产品性质；(5)受益凭证可分为优先级和次级两种，其作用在于向投资者明示风险收益差别。优先级受益凭证享有优先分配基础资产收益的权力。

按照《国务院关于推进资本市场改革开放和稳定发展的若干意见》(国发[2004]3号)关于"积极探索并开发资产证券化品种"的精神，自2005年8月开始，部分证券公司进行了企业资产证券化业务试点。2005年8月推出第一个试点项目，截至2009年已试点9个项目。参与试点的9家企业分别属于电信、电力和基础设施等行业，累计融资262.85亿元。投资者主要是有一定风险识别能力的机构投资者，包括大型企业集团、财务公司、社保基金、企业年金、信托公司和证券投资基金。受益凭证在沪、深证券交易所大宗交易系统挂牌交易。截至2009年4月底，已有3只专项计划到期完成清算，向投资者按期偿付了本金和收益。

证监会于2009年5月21日总结试点情况发布了《证券公司企业资产证券化业务试点指引(试行)》。美国发生金融危机后，就资产证券化暴露出的道德风险、现金流预测风险、信息披露风险、投资者适当性风险进行了研究，结合国内试点情况，提出应对风险具体措施，并在《指引》中相应做出安排。

随着实体经济的不断提升，社会拥有的能产生稳定现金流的存量资产逐步积累，通过证券化技术盘活存量资产，提升金融与企业资产的使用效率，有助于支持实体经济的进一步发展并深化金融改革，促进国民经济的健康发展。在对证券公司企业资产证券化业务试点情况进行研究总结，并充分吸收证券公司、融资主体等相关方意见的基础上，2013年3月15日，中国证监会发布了《证券公司资产证券化业务管理规定》，对资产证券化基础资产类型、交易结构、交易方式等方面进行了创新与包容性设计，拓展了资产证券化业务的空间。

二、资产支持票据

资产支持票据（ABN，Asset Backed Medium – term Notes）是指，非金融企业在银行间债券市场发行的、有基础资产所产生的现金流作为还款支持的、约定在一定期限内还本付息的债务融资工具。与一般意义上的企业以自身信用水平融资不同，ABN 完全凭借着标的资产的未来收入能力获得融资，实现偿付与发行人信用水平的分离。

2012 年 8 月 3 日中国银行间交易商协会推出的《银行间债券市场非金融企业资产支持票据指引》，随后，上海浦东路桥、南京公用、宁波城建、天津房地产信托集团陆续发行资产支持票据（ABN）达 40 亿元。

发行资产支持票据的主要要求有：基础资产权属分明，可产生可预测现金流，不附带抵押、质押及其他权利限制；交易结构需设置合理，不得伤害股东、债权人权益；管理方式为发行实施注册制，交易商协会对其进行自律管理。注册有效期为两年，企业在有效期内可一次或分期发行；发行方式为采取公开或非公开定向方式在银行间市场发行；募集资金用途须符合法律法规、国家政策要求；投资者保护机制完善，对如债券评级下降、现金流恶化、违约等有应对措施；信息披露完善；有两家具有评级资质的资信机构进行信用评级。

Ⅲ.4 政府债券

一、政府支持机构债券

政府支持机构债方面主要包括两大类债券，第一类是汇金公司发行的国有金融机构债券，即汇金债；第二类则是中国铁道部发行的铁道债。

为探索国有金融机构注资改革的新模式，中央汇金投资有限责任公司（以下简称汇金公司）于 2010 年在全国银行间债券市场成功发行了两期人民币债券，共 1090 亿元。汇金公司是国家对重点金融机构进行股权投资的金融控股机构，由于履行国有金融资产出资人的职责，本身并不从事商业活动，加上没有金融业务牌照，它不属于金融机构，在我国按照发行主体性质确定债券名称的现行制度下，汇金债券被定为政府支持机构债券。汇金公司发行债券是为了解决在股权投资过程中所需的资金来源，由国家对其发行的债券提供某种方式的信用担保。汇金债券的发行，在拓宽汇金公司融资渠道的同时，也增加了债券市场的创新品种，满足了中长期投资者的投资需求。

铁道债是由中华人民共和国铁道部发行的债券，主要分为由铁道部发行的企业债、中期票据及短期融资券。目前，企业债主要由铁道建设基金为债券偿付提供担保，而铁道债募集资金所得将由发行人铁道部用于修建铁路基础设施。自1995年首次发行以来，截至2012年10月31日的铁道债发行，铁道部共发行6287亿元债券，已兑付167亿元，尚未到期6020亿元，未到期的中国铁路建设债券存续期内每年需支付利息约285.14亿元；中期票据共发行1200亿元，已兑付250亿元，尚未到期950亿元，未到期的中期票据存续期内每年需支付利息41.90亿元；短期融资券共发行2200亿元，已兑付2000亿元，尚未到期200亿元，未到期的短期融资券存续期内每年需支付利息7.38亿元；超短期融资券共发行650亿元，均已兑付。未来我国铁路建设仍有很大发展空间，因此铁道债将在中国债券市场中继续占据重要的一席之位。2013年3月17日，根据部委改制方案，中国铁道部更名为中国铁路总公司，承接铁道部全部资产负债。

二、国际开发机构人民币债券

国际开发机构是指进行开发型贷款和投资的多边、双边以及地区国际开发性金融机构。国际开发机构人民币债券则是指国际开发机构依法在中国境内发行的、约定在一定期限内还本付息的、以人民币计价的债券。2005年2月，有关部门制定并发布了《国际开发机构人民币债券发行管理暂行办法》，对国际开发机构发行人民币债券的相关事项进行了规定。

2005年10月9日，国家金融公司和亚洲开发银行分别在全国银行间债券市场分别发行11.3亿元及10亿元人民币债券。此后，国家金融公司与亚洲开发银行分别在2006年及2009年各发行8.7亿与10亿元人民币债券。

为进一步规范国际开发机构发行人民币债券的行为，中国人民银行、财政部、国家发改委、中国证监会对上述暂行办法作出了修订，并于2010年9月重新予以公布实施。

在中国境内申请发行人民币债券的国际开发机构应向财政部等窗口单位递交债券发行申请，由窗口单位会同中国人民银行、国家发展和改革委员会、中国证券监督管理委员会等部门审核后，报国务院同意。发债机构应满足一系列基本条件，提交相关材料（具体由《国际开发机构人民币债券发行管理暂行办法》说明）。

发债机构申请需具备以下条件：资质良好，经两家或以上在国内具备人民币债券评级资格的评级公司评级，人民币债券信用级别至少达AA以上，为国内项目或企业提供贷款和股本资金10亿美元以上，国务院豁免除外，所募集资金符合国家产业政策，并且用于境内的中长期固定资产贷款或提供股本资金。

国债与地方债券

一、定义

国债，又称国家公债，是国家以其信用为基础，按照债的一般原则，由国家发行的、为中央政府筹集财政资金的一种政府债券，从本质上说是中央政府向投资者出具的、承诺在一定时期支付利息和到期偿还本金的债权债务凭证。由于国债的发行主体是国家，因此国债具有最高的信用度，被公认为是最安全的投资工具。

地方政府债券，则是指国家有财政收入的地方政府地方公共机构所发行的债券，一般用于交通、通讯、住宅、教育、医院和污水处理系统等地方性公共设施建设。具体来说，地方政府债券有两种模式，第一种为地方政府直接发债；第二种是中央发行国债，再转贷给地方，也就是中央发国债之后给地方用。一般地，地方政府债券是以当地政府的税收能力作为还本付息的担保，因此又被称为"市政债券"。

二、发展历程

(一) 国债

新中国成立后至今，我国国债的发展可以分为两个主要阶段。

第一个阶段(1950 ~ 1958 年)：新中国成立后于 1950 年发行了"人民胜利折实公债"，成为新中国历史上第一种国债。在此后的"一五"计划期间，又于 1954 ~ 1958 年间每年发行了一期"国家经济建设公债"，发行总额为 35.44 亿元，相当于同期国家预算经济建设支出总额 862.24 亿元的 4.11%。1958 年后，由于历史原因，国债的发行被终止。

第二个阶段(1981 年至今)：我国于 1981 年恢复了国债发行，国债市场又经历了数个发展阶段。

1981 ~ 1987 年间，我国国债年均发行规模仅为 59.5 亿元，且发行日也集中在每年的 1 月 1 日。这一时期尚不存在国债的一、二级市场，国债发行采取行政摊派形式，面向国营单位和个人，且存在利率差别，个人认购的国债年利率比单位认购的国债年利率高 4 个百分点。券种比较单一，除 1987 年发行了 54 亿元 3 年期重点建设债券外，其余均为 5 ~ 9 年的中长期国债。

1988 ~ 1993 年间，国债年发行规模扩大到 284 亿元，增设了国家建设债券、财政债券、特种国债、保值公债等新品种。1988 年，国家分两批在 61 个城市进行国债流通转让试点，初步形成了国债的场外交易市场。1990 年后，国债开始在交易所交易，形成国债的场内交易市场，当年国债交易额占证券交易总额120亿元的80%以上。1991年，我国开始试行国债发行的承购包销。1993年10月和12月，上海证券交易所正式推出了国债期货和回购两个创新品种。

1994年，财政部首次发行了半年和一年的短期国债。1995年，国债二级市场交易活跃，特别是期货交易量屡创纪录，但包括"3·27"事件和回购债务链问题等违规事件频频出现，致使国债期货交易于5月被迫暂停。

1996年，国债市场又出现了一些新变化：一是财政部改革以往国债集中发行为按月滚动发行，增加了国债发行的频度；二是国债品种多样化，对短期国债首次实行了贴现发行，并新增了最短期限为3个月的国债，此外还首次发行了按年付息的十年期和七年期附息国债；三是在承购包销的基础上，对可上市的8期国债采取了以价格（收益率）或划款期为标的的招标发行方式；四是当年发行的国债以记账式国库券为主，使国债逐步走向无纸化。

1996年以后，国债市场交易量有所下降，而国债市场也出现了托管走向集中、银行间债券市场与非银行间债券市场相分离的变化，呈现出"三足鼎立"之势，即全国银行间债券交易市场、深沪证交所国债市场和场外国债市场。

（二）地方债券

中国地方政府债券最早出现在中华人民共和国成立初期，但1993年地方国债便因地方政府的兑现能力问题被国务院明确"叫停"。1995年1月1日起施行的《预算法》第28条第2款明确规定，除法律和国务院另有规定外，地方政府不得发行地方政府债券，至此"地方政府债券"的禁令一直保持至2009年。由于2009年全球金融危机对我国经济造成了巨大冲击，为增加地方政府安排配套资金和扩大政府投资的能力，第十一届全国人大常委会第18次委员长会议审议了《国务院关于安排发行2009年地方政府债券的报告》，之后颁布的《国务院关于发行2009年地方政府债券有关问题的通知》中明确规定，地方政府债券将由财政部通过现行国债发行渠道代理发行，从而重启了地方债券的发行。

经国务院批准，2011年上海市、浙江省、广东省、深圳市开展地方政府自行发债试点。为加强对自行发债工作的指导和监管，财政部制定了《2011年地方政府自行发债试点办法》，并于2011年10月20日发布实施。其中，自行发债过程中的预算管理、会计核算以及偿债保障机制的建立参照《财政部关于印发〈2009年地方政府债券预算管理办法〉的通知》、《财政部关于印发〈财政部代理发行地方政府债券财政总预算会计核算办法〉的通知》和《财政部关于印发〈财政部代理发行2011年地方政府债券发行对付办法〉的通知》。

2011年11月15日，上海市率先自行发行地方政府债券（以下简称地方债），揭开了此次地方债自行发行的序幕。随后，浙江省、广东省、深圳市相继完成自行发行的试点工作，总发行规模为229亿元。作为地方政府市场化的融资方式，地方债试点无疑会对地方政府的财政管理体制、我国债券市场、社会信用体系等诸多方面产生深远影响。

三、市场与监管现状

总体来讲，政府债券（国债和地方政府债）的监管主要由中国人民银行、财政部和证监会负责。其中，我国地方政府债券的发行的一般流程是，首先获得中央政府的批准，其次要在本级地方人民代表大会上通过，最后才能真正进入市场操作阶段，向债券承销机构公开招标发行。

目前，记账式国债与地方政府债普遍采用公开招标方式，其中国债招标规则主要借鉴了国际市场中的“美国式”和“荷兰式”规则，并且发展了“混合式”招标方式，招标标的一般为利率、价格或数量。目前国债及地方政府债的主要投资者是商业银行、保险公司、基金和券商等机构投资者。

Ⅳ 如何降低发债成本

企业在作出债券融资时，需要考虑本期债券的发行价格、票面利率、偿还期、发行费用等要素，综合计算债券的实际利率，以此来对比其他渠道的融资成本，作出最有利于企业的融资决策。

Ⅳ.1 债券成本

如债券定义所示，债券代表企业为了在现阶段取得一定量的现金流入，在未来约定时间支付一系列本息。尽管方案设计多样，但它反映成本高低的最核心要素就是发行价格和发行利率(即票面利率)。

债券的发行价格是指债券原始投资者购入债券时应支付的市场价格，它与债券的面值可能一致也可能不一致。理论上，债券发行价格是债券的面值和将支付的年利息按发行当时的市场利率折现所得到的现值。由此可见，票面利率和市场利率的关系将影响到债券的发行价格。当债券票面利率等于市场利率时，债券发行价格等于面值；当债券票面利率低于市场利率时，企业仍以面值发行就不能吸引投资者，故一般要折价发行，即按低于债券面额的价格发行；反之，当债券票面利率高于市场利率时，企业仍以面值发行就会增加发行成本，故一般要溢价发行，即按高于债券面额的价格发行。从资金时间价值来考虑，债券的发行价格由两部分组成，即债券到期还本面额的现值和债券各期利息的年金现值。具体来讲，对于一个 T 期后还本，每期偿还利息的债券，其计算公式为：

$$\text{债券售价} = \frac{\text{债券面值}}{(1+\text{市场利率})^{T}} + \sum_{t=1}^{t=T}\frac{\text{债券面值}\times\text{票面利率}}{(1+\text{市场利率})^{t}}$$

决定债券发行价格的基本因素如下：

1. 债券面额。债券面值即债券市面上标出的金额，企业可根据不同认购者的需要，使债券面值多样化，既有大额面值，也有小额面值。

2. 票面利率。票面利率是指发行债券时规定应付的并直接印刷在债券票面上的利率，表示每年应付的利息额与债券面额之比。票面利率的高低直接影响着证券发行人的筹资成本和投资者的投资收益,一般是证券发行人根据债券本身的情况和对市场条件分析决定的。债券的付息方式是指发行人在债券的有效期间内,向债券持有者分批支付利息的方式,债券的付息方式也影响投资者的收益。票面利率可分为固定利率和浮动利率两种。一般地,企业应根据自身资信情况、公司承受能力、利率变化趋势、债券期限的长短等决定选择何种利率形式与利率的高低。票面利率固定的债券通常每年或每半年付息一次。Coupon 亦指息票,即附于债券上,供持有人支取利息的凭证。也有的票面利率约定随本金一次偿还。

3. 市场利率。市场利率是衡量债券票面利率高低的参照系,也是决定债券价格按面值发行还是溢价或折价发行的决定因素。

4. 债券期限越长,债权人的风险越大,其所要求的利息报酬就越高,其发行价格就可能较低。

债券发行价格有以下三种形式:

1. 平价发行,即债券发行价格与票面名义价值相同。

2. 溢价发行,即发行价格高于债券的票面名义价值。

3. 折价发行,即发行价格低于债券的票面名义价值。

在我国目前企业(公司)债券的发行只能采取平价发行方式。公司(企业)债不允许折价或者溢价发行,因此,发行价格等于票面价值。那么反映债券成本的高低就集中到发行利率(票面利率)这一个指标上来了。

Ⅳ.2 影响发行利率的因素

债券发行利率取决于多方面的因素,如同期可比债券的发行及交易水平、投资者的偏好及需求变化、发行时机的选择、承销商的承销实力、发行及上市场所。同时,对于发行时机的选择,需综合考虑宏观经济环境及货币政策走势预期、短期内的资金面和信用产品供给量波动,等等。

1. 发行条款设计迎合当前利率环节和投资者需求变化。指投资者对发行主体行业、信用级别、担保方式及债券品种期限长短等要素的偏好及需求的变化。一般来说,发行主体资质、行业、地区、发展前景较好的债券品种容易受到欢迎、并获得投资者的认可和需求,从而有利于获得较低的发行利率;反之,发行主体资质、行业、地区、发展前景较差的债券品种则可能需求较弱,从而将面临更高的发行利率。同时,投资者受各方面因素影响,在不同阶段对期限结构的需求也不一样。如宏观经济向好时,投资者偏好长期品种;宏观经济向坏时,投资者偏好中短期品种。当然,这是比较简单的说法,影响投资者偏好及需求的因素还有很多。

2. 发行时机的选择。需综合考虑宏观经济环境及货币政策走势预期、短期内的资金面和信用产品供给量波动等。

(1)宏观经济环境及货币政策走势预期会对利率走势产生直接影响。在宏观经济走好的情况下,市场预期未来通胀上升,债券市场利率可能缓步上行;相反,在宏观经济欠佳的情况下,投资者往往会预期宽松的货币政策,债券市场利率可能下降。同时,在宏观经济预期走好的阶段,投资者的风险偏好往往得到加强,有利于中低评级信用产品获得较低的发行利率,高评级券种的发行利率也能得到有力支撑;反之,当宏观经济环境不佳的情况下,投资者将更加谨慎,高评级信用产品将更加受到关注,发行利率也将更具优势。

(2)短期内的资金面和信用产品供给量波动。市场资金面和信用产品的平衡往往容易出现变动,债券市场资金面的松紧是决定发行利率走势的重要因素。宽松的资金面会提升投资者持有各类债券的需求,带动利率下行;反之,紧缩的资金面则会抑制投资者持券需求,提高持券成本,带动利率上行。此外,股票市场近期走势及资产轮动也对债券发行利率产生影响。通常情况下,股强债弱,债强则股弱。在股市表现较好的情况下,投资者的风险偏好也会受到影响,大部分对股市、债市均有投资的机构将会把更多的资金配置在股市上,债券发行利率将因此有所上行;反之,当股市表现不佳的情况下,投资者的风险偏好降低,并提高债市配置比例,债券发行利率会因此出现下行。

(3)同期可比债券的发行及交易水平。债券发行利率在一定程度上而言是投资者、承销商和发行人经过多轮博弈之后形成的结果,而在定价过程中同期可比债券的发行及交易水平是最重要的参考因素之一。

3. 承销商的承销实力。债券发行中承销商的承销实力也会在一定程度上影响最终发行利率。承销实力较强的承销商由于执行能力及销售能力更强,能够更具市场变化设计更好的发行方案,并争取到更多的订单和更低的发行利率;反之,承销实力较弱的承销商可能由于方案设计能力和销售能力较弱而导致发行利率偏高。

4. 发行及上市场所。目前,银行间市场的规模及流动性仍优于交易所市场,因此同级别的银行间企业债券的二级市场平均收益率往往低于交易所公司债券的二级市场平均收益率。但对于企业债券而言,较多城投类债券通过银行间市场和交易所市场同时发行、上市的方法,能够有效满足不同投资者对流动性的要求、有效降低发行利率。

Ⅳ.3 发行条款设计

企业在进行债券融资前，需要与主承销商精心设计本期债券发行方案，以有利于本期债券发行成本的降低，并匹配公司项目投资需求。

一、设置担保

1. 抵押债券。抵押债券是以企业财产作为担保的债券，按抵押品的不同又可以分为一般抵押债券、不动产抵押债券、动产抵押债券和证券信托抵押债券。以不动产如房屋等作为担保品的，称为不动产抵押债券；以动产如适销商品等作为提供品的，称为动产抵押债券；以有价证券如股票及其他债券作为担保品的，称为证券信托债券。一旦债券发行人违约，信托人就可将担保品变卖处置，以保证债权人的优先求偿权。

2. 信用债券。信用债券是不以任何公司财产作为担保、完全凭信用发行的债券，如政府债券，即债券由于发行人的绝对信用而具有坚实的可靠性。除此之外，一些公司也可发行这种债券。与抵押债券相比，信用债券的持有人承担的风险较大，因而往往要求较高的利率。

二、设置转股条款

1. 可转换债券。可转换债券是指在特定时期内可以按某一固定的比例转换成普通股的债券，它具有债务与权益双重属性，属于一种混合型筹资方式。由于可转换债券赋予债券持有人将来成为公司股东的权利，因此其利率通常低于不可转换债券。若将来转换成功，在转换前发行企业达到了低成本筹资的目的，转换后又可节省股票的发行成本。根据《公司法》的规定，发行可转换债券应由国务院证券管理部门批准，发行公司应同时具备发行公司债券和发行股票的条件。可转换债券的一个重要特征是有转股价格，即在约定的期限后，投资者可以随时将所持的可转券按股价转换成股票。

2. 不可转换债券。不可转换债券是指不能转换为普通股的债券，又称为普通债券。由于其没有赋予债券持有人将来成为公司股东的权利，所以其利率一般高于可转换债券。

三、设置不同的付息条款

1. 零息债券。零息债券，又称贴现债券，是指债券券面上不附有息票，在票面上不规定利率，发行时按规定的折扣率，以低于债券面值的价格发行，到期按面值支付本息的债券。

2. 定息债券。固定利率债券是将票息率印在票面上并按其向债券持有人支付固定利息的债券,利率不随市场利率的变化而调整。

3. 浮息债券。浮动利率债券的息票率随市场利率变动而调整,即与当前市场利率挂钩,通常根据市场基准利率加上一定的利差来确定。

4. 累进利率债券。累进利率债券的利率根据持有期限长短确定,持有时间越长,则利率越高。

四、设置不同付款方式

1. 一次到期债券。一次到期债券是发行公司于债券到期日一次偿还全部债券本金的债券。

2. 分期到期债券。分期到期债券是指在债券发行的当时就规定有不同到期日的债券,即分批偿还本金的债券,可以减轻发行公司集中还本的财务负担。

五、设置发行人可赎回条款

1. 可赎回债券。可赎回债券是指在债券到期前,发行人可以以事先约定的赎回价格收回的债券。公司发行可赎回债券主要是考虑到公司未来的投资机会和回避利率风险等问题,以增加公司资本结构调整的灵活性。发行可赎回债券最关键的问题是赎回期限和赎回价格的制定。

2. 不可赎回债券。不可赎回债券是指不能在债券到期前收回的债券。

六、设置投资者可回售选择权或者发行人上调票面利率选择权

通常在当前市场利率平均水平较低,且发行困难时,发行人为了确保本期债券成功发行且成本较低,会同时设置投资者可回售选择权和发行人利率上调选择权。

下面以“09 名流债”举例说明:

表 1　2009 年 10 月 30 日名流置业集团股份有限公司公告“09 名流债”基本情况

1. 债券名称:2009 年名流置业集团股份有限公司公司债券
2. 债券简称:09 名流债
3. 债券代码:112012
4. 债券形式:实名制记账式公司债券
5. 债券期限:5 年期
6. 票面金额:100 元
7. 票面利率:7.05%。发行人有权决定是否在“09 名流债”存续期限的第 3 年末上调债券后 2 年的票面利率
8. 还本付息方式:采用单利按年计息,不计复利,每年付息一次,到期一次还本,最后一期利息随本金的兑付一起支付

2012 年 10 月，名流置业发布公告，其中设计利率上调和回售的重要条款如下：

表 2

1. 信用级别：2012 年鹏元资信评估有限公司对“09 名流债”进行跟踪评级，维持“09 名流债”的信用等级为 AA +
2. 利率调整：在“09 名流债”存续期的第 3 年末，发行人选择上调票面利率 95 个基点到 8.00%，在“09 名流债”存续期后 2 年（2012 年 11 月 3 日至 2014 年 11 月 2 日）利率保持 8.00%
3. 投资者回售选择权：投资者可选择不回售、部分回售或全部回售
4. 风险提示：投资者选择回售等同于投资者以 100 元/张（不含利息）的价格卖出“09 名流债”。截至本公告发布之日前一个交易日，“09 名流债”的收盘价格为 101.599 元/张，高于回售价格。投资者参与回售可能会带来损失，请投资者注意风险
5. 回售登记日：2012 年 10 月 24 日
6. 回售价格：人民币 100 元/张（不含利息）。以 10 张（即面值 1000 元）为一个回售单位，回售金额必须是 1000 元的整数倍且不少于 1000 元
7. 回售登记办法：投资者可选择将持有的债券全部或部分回售给发行人，在回售登记日通过深圳证券交易所交易系统进行回售申报，当日可以撤单，当日收市后回售申报一经确认，不能撤销。相应的债券将被冻结交易，直至本次回售实施完毕后相应债券被注销
8. 选择回售的投资者须于回售登记日进行登记，逾期未办理回售登记手续即视为投资者不回售，同意继续持有“09 名流债”
9. 回售部分债券享有 2011 年 11 月 3 日至 2012 年 11 月 2 日期间利息，利率为 7.05%。付息每手（面值 1000 元）“09 名流债”派发利息为人民币 70.50 元（含税。扣税后个人、证券投资基金债券持有人取得的实际每手派发利息为 56.4 元；非居民企业取得的实际每手派发利息为 63.45 元。）

在可回售日，名流债的市价为 101.599 元，高于票面价值 100 元，如果投资者选择回售给发行人，反而要低于市场交易价格了。

Ⅳ.4 发行时机选择

宏观经济环境及货币政策走势预期会对发行利率产生直接影响。在宏观经济走好的情况下，市场预期未来通胀上升，债券市场利率可能缓步上行；相反，在宏观经济欠佳的情况下，投资者往往会预期宽松的货币政策，债券市场利率可能下降。同时，当宏观经济环境不佳的情况下，经济运行比较悲观，大量的资金从股市、房地产和其他投机品中流出，选择收益稳定的债券品种进行投资，债券牛市的时候，债券整体发行利率会处于较为乐观的时候。另一方面，在债市牛市当中，一年中受各种宏观政策变化和其他因素影响，阶段性发行窗口也会对发行利率产生重大影响。

一、债券牛市时期

中国债券市场发展迅猛，从无到有，2012 年以来更是债券牛市态势，债券发行量直创新高。2012 年前九个月，国内累计发行债券达 1966 只，发行金额高达 6 万亿。截至 9 月 30 日，我国债务融资工具的市场规模已排名世界第三、亚洲第二，债务市场也成为我国企业直接债务融资的主板市场。据预测，未来 5 年信用债市场的发展或将高于整个资本市场的增长率，债权融资市场的发展空间巨大。与此同时，我国已形成了银行间场外债券市场和交易所场内债券市场并存、分工合作、互通互联的债券市场体系。

表 3 是我国债券市场 2012 年 1 月 1 日到 2012 年 9 月底各类品种的发行情况。

表 3　各类债券发行数量及规模统计(2012.1.1－2012.9.30)

类别	发行数量(只)	发行数量比重(%)	发行金额(亿元)	发行金额比重(%)
国债	47	2.39%	11,602.58	19.44%
地方政府债	16	0.81%	2473.00	4.14%
金融债	162	8.24%	19,449.60	32.58%
企业债	298	15.16%	4349.03	7.29%
公司债	171	8.70%	1618.13	2.71%
中期票据	520	26.45%	8304.30	13.91%
短期融资券	720	36.62%	10,683.37	17.90%
政府支持机构债	8	0.41%	1050	1.76%
资产支持证券	24	1.22%	159.9644	0.27%
合计	1966	100.00%	59,689.9744	100.00%

数据来源：Wind 资讯

总体来看，近几年来国内债券市场在品种结构上呈现出以下特征：

一是金融债增长迅速。2009 年至 2012 年前三季度，金融债(包括政策银行债、商业银行金融债、商业银行次级债、保险公司债和其他金融机构债)的发行数量和金额分别达到 516 只和 6.97 万亿元，均超过了同期国债的发行数量和金额，即 279 只和 6.13 万亿元。从市场占比来看，金融债的发行数量和金额分别占同期市场总额的 8.78% 和 21.98%。

二是非金融企业的债务融资工具发展迅猛。2009 年至 2012 年前三季度，非金融企业债务融资工具（包括中期票据、短期融资券）发行数量达到3355只，占各类债券发行总数量的57.08%；发行金额达到5.43万亿元，占各类债券发行总金额的17.713%。

三是企业债、公司债数量不断增加，但平均发行规模较小，市场份额较小。2009年至2012年前三季度，企业债、公司债发行数量为1172只，仅占各类债券发行总数量的19.94%；发行金额为1.71万亿元，仅占各类债券发行总金额的5.39%。其中，企业债在发行数量和融资总额方面约是公司债的3倍。

从近年债券市场操作案例来看，单只债券的发行利率会在整体市场利率中枢的基础上受各种因素影响而有所波动。

二、精选阶段性发行窗口

图3列示了从2009年至2012年9月的银行间债券市场平均收益率的走势，在一定基础上代表不同时期的发行利率中枢水平，可以看出，在不同阶段，受前述各种因素综合影响导致同一主体信用债的利率水平有所波动。

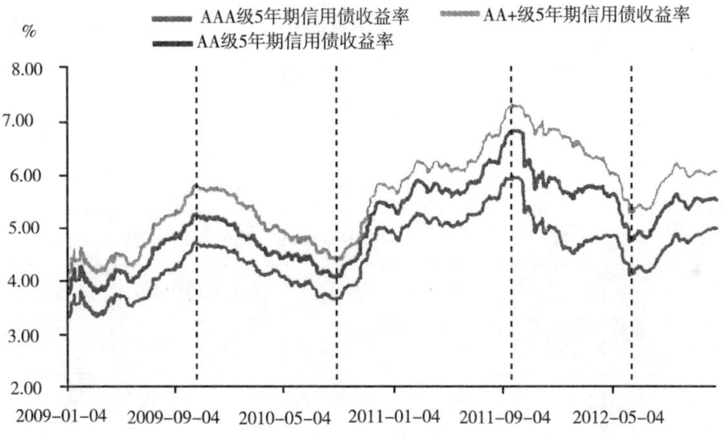

图3　2009～2012年9月银行间债券市场平均收益率走势图

数据来源：Wind资讯

表4列示了2012年12月以来企业债券（主体AA级）的发行情况，在信用级别相同的情况下，受发行时机、主体资质、行业、承销商、发行及上市场所等诸多因素影响，发行利率波动较大。

表4　2012年12月以来企业债券(主体AA级)的发行情况

债券简称	发行日期	规模(亿)	期限(年)	票面利率(%)	主体	债项	评级机构	担保	上市地点
12金山城投债	2012-12-21	9	7	6.60	AA	AA	新世纪		跨市场
12诸暨债	2012-12-19	16	7	6.92	AA	AA+	鹏元		跨市场
12淮北建投集团债	2012-12-17	18	6	6.68	AA	AA+	鹏元	土地抵押	跨市场
12祥鹏航空债	2012-12-14	7	7	7.29	AA	AA	鹏元	集团担保	银行间
12湖州城投债	2012-12-14	7	7	6.70	AA	AA+	鹏元		银行间
12新查矿债	2012-12-13	6	5+2	7.20	AA	AA	鹏元	集团担保	跨市场
12大丰债	2012-12-13	10	7	7.08	AA	AA	鹏元		银行间
12新城投	2012-12-13	15	7	7.08	AA	AA	鹏元	第三方担保	跨市场
12泉州台商债	2012-12-10	10	7	7.08	AA	AA	鹏元	第三方担保	银行间
12渝兴债	2012-12-10	12	7	7.30	AA	AA	鹏元		银行间
12长沙先导债	2012-12-10	18	7	6.70	AA	AA+	大公国际	第三方担保	跨市场
12沪临港债	2012-12-10	7	5+2	6.09	AA	AA	新世纪		跨市场
12榕建总债	2012-12-10	5	7	6.80	AA	AA	新世纪		跨市场
12三明国投债	2012-12-5	10	7	6.92	AA	AA+	中诚信	土地抵押	银行间
12绍迪荡	2012-12-5	10	6	6.75	AA	AA	大公国际		跨市场
12冀顺德债	2012-12-5	10	7	6.98	AA	AA	大公国际		跨市场
12庆高新债	2012-12-5	12	7	6.88	AA	AA	鹏元		跨市场
12榆城投债	2012-12-4	15	6	6.81	AA	AA+	联合	土地抵押	跨市场
12宿迁水务债	2012-12-4	8	7	6.55	AA	AA+	鹏元	第三方担保	跨市场
12六盘水开投债	2012-12-3	16	7	6.97	AA	AA	鹏元		银行间
12沭阳债	2012-12-3	10	7	6.50	AA	AA+	鹏元	土地抵押	跨市场
12立业债	2012-12-3	10	3+3	6.30	AA	AA	鹏元		跨市场
12津开债02	2012-12-3	4.5	10	6.50	AA	AA+	中诚信	第三方担保	银行间
12津开债01	2012-12-3	18.5	7	6.20	AA	AA+	中诚信	第三方担保	银行间

数据来源:Wind资讯

因此，发行人提前做好投资安排和融资计划，和主承销商协商精选发行窗口，可以有效地降低融资成本。

Ⅳ.5 实际成本测算

一、综合成本测算

平价发行的债券发行利率确定后，企业应当测算债券实际融资成本。

A 企业平价发行债券 10 亿元，5 年期，约定每期期末付息，票面固定利率 5%，可参考市场利率 4.9%，支付承销商 2% 承销费用（含其他会计师、律师费用），支付评级机构 30 万元一次性评级费用，每年 5 万元跟踪评级费。

如不考虑时间价值，企业可以采取简易估算法：5% +(2% ÷5) + [(30 +5 ×5) ÷100,000] ÷5 =5.41%

考虑时间价值，企业采用现金流量贴现模式计算实际利率，采用 EXCEL 如表 5 计算所示：

表 5　现金流量贴现模式计算

参数	数值	含义
PAR VALUE	100,000	债券面值
FEE	2030	中介费用
NPV	97970	Pv 为现值，即从该项投资开始计算时已经入账的款项，或一系列未来付款当前值的累积和，也称为本金
NPER	5	Nper 为总投资期，即该项投资的付款期总数
PMT	-5005	Pmt 为各期所应支付的金额，其数值在整个年金期间保持不变。通常，pmt 包括本金和利息，但不包括其他费用或税款。如果忽略 pmt，则必须包含 fv 参数
FV	-100,000	Fv 为未来值，或在最后一次付款后希望得到的现金余额。如果省略 fv，则假设其值为零（例如，一笔贷款的未来值即为零）
TYPE	1	Type 数字 0 或 1，用以指定各期的付款时间是在期初还是期末
RATE	5.77%	EXCEL RATE 函数

由此可以看到本次债券融资的实际债券成本达到了 5.77%，高出简易估算法 5.41%。

二、债券的到期收益率

人们投资债券时,最关心的就是债券收益有多少。为了精确衡量债券收益,一般使用债券收益率这个指标。债券收益率是债券收益与其投入本金的比率,通常用年率表示。债券收益不同于债券利息。债券利息仅指债券票面利率与债券面值的乘积,但债券持有期内的债券收益除利息收入外,还包括在债券市场进行买卖的盈亏差价。

一般地,决定债券收益率的主要因素包括债券的票面利率、期限、面值和购买价格。最基本的债券收益率计算公式为:

债券收益率:(到期本息和 - 发行价格)/(发行价格 × 偿还期限) × 100%

具体地,由于债券持有人可能在债券偿还期内转让债券,因此,债券的收益率还可以分为债券出售者的收益率、债券购买者的收益率和债券持有期间的收益率。各自的计算公式如下:

债券出售者的收益率 =(卖出价格 - 发行价格 + 持有期间的利息)/(发行价格 × 持有年限) × 100%

债券购买者的收益率 =(到期本息和 - 买入价格)/(买入价格 × 剩余期限) × 100%

债券持有期间的收益率 =(卖出价格 - 买入价格 + 持有期间的利息)/(买入价格 × 持有年限) × 100%

例如,某人于 2012 年 1 月 1 日以 102 元的价格购买了一张面值为 100 元、利率为 10% 、每年 1 月 1 日支付一次利息的 2008 年发行 5 年期国库券,并持有到 2013 年 1 月 1 日到期,则

债券购买者的收益率 =(100 + 100 × 10% - 102)/(102 × 1) × 100% = 7.8%

债券出售者的收益率 =(102 - 100 + 100 × 10% × 4)/(100 × 4) × 100% = 10.5%

再如,某人于 2012 年 1 月 1 日以 120 元的价格购买一张面值为 100 元、利率为 10% 、每年 1 月 1 日支付一次利息的 2011 年发行的 10 年期国库券,并持有到 2017 年 1 月 1 日以 140 元的价格卖出,则

债券持有期间的收益率 =(140 - 120 + 100 × 10% × 5)/(120 × 5) × 100% = 11.7%

以上计算公式没有考虑把获得的利息进行再投资的因素。把所获利息的再投资收益计入债券收益,据此计算出来的收益率,即为复利收益率。

学会计算债券的到期收益率,在债券存续期间,如果到了期间利率上调选择权时点、或者发行人可赎回时点、回售条款,可据此计算相关参考收益率,作出对企业成本最有利的决策。

V 债券承销实务操作

V.1 债券承销的监管机构

我国企业可以选择发行的债券有金融债、企业债、公司债券、短期融资券和中期票据、资产支持债券以及其他创新品种，上述品种由不同的监管机构进行审批，包括财政部、国家发改委、中国人民银行、证监会、银监会、交易商协会等，并且适用于不同的法规监管要求，选择在不同的交易所市场进行上市。表6对此进行了整理：

表6 我国债券市场各品种的主要监管机构

<table>
<tr><th colspan="2">债券类别</th><th>监管机构</th></tr>
<tr><td colspan="2">政府债券</td><td>中国人民银行、财政部、证监会</td></tr>
<tr><td rowspan="3">金融债券</td><td>政策性银行金融债券</td><td>中国人民银行</td></tr>
<tr><td>商业银行债券、非银行金融机构债券</td><td>银监会、中国人民银行</td></tr>
<tr><td>证券公司债券、证券公司短期融资券、证券公司次级债</td><td>中国人民银行、证监会</td></tr>
<tr><td colspan="2">企业债券</td><td>国家发改委、中国人民银行、证监会</td></tr>
<tr><td colspan="2">公司债券</td><td>证监会</td></tr>
<tr><td colspan="2">非金融企业债务融资工具</td><td>交易商协会(注册制)</td></tr>
<tr><td colspan="2">资产支持证券及票据</td><td>银监会、中国人民银行、证监会、交易商协会</td></tr>
<tr><td colspan="2">中小企业私募债</td><td>交易所(备案制)</td></tr>
<tr><td colspan="2">国际机构债券</td><td>中国人民银行、财政部、国家发改委、证监会</td></tr>
<tr><td colspan="2">中小企业私募债、中小企业集合债、中小企业集合票据</td><td>交易所、发改委、交易商协会</td></tr>
<tr><td colspan="2">国际机构债券</td><td>中国人民银行、财政部、国家发改委、证监会</td></tr>
</table>

债券市场的投资者主要包括中央及地方政府、各类金融机构、工商类企业、个人投资者等，其中除了个人投资者以外，其他类型的投资者也是债券市场上的发行人。

债券市场的交易场所包括银行间市场、交易所市场以及柜台市场，而各个市场的交易制度不同，也使各个交易场所的市场在参与者、交易量及流动性等方面存在巨大差异。

总体来说，不同债券品种所适用的法律法规差别较大。除了较为普遍使用的《证券法》以外，各类债券品种都应遵循其相对应的监管部门所颁布的管理办法及相关条例，后文将做进一步分析。

2012年统一的债券市场框架已取得突破，债市的统一步伐正在加速迈进。如果统一债券市场实现，那么投资者将可以使用同一个账户同时在央行主导的银行间市场和证监会主导的交易所市场买卖债券，这势必会激发投资的积极性，市场规模有望迅速做大。与此同时，对于利用债市融资的企业来说，规则与标准的统一也将减小发债的难度，进一步降低融资成本。因此，未来债券市场的发展方向或进一步体现在统一准入条件、统一信息披露标准、统一资信评估要求、统一安排投资者适当性制度、统一债券市场投资者保护制度、减少交易市场的分割、增强统一互联等方面。

在债券市场监管协调进一步统一的大背景下，我国债券市场近年来踊跃出了众多创新性品种，如中小企业私募债、创业板私募债、资产支持票据等。展望未来债券市场，产品创新有望得到更加充分的体现。

其一，风险缓释类衍生产品有望推出。作为成熟债券市场的代表性产品之一，我们预计在基础产品规模扩大的背景上，信用风险缓释及与之相联系的释放资本功能的金融衍生产品将迎来一个快速增长期。从本质上说，债券衍生产品因具备资本释放和风险对冲的双重功能，在一个中期的范围内，我国金融衍生产品将有望获得较快发展。

其二，私募化产品将迅速发展。从现有银行间市场出发，所有参与的成员均可以认为是合格的投资人，而目前市场中的单一产品最终持有人并未超过50家。如果未来在更广泛的范围内建立起债券市场的合格机构投资者制度，面向合格机构投资者发行的产品有望形成一个大私募市场。从这个角度来说，债券市场将会越来越私募化。而且，自非公开定向发行制度推出后，包括PPN、创业板私募债等在内的私募产品发展迅速，或预示着今后债券市场品种有望向私募化纵深发展。

V.2 债券承销的定价方式

随着国内债券市场快速发展，债券定价已较为市场化。在实际操作过程中，债券的发行利率一般需综合考虑同期可比债券品种的一级市场发行利率及二级市场收益率，以及机构投资者对于发行人资质的独立判断等诸多因素。在定价过程中，投资者对期限结构及利率的偏好、市场资金面的宽裕程度、宏观经济环境及走势预期、股票市场的变化等情况均会对发行利率形成影响。

目前国内债券市场定价主要包括两种方式：

1. 簿记建档（包括招标）。目前公司债券、金融债券以及产业类企业债券等主要采取“簿记建档”的方式进行定价。“簿记建档”是指国际上通行的、由簿记管理人（一般由主承销商担任）记录投资者认购债券数量和有购买意向的债券利率水平的工作过程。簿记管理人和发行人会根据前期沟通情况确定簿记建档利率区间并进行公告，投资者根据自己对利率的判断和需求在簿记建档利率区间内进行申购，再由簿记管理人对申购情况进行汇总、统计后确定最终的发行利率。此外，中国人民银行的招标系统也是簿记建档的一种，目前政策性银行金融债券、铁道债以及部分大型的企业债券通常使用该系统发行。

2. 定价发行。目前短期融资券、中期票据及大部分城投类企业债券均采取定价发行方式。其中，短期融资券及中期票据是按照银行间交易商协会每周公布的二级市场指导利率加上一定利差最终确定一级市场发行利率。而城投类企业债券选择定价发行模式时，一般需提前与投资者就发行利率水平和需求做一定沟通，因此也是较为市场化的定价方式。

V.3 企业债券承销实务

一、监管法规及发行条件

企业债券是指在中华人民共和国境内具有法人资格的企业在境内依照法定程序发行、约定在一定期限内还本付息的有价证券。一般地，企业债券为非上市公司发行，并由国家发改委监管。目前，企业债券可分为城投和产业两大类。其中，城投类企业债券因期限匹配项目建设、分期偿还、成本锁定等优势，在近年来得到了长足发展，并已成为支持地方基础设施建设的重要融资工具。

企业债券的主要监管法规包括《证券法》、《企业债券管理条例》、《国家发展和改革委员会关于推进企业债券市场发展、简化发行核准程序有关事项的通知》、《国务院关于加强地方政府融资平台公司管理有关问题的通知》、《关于贯彻国务院关于加强地方政府融资平台公司管理有关问题的通知相关事项的通知》、《国家发展改革委办公厅关于进一步规范地方政府投融资平台公司发行债券行为有关问题的通知》和《国家发展改革委办公厅关于利用债券融资支持保障性住房建设有关问题的通知》等。

企业债券发行人应满足以下条件:

1. 股份有限公司的净资产不低于人民币3000万元,有限责任公司和其他类型企业的净资产不低于人民币6000万元。

2. 累计债券余额不超过企业净资产(不包括少数股东权益)的40%。

3. 最近3年平均可分配利润(净利润)足以支付企业债券一年的利息。

4. 筹集资金的投向符合国家产业政策和行业发展方向,所需相关手续齐全。用于固定资产投资项目的,应符合固定资产投资项目资本金制度的要求,原则上累计发行额不得超过该项目总投资的60%。用于收购产权(股权)的,比照该比例执行。用于调整债务结构的,不受该比例限制,但企业应提供银行同意以债还贷的证明;用于补充营运资金的,不超过发债总额的20%。

5. 债券的利率由企业根据市场情况确定,但不得超过国务院限定的利率水平。

6. 已发行的企业债券或者其他债务未处于违约或者延迟支付本息的状态。

7. 最近3年没有重大违法违规行为。

二、城投类企业债券的特殊规定

对于城投类企业发行企业债券,除满足前述基础条件之外,还需满足:

1. 申请发行企业债券的投融资平台公司,必须依法严格确保公司资产的真实有效,不得将公立学校、公立医院、公园、事业单位资产等公益性资产作为资本注入投融资平台公司。“公益性资产”是指主要为社会公共利益服务,且不得或不宜变现的资产。对于已将上述资产注入投融资平台公司的,在计算发债规模时,必须从净资产规模中予以扣除。

2. 最近3年主营业务收入(或营业总收入)与补贴收入(如未单列则采用营业外收入科目数据)之比大于7:3。

3. 城投债上报材料中必须提供地方政府债务余额及综合财力统计表。在计算债务率时,应将本次拟发行债券规模纳入地方政府债务口径,发行人所在地方政府债务余额与综合财力的比率不得超过100%。

4. 为了地方投融资平台公司能及时还本付息,发行主体应当在银行建立“偿债资金专户”,在债券存续期第3年起,提前安排必要的还本资金,保证按时还本付息。

5. 除法律法规和国务院另有规定外，各级政府及其所属部门、机构和主要依靠财政拨款的经费补助事业单位，均不得以财政性资金、行政事业单位等的国有资产，或其他任何直接、间接方式，为投融资平台公司发行债券提供担保或增信。

6. 以资产抵（质）押方式为投融资平台公司发债提供增信，其抵（质）押资产必须是可依法合规变现的非公益性有效资产。

7. 禁止采取"应收账款质押"方式提供担保。

此外，国家发展改革委办公厅于2012年12月20日下发《关于进一步强化企业债券风险防范管理有关问题的通知》（发改办财金[2012]3451号），对发债企业资产负债率、偿债保障措施、保障房项目手续条件、募集资金投向、企业债券担保、信用评级、主承销商尽职工作、城投公司资产注入及重组八方面进行了具体规范。此外，根据《关于制止地方政府违法违规融资行为的通知》（财预[2012]463号）要求，政府不得将储备地作为资产注入平台公司，若有则在计算企业债券发行额度时直接扣减相应净资产额度。

三、企业债券上市条件

企业债券可在全国银行间、交易所债券市场公开发行上市。

（一）全国银行间债券市场

根据《银行间债券市场公司债券发行、登记托管、交易流通操作细则》的规定，符合以下条件的公司（企业）债券，可在全国银行间债券市场交易流通：

1. 依法公开发行；
2. 债权债务关系确立并登记完毕；
3. 发行人具有较完善的治理结构和机制，近两年没有违法和重大违规行为；
4. 实际发行额不少于人民币5亿元；
5. 单个投资人持有量不超过该期公司债券发行量的30%。

（二）上海证券交易所

根据《上海证券交易所公司债券上市规则》（2009年修订版）和《上海证券交易所关于调整公司债券上市交易分类标准的通知》，发行人申请债券上市应当符合下列条件：

1. 经有权部门批准并发行；
2. 债券的期限为一年以上；
3. 债券的实际发行额不少于人民币5千万元；
4. 债券须经资信评级机构评级，且债券的信用级别良好；
5. 申请债券上市时仍符合法定的公司债券发行条件；

6. 上交所规定的其他条件。

对于符合上述所列上市条件的债券，上海证券交易所根据其资信等级和其他指标对其上市交易实行分类管理，不能同时达到下列条件的债券，只能通过固定收益证券综合电子平台进行上市交易：

1. 发行人的债项评级不低于 AA；

2. 债券上市前，发行人最近一期末的净资产不低于 5 亿元人民币，或最近一期末的资产负债率不高于 75%；

3. 债券上市前，发行人最近 3 个会计年度实现的年均可分配利润不少于债券一年利息的 1.5 倍；

4. 上交所规定的其他条件。

（三）深圳证券交易所

根据《深圳证券交易所公司债券上市规则》（2012 年修订），发行人申请其发行的债券在深交所上市，应当符合以下条件：

1. 债券经中国证监会或国务院授权的部门核准、批准或者备案并公开发行；

2. 发行人申请债券上市时仍符合法定的债券发行条件；

3. 债券期限为一年以上；

4. 债券实际发行额不少于人民币 5 千万元；

5. 债券须经资信评级机构评级，且债券信用级别良好；

6. 深交所规定的其他条件。

发行人申请其发行的债券在深交所上市，且仅通过深交所综合协议交易平台挂牌交易的，应符合上述规定的条件。发行人申请其发行的债券在深交所上市，且同时通过深交所集中竞价系统和综合协议交易平台挂牌交易的，除应符合上述规定的条件以外，还应当符合以下条件：

1. 债券须经信用评级机构评级，且债券信用评级达到 AA 级及以上；

2. 本次债券发行前，发行人最近一期末的资产负债率或加权平均资产负债率（以集合形式发行债券的）不高于 70%，或发行人最近一期末的净资产不低于 5 亿元人民币；

3. 发行人最近 3 个会计年度实现的年均可分配利润不少于债券一年利息的 1.5 倍，以集合形式发行的债券，所有发行人最近 3 个会计年度实现的加总年均可分配利润不少于债券一年利息的 1.5 倍；

4. 深交所规定的其他条件。

四、企业债券的市场参与者及分工

1. 发行人：境内注册非上市企业。

2. 承销商：企业债券由证券公司进行承销。自 2000 年国务院特批企业债券以来，已经承担过企业债券发行主承销商或累计承担过 3 次以上副主承销商的金融机构方可担任主承销商，已经承担过副主承销商或累计承担过 3 次以上分销商的金融机构方可担任副主承销商。各承销商包销的企业债券金额原则上不得超过其上年末净资产的 1/3。

3. 会计师事务所：发行人需有资质的会计师事务所对其财务情况进行近 3 年审计。

4. 律师事务所：律师事务所将为本次发行提供法律意见。

5. 担保人（或有）：企业可发行无担保信用债券、资产抵押债券或第三方担保债券。其中，对于第三方担保债券，担保人可为集团、专业担保机构或其他第三方。资产抵押债券常见的形式包括通过土地使用权抵押、股权质押等为企业债券提供担保。

6. 评级机构：发行人应当聘请具有企业债券评估从业资格的信用评级机构对其债券进行信用评级。

7. 登记、托管机构：发行人需在债券发行完成后与中国国债登记结算公司办理登记、托管业务；交易所发行的企业债还需与中国证券登记结算有限责任公司办理登记、托管业务。

8. 交易场所：企业债券发行完成后，企业债券可以直接申请进入银行间市场交易流通，经核准后也可在证券交易所上市，挂牌买卖。

五、主要操作环节

1. 准备阶段：确定发行计划，制定债券发行方案，发行人完成内部决议程序；与此同时，各机构进行尽职调查，并根据申报进展上报所需资料。

2. 主承销商内核并申报材料：主承销商内核，根据内核意见修改申报材料；主承销商向国家发改委报送全套申报材料。在具体申报上，采用如下方式报送国家发改委：

（1）中央直接管理企业的申请材料直接申报；

（2）国务院行业管理部门所属企业的申请材料由行业管理部门转报；

（3）地方企业的申请材料由所在省、自治区、直辖市、计划单列市发展改革部门转报。

3. 国家发改委审核：国家发改委审核并出具反馈意见，由主承销商组织发行人及各中介机构对反馈意见进行回复；国家发改委完成内部审核程序。

4. 中国人民银行会签：中国人民银行审核利率定价方案，批复利率定价区间；会签结束后，由国家发改委下发批文。

5. 发行前准备：向国债公司（交易所）申请发行，并准备信息披露、路演推介和询价工作等。

6. 债券发行:可采取定价或簿记建档方式进行发行。

7. 托管、上市及备案:提交债券登记托管、上市申请,国债公司(和交易所)批准上市并挂牌交易后,向国家发改委备案发行总结。

V.4 公司债券承销实务

一、监管法规及发行条件

公司债券是指公司依照法定程序发行、约定在一年以上期限内还本付息的有价证券。公司债券由证监会审批并监管。目前,公司债券的发行人类型主要包括沪、深证券交易所上市的公司及发行境外上市外资股的境内股份有限公司。2011 年 11 月,中国证监会启动了创业板上市公司非公开发行债券的工作,允许创业板上市公司非公开发行债券。

公司债券的主要监管法规包括《证券法》、《公司债券发行试点办法》和《关于实施〈公司债券发行试点办法〉有关事项的通知》等。公司债券发行人应满足以下条件:

1. 公司生产经营符合法律、行政法规和公司章程的规定,符合国家产业政策;

2. 公司内部控制制度健全,内部控制制度的完整性、合理性、有效性不存在重大缺陷;

3. 经资信评级机构评级,债券信用级别良好;

4. 公司最近一期末经审计的净资产额应符合法律、行政法规和中国证监会的有关规定;

5. 最近 3 个会计年度实现的年均可分配利润不少于公司债券 1 年的利息;

6. 本次发行后累计公司债券余额不超过最近一期末净资产额的 40%;金融类公司的累计公司债券余额按金融企业的有关规定计算。

根据 2012 年保荐代表人培训的内容,公司债券目前具有以下主要特点:

1. 公司债发行不强制要求担保;

2. 募集资金用途不再与固定资产投资项目挂钩,可以用于偿还银行贷款、补充流动资金、改善财务结构等股东大会核准的用途;

3. 公司债券发行价格市场化,发行价格由发行人与保荐机构通过市场询价确定;

4. 采用储架发行制度,允许上市公司一次核准、分次发行,发行人获得核准后可在两年内分期发行完毕,但首期发行不能低于发行总额的 50%。

二、公司债券上市条件

公司债券发行完成后,经核准可在证券交易所挂牌买卖,也可进入全国银行间债券市场,但尚未有公司债券在银行间债券市场发行与上市。

(一)上海证券交易所

根据《上海证券交易所公司债券上市规则》(2009 年修订版)和《上海证券交易所关于调整公司债券上市交易分类标准的通知》,发行人申请债券上市应当符合下列条件:

1. 经有权部门批准并发行;
2. 债券的期限为一年以上;
3. 债券的实际发行额不少于人民币 5 千万元;
4. 债券须经资信评级机构评级,且债券的信用级别良好;
5. 申请债券上市时仍符合法定的公司债券发行条件;
6. 上交所规定的其他条件。

对于符合上述所列上市条件的债券,上海证券交易所根据其资信等级和其他指标对其上市交易实行分类管理,不能同时达到下列条件的债券,只能通过固定收益证券综合电子平台进行上市交易:

1. 发行人的债项评级不低于 AA;
2. 债券上市前,发行人最近一期末的净资产不低于 5 亿元人民币,或最近一期末的资产负债率不高于 75%;
3. 债券上市前,发行人最近 3 个会计年度实现的年均可分配利润不少于债券一年利息的 1.5 倍;
4. 上交所规定的其他条件。

(二)深圳证券交易所

根据《深圳证券交易所公司债券上市规则》(2012 年修订),发行人申请其发行的债券在深交所上市,应当符合以下条件:

1. 债券经中国证监会或国务院授权的部门核准、批准或者备案并公开发行;
2. 发行人申请债券上市时仍符合法定的债券发行条件;
3. 债券期限为一年以上;
4. 债券实际发行额不少于人民币 5 千万元;
5. 债券须经资信评级机构评级,且债券信用级别良好;
6. 深交所规定的其他条件。

发行人申请其发行的债券在深交所上市,且仅通过深交所综合协议交易平台挂牌交易的,应符合上述规定的条件。发行人申请其发行的债券在深交所上市，且同时通过深交所集中竞价系统和综合协议交易平台挂牌交易的，除应符合上述规定的条件以外，还应当符合以下条件：

1. 债券须经信用评级机构评级，且债券信用评级达到AA级及以上；

2. 本次债券发行前，发行人最近一期末的资产负债率或加权平均资产负债率（以集合形式发行债券的）不高于70%，或发行人最近一期末的净资产不低于5亿元人民币；

3. 发行人最近3个会计年度实现的年均可分配利润不少于债券一年利息的1.5倍，以集合形式发行的债券，所有发行人最近3个会计年度实现的加总年均可分配利润不少于债券一年利息的1.5倍；

4. 深交所规定的其他条件。

（三）全国银行间债券市场

根据《中国人民银行公告[2007]第19号》的规定，支持公司债券在银行间债券市场发行、交易流通和登记托管，公司债券在银行间债券市场除可进行现券、质押式回购、买断式回购交易以外，还可以进行债券借贷、远期交易等衍生产品交易。但截至目前，实际操作中尚未有公司债券在银行间债券市场发行与上市。

三、公司债券的市场参与者及分工

1. 发行人：沪、深证券交易所上市的公司及发行境外上市外资股的境内股份有限公司。

2. 保荐机构与承销商：发行公司债券应当由保荐机构保荐，并向中国证监会申报，即公司债券由证券公司进行保荐和承销。

3. 会计师事务所：发行人需有资质的会计师事务所对其财务情况进行近三年审计。

4. 律师事务所：律师事务所将为本次发行提供法律意见。

5. 债券受托管理人：发行人公司应当为债券持有人聘请债券受托管理人，并订立债券受托管理协议；在债券存续期限内，由债券受托管理人依照协议的约定维护债券持有人的利益。债券受托管理人由本次发行的保荐人或者其他经中国证监会认可的机构担任。为本次发行提供担保的机构不得担任本次债券发行的受托管理人。

6. 担保人（或有）：公司可发行无担保信用债券、资产抵押债券或第三方担保债券。其中，对于第三方担保债券，担保人可为集团、专业担保机构或其他第三方。资产抵押债券常见的形式包括通过土地使用权抵押、股权质押等为公司债券提供担保。为公司债券提供担保的，应符合下列规定：

（1）担保范围包括债券的本金及利息、违约金、损害赔偿金和实现债权的费用；

(2)以保证方式提供担保的,应当为连带责任担保,且保证人资产质量良好;

(3)设定担保的,担保财产权属应当清晰,尚未设定担保或者采取保全措施,且担保财产的价值经有资格的资产评估机构评估不低于担保金额;

(4)符合《物权法》、《担保法》和其他有关法律法规的规定。

7. 评级机构:公司债券的信用评级,应当委托经中国证监会认定、具有从事证券服务业务资格的资信评级机构进行,即资信评级机构应当依照《证券市场资信评级业务管理暂行办法》的规定,向中国证监会申请取得证券评级业务许可。

8. 登记、托管机构:发行人需在债券发行完成后与中国证券登记结算有限责任公司办理登记业务,中国证券登记结算有限责任公司为公司债券的登记、托管机构。

9. 交易场所:公司债券发行完成后,经核准后可在证券交易所挂牌买卖。

四、主要操作环节

1. 准备阶段:确定发行计划,制定债券发行方案,发行人完成内部决议程序;与此同时,各机构进行尽职调查,并根据申报进展上报所需资料。其中,申请发行公司债券,应当由公司董事会制订方案,由股东会或股东大会对下列事项作出决议:(1)发行债券的数量;(2)向公司股东配售的安排;(3)债券期限;(4)募集资金的用途;(5)决议的有效期;(6)对董事会的授权事项;(7)其他需要明确的事项。

2. 保荐机构(主承销商)内核并申报材料:保荐机构(主承销商)内核,根据内核意见修改申报材料;保荐机构(主承销商)向中国证监会报送全套申报材料。

3. 中国证监会审核:中国证监会受理后,对申请文件进行初审并出具反馈意见,由保荐机构(主承销商)组织发行人及各中介机构对反馈意见进行回复;发审委按照《中国证券监督管理委员会发行审核委员会办法》规定的特别程序审核申请文件;中国证监会作出核准或者不予核准的决定。

公司债券的监管审核重点与股票有所不同。股票发行审核的是发行人,监管重点是关注公司的资质、持续经营能力和成长空间,对未来盈利预测、同业竞争、公司治理等指标将重点关注;公司债券则更侧重于产品本身,监管重点是产品设计和偿债能力(现金流量),与发行人未来的报表盈利情况关联不大,即使企业未来亏损,但剔除固定资产折旧、计提的或有费用和损失等因素,公司仍可能有稳定的现金流并按其兑付即可。根据2012年保荐代表人培训的内容,目前公司债券的审核重点在于:

(1)主体信用等级和债项评级的合理性;

(2)充分关注可预期的现金流和偿债能力,但主体和债项可分离;

(3)持续跟踪评级和违约风险防范;

(4)债券持有人权益保护的措施;

(5)偿债计划及其保障措施。

此外操作实务中碰到的问题明确如下:

(1)发行条件中涉及的财务指标的适用解释:

1)年均可分配利润是指年合并报表归属于母公司的净利润。

2)累计公司债券余额指以财务账面值计算的公开发行债券余额,包括企业债、不包括短期融资券和中期票据,因为债务融资工具,实质是公司债券,从法律体系上看不是公司债券,是比较特殊的金融产品。

3)净资产额和最近一期指最近一期公告的信息披露的财务数据,不要求强制审计。

4)最近一期未分配利润的问题。最近一期未分配利润为负可以发行公司债,不是最近三年必须盈利,只要年均可分配利润满足支付债券一年利息要求即可。

(2)B 股上市公司可以申请发行公司债。

(3)关于控股股东担保问题。实质上是无必要,现实操作中是为了以扩大投资群体。如控股股东仅是控股型,且主要来源于上市公司分红,则不宜增信。

(4)重组过的公司拟公开发行,不论股权和债权,重组后必须经过一个完整会计年度。关于重组前是否符合公开发行证券的条件判断,如果是同一控制下的企业合并,可按模拟的合并报表口径来判断是否符合公开发行证券条件。

4. 发行前准备:向交易所申请发行,并准备信息披露、路演推介和询价工作等。

5. 债券发行:自中国证监会核准发行之日起,公司应在 6 个月内首期发行,剩余数量应当在 24 个月内发行完毕;首期发行数量应当不少于总发行数量的 50%。公司债券原则上采用“网上发行和网下发行”相结合的方式,向全市场投资者(包括个人投资者)发行;对于只能通过固定收益证券综合电子平台进行上市交易的债券,只能向机构投资者发行,而不得向个人投资者发行。上述网上发行,是指将一定比例的公司债券,按确定的发行价格和利率或利率区间,通过证券交易所集中竞价系统面向全市场投资者公开发行。

6. 托管、上市及备案:提交债券登记托管、上市申请;证券交易所对债券上市实行上市推荐人制度,经交易所批准后上市并挂牌交易;每期公司债券发行完毕 5 个工作日内报中国证监会备案。

V.5 中票和短融承销实务

一、监管法规及发行条件

短期融资券，是指具有法人资格的非金融企业在银行间债券市场发行的，约定在1年内还本付息的债务融资工具。

中期票据，是指具有法人资格的非金融企业在银行间债券市场按照计划分期发行的，约定在一定期限还本付息的债务融资工具。

目前，短期融资券和中期票据的主要监管法规为《银行间债券市场非金融企业债务融资工具管理办法》、《银行间债券市场非金融企业债务融资工具注册规则》、《银行间债券市场非金融企业短期融资券业务指引》和《银行间债券市场非金融企业中期票据业务指引》等。

根据相关规则，短期融资券与中期票据的发行由交易商协会采用注册制予以监管。交易商协会设注册委员会，并由注册委员会对拟注册企业的申请进行判断，决定是否批准申请。在申请获通过后，交易商协会将向拟注册企业出具《接受注册通知书》，注册有效期为两年，企业可在有效期内一次或分期发行短期融资券，并在注册两个月内完成首次发行。如分期发行，后续发行需提前两个工作日向交易所协会备案。

短期融资券与中期票据的发行具体要求包括：

1. 企业信用资质优良，具有稳定的偿付资金来源，有健全的内部管理体系和募集资金的使用偿付管理制度；近3年发行的固定收益债券没有延迟支付本息的情形；

2. 按照人民银行及银行间市场交易商协会的要求进行真实、准确、完整的信息披露；

3. 待偿还的债券发行总额不超过企业净资产的40%，其中短期融资券的待偿还债券余额仅包括待偿还的短期融资券总额，中期票据的待偿还债券余额包括中期票据、企业债、公司债等其他债券总额；

4. 企业发行短期融资券和中期票据所募集的资金应用于企业生产经营活动，并在发行文件中明确披露具体资金用途；企业在中期票据存续期内变更募集资金用途应提前披露；

5. 披露企业主体信用评级，若含可能影响评级结果的特殊条款，企业还应披露短期融资券和中期票据的债项评级。

二、短期融资券和中期票据的市场参与者及分工

1. 发行人：短期融资券和中期票据的发行人为具有法人资格的非金融企业。

2. 承销商：企业可自主选择主承销商。目前短期融资券、中期票据承销商主要为商业银行，2012 年 11 月 28 日银行间交易商协会发布公告称，包括国泰君安、招商证券、光大证券、中信建投、广发证券、东方证券、海通证券、华泰证券、银河证券和国信证券十家证券公司获得参与非金融企业债务融资工具主承销业务资格。

3. 会计师事务所：发行人需要有资质的会计师事务所对其财务情况进行审计。

4. 律师事务所：律师事务所将为本次发行提供法律意见。

5. 担保人（或有）：企业可发行无担保信用债券、资产抵押债券或第三方担保债券。其中，对于第三方担保债券，担保人可为集团、专业担保机构或其他第三方。资产抵押债券常见的形式包括通过土地使用权抵押、股权质押等为企业债券提供担保。

6. 评级机构：由具有资格的信用评级机构进行信用评级；在注册有效期内，当企业主体评级低于注册时信用评级时，发行注册自动失效。

7. 登记、托管机构：发行人需在债券发行完成后与中国国债登记结算公司办理登记业务，中国国债登记结算公司为短期融资券或中期票据的登记、托管机构。

8. 交易场所：短期融资券或中期票据发行完成后，可以直接申请进入银行间市场交易流通。

三、主要操作环节

1. 准备阶段：确定发行计划，制定债券发行方案，批准债券发行；与此同时，各机构进行尽职调查，并根据申报进展制作申报及注册文件。

2. 主承销商内核并申报材料：主承销商内核，根据内核意见修改申报材料；主承销商向银行间交易商协会报送全套申报材料。

3. 交易商协会审核：银行间市场交易商协会接受注册后，出具《接受注册通知书》，有效期 2 年。

4. 债券发行：接到《接受注册通知书》后，择机发行；发行利率通常受交易商协会指导定价限制，采用在二级市场平均利率水平基础上加点作为最低发行利率的定价；公告发行结果，募集资金验资。

5. 发行后继事宜：短期融资券或中期票据在债权债务登记日的次一个工作日，在银行间债券市场公告当期债务融资工具的实际发行规模、利率、期限等情况，同时短期融资券或中期票据即可在全国银行间债券市场流通转让。

V.6 金融债券承销实务

一、监管法规及发行条件

1. 政策性银行金融债。指国家开发银行、中国进出口银行、中国农业发展银行这三家政策性银行为发行主体的金融债券。主要监管法规为《全国银行间债券市场金融债券发行管理办法》和《政策性银行金融债券市场发行管理暂行规定》等。此类债券发行按年向中国人民银行报送申请,申请内容涵盖发行数量、期限安排、发行方式等,待中国人民银行批准后便可分期发行。

2. 商业银行金融债券。指依法在中华人民共和国境内设立的商业银行在全国银行间债券市场发行的、按约定还本付息的有价证券。主要监管法规为《全国银行间债券市场金融债券发行管理办法》等,发行人应满足以下条件:

(1)公司管理机制良好;

(2)核心资本充足率不低于4%;

(3)最近3年连续盈利;

(4)贷款损失准备计提充足,风险监管指标符合监管机构的有关规定,最近3年没有重大违法、违规行为。

此外,商业银行发行小微企业金融债还需满足《关于支持商业银行进一步改进小型微型企业金融服务的补充通知》的相关规定:

(1)申请发行小型微型企业贷款专项金融债的商业银行其小型微型企业贷款增速应不低于全部贷款平均增速,增量应高于上年同期水平;

(2)申请发行小型微型企业贷款专项金融债的商业银行应出具书面承诺,承诺将发行金融债所筹集的资金全部用于发放小型微型企业贷款。

3. 商业银行次级债券。指由商业银行发行的,固定期限不低于5年(含5年),除非银行倒闭或清算不用于弥补银行日常经营损失,且该项债务的索偿权排在存款和其他负债之后的商业银行长期债券。主要监管法规为《全国银行间债券市场金融债券发行管理办法》、《商业银行次级债券发行管理办法》、《中国银监会关于完善商业银行资本补充机制的通知》和《商业银行资本充足率管理办法》等,发行人应满足以下条件:

(1)实行贷款5级分类,贷款5级分类偏差小;

(2)核心资本充足率不低于5%;

(3)贷款损失准备计提充足;

(4)具有良好的公司治理结构与机制;

(5)最近3年没有重大违法、违规行为；

(6)最近3年连续盈利；

(7)全国性商业银行发行长期次级债务额度不得超过核心资本的25%，其他商业银行不得超过核心资本的30%。

此外，银监会于2012年12月7日发布了《关于商业银行资本工具创新指导意见》、《关于实施〈商业银行资本管理办法(试行)〉过渡期安排相关事项的通知》等一系列细则，其中对"合格二级资本工具"的标准做了明确限定，要求"从2013年1月1日起，商业银行发行的非普通股新型资本工具，应符合《资本办法》的相关规定，并通过合同约定的方式，满足本指导意见提出的认定标准"，具体包括减记条款、转股条款及相应的触发事件。

4. 企业集团财务公司金融债券。主要监管法规为《全国银行间债券市场金融债券发行管理办法》和《中国银监会关于企业集团财务公司发行金融债券有关问题的通知》等，发行人应满足以下条件：

(1)具有良好的公司治理结构、完善的投资决策机制、健全有效的内部管理和风险控制制度及相应的管理信息系统；

(2)具有从事金融债券发行的合格专业人员；

(3)依法合规经营，符合银监会有关审慎监管的要求；

(4)财务公司设立1年以上，经营状况良好，申请前1年利润率不低于行业平均水平，且有稳定的盈利预期；

(5)申请前1年，不良资产率低于行业平均水平，资产损失准备拨备充足；

(6)申请前1年，注册资本金不低于3亿元人民币，净资产不低于行业平均水平；

(7)近3年无重大违法违规记录；

(8)无到期不能支付债务；

(9)银监会规定的其他审慎性条件；

(10)财务公司已发行、尚未兑付的金融债券总额不得超过其净资产总额的100%，发行金融债券后，资本充足率不低于10%。

5. 金融租赁金融债券和汽车金融公司金融债券。指经中国银行业监督管理委员会批准设立的金融租赁公司和汽车金融公司发行的金融债券。主要监管法规为《全国银行间债券市场金融债券发行管理办法》和《中国人民银行、中国银行业监督管理委员会公告[2009]第14号》等，发行人应满足以下条件：

(1)具有良好的公司治理结构和完善的内部控制体系；

(2)具有从事金融债券发行和管理的合格专业人员；

(3)金融租赁公司注册资本金不低于5亿元人民币或等值的自由兑换货币，

汽车金融公司注册资本金不低于8亿元人民币或等值的自由兑换货币；

(4)资产质量良好，最近1年不良资产率低于行业平均水平，资产损失准备计提充足；

(5)无到期不能支付债务；

(6)净资产不低于行业平均水平；

(7)经营状况良好，最近3年连续盈利，最近1年利润率不低于行业平均水平，且有稳定的盈利预期；

(8)最近3年平均可分配利润足以支付所发行金融债券1年的利息；

(9)风险监管指标达到监管要求；

(10)最近3年没有重大违法、违规行为；

(11)发行金融债券后，资本充足率应不低于8%；

(12)对于商业银行设立的金融租赁公司，资质良好但成立不满3年的，应由具有担保能力的担保人提供担保。

6. 保险公司次级债券。指保险公司为了弥补临时性或阶段性资本不足，经批准募集、期限在5年以上(含5年)，且本金和利息的清偿顺序列于保单责任和其他负债之后、先于保险公司股权资本的保险公司债务。主要监管法规为《全国银行间债券市场金融债券发行管理办法》、《保险公司次级定期债务管理办法》和《保险公司偿付能力报告编报规则第6号：认可负债》等，发行人应满足以下条件：

(1)开业时间超过3年；

(2)经审计的上年度末净资产不低于人民币5亿元；

(3)募集后，累计未偿付的次级债本息额不超过上年度末经审计的净资产的50%；

(4)具备偿债能力；

(5)具有良好的公司治理结构；

(6)内部控制制度健全且能得到严格遵循；

(7)资产未被具有实际控制权的自然人、法人或者其他组织及其关联方占用；

(8)最近两年内未受到重大行政处罚；

(9)中国保监会规定的其他条件。

7. 证券公司次级债券。指证券公司依法发行的、约定在一定期限内还本付息的有价证券。主要监管法规为《全国银行间债券市场金融债券发行管理办法》和《证券公司债券管理暂行办法》等，发行人应满足以下条件：

(1)发行人为综合类证券公司；

(2)最近1期期末经审计的净资产不低于10亿元;

(3)各项风险监控指标符合中国证监会的有关规定;

(4)最近2年内未发生重大违法违规行为;

(5)具有健全的股东会、董事会运作机制及有效的内部管理制度,具备适当的业务隔离和内部控制技术支持系统;

(6)资产未被具有实际控制权的自然人、法人或其他组织及其关联人占用;

(7)中国证监会规定的其他条件。

二、金融债券的市场参与者及分工

1. 发行人:政策性银行金融债券的发行人为进出口银行、农业发展银行及国家开发银行这三家政策性银行,而非政策性金融债的发行人包括商业银行、企业集团财务公司、金融租赁公司、汽车金融公司、保险公司和证券公司等。

2. 承销商:政策性银行金融债券通常采用招标方式发行,承销商包括商业银行、农信社和证券公司等;商业银行、保险公司、金融租赁公司和汽车金融公司等金融机构的金融债券或次级债券的主承销商可以为商业银行或证券公司,但实际操作中以证券公司为主;证券公司债券的发行一般由发行人自办或其他证券公司承销。

3. 会计师事务所:非政策性金融债的发行人应聘请有资质的会计师事务所对其财务情况进行审计。

4. 律师事务所:律师事务所为非政策性金融债的发行出具法律意见。

5. 担保人(或有):商业银行发行金融债券一般无强制担保要求,但财务公司需要母公司或其他有担保能力的担保人为其债券发行提供担保,商业银行设立的金融租赁公司成立不满三年的,也需要具有担保能力的担保人提供担保。

6. 评级机构:非政策性金融债发行需要由具备资质的信用评级机构为提供信用评级,并每年对该金融债券提供跟踪信用评级报告。

7. 登记、托管机构:发行人需在债券发行完成后与中国国债登记结算公司办理登记业务,中国国债登记结算公司为金融债券的登记、托管机构。

8. 交易场所:金融债券发行完成后,可以直接申请进入银行间市场交易流通。

三、主要操作环节

1. 监管沟通阶段:人民银行对各类金融机构在银行间市场发行金融债券的准入进行审核。此外,商业银行、金融租赁公司、汽车金融公司发行金融债券(包括次级债券)还需事先获得银监会批准,保险公司需事先获得保监会批准,证券公司需事先获得证监会批准。因此,在项目启动前期,发行人一般会就相关事宜与监管部门进行初步沟通。

2. 确定中介机构及尽职调查阶段:选定中介机构,包括承销商、会计师事务所、律师事务所和评级机构等,并开展尽职调查。

3. 材料准备阶段:根据监管要求准备发行申请材料。

4. 监管报批阶段:以商业银行发行金融债券的审批程序为例,发行人需先向监管属地银监局递交申报材料,并由其审核后转报银监会相关部门审核并获得批文;随后发行人需向监管属地人民银行分支行递交申报材料,并由其审核后转报人民银行总行审核并下发批文。此外,如前所述,保险公司发行次级债券需获得保监会批准、证券公司发行债券需获得证监会批准。

5. 公开发行或定向发行:获得发行批文后,发行人可以进行路演推介并择机发行,并且在向人民银行备案后开始发行。公开发行方式下需进行信息披露,定向发行方式下则无须公开披露发行材料。

6. 登记、托管:发行完成后向中国国债登记结算公司递交材料,办理登记金融债券的登记与托管。

7. 交易流通阶段:向人民银行报送金融债券交易流通申请材料;获得批准后,金融债券在银行间市场交易流通。

V.7 资产支持证券承销实务

如前节所述,资产证券化产品包括资产支持证券(ABS, Asset Backed Securities)和资产支持票据。目前我国资产支持证券有银监会负责审批的信贷资产支持证券和证监会审批的企业资产支持证券。这三者的差别主要在于用于产生稳定现金流的资产性质和出售资产方不一样。本节以截至目前发行规模较大的信贷资产证券化为例来讲述操作实务。

一、资产证券化交易结构

资产证券化的交易结构一般是由发起人将可产生稳定现金流的资产转移给一个特殊目的实体(Special Purpose Vehicle, SPV),再由该特殊目的实体发行资产支持证券。根据SPV构成的不同形式,可分为特殊目的公司(Special Purpose Company, SPC)、特殊目的信托(Special Purpose Trust, SPT),以及基金或理财计划等类型。根据我国目前的法律和政策情况,采用信托模式是目前国内信贷资产证券化较为可行的模式。信贷资产证券化的目标是通过一定的法律结构安排将信贷资产转化为可交易的证券,确定证券化各参与方的法律地位、风险和权益。就发起人而言,要实现以下三个方面的目标:

1. 法律要求。实现有限追索,即ABS投资者的追索权仅限于被证券化的资产及该资产相关的权益，而与发起人和发行人（信托公司）无关；实现风险隔离，即被证券化的资产与发起人和发行人（信托公司）的其他资产的风险相隔离。

2. 会计要求。实现表外证券化，符合国际会计准则 IAS39R 关于资产终止确认的标准，即满足风险、收益和控制权的实质转移，从而将被证券化的信贷资产移出发起人的资产负债表外。

3. 市场要求。实现 ABS 的公募发行与流通，符合有关证券公开发行与上市的法规和监管要求，切合市场需求并保护投资者的利益。根据上述目标，我们提出了交易结构设计的基本思路，如图 4 所示：

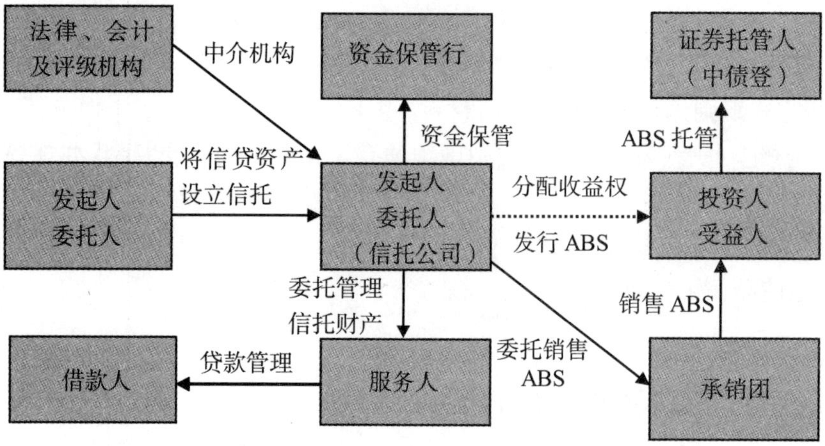

图 4　信贷资产证券化交易结构图

该交易结构的核心是利用信托财产独立性的法律特征，发起人将信贷资产设立他益信托，通过信托公司发行代表受益权份额的 ABS 指定信托财产的受益人，从而在法律上实现风险隔离和有限追索，并且符合国际会计准则 IAS39R 关于资产终止确认的标准，实现表外证券化。在初始阶段，我们从存量的信贷资产入手，选择证券化的资产池。今后还可以考虑增量信贷资产与证券化的结合，即从证券化的目标出发，来评审发放新增贷款，构建增量资产池。在发放之日同时实现证券化的操作。这样，就能实现客户与市场的直接对接，不占用银行的信贷额度，解决存量资源对于不同管理资产渠道的供给矛盾，迅速做大表外管理资产的规模。

二、监管法规及发行条件

根据相关法规，目前中国人民银行对发行信贷资产支持证券有以下要求：

1. 发起机构：包括政策性银行、商业银行、四大资产管理公司、财务公司和汽车金融公司。

2. 鼓励的基础资产类型：国家重大基础设施项目贷款、涉农贷款、中小企业贷款、经清理合规的地方政府融资平台公司贷款、节能减排贷款、战略性新兴产业贷款、文化创意产业贷款、保障性安居工程贷款、汽车贷款等。

3. 信用评级：资产支持证券在银行间债券市场发行与交易初始评级应当聘请两家具有评级资质的资信评级机构，进行“双评级”。

4. 受托机构：注册资金不低于5亿元人民币，并且最近三年末的净资产不低于5亿元人民币，业绩良好，符合监管要求，最近三年没重大违法违规记录，企业治理、内控制度完善。

5. 承销机构：注册资本不低于2亿元人民币，具有较强的债券分销能力，具有合资格专业人员及分销渠道，最近两年没有重大违法违规行为。

6. 实施余额管理：可采取一次发行或限额内分期发行的方式。其中，分期发行需在每期发行前5个工作日向中国人民银行备案，并按要求披露相关信息。

此外，信贷资产证券化产品结构要简单清晰，扩大试点阶段禁止进行再证券化、合成证券化产品试点；发起机构应持有最低档次资产支持证券的一定比例，原则上不得低于每一单全部资产支持证券发行规模的5%；单个银行业金融机构购买持有单只资产支持证券的比例，原则上不得超过该单资产支持证券发行规模的40%。

资产证券化是一种新型融资制度安排，涉及金融、会计、税收等多个领域，其发展离不开政府的支持和推动。2005年以来，国内相关部门成立了信贷资产证券化试点工作协调小组，借鉴国际经验，结合国内具体情况，制定了一系列政策法规，包括：(1)《信贷资产证券化试点管理办法》，它是《信托法》和证券发行、交易法规在资产证券化领域的具体运用；(2)建设部下发《关于个人住房抵押贷款证券化涉及的抵押权变更登记有关问题的试行通知》，为在现有物权登记制度框架下实施资产证券化提供了便利；(3)财政部发布《信贷资产证券化试点会计处理规定》，明确了证券化参与机构适用的会计标准问题；(4)银监会发布《金融机构信贷资产证券化试点监督管理办法》，对金融机构参与证券化交易提出了一系列监管要求，以管理风险；(5)《关于信贷资产证券化有关税收政策问题的通知》，确定了“税收中性”的基本原则。

三、信贷资产支持证券的市场参与者及分工

1. 发起机构：为符合《信贷资产证券化管理办法》和《金融机构信贷资产证券化试点监督管理办法》要求的银行业金融机构。目前，根据《关于进一步扩大信贷资产证券化试点有关事项的通知》，该轮试点总额度为500亿元人民币，未来有望有更多的城商行及农商行有望拿到证券化额度。

2. 承销机构：发行资产支持证券时，发行人应组建承销团，承销人可在发行期内向其他投资者分销其所承销的资产支持证券。承销机构主要为证券公司。

3. 受托机构：特定目的信托受托机构是指在信贷资产证券化过程中，因承诺信托而负责管理特定目的信托财产并发行资产支持证券的机构。受托机构由依法设立的信托投资公司或者中国银监会批准的其他机构担任，且信托投资公司应具备以下条件：

(1)根据国家有关规定完成重新登记3年以上；

(2)注册资本不低于5亿元人民币，并且最近3年末的净资产不低于5亿元人民币；

(3)自营业务资产状况和流动性良好，符合有关监管要求；

(4)原有存款性负债业务全部清理完毕，没有发生新的存款性负债或者以信托等业务名义办理的变相负债业务；

(5)具有良好的社会信誉和经营业绩，到期信托项目全部按合同约定顺利完成，没有挪用信托财产的不良记录，且最近3年内没有重大违法、违规行为；

(6)具有良好的公司治理、信托业务操作流程、风险管理体系和内部控制；

(7)已按照规定披露公司年度报告。

此外，受托机构依照信托合同约定履行下列职责：

(1)发行资产支持证券；

(2)管理信托财产；

(3)持续披露信托财产和资产支持证券信息；

(4)依照信托合同约定分配信托利益；

(5)信托合同约定的其他职责。

4. 会计师事务所：发行人需要有资质的会计师事务所对财务情况进行审计。

5. 律师事务所：律师事务所将为本次发行提供法律意见。

6. 担保人(或有)：信用增级是指在信贷资产证券化交易结构中通过合同安排所提供的信用保护。信用增级可以采用内部信用增级和/或外部信用增级的方式，其中内部信用增级包括但不限于超额抵押、资产支持证券分层结构、现金抵押账户和利差账户等方式；外部信用增级包括但不限于备用信用证、担保和保险等方式。担保人为商业银行时，应当按照有关规定计提资本。

7. 资金保管机构：资金保管机构是指在信贷资产证券化交易中接受受托机构委托，负责保管信托财产账户资金的机构。信贷资产支持证券发起机构和贷款服务机构不得担任同一交易的资金保管机构。机构应符合以下要求：

(1)有专门的业务部门负责履行信托资金保管职责；

(2)具有健全的资金保管制度和风险管理、内部控制制度；

(3)具备安全保管信托资金的条件和能力；

(4)具有足够的熟悉信托资金保管业务的专职人员；

(5)具有安全高效的清算、交割系统；

(6)具有符合要求的营业场所、安全防范设施和与保管信托资金有关的其他设施；

(7)最近3年内没有重大违法、违规行为。

8. 评级机构：需由两家符合资质的信用评级机构为信贷资产支持证券提供信用评级。

9. 登记、托管机构：发行人需在债券发行完成后与银行间市场清算所股份有限公司办理登记、托管业务，银行间市场清算所股份有限公司为信贷资产支持证券的登记、托管机构。

10. 交易场所：信贷资产支持证券发行完成后，在银行间市场交易流通。

四、融资实务操作环节

具体操作方面，信贷资产支持证券的相关主管机关为中国人民银行。根据《信贷资产证券化管理办法》和《金融机构信贷资产证券化试点监督管理办法》要求，目前资产证券化的操作流程大致如下：

1. 设计方案：聘任中介机构，召开中介机构协调会，确定项目时间表及分工安排；制作主要交易条款，提出入池资产选择标准；组建备选资产池，尽职调查及访谈，确定资产池。分析资产池，建立分层模型，设计产品并分层。

(1)确定可证券化的资产并组建资产池。银行资产中适合证券化的包括住房抵押贷款、信誉良好企业或信用评级较高的流动资金贷款、风险较低的中长期项目贷款及部分不良资产。

(2)设立SPV。是资产证券化成功运作的关键，目的是为了最大限度地降低资产原始持有人的破产风险对证券化的影响，即实现被证券化资产与原始权益人其他资产之间的风险隔离。SPV可以以信托的形式组建，也可是其他形式的独立法人实体。

(3)实现资产真实出售。这个环节涉及众多法律、税收和会计处理问题，关键是已证券化的资产要从资产原始权益人真实出售给SPV，在法律意义上实现破产隔离。

(4)信用增级和评级。核心是对拟实施证券化的资产包装组合，提高其市场吸引力。

2. 文件制作：起草相关合同文本，讨论修改并定稿；起草发行说明书、业务计划书等申报文件，修改并定稿；中介机构出具申报所需出具的文件。

3. 申报材料：制作申报材料并报送主管机关即中国人民银行，对主管机关提出的问题作及时有效的反馈；跟踪资产情况，对可能发生的变动并对申报文件作动态更新，并准备投资价值分析报告及产品推介材料。

4. 发行与上市:安排组织路演推介、组建承销团,各方签署交易文件;簿记定价及缴款、披露相关公告、证券托管登记及在银行间债券市场上市;完成后,向主管机关反馈销售情况。此外,资产支持证券可以向投资者定向发行,定向发行资产支持证券可免于信用评级,且只能在认购人之间转让。

发售证券并实现资金支付。SPV 将信用增级过的证券交给证券承销商通过市场承销。证券售出后,SPV 得到现金收入,按照约定向资产原始权益人支付价款。

5. 发行后继事宜:资金保管银行按约定进行资金划付,并由受托机构按约定管理信托财产、进行现金流分配,并公布有关报告和信息。

下篇 法 规

- Ⅰ 政府债券
- Ⅱ 金融企业债券
- Ⅲ 企业债
- Ⅳ 公司债
- Ⅴ 非金融企业债务融资工具
- Ⅵ 资产支持证券及票据
- Ⅶ 中小企业债券品种
- Ⅷ 其他市场主体相关法规
- Ⅸ 债券登记与上市

Ⅰ 政府债券

Ⅰ.1 国 债

Ⅰ.1.1 2012年记账式国债招标发行规则

（2011年12月27日 财库[2011]179号）

为规范记账式国债招标发行程序，促进国债市场健康发展，根据《中华人民共和国预算法》等法律法规，制定本规则。

第一条 本规则所称记账式国债，是指财政部通过记账式国债承销团向投资者发行的以电子方式记录债权的可流通国债。

第二条 记账式国债发行招标通过财政部国债发行招投标系统（以下简称招标系统）进行。招标系统包括中心端和客户端。2012—2014年记账式国债承销团成员通过客户端远程投标。

第三条 招标方式。

记账式国债发行采用荷兰式、美国式、混合式招标方式，招标标的为利率、利差、价格或数量。

（一）荷兰式招标方式。标的为利率或利差时，全场最高中标利率或利差为当期国债票面利率或基本利差，各中标国债承销团成员（以下简称中标机构）均按面值承销；标的为价格时，全场最低中标价格为当期国债发行价格，各中标机构均按发行价格承销。

（二）美国式招标方式。标的为利率时，全场加权平均中标利率为当期国债票面利率，中标机构按各自中标标位利率与票面利率折算的价格承销；标的为价格时，全场加权平均中标价格为当期国债发行价格，中标机构按各自中标标位的价格承销。标的为利率时，高于全场加权平均中标利率一定数量以上的标位，全部落标；标的为价格时，低于全场加权平均中标价格一定数量以上的标位，全部落标。背离全场加权平均投标利率或价格一定数量的标位为无效投标，全部落标，不参与全场加权平均中标利率或价格的计算。

（三）混合式招标方式。标的为利率时，全场加权平均中标利率为当期国债票面利率，低于或等于票面利率的标位，按面值承销；高于票面利率一定数量以内的标位，按各中标标位的利率与票面利率折算的价格承销；高于票面利率一定数量以上的标位，全部落标。标的为价格时，全场加权平均中标价格为当期国债发行价格，高于或等于发行价格的标位，按发行价格承销；低于发行价格一定数量以内的标位，按各中标标位的价格承销，低于发行价格一定数量以上的标位，全部落标。背离全场加权平均投标利率或价格一定数量的标位为无效投标，全部落标，不参与全场加权平均中标利率或价格的计算。

第四条 投标限定。

（一）投标标位变动幅度。利率或利差招标时，标位变动幅度为0.01%；价格招标时，标位变动幅度在财政部记账式国债发行文件中规定。

（二）投标量限定。国债承销团成员单期国债最低、最高投标限额按各期国债竞争性招标额的一定比例计算，具体是：乙类成员最低、最高投标限额分别为当期国债竞争性招标额的0.5%、10%；甲类成员最低投标限额为当期国债竞争性招标额的3%，不可追加的记账式国债最高投标限额为当期国债竞争性招标额的30%，可追加的记账式国债最高投标限额为当期国债竞争性招标额的25%。单一标位最低投标限额为0.2亿元，最高投标限额为30亿元。投标量变动幅度为0.1亿元的整数倍。

（三）最低承销额限定。国债承销团成员单期国债最低承销额（含追加承销部分）按各期国债竞争性招标额的一定比例计算，甲类成员为1%，乙类成员为0.2%。

上述比例均计算至0.1亿元，0.1亿元以下四舍五入。

第五条 中标原则。

（一）募入。按照低利率（利差）或高价格优先的原则对有效投标逐笔募入，直到募满招标额或将全部有效标位募完为止。

（二）竞争性招标中，最高中标利率标位或最低中标价格标位上的投标额大于剩余招标额，以国债承销团成员在该标位投标额为权重平均分配，取整至0.1亿元，尾数按投标时间优先原则分配。

第六条 追加投标。

（一）对于允许追加承销的记账式国债，在竞争性招标结束后，国债承销团甲类成员有权通过投标追加承销当期国债。

（二）国债承销团甲类成员追加承销额上限为该成员当期国债竞争性中标额

的25%,计算至0.1亿元,0.1亿元以下四舍五入。追加承销额应为0.1亿元的整数倍。

(三)荷兰式招标追加承销价格与竞争性招标中标价格相同;美国式和混合式招标追加承销价格,标的为利率时为面值,标的为价格时为当期国债发行价格。

第七条 债权登记、托管。

(一)债权托管机构选择。在招投标工作结束后,各中标机构应通过招标系统填制"债权托管申请书",在中央国债登记结算有限责任公司(以下简称"国债登记公司"),中国证券登记结算有限责任公司(以下简称"证券登记公司")上海、深圳分公司选择托管。逾时未填制的,系统默认全部在国债登记公司托管。

(二)券种注册和承销额度注册。国债登记公司,证券登记公司上海、深圳分公司根据招标结果办理券种注册,根据各中标机构选择的债券托管数据为各中标机构办理承销额度注册。

(三)债权登记和债权托管。国债发行缴款与债权确立方式以财政部记账式国债发行文件规定为准。对财政部记账国债发行文件中规定为"财政部收到发行款后,通知国债登记公司确立债权"的,按以下方式处理:

1. 债权登记日,国债登记公司办理总债权登记、为认购人办理债权托管,证券登记公司上海、深圳分公司为认购人办理分托管部分的债权登记和托管。债权登记日为发行款缴款截止日次一个工作日。

2. 财政部收到发行款后债权债务关系确立。财政部如在发行款缴款截止日期前未足额收到中标机构应缴发行款,将不迟于债权登记日下午三点通知国债登记公司。国债登记公司办理债权登记和托管时对财政部未收到发行款的相应债权暂不办理债权登记和托管;对涉及证券登记公司上海、深圳分公司分托管的部分,国债登记公司应不迟于当日下午四点书面通知证券登记公司上海、深圳分公司,后者办理债权登记和托管时对财政部未收到发行款的相应债权暂不办理债权登记和托管。对于未办理债权确认的部分,财政部根据发行款收到情况另行通知国债登记公司处理。国债登记公司如在债权登记日下午三点未收到财政部关于不办理全部或部分债权登记的通知,证券登记公司上海分公司、深圳分公司未在债权登记日下午四点收到国债登记公司关于不办理全部或部分分托管债权的通知,即办理全部债权登记和托管手续。

第八条 分销。

记账式国债分销,是指在规定的分销期内,中标机构转让中标的全部或部分国债债权额度的行为。国债承销团成员间不得分销。非国债承销团成员通过分销获得的国债债权额度,在分销期内不得转让。国债承销团成员根据市场情况自定分销价格。

第九条 应急流程。

招标系统客户端出现技术问题,国债承销团成员可以在财政部记账式国债发行文件所规定的时间内将内容齐全的“记账式国债发行应急投标书”或“记账式国债债权托管应急申请书”(格式见附件)传真至国债登记公司,委托国债登记公司代为投标。应急投标时间以国债登记公司收到“记账式国债发行应急投标书”或“记账式国债债权托管应急申请书”的时间为准。竞争性应急投标和追加应急投标的截止时间分别为当期国债竞争性投标和追加投标截止时间,债权托管应急申请截止时间为当期国债债权托管截止时间。

如招标系统中心端或通讯主干线运行出现问题,财政部可以在招标截止时间后延长应急投标时间半小时。

第十条 其他。

(一)本规则未尽事宜,以各期记账式国债发行文件为准。

(二)本规则自公布之日起施行,有效期截至 2012 年 12 月 31 日。

附:1. 记账式国债发行应急投标书(略)

2. 记账式国债债权托管应急申请书(略)

Ⅰ.1.2 记账式国债承销团 2012 年综合排名考评办法

（2012 年 4 月 13 日 财库[2012]37 号）

第一条 为加强记账式国债承销团管理，促进国债市场平稳健康发展，根据记账式国债招标发行规则等相关制度和《2012—2014 年记账式国债承销主协议》（以下简称《主协议》），制定本办法。

第二条 记账式国债承销团成员综合排名考评工作遵循公开、公平、公正的原则。

第三条 本办法适用于财政部依据记账式国债相关制度规定和《主协议》约定对 2012—2014 年记账式国债承销团成员（以下简称承销机构）进行考评。

第四条 考评采用量化评分方式，总得分高者排名居前。评分公式为：

$$\text{承销机构总得分} = \Sigma\sum\left(\frac{\text{该承销机构单项考评指标数值}}{\text{所有承销机构在本项考评指标中的最大值}}\times\text{本项考评指标的权重}\times 100\right)$$

第五条 单项考评指标及权重分别为：

（一）承销量，指承销机构年内累计承销的记账式国债面值。权重为 70%。

（二）投标准确度，指承销机构对年内各期次关键期限国债（不含续发行时，待偿期短于 1 年的品种）投标准确度算术平均值。权重为 10%。其中：

$$\text{单次投标准确度} = \frac{\text{所有承销机构中的最小投标偏离值}}{\text{该承销机构投标偏离值}}\times 100$$

$$\text{投标偏离值} = \left|\frac{\Sigma\text{承销机构各投标标位（价格或利率）}\times\text{该标位有效投标量}}{\text{该承销团机构有效投标总量}} - \text{票面利率或发行价格}\right|$$

（三）分销量，指承销机构年内累计分销的记账式国债面值。权重为 5%。

（四）现券交易量，指承销机构年内累计交易的记账式国债现券面值。权重为 5%。

（五）承销机构履行《主协议》规定的其他义务情况。权重为 10%。该单项指标满分 100 分，最低分 0 分，起评分 80 分。财政部在起评分基础上进行加、减分。包括：

1. 承销机构未及时准确缴纳发行款的，晚缴一笔减 10 分，多缴一笔减 5 分。

2. 除中央国债登记结算有限责任公司负责维护的招标系统或通讯主干线运

行出现问题外,承销机构如事后未能出具财政部认可的第三方故障或不可抗力证明,每发生应急投标一次减5分。

3. 承销机构未及时报备或更新报备材料的,一次减5分。

4. 承销机构在财政部组织的国债研究中或在配合财政部工作中表现突出的,一次加10分。

第六条 财政部按季通过财政部官方网站和中国债券信息网向社会公布综合排名结果。

第七条 财政部按年进行评优表彰,授予全年综合排名居前15名且未发生影响国债信誉违规事件的承销机构"记账式国债承销优秀奖";授予较前一年综合排名升幅较大的前5名且未发生影响国债信誉违规事件的承销机构"记账式国债承销进步奖"。

第八条 全年记账式国债承销面值不足50亿元的承销机构,财政部有权会同人民银行、证监会通知其退出记账式国债承销团。

第九条 中央国债登记结算有限责任公司、上海证券交易所、深圳证券交易所要认真做好有关考核指标的统计工作。中央国债登记结算有限责任公司负责汇总,并于每季度结束后10个工作日内或按财政部要求,将汇总数据报送财政部。

第十条 本办法自印发之日起实施,有效期截至2012年12月31日。

I.1.3 关于加强2012年记账式国债应急投标管理的通知

(2012年4月17日 财库[2012]39号)

2012—2014年记账式国债承销团成员,中央国债登记结算有限责任公司:

为加强记账式国债应急投标管理,根据《2012年记账式国债招标发行规则》(财库[2011]179号)、《记账式国债发行远程招标现场管理与监督办法》(财库[2011]186号)规定,就有关事宜通知如下:

一、应急投标的一般原则

(一)记账式国债招标中,2012—2014年记账式国债承销团成员(以下简称承销机构)如需进行应急投标,应及时通过招标室电话向财政部国债招标人员报告,并在规定时间内完成应急投标。

(二)如承销机构的应急投标书已录入到财政部国债发行招投标系统(以下简称招标系统),承销机构将无法通过招标系统进行投标。承销机构的应急投标书未录入到招标系统前,承销机构仍可通过招标系统进行投标。

(三)如承销机构既通过招标系统投标,又进行应急投标,或进行多次应急投标,以最后一次有效投标为准;如承销机构应急投标内容与通过招标系统投标的内容一致,不做应急处理。

(四)除财政部通知延长应急投标时间外,晚于当期国债发行通知规定的投标截止时间的应急投标为无效投标。

二、中央国债登记结算有限责任公司(以下简称国债登记公司)确认在当期国债发行通知规定的竞争性招标时间内其负责维护的招标系统或通讯主干线运行出现问题时,财政部将通过中债发行业务短信平台(010-88170678)和"gz01@mof.gov.cn"电子邮箱,通知经报备的承销机构常规联系人、投标操作人,延长竞争性招标应急投标时间至当期国债发行通知规定的投标截止时间后半小时。通知内容为"[国债招标室通知]201×年×月×日记账式国债竞争性招标应急投标时间延长半小时"。

三、国债登记公司应认真做好技术支持工作

(一)按招标系统时间确认应急投标书的接收时间;

(二)充分配备人员、设备,保障在不将应急投标信息传递出招标室的条件下,完成应急投标技术支持;

（三）负责维护的招标系统或通讯主干线运行在竞争性招标时间内出现问题时，及时查找原因，最晚不迟于当期国债发行通知规定的投标截止时间后5分钟出具加盖公司印章的应急投标原因说明书；

（四）做好财政部要求的其他应急投标技术支持工作。

四、承销机构应认真做好应急业务准备工作

（一）承销机构应指派熟练掌握招标系统投标、应急投标等相关操作的工作人员承担记账式国债招标发行的投标工作；

（二）承销机构应加强投标终端的日常维护，保证通讯线路畅通和设备运行正常；

（三）承销机构应制定应急投标预案，尽可能提高应急投标书填写、签章及发送的效率。

中华人民共和国财政部
二〇一二年四月十七日

I.2 地方政府债券

2011 年地方政府自行发债试点办法

(2011 年 10 月 17 日 财库[2011]141 号)

第一条 为建立规范的地方政府举债融资机制，加强对 2011 年地方政府自行发债试点省(市)(以下简称试点省(市))的指导，规范试点省(市)自行发债行为，制定本办法。

第二条 自行发债是指试点省(市)在国务院批准的发债规模限额内，自行组织发行本省(市)政府债券的发债机制。2011 年试点省(市)政府债券由财政部代办还本付息。

第三条 试点省(市)发行政府债券实行年度发行额管理，2011 年度发债规模限额当年有效，不得结转下年。

第四条 试点省(市)发行的政府债券为记账式固定利率附息债券。2011 年政府债券期限分为 3 年和 5 年，期限结构为 3 年债券发行额和 5 年债券发行额分别占国务院批准的发债规模的 50%。

第五条 试点省(市)应当按照公开、公平、公正原则，组建本省(市)政府债券承销团。试点省(市)政府债券承销商应当是 2009—2011 年记账式国债承销团成员，原则上不得超过 20 家。

第六条 试点省(市)财政厅(局、委)应当与本省(市)政府债券承销商签署债券承销协议，明确双方权利和义务。承销商可以委托其在试点省(市)的分支机构代理签署并履行债券承销协议。

第七条 试点省(市)可以在本省(市)政府债券承销商中择优选择主承销商，主承销商为试点省(市)提供发债定价、登记托管、上市交易等咨询服务。

第八条 试点省(市)发行政府债券应当以新发国债发行利率及市场利率为定价基准，采用单一利率发债定价机制确定债券发行利率。

第九条 发债定价机制包括承销和招标，具体发债定价机制由试点省(市)确定。

承销是指试点省(市)与主承销商商定债券承销利率(或利率区间)，要求各承销商(包括主承销商)在规定时间报送债券承销额(或承销利率及承销额),按市场化原则确定债券发行利率及各承销商债券承销额的发债机制。承销总额小于发债额的差额部分,主承销商予以包销。

招标是指试点省(市)要求各承销商在规定时间报送债券投标额及投标利率,按利率从低到高原则确定债券发行利率及各承销商债券中标额的发债机制。

第十条 试点省(市)应当加强发债定价现场管理,确保发债定价过程公平、规范、有序进行。

第十一条 试点省(市)政府债券应当在中央国债登记结算有限责任公司进行集中登记、托管,债券发行结束后应当及时在全国银行间债券市场和证券交易所债券市场上市交易。

第十二条 试点省(市)自行发债收支实行预算管理,具体事项参照《财政部关于印发〈2009 年地方政府债券预算管理办法〉的通知》(财预[2009]21 号)有关规定办理。

第十三条 试点省(市)政府债券会计核算参照《财政部关于印发〈财政部代理发行地方政府债券财政总预算会计核算办法〉的通知》(财库[2009]19 号)有关规定办理。

第十四条 试点省(市)应当建立偿债保障机制,在规定时间将财政部代办债券还本付息资金足额缴入中央财政专户,具体事项参照《财政部关于印发〈财政部代理发行 2011 年地方政府债券发行兑付办法〉的通知》(财库[2011]52 号)有关规定办理。

第十五条 试点省(市)应当通过中国债券信息网和本省(市)财政厅(局、委)网站等媒体,及时披露本省(市)经济运行和财政收支状况等指标。试点省(市)在发债定价结束后应当及时公布债券发行结果。

第十六条 试点省(市)根据本办法制定本省(市)政府债券发行兑付办法,并报财政部备案。试点省(市)应当提前两周向财政部报送债券发行计划,并于发行结束后两周内报送债券发行情况。

第十七条 本办法自发布之日起施行。

Ⅰ.3 政府支持机构债券

国家发改委办公厅关于明确中国铁路建设债券政府支持性质的复函

（[2011]2482 号）

铁道部办公厅：

你部《关于明确中国铁路建设债券政府支持性质的函》（铁财函〔2011〕699号）收悉。经研究，现函复如下：

一、经国务院批准，你部发行的中国铁路建设债券为政府支持债券。

二、你部发行募集时，可向投资人明确中国铁路建设债券为政府支持债券。

二〇一一年十月十二日

Ⅰ.4 国际开发机构人民币债券

国际开发机构人民币债券发行管理暂行办法

（2010 年 9 月 16 日　中国人民银行　财政部
国家发展和改革委员会
中国证券监督管理委员会[2010]第 10 号）

为了进一步规范国际开发机构发行人民币债券的行为，促进我国债券市场发展与对外开放，中国人民银行、财政部、国家发展和改革委员会、中国证券监督管理委员会对 2005 年 2 月 18 日发布的《国际开发机构人民币债券发行管理暂行办法》（中国人民银行　财政部　国家发展和改革委员会中国证券监督管理委员会公告[2005]第5号公布)进行了修订,现重新予以公布实施。

中国人民银行
财　政　部
国家发展和改革委员会
中国证券监督管理委员会
二〇一〇年九月十六日

国际开发机构人民币债券发行管理暂行办法

第一条　为规范国际开发机构人民币债券的发行,保护债券持有人的合法权益,根据《中华人民共和国中国人民银行法》和《中华人民共和国证券法》等法律、法规,制定本办法。

第二条　本办法所指国际开发机构是指进行开发性贷款和投资的多边、双边以及地区国际开发性金融机构。

第三条　本办法所称国际开发机构人民币债券(以下简称人民币债券)是指国际开发机构依法在中国境内发行的、约定在一定期限内还本付息的、以人民币计价的债券。

第四条　在中国境内申请发行人民币债券的国际开发机构应向财政部等窗口单位递交债券发行申请,由窗口单位会同中国人民银行、国家发展和改革委员会、中国证券监督管理委员会、国家外汇管理局等部门审核通过后,报国务院同意。

第五条　国家发展和改革委员会会同财政部根据国家产业政策、外资外债情况、宏观经济和国际收支状况,对人民币债券的发行规模及所筹资金用途进行审核。

第六条　中国人民银行对人民币债券发行利率进行管理。

第七条　中国人民银行负责对与人民币债券发行和偿还有关的人民币账户和人民币跨境支付进行管理。国家外汇管理局负责对与人民币债券发行和偿还有关的外汇专用账户及相关购汇、结汇进行管理。

第八条　财政部及国家有关外债、外资管理部门,按照国务院部门分工对发债所筹资金发放的贷款和投资进行管理。

第九条　国际开发机构申请在中国境内发行人民币债券应具备以下条件:

(一)财务稳健,资信良好,经两家以上(含两家)评级公司评级,其中至少应有一家评级公司在中国境内注册且具备人民币债券评级能力,人民币债券信用

级别为AA级(或相当于AA级)以上;

(二)已为中国境内项目或企业提供的贷款和股本资金在十亿美元以上,经国务院批准予以豁免的除外;

(三)所募集资金应优先用于向中国境内的建设项目提供中长期固定资产贷款或提供股本资金,投资项目符合中国国家产业政策、利用外资政策和固定资产投资管理规定。主权外债项目应列入相关国外贷款规划。

第十条 国际开发机构申请在中国境内发行人民币债券应提交以下材料:

(一)人民币债券发行申请报告;

(二)募集说明书;

(三)近三年经审计的财务报表及附注;

(四)人民币债券信用评级报告及跟踪评级安排的说明;

(五)为中国境内项目或企业提供贷款和投资情况;

(六)拟提供贷款和股本资金的项目清单及相关证明文件和法律文件;

(七)按照《中华人民共和国律师法》执业的律师出具的法律意见书;

(八)与本期债券相关的其他重要事项。

第十一条 发行人民币债券的国际开发机构应当按照中国企业会计准则编制财务报告,除非该国际开发机构所采用的会计准则经财政部认定已与中国企业会计准则实现了等效。发行人民币债券的国际开发机构的财务报告应当经中国具有证券期货资格的会计师事务所进行审计,除非该国际开发机构所在国家或地区与中国财政部签署了注册会计师审计公共监管等效协议。

第十二条 国际开发机构发行人民币债券须由按照《中华人民共和国律师法》执业的律师进行法律认证,并出具法律意见书。

第十三条 国际开发机构在中国境内公开发行人民币债券应组成承销团,承销商应为在中国境内设立的具备债券承销资格的金融机构。

第十四条 人民币债券发行结束后,经相关市场监督管理部门批准,可以交易流通。

第十五条 获准发行人民币债券的国际开发机构(以下简称发行人)应当遵循中国有关信息披露的法律规定,切实履行信息披露义务。

第十六条 人民币债券发行利率由发行人参照同期国债收益率水平确定,并由中国人民银行核定。

第十七条 发行人将发债所筹集的人民币资金直接汇出境外使用的,应遵守中国人民银行的有关规定。经国家外汇管理局批准,国际开发机构发行人民币债券所筹集的资金可以购汇汇出境外使用。发行人应向国家外汇管理局说明购汇汇出境外使用的资金的真实用途,并定期向国家外汇管理局报备资金境外使用情况。发行人应按中国有关法律规定对发债闲置资金进行使用和管理。

第十八条 发行人为发债募集资金开立非居民人民币专用账户的,应向中国人民银行备案。

第十九条 发行人从境外调入人民币资金用于人民币债券还本付息的,应向中国人民银行备案。发行人从境外调入外汇资金用于人民币债券还本付息、使用境内人民币债券发行收入和投资收益偿付原境外调入资金,以及汇出投资收益等涉及的外汇账户开立、跨境外汇支付及购汇和结汇等事宜,应经国家外汇管理局核准。

第二十条 发行人须在每季度末向人民币债券发行审核部门分别报送运用人民币债券资金发放及回收人民币贷款、投资的情况。

第二十一条 国际开发机构发行人民币债券工作文本语言应为中文。

第二十二条 国际开发机构在中国境内发行人民币债券,发生违约或其他纠纷时,适用中国法律。

第二十三条 本办法由中国人民银行会同财政部、国家发展和改革委员会、中国证券监督管理委员会解释。

第二十四条 本办法自发布之日起施行。

Ⅱ 金融企业债券

Ⅱ.1 金融债

Ⅱ.1.1 全国银行间债券市场金融债券发行管理办法

(2005 年 4 月 27 日 中国人民银行令[2005]第 1 号)

第一章 总 则

第一条 为规范全国银行间债券市场金融债券发行行为,维护投资者合法权益,根据《中华人民共和国中国人民银行法》,制定本办法。

第二条 本办法所称金融债券,是指依法在中华人民共和国境内设立的金融机构法人在全国银行间债券市场发行的、按约定还本付息的有价证券。

本办法所称金融机构法人,包括政策性银行、商业银行、企业集团财务公司及其他金融机构。

第三条 中国人民银行依法对金融债券的发行进行监督管理。未经中国人民银行核准,任何金融机构不得擅自发行金融债券。

第四条 金融债券的发行应遵循公平、公正、诚信、自律的原则,金融债券发行人(以下简称"发行人")及相关中介机构应充分披露有关信息,并提示投资风险。

第五条 金融债券的投资风险由投资者自行承担。

第二章 申请与核准

第六条 政策性银行发行金融债券,应按年向中国人民银行报送金融债券发行申请,经中国人民银行核准后方可发行。政策性银行金融债券发行申请应包括发行数量、期限安排、发行方式等内容,如需调整,应及时报中国人民银行核准。

本办法所称政策性银行,是指国家开发银行、中国进出口银行、中国农业发展银行。

第七条 商业银行发行金融债券应具备以下条件:

(一)具有良好的公司治理机制;

(二)核心资本充足率不低于4%;

(三)最近三年连续盈利;

(四)贷款损失准备计提充足;

(五)风险监管指标符合监管机构的有关规定;

(六)最近三年没有重大违法、违规行为;

(七)中国人民银行要求的其他条件。

根据商业银行的申请,中国人民银行可以豁免前款所规定的个别条件。

第八条 企业集团财务公司发行金融债券应具备以下条件:

(一)具有良好的公司治理机制;

(二)资本充足率不低于10%;

(三)风险监管指标符合监管机构的有关规定;

(四)最近三年没有重大违法、违规行为;

(五)中国人民银行要求的其他条件。

第九条 其他金融机构发行金融债券应具备的条件另行规定。

第十条 金融机构(不包括政策性银行)发行金融债券应向中国人民银行报送下列文件(申请材料格式见附1):

(一)金融债券发行申请报告;

(二)发行人公司章程或章程性文件规定的权力机构的书面同意文件;

(三)监管机构同意金融债券发行的文件;

(四)发行人近三年经审计的财务报告及审计报告;

(五)募集说明书(格式要求见附2);

(六)发行公告或发行章程(格式要求见附3、4);

(七)承销协议;

(八)发行人关于本期债券偿债计划及保障措施的专项报告;

(九)信用评级机构出具的金融债券信用评级报告及有关持续跟踪评级安排的说明;

(十)发行人律师出具的法律意见书;

(十一)中国人民银行要求的其他文件。

采用担保方式发行金融债券的,还应提供担保协议及担保人资信情况说明。

如有必要,中国人民银行可商请其监管机构出具相关监管意见。

第十一条 政策性银行发行金融债券应向中国人民银行报送下列文件:

(一)金融债券发行申请报告;

(二)发行人近三年经审计的财务报告及审计报告;

(三)金融债券发行办法;

(四)承销协议;

(五)中国人民银行要求的其他文件。

第十二条 中国人民银行核准金融债券发行申请的期限,适用《中国人民银行行政许可实施办法》的有关规定。

第三章 发 行

第十三条 金融债券可在全国银行间债券市场公开发行或定向发行。

第十四条 金融债券的发行可以采取一次足额发行或限额内分期发行的方式。发行人分期发行金融债券的,应在募集说明书中说明每期发行安排。发行人(不包括政策性银行)应在每期金融债券发行前 5 个工作日将第十条(五)、(六)、(八)、(九)项要求文件报中国人民银行备案,并按中国人民银行的要求披露有关信息。

政策性银行应在每期金融债券发行前 5 个工作日将第十一条(二)、(三)、(四)项要求文件报中国人民银行备案,并按中国人民银行的要求披露有关信息。

第十五条 金融债券的发行应由具有债券评级能力的信用评级机构进行信用评级。金融债券发行后信用评级机构应每年对该金融债券进行跟踪信用评级。如发生影响该金融债券信用评级的重大事项,信用评级机构应及时调整该金融债券的信用评级,并向投资者公布。

第十六条 发行金融债券时,发行人应组建承销团,承销人可在发行期内向其他投资者分销其所承销的金融债券。

发行人和承销人应在承销协议中明确双方的权利与义务并加以披露。

第十七条 发行金融债券的承销可采用协议承销、招标承销等方式。承销人应为金融机构,并须具备下列条件:

(一)注册资本不低于 2 亿元人民币;

(二)具有较强的债券分销能力;

(三)具有合格的从事债券市场业务的专业人员和债券分销渠道;

(四)最近两年内没有重大违法、违规行为;

(五)中国人民银行要求的其他条件。

第十八条 以招标承销方式发行金融债券,发行人应向承销人发布下列信息：

（一）招标前，至少提前3个工作日向承销人公布招标具体时间、招标方式、招标标的、中标确定方式和应急招投标方案等内容；

（二）招标开始时，向承销人发出招标书；

（三）招标结束后，发行人应立即向承销人公布中标结果，并不迟于次一工作日发布金融债券招标结果公告。承销人中标后应履行相应的认购义务。

第十九条 金融债券的招投标发行通过中国人民银行债券发行系统进行。

在招标过程中发行人及相关各方不得透露投标情况，不得干预投标过程。中国人民银行对招标过程进行现场监督。

第二十条 发行人不得认购或变相认购自己发行的金融债券。

第二十一条 发行人应在中国人民银行核准金融债券发行之日起60个工作日内开始发行金融债券，并在规定期限内完成发行。

发行人未能在规定期限内完成发行的，原金融债券发行核准文件自动失效。发行人不得继续发行本期金融债券。发行人仍需发行金融债券的，应依据本办法另行申请。

第二十二条 金融债券发行结束后10个工作日内，发行人应向中国人民银行书面报告金融债券发行情况。

第二十三条 金融债券定向发行的，经认购人同意，可免于信用评级。定向发行的金融债券只能在认购人之间进行转让。

第二十四条 金融债券的交易按照全国银行间债券市场债券交易的有关规定执行。

第四章 登记、托管与兑付

第二十五条 中央国债登记结算有限责任公司（以下简称“中央结算公司”）为金融债券的登记、托管机构。

第二十六条 金融债券发行结束后，发行人应及时向中央结算公司确认债权债务关系，由中央结算公司及时办理债券登记工作。

第二十七条 金融债券付息或兑付日前（含当日），发行人应将相应资金划入债券持有人指定资金账户。

第五章 信息披露

第二十八条 发行人应在金融债券发行前和存续期间履行信息披露义务。信息披露应通过中国货币网、中国债券信息网进行。

第二十九条 发行人应保证信息披露真实、准确、完整、及时，不得有虚假记载、误导性陈述和重大遗漏。

发行人及相关知情人在信息披露前不得泄漏其内容。

第三十条 对影响发行人履行债务的重大事件，发行人应在第一时间向中国人民银行报告，并按照中国人民银行指定的方式披露。

第三十一条 经中国人民银行核准发行金融债券的，发行人应于每期金融债券发行前3个工作日披露募集说明书和发行公告。

发行人应在募集说明书与发行公告中说明金融债券的清偿顺序和投资风险，并在显著位置提示投资者："投资者购买本期债券，应当认真阅读本文件及有关的信息披露文件，进行独立的投资判断。主管部门对本期债券发行的核准，并不表明对本期债券的投资价值做出了任何评价，也不表明对本期债券的投资风险做出了任何判断"。

第三十二条 金融债券存续期间，发行人应于每年4月30日前向投资者披露年度报告，年度报告应包括发行人上一年度的经营情况说明、经注册会计师审计的财务报告以及涉及的重大诉讼事项等内容。

采用担保方式发行金融债券的，发行人还应在其年度报告中披露担保人上一年度的经营情况说明、经审计的财务报告以及涉及的重大诉讼事项等内容。

第三十三条 发行人应于金融债券每次付息日前2个工作日公布付息公告，最后一次付息暨兑付日前5个工作日公布兑付公告。

第三十四条 金融债券存续期间，发行人应于每年7月31日前披露债券跟踪信用评级报告。

第三十五条 信息披露涉及的财务报告，应经注册会计师审计，并出具审计报告；信息披露涉及的法律意见书和信用评级报告，应分别由执业律师和具有债券评级能力的信用评级机构出具。上述注册会计师、律师和信用评级机构所出具的有关报告文件不得含有虚假记载、误导性陈述或重大遗漏。

第三十六条 发行人应将相关信息披露文件分别送全国银行间同业拆借中心（以下简称"同业拆借中心"）和中央结算公司，由同业拆借中心和中央结算公司分别通过中国货币网和中国债券信息网披露。

同业拆借中心和中央结算公司应为金融债券信息披露提供服务，及时将违反信息披露规定的行为向中国人民银行报告并公告。

第三十七条 金融债券定向发行的，其信息披露的内容与形式应在发行章程与募集说明书中约定；信息披露的对象限于其认购人。

第六章 法律责任

第三十八条 发行人有下列行为之一的，由中国人民银行按照《中华人民共和国中国人民银行法》第四十六条的规定予以处罚。

(一)未经中国人民银行核准擅自发行金融债券;

(二)超规模发行金融债券;

(三)以不正当手段操纵市场价格、误导投资者;

(四)未按规定报送文件或披露信息;

(五)其他违反本办法的行为。

第三十九条 承销人有下列行为之一的,由中国人民银行按照《中华人民共和国中国人民银行法》第四十六条的规定予以处罚。

(一)以不正当竞争手段招揽承销业务;

(二)发布虚假信息或泄露非公开信息;

(三)其他违反本办法的行为。

第四十条 托管机构有下列行为之一的,由中国人民银行按照《中华人民共和国中国人民银行法》第四十六条的规定予以处罚。

(一)挪用托管客户金融债券;

(二)债券登记错误或遗失;

(三)发布虚假信息或泄露非公开信息;

(四)其他违反本办法的行为。

第四十一条 注册会计师、律师、信用评级机构等相关机构和人员所出具的文件含有虚假记载、误导性陈述或重大遗漏的,由中国人民银行按照《中华人民共和国中国人民银行法》第四十六条的规定予以处罚。其行为给他人造成损失的,应当就其负有责任的部分依法承担民事责任。

第七章 附 则

第四十二条 在全国银行间债券市场发行商业银行次级债券和资产支持证券适用本办法,另有规定的,依照其规定。

第四十三条 本办法由中国人民银行负责解释。

第四十四条 本办法自 2005 年 6 月 1 日起施行。中国人民银行 1998 年 11 月 28 日发布的《政策性银行金融债券市场发行管理暂行规定》同时废止。

附件:

1. 金融债券发行报送申请材料的格(略)
2. 金融债券募集说明书编制要求(略)
3. 金融债券发行公告编制要求(略)

Ⅱ.1.2 全国银行间债券市场金融债券发行管理操作规程

（2009 年 3 月 25 日　中国人民银行公告［2009］第 6 号）

第一条　为进一步规范全国银行间债券市场金融债券发行行为，根据《中华人民共和国中国人民银行法》和《全国银行间债券市场金融债券发行管理办法》（中国人民银行令〔2005〕第 1 号发布，以下简称《办法》），制定本规程。

第二条　本规程所称金融债券，包括在全国银行间债券市场发行的人民币金融债券和外币金融债券。

第三条　金融机构申请在全国银行间债券市场发行金融债券，按《办法》要求向中国人民银行提交申请材料，并提交《金融债券发行登记表》（格式见附 1）；金融债券以协议承销方式发行的，主承销商应提交尽职调查报告。

第四条　一次足额发行或限额内分期发行金融债券，发行人应在本次或每期债券发行前 5 个工作日，按《办法》要求将有关文件报中国人民银行备案，并提交《金融债券备案登记表》（格式见附 2）。政策性银行应在每期金融债券发行前 5 个工作日，按《办法》要求将有关文件报中国人民银行备案。

第五条　一次足额发行或限额内分期发行金融债券，如果发生下列情况之一，应在向中国人民银行报送备案文件时进行书面报告并说明原因：

（一）发行人业务、财务等经营状况发生重大变化；

（二）高级管理人员变更；

（三）控制人变更；

（四）发行人作出新的债券融资决定；

（五）发行人变更承销商、会计师事务所、律师事务所或信用评级机构等专业机构；

（六）是否分期发行、每期发行安排等金融债券发行方案变更；

（七）其他可能影响投资人作出正确判断的重大变化。

第六条　金融债券发行方案一经公布不得随意变更。若发生可能影响债券发行的重大事件而确需变更的，发行人应向中国人民银行书面报告，经中国人民银行同意后方可变更发行方案，同时应对外公布变更原因及变更后的发行方案，并提示投资人查看。

第七条　金融机构申请发行金融债券及发行前备案时向中国人民银行报送

的各项书面材料，应同时提交PDF格式电子版文件光盘，其中主要财务数据、监管指标等还应提交EXCEL格式电子版文件。

第八条 发行金融债券时，发行人应组建承销团，金融债券的承销可以采用招标承销或协议承销等方式。以招标承销方式发行金融债券的，发行人应与承销团成员签订承销主协议。以协议承销方式发行金融债券的，发行人应聘请主承销商，由发行人与主承销商协商安排有关发行工作。主承销商应与承销团成员签订承销团协议。

第九条 以定向形式发行金融债券的，应优先选择协议承销方式。定向发行对象不超过两家，可不聘请主承销商，由发行人与认购机构签订协议安排发行。

第十条 采用簿记建档方式协议承销发行的金融债券，发行人应选定簿记管理人；在簿记建档前，簿记管理人应向承销团成员公布簿记标的、中标确定方式等簿记建档规则；在簿记建档过程中，簿记管理人应确保簿记建档过程的公平、公正和有序，并对簿记建档所涉及的有关文件予以妥善保存。

第十一条 发行人和承销商应对债券发行、登记、托管等环节中可能出现的风险进行预防和规避，并在有关协议中明确纠纷的处理方式。

第十二条 主承销商应满足《办法》第十七条所要求的条件，熟悉全国银行间债券市场有关法律制度和管理政策，具有社会责任感，为债券市场投资者所认可。

第十三条 主承销商应切实履行以下职责：

（一）以行业公认的业务标准和道德规范，对金融债券发行人进行全面尽职调查，充分了解发行人的经营情况及其面临的风险和问题；

（二）为发行人提供必要的专业服务，确保发行人充分了解有关法律制度和市场管理政策，以及所应承担的相关责任；

（三）会同律师事务所、会计师事务所核查发行人申请材料的真实性、准确性和完整性；

（四）督促发行人按照有关要求进行信息披露，并会同律师事务所、会计师事务所核查信息披露文件的真实性、准确性和完整性；

（五）按照签订协议，做好金融债券推介和销售工作，主承销商应具备对所承销金融债券做市的能力；

（六）金融债券发行结束后10个工作日内，应向中国人民银行书面报告当期债券承销情况。

第十四条 金融债券发行结束后10个工作日内，发行人应向中国人民银行书面报告当期金融债券发行情况。

第十五条 为金融债券发行提供专业服务的承销商、信用评级机构、会计师事务所、律师事务所等专业机构及有关人员，应当按照本行业公认的业务标准和道德规范，对提供服务所涉及的文件进行认真审阅，确认其不存在虚假记载、误导性陈述或重大遗漏，并出具有关专业报告或意见，同时应出具承诺函，确认已履行上述义务。

第十六条 信用评级机构在信用评级过程中应恪守执业操守，保证评级结果的客观公正，充分揭示金融债券的投资风险。在信用评级过程中，信用评级机构不得与发行人、主承销商或其他当事人协商信用级别，或以价定级。

第十七条 投资人应理性对待第三方对发行人资信状况作出的评价，在进行金融债券投资时，独立判断金融债券投资价值，自主作出金融债券投资决定，自行承担金融债券投资风险。

第十八条 发行人应按照有关规定向投资者披露信息。发行人应保证信息披露真实、准确、完整、及时，不得有虚假记载、误导性陈述或重大遗漏。

第十九条 全国银行间同业拆借中心（以下简称同业拆借中心）和中央国债登记结算有限责任公司（以下简称中央结算公司）应根据有关规定制定并对外公布信息披露工作的操作细则，并做好信息披露的服务工作。

第二十条 在金融债券发行前和存续期间，发行人应按照有关要求及时向同业拆借中心和中央结算公司报送信息披露文件。同业拆借中心和中央结算公司应对信息披露文件进行形式审核，确保信息披露文件的完整、合规。同业拆借中心和中央结算公司应将发行人信息披露情况定期向中国人民银行报告，并向市场成员公布。

第二十一条 金融债券信息披露文件一经公布，不得随意变更。如确需变更的，发行人需报中国人民银行备案后，按照中国人民银行指定的方式对外公布变更原因及变更后的信息，并提示投资人查看。

第二十二条 当金融债券发行人信息披露违规或信息披露文件的真实性、准确性、完整性存在问题时，银行间债券市场参与者可以向同业拆借中心、中央结算公司或直接向中国人民银行反映或举报。

第二十三条 符合《国际开发机构人民币债券发行管理暂行办法》（中国人民银行财政部国家发展和改革委员会中国证券监督管理委员会公告[2005]第5号发布）有关规定的国际开发机构，在全国银行间债券市场发行人民币债券的相关事宜，参照本规程执行。

第二十四条 商业银行在全国银行间债券市场发行次级债券适用本规程，本规程未规定事项适用《商业银行次级债券发行管理办法》（中国人民银行中国银行业监督管理委员会公告[2004]第4号发布）。

第二十五条 条本规程由中国人民银行负责解释。

第二十六条 本规程自2009年5月15日起施行。

附:1. 金融债券发行登记表(略)

2. 金融债券备案登记表(略)

Ⅱ.1.3 金融租赁公司和汽车金融公司发行金融债券的有关事宜

（2009年9月18日 中国人民银行
中国银行业监督管理委员会公告［2009］第14号）

为规范金融租赁公司和汽车金融公司发行金融债券行为，保护投资者的合法权益，根据《中华人民共和国中国人民银行法》、《中华人民共和国银行业监督管理法》、《全国银行间债券市场金融债券发行管理办法》、《金融租赁公司管理办法》和《汽车金融公司管理办法》等法律法规和相关规定，现就金融租赁公司和汽车金融公司发行金融债券的有关事宜公告如下：

一、本公告所称金融租赁公司是指经中国银行业监督管理委员会批准设立，以经营融资租赁业务为主的非银行金融机构。

二、本公告所称汽车金融公司是指经中国银行业监督管理委员会批准设立，为中国境内的汽车购买者及销售者提供金融服务的非银行金融机构。

三、中国人民银行和中国银行业监督管理委员会依法对金融租赁公司和汽车金融公司金融债券的发行进行监督管理。中国人民银行对金融租赁公司和汽车金融公司在银行间债券市场发行和交易金融债券进行监督管理；中国银行业监督管理委员会对金融租赁公司和汽车金融公司发行金融债券的资格进行审查。

四、金融租赁公司和汽车金融公司发行金融债券，应具备以下条件：

（一）具有良好的公司治理结构和完善的内部控制体系；

（二）具有从事金融债券发行和管理的合格专业人员；

（三）金融租赁公司注册资本金不低于5亿元人民币或等值的自由兑换货币，汽车金融公司注册资本金不低于8亿元人民币或等值的自由兑换货币；

（四）资产质量良好，最近1年不良资产率低于行业平均水平，资产损失准备计提充足；

（五）无到期不能支付债务；

（六）净资产不低于行业平均水平；

（七）经营状况良好，最近3年连续盈利，最近1年利润率不低于行业平均水平，且有稳定的盈利预期；

（八）最近3年平均可分配利润足以支付所发行金融债券1年的利息；

（九）风险监管指标达到监管要求；

（十）最近 3 年没有重大违法、违规行为；

（十一）中国人民银行和中国银行业监督管理委员会要求的其他条件。

对于商业银行设立的金融租赁公司，资质良好但成立不满 3 年的，应由具有担保能力的担保人提供担保。

五、金融租赁公司和汽车金融公司发行金融债券后，资本充足率均应不低于 8%。

六、中国银行业监督管理委员会直接监管的金融租赁公司发行金融债券，向中国银行业监督管理委员会提交申请，由中国银行业监督管理委员会受理、审查并决定。各地银监局监管的金融租赁公司发行金融债券，向所在地银监局提交申请，银监局受理、初审后，报中国银行业监督管理委员会审查并决定。

七、汽车金融公司发行金融债券，应向其所在地银监局提交申请，由银监局受理、初审后，报中国银行业监督管理委员会审查批准。

八、金融租赁公司和汽车金融公司发行金融债券，应向中国银行业监督管理委员会报送以下文件：

（一）金融债券发行申请报告；

（二）发行人公司章程或章程性文件规定的权力机构的书面同意文件；

（三）发行人近 3 年经审计的财务报告及审计报告；

（四）募集说明书；

（五）发行公告或发行章程；

（六）承销协议；

（七）发行人关于本期偿债计划及保障措施的专项报告；

（八）信用评级机构出具的金融债券信用评级报告和有关持续跟踪评级安排的说明；

（九）发行人律师出具的法律意见书；

（十）中国银行业监督管理委员会要求的其他文件。

采用担保方式发行金融债券的，还应提供担保协议及担保人资信情况说明。

九、中国银行业监督管理委员会应当自受理金融租赁公司和汽车金融公司发行金融债券申请之日起 3 个月内，对金融租赁公司和汽车金融公司发行金融债券进行资格审查，并做出批准或不批准的书面决定，同时抄送中国人民银行。

十、金融租赁公司和汽车金融公司发行金融债券申请获得中国银行业监督管理委员会批准后，应向中国人民银行报送以下文件：

（一）第八条（一）至（九）项要求的文件；

（二）监管机构同意金融债券发行的文件；

(三)中国人民银行要求的其他文件。

十一、中国人民银行核准金融租赁公司和汽车金融公司金融债券发行申请的期限,适用《中国人民银行行政许可实施办法》的有关规定。

十二、金融租赁公司和汽车金融公司的发债资金用途必须符合国家产业政策和相关政策规定,不得从事与自身主业无关的风险性投资。

十三、本公告未尽事宜按《全国银行间债券市场金融债券发行管理办法》和中国银行业监督管理委员会的有关规定执行。

中国人民银行　中国银行业监督管理委员会
二〇〇九年八月十八日

Ⅱ.2 次级债

Ⅱ.2.1 商业银行次级债券发行管理办法

（2004年6月17日 人民银行 银监会公告2004年第4号）

第一章 总 则

第一条 为规范商业银行发行次级债券行为，维护投资者合法权益，促进商业银行资产负债结构的改善和自我发展能力的提高，根据《中华人民共和国中国人民银行法》、《中华人民共和国银行业监督管理法》和《中华人民共和国商业银行法》等法律，制定本办法。

第二条 本办法所称商业银行次级债券（以下简称"次级债券"）是指商业银行发行的、本金和利息的清偿顺序列于商业银行其他负债之后、先于商业银行股权资本的债券。

经中国银行业监督管理委员会批准，次级债券可以计入附属资本。

第三条 次级债券可在全国银行间债券市场公开发行或私募发行。

商业银行也可以私募方式募集次级定期债务，商业银行募集次级定期债务应遵循中国银行业监督管理委员会发布的相关规定。

第四条 次级债券发行人（以下简称发行人）为依法在中国境内设立的商业银行法人。

第五条 次级债券的发行遵循公开、公平、公正、诚信的原则，并充分披露有关信息和提示次级债券投资风险。

第六条 次级债券的投资风险由投资者自行承担。

第七条 中国人民银行和中国银行业监督管理委员会依法对次级债券发行进行监督管理。中国银行业监督管理委员会负责对商业银行发行次级债券资格进行审查，并对次级债券计入附属资本的方式进行监督管理；中国人民银行对次级债券在银行间债券市场的发行和交易进行监督管理。

第二章 次级债券发行申请及批准

第八条 商业银行发行次级债券应由国家授权投资机构出具核准证明；或

提交发行次级债券的股东大会决议。股东大会决议应包括以下内容：

（一）发行规模、期限；

（二）募集资金用途；

（三）批准或决议的有效期。

第九条 商业银行公开发行次级债券应具备以下条件：

（一）实行贷款五级分类，贷款五级分类偏差小；

（二）核心资本充足率不低于5%；

（三）贷款损失准备计提充足；

（四）具有良好的公司治理结构与机制；

（五）最近三年没有重大违法、违规行为。

第十条 商业银行以私募方式发行次级债券或募集次级定期债务应符合以下条件：

（一）实行贷款五级分类，贷款五级分类偏差小；

（二）核心资本充足率不低于4%；

（三）贷款损失准备计提充足；

（四）具有良好的公司治理结构与机制；

（五）最近三年没有重大违法、违规行为。

第十一条 商业银行发行次级债券应分别向中国银行业监督管理委员会、中国人民银行提交申请并报送有关文件（申请材料格式见附1），主要包括：

（一）次级债券发行申请报告；

（二）国家授权投资机构出具的发行核准证明或股东大会通过的专项决议；

（三）次级债券发行可行性研究报告；

（四）发行人近三年经审计的财务报表及附注；

（五）发行章程、公告（格式要求见附2、3）；

（六）募集说明书（格式要求见附4）；

（七）承销协议、承销团协议；

（八）次级债券信用评级报告及跟踪评级安排的说明；

（九）发行人律师出具的法律意见书。

第十二条 中国银行业监督管理委员会应当自受理商业银行发行次级债券申请之日起3个月内，对商业银行发行次级债券进行资格审查，并做出批准或不批准的书面决定，同时抄送中国人民银行。中国人民银行应当自收到中国银行业监督管理委员会做出的批准文件之日起5个工作日内决定是否受理申请，中国人民银行决定受理的，应当自受理申请之日起20日内做出批准或不批准的决定。

未经中国人民银行批准，商业银行不得在全国银行间债券市场发行次级债券。

第十三条 商业银行持有的其他银行发行的次级债券余额不得超过其核心资本的20%。

第十四条 次级债券计入商业银行附属资本的条件按照中国银行业监督管理委员会发布的相关监管规定执行。

第三章 次级债券的发行

第十五条 商业银行发行次级债券应聘请证券信用评级机构进行信用评级。证券信用评级机构对评级的客观、公正和及时性承担责任。

第十六条 商业银行次级债券的发行可采取一次足额发行或限额内分期发行的方式。发行人根据需要，分期发行同一类次级债券，应在募集说明书中详细说明每期发行时间及发行额度。若有变化，发行人应在每期次级债券发行15日前将修改的有关文件报中国人民银行备案，并按中国人民银行的要求披露有关信息。

第十七条 发行次级债券时，发行人应组成承销团，承销团在发行期内向其他投资者分销次级债券。

第十八条 次级债券的承销可采用包销、代销和招标承销等方式；承销人应为金融机构，并须具备下列条件：

（一）注册资本不低于2亿元人民币；

（二）具有较强的债券分销能力；

（三）具有合格的从事债券市场业务的专业人员和债券分销渠道；

（四）最近两年内没有重大违法、违规行为；

（五）中国人民银行要求的其他条件。

第十九条 以招标承销方式发行次级债券，发行人应向承销人发布下列信息：

（一）招标前，至少提前3个工作日向承销人公布招标具体时间、招标方式、招标标的、中标确定方式和应急招投标方案等内容；

（二）招标开始时，向承销人发出招标书；

（三）招标结束后，发行人应立即向承销人公布中标结果，并于次日通过中国人民银行指定的媒体向社会公布招标结果。

第二十条 招投标通过中国人民银行债券发行系统进行，发行人不得透露投标情况，不得干预投标过程。中国人民银行监督招标过程。

第二十一条 发行人应在中国人民银行批准次级债券发行之日起60个工

作日内开始发行次级债券，并在规定期限内完成发行。

发行人未能在规定期限内完成发行时，原批准文件自动失效，发行人如仍需发行次级债券，应另行申请。

第二十二条 次级债券发行结束后5个工作日内，发行人应向中国人民银行、中国银行业监督管理委员会报告次级债券发行情况。

第二十三条 次级债券私募发行时，发行人可以免于信用评级；私募发行的次级债券只能在认购人之间进行转让。次级定期债务，经批准可比照私募发行的次级债券转让方式进行转让。

第二十四条 次级债券的交易按照全国银行间债券市场债券交易的有关规定执行。

第四章 登记、托管与兑付

第二十五条 中央国债登记结算有限责任公司（以下简称“中央结算公司”）为次级债券的登记、托管机构。

第二十六条 发行期结束后，发行人应及时向中央结算公司确认债权。在债权确认完成后，中央结算公司应及时完成债权登记工作。

第二十七条 发行人应向中央结算公司缴付登记托管费。

第二十八条 发行人应于次级债券还本或付息日前10个工作日，通过中国人民银行指定的新闻媒体向投资者公布次级债券兑付公告。

第二十九条 次级债券还本或付息日前，发行人应将兑付资金划入中央结算公司指定的账户。

第三十条 发行人应向中央结算公司支付兑付手续费。

第五章 信息披露

第三十一条 商业银行公开发行次级债券时，发行人应在中国人民银行批准发行次级债券后，在发行次级债券前5个工作日将发行公告报中国人民银行备案，并刊登于中国人民银行指定的媒体，同时印制、散发募集说明书。

经中国人民银行批准分期发行次级债券的，发行人应在每期次级债券发行前5个工作日在中国人民银行指定的媒体公布发行公告，并披露本次发行与上次发行之间发生的重大事件。

发行人应公告中国人民银行要求披露的其他信息。

第三十二条 发行人应保证发行公告没有虚假、误导性陈述或者重大遗漏，并保证对其承担责任。发行人应当在发行公告的显著位置提示投资者：“投资者购买本期债券，应当认真阅读本发行公告及有关的信息披露文件，进行独立的投资判断。主管部门对本期债券发行的批准，并不表明对本期债券的投资价值做出了任何评价，也不表明对本期债券的投资风险做出了任何判断”。

第三十三条 发行人应在发行公告与募集说明书中说明次级债券的清偿顺序，并向投资者说明次级债券的投资风险。

第三十四条 次级债券到期前，发行人应于每年4月30日前向中国人民银行提交经注册会计师审计的发行人上一年度的年度报告。公开发行次级债券的，发行人应通过有关的媒体披露年度报告。

第三十五条 对发行人进行财务审计、法律咨询评估及债券信用评级的会计师事务所、律师事务所和证券信用评级机构应客观、公正地出具有关报告文件并承担相应责任。

第三十六条 对影响发行人履行债务的重大事件，发行人应在第一时间将该事件有关情况报告中国人民银行、中国银行业监督管理委员会，并按照中国人民银行指定的方式向投资者披露。

第三十七条 中央结算公司应为银行间债券市场主管部门和投资者了解次级债券信息提供服务，并及时向银行间债券市场主管部门报告各种违反信息披露规定的行为。

第三十八条 商业银行次级债券私募发行时，其信息披露的内容与形式，应在发行章程与募集说明书中约定；信息披露的对象限于其次级债券的认购人。

第六章 附 则

第三十九条 对于违反本办法的行为，中国人民银行和中国银行业监督管理委员会按照《中华人民共和国中国人民银行法》、《中华人民共和国银行业监督管理法》、《中华人民共和国商业银行法》的有关规定给予处罚。

第四十条 政策性银行发行次级债券适用本办法。

第四十一条 本办法由中国人民银行、中国银行业监督管理委员会负责解释。

第四十二条 本办法自发布之日起施行。

附件：1. 商业银行发行次级债券报送申请文件的格式（略）
2. 商业银行次级债券发行章程的编制要求（略）
3. 商业银行次级债券发行公告编制要求（略）
4. 商业银行次级债券募集说明书编制要求（略）

Ⅱ.2.2 商业银行资本充足率管理办法

（2007年7月3日 中国银行业监督管理委员会令2007年第11号
中国银行业监督管理委员会2004年第2号令颁布实施
根据2006年12月28日中国银行业监督管理委员会第五十五次
主席会议《关于修改〈商业银行资本充足率管理办法〉的决定》修正）

第一章 总 则

第一条 为加强对商业银行资本充足率的监管，促进商业银行安全、稳健运行，根据《中华人民共和国银行业监督管理法》、《中华人民共和国商业银行法》、《中华人民共和国外资银行管理条例》等法律法规，制定本办法。

第二条 本办法适用于在中华人民共和国境内设立的商业银行，包括中资银行、外商独资银行、中外合资银行。

第三条 本办法中的资本充足率，是指商业银行持有的、符合本办法规定的资本与商业银行风险加权资产之间的比率。

商业银行的核心资本充足率，是指商业银行持有的符合本办法规定的核心资本与商业银行风险加权资产之间的比率。

第四条 商业银行资本充足率的计算应建立在充分计提贷款损失准备等各项损失准备的基础之上。

第五条 商业银行资本应抵御信用风险和市场风险。

第六条 商业银行应同时计算未并表的资本充足率和并表后的资本充足率。

第七条 商业银行资本充足率不得低于百分之八，核心资本充足率不得低于百分之四。

第八条 中国银行业监督管理委员会（以下简称银监会）按照本办法对商业银行资本充足率、资本管理状况进行监督检查。

第九条 商业银行应按照本办法披露资本充足率信息。

第二章 资本充足率计算

第十条 商业银行计算并表后的资本充足率时，应将以下机构纳入并表范围：

（一）商业银行拥有其过半数以上（不包括半数）权益性资本的被投资金融机构，包括：

1. 商业银行直接拥有其过半数以上权益性资本的被投资金融机构；

2. 商业银行的全资子公司拥有其过半数以上权益性资本的被投资金融机构；

3. 商业银行与其全资子公司共同拥有其过半数以上权益性资本的被投资金融机构。

（二）商业银行不拥有其过半数以上的权益性资本，但与被投资金融机构之间有下列情况之一的，应将其纳入并表范围：

1. 通过与其他投资者之间的协议，持有该机构半数以上的表决权；

2. 根据章程或协议，有权控制该机构的财务和经营政策；

3. 有权任免该机构董事会或类似权力机构的多数成员；

4. 在该机构董事会或类似权力机构有半数以上投票权。

可以不列入并表范围的机构包括：已关闭或已宣告破产的金融机构；因终止而进入清算程序的金融机构；决定在一年之内售出而短期持有其过半数以上权益性资本的金融机构；受所在国外汇管制及其他突发事件影响、资金调度受到限制的境外附属金融机构。

第十一条 商业银行资本充足率的计算公式：

资本充足率 =（资本 - 扣除项）/（风险加权资产 +12.5 倍的市场风险资本）

核心资本充足率 =（核心资本 - 核心资本扣除项）/（风险加权资产 +12.5 倍的市场风险资本）

第十二条 商业银行资本包括核心资本和附属资本。

核心资本包括实收资本或普通股、资本公积、盈余公积、未分配利润和少数股权。

附属资本包括重估储备、一般准备、优先股、可转换债券、混合资本债券和长期次级债务。

对计入所有者权益的可供出售债券公允价值正变动可计入附属资本，计入部分不得超过正变动的50%；公允价值负变动应全额从附属资本中扣减。商业银行计算资本充足率时，应将计入资本公积的可供出售债券的公允价值从核心资本中转入附属资本。

第十三条 商业银行的附属资本不得超过核心资本的100%；计入附属资本的长期次级债务不得超过核心资本的50%。

第十四条 商业银行计算资本充足率时，应从资本中扣除以下项目：

（一）商誉；

（二）商业银行对未并表金融机构的资本投资；

（三）商业银行对非自用不动产和企业的资本投资。

第十五条 商业银行计算核心资本充足率时，应从核心资本中扣除以下项目：

（一）商誉；

（二）商业银行对未并表金融机构资本投资的50%；

（三）商业银行对非自用不动产和企业资本投资的50%。

第十六条 商业银行计算各项贷款的风险加权资产时，应首先从贷款账面价值中扣除专项准备；其他各类资产的减值准备，也应从相应资产的账面价值中扣除。

第十七条 商业银行境外债权的风险权重，以相应国家或地区的外部信用评级结果为基准。不同评级公司对同一国家或地区的评级结果不一致时，选择较低的评级结果。

（一）对其他国家或地区政府的债权，该国家或地区的评级为AA－以上（含AA－）的，风险权重为0%，AA－以下的，风险权重为100%；

（二）对境外商业银行、证券公司的债权，注册地所在国或地区的评级为AA－以上（含AA－）的，风险权重为20%，AA－以下的，风险权重为100%；

（三）对其他国家或地区政府投资的公用企业的债权，所在国家或地区的评级为AA－以上（含AA－）的，风险权重为50%，AA－以下的，风险权重为100%。

第十八条 商业银行对多边开发银行债权的风险权重为0%。

第十九条 商业银行对我国中央政府和中国人民银行本外币债权的风险权重均为0%。

商业银行对我国中央政府投资的公用企业债权的风险权重为50%。

第二十条 商业银行对我国政策性银行债权的风险权重为0%。

第二十一条 商业银行对我国其他商业银行债权的风险权重为20%，其中原始期限四个月以内（含四个月）债权的风险权重为0%。

商业银行持有我国其他商业银行发行的混合资本债券和长期次级债务的风险权重为100%。

第二十二条 商业银行对我国中央政府投资的金融资产管理公司为收购国有银行不良贷款而定向发行的债券的风险权重为0%。

商业银行对我国中央政府投资的金融资产管理公司的其他债权的风险权重为100%。

第二十三条 商业银行对企业、个人的债权及其他资产的风险权重均为

100%。

第二十四条 个人住房抵押贷款的风险权重为50%。

第二十五条 下列质物具有风险缓释作用:

(一)以特户、封金或保证金等形式特定化后的现金;

(二)黄金;

(三)银行存单;

(四)我国财政部发行的国债;

(五)中国人民银行发行的票据;

(六)我国政策性银行、商业银行发行的债券、票据和承兑的汇票;

(七)我国中央政府投资的公用企业发行的企业债券、票据和承兑的汇票;

(八)评级为AA-以上(含AA-)国家或地区政府发行的债券,在这些国家或地区注册的商业银行、证券公司及政府投资的公用企业所发行的债券、票据和承兑的汇票;

(九)多边开发银行发行的债券。

以前款所列质物质押的贷款,取得与质物相同的风险权重,或取得对质物发行人或承兑人直接债权的风险权重。部分质押的贷款,受质物保护的部分获得相应的低风险权重。

第二十六条 下列保证主体提供的保证具有风险缓释作用:

(一)我国政策性银行、商业银行;

(二)经国务院批准,为使用外国政府或国际经济组织贷款进行转贷的我国国家机关;

(三)我国中央政府投资的公用企业;

(四)评级为AA-以上(含AA-)国家或地区的政府以及在这些国家或地区注册的商业银行,这些国家或地区政府投资的公用企业;

(五)多边开发银行。

以前款所列保证主体提供全额保证的贷款,取得对保证人直接债权的风险权重。部分保证的贷款,被保证部分获得相应的低风险权重。

第二十七条 商业银行应对表外业务的信用风险计提资本。

商业银行应将表外项目的名义本金额乘以信用转换系数,获得等同于表内项目的风险资产,然后根据交易对象的属性确定风险权重,计算表外项目相应的风险加权资产。

对于汇率、利率及其他衍生产品合约的风险加权资产,使用现期风险暴露法计算。

第二十八条 商业银行应对市场风险计提资本。

市场风险是指因市场价格变动而导致表内外头寸损失的风险。本办法所称市场风险包括以下风险:交易账户中受利率影响的各类金融工具及股票所涉及的风险、商业银行全部的外汇风险和商品风险。

第二十九条 商业银行应该按照本办法的规定设立交易账户,交易账户中的所有项目均应按市场价格计价。

交易账户包括:商业银行从事自营而短期持有并旨在日后出售或计划从买卖的实际或预期价差、其他价格及利率变动中获利的金融工具头寸;为执行客户买卖委托及做市而持有的头寸;为规避交易账户其他项目风险而持有的头寸。

第三十条 交易账户总头寸高于表内外总资产的10%或超过85亿元人民币的商业银行,须计提市场风险资本。

第三十一条 按照本办法不须计提市场风险资本的商业银行,必须每季向银监会报告市场风险头寸。

第三十二条 商业银行应按照本办法规定的标准法计算市场风险资本。经银监会审查批准,商业银行可以使用内部模型法计算市场风险资本。

第三章 监督检查

第三十三条 商业银行董事会承担本银行资本充足率管理的最终责任,负责确定资本充足率管理目标,审定风险承受能力,制定并监督实施资本规划。未设立董事会的,由行长负责。

第三十四条 商业银行高级管理人员负责资本充足率管理的实施工作,包括制定本银行资本充足率管理的规章制度,完善信用风险和市场风险的识别、计量和报告程序,定期评估资本充足率水平,并建立相应的资本管理机制,加强对资本评估程序的检查和审计,确保各项监控措施的有效实施。

第三十五条 商业银行应向银监会报告未并表和并表后的资本充足率。并表后的资本充足率每半年报送一次,未并表的资本充足率每季报送一次。如遇影响资本充足率的特别重大事项,应及时报告银监会。

第三十六条 银监会对商业银行资本充足率实行现场检查和非现场监控。检查内容主要包括:

(一)商业银行资本充足率有关规章制度的制定和执行情况;

(二)商业银行保持资本充足率的资本规划和执行情况,监控资本水平的能力和手段;

(三)商业银行的信用风险和市场风险状况;

(四)商业银行交易账户的设立、项目计价是否符合本办法的规定。

第三十七条 根据商业银行的风险状况及风险管理能力,银监会可以要求单个银行提高最低资本充足率标准。

第三十八条 根据资本充足率的状况,银监会将商业银行分为三类:

(一)资本充足的商业银行:资本充足率不低于百分之八,核心资本充足率不低于百分之四;

(二)资本不足的商业银行:资本充足率不足百分之八,或核心资本充足率不足百分之四;

(三)资本严重不足的商业银行:资本充足率不足百分之四,或核心资本充足率不足百分之二。

第三十九条 对资本充足的商业银行,银监会支持其稳健发展业务。为防止其资本充足率降到最低标准以下,银监会可以采取下列干预措施:

(一)要求商业银行完善风险管理规章制度;

(二)要求商业银行提高风险控制能力;

(三)要求商业银行加强对资本充足率的分析及预测;

(四)要求商业银行制定切实可行的资本维持计划,并限制商业银行介入部分高风险业务。

第四十条 对资本不足的商业银行,银监会可以采取下列纠正措施:

(一)下发监管意见书。监管意见书的内容包括:对商业银行资本充足率现状的描述、将采取的纠正措施、各项措施的详细实施计划;

(二)要求商业银行在接到银监会监管意见书的二个月内,制定切实可行的资本补充计划;

(三)要求商业银行限制资产增长速度;

(四)要求商业银行降低风险资产的规模;

(五)要求商业银行限制固定资产购置;

(六)严格审批或限制商业银行增设新机构、开办新业务。

对于采取前款纠正措施后商业银行逾期未改正的,或其行为已严重危及该商业银行稳健运行、损害存款人和其他客户合法权益的,根据商业银行风险程度及资本补充计划的实施情况,银监会有权依法采取限制商业银行分配红利和其他收入、责令商业银行停办除低风险业务以外的其他一切业务、停止批准商业银行增设机构和开办新业务等措施。

第四十一条 对资本严重不足的商业银行,银监会除采取本办法第四十条所列的纠正措施外,还可以采取以下纠正措施:

(一)要求商业银行调整高级管理人员;

(二)依法对商业银行实行接管或者促成机构重组,直至予以撤销。

在处置此类商业银行时,银监会还将综合考虑外部因素,采取其他必要措施。

第四章　信息披露

第四十二条　商业银行董事会负责本行资本充足率的信息披露,未设立董事会的,由行长负责。信息披露的内容须经董事会或行长批准。

第四十三条　资本充足率的信息披露主要包括以下五个方面内容:风险管理目标和政策、并表范围、资本、资本充足率、信用风险和市场风险。对于涉及商业机密无法披露的项目,商业银行可披露项目的总体情况,并解释特殊项目无法披露的原因。

第四十四条　商业银行资本充足率信息披露时间为每个会计年度终了后的四个月内。因特殊原因不能按时披露的,应至少提前十五个工作日向银监会申请延迟。

第四十五条　商业银行资本充足率信息在披露前应报送银监会。

第四十六条　商业银行应在主要营业场所公布本办法要求披露的信息内容,并确保股东及相关利益人能及时获得。

第五章　附　　则

第四十七条　外资独资财务公司、合资财务公司资本充足率的计算、监督检查和信息披露,比照适用本办法。外国银行在华分行参照本办法规定的风险权重计算人民币风险加权资产。

政策性银行资本充足率的计算和监督管理,参照本办法的规定,但对政策性银行的资本充足率披露不作统一要求。

第四十八条　附件1、附件2、附件3、附件4和附件5是本办法的组成部分。附件有关内容如下:

(一)附件1:资本定义;

(二)附件2:表内资产风险权重表;

(三)附件3:表外项目的信用转换系数及表外项目的定义;

(四)附件4:计算市场风险资本要求的标准法;

(五)附件5:信息披露的内容。

第四十九条　本办法中采用了标准普尔AA-的评级符号,但对商业银行选用外部信用评级公司不做规定,商业银行可自行选择评级公司的评级结果,并保持连续性。

第五十条　对其他国家或地区政府的债权包括对这些国家或地区政府、中央银行和其他等同于政府机构的债权。对于等同于政府的机构的界定,以所在地银行监管当局的规定为准。

第五十一条 权益性资本是指能够据以参与公司管理，对经营决策有投票权的资本。

第五十二条 公用企业是指涉及公用事业的经营者，包括供水、供电、供热、供气、邮政、电讯、交通运输等行业的经营者。公用企业主要分布在国民经济基础行业中，多数担负向公众提供服务的任务，这些企业通常由国家通过政府财政手段创立，且投资规模巨大。

第五十三条 本办法由银监会负责解释。

第五十四条 本办法自2004年3月1日起施行。

Ⅱ.2.3 商业银行资本充足率管理办法

(2012年6月8日 中国银行业监督管理委员会令
2012年第1号)

第一章 总 则

第一条 为加强商业银行资本监管,维护银行体系稳健运行,保护存款人利益,根据《中华人民共和国银行业监督管理法》、《中华人民共和国商业银行法》、《中华人民共和国外资银行管理条例》等法律法规,制定本办法。

第二条 本办法适用于在中华人民共和国境内设立的商业银行。

第三条 商业银行资本应抵御其所面临的风险,包括个体风险和系统性风险。

第四条 商业银行应当符合本办法规定的资本充足率监管要求。

第五条 本办法所称资本充足率,是指商业银行持有的符合本办法规定的资本与风险加权资产之间的比率。

一级资本充足率,是指商业银行持有的符合本办法规定的一级资本与风险加权资产之间的比率。

核心一级资本充足率,是指商业银行持有的符合本办法规定的核心一级资本与风险加权资产之间的比率。

第六条 商业银行应当按照本办法的规定计算并表和未并表的资本充足率。

第七条 商业银行资本充足率计算应当建立在充分计提贷款损失准备等各项减值准备的基础之上。

第八条 商业银行应当按照本办法建立全面风险管理架构和内部资本充足评估程序。

第九条 中国银行业监督管理委员会(以下简称银监会)依照本办法对商业银行资本充足率、资本管理状况进行监督检查,并采取相应的监管措施。

第十条 商业银行应当按照本办法披露资本充足率信息。

第二章 资本充足率计算和监管要求

第一节 资本充足率计算范围

第十一条 商业银行未并表资本充足率的计算范围应包括商业银行境内外

所有分支机构。并表资本充足率的计算范围应包括商业银行以及符合本办法规定的其直接或间接投资的金融机构。商业银行及被投资金融机构共同构成银行集团。

第十二条 商业银行计算并表资本充足率,应当将以下境内外被投资金融机构纳入并表范围:

(一)商业银行直接或间接拥有50%以上表决权的被投资金融机构。

(二)商业银行拥有50%以下(含)表决权的被投资金融机构,但与被投资金融机构之间有下列情况之一的,应将其纳入并表范围:

1. 通过与其他投资者之间的协议,拥有该金融机构50%以上的表决权。

2. 根据章程或协议,有权决定该金融机构的财务和经营政策。

3. 有权任免该金融机构董事会或类似权力机构的多数成员。

4. 在被投资金融机构董事会或类似权力机构占多数表决权。

确定对被投资金融机构表决权时,应考虑直接和间接拥有的被投资金融机构的当期可转换债券、当期可执行的认股权证等潜在表决权因素,对于当期可以实现的潜在表决权,应计入对被投资金融机构的表决权。

(三)其他证据表明商业银行实际控制被投资金融机构的情况。

控制,是指一个公司能够决定另一个公司的财务和经营政策,并据以从另一个公司的经营活动中获取利益。

第十三条 商业银行未拥有被投资金融机构多数表决权或控制权,具有下列情况之一的,应当纳入并表资本充足率计算范围:

(一)具有业务同质性的多个金融机构,虽然单个金融机构资产规模占银行集团整体资产规模的比例较小,但该类金融机构总体风险足以对银行集团的财务状况及风险水平造成重大影响。

(二)被投资金融机构所产生的合规风险、声誉风险造成的危害和损失足以对银行集团的声誉造成重大影响。

第十四条 符合本办法第十二条、第十三条规定的保险公司不纳入并表范围。

商业银行应从各级资本中对应扣除对保险公司的资本投资,若保险公司存在资本缺口的,还应当扣除相应的资本缺口。

第十五条 商业银行拥有被投资金融机构50%以上表决权或对被投资金融机构的控制权,但被投资金融机构处于以下状态之一的,可不列入并表范围:

(一)已关闭或已宣布破产。

(二)因终止而进入清算程序。

(三)受所在国外汇管制及其他突发事件的影响,资金调度受到限制的境外被投资金融机构。

商业银行对有前款规定情形的被投资金融机构资本投资的处理方法按照本办法第十四条第二款的规定执行。

第十六条 商业银行计算未并表资本充足率,应当从各级资本中对应扣除其对符合本办法第十二条和第十三条规定的金融机构的所有资本投资。若这些金融机构存在资本缺口的,还应当扣除相应的资本缺口。

第十七条 商业银行应当根据本办法制定并表和未并表资本充足率计算内部制度。商业银行调整并表和未并表资本充足率计算范围的,应说明理由,并及时报银监会备案。

第十八条 银监会有权根据商业银行及其附属机构股权结构变动、业务类别及风险状况确定和调整其并表资本充足率的计算范围。

第二节 资本充足率计算公式

第十九条 商业银行应当按照以下公式计算资本充足率:

$$资本充足率 = \frac{总资本 - 对应资本扣减项}{风险加权资产} \times 100\%$$

$$一级资本充足率 = \frac{一级资本 - 对应资本扣减项}{风险加权资产} \times 100\%$$

$$核心一级资本充足率 = \frac{核心一级资本 - 对应资本扣减项}{风险加权资产} \times 100\%$$

第二十条 商业银行总资本包括核心一级资本、其他一级资本和二级资本。商业银行应当按照本办法第三章的规定计算各级资本和扣除项。

第二十一条 商业银行风险加权资产包括信用风险加权资产、市场风险加权资产和操作风险加权资产。商业银行应当按照本办法第四章、第五章和第六章的规定分别计量信用风险加权资产、市场风险加权资产和操作风险加权资产。

第三节 资本充足率监管要求

第二十二条 商业银行资本充足率监管要求包括最低资本要求、储备资本和逆周期资本要求、系统重要性银行附加资本要求以及第二支柱资本要求。

第二十三条 商业银行各级资本充足率不得低于如下最低要求:

(一)核心一级资本充足率不得低于5%。

(二)一级资本充足率不得低于6%。

(三)资本充足率不得低于8%。

第二十四条 商业银行应当在最低资本要求的基础上计提储备资本。储备资本要求为风险加权资产的2.5%,由核心一级资本来满足。

特定情况下,商业银行应当在最低资本要求和储备资本要求之上计提逆周期资本。逆周期资本要求为风险加权资产的0~2.5%,由核心一级资本来满足。

逆周期资本的计提与运用规则另行规定。

第二十五条 除本办法第二十三条和第二十四条规定的最低资本要求、储备资本和逆周期资本要求外,系统重要性银行还应当计提附加资本。

国内系统重要性银行附加资本要求为风险加权资产的1%,由核心一级资本满足。国内系统重要性银行的认定标准另行规定。

若国内银行被认定为全球系统重要性银行,所适用的附加资本要求不得低于巴塞尔委员会的统一规定。

第二十六条 除本办法第二十三条、第二十四条和第二十五条规定的资本要求以外,银监会有权在第二支柱框架下提出更审慎的资本要求,确保资本充分覆盖风险,包括:

(一)根据风险判断,针对部分资产组合提出的特定资本要求;

(二)根据监督检查结果,针对单家银行提出的特定资本要求。

第二十七条 除上述资本充足率监管要求外,商业银行还应当满足杠杆率监管要求。

杠杆率的计算规则和监管要求另行规定。

第三章 资本定义

第一节 资本组成

第二十八条 商业银行发行的资本工具应符合本办法附件1规定的合格标准。

第二十九条 核心一级资本包括:

(一)实收资本或普通股。

(二)资本公积。

(三)盈余公积。

(四)一般风险准备。

(五)未分配利润。

(六)少数股东资本可计入部分。

第三十条 其他一级资本包括:

(一)其他一级资本工具及其溢价。

(二)少数股东资本可计入部分。

第三十一条 二级资本包括:

(一)二级资本工具及其溢价。

(二)超额贷款损失准备。

1. 商业银行采用权重法计量信用风险加权资产的,超额贷款损失准备可计入二级资本,但不得超过信用风险加权资产的1.25%。

前款所称超额贷款损失准备是指商业银行实际计提的贷款损失准备超过最低要求的部分。贷款损失准备最低要求指100%拨备覆盖率对应的贷款损失准备和应计提的贷款损失专项准备两者中的较大者。

2. 商业银行采用内部评级法计量信用风险加权资产的,超额贷款损失准备可计入二级资本,但不得超过信用风险加权资产的0.6%。

前款所称超额贷款损失准备是指商业银行实际计提的贷款损失准备超过预期损失的部分。

(三)少数股东资本可计入部分。

第二节　资本扣除项

第三十二条　计算资本充足率时,商业银行应当从核心一级资本中全额扣除以下项目:

(一)商誉。

(二)其他无形资产(土地使用权除外)。

(三)由经营亏损引起的净递延税资产。

(四)贷款损失准备缺口。

1. 商业银行采用权重法计量信用风险加权资产的,贷款损失准备缺口是指商业银行实际计提的贷款损失准备低于贷款损失准备最低要求的部分。

2. 商业银行采用内部评级法计量信用风险加权资产的,贷款损失准备缺口是指商业银行实际计提的贷款损失准备低于预期损失的部分。

(五)资产证券化销售利得。

(六)确定受益类的养老金资产净额。

(七)直接或间接持有本银行的股票。

(八)对资产负债表中未按公允价值计量的项目进行套期形成的现金流储备,若为正值,应予以扣除;若为负值,应予以加回。

(九)商业银行自身信用风险变化导致其负债公允价值变化带来的未实现损益。

第三十三条　商业银行之间通过协议相互持有的各级资本工具,或银监会认定为虚增资本的各级资本投资,应从相应监管资本中对应扣除。

商业银行直接或间接持有本银行发行的其他一级资本工具和二级资本工具,应从相应的监管资本中对应扣除。

对应扣除是指从商业银行自身相应层级资本中扣除。商业银行某一级资本净额小于应扣除数额的,缺口部分应从更高一级的资本净额中扣除。

第三十四条 商业银行对未并表金融机构的小额少数资本投资，合计超出本银行核心一级资本净额10%的部分，应从各级监管资本中对应扣除。

小额少数资本投资是指商业银行对金融机构各级资本投资（包括直接和间接投资）占该被投资金融机构实收资本（普通股加普通股溢价）10%（不含）以下，且不符合本办法第十二条、第十三条规定的资本投资。

第三十五条 商业银行对未并表金融机构的大额少数资本投资中，核心一级资本投资合计超出本行核心一级资本净额10%的部分应从本银行核心一级资本中扣除；其他一级资本投资和二级资本投资应从相应层级资本中全额扣除。

大额少数资本投资是指商业银行对金融机构各级资本投资（包括直接和间接投资）占该被投资金融机构实收资本（普通股加普通股溢价）10%（含）以上，且不符合本办法第十二条、第十三条规定的资本投资。

第三十六条 除本办法第三十二条第三款规定的递延税资产外，其他依赖于本银行未来盈利的净递延税资产，超出本行核心一级资本净额10%的部分应从核心一级资本中扣除。

第三十七条 根据本办法第三十五条、第三十六条的规定，未在商业银行核心一级资本中扣除的对金融机构的大额少数资本投资和相应的净递延税资产，合计金额不得超过本行核心一级资本净额的15%。

第三节 少数股东资本的处理

第三十八条 商业银行附属公司适用于资本充足率监管的，附属公司直接发行且由第三方持有的少数股东资本可以部分计入监管资本。

第三十九条 附属公司核心一级资本中少数股东资本用于满足核心一级资本最低要求和储备资本要求的部分，可计入并表核心一级资本。

最低要求和储备资本要求为下面两项中较小者：

（一）附属公司核心一级资本最低要求加储备资本要求。

（二）母公司并表核心一级资本最低要求与储备资本要求归属于附属公司的部分。

第四十条 附属公司一级资本中少数股东资本用于满足一级资本最低要求和储备资本要求的部分，扣除已计入并表核心一级资本的部分后，剩余部分可以计入并表其他一级资本。

最低要求和储备资本要求为下面两项中较小者：

（一）附属公司一级资本最低要求加储备资本要求。

（二）母公司并表一级资本最低要求与储备资本要求归属于附属公司的部分。

第四十一条 附属公司总资本中少数股东资本用于满足总资本最低要求和

储备资本要求的部分，扣除已计入并表一级资本的部分后，剩余部分可以计入并表二级资本。

最低要求和储备资本要求为下面两项中较小者：

（一）附属公司总资本最低要求加储备资本要求。

（二）母公司并表总资本最低要求与储备资本要求归属于附属公司的部分。

第四节 特殊规定

第四十二条 商业银行发行的二级资本工具有确定到期日的，该二级资本工具在距到期日前最后五年，可计入二级资本的金额，应当按100%、80%、60%、40%、20%的比例逐年减计。

第四十三条 商业银行2010年9月12日前发行的不合格二级资本工具，2013年1月1日之前可计入监管资本，2013年1月1日起按年递减10%，2022年1月1日起不得计入监管资本。

前款所称不合格二级资本工具按年递减数量的计算以2013年1月1日的数量为基数。

带有利率跳升机制或其他赎回激励的二级资本工具，若行权日期在2013年1月1日之后，且在行权日未被赎回，并满足本办法附件1规定的其他所有合格标准，可继续计入监管资本。

第四十四条 商业银行2010年9月12日至2013年1月1日之间发行的二级资本工具，若不含有减记或转股条款，但满足本办法附件1规定的其他合格标准，2013年1月1日之前可计入监管资本，2013年1月1日起按年递减10%，2022年1月1日起不得计入监管资本。

前款所称不合格二级资本工具按年递减数量的计算以2013年1月1日的数量为基数。

第四十五条 2013年1月1日之后发行的不合格资本工具不再计入监管资本。

第四章 信用风险加权资产计量

第一节 一般规定

第四十六条 商业银行可以采用权重法或内部评级法计量信用风险加权资产。商业银行采用内部评级法计量信用风险加权资产的，应当符合本办法的规定，并经银监会核准。内部评级法未覆盖的风险暴露应采用权重法计量信用风险加权资产。

未经银监会核准，商业银行不得变更信用风险加权资产计量方法。

第四十七条 商业银行申请采用内部评级法计量信用风险加权资产的，提交申请时内部评级法资产覆盖率应不低于50%，并在三年内达到80%。

前款所称内部评级法资产覆盖率按以下公式确定：

内部评级法资产覆盖率＝按内部评级法计量的风险加权资产/（按内部评级法计量的风险加权资产＋按权重法计量的内部评级法未覆盖信用风险暴露的风险加权资产）×100%

第四十八条 商业银行采用内部评级法，应当按照本办法附件3的规定计量信用风险加权资产，按照本办法附件4的规定对银行账户信用风险暴露进行分类，按照本办法附件5的规定建立内部评级体系。

商业银行采用内部评级法，可以按照本办法附件6的规定审慎考虑信用风险缓释工具的风险抵补作用。

商业银行采用内部评级法，可以按照本办法附件7的规定采用监管映射法计量专业贷款信用风险加权资产。

第四十九条 商业银行应当按照本办法附件8的规定计量银行账户和交易账户的交易对手信用风险加权资产。

第五十条 商业银行应当按照本办法附件9的规定计量资产证券化风险暴露的信用风险加权资产。

第二节 权 重 法

第五十一条 权重法下信用风险加权资产为银行账户表内资产信用风险加权资产与表外项目信用风险加权资产之和。

第五十二条 商业银行计量各类表内资产的风险加权资产，应首先从资产账面价值中扣除相应的减值准备，然后乘以风险权重。

第五十三条 商业银行计量各类表外项目的风险加权资产，应将表外项目名义金额乘以信用转换系数得到等值的表内资产，再按表内资产的处理方式计量风险加权资产。

第五十四条 现金及现金等价物的风险权重为0%。

第五十五条 商业银行对境外主权和金融机构债权的风险权重，以所在国家或地区的外部信用评级结果为基准。

（一）对其他国家或地区政府及其中央银行债权，该国家或地区的评级为AA－（含）以上的，风险权重为0%；AA－以下，A－（含）以上的，风险权重为20%；A－以下，BBB－（含）以上的，风险权重为50%；BBB－以下，B－（含）以上的，风险权重为100%；B－以下的，风险权重为150%；未评级的，风险权重为100%。

（二）对公共部门实体债权的风险权重与对所在国家或地区注册的商业银行债权的风险权重相同。

（三）对境外商业银行债权，注册地所在国家或地区的评级为 AA－（含）以上的，风险权重为 25%；AA－以下，A－（含）以上的，风险权重为 50%；A－以下，B－（含）以上的，风险权重为 100%；B－以下的，风险权重为 150%；未评级的，风险权重为 100%。

（四）对境外其他金融机构债权的风险权重为 100%。

第五十六条　商业银行对多边开发银行、国际清算银行和国际货币基金组织债权的风险权重为 0%。

多边开发银行包括世界银行集团、亚洲开发银行、非洲开发银行、欧洲复兴开发银行、泛美开发银行、欧洲投资银行、欧洲投资基金、北欧投资银行、加勒比海开发银行、伊斯兰开发银行和欧洲开发银行理事会。

第五十七条　商业银行对我国中央政府和中国人民银行债权的风险权重为 0%。

第五十八条　商业银行对我国公共部门实体债权的风险权重为 20%。我国公共部门实体包括：

（一）除财政部和中国人民银行以外，其他收入主要源于中央财政的公共部门。

（二）省级（直辖区、自治区）以及计划单列市人民政府。

商业银行对前款所列公共部门实体投资的工商企业的债权不适用 20% 的风险权重。

第五十九条　商业银行对我国政策性银行债权的风险权重为 0%。

商业银行对我国政策性银行的次级债权（未扣除部分）的风险权重为 100%。

第六十条　商业银行持有我国中央政府投资的金融资产管理公司为收购国有银行不良贷款而定向发行的债券的风险权重为 0%。

商业银行对我国中央政府投资的金融资产管理公司其他债权的风险权重为 100%。

第六十一条　商业银行对我国其他商业银行债权的风险权重为 25%，其中原始期限三个月以内（含）债权的风险权重为 20%。

以风险权重为 0% 的金融资产作为质押的债权，其覆盖部分的风险权重为 0%。

商业银行对我国其他商业银行的次级债权（未扣除部分）的风险权重为 100%。

第六十二条　商业银行对我国其他金融机构债权的风险权重为 100%。

第六十三条　商业银行对一般企业债权的风险权重为 100%。

第六十四条　商业银行对同时符合以下条件的微型和小型企业债权的风险

权重为75%：

（一）企业符合国家相关部门规定的微型和小型企业认定标准。

（二）商业银行对单家企业（或企业集团）的风险暴露不超过500万元。

（三）商业银行对单家企业（或企业集团）的风险暴露占本行信用风险暴露总额的比例不高于0.5%。

第六十五条 商业银行对个人债权的风险权重。

（一）个人住房抵押贷款的风险权重为50%。

（二）对已抵押房产，在购房人没有全部归还贷款前，商业银行以再评估后的净值为抵押追加贷款的，追加部分的风险权重为150%。

（三）对个人其他债权的风险权重为75%。

第六十六条 租赁业务的租赁资产余值的风险权重为100%。

第六十七条 下列资产适用250%风险权重：

（一）对金融机构的股权投资（未扣除部分）。

（二）依赖于银行未来盈利的净递延税资产（未扣除部分）。

第六十八条 商业银行对工商企业股权投资的风险权重。

（一）商业银行被动持有的对工商企业股权投资在法律规定处分期限内的风险权重为400%。

（二）商业银行因政策性原因并经国务院特别批准的对工商企业股权投资的风险权重为400%。

（三）商业银行对工商企业其他股权投资的风险权重为1250%。

第六十九条 商业银行非自用不动产的风险权重为1250%。

商业银行因行使抵押权而持有的非自用不动产在法律规定处分期限内的风险权重为100%。

第七十条 商业银行其他资产的风险权重为100%。

第七十一条 商业银行各类表外项目的信用转换系数。

（一）等同于贷款的授信业务的信用转换系数为100%。

（二）原始期限不超过1年和1年以上的贷款承诺的信用转换系数分别为20%和50%；可随时无条件撤销的贷款承诺的信用转换系数为0%。

（三）未使用的信用卡授信额度的信用转换系数为50%，但同时符合以下条件的未使用的信用卡授信额度的信用转换系数为20%：

1. 授信对象为自然人，授信方式为无担保循环授信。

2. 对同一持卡人的授信额度不超过100万元人民币。

3. 商业银行应至少每年一次评估持卡人的信用程度，按季监控授信额度的使用情况；若持卡人信用状况恶化，商业银行有权降低甚至取消授信额度。

（四）票据发行便利和循环认购便利的信用转换系数为50%。

（五）银行借出的证券或用作抵押物的证券，包括回购交易中的证券借贷，信用转换系数为100%。

（六）与贸易直接相关的短期或有项目，信用转换系数为20%。

（七）与交易直接相关的或有项目，信用转换系数为50%。

（八）信用风险仍在银行的资产销售与购买协议，信用转换系数为100%。

（九）远期资产购买、远期定期存款、部分交款的股票及证券，信用转换系数为100%。

（十）其他表外项目的信用转换系数均为100%。

第七十二条 商业银行应当按照本办法附件2的规定对因证券、商品、外汇清算形成的风险暴露计量信用风险加权资产。

第七十三条 商业银行采用权重法计量信用风险加权资产时，可按照本办法附件2的规定考虑合格质物质押或合格保证主体提供保证的风险缓释作用。

合格质物质押的债权（含证券融资类交易形成的债权），取得与质物相同的风险权重，或取得对质物发行人或承兑人直接债权的风险权重。部分质押的债权（含证券融资类交易形成的债权），受质物保护的部分获得相应的较低风险权重。

合格保证主体提供全额保证的贷款，取得对保证人直接债权的风险权重。部分保证的贷款，被保证部分获得相应的较低风险权重。

第七十四条 商业银行采用权重法的，质物或保证的担保期限短于被担保债权期限的，不具备风险缓释作用。

第三节 内部评级法

第七十五条 商业银行应对银行账户信用风险暴露进行分类，并至少分为以下六类：

（一）主权风险暴露。

（二）金融机构风险暴露，包括银行类金融机构风险暴露和非银行类金融机构风险暴露。

（三）公司风险暴露，包括中小企业风险暴露、专业贷款和一般公司风险暴露。

（四）零售风险暴露，包括个人住房抵押贷款、合格循环零售风险暴露和其他零售风险暴露。

（五）股权风险暴露。

（六）其他风险暴露，包括购入应收款及资产证券化风险暴露。

主权风险暴露、金融机构风险暴露和公司风险暴露统称为非零售风险暴露。

第七十六条 商业银行应分别计量未违约和已违约风险暴露的风险加权资产：

（一）未违约非零售风险暴露的风险加权资产计量基于单笔信用风险暴露的违约概率、违约损失率、违约风险暴露、相关性和有效期限。

未违约零售类风险暴露的风险加权资产计量基于单个资产池风险暴露的违约概率、违约损失率、违约风险暴露和相关性。

（二）已违约风险暴露的风险加权资产计量基于违约损失率、预期损失率和违约风险暴露。

第七十七条 商业银行应当按照以下方法确定违约概率：

（一）主权风险暴露的违约概率为商业银行内部估计的 1 年期违约概率。

（二）公司、金融机构和零售风险暴露的违约概率为商业银行内部估计的 1 年期违约概率与 0.03% 中的较大值。

（三）对于提供合格保证或信用衍生工具的风险暴露，商业银行可以使用保证人的违约概率替代债务人的违约概率。

第七十八条 商业银行应当按照以下方法确定违约损失率：

（一）商业银行采用初级内部评级法，非零售风险暴露中没有合格抵质押品的高级债权和次级债权的违约损失率分别为 45% 和 75%。对于提供合格抵质押品的高级债权和从属于净额结算主协议的回购交易，商业银行可以根据风险缓释效应调整违约损失率。

（二）商业银行采用高级内部评级法，应使用内部估计的单笔非零售风险暴露的违约损失率。

（三）商业银行应使用内部估计的零售资产池的违约损失率。

第七十九条 商业银行应当按照以下方法确定违约风险暴露：

违约风险暴露应不考虑专项准备和部分核销的影响。表内资产的违约风险暴露应不小于以下两项之和：(1) 违约风险暴露被完全核销后，银行监管资本下降的数量；(2) 各项专项准备金和部分核销的数量。如果商业银行估计的违约风险暴露超过以上两项之和，超过部分可视为折扣。风险加权资产的计量不受该折扣的影响，但比较预期损失和合格准备金时，可将该折扣计入准备金。

（一）商业银行采用初级内部评级法，应当按风险暴露名义金额计量表内资产的违约风险暴露，但可以考虑合格净额结算的风险缓释效应。

（二）商业银行采用初级内部评级法，贷款承诺、票据发行便利、循环认购便利等表外项目的信用转换系数为 75%；可随时无条件撤销的贷款承诺信用转换系数为 0%；其他各类表外项目的信用转换系数按照本办法第七十一条的规定。

（三）商业银行采用高级内部评级法，应当使用内部估计的非零售违约风险暴露。对于按照本办法第七十一条规定信用转换系数为100%的表外项目,应使用100%的信用转换系数估计违约风险暴露。

(四)商业银行应当使用内部估计的零售违约风险暴露。对于表外零售风险暴露,商业银行应按照内部估计的信用转换系数计量违约风险暴露。

第八十条 商业银行应当按照以下方法确定有效期限:

(一)商业银行采用初级内部评级法,非零售风险暴露的有效期限为2.5年。回购类交易的有效期限为0.5年。

(二)商业银行采用高级内部评级法,有效期限为1年和内部估计的有效期限两者之间的较大值,但最大不超过5年。中小企业风险暴露的有效期限可以采用2.5年。

(三)对于下列短期风险暴露,有效期限为内部估计的有效期限与1天中的较大值:

1. 原始期限1年以内全额抵押的场外衍生品交易、保证金贷款、回购交易和证券借贷交易。交易文件中必须包括按日重新估值并调整保证金,且在交易对手违约或未能补足保证金时可以及时平仓或处置抵押品的条款。

2. 原始期限1年以内自我清偿性的贸易融资,包括开立的和保兑的信用证。

3. 原始期限3个月以内的其他短期风险暴露,包括:场外衍生品交易、保证金贷款、回购交易、证券借贷,短期贷款和存款,证券和外汇清算而产生的风险暴露,以电汇方式进行现金清算产生的风险暴露等。

第五章 市场风险加权资产计量

第一节 一般规定

第八十一条 本办法所称市场风险是指因市场价格(利率、汇率、股票价格和商品价格)的不利变动而使商业银行表内和表外业务发生损失的风险。

第八十二条 市场风险资本计量应覆盖商业银行交易账户中的利率风险和股票风险,以及全部汇率风险和商品风险。

商业银行可以不对结构性外汇风险暴露计提市场风险资本。

第八十三条 本办法所称交易账户包括为交易目的或对冲交易账户其他项目的风险而持有的金融工具和商品头寸。

前款所称为交易目的而持有的头寸是指短期内有目的地持有以便出售,或从实际或预期的短期价格波动中获利,或锁定套利的头寸,包括自营业务、做市业务和为执行客户买卖委托的代客业务而持有的头寸。交易账户中的金融工具和商品头寸原则上还应满足以下条件:

(一)在交易方面不受任何限制,可以随时平盘。

(二)能够完全对冲以规避风险。

(三)能够准确估值。

(四)能够进行积极的管理。

第八十四条 商业银行应当制定清晰的银行账户和交易账户划分标准,明确纳入交易账户的金融工具和商品头寸以及在银行账户和交易账户间划转的条件,确保执行的一致性。

第八十五条 商业银行可以采用标准法或内部模型法计量市场风险资本要求。未经银监会核准,商业银行不得变更市场风险资本计量方法。

第八十六条 商业银行采用内部模型法,若未覆盖所有市场风险,经银监会核准,可组合采用内部模型法和标准法计量市场风险资本要求,但银行集团内部同一机构不得对同一种市场风险采用不同方法计量市场风险资本要求。

第八十七条 商业银行采用内部模型法,内部模型法覆盖率应不低于50%。

前款所称内部模型法覆盖率按以下公式确定:

内部模型法覆盖率=按内部模型法计量的资本要求/(按内部模型法计量的资本要求+按标准法计量的资本要求)×100%

第八十八条 商业银行市场风险加权资产为市场风险资本要求的12.5倍,即:市场风险加权资产=市场风险资本要求×12.5。

第二节 标 准 法

第八十九条 商业银行采用标准法,应当按照本办法附件10的规定分别计量利率风险、汇率风险、商品风险和股票风险的资本要求,并单独计量以各类风险为基础的期权风险的资本要求。

第九十条 市场风险资本要求为利率风险、汇率风险、商品风险、股票风险和期权风险的资本要求之和。

利率风险资本要求和股票风险资本要求为一般市场风险资本要求和特定风险资本要求之和。

第三节 内部模型法

第九十一条 商业银行采用内部模型法的,应当符合本办法附件11的规定,并经银监会核准。

第九十二条 商业银行采用内部模型法,其一般市场风险资本要求为一般风险价值与压力风险价值之和,即:

$$K = Max(VaRt-1, mc \times VaRavg) + Max(sVaRt-1, mS \times sVaRavg)$$

其中:

(一)VaR为一般风险价值,为以下两项中的较大值:

1. 根据内部模型计量的上一交易日的风险价值(VaRt-1)。

2. 最近 60 个交易日风险价值的均值(VaRavg)乘以 mC。mC 最小为 3,根据返回检验的突破次数可以增加附加因子。

(二)sVaR 为压力风险价值,为以下两项中的较大值:

1. 根据内部模型计量的上一交易日的压力风险价值(sVaRt - 1)。

2. 最近 60 个交易日压力风险价值的均值(sVaRavg)乘以 ms。ms 最小为 3。

第九十三条 商业银行采用内部模型法计量特定风险资本要求的,应当按照本办法附件 11 的规定使用内部模型计量新增风险资本要求。

商业银行内部模型未达到计量特定市场风险要求的合格标准,或内部模型未覆盖新增风险,应当按标准法计量特定市场风险资本要求。

第六章 操作风险加权资产计量

第一节 一般规定

第九十四条 本办法所称的操作风险是指由不完善或有问题的内部程序、员工和信息科技系统,以及外部事件所造成损失的风险,包括法律风险,但不包括策略风险和声誉风险。

第九十五条 商业银行可采用基本指标法、标准法或高级计量法计量操作风险资本要求。

商业银行采用标准法或高级计量法计量操作风险资本要求,应符合本办法附件 12 的规定,并经银监会核准。

未经银监会核准,商业银行不得变更操作风险资本计量方法。

第九十六条 商业银行操作风险加权资产为操作风险资本要求的 12.5 倍,即:操作风险加权资产 = 操作风险资本要求 ×12.5。

第二节 基本指标法

第九十七条 商业银行采用基本指标法,应当以总收入为基础计量操作风险资本要求。商业银行应当按照本办法附件 12 的规定确认总收入。

总收入为净利息收入与净非利息收入之和。

第九十八条 商业银行采用基本指标法,应当按照以下公式计量操作风险资本要求:

$$K_{BIA} = \frac{\sum_{i=1}^{n}(GI_i \times \alpha)}{n}$$

其中:

KBIA 为按基本指标法计量的操作风险资本要求。

GI 为过去三年中每年正的总收入。

n 为过去三年中总收入为正的年数。

α 为 15%。

第三节 标 准 法

第九十九条 商业银行采用标准法，应当以各业务条线的总收入为基础计量操作风险资本要求。

第一百条 商业银行采用标准法，应当按照本办法附件 12 的规定将全部业务划分为公司金融、交易和销售、零售银行、商业银行、支付和清算、代理服务、资产管理、零售经纪和其他业务等 9 个业务条线。

第一百零一条 商业银行采用标准法，应当按照以下公式计量操作风险资本要求：

$$K_{TSA}=\{\sum_{i=1}^{3}Ma\times[\sum_{i=1}^{9}(GI_i\times\beta_i),0]\}/3$$

其中：

KTSA 为按标准法计量的操作风险资本要求。

$Ma\times\{\sum_{i=1}^{9}(GI_i\times\beta_i),0]$ 是指各年为正的操作风险资本要求。

GIi 为各业务条线总收入。

bi 为各业务条线的操作风险资本系数。

第一百零二条 各业务条线的操作风险资本系数(β)如下：

(一)零售银行、资产管理和零售经纪业务条线的操作风险资本系数为 12%。

(二)商业银行和代理服务业务条线的操作风险资本系数为 15%。

(三)公司金融、支付和清算、交易和销售以及其他业务条线的操作风险资本系数为 18%。

第四节 高级计量法

第一百零三条 商业银行采用高级计量法，可根据业务性质、规模和产品复杂程度以及风险管理水平选择操作风险计量模型。

第一百零四条 商业银行采用高级计量法，应当基于内部损失数据、外部损失数据、情景分析、业务经营环境和内部控制因素建立操作风险计量模型。建立模型使用的内部损失数据应充分反映本行操作风险的实际情况。

第七章 商业银行内部资本充足评估程序

第一节 一 般 规 定

第一百零五条 商业银行应当建立完善的风险管理框架和稳健的内部资本

充足评估程序，明确风险治理结构，审慎评估各类风险、资本充足水平和资本质量，制定资本规划和资本充足率管理计划，确保银行资本能够充分抵御其所面临的风险，满足业务发展的需要。

第一百零六条 商业银行内部资本充足评估程序应实现以下目标：

（一）确保主要风险得到识别、计量或评估、监测和报告。

（二）确保资本水平与风险偏好及风险管理水平相适应。

（三）确保资本规划与银行经营状况、风险变化趋势及长期发展战略相匹配。

第一百零七条 商业银行应当将压力测试作为内部资本充足评估程序的重要组成部分，结合压力测试结果确定内部资本充足率目标。压力测试应覆盖各业务条线的主要风险，并充分考虑经济周期对资本充足率的影响。

第一百零八条 商业银行应当将内部资本充足评估程序作为内部管理和决策的组成部分，并将内部资本充足评估结果运用于资本预算与分配、授信决策和战略规划。

第一百零九条 商业银行应当制定合理的薪酬政策，确保薪酬水平、结构和发放时间安排与风险大小和风险存续期限一致，反映风险调整后的长期收益水平，防止过度承担风险，维护财务稳健性。

第一百一十条 商业银行应当至少每年一次实施内部资本充足评估程序，在银行经营情况、风险状况和外部环境发生重大变化时，应及时进行调整和更新。

第二节　治理结构

第一百一十一条 商业银行董事会承担本行资本管理的首要责任，履行以下职责：

（一）设定与银行发展战略和外部环境相适应的风险偏好和资本充足目标，审批银行内部资本充足评估程序，确保资本充分覆盖主要风险。

（二）审批资本管理制度，确保资本管理政策和控制措施有效。

（三）监督内部资本充足评估程序的全面性、前瞻性和有效性。

（四）审批并监督资本规划的实施，满足银行持续经营和应急性资本补充需要。

（五）至少每年一次审批资本充足率管理计划，审议资本充足率管理报告及内部资本充足评估报告，听取对资本充足率管理和内部资本充足评估程序执行情况的审计报告。

（六）审批资本充足率信息披露政策、程序和内容，并保证披露信息的真实、准确和完整。

（七）确保商业银行有足够的资源，能够独立、有效地开展资本管理工作。

第一百一十二条 商业银行采用资本计量高级方法的，董事会还应负责审批资本计量高级方法的管理体系实施规划和重大管理政策，监督高级管理层制定并实施资本计量高级方法的管理政策和流程，确保商业银行有足够资源支持资本计量高级方法管理体系的运行。

第一百一十三条 商业银行高级管理层负责根据业务战略和风险偏好组织实施资本管理工作，确保资本与业务发展、风险水平相适应，落实各项监控措施。具体履行以下职责：

（一）制定并组织执行资本管理的规章制度。

（二）制定并组织实施内部资本充足评估程序，明确相关部门的职责分工，建立健全评估框架、流程和管理制度，确保与商业银行全面风险管理、资本计量及分配等保持一致。

（三）制定和组织实施资本规划和资本充足率管理计划。

（四）定期和不定期评估资本充足率，向董事会报告资本充足率水平、资本充足率管理情况和内部资本充足评估结果。

（五）组织开展压力测试，参与压力测试目标、方案及重要假设的确定，推动压力测试结果在风险评估和资本规划中的运用，确保资本应急补充机制的有效性。

（六）组织内部资本充足评估信息管理系统的开发和维护工作，确保信息管理系统及时、准确地提供评估所需信息。

第一百一十四条 商业银行采用资本计量高级方法的，高级管理层还应定期评估方法和工具的合理性和有效性，定期听取资本计量高级方法验证工作的汇报，履行资本计量高级方法体系的建设、验证和持续优化等职责。

第一百一十五条 商业银行监事会应当对董事会及高级管理层在资本管理和资本计量高级方法管理中的履职情况进行监督评价，并至少每年一次向股东大会报告董事会及高级管理层的履职情况。

第一百一十六条 商业银行应当指定相关部门履行以下资本管理职责：

（一）制定资本总量、结构和质量管理计划，编制并实施资本规划和资本充足率管理计划，向高级管理层报告资本规划和资本充足率管理计划执行情况。

（二）持续监控并定期测算资本充足率水平，开展资本充足率压力测试。

（三）组织建立内部资本计量、配置和风险调整资本收益的评价管理体系。

（四）组织实施内部资本充足评估程序。

（五）建立资本应急补充机制，参与或组织筹集资本。

（六）编制或参与编制资本充足率信息披露文件。

第一百一十七条 商业银行采用资本计量高级方法的，相关部门还应履行以下职责：

（一）设计、实施、监控和维护资本计量高级方法。

（二）健全资本计量高级方法管理机制。

（三）向高级管理层报告资本计量高级方法的计量结果。

（四）组织开展各类风险压力测试。

第一百一十八条 商业银行采用资本计量高级方法的，应当建立验证部门（团队），负责资本计量高级方法的验证工作。验证部门（团队）应独立于资本计量高级方法的开发和运行部门（团队）。

第一百一十九条 商业银行应当明确内部审计部门在资本管理中的职责。内部审计部门应当履行以下职责：

（一）评估资本管理的治理结构和相关部门履职情况，以及相关人员的专业技能和资源充分性。

（二）至少每年一次检查内部资本充足评估程序相关政策和执行情况。

（三）至少每年一次评估资本规划的执行情况。

（四）至少每年一次评估资本充足率管理计划的执行情况。

（五）检查资本管理的信息系统和数据管理的合规性和有效性。

（六）向董事会提交资本充足率管理审计报告、内部资本充足评估程序执行情况审计报告、资本计量高级方法管理审计报告。

第一百二十条 商业银行采用资本计量高级方法的，内部审计部门还应评估资本计量高级方法的适用性和有效性，检查计量结果的可靠性和准确性，检查资本计量高级方法的验证政策和程序，评估验证工作的独立性和有效性。

第三节 风险评估

第一百二十一条 商业银行应当按照银监会相关要求和本办法附件13的规定，设立主要风险的识别和评估标准，确保主要风险得到及时识别、审慎评估和有效监控。

主要风险包括可能导致重大损失的单一风险，以及单一风险程度不高、但与其他风险相互作用可能导致重大损失的风险。风险评估应至少覆盖以下各类风险：

（一）本办法第四章、第五章和第六章中涉及且已覆盖的风险，包括信用风险、市场风险和操作风险。

（二）本办法第四章、第五章和第六章中涉及但没有完全覆盖的风险，包括集中度风险、剩余操作风险等。

（三）本办法第四章、第五章和第六章中未涉及的风险，包括银行账户利率风险、流动性风险、声誉风险、战略风险和对商业银行有实质性影响的其他风险。

（四）外部经营环境变化引发的风险。

第一百二十二条　商业银行应当有效评估和管理各类主要风险。

（一）对能够量化的风险，商业银行应当开发和完善风险计量技术，确保风险计量的一致性、客观性和准确性，在此基础上加强对相关风险的缓释、控制和管理。

（二）对难以量化的风险，商业银行应当建立风险识别、评估、控制和报告机制，确保相关风险得到有效管理。

第一百二十三条　商业银行应当建立风险加总的政策和程序，确保在不同层次上及时识别风险。商业银行可以采用多种风险加总方法，但应至少采取简单加总法，并判断风险加总结果的合理性和审慎性。

第一百二十四条　商业银行进行风险加总，应当充分考虑集中度风险及风险之间的相互传染。若考虑风险分散化效应，应基于长期实证数据，且数据观察期至少覆盖一个完整的经济周期。否则，商业银行应对风险加总方法和假设进行审慎调整。

第四节　资 本 规 划

第一百二十五条　商业银行制定资本规划，应当综合考虑风险评估结果、未来资本需求、资本监管要求和资本可获得性，确保资本水平持续满足监管要求。资本规划应至少设定内部资本充足率三年目标。

第一百二十六条　商业银行制定资本规划，应当确保目标资本水平与业务发展战略、风险偏好、风险管理水平和外部经营环境相适应，兼顾短期和长期资本需求，并考虑各种资本补充来源的长期可持续性。

第一百二十七条　商业银行制定资本规划，应当审慎估计资产质量、利润增长及资本市场的波动性，充分考虑对银行资本水平可能产生重大负面影响的因素，包括或有风险暴露，严重且长期的市场衰退，以及突破风险承受能力的其他事件。

第一百二十八条　商业银行应当优先考虑补充核心一级资本，增强内部资本积累能力，完善资本结构，提高资本质量。

第一百二十九条　商业银行应当通过严格和前瞻性的压力测试，测算不同压力条件下的资本需求和资本可获得性，并制定资本应急预案以满足计划外的资本需求，确保银行具备充足资本应对不利的市场条件变化。

对于重度压力测试结果，商业银行应当在应急预案中明确相应的资本补充政策安排和应对措施，并充分考虑融资市场流动性变化，合理设计资本补充渠道。商业银行的资本应急预案应包括紧急筹资成本分析和可行性分析、限制资本占用程度高的业务发展、采用风险缓释措施等。

商业银行高级管理层应当充分理解压力条件下商业银行所面临的风险及风险间的相互作用、资本工具吸收损失和支持业务持续运营的能力，并判断资本管理目标、资本补充政策安排和应对措施的合理性。

第五节　监测和报告

第一百三十条　商业银行应当建立内部资本充足评估程序的报告体系，定期监测和报告银行资本水平和主要影响因素的变化趋势。报告应至少包括以下内容：

（一）评估主要风险状况及发展趋势、战略目标和外部环境对资本水平的影响。

（二）评估实际持有的资本是否足以抵御主要风险。

（三）提出确保资本能够充分覆盖主要风险的建议。

根据重要性和报告用途不同，商业银行应当明确各类报告的发送范围、报告内容及详略程度，确保报告信息与报送频率满足银行资本管理的需要。

第一百三十一条　商业银行应当建立用于风险和资本的计量和管理的信息管理系统。商业银行的信息管理系统应具备以下功能：

（一）清晰、及时地向董事会和高级管理层提供总体风险信息。

（二）准确、及时地加总各业务条线的风险暴露和风险计量结果。

（三）动态支持集中度风险和潜在风险的识别。

（四）识别、计量并管理各类风险缓释工具以及因风险缓释带来的风险。

（五）为多角度评估风险计量的不确定性提供支持，分析潜在风险假设条件变化带来的影响。

（六）支持前瞻性的情景分析，评估市场变化和压力情形对银行资本的影响。

（七）监测、报告风险限额的执行情况。

第一百三十二条　商业银行应当系统性地收集、整理、跟踪和分析各类风险相关数据，建立数据仓库、风险数据集市和数据管理系统，以获取、清洗、转换和存储数据，并建立数据质量控制政策和程序，确保数据的完整性、全面性、准确性和一致性，满足资本计量和内部资本充足评估等工作的需要。

第一百三十三条　商业银行的数据管理系统应当达到资本充足率非现场监管报表和资本充足率信息披露的有关要求。

第一百三十四条　商业银行应当建立完整的文档管理平台，为内部审计部门及银监会对资本管理的评估提供支持。文档应至少包括：

（一）董事会、高级管理层和相关部门的职责、独立性以及履职情况。

（二）关于资本管理、风险管理等政策流程的制度文件。

（三）资本规划、资本充足率管理计划、内部资本充足评估报告、风险计量模型验证报告、压力测试报告、审计报告以及上述报告的相关重要文档。

（四）关于资本管理的会议纪要和重要决策意见。

第八章　监 督 检 查

第一节　监督检查内容

第一百三十五条　资本充足率监督检查是银监会审慎风险监管体系的重要组成部分。

第一百三十六条　银监会根据宏观经济运行、产业政策和信贷风险变化，识别银行业重大系统性风险，对相关资产组合提出特定资本要求。

第一百三十七条　银监会对商业银行实施资本充足率监督检查，确保资本能够充分覆盖所面临的各类风险。资本充足率监督检查包括但不限于以下内容：

（一）评估商业银行全面风险管理框架。

（二）审查商业银行对合格资本工具的认定，以及各类风险加权资产的计量方法和结果，评估资本充足率计量结果的合理性和准确性。

（三）检查商业银行内部资本充足评估程序，评估公司治理、资本规划、内部控制和审计等。

（四）对商业银行的信用风险、市场风险、操作风险、银行账户利率风险、流动性风险、声誉风险以及战略风险等各类风险进行评估，并对压力测试工作开展情况进行检查。

第一百三十八条　商业银行采用资本计量高级方法，应按本办法附件 14 的规定向银监会提出申请。

第一百三十九条　银监会依照本办法附件 14 的规定对商业银行进行评估，根据评估结果决定是否核准商业银行采用资本计量高级方法；并对商业银行资本计量高级方法的使用情况和验证工作进行持续监督检查。

第一百四十条　商业银行不能持续达到本办法规定的资本计量高级方法的运用要求，银监会有权要求其限期整改。商业银行在规定期限内未达标，银监会有权取消其采用资本计量高级方法的资格。

第二节　监督检查程序

第一百四十一条　银监会建立资本监管工作机制，履行以下职责：

（一）评估银行业面临的重大系统性风险，提出针对特定资产组合的第二支柱资本要求的建议。

（二）制定商业银行资本充足率监督检查总体规划，协调和督促对商业银行资本充足率监督检查的实施。

（三）审议并决定对商业银行的监管资本要求。

（四）受理商业银行就资本充足率监督检查结果提出的申辩，确保监督检查过程以及评价结果的公正和准确。

第一百四十二条 银监会通过非现场监管和现场检查的方式对商业银行资本充足率进行监督检查。

除对资本充足率的常规监督检查外，银监会可根据商业银行内部情况或外部市场环境的变化实施资本充足率的临时监督检查。

第一百四十三条 商业银行应当在年度结束后的四个月内向银监会提交内部资本充足评估报告。

第一百四十四条 银监会实施资本充足率监督检查应遵循以下程序：

（一）审查商业银行内部资本充足评估报告，制定资本充足率检查计划。

（二）依据本办法附件13规定的风险评估标准，实施资本充足率现场检查。

（三）根据检查结果初步确定商业银行的监管资本要求。

（四）与商业银行高级管理层就资本充足率检查情况进行沟通，并将评价结果书面发送商业银行董事会。

（五）监督商业银行持续满足监管资本要求的情况。

第一百四十五条 商业银行可以在接到资本充足率监督检查评价结果后60日内，以书面形式向银监会提出申辩。在接到评价结果后60日内未进行书面申辩的，将被视为接受评价结果。

商业银行提出书面申辩的，应当提交董事会关于进行申辩的决议，并对申辩理由进行详细说明，同时提交能够证明申辩理由充分性的相关资料。

第一百四十六条 银监会受理并审查商业银行提交的书面申辩，视情况对有关问题进行重点核查。

银监会在受理书面申辩后的60日内做出是否同意商业银行申辩的书面答复，并说明理由。

第一百四十七条 银监会审查商业银行的书面申辩期间，商业银行应当执行资本充足率监督检查所确定的监管资本要求，并落实银监会采取的相关监管措施。

第一百四十八条 商业银行应当向银监会报告未并表和并表后的资本充足率。并表后的资本充足率每半年报送一次，未并表的资本充足率每季报送一次。

如遇影响资本充足率的特别重大事项，商业银行应当及时向银监会报告。

第三节 第二支柱资本要求

第一百四十九条 商业银行已建立内部资本充足评估程序且评估程序达到本办法要求的，银监会根据其内部资本评估结果确定监管资本要求；商业银行未建立内部资本充足评估程序,或评估程序未达到本办法要求的,银监会根据对商业银行风险状况的评估结果,确定商业银行的监管资本要求。

第一百五十条 银监会有权根据单家商业银行操作风险管理水平及操作风险事件发生情况,提高操作风险的监管资本要求。

第一百五十一条 银监会有权通过调整风险权重、相关性系数、有效期限等方法,提高特定资产组合的资本要求,包括但不限于以下内容:

(一)根据现金流覆盖比例、区域风险差异,确定地方政府融资平台贷款的集中度风险资本要求。

(二)通过期限调整因子,确定中长期贷款的资本要求。

(三)针对贷款行业集中度风险状况,确定部分行业的贷款集中度风险资本要求。

(四)根据个人住房抵押贷款用于购买非自住用房的风险状况,提高个人住房抵押贷款资本要求。

第四节 监 管 措 施

第一百五十二条 银监会有权对资本充足率未达到监管要求的商业银行采取监管措施,督促其提高资本充足水平。

第一百五十三条 根据资本充足状况,银监会将商业银行分为四类:

(一)第一类商业银行:资本充足率、一级资本充足率和核心一级资本充足率均达到本办法规定的各级资本要求。

(二)第二类商业银行:资本充足率、一级资本充足率和核心一级资本充足率未达到第二支柱资本要求,但均不低于其他各级资本要求。

(三)第三类商业银行:资本充足率、一级资本充足率和核心一级资本充足率均不低于最低资本要求,但未达到其他各级资本要求。

(四)第四类商业银行:资本充足率、一级资本充足率和核心一级资本充足率任意一项未达到最低资本要求。

第一百五十四条 对第一类商业银行,银监会支持其稳健发展业务。为防止其资本充足率水平快速下降,银监会可以采取下列预警监管措施:

(一)要求商业银行加强对资本充足率水平下降原因的分析及预测。

(二)要求商业银行制定切实可行的资本充足率管理计划。

(三)要求商业银行提高风险控制能力。

第一百五十五条 对第二类商业银行,除本办法第一百五十四条规定的监管措施外,银监会还可以采取下列监管措施:

(一)与商业银行董事会、高级管理层进行审慎性会谈。

(二)下发监管意见书,监管意见书内容包括:商业银行资本管理存在的问题、拟采取的纠正措施和限期达标意见等。

（三）要求商业银行制定切实可行的资本补充计划和限期达标计划。

（四）增加对商业银行资本充足的监督检查频率。

（五）要求商业银行对特定风险领域采取风险缓释措施。

第一百五十六条 对第三类商业银行，除本办法第一百五十四条、第一百五十五条规定的监管措施外，银监会还可以采取下列监管措施：

（一）限制商业银行分配红利和其他收入。

（二）限制商业银行向董事、高级管理人员实施任何形式的激励。

（三）限制商业银行进行股权投资或回购资本工具。

（四）限制商业银行重要资本性支出。

（五）要求商业银行控制风险资产增长。

第一百五十七条 对第四类商业银行，除本办法第一百五十四条、第一百五十五条和第一百五十六条规定的监管措施外，银监会还可以采取以下监管措施：

（一）要求商业银行大幅降低风险资产的规模。

（二）责令商业银行停办一切高风险资产业务。

（三）限制或禁止商业银行增设新机构、开办新业务。

（四）强制要求商业银行对二级资本工具进行减记或转为普通股。

（五）责令商业银行调整董事、高级管理人员或限制其权利。

（六）依法对商业银行实行接管或者促成机构重组，直至予以撤销。

在处置此类商业银行时，银监会还将综合考虑外部因素，采取其他必要措施。

第一百五十八条 商业银行未按本办法规定提供资本充足率报表或报告、未按规定进行信息披露或提供虚假的或者隐瞒重要事实的报表和统计报告的，银监会依据《中华人民共和国银行业监督管理法》的相关规定实施行政处罚。

第一百五十九条 除上述监管措施外，银监会可依据《中华人民共和国银行业监督管理法》以及相关法律、行政法规和部门规章的规定，采取其他监管措施。

第九章 信息披露

第一百六十条 商业银行应当通过公开渠道，向投资者和社会公众披露相关信息，确保信息披露的集中性、可访问性和公开性。

第一百六十一条 资本充足率的信息披露应至少包括以下内容：

（一）风险管理体系：信用风险、市场风险、操作风险、流动性风险及其他重要风险的管理目标、政策、流程以及组织架构和相关部门的职能。

（二）资本充足率计算范围。

（三）资本数量、构成及各级资本充足率。

（四）信用风险、市场风险、操作风险的计量方法，风险计量体系的重大变更，以及相应的资本要求变化。

（五）信用风险、市场风险、操作风险及其他重要风险暴露和评估的定性和定量信息。

（六）内部资本充足评估方法以及影响资本充足率的其他相关因素。

（七）薪酬的定性信息和相关定量信息。

商业银行应当按照本办法附件 15 的要求充分披露资本充足率相关信息。

第一百六十二条 商业银行应当保证披露信息的真实性、准确性和完整性。

第一百六十三条 本办法规定的披露内容是资本充足率信息披露的最低要求，商业银行应当遵循充分披露的原则，并根据监管政策变化及时调整披露事项。

第一百六十四条 商业银行采用资本计量高级方法的，并行期内应至少披露本办法规定的定性信息和资本底线的定量信息。

第一百六十五条 商业银行可以不披露专有信息或保密信息的具体内容，但应进行一般性披露，并解释原因。

第一百六十六条 商业银行信息披露频率分为临时、季度、半年及年度披露，其中，临时信息应及时披露，季度、半年度信息披露时间为期末后 30 个工作日内，年度信息披露时间为会计年度终了后四个月内。因特殊原因不能按时披露的，应至少提前 15 个工作日向银监会申请延迟披露。

第一百六十七条 商业银行应当分别按照以下频率披露相关信息：

（一）实收资本或普通股及其他资本工具的变化情况应及时披露。

（二）核心一级资本净额、一级资本净额、资本净额、最低资本要求、储备资本和逆周期资本要求、附加资本要求、核心一级资本充足率、一级资本充足率以及资本充足率等重要信息应按季披露。

（三）资本充足率计算范围、信用风险暴露总额、逾期及不良贷款总额、贷款损失准备、信用风险资产组合缓释后风险暴露余额、资产证券化风险暴露余额、市场风险资本要求、市场风险期末风险价值及平均风险价值、操作风险情况、股权投资及其损益、银行账户利率风险情况等相关重要信息应每半年披露一次。

第一百六十八条 经银监会同意，在满足信息披露总体要求的基础上，同时符合以下条件的商业银行可以适当简化信息披露的内容：

（一）存款规模小于 2000 亿元人民币。

（二）未在境内外上市。

（三）未跨区域经营。

第十章 附 则

第一百六十九条 农村合作银行、村镇银行、农村信用合作社、农村资金互助社、贷款公司、企业集团财务公司、消费金融公司、金融租赁公司、汽车金融公司参照本办法执行。外国银行在华分行参照本办法规定的风险权重计量人民币风险加权资产。

第一百七十条 本办法所称的资本计量高级方法包括信用风险内部评级法、市场风险内部模型法和操作风险高级计量法。商业银行采用资本计量高级方法,应当按照本办法附件16的规定建立资本计量高级方法验证体系。

第一百七十一条 银监会对获准采用资本计量高级方法的商业银行设立并行期,并行期自获准采用资本计量高级方法当年底开始,至少持续三年。并行期内,商业银行应按照本办法规定的资本计量高级方法和其他方法并行计量资本充足率,并遵守本办法附件14规定的资本底线要求。

并行期第一年、第二年和第三年的资本底线调整系数分别为95%、90%和80%。

并行期内,商业银行实际计提的贷款损失准备超过预期损失的,低于150%拨备覆盖率的超额贷款损失准备计入二级资本的数量不得超过信用风险加权资产的0.6%;高于150%拨备覆盖率的超额贷款损失准备可全部计入二级资本。

第一百七十二条 商业银行应在2018年底前达到本办法规定的资本充足率监管要求,鼓励有条件的商业银行提前达标。

第一百七十三条 达标过渡期内,商业银行应当制定并实施切实可行的资本充足率分步达标规划,并报银监会批准。银监会根据商业银行资本充足率达标规划实施情况,采取相应的监管措施。

第一百七十四条 达标过渡期内,商业银行应当同时按照《商业银行资本充足率管理办法》和本办法计量并披露并表和非并表资本充足率。

第一百七十五条 达标过渡期内,商业银行可以简化信息披露内容,但应当至少披露资本充足率计算范围、各级资本及扣减项、资本充足率水平、信用风险加权资产、市场风险加权资产、操作风险加权资产和薪酬的重要信息,以及享受过渡期优惠政策的资本工具和监管调整项目。

第一百七十六条 商业银行计算并表资本充足率,因新旧计量规则差异导致少数股东资本可计入资本的数量下降,减少部分从本办法施行之日起分五年逐步实施,即第一年加回80%,第二年加回60%,第三年加回40%,第四年加回20%,第五年不再加回。

第一百七十七条 本办法中采用标准普尔的评级符号,但对商业银行选用外部信用评级公司不做规定;商业银行使用外部评级公司的评级结果应符合本办法附件 17 的规定,并保持连续性。

第一百七十八条 附件 1、附件 2、附件 3、附件 4、附件 5、附件 6、附件 7、附件 8、附件 9、附件 10、附件 11、附件 12、附件 13、附件 14、附件 15、附件 16、附件 17 是本办法的组成部分。

(一)附件 1:资本工具合格标准。

(二)附件 2:信用风险权重法表内资产风险权重、表外项目信用转换系数及合格信用风险缓释工具。

(三)附件 3:信用风险内部评级法风险加权资产计量规则。

(四)附件 4:信用风险内部评级法风险暴露分类标准。

(五)附件 5:信用风险内部评级体系监管要求。

(六)附件 6:信用风险内部评级法风险缓释监管要求。

(七)附件 7:专业贷款风险加权资产计量规则。

(八)附件 8:交易对手信用风险加权资产计量规则。

(九)附件 9:资产证券化风险加权资产计量规则。

(十)附件 10:市场风险标准法计量规则。

(十一)附件 11:市场风险内部模型法监管要求。

(十二)附件 12:操作风险资本计量监管要求。

(十三)附件 13:商业银行风险评估标准。

(十四)附件 14:资本计量高级方法监督检查。

(十五)附件 15:信息披露要求。

(十六)附件 16:资本计量高级方法验证要求。

(十七)附件 17:外部评级使用规范。

第一百七十九条 本办法由银监会负责解释。

第一百八十条 本办法自 2013 年 1 月 1 日起施行。《商业银行资本充足率管理办法》(中国银行业监督管理委员会 2004 年第 2 号令颁布实施,根据 2006 年 12 月 28 日中国银行业监督管理委员会第五十五次主席会议《关于修改〈商业银行资本充足率管理办法〉的决定》修正),《商业银行银行账户信用风险暴露分类指引》、《商业银行信用风险内部评级体系监管指引》、《商业银行专业贷款监管资本计量指引》、《商业银行信用风险缓释监管资本计量指引》、《商业银行操作风险监管资本计量指引》(银监发[2008]69 号),《商业银行资本充足率信息披露指引》(银监发[2009]97 号),《商业银行资本计量高级方法验证指引》(银监发[2009]104 号),《商业银行资本充足率监督检查指引》(银监发[2009]109 号),《商业银行资产证券化风险暴露监管资本计量指引》(银监发[2009])116 号),

《商业银行市场风险资本计量内部模型法监管指引》(银监发[2010]13号),《商业银行资本计量高级方法实施申请和审批指引》(银监发[2010]114号)同时废止。本办法施行前出台的有关规章及规范性文件如与本办法不一致的,按照本办法执行。

Ⅱ.2.4 保险公司次级定期债务管理办法

（2011 年 10 月 6 日 中国保险监督管理委员会令
2011 年第 2 号）

第一章 总 则

第一条 为了规范保险公司次级定期债务（以下简称“次级债”）的募集、管理、还本付息和信息披露行为，保证保险公司的偿付能力，根据《中华人民共和国公司法》、《中华人民共和国保险法》及有关法律、行政法规的规定，制定本办法。

第二条 本办法所称保险公司，是指依照中国法律在中国境内设立的中资保险公司、中外合资保险公司和外资独资保险公司。

第三条 本办法所称次级债，是指保险公司为了弥补临时性或者阶段性资本不足，经批准募集、期限在五年以上（含五年），且本金和利息的清偿顺序列于保单责任和其他负债之后、先于保险公司股权资本的保险公司债务。

第四条 保险公司募集次级债所获取的资金，可以计入附属资本，但不得用于弥补保险公司日常经营损失。保险公司计入附属资本的次级债金额不得超过净资产的 50%，具体认可标准由中国保险监督管理委员会（以下简称中国保监会）另行规定。

第五条 保险集团（或控股）公司不得募集次级债。

第六条 中国保监会依法对保险公司次级债的募集、管理、还本付息和信息披露行为进行监督管理。

第七条 募集次级债的保险公司（以下简称“募集人”）应当稳健经营，保护次级债债权人的合法权益。

第二章 申 请

第八条 保险公司募集次级债必须符合本办法规定的条件，并报中国保监会审批。

第九条 保险公司偿付能力充足率低于 150% 或者预计未来两年内偿付能力充足率将低于 150% 的，可以申请募集次级债。

第十条 保险公司申请募集次级债，应当符合下列条件：

（一）开业时间超过三年；

(二)经审计的上年度末净资产不低于人民币5亿元;

(三)募集后,累计未偿付的次级债本息额不超过上年度末经审计的净资产的50%;

(四)具备偿债能力;

(五)具有良好的公司治理结构;

(六)内部控制制度健全且能得到严格遵循;

(七)资产未被具有实际控制权的自然人、法人或者其他组织及其关联方占用;

(八)最近两年内未受到重大行政处罚;

(九)中国保监会规定的其他条件。

第十一条 保险公司募集次级债应当由董事会制定方案,股东(大)会对下列事项作出专项决议:

(一)募集规模、期限、利率;

(二)募集方式和募集对象;

(三)募集资金用途;

(四)募集次级债决议的有效期;

(五)与本次次级债募集相关的其他重要事项。

第十二条 募集人应当聘请律师事务所对本次次级债募集出具法律意见书。

法律意见书应当对募集条件、募集方案、募集条款、信用评级等事项的合法合规性明确发表意见。律师事务所应当客观、公正地出具法律意见书并承担相应责任。

第十三条 募集人可以聘请资信评级机构对本次次级债进行信用评级。

资信评级机构应当客观、公正地出具有关报告文件并承担相应责任。

第十四条 保险公司申请募集次级债,应当向中国保监会报送下列文件:

(一)次级债募集申请报告;

(二)股东(大)会有关本次次级债募集的专项决议;

(三)可行性研究报告;

可行性研究报告应当包括以下内容:

1. 募集次级债的必要性;

2. 次级债的成本效益分析(募集资金的规模、期限、债务定价及成本分析、募集资金的用途、收益预测、对偿付能力的影响等);

3. 募集方式和募集对象。

(四)招募说明书;

（五）次级债的协议（合同）文本；

（六）法律意见书；

（七）公司最近三年经审计的年度财务报告和偿付能力报告以及最近季度末的财务报告和偿付能力报告；

（八）已募集但尚未偿付的次级债总额及募集资金运用情况；

（九）募集人制定的次级债管理方案；

（十）与次级债募集相关的其他重要合同；

（十一）中国保监会规定提供的其他材料。

保险公司对本次募集次级债进行了信用评级的，还应当报送次级债信用评级报告。

第十五条 募集人向中国保监会报送的材料应当真实、准确、完整。可行性报告中应当包含有关偿付能力预测的方法、参数和假设。

第十六条 保险公司及其股东和其他第三方不得为募集的次级债提供担保。

第三章 募 集

第十七条 募集人应当在中国保监会批准次级债募集之日起六个月内完成次级债募集工作，募集工作可以分期完成。

募集人未能在规定期限内完成募集的，原批准文件自动失效，募集人如需募集次级债，应当另行申请。

第十八条 保险公司募集的次级债金额不得超过中国保监会批准的额度。

第十九条 保险公司次级债应当向合格投资者募集。

合格投资者是指具备购买次级债的独立分析能力和风险承受能力的境内和境外法人，但不包括：

（一）募集人控制的公司；

（二）与募集人受同一第三方控制的公司。

第二十条 募集人的单个股东和股东的控制方持有的次级债不得超过单次或者累计募集额的10%，并且单次或者累计募集额的持有比例不得为最高。

募集人的全部股东和所有股东的控制方累计持有的次级债不得超过单次或者累计募集额的20%。

募集人分期发行次级债的，应当合并作为一次次级债适用前述两款的规定。

第二十一条 募集人向保险公司或者保险资产管理公司募集次级债的条件和额度，应当符合中国保监会的有关规定。

第二十二条 募集人可以自行或者委托具有证券承销业务资格的机构募集

次级债。

第二十三条 募集人应当在次级债募集结束后的十个工作日内向中国保监会报告募集情况，并将与次级债债权人签订的次级债合同的复印件报送中国保监会。

第四章 管理和偿还

第二十四条 募集人可以委托中央国债登记结算有限责任公司或者中国证券登记结算有限责任公司作为次级债的登记、托管机构，并可委托其代为兑付本息。

第二十五条 募集人应当对次级债募集的资金实施专户管理，严格按照可行性研究报告中募集资金的用途和次级债管理方案使用募集资金。

第二十六条 次级债募集资金的运用应当符合中国保监会的有关规定，不得用于投资股权、不动产和基础设施。

第二十七条 募集人只有在确保偿还次级债本息后偿付能力充足率不低于100%的前提下，才能偿付本息。

第二十八条 募集人在不能按时偿付次级债本息期间，不得向股东分配利润。

第二十九条 募集人可以对次级债设定赎回权，赎回时间应当设定在次级债募集五年后。

次级债合同中不得规定债权人具有次级债回售权。

次级债根据合同提前赎回的，必须确保赎回后保险公司偿付能力充足率不低于100%。

除依据前款设定的赎回权外，募集人不得提前赎回次级债。

第三十条 募集人偿还次级债全部本息或者提前赎回次级债后，应当在十个工作日内向中国保监会报告偿还或者赎回情况。

第三十一条 次级债需要延期的，募集人应当对延期期限、利率调整等事项提出议案，并经次级债债权人同意。

募集人应当在与次级债债权人签订延期协议后的五个工作日内，向中国保监会报告延期情况，并将相关合同文本的复印件报送中国保监会。

第三十二条 债权人可以向其他合格投资者转让次级债。

第五章 信息披露

第三十三条 次级债招募说明书、专题财务报告及重大事项告知等信息披露文件的内容及其制作、发布等，应当符合中国保监会的有关规定。

第三十四条 募集人应当按照中国保监会的有关规定制作次级债招募说明书和其他信息披露文件,保证真实、准确、完整、及时地披露一切对募集对象有实质性影响的信息。

募集人和有关当事人不得以任何方式误导投资者购买次级债。

第三十五条 募集人应当在招募说明书的显著位置提示投资者:“投资者购买本期次级定期债务,应当认真阅读本招募说明书及有关的信息披露文件,进行独立的投资判断。中国保险监督管理委员会对本期次级定期债务募集的批准,并不表明其对本期债务的投资价值作出了任何评价,也不表明对本期债务的投资风险作出了任何判断”。

第三十六条 募集人应当在招募说明书的募集条款中明确约定:

(一)募集人只有在确保偿还次级债本息后偿付能力充足率不低于100%的前提下,才能偿付本息;

(二)募集人在无法按时支付利息或者偿还本金时,债权人无权向法院申请对募集人实施破产清偿;

(三)募集人依法进入破产偿债程序后,次级债本金和利息的清偿顺序列于所有非次级债务之后。

第三十七条 招募说明书中的募集条款应当具体明确,向投资者充分披露本办法关于次级债募集、赎回、延期和本息偿付的规定,详细约定次级债当事人双方的权利和义务,约定条款的内容不得违反法律、行政法规和中国保监会的强制性规定。

招募说明书至少应当包括下列内容:

(一)次级债募集的规模、期限(起止时间)、利率;

(二)募集方式和募集对象;

(三)募集资金的用途;

(四)本息偿付的法定条件、时间、程序、方式;

(五)次级债的转让和赎回;

(六)募集人和次级债债权人的违约责任;

(七)中介机构及其责任。

募集人对本次次级债募集进行了信用评级的,招募说明书中还应当包括信用评级报告及跟踪评级安排的内容。

第三十八条 在次级债存续期间,募集人应当在每个会计年度结束后四个月内,向次级债债权人披露上一年度的次级债专题财务报告。该报告至少应当包括下列内容:

(一)经审计的财务报表;

（二）经审计的偿付能力状况表、最低资本计算表、认可资产表和认可负债表；

（三）债务本息的支付情况；

（四）募集资金的运用情况；

（五）影响次级债本息偿付的重大投资、关联交易等事项；

（六）其他对次级债债权人有重大影响的信息。

募集人进行了跟踪评级的，还应当包括跟踪评级情况。

第三十九条 募集人出现下列情形之一的，应当及时告知次级债债权人，并同时报告中国保监会：

（一）偿付能力状况发生重大不利变动；

（二）预计到期难以偿付次级债利息或者本金；

（三）订立可能对次级债还本付息产生重大影响的担保合同及其他重要合同；

（四）发生重大亏损或者遭受超过净资产10%以上的重大损失；

（五）发生重大仲裁、诉讼；

（六）减资、合并、分立、解散及申请破产；

（七）拟进行重大债务重组；

（八）中国保监会规定的其他情形。

第六章 监督管理

第四十条 募集人应当在每年4月30日之前向中国保监会提交次级债专题报告，内容包括已募集但尚未偿付的次级债的下列信息：

（一）金额、期限、利率；

（二）登记和托管情况；

（三）募集资金的运用情况；

（四）本息支付情况；

（五）影响本息偿付的重大投资、关联交易等事项；

（六）中国保监会要求报告的其他信息。

第四十一条 募集人按照第二十四条的规定登记、托管次级债的，应当于每季度结束后十五个工作日内向中国保监会提交次级债专项报告，内容包括：

（一）次级债登记和托管情况；

（二）次级债转让情况；

（三）其他需要说明的重要事项。

第四十二条 中国保监会可以对保险公司次级债的管理、募集资金的运用等情况进行现场检查。

第四十三条 对违反本办法规定的保险公司，中国保监会可以责令其限期改正，并可以根据具体情况采取下列监管措施：

（一）三年内不再受理该保险公司的次级债募集申请；

（二）暂停认定可计入该保险公司附属资本的次级债金额。

第四十四条 募集人或者其从业人员违反本规定，由中国保监会依照法律、行政法规进行处罚；法律、行政法规没有规定的，由中国保监会责令改正，给予警告，对有违法所得的处以违法所得1倍以上3倍以下罚款，但最高不超过3万元，对没有违法所得的处以1万元以下罚款；涉嫌犯罪的，依法移交司法机构追究刑事责任。

第七章 附　　则

第四十五条 本办法规定的重大行政处罚，是指保险公司受到下列行政处罚：

（一）单次罚款金额在150万元人民币以上（含150万元）的；

（二）限制业务范围的；

（三）责令停止接受新业务一年以上（含一年）的；

（四）责令停业整顿的；

（五）计划单列市分公司或者省级分公司被吊销业务许可证的；

（六）董事长、总经理被撤销任职资格或者行业禁入的；

（七）中国保监会规定的其他重大行政处罚。

第四十六条 本办法由中国保监会负责解释。

第四十七条 本办法自发布之日起施行。中国保监会2004年9月29日发布的《保险公司次级定期债务管理暂行办法》（保监会令[2004]10号）同时废止。

Ⅱ.3 资本混合债

中国人民银行公告[2006]第11号

(2006年9月5日 中国人民银行公告[2006]第11号)

为规范商业银行发行混合资本债券行为,保护投资者利益,根据《中华人民共和国中国人民银行法》和《全国银行间债券市场金融债券发行管理办法》(以下简称《管理办法》),现就商业银行发行混合资本债券的有关事宜公告如下:

一、本公告所称混合资本债券是指商业银行发行的具有以下特征的债券:

(一)期限在15年以上,发行之日起10年内不得赎回。发行之日起10年后发行人具有一次赎回权,若发行人未行使赎回权可以适当提高混合资本债券的利率。

(二)混合资本债券到期前,如果发行人核心资本充足率低于4%,发行人可以延期支付利息;如果同时出现以下情况:最近一期经审计的资产负债表中盈余公积与未分配利润之和为负,且最近12个月内未向普通股股东支付现金红利,则发行人必须延期支付利息。在不满足延期支付利息的条件时,发行人应立即支付欠息及欠息产生的复利。

(三)当发行人清算时,混合资本债券本金和利息的清偿顺序列于一般债务和次级债务之后、先于股权资本。

(四)混合资本债券到期时,如果发行人无力支付清偿顺序在该债券之前的债务或支付该债券将导致无力支付清偿顺序在混合资本债券之前的债务,发行人可以延期支付该债券的本金和利息。待上述情况好转后,发行人应继续履行其还本付息义务,延期支付的本金和利息将根据混合资本债券的票面利率计算利息。

二、商业银行发行混合资本债券应符合《管理办法》第七条的有关要求,并按照《管理办法》第十条的要求向中国人民银行报送有关发行申请文件,同时报送近3年按监管部门要求计算的资本充足率信息和其他债务本息偿付情况。

三、混合资本债券可以公开发行,也可以定向发行。发行人发行混合资本债券应按照《管理办法》有关规定披露其经营情况以及近3年按监管部门要求计算的资本充足率信息和其他债务本息偿付情况。

四、发行人应在募集说明书、发行公告中进行风险提示，重点说明混合资本债券的清偿顺序和到期前利息延期支付、到期时本金和利息延期支付的风险。

五、混合资本债券公开发行和定向发行均应进行信用评级。在混合资本债券存续期内，信用评级机构应定期和不定期对混合资本债券进行跟踪评级，每年发布一次跟踪评级报告，每季度发布一次跟踪评级信息。对影响发行人履行债务的重大事件，信用评级机构应及时提供跟踪评级报告。

六、发行人按规定提前赎回混合资本债券、延期支付利息或混合资本债券到期延期支付本金和利息时，应提前 5 个工作日报中国人民银行备案，通过中国货币网、中国债券信息网公开披露，同时，作为重大会计事项在年度财务报告中披露。

七、混合资本债券存续期内，发行人应按季度披露财务信息。若混合资本债券采取公开发行方式发行，发行人应在债券付息时公开披露资本充足率信息和其他债务本息偿付情况，作为上市公司的商业银行还应披露其普通股红利支付情况。

八、混合资本债券投资人应充分认识并自行承担投资混合资本债券所带来的风险。投资人投资于混合资本债券，应由公司章程或章程性文件规定的权力机构出具同意投资混合资本债券的书面授权文件，并报全国银行间同业拆借中心备案，授权文件内容应包括：本机构了解混合资本债券的风险；本机构有相应的内控制度和风险管理能力。

九、混合资本债券的发行数量及所筹资金计入附属资本的方式按照监督部门有关要求执行。

十、本公告未尽事宜按《管理办法》的有关规定执行。

中国人民银行

二〇〇六年九月五日

Ⅱ.4 证券公司债券

Ⅱ.4.1 关于修改《证券公司债券管理暂行办法》的决定

(2004 年 10 月 18 日
中国证券监督管理委员会令第 25 号)

《关于修改〈证券公司债券管理暂行办法〉的决定》已经 2004 年 10 月 15 日中国证券监督管理委员会第 119 次主席办公会议审议通过,现予公布,自公布之日起施行。

主席:尚福林

二〇〇四年十月十八日

关于修改《证券公司债券管理暂行办法》的决定

一、删去第七条第三项。

二、第十二条第二款修改为:“公开发行债券的担保金额应不少于债券本息的总额。定向发行债券的担保金额原则上不少于债券本息的百分之五十,担保金额不足百分之五十或者未提供担保定向发行债券的,应当在发行和转让时向投资者作特别风险提示,并由投资者签字。”

三、第二十三条修改为:“债券的期限最短为一年。”

四、第二十六条第(二)项修改为“实际发行债券的面值不少于 5 千万元”。

本决定自 2004 年 10 月 18 日起施行。

《证券公司债券管理暂行办法》根据本决定作相应的修改,重新公布。

证券公司债券管理暂行办法

（2003年8月29日中国证券监督管理委员会
第43次主席办公会议审议通过
根据2004年10月15日中国证券监督管理委员会《关于修改
〈证券公司债券管理暂行办法〉的决定》修订）

第一章 总 则

第一条 为规范证券公司债券的发行和转让行为，保护债券持有人的合法权益，根据《公司法》、《证券法》及有关法律、行政法规的规定，制定本办法。

第二条 本办法所称证券公司债券是指证券公司依法发行的、约定在一定期限内还本付息的有价证券。

证券公司发行债券适用本办法，但发行可转换公司债券的除外。

第三条 中国证券监督管理委员会（以下简称"中国证监会"）依法对证券公司债券的发行和转让行为进行监督管理。

第四条 证券公司发行债券必须符合本办法规定的条件，并报经中国证监会批准。未经批准不得擅自发行或变相发行债券。

第五条 证券公司债券经批准可以向社会公开发行，也可以向合格投资者定向发行。

定向发行的债券不得公开发行或者变相公开发行。

第六条 发行债券的证券公司（以下简称"发行人"）应当制定到期还本付息的有效措施，保护债券持有人的合法权益。

第二章 发行与承销

第七条 证券公司公开发行债券，除应当符合《公司法》规定的条件外，还应当符合下列要求：

（一）发行人为综合类证券公司；

（二）最近一期期末经审计的净资产不低于10亿元；

（三）各项风险监控指标符合中国证监会的有关规定；

（四）最近两年内未发生重大违法违规行为；

（五）具有健全的股东会、董事会运作机制及有效的内部管理制度，具备适当的业务隔离和内部控制技术支持系统；

（六）资产未被具有实际控制权的自然人、法人或其他组织及其关联人占用；

（七）中国证监会规定的其他条件。

第八条 证券公司定向发行债券，除应当符合《公司法》规定的条件外，还应当符合前条第（四）、（五）、（六）、（七）、（八）项规定的要求，且最近一期期末经审计的净资产不低于5亿元。

第九条 定向发行的债券只能向合格投资者发行。合格投资者是指自行判断具备投资债券的独立分析能力和风险承受能力，且符合下列条件的投资者：

（一）依法设立的法人或投资组织；

（二）按照规定和章程可从事债券投资；

（三）注册资本在1000万元以上或者经审计的净资产在2000万元以上。

第十条 发行债券募集的资金应当有确定的用途和相应的使用计划及管理制度。募集资金的使用应当符合法律法规和中国证监会的有关规定，不得用于禁止性的业务和行为。

第十一条 发行人应当聘请证券资信评级机构对本期债券进行信用评级并对跟踪评级做出安排。

证券资信评级机构对评级结果的客观、公正和及时性承担责任。信用评级报告的内容和格式应当符合有关规定。

第十二条 发行人应当为债券的发行提供担保。为债券的发行提供保证的，保证人应当具有代为清偿债务的能力，保证应当是连带责任保证；为债券的发行提供抵押或质押的，抵押或质押的财产应当由具备资格的资产评估机构进行评估。

公开发行债券的担保金额应不少于债券本息的总额。定向发行债券的担保金额原则上不少于债券本息的百分之五十，担保金额不足百分之五十或者未提供担保定向发行债券的，应当在发行和转让时向投资者作特别风险提示，并由投资者签字。

第十三条 发行人应当为债券持有人聘请债权代理人。聘请债权代理人应当订立债权代理协议，明确发行人、债券持有人及债权代理人之间的权利义务及违约责任。

发行人应当在募集说明书中明确约定，投资者认购本期债券视作同意债权代理协议。

发行人可聘请信托投资公司、基金管理公司、证券公司、律师事务所、证券投资咨询机构等机构担任债权代理人。

第十四条 发行人应当聘请律师事务所参照中国证监会证券发行的有关规定出具法律意见书和律师工作报告。

律师应当针对债券的特点，重点对债券的发行条件、发行方案、发行条款、担保、信用评级、专项偿债账户、债权代理人、债券持有人会议等，明确发表法律意见。

第十五条 发行人应当聘请有主承销商资格的证券公司组织债券的承销。定向发行的债券，经中国证监会批准可以由发行人自行组织销售。

第十六条 证券公司发行债券应当由董事会制定方案，股东会对下列事项做出专项决议：

（一）发行规模、期限、利率；

（二）担保；

（三）募集资金的用途；

（四）发行方式；

（五）决议有效期；

（六）与本期债券相关的其他重要事项。

第十七条 证券公司申请发行债券，应当向中国证监会报送下列文件：

（一）发行人申请报告；

（二）董事会、股东会决议；

（三）主承销商推荐函（附尽职调查报告）；

（四）募集说明书（附发行方案）；

（五）法律意见书（附律师工作报告）；

（六）经审计的最近三年及最近一期的财务会计报告；

（七）信用评级报告及跟踪评级安排的说明；

（八）偿债计划及保障措施的专项报告；

（九）关于支付本期债券本息的现金流分析报告；

（十）担保协议及相关文件；

（十一）债权代理协议；

（十二）发行人章程和营业执照复印件；

（十三）与债券发行相关的其他重要合同；

（十四）中国证监会要求报送的其他文件。

第十八条 定向发行债券，拟认购人书面承诺认购全部债券且不在转让市场进行转让，经拟认购人书面同意，发行人可免于信用评级、提供担保、聘请债权代理人。

前款所述的债券只能通过协议转让的方式进行转让。转让双方应当在协议中就该债券的转让限制和风险分别作出明确的书面提示和认可。

第十九条 债券的承销可采取包销和代销方式。

承销或者自行组织的销售，销售期最长不得超过 90 日。

第二十条 公开发行的债券，在销售期内售出的债券面值总额占拟发行债券面值总额的比例不足50%的，或未能满足债券上市条件的，视为发行失败。发行失败，发行人应当按发行价并加算银行同期存款利息返还认购人。

债券发行结束之前，发行人不得动用所募集的资金，主承销商和债权代理人负有监督义务。

第二十一条 公开发行的债券应当向社会公开发行，每份面值为100元。定向发行的债券应当采用记账方式向合格投资者发行，每份面值为50万元，每一合格投资者认购的债券不得低于面值100万元。

发行债券可按面值发行，也可采取其他方式发行，具体方式由发行人和主承销商协商确定。

第二十二条 债券的利率由发行人与其主承销商根据信用等级、风险程度、市场供求状况等因素协商确定，但必须符合企业债券利率管理的有关规定。

第二十三条 债券的期限最短为一年。

第三章 托管与转让

第二十四条 证券公司债券应当由中国证券登记结算有限责任公司负责登记、托管和结算。

经批准，中央国债登记结算有限责任公司也可以负责证券公司债券的登记、托管和结算。

第二十五条 公开发行的债券应当申请在证券交易所挂牌集中竞价交易。经中国证监会批准的，也可采取其他方式转让。

申请债券上市的证券公司应当与证券交易所订立上市协议，遵守证券交易所债券上市规则，接受证券交易所的监管。

第二十六条 债券申请上市应当符合下列条件：

（一）债券发行申请已获批准并发行完毕；

（二）实际发行债券的面值不少于5千万元；

（三）申请上市时仍符合公开发行的条件；

（四）中国证监会规定的其他条件。

第二十七条 上市债券到期前一个月终止上市交易，由发行人办理兑付事宜。

债券上市的证券公司出现《证券法》第五十五条、第五十六条规定情形的，由证券交易所做出暂停交易或终止上市的决定。

第二十八条 定向发行的债券可采取协议方式转让，也可经中国证监会批准采取其他方式转让，最小转让单位不得少于面值50万元。债券的转让应当在合格投资者之间进行，且应当符合转让场所的业务规则。

发行人、主承销商、提供转让服务的证券公司、转让人均应当对合格投资者身份进行必要的审查和确认，非合格投资者不得参与定向发行债券的认购、受让活动。

第二十九条 定向发行债券的发行人、主承销商、提供转让服务的证券公司应当将经审查确认的合格投资者的相关资料向登记结算公司申报，并办理证券账户的开立、注册手续。合格投资者只能使用在登记结算公司注册的证券账户进行债券的申购、受让等投资活动，并填制债券的认购表或受让表。

第四章 信息披露

第三十条 证券公司发行债券，应当按照中国证监会的有关规定制作募集说明书和其他信息披露文件，保证真实、准确、完整、及时地披露一切对投资者有实质性影响的信息。但定向发行债券的募集说明书及相关资料不得在媒体上公开刊登或变相公开刊登。

发行人及有关当事人不得以任何方式误导投资者购买债券。

第三十一条 发行人应当在募集说明书的显著位置提示投资者："投资者购买本期债券，应当认真阅读本募集说明书及有关的信息披露文件，进行独立的投资判断。中国证监会对本期债券发行的批准，并不表明其对本期债券的投资价值作出了任何评价，也不表明对本期债券的投资风险作出了任何判断"。

第三十二条 募集说明书、上市公告书、定期报告及重大事项公告等，应当符合中国证监会的有关规定和交易场所的业务规则。

第三十三条 募集说明书披露的发行条款应当具体明确，详细约定与债券当事人权利义务相关的条款。

募集说明书至少应当包括下列内容：

（一）债券的规模、期限、利率；

（二）发行的起止时间；

（三）本息偿付的时间、程序、方式；

（四）专项偿债账户及其他偿债措施；

（五）债券持有人会议的有关安排；

（六）债权代理人及债权代理协议；

（七）担保事项；

（八）评级报告及跟踪评级的安排；

（九）发行人的违约责任；

（十）承销机构及其责任。

第三十四条 发行人应当在债券存续期内向债券持有人披露经具有证券从业资格的会计师事务所审计的年度财务会计报告。

第三十五条 公开发行债券的发行人应当于本息支付日前10日内,就有关事宜在中国证监会指定的报刊上公告三次。

第三十六条 债券上市期间,发行人应当在每个会计年度结束之日后四个月内向中国证监会和证券交易所提交年度报告,在每个会计年度的上半年结束之日后两个月内向中国证监会和证券交易所提交中期报告,并在中国证监会指定报刊和互联网网站上披露。

第三十七条 定期报告应当详细披露报告期内与债券持有人利益相关的重要情况,至少应当包括下列内容:

(一)债券本息的支付情况;

(二)专项偿债账户的有关情况;

(三)担保人和担保物发生重大变化的情况;

(四)发行人的负债变化情况;

(五)现金流量状况综述;

(六)跟踪评级情况;

(七)债权代理人代理事务报告的主要内容;

(八)重大事项公告的主要情况;

(九)债券持有人会议的召开情况;

(十)其他对债券持有人有重大影响的信息。

第三十八条 发行人出现下列情形之一的,应当及时予以公告或以有效的方式告知债券持有人:

(一)预计到期难以偿付利息或本金;

(二)专项偿债账户出现异常;

(三)订立可能对还本付息产生重大影响的担保合同及其他重要合同;

(四)发生重大亏损或者遭受超过净资产百分之十以上的重大损失;

(五)发生重大仲裁、诉讼;

(六)减资、合并、分立、解散及申请破产;

(七)拟进行重大债务重组;

(八)未能履行募集说明书的约定;

(九)担保人或担保物发生重大变化;

(十)债券被证券交易所暂停交易、终止上市;

(十一)中国证监会规定的其他情形。

第三十九条 定向发行债券的,其持续信息披露的内容与方式,应当在募集说明书中约定,但应当符合中国证监会关于定向发行债券信息披露的有关规定。

第五章 偿债措施

第四十条 债券持有人根据法律、行政法规的规定和债券募集说明书的约定行使权利,监督发行人和债权代理人的有关行为。

第四十一条 发行人必须为支付债券的本金和利息设立专项偿债账户,明确账户资金的来源、提取方式及对账户的监督管理等有关事宜。该账户资金可用于投资国债等低风险、高流动性的产品,也可按约定用于债券的提前偿付。

第四十二条 发行人应当通过股东会形成决议,在债券存续期间提高任意盈余公积金的比例和一般风险准备金的比例,以降低偿付风险。

第四十三条 发行人应当通过股东会形成决议,在专项偿债账户资金未能按约定提取或者未能偿付债券本息期间,采取下列措施:

(一)不向股东分配利润;

(二)暂缓重大对外投资、收购兼并等资本性支出项目的实施;

(三)调减或停发董事和高级管理人员的工资和奖金;

(四)主要责任人不得调离。

第四十四条 发行人约定在债券到期之前购回或约定条件提前偿付的,不得损害债券持有人的利益,且须公平对待所有债券持有人。

第四十五条 发行人在债券存续期内,不得单方面变更募集说明书的约定。如因特殊情况需要变更的,应当及时通知债权代理人并取得债券持有人的同意。

第四十六条 债券持有人可单独行使权利,也可通过债券持有人会议行使权利。募集说明书应当约定债券持有人会议的权利、召开程序以及决议的生效条件。

第四十七条 出现下列情形之一的,应当召开债券持有人会议:

(一)发行人提出拟变更募集说明书的约定;

(二)发行人不能按期支付本息;

(三)发行人减资、合并、分立、解散及申请破产;

(四)担保人或担保物发生重大变化;

(五)持有10%以上面值的债券持有人提出拟更换债权代理人。

第四十八条 发行人、担保人、持有本期债券且持有发行人10%以上股权的股东及其他重要关联方,可参加债券持有人会议并提出议案,但没有表决权。

第四十九条 债权代理人应当恪尽职守,履行诚实、信用、谨慎、有效管理的义务,严格遵守代理协议的约定,并履行下列义务:

(一)当出现未能及时偿付本息及其他可能影响债券持有人重大利益的情形

时,及时督促提醒发行人,并告知债券持有人;

(二)依照约定监督专项偿债账户、募集资金的使用以及担保事项;

(三)依照募集说明书的约定,代理债券持有人与发行人之间的谈判及诉讼事务;

(四)债券持有人会议授权的其他事项。

第五十条 债权代理人应当制定代理业务操作规则,采取有效措施保护债券持有人的合法权益,并定期出具债权代理事务报告。

第五十一条 发行人应当指定专人负责债券事务。在利息或本金偿付日之前十五个工作日内,发行人应当组成偿付工作小组,负责利息和本金的偿付及与之相关的其他事务。

第六章 法律责任

第五十二条 证券公司债券的发行、承销、转让以及信息披露行为,应当遵守《公司法》、《证券法》的有关规定。违反规定的,由中国证监会依法给予行政处罚。

第五十三条 定向发行债券,违反规定在媒体上公开刊登或者变相公开刊登募集说明书或发布相关信息的,由中国证监会责令改正,单处或并处警告、罚款;情节严重的撤销对其定向发行债券的批准,已发行的债券由发行人按照发行价加同期银行存款利息返还,三年内不再受理其发行申请。对直接负责的主管人员和其他直接责任人员,单处或并处警告、罚款、暂停或取消从事证券业务的资格。

第五十四条 定向发行债券的发行人或承销商,违反规定向合格投资者以外的投资者销售债券的,应当主动改正;拒不改正的,由中国证监会责令改正,单处或并处警告、罚款;对发行人可撤销定向发行债券的批准,已发行的债券由发行人按照发行价加同期银行存款利息返还,三年内不再受理其发行申请,对承销商可暂停或取消其证券承销业务资格。对直接负责的主管人员和其他直接责任人员,单处或并处警告、罚款、暂停或取消从事证券业务的资格。

第五十五条 为定向发行债券提供服务的中介机构,出具的专业意见存在虚假记载、误导性陈述或者重大遗漏的,应当主动改正;拒不改正的,由中国证监会责令改正,并可视情节单处或并处警告、罚款,暂停或取消从事证券业务的资格。对直接负责的主管人员和其他直接责任人员,单处或并处警告、罚款、暂停或取消从事证券业务的资格。

第五十六条 债权代理人未按规定履行义务的,由中国证监会对有关责任人员依法给予行政处罚;给债券持有人造成损失的,应当依法承担民事责任。

第五十七条 发行人到期未能偿还本息的,债券持有人可依法提起诉讼。对有偿债能力而拒绝履行偿债义务及其他违规行为,中国证监会可视情况采取下列措施:

(一)责令履行相关义务;

(二)对单位单处或并处警告、罚款、暂停部分证券业务;

(三)对直接负责的主管人员和其他直接责任人员,单处或并处警告、罚款、暂停或取消从事证券业务的资格。

第七章 附 则

第五十八条 证券公司发行次级债券的管理办法另行制定。

第五十九条 本办法自 2003 年 10 月 8 日起施行。

Ⅱ.4.2 关于发布《证券公司债券管理暂行办法》五个配套文件

（2003 年 8 月 29 日 证监发行字[2003]第 106 号）

各证券公司：

为规范证券公司发行债券信息披露等行为，保护投资者合法权益，现发布《公开发行证券的公司信息披露内容与格式准则第 20 号——证券公司发行债券申请文件》、《公开发行证券的公司信息披露内容与格式准则第 21 号——证券公司公开发行债券募集说明书》、《公开发行证券的公司信息披露内容与格式准则第 22 号——证券公司债券上市公告书》，《证券公司定向发行债券信息披露准则》，《资信评级机构出具证券公司债券信用评级报告准则》，自 2003 年 10 月 8 日起施行。

中国证券监督管理委员会
二〇〇三年八月二十九日

Ⅱ.4.3 公开发行证券的公司信息披露内容与格式准则第20号——证券公司发行债券申请文件

（2003年8月29日 证监发行字[2003]106号）

第一条 为规范证券公司报送债券发行申请文件的行为，根据《公司法》、《证券法》等有关法律、法规及《证券公司债券管理暂行办法》的规定，制定本准则。

第二条 申请发行债券的证券公司（以下简称“发行人”），应当按照本准则的要求制作申请文件。

第三条 申请文件是发行人为发行债券向中国证券监督管理委员会（以下简称“中国证监会”）报送的必备文件。

第四条 发行人报送的申请文件应包括公开披露的文件和一切相关的资料。整套申请文件应包括两个部分，即要求在指定报刊或网站披露的文件和不要求在指定报刊或网站披露的文件（见附件一）。公开发行申请经中国证监会批准并且第一部分文件披露后，整套申请文件可供投资者查阅。

第五条 本准则规定的目录是发行申请文件的最低要求，发行人可视实际情况增加。有的目录对发行人确实不适用的，可不必提供，但应向中国证监会作出书面说明。中国证监会可视实际需要要求发行人提供有关补充材料。

第六条 发行申报是发行审批的法定程序，一经申报，未经中国证监会同意，不得随意增加、撤回或更换。

第七条 发行人、主承销商及负责出具专业意见的律师事务所、会计师事务所、资信评级机构等应审慎对待所申报的材料和所出具的意见。发行人全体董事及有关中介机构应按要求在所提供的有关文件上发表声明或签字，对申请文件的真实性、准确性和完整性做出承诺。

第八条 主承销商应按有关规定履行对申请文件的核查及对申请文件进行质量控制的义务，并出具核查意见。

第九条 发行人、主承销商及其他有关中介机构应结合中国证监会对发行申请文件的审核反馈意见提供补充材料，发行人全体董事应对补充内容出具书面回复函。有关中介机构应按中国证监会的规定履行尽职调查或补充出具专业意见的义务。

第十条 申请文件应为原件，如不能提供原件的，应由发行人律师提供鉴证意见，或由出文单位盖章，以保证与原件一致。如原出文单位不再存续，可由承继其职权的单位或作出撤销决定的单位出文证明文件的真实性。

第十一条 申请文件的纸张应采用幅面为209×295毫米规格的纸张（相当于标准A4纸张规格），双面印刷（需提供原件的历史文件除外）。

第十二条 申请文件的封面和侧面应标有“×××公司公开发行债券申请文件”字样。

第十三条 申请文件的扉页应附发行人的法定代表人、债券事务代表，有关中介机构项目负责人、相关业务部门负责人及公司主管领导或法定代表人姓名、电话、传真及其他有效方便的联系方式。

第十四条 申请文件章与章之间、章与节之间应有明显的分隔标识。

第十五条 申请文件中的页码应与目录中的页码相符。例如，第四章4-1的页码标注为4-1-1，4-1-2，4-1-3，…4-1-n。

第十六条 申请文件首次报送书面文件五份，其中一份按规定提供原件，其余四份可为原件的复印件。

第十七条 发行人应提供与主承销商签订的承销协议。申报时可提供经签名的包括尚待确定事项的承销协议，在中国证监会批准前报送对前述未确定事项加以明确的补充协议。

第十八条 中国证监会批准前，发行人应按要求补充提供有关文件的原件及其复印件。

第十九条 发行人在每次报送书面文件（包括募集说明书、法律意见书、有关专项说明或报告等）的同时，应报送一份相应的标准电子文件（应为标准.doc或.rtf文件）。

第二十条 对未按本准则的要求制作和报送发行申请文件的，中国证监会可不予受理或要求重新制作或报送。

第二十一条 证券公司报送定向发行债券申请文件应参照本准则执行。具体内容与格式详见附件二。

第二十二条 本准则自2003年10月8日起施行。

附件一　公开发行债券申请文件目录

附件二　定向发行债券申请文件目录

附件一：公开发行债券申请文件目录

公开发行债券申请文件目录

第一部分　要求在指定报刊及网站披露的文件

第一章　债券募集说明书及发行公告

1－1　债券募集说明书（申报稿）

附录一　最近三年及最近一期的审计报告及财务报告全文（截止日距申报日不超过三个月）

附录二　发行人董事会、监事会关于报告期内被出具非标准无保留意见审计报告（如有）涉及事项处理情况的说明

附录三　注册会计师关于报告期内非标准无保留意见审计报告（如有）的补充意见

附录四　资信评级机构出具的信用评级报告全文及有关持续跟踪评级安排的说明

附录五　债券债权代理协议

附录六　担保协议或担保函及相关文件。采用抵（质）押担保的，应提供抵（质）押物的权属证明、资产评估报告及与抵（质）押相关的登记、保管、持续监督安排等方面的法律文件。

附录七　发行人关于本期债券偿债计划及保障措施的专项报告

附录八　发行人关于支付本期债券本息的现金流分析报告

1－2　债券募集说明书摘要（申报稿）

1－3　公开发行公告

第二部分　不要求在指定报刊及网站披露的文件

第二章　主承销商推荐文件

2－1　主承销商出具的“×××公司申请公开发行债券的推荐函”（附“发行人基本情况表”）

附录　主承销商出具的“尽职调查报告”和“×××公司申请公开发行债券申请文件的核查意见”

第三章　发行人律师的意见

3－1　法律意见书（附律师工作报告）

第四章　发行授权及申请文件

4－1　监管意见函

4－2　发行人出具的“关于×××公司拟公开发行债券的申请报告”

附录一　发行人董事会、股东会同意本次发行及有关重要条款的决议和授权董事会处理有关事宜的决议

附录二　在申报时和批准前，发行人全体董事和主承销商、发行人律师事务所、会计师事务所、资信评级机构、资产评估机构等对发行申请文件真实性、准确性和完整性的承诺书

4－3　发行人律师事务所、会计师事务所、资信评级机构以及资产评估机构等专业中介机构同意对纳入债券募集说明书的由其出具的专业报告或意见的内容无异议函

第五章　募集资金运用的有关文件

5－1　本次募集资金运用方案及董事会、股东会决议

5－2　发行人全体董事签名的募集资金运用项目的可行性研究报告（如有个别董事不同意或弃权，应说明原因并加盖公司印章）

5－3　发行人全体董事签名的关于前次募集资金使用情况的说明

5－4　拟收购资产和权益的资产评估报告（或审计报告）

第六章　发行条款、发行方案

6－1　发行人和主承销商签署的关于债券条款设置及其依据的说明

6－2　发行方案

第七章　其他与本次发行有关的文件

7－1　主承销商和发行人签订的承销协议及补充协议

7－2　已订立的与本期债券相关的重要合同

7－3　发行人公司章程和营业执照复印件

7－4　主承销商、其他承销团成员，债权代理人、资信评级机构、签名律师、注册会计师等及其所在机构的从业资格证书（如有）复印件，该复印件需由该机构盖章确认并说明用途

附件二：定向发行债券申请文件目录

定向发行债券申请文件目录

第一章　债券募集说明书及发行方案

1－1　债券募集说明书（申报稿）

附录一　最近三年及最近一期的审计报告及财务报告全文(截止日距申报日不超过三个月)

附录二　发行人董事会、监事会关于报告期内被出具非标准无保留意见审计报告(如有)涉及事项处理情况的说明

附录三　注册会计师关于报告期内非标准无保留意见审计报告(如有)的补充意见

附录四　资信评级机构出具的信用评级报告全文及有关持续跟踪评级安排的说明

附录五　债券债权代理协议

附录六　担保协议或担保函及相关文件。采用抵(质)押担保的,应提供抵(质)押物的权属证明、资产评估报告及与抵(质)押相关的登记、保管、持续监督安排等方面的法律文件。

附录七　发行人关于本期债券偿债计划及保障措施的专项报告

附录八　发行人关于支付本期债券本息的现金流分析报告

1－2　定向发行方案

第二章　主承销商推荐文件

2－1　主承销商出具的“×××公司申请定向发行债券的推荐函”(附“发行人基本情况表”)

附录　主承销商出具的“尽职调查报告”和“×××公司申请定向发行债券申请文件的核查意见”

第三章　发行人律师的意见

3－1　法律意见书(附律师工作报告)

第四章　发行授权及申请文件

4－1　监管意见函

4－2　发行人出具的“×××公司定向发行债券的申请报告”

附录一　发行人董事会、股东会同意本次发行及有关重要条款的决议和授权董事会处理有关事宜的决议

附录二　在申报时和批准前,发行人全体董事和主承销商、发行人律师事务所、注册会计师事务所、资信评级机构、资产评估机构等对发行申请文件真实性、准确性和完整性的承诺书

4－3　发行人律师事务所、注册会计师事务所、资信评级机构以及资产评估机构等专业中介机构同意对纳入债券募集说明书的由其出具的专业报告或意见的内容无异议函

4－4　拟认购人关于认购债券且不在转让市场转让及同意不必提供担保、

信用评级及聘请债权代理人的承诺书(如有)。

第五章　募集资金运用的有关文件

5－1　本次募集资金运用方案及董事会、股东会的决议

5－2　发行人全体董事签名的募集资金运用项目的可行性研究报告(如有个别董事不同意或弃权,应说明原因并加盖公司印章)

5－3　发行人全体董事签名的关于前次募集资金使用情况的说明

5－4　拟收购资产和权益的资产评估报告(或审计报告)

第六章　其他与本次发行有关的文件

6－1　主承销商和发行人签订的承销协议及补充协议

6－2　订立的与本期债券相关的重要合同

6－3　发行人公司章程和营业执照复印件

6－4　主承销商、其他承销团成员,债权代理人、资信评级机构、签名律师、注册会计师等及其所在机构的从业资格证书(如有)复印件,该复印件需由该机构盖章确认并说明用途

Ⅱ.4.4 公开发行证券的公司信息披露内容与格式准则第21号——证券公司公开发行债券募集说明书

(2003年8月29日 证监发行字[2003]106号)

目 录

第一章 总 则

第一条 为规范证券公司公开发行债券的信息披露行为,保护投资者合法权益,根据《公司法》、《证券法》等法律、法规以及《证券公司债券管理暂行办法》的有关规定,制定本准则。

第二条 申请公开发行债券的证券公司(以下简称"发行人"),应按本准则的要求编制债券募集说明书及其摘要，作为向中国证券监督管理委员会（以下简称“中国证监会”）申请公开发行债券的必备法律文件，并按规定披露。

第三条 本准则的规定是对募集说明书信息披露的最低要求。不论本准则是否有明确规定，凡对投资者做出投资决策有重大影响的信息，均应披露。

第四条 本准则某些具体要求对发行人确实不适用的，发行人可根据实际情况，在不影响披露内容完整性的前提下做适当修改，但应在申报时作书面说明。

第五条 由于商业秘密（如核心业务的保密资料、商业合同的具体内容等）等特殊原因，本准则规定的某些信息确实不便披露的，发行人可向中国证监会申请豁免。

第六条 在不影响信息披露的完整性和不致引起阅读不便的前提下，发行人可采用相互引征的方法，对各相关部分的内容进行适当的技术处理，以避免重复和保持文字简洁。

第七条 发行人在募集说明书及其摘要披露的所有信息应真实、准确、完整、公平、及时，尤其要确保所披露的财务会计资料有充分的依据。所引用的财务报告应由具有证券期货相关业务资格的会计师事务所审计，并由二名以上具有证券期货相关业务资格的注册会计师签署。

第八条 募集说明书引用的经审计的最近一期财务会计资料在财务报告截止日后六个月内有效。特别情况下可由发行人申请适当延长，但至多不超过一个月。

第九条 募集说明书的有效期为六个月，自中国证监会下发批准通知前募集说明书最后一次签署之日起计算。发行人在募集说明书有效期内未能发行债券的，应重新修订募集说明书。在符合本准则第八条要求的前提下，发行人可在特别情况下申请适当延长募集说明书的有效期限，但至多不超过一个月。

第十条 发行人报送申请文件后，在募集说明书披露前发生与申报稿不一致或对投资本期债券有重大影响的事项，发行人应视情况及时修改募集说明书及其摘要并提供补充说明材料。

发行人公开发行债券的申请经中国证监会批准后，如发行人认为还有必要对募集说明书及其摘要进行修改的，应书面说明情况，并经中国证监会同意后相应修改募集说明书及其摘要。必要时，发行人公开发行债券的申请应重新经过中国证监会批准。

在募集说明书披露后至债券上市公告书刊登前发生上述事项的，发行人也应及时履行信息披露义务。

第十一条 发行人应针对实际情况在募集说明书显要位置做“特别风险提

示”,并在“风险因素”一节详细披露。

第十二条 募集说明书及其摘要应满足下列一般要求:

(一)引用的数据应提供资料来源,事实应有充分、客观、公正的依据;

(二)引用的数字应采用阿拉伯数字,货币金额除特别说明外,应指人民币金额,并以元、千元或万元为单位;

(三)发行人可根据有关规定或其他需求,编制募集说明书外文译本,但应保证中、外文文本的一致性,并在外文文本上注明:“本募集说明书分别以中、英(或日、法等)文编制,在对中外文本的理解上发生歧义时,以中文文本为准”;

(四)募集说明书全文文本应采用质地良好的纸张印刷,幅面为209×295毫米(相当于标准的A4纸规格);

(五)文字应简洁、通俗、平实和明确,不得刊载任何有祝贺性、广告性和恭维性的词句。

第十三条 募集说明书摘要的编制和披露,还应符合下列要求:

(一)募集说明书摘要的目的仅为向公众提供有关本次发行的简要情况,无需包括募集说明书全文各部分的主要内容;

(二)募集说明书摘要中要尽量少用投资者不熟悉的专业和技术词汇,尽量采用图表或其他较为直观的方式准确披露与投资本期债券相关的重要信息,做到简明扼要,通俗易懂;

(三)募集说明书摘要必须忠实于募集说明书全文的内容,不得有与全文相矛盾之处;

(四)募集说明书摘要刊登于中国证监会指定的信息披露报刊,篇幅不得超过一个版面。在指定报刊刊登的募集说明书摘要最小字号为标准小5号字,最小行距为0.35毫米。

第十四条 发行人应在发行前二至五个工作日内将募集说明书摘要刊登于至少一种中国证监会指定的报刊,同时将募集说明书全文刊登于中国证监会指定的网站,并将募集说明书全文文本及备查文件置备于发行人住所、拟上市证券交易所、主承销商和其他承销机构的住所,以备查阅。

第十五条 发行人可将募集说明书全文及摘要刊登于其他网站和报刊,但不得早于在中国证监会指定网站和报刊的披露。

第十六条 在募集说明书及其摘要披露前,任何当事人不得违反规定披露与募集说明书及其摘要有关的信息,或利用这些信息谋取利益。发行人、任何中介机构或人士利用与募集说明书及其摘要有关的信息进行推介宣传的,应遵守中国证监会的相关规定。

第十七条 发行人应在募集说明书及其摘要披露后十日内,将正式印刷的募集说明书全文文本一式五份，分别报送中国证监会及其在发行人注册地的派出机构。

第十八条 发行人董事会及全体董事应保证募集说明书及其摘要内容的真实性、准确性、完整性，承诺其中不存在虚假记载、误导性陈述或重大遗漏，并就其保证承担个别和连带的法律责任。

第十九条 主承销商应受发行人委托配合发行人编制募集说明书及其摘要，并对募集说明书及其摘要的内容进行核查，确认募集说明书及其摘要不存在虚假记载、误导性陈述或重大遗漏，并承担相应的责任。

第二十条 发行人律师可受发行人委托参与编制募集说明书及其摘要，并应对募集说明书及其摘要进行审阅，确认募集说明书及其摘要引用的法律意见真实、准确，并承担相应的责任。

第二十一条 发行人律师、注册会计师、信用评级人员、注册资产评估师等及其所在的中介机构应书面同意发行人在募集说明书及其摘要中引用由其出具的专业报告或意见的内容。

第二章　债券募集说明书

第一节　封面、书脊、扉页、目录、释义

第二十二条 募集说明书封面至少应标有“×××证券公司公开发行债券募集说明书”字样，并应载明发行人及主承销商的名称和住所。

第二十三条 募集说明书书脊应标明“×××证券公司公开发行债券募集说明书”字样。

第二十四条 募集说明书扉页应刊登下列内容：

（一）债券名称；

（二）发行总额及票面金额；

（三）期限；

（四）票面利率、付息方式和付息日期；

（五）发行价格；

（六）购回或提前偿付的提示性说明（如有）；

（七）信用级别及资信评级机构；

（八）担保；

（九）发行方式及发行期；

（十）主承销商；

（十一）债权代理人；

（十二）发行人债券事务代表；

(十三)正式申报的募集说明书签署日期。

第二十五条 募集说明书扉页应刊登发行人董事会的下列声明:

“发行人董事会已批准本募集说明书及其摘要,全体董事承诺其中不存在虚假记载、误导性陈述或重大遗漏,并对其真实性、准确性、完整性承担个别和连带的法律责任。”

“公司负责人和主管会计工作的负责人、会计机构负责人保证本募集说明书及其摘要中财务报告真实、完整。”

“债券持有人根据法律法规的规定和本募集说明书的约定行使有关权利,监督发行人和债权代理人的有关行为。”

“投资者购买本期债券,应当认真阅读本募集说明书及有关的信息披露文件,进行独立的投资判断。中国证监会对本期债券发行的批准,并不表明其对本期债券的投资价值作出了任何评价,也不表明对本期债券的投资风险作出了任何判断。任何与之相反的声明均属虚假不实陈述。”

“凡通过认购、受让等合法手段取得并持有本期债券的,均视同自愿接受本募集说明书对本期债券各项权利义务的约定。”

“投资者认购本期债券视作同意债权代理协议”。

“债券依法发行后,发行人经营与收益的变化引致的投资风险,由投资者自行负责。”

“投资者若对本募集说明书及其摘要存在任何疑问,应咨询自己的证券经纪人、律师、专业会计师或其他专业顾问。”

第二十六条 发行人聘请的会计师事务所对其财务报告出具了非标准无保留意见的审计报告的,发行人还应提示:“×××会计师事务所对本发行人财务报告出具了××××(审计报告类型)的审计报告,请投资者注意阅读该审计报告全文及相关财务报表附注。发行人董事会、监事会对相关事项已作详细说明,也请投资者注意阅读。”

第二十七条 募集说明书及其摘要的目录应标明各章、节的标题及相应的页码,内容编排也应符合通行的中文惯例。

第二十八条 发行人应对可能对投资者理解有障碍及有特定含义的术语作出释义,募集说明书及其摘要的释义应在目录次页排印。

第二节 概　　览

第二十九条 发行人应设置募集说明书概览并在本部分起首声明“本概览仅对募集说明书全文做扼要提示。投资者作出投资决策前,应认真阅读募集说明书全文。”

第三十条 发行人应在概览中简介发行人及其主要股东,发行人的主要财务数据,本次发行情况及募集资金主要用途等。

第三节 本次发行概况

第三十一条 发行人应披露本次发行的基本情况,主要包括:

(一)债券名称;

(二)发行总额及票面金额;

(三)期限;

(四)利率、付息方式和付息日期;

(五)发行价格;

(六)债权代理人;

(七)信用级别及资信评级机构;

(八)担保人或担保物;

(九)发行方式与发行对象、发行期;

(十)承销方式;

(十一)其他重要条款;

(十二)本次发行预计实收募集资金;

(十三)发行费用概算(主要包括承销费用、律师费用、评级费用、审计费用、发行手续费用、审核费等)。

第三十二条 发行人应说明本次发行后债券上市或转让方式的有关安排。

第三十三条 发行人应说明持续信息披露的方式。

第三十四条 发行人应披露下列机构的名称、住所、法定代表人、联系电话、传真,同时应披露有关经办人员的姓名:

(一)发行人;

(二)主承销商及其他承销机构;

(三)律师事务所;

(四)会计师事务所;

(五)债权代理人;

(六)资信评级机构;

(七)担保人;

(八)收款银行;

(九)登记、托管、结算机构;

(十)其他与发售债券有关的机构。

第三十五条 发行人应披露与本次发行有关的中介机构及其负责人、高级管理人员及经办人员之间存在的直接或间接的股权关系或其他权益关系。

第三十六条 发行人应针对不同的发行方式,披露有关重要日期,主要包括：

（一）发行公告刊登日期；

（二）发行日期；

（三）申购期；

（四）资金冻结日期；

（五）预计上市日期。

第四节 风险因素

第三十七条 发行人应参照《公开发行证券的公司信息披露内容与格式准则第1号——招股说明书》（证监发行字[2003]26号）、《公开发行证券的公司信息披露编报规则第5号——证券公司招股说明书内容与格式特别规定》（证监发[2000]76号）的有关要求披露本次发行的风险因素。

第三十八条 发行人应有针对地披露与本期债券相关的、可能影响债券本息偿付的具体风险因素，对这些风险因素能作出定量分析的，应进行定量分析；不能作出定量分析的，应进行定性描述。

第三十九条 发行人至少应披露下列风险因素：

（一）本期债券安排所特有的风险。重点分析说明本期债券有关约定潜在的风险，如专项偿债账户及其他偿债保障措施可能存在的风险、提前偿付安排可能对投资人利益的影响等。

（二）担保或评级的风险。重点分析说明担保人资信或担保物的现状及可能发生的重大变化对本期债券本息偿还的影响，分析说明信用评级结论的风险、信用评级级别变化可能对投资人利益的影响等。

（三）发行人的资信风险。重点分析说明发行人最近三年内资信状况及存在的问题和可能出现的资信风险。

（四）发行人流动性风险。应特别针对发行人现金流状况及变化说明存在的流动性风险。

（五）债券市场特有的风险，特别要说明利率风险，货币市场和资本市场波动的风险。

（六）政策性风险。分析说明因国家法律、法规、政策的可能变化对投资者产生的具体政策性风险，如因税收制度、经营许可制度、外汇制度、收费标准等发生变化而对证券公司的影响。

（七）发行人的其他财务风险。分析说明发行人因资产结构、负债结构和其他财务结构不合理而形成的财务风险，因整体业务结构和规模设计不合理（如自营规模过大、长期投资权重过高等）、对外担保等而导致公司整体变现能力差等风险。

(八)发行人的管理风险。重点分析说明发行人管理制度存在的问题及可能诱发的债券本息偿付风险,如因内部控制不健全、自身操作不当、职员道德水准不高等可能对公司产生直接和间接的经济损失,及其可能对债券本息偿付的影响。

(九)发行人的业务风险。重点分析由此可能诱发的债券本息偿付风险,主要包括证券经纪风险、证券承销风险、证券自营风险、受托投资管理风险、其他证券经营业务可能存在的风险、因技术因素而产生的操作风险和因同行业竞争而产生的风险,及其可能对债券本息偿付的影响。

第四十条 发行人应按重要性程度对风险因素进行排序。

第四十一条 发行人应明确指出报告期内是否因该等风险因素已发生损失或不利影响及影响程度。

第四十二条 对风险特别严重的,发行人应做“特别风险提示”。

第四十三条 除非发行人已经采取了具体的措施,否则不得披露风险对策。

第五节 发 行 条 款

第四十四条 募集说明书应详细披露本期债券的全部发行条款,按照发行人、投资者及有关当事人权利、义务对等的原则,约定本期债券的有关重要事项,不得有不确定的表述。

第四十五条 发行人应披露本期债券的名称及票面金额。

第四十六条 发行人应披露本期债券的发行总额及其确定依据。

第四十七条 发行人应披露本期债券发行价格及其确定依据。

第四十八条 发行人应披露本期债券的期限、利率及年度、到期收益率的计算公式以及有关投资成本情况。

第四十九条 发行人应披露本期债券的起息日、利息登记日、付息日期、本金支付日、支付方式、支付金额及其他具体安排。

第五十条 发行人约定在债券到期之前购回或约定条件提前偿付的,至少应说明提前购回或偿付本息的条件、程序、价格、付款方法、时间及其他内容。发行人应披露公平对待和保护债券持有人的安排和措施。

第五十一条 发行人应披露变更发行条款的有关程序及信息披露的方式。

第五十二条 发行人应披露约定的其他发行条款。

第六节 发行人的资信状况

第五十三条 发行人应披露所聘请的资信评级机构及其对本期债券的信用评级情况。

第五十四条 发行人应披露信用评级报告的主要事项,至少包括下列情况:

(一)信用评级结论及标识所代表的涵义;

(二)提供担保的,应对比说明有无担保的情况下评级结论的差异;

(三)揭示的主要风险;

(四)跟踪评级的有关安排;

(五)其他重要事项。

第五十五条　发行人还应披露下列公司资信情况:

(一)近三年主要贷款银行及其对公司资信的评价(如有);

(二)近三年与主要客户发生业务往来时,是否有严重违约现象;

(三)近三年发行的债券以及偿还情况;

(四)近三年的流动比率、利息倍数[(利润总额+利息费用)/利息费用]、贷款偿还率(实际贷款偿还额/应偿还贷款额)、利息偿付率(实际利息/应付利息)等财务指标。

第七节　担　　保

第五十六条　发行人应披露本期债券的担保情况。

第五十七条　提供保证的,发行人应披露保证人的基本情况,至少包括下列事项:

(一)基本情况简介;

(二)净资产额、资产负债率、净资产收益率、流动比率、速动比率等主要财务指标,并注明是否经审计;

(三)资信状况;

(四)累计担保余额占其净资产额的比例;

(五)偿债能力分析。

第五十八条　发行人应披露债券担保协议或担保函的主要内容,至少包括下列事项:

(一)担保金额;

(二)担保期限;

(三)担保方式;

(四)担保范围;

(五)发行人、担保人、债权代理人、债券持有人之间的权利义务关系;

(六)各方认为需要约定的其他事项。

第五十九条　提供抵押和质押担保的,应披露担保物的名称、金额(账面值和评估值)、担保物金额与所发行债券面值总额和本息总额之间的比例。

第六十条　发行人应披露担保物的评估、登记、保管和相关法律手续的办理情况。

第六十一条　发行人应披露反担保和共同担保的情况(如有)。

第六十二条 发行人应披露保证人的资信或担保物发生重大变化时的持续披露安排。

第六十三条 发行人应披露债券持有人及债权代理人对担保事项的持续监督安排。

第八节 偿债计划及其他保障措施

第六十四条 发行人应披露所制定的具体偿债计划及保障措施。

第六十五条 发行人应披露董事会指定的债券事务代表，即具体负责债券事务的专门人员，披露偿付工作小组的构成和工作方式。

第六十六条 发行人应披露专项偿债账户的资金来源、提取的开始时间、提取频度、提取金额等内容。

第六十七条 发行人应披露专项偿债账户的管理方式。应说明公司董事会是否指定了专人进行管理，或委托了独立非关联机构进行管理，是否对资金的提取、存储、动用建立了内部审批和风险控制制度。

第六十八条 发行人应披露专项偿债账户资金的用途范围，说明只能用于投资国债等低风险、高流动性的产品或按约定用于提前购回或偿付本期债券。

第六十九条 发行人应披露确保专项偿债账户持续符合规定及有关约定的措施。

第七十条 发行人应披露对专项偿债账户进行信息披露和报告的安排以及该账户的监督事项，应说明债券持有人及债权代理人对该账户的监督方式。

第七十一条 发行人应披露所约定的在债券存续期间提高任意盈余公积金的比例和一般风险准备金的比例的安排。

第七十二条 发行人应披露不能按时支付利息、到期不能兑付以及发生其他违约情况时，拟采取的具体偿债措施和赔偿方式。

第七十三条 发行人应披露其他已做出的承诺事项。发行人可根据实际情况作下列约定：

（一）本期债券存续期内最高借款余额不超过同一时点净资产的倍数；

（二）本期债券存续期内最高抵（质）押借款余额不超过同一时点净资产的倍数；

（三）本期债券存续期内发行人及其控股子公司再次发行债券或向金融机构借款的，不会损害本期债券持有人的利益。

在计算上述最高借款余额时，应包括发行人及其控股子公司对外担保等产生的或有负债。

第七十四条 发行人应披露在出现专项偿债账户未能按约定提取或者未能按期偿付债券本息时，须采取的措施，至少应包括：

(一)不向股东分配利润;

(二)暂缓重大对外投资、收购兼并等资本性支出项目的实施;

(三)调减或停发董事和高级管理人员的工资和奖金;

(四)主要责任人不得调离。

第九节 债券持有人会议

第七十五条 发行人应披露债券持有人根据法律、法规的规定和本募集说明书的约定行使有关权利的形式。

第七十六条 发行人应披露债券持有人会议的权利、召开程序以及决议的生效条件和效力。

第七十七条 发行人应披露债券持有人会议召开的情形。至少应包括:

(一)发行人提出拟变更募集说明书的约定;

(二)发行人不能按期支付本息;

(三)发行人减资、合并、分立、解散及申请破产;

(四)担保人或担保物发生重大变化;

(五)持有10%以上面值的债券持有人提出拟更换债权代理人。

第七十八条 发行人应明确披露债券持有人会议决议对未参加会议或明示不同意见的债券持有人的适用性,披露是否对全体债券持有人具有同等效力,披露债权代理人的督促义务。

第七十九条 发行人应明确披露,发行人、担保人、持有本期债券且持有发行人10%以上股权的股东及其他重要关联方可参加债券持有人会议,并提出议案,但没有表决权。

第八十条 发行人应披露债券持有人会议的其他事宜。

第十节 债权代理人

第八十一条 发行人应披露所聘任的债权代理人及其联系人和所订立的债权代理协议的情况。

第八十二条 发行人应再次明确提示投资者认购本期债券视作同意债权代理协议。

第八十三条 发行人应披露债权代理协议的主要事项,至少包括下列事项:

(一)债权代理人的名称及基本情况;

(二)债权代理人的聘任情况,与发行人是否有利害关系;

(三)发行人、债券持有人和债权代理人之间的权利、义务和违约责任;

(四)债权代理人行使权利、履行义务的方式、程序等;

(五)债权代理人的报酬情况;

(六)变更、解聘债权代理人的条件及程序;

（七）其他重要内容。

第八十四条 发行人应披露债权代理人保护债券持有人合法权益的主要措施，说明债权代理事务的主要程序和方式，说明如何出具债权代理事务报告。

第八十五条 发行人应披露债权代理人应履行的义务，至少应包括：

（一）当出现未能及时偿付本息及其他可能影响债券持有人重大利益的情形时，及时督促提醒发行人，并告知债券持有人；

（二）依照约定监督专项偿债账户、募集资金的使用以及担保事项；

（三）依据本募集说明书的约定，代理债券持有人与发行人之间的谈判及诉讼事务；

（四）债券持有人会议授权的其他事项。

第十一节 发行人基本情况

第八十六条 发行人应参照证监发行字[2003]26号、证监发[2000]76号文件有关章节的要求简要披露其基本情况。

第八十七条 发行人应参照证监发行字[2003]26号、证监发[2000]76号文件有关章节的要求简要披露其业务情况。

第八十八条 发行人应参照证监发行字[2003]26号、证监发[2000]76号文件有关章节的要求简要披露同业竞争与关联交易情况。

第八十九条 发行人应参照证监发行字[2003]26号、证监发[2000]76号文件有关章节的要求简要披露董事、监事、经理及其他高级管理人员的情况。

第九十条 发行人应参照证监发行字[2003]26号、证监发[2000]76号文件有关章节的要求简要披露其公司治理结构的情况。

第九十一条 发行人是上市公司的，还应说明最近三年内信息披露是否符合规定，是否发生过虚假记载、误导性陈述或者重大遗漏的情况。

第十二节 财务会计信息及风险控制指标

第九十二条 发行人应参照证监发行字[2003]26号、证监发[2000]76号文件有关章节的要求简要披露财务会计信息，主要包括：

（一）最近三年及最近一期的简要利润表、最近三年及最近一期期末的简要资产负债表和最近一年及最近一期的简要现金流量表；

（二）最近三年及最近一期的主要财务指标，主要包括流动比率、速动比率、应收账款周转率、资产负债率等；

（三）为支付本期债券本息的现金流量分析报告摘要；

（四）公司管理层作出的与本条（一）规定时间一致的公司财务分析的简明结论性意见，重点说明发行人资产质量状况，资产负债结构、股东权益结构的合理性，现金流量、偿债能力、收入和盈利能力等的连续性、稳定性等。

第九十三条　发行人应重点说明已发行在外尚未到期的债券余额、主要负债情况及本次发行债券后公司资产负债结构的变化。

第九十四条　会计师事务所曾对发行人近三年财务报告出具非标准无保留意见的审计报告的，发行人应披露注册会计师就该事项是否已消除或纠正出具的补充意见，以及董事会、监事会就该事项处理情况作出的详细说明。

第九十五条　发行人对可能影响投资者理解公司资产负债状况、经营业绩和现金流量的信息，应加以必要的说明。对财务困难、或有损失、或有负债等应在"财务风险"栏目中加以具体披露。所有财务会计信息的披露应采用简洁、通俗、平实和明确的语言表述。

第九十六条　发行人应披露以报告期息税前利润（利润总额和利息费用之和）简单平均值与债券发行成功后公司利息费用总额计算的备考利息倍数比率。

第九十七条　发行人应披露中国证监会规定的有关风险控制指标。

第十三节　募集资金运用

第九十八条　发行人应参照证监发行字[2003]26号文件有关章节的要求简要披露其业务发展目标和营运模式，以及披露围绕业务发展目标所制定的发展规划。

第九十九条　发行人应参照证监发行字[2003]26号文件有关章节的要求简要披露其本次募集资金的用途和相应的使用计划及管理制度。

第一百条　发行人应披露前次募集资金的运用情况。

第十四节　董事及有关中介机构声明

第一百零一条　发行人和有关中介机构应参照证监发行字[2003]26号文件有关章节的要求披露董事及有关中介机构声明。

第十五节　附录和备查文件

第一百零二条　募集说明书的附录是募集说明书不可分割的有机组成部分，主要包括：

（一）近三年及最近一期的审计报告及财务报告全文。

（二）发行人董事会、监事会关于报告期内被出具非标准无保留意见审计报告（如有）涉及事项处理情况的说明。

（三）注册会计师关于报告期内非标准无保留意见审计报告（如有）的补充意见。

（四）资信评级机构出具的信用评级报告全文及有关持续跟踪评级安排的说明。

（五）债券债权代理协议。

（六）担保协议或担保函及相关文件。采用抵（质）押担保的，应提供抵（质）押物的权属证明、资产评估报告及与抵（质）押相关的登记、保管、持续监督安排等方面的法律文件。

（七）发行人关于本期债券偿债计划及保障措施的专项报告。

（八）发行人关于支付本期债券本息的现金流分析报告。

第一百零三条 发行人应将整套申请文件及发行人认为相关的其他文件作为备查文件，列示其目录，并告知投资者查阅的时间、地点、电话和联系人。备查文件上网的，应披露网址。

第三章 债券募集说明书摘要

第一百零四条 发行人应在募集说明书摘要的显要位置声明：

“本募集说明书摘要的目的仅为向公众提供有关本次发行的简要情况，并不包括募集说明书全文的全部内容。募集说明书全文同时刊载于×××网站。投资者在做出认购决定之前，应仔细阅读募集说明书全文，并以其作为投资决定的依据。”

“发行人董事会已批准本期债券募集说明书及其摘要，全体董事承诺其中不存在虚假记载、误导性陈述或重大遗漏，并对其真实性、准确性、完整性承担个别和连带的法律责任。”

“公司负责人和主管会计工作的负责人、会计机构负责人保证本期债券募集说明书及其摘要中财务报告真实、完整。”

“债券持有人根据法律法规的规定和本期债券募集说明书的约定行使有关权利，监督发行人和债权代理人的有关行为。”

“投资者购买本期债券，应当认真阅读本期债券募集说明书及有关的信息披露文件，进行独立的投资判断。中国证监会对本期债券发行的批准，并不表明其对本期债券的投资价值作出了任何评价，也不表明其对本期债券的投资风险作出了任何判断。任何与之相反的声明均属虚假不实陈述。”

“凡通过认购、受让等合法手段取得并持有本期债券的，均视同自愿接受本期债券募集说明书对本其债券各项权利义务的约定。”

“投资者认购本期债券视作同意债权代理协议”。

“债券依法发行后，发行人经营与收益的变化引致的投资风险，由投资者自行负责。”

“投资者若对本期债券募集说明书及其摘要存在任何疑问，应咨询自己的证券经纪人、律师、专业会计师或其他专业顾问。”

第一百零五条 发行人可针对实际情况编制募集说明书摘要，但应包括募集说明书全文的重要内容，不得出现在内容上不一致，或因遗漏重要信息而误导投资者的情况。

第四章 附 则

第一百零六条 本准则自 2003 年 10 月 8 日起施行。

Ⅱ.4.5 公开发行证券的公司信息披露内容与格式准则第22号——证券公司债券上市公告书

(2003年8月29日 证监发行字[2003]106号)

目　录

第一章 总 则

第一条 为规范证券公司债券上市的信息披露行为,保护投资者合法权益,根据《公司法》、《证券法》等法律、法规以及《证券公司债券管理暂行办法》(以下简称"《暂行办法》")的规定,制定本准则。

第二条 公开发行债券的证券公司(以下简称"发行人")在债券上市前,应按本准则编制债券上市公告书。

第三条 本准则的规定是对发行人上市公告书信息披露的最低要求。不论本准则是否有明确规定,凡在公开发行债券募集说明书披露日至上市公告书刊登日期间所发生的对投资者投资决策有重大影响的信息,均应披露。

本准则某些具体要求对发行人确实不适用的,发行人可针对实际情况,在不影响披露内容完整性的前提下作出适当修改,并予以书面说明。发行人未披露本准则规定内容的,应以书面形式报告证券交易所同意,并报中国证监会备案。

第四条 由于商业秘密等特殊原因致使某些信息确实不便披露的,发行人可向中国证监会申请豁免。

第五条 发行人披露所有信息应真实、准确、完整、公平、及时,尤其要确保所披露的财务会计资料有充分的依据。所引用的财务报告应由有资格的会计师事务所审计。

第六条 在不影响信息披露的完整性和不致引起阅读不便的前提下，发行人可采用相互引征的方法，对各相关部分的内容进行适当技术处理，以避免重复和保持文字简洁。

第七条 募集说明书及其引用的财务资料尚未失效的，可适当简化刊登有关财务会计资料，但应作必要的附注说明。募集说明书失效的，或其引用的财务资料已失效的，应补充披露最近一期经审计的财务报告。特别情况下可申请适当延长，但至多不超过一个月。

第八条 在编制上市公告书时还应遵循如下一般要求：

（一）引用的数据应提供资料来源，事实应有充分、客观、公正的依据；

（二）引用的数字应采用阿拉伯数字，货币金额除特别说明外，应指人民币金额，并以元、千元或万元为单位；

（三）发行人可根据有关规定或其他需求，编制上市公告书外文译本，但应保证中、外文文本的一致性，并在外文文本上注明："本上市公告书分别以中、英（或日、法等）文编制，在对中外文本的理解上发生歧义时，以中文文本为准"；

（四）上市公告书应载明发行人的名称、"×××债券上市公告书"的字样、公告日期等，可载有发行人的外文名称、徽章或其他标记、图案等；

（五）上市公告书不得刊载任何有祝贺性、广告性和恭维性的词句。

第九条 发行人应在其债券上市前五个工作日内，将上市公告书全文刊登在至少一种由中国证监会指定的报刊及网站上，并将上市公告书文本备置于发行人住所、拟上市的证券交易所、有关证券经营机构住所及其营业网点，以供公众查阅。

第十条 发行人可将上市公告书刊载于其他报刊和网站，但其披露时间不得早于在中国证监会指定报刊和网站的披露时间。

第十一条 上市公告书在披露前，任何当事人不得违反规定泄露有关的信息，或利用这些信息谋取利益。

第十二条 发行人应在披露上市公告书后十日内，将上市公告书文本一式五份分别报送中国证监会及其在发行人注册地的派出机构、上市的证券交易所。

第十三条 发行人董事会应保证上市公告书内容真实、准确、完整，承诺其中不存在虚假记载、误导性陈述或重大遗漏，并承担个别和连带的法律责任。

第二章 债券上市公告书的内容

第一节 重要声明与提示

第十四条 发行人应在上市公告书的显要位置作如下声明与提示：

"本公司董事会保证上市公告书内容的真实、准确、完整，全体董事承诺上市公告书不存在虚假记载、误导性陈述或重大遗漏，并承担个别和连带的法律责任”。

“根据《公司法》、《证券法》等有关法律、法规的规定，本公司董事、监事、经理及其他高级管理人员已履行诚信和勤勉尽责的义务。”

“公司负责人和主管会计工作的负责人、会计机构负责人保证上市公告书中财务会计信息真实、完整。”

“证券交易所、中国证监会、其他政府机关对本公司债券上市及有关事项的意见，均不表明对本期债券的任何保证。任何与之相反的声明均属虚假不实陈述。”

“本公司提醒广大投资者注意，凡本上市公告书未涉及的有关内容，请投资者查阅××年××月××日刊载于××（报刊）的本期债券募集说明书摘要，及刊载于××网站的本期债券募集说明书全文。”

“投资者若对上市公告书和本期募集说明书及其摘要存在任何疑问，应咨询自己的证券经纪人、律师、专业会计师或其他专业顾问。”

第十五条 会计师事务所对发行人财务报告出具了非标准无保留意见的审计报告的，发行人应作如下重要提示：

“×××会计师事务所对本公司×××年度的财务报告出具了×××（审计报告类型）的审计报告，请投资者注意阅读该审计报告及相关财务报表附注。注册会计师和本公司董事会、监事会对相关事项已出具补充意见或作出详细说明，请投资者注意阅读本期债券募集说明书中的相关内容。”

第二节 发行情况

第十六条 发行人应披露本期债券发行的简况：债券名称、发行总额、票面金额、期限、利率、付息方式和日期、发行价格、募集资金总额、发行方式、最大10名债券持有人名称及持有量、发行费用总额及项目、债权代理人。

第十七条 发行人应披露本期债券上市前发行承销情况，包括：社会公众认购债券后，由承销商包销债券的数量；主承销商及承销团成员分销比例及数量等。

第十八条 发行人应披露注册会计师对本期债券募集资金的验资报告，以及募集资金入账情况，包括时间、金额、账号与开户银行等。

第三节 募集说明书的重要内容

第十九条 发行人应披露有关当事人的名称、法定代表人、住所、联系电话、传真，同时应披露有关经办人员的姓名：

（一）发行人及其债券事务代表；

（二）主承销商及其他承销机构；

（三）律师事务所；

（四）会计师事务所；

（五）债权代理人；

（六）资信评级机构；

（七）担保人；

（八）收款银行；

（九）登记、托管、结算机构；

（十）其他与发售债券有密切联系的机构。

第二十条 发行人应披露本期债券募集说明书“特别风险提示”的内容。

第二十一条 发行人应简介信用评级结果及跟踪评级安排。

第二十二条 发行人应简介担保情况。

第二十三条 发行人应简介本期债券的偿债计划及其他安全保障措施，重点说明为支付债券利息和本金所设立的专项偿债账户，并说明账户资金的来源、提取方式和账户的管理、披露、监督及有关事宜，以及不能按时支付利息、到期不能兑付以及发生其他违约情况时，拟采取的具体偿债措施和赔偿方式。

第二十四条 发行人应简介债券持有人会议的安排，重点说明债券持有人会议的权利、召开的情形、召开程序以及决议的生效条件和效力。

第二十五条 发行人应简介债权代理人的安排，简要说明债权代理协议的主要内容。

第二十六条 发行人应简介发行人基本情况，主要包括发行人的业务、公司治理及高级管理人员等情况。

第二十七条 发行人应简介发行人重要财务会计信息，简要说明资产负债状况、经营业绩和现金流情况，以及已发行在外尚未到期的债券余额、主要负债和重大或有负债情况及本次发行债券后公司资产负债结构的变化。

第二十八条 发行人应简介本期债券募集资金用途。

第四节 董事及有关中介机构声明

第二十九条 发行人应列示自债券上市之日起董事会作出的承诺。董事会应严格遵守《公司法》、《证券法》等法律、法规和中国证监会的规定，并自债券上市之日起做到：

（一）承诺真实、准确、完整、公平和及时地公布定期报告、披露所有对投资者有重大影响的信息，并接受中国证监会、证券交易所的监督管理；

（二）承诺发行人在知悉可能对债券价格产生误导性影响的任何公共传播媒体出现的消息后，将及时予以公开澄清；

（三）发行人董事、监事、经理及其他高级管理人员将认真听取社会公众的意见和批评，不利用已获得的内幕消息和其他不正当手段直接或间接从事发行人债券的买卖活动；

（四）发行人没有无记录的负债。

第三十条 发行人应说明上市推荐人的推荐意见。附上市推荐人的名称、法定代表人、住所、联系电话、传真、联系人等。

第三章 附 则

第三十一条 本准则自2003年10月8日起施行。

Ⅱ.4.6 公开发行证券的公司信息披露内容与格式准则第22号——证券公司定向发行债券信息披露准则

（2003年8月29日 证监发行字[2003]106号）

第一章 总 则

第一条 为规范定向发行债券的证券公司（以下简称“发行人”）及有关当事人履行信息披露义务的行为，根据有关法律、法规和《证券公司债券管理暂行办法》的规定，制定本准则。

第二条 证券公司定向发行债券的信息披露（以下简称“信息披露”），适用本准则。

第三条 信息披露应遵循诚实信用的原则，不得有虚假记载、误导性陈述或者重大遗漏。

第四条 发行人董事会及全体董事应对信息披露的真实性、准确性和完整性负责，并承诺其中不存在虚假记载、误导性陈述或者重大遗漏，并就其保证承担个别和连带的法律责任。

第五条 主承销商、律师事务所、会计师事务所、资信评级机构等应对所出具的专业报告和意见负责，并应对提供服务所涉及的信息披露文件进行认真审阅，确认不存在虚假记载、误导性陈述或重大遗漏，并承担相应的责任。

第六条 参与认购或者转让债券的合格投资者应对信息披露的真实、准确和完整进行独立分析，并据以独立判断债券的投资价值，自行承担债券的任何投资风险。

第七条 发行人应采取有效措施，确保参与认购、转让债券的合格投资者能够同等获得债券相关的信息。

第二章 定向发行债券的募集说明书

第八条 发行人应向参与认购债券的合格投资者提供募集说明书。

第九条 募集说明书应参照公开发行募集说明书的内容编制，保证真实、准确、完整、公平、及时地提供一切对合格投资者做出投资决策有重大影响的信息。

第十条 发行人向合格投资者补充与定向发行债券相关的信息，应确保所有参与认购的合格投资者有同等机会获取。

第十一条 募集说明书引用的经审计的最近一期财务会计资料在财务报告截止日后六个月内有效。特别情况下可由发行人申请适当延长。

第十二条 募集说明书的有效期为六个月，自中国证监会下发批准通知前募集说明书最后一次签署之日起计算。发行人在募集说明书有效期内未能发行债券的，应重新修订募集说明书。在符合本准则第十一条要求的前提下，发行人可在特别情况下申请适当延长募集说明书的有效期限。

第十三条 发行人报送申请文件后，在募集说明书披露前发生与申报稿不一致或对投资本期债券有重大影响的事项，发行人应视情况及时修改募集说明书并提供补充说明材料。

发行人定向发行债券的申请经中国证监会批准后，如发行人认为还有必要对募集说明书进行修改的，应书面说明情况，并经中国证监会同意后相应修改募集说明书及其摘要。必要时，发行人定向发行债券的申请应重新经过中国证监会批准。

第十四条 发行人应在募集说明书的显要位置提示投资者：

"发行人董事会已批准本募集说明书，全体董事承诺其中不存在虚假记载、误导性陈述或重大遗漏，并对其真实性、准确性、完整性承担个别和连带的法律责任。"

"公司负责人和主管会计工作的负责人、会计机构负责人保证本募集说明书中财务报告真实、完整。"

"债券持有人根据法律法规的规定和本募集说明书的约定行使有关权利，监督发行人和债权代理人的有关行为。"

"投资者购买本期债券，应当认真阅读本募集说明书及有关的信息披露文件，进行独立的投资判断。中国证监会对本期债券发行的批准，并不表明其对本期债券的投资价值作出了任何评价，也不表明对本期债券的投资风险作出了任何判断。任何与之相反的声明均属虚假不实陈述。"

"凡通过认购、受让等合法手段取得并持有本期债券的，均视同自愿接受本募集说明书对本期债券各项权利义务的约定。"

"投资者认购本期债券视作同意债权代理协议"。

"债券依法发行后，发行人经营与收益的变化引致的投资风险，由投资者自行负责。"

"投资者若对本募集说明书存在任何疑问，应咨询自己的证券经纪人、律师、专业会计师或其他专业顾问。"

第十五条 发行人应在募集说明书中明示，认购或转让定向发行债券的合格投资者应填写《合格投资者认购债券表》（见附表一）或《合格投资者转让债券表》(见附表二),承诺自行承担投资债券的所有风险,并不向非合格投资者转让所持债券。

填妥的《合格投资者认购债券表》或《合格投资者转让债券表》应由主承销商或提供转让服务的证券公司负责保存至债券依法清偿完毕。

第十六条 发行人向合格投资者提供募集说明书及其他债券发行的相关信息,应以非公开的方式披露,不得在媒体上公开刊登或变相公开刊登。发行人及有关当事人不得以任何方式误导投资者购买债券。

第三章 持续信息披露

第十七条 在债券存续期内,发行人应向持有债券的合格投资者及时披露对其做出投资决策有重大影响的信息。持续信息披露的内容与方式应在募集说明书中明确约定。

第十八条 发行人在约定持续信息披露的内容时,应参照公开发行债券持续信息披露的有关规定。

第十九条 发行人持续披露的信息至少应包括年度报告和重大事项报告。

第二十条 在债券存续期间,发行人应在每个会计年度结束之日后4个月内向持有债券的合格投资者披露年度报告,并报中国证监会备案。

披露半年度报告的,发行人应在每个会计年度的上半年结束之日后2个月内向持有债券的合格投资者披露,并报中国证监会备案。

第二十一条 定期报告应当详细披露报告期内与债券持有人利益相关的重要情况,至少应包括下列内容:

(一)债券本息的支付情况;

(二)专项偿债账户的有关情况;

(三)担保人及担保物发生重大变化的情况;

(四)发行人的负债变化情况;

(五)现金流量状况综述;

(六)跟踪评级情况;

(七)债权代理人代理事务报告的主要内容;

(八)重大事项公告的主要情况;

(九)债券持有人会议的召开情况;

(十)其他对债券持有人有重大影响的信息。

第二十二条 发行人出现下列情况时,应当及时告知持有债券的合格投资者:

(一)预计到期难以偿付利息或本金;

（二）专项偿债账户出现异常；

（三）订立可能对还本付息产生重大影响的担保合同及其他重要合同；

（四）发生重大亏损或者遭受超过净资产百分之十以上的重大损失；

（五）发生重大仲裁、诉讼；

（六）减资、合并、分立、解散及申请破产；

（七）拟进行重大债务重组；

（八）未能履行募集说明书的约定；

（九）担保人、担保物发生重大变化；

（十）中国证监会规定的其他情形。

第二十三条 定向发行的债券在经中国证监会批准的转让场所进行转让的，其持续信息披露还应遵从中国证监会及转让场所的规定。发行人应将信息披露文件置备于转让场所。

第二十四条 发行人未按照中国证监会或转让场所的要求履行持续信息披露义务的，中国证监会或转让场所可暂停或终止该债券在转让市场的转让。

第四章 附 则

第二十五条 本准则自 2003 年 10 月 8 日起施行。

附表一 合格投资者认购债券表（略）

附表二 合格投资者转让债券表（略）

Ⅱ.4.7 公开发行证券的公司信息披露内容与格式准则第22号——资信评级机构出具证券公司债券信用评级报告准则

(2003年8月29日 证监发行字[2003]106号)

第一章 基本要求

第一条 为了规范资信评级机构出具证券公司债券信用评级报告的行为,根据《证券法》和中国证券监督管理委员会(以下简称"中国证监会")的有关规定,制定本准则。

第二条 资信评级机构出具证券公司债券信用评级报告(以下简称"评级报告"),应当遵循信用评级的行业标准和自律规范。

第三条 资信评级机构出具评级报告应当采用浅显、简练、平实的语言,对评级结论的标识做出明确释义。

第四条 资信评级机构在出具评级报告前必须履行尽职调查义务。必要时应予以回避或做出相应的人员回避安排,保证有充分的理由确认出具评级报告的数据、资料和结果客观、准确、公正和及时。

第五条 资信评级机构应建立健全统一的内部信用评级标准和程序,并在出具评级报告时保持所依据的标准和程序的一致性。

第六条 资信评级机构出具信用评级报告应建立有效的内部控制机制,实行有效的内部审核和质量控制。

第七条 资信评级机构应当为每一受评债券指定专门的评级项目组,建立和保存完备的档案资料,并接受监管部门的检查。档案资料至少应当包括下列内容:

(一)委托协议;

(二)发行债券的证券公司(以下简称"发行人")提供的原始资料;

(三)历次尽职调查记录;

(四)信用评级报告;

(五)信用评级委员会的表决情况;

(六)跟踪评级资料;

（七）其他相关资料。

第二章　评级报告的内容与格式

第八条　评级报告应当包括概述、声明、评级报告正文、跟踪评级安排和附录等五部分。

第九条　概述部分应概要说明评级报告的情况，包括发行人和受评债券的名称、信用级别及释义、资信评级机构及人员的联系方式和出具报告的时间等内容。

第十条　声明部分全面登载资信评级机构关于评级情况的声明事项，应当包括下列内容：

（一）除因本次评级事项资信评级机构与发行人构成委托关系外，资信评级机构、评级人员与发行人不存在任何影响评级行为独立、客观、公正的关联关系。存在其他关联关系的，应当予以说明。

（二）资信评级机构与评级人员已履行尽职调查和诚信义务，有充分理由保证所出具评级报告的数据、资料及结论的客观、准确、公正、及时。

（三）评级结论是资信评级机构依据内部信用评级标准和程序做出的独立判断，未因发行人和其他任何组织或者个人的任何影响改变评级意见。

（四）已对发行人及受评债券的跟踪评级做出明确安排。

（五）资信评级机构自愿接受中国证监会对评级工作的监管。

第十一条　正文部分是完整的信用评级报告，应当包括评级结论及评级结论分析两个部分。

第十二条　评级结论应包括发行人名称、受评债券名称、信用级别及释义、评级结论的主要依据等，并简要说明本次评级的过程和发行人、受评债券的风险程度。

发行人为受评债券提供担保的，应对比说明有无担保情况下评级结论的差异。

第十三条　评级结论分析部分至少应包括下列内容：

（一）对发行人的简要分析。重点分析发行人股权结构、业务及其特点。

（二）对受评债券的简要分析。重点分析受评债券的主要条款及有关偿债保障措施。

（三）对证券行业的简要分析。重点分析行业状况、发展趋势、行业风险及其对发行人的影响。

（四）分析发行人风险因素。应当针对实际情况，充分、准确、具体地揭示风险因素，按照重要性原则排列分析顺序。对风险应当尽可能做定量分析，无法进行定量分析的，应当有针对性地做出定性描述。

（五）描述和分析发行人及其董事、监事、经理及其他高级管理人员过去三年内发生的违法违规及违约事实。

（六）分析发行人财务状况。重点分析发行人的债务结构、资产质量、盈利状况、现金流状况、关联交易及其对发行人财务状况的影响，判断其财务风险。

（七）分析发行人募集资金投入项目。分析募集资金投向对发行人未来的财务状况、债务风险等方面的影响，以及项目实施可能出现的风险。

（八）分析有关偿债保障措施对受评债券风险程度的影响。有担保安排的，应当特别说明担保安排对评级结论的影响，说明无担保情况下发行人的实际信用状况或评级结论，此外还应对担保人或担保物的信用、风险进行评估。发行人建立专项偿债账户等其他保障措施的，应当分析说明有关保障措施的情况及其可靠性、局限性。

（九）分析发行人履行债券义务的能力、可信程度和抗风险能力。

第十四条 评级报告分析应当针对证券行业和发行人的特点，重点揭示风险，反映发行人及受评债券的信用水平及信用风险。

第十五条 评级报告分析可在显要位置作“特别风险提示”，必要时应详细分析该风险及其形成的原因，说明过去特别是最近一个会计年度曾经因该风险因素遭受的损失，判断将来遭受损失的可能程度。

第十六条 跟踪评级安排部分应明确说明对受评债券存续期内的跟踪评级时间、评级范围、出具评级报告的方式等内容，持续揭示受评债券的信用变化情况。

第十七条 附录部分应当收录其他相关的重要事项，主要包括资信评级机构简要介绍、尽职调查报告等。

第三章 跟踪评级报告

第十八条 资信评级机构应当在首次评级报告中明确有关跟踪评级的事项。跟踪评级应当包括定期跟踪评级和不定期跟踪评级。

第十九条 资信评级机构应当密切关注与发行人、受评债券有关的信息。如果发生影响前次评级报告结论的重大事项，资信评级机构应当在10个工作日内出具不定期跟踪评级报告，并报送中国证监会。

第二十条 资信评级机构应当在受评债券存续期内发行人发布年度报告后一个月内出具一次定期跟踪评级报告。定期跟踪评级报告应当与前次评级报告保持连贯。

第二十一条 定期跟踪评级报告与前次评级报告在评级结论或者其他重大

事项方面出现差异的，应当分析原因，并做特别说明。

第二十二条 定期跟踪评级报告应对受评债券发行后发行人出现的违约状况进行描述和分析。

第二十三条 跟踪评级报告应当针对发行人外部经营环境、内部运营及财务状况的变化，以及前次评级报告提及的风险因素进行分析，说明其变化对受评债券的影响，并对原有信用级别是否进行调整作出明确说明。

第四章 附 则

第二十四条 本准则自2003年10月8日起施行。

Ⅱ.4.8 证券公司发行债券监管意见书申报表

重要提示：申请公司须对填报要求进行了认真、仔细的阅读，并确认所填报内容真实、准确、完整，无任何虚假记载、误导性陈述或重大遗漏，如填报内容存在虚假记载、误导性陈述或重大遗漏，申请公司及其法人代表将承担相应法律责任。

证券公司：

填表日期：

中国证券监督管理委员会制

填表要求

一、请打印或者用钢笔填写（签名应当为手写），一式两份。除表中有特别要求外，请采用正楷汉字或阿拉伯数字，字迹要清晰、工整。

二、每栏均须填写，任何问题不适用时请填写“不适用”；如表格空间不够，请另附A4纸说明，纸上应表明所加纸与和问题有关，并签名盖章。

三、填写的内容要真实、准确、完整。填报本表后、中国证监会核准前，有关情况发生重大变化的，填表人应当及时向中国证监会提交修改后的文件和申请表。

四、金额以人民币万元为单位（除非另有说明）。

五、填表人须同时提交本表的电子版（以软盘的方式），其内容须与本申请表的填写内容完全相同（盖章和手写签名除外）。

一、公司基本情况

1. 公司名称：

中英文名称：

2. 注册地址：

3. 注册资本：

4. 法定代表人：

5. 公司类别：

6. 业务范围：

7. 公司现任高级管理人员：

姓名、性别、年龄、身份证号码、分管工作内容、住址、联系电话：

8. 公司股东及最终控制人：

股东名称、持有本公司股份和所占比例、注册地、注册资本、法人代表、经营范围、行业类型、股东间的关联关系。

9. 公司分支机构和营业网点情况：

10. 公司历史沿革：

应至少包括公司自成立至今经历的改制重组、增资扩股等情况，反映公司的演变发展过程，并说明各阶段的审批情况（包括批准文件名称、文号）。

11. 联系人及联系电话：

二、公司基本财务和其他情况

（一）基本财务指标

项目	2002 年	2001 年	2000 年
总资产			
负债总额			
净资产			
净资本			
自营证券			
受托投资			
客户交易结算资金			
受托资金			
未兑付债券			
营业收入			
利润总额			
净利润			
或有负债			
其中：对外担保			
净资产/对外负债			
流动资产/流动负债			
对外负债/净资产			
对外担保/净资产			

（二）有关发债情况

1. 本次发行前累计债券总额为　　，占公司净资产额的比例为　　；是否不超过40%：是□　否□

2. 本次发行后累计债券总额为 ，占公司净资产额的比例为 ；占公司净资本的比例为 ，是否不超过100%/定向发行不超过120%：是□ 否□

3. 最近三年平均可分配利润为 ；是否足以支付公司债券一年的利息（ ）：是□ 否□

4. 本次发行债券的利率为 ，是否不超过国务院限定的利率水平：是□ 否□

5. 本次发行债券筹集资金是否有确定的用途和相应的使用计划及管理制度：是□ 否□；是否符合法律法规和中国证监会的有关规定，不用于弥补亏损和非生产性支出，不用于禁止性的业务和行为：是□ 否□

6. 公司资产是否未被具有实际控制权的自然人、法人或其他组织及其关联人占用：是□ 否□；如否，情况为：

7. 最近一期期末经审计的净资产不低于10亿元/定向发行不低于5亿元：是□ 否□

8. 最近一年盈利：是□ 否□

9. 最近两年的现金流情况：充足 □出现过现金短缺□

10. 最近一期期末经审计的净资本为 亿元；是否不低于2亿元：是□ 否□

11. 对最近一期期末进行压力测试后的净资本为 亿元；是否不低于2亿元：是□ 否□

12. 最近一期期末经审计的净资本占对外负债的比例为 ；是否不低于8%：是□ 否□

13. 本次发行后净资本占对外负债的比例为 ；是否不低于8%：是□ 否□

14. 最近一期期末经审计的流动资产是否不低于流动负债余额：是□ 否□

15. 最近一期期末经审计的对外负债是净资产的 倍；是否不超过9倍：是□ 否□

16. 最近一期期末经审计的自营权益类证券按成本价计算的总金额占净资产的比例为 ，是否不超过80%：是□ 否□

17. 最近一期期末对外担保的总额为 ，占公司净资产的比例为 。是否不超过20%：是□ 否□；是否未为以买卖股票为目的的客户贷款提供担保：是□ 否□

18. 最近两年审计报告意见类型为 ，是否为标准无保留意见：是□ 否□

三、公司合规经营情况

1. 最近两年内是否未受过我会或其他行政机关处罚：是□　否□；如受过处罚，具体事项（包括：处罚机构、时间、事由、处罚内容、实际执行情况）及纠正情况为：

2. 最近两年内经纪、自营、投资银行、受托投资管理业务等业务是否不存在违法违规问题：是□　否□；如存在，是否已纠正：是□　否□，具体事项及纠正情况为：

3. 最近两年内是否未挪用过客户交易结算资金：是□　否□；如发生过挪用，是否已全额归还：是□　否□，挪用时间及归还情况为：

4. 最近两年内是否未发行过柜台个人债务：是□　否□；如发行过，是否已全额兑付：是□　否□，发行及兑付情况为：

5. 公司是否不存在涉及诉讼情况：是□　否□；如存在，具体事项为：

6. 最近时点持有的股票是否不存在过于集中问题：是□　否□；如存在，主要原因为：

7. 是否无其他需要特别说明的情形：是□　否□；如否，情况为：

四、公司法人治理情况

1. 是否具有健全的股东会、董事会、监事会和管理层的运作机制：是□　否□

2. 证券公司与其控股股东是否在业务、人员、机构、资产、财务等方面分开，各自独立核算，独立承担责任和风险：是□　否□

3. 公司资产是否未被具有实际控制权的自然人、法人或其他组织及其关联人占用：是□　否□；如否，情况为：

4. 是否未对公司股东进行股权投资，不存在给公司股东提供融资、担保、融资性交易或接受本公司股权作为质押标的等行为：是□　否□

五、公司内部控制情况

1. 是否按照《证券公司内部控制指引》，建立了有效的内部控制制度和内部控制机制，并严格执行

2. 是否具备适当的业务隔离和内部控制技术支持系统：是□　否□

3. 是否有独立的监督检查部门和人员来履行合规检查等监控只能：是□　否□

4. 是否根据经营环境变化和重大业务改变等情况，客观分析其对净资本和财务预算的影响，并建立健全净资本充足状况的监控机制与净资本补充机制：是□　否□

5. 是否外聘请专业中介机构对公司内部控制情况进行了评审并根据评审结

果进行了整改:是□　否□

6. 是否根据监管部门提出的监管要求对内部控制中存在的问题进行了整改:是□　否□

六、其他需要说明的问题

公司法定代表人签字:

公司总经理签字:

公司盖章:

Ⅱ.4.9 证券公司债券登记结算业务办理规则

（2003 年 12 月 22 日 中国证券登记结算有限责任公司）

第一章 总 则

第一条 为适应证券公司债券管理的需要，根据《证券公司债券管理暂行办法》等有关法规及规章，制定本规则。

第二条 本规则适用于定向发行的证券公司债券的登记结算业务，本规则没有规定的，适用中国证券登记结算有限责任公司（以下简称本公司）其他业务规定。

公开发行证券公司债券的登记结算业务，按照证券交易所挂牌证券登记结算业务有关规定办理。

第三条 本公司根据合格投资者委托的证券公司的申请，办理证券公司债券发行转让过程中涉及的登记、托管、结算以及其他相关业务。

第四条 本公司对申请人提供的申请材料进行形式审核，申请人应当确保其提供的申请材料合法、真实、准确和完整。

第二章 债券账户

第五条 合格投资者参与债券的认购、转让等活动，应当通过提供转让服务的证券公司向本公司申请开立合格投资者专用债券账户（以下简称专用账户）。证券公司负责合格投资者的资格审查。

第六条 一个合格投资者原则上只能开立一个专用账户，国家法律、法规、行政规章等另有规定的除外。

第七条 专用账户的开立、注册资料查询与变更、注销、专用账户卡挂失与补办等业务比照本公司有关证券账户管理规定办理。

第三章 登记托管

第八条 发行人办理登记业务前，应当与本公司签订《证券登记服务协议》，并向本公司提供授权委托书，授权专人作为其与本公司的指定联络人，负责全权办理债券登记及其他相关事宜。

第九条 发行人办理证券公司债券初始登记前，应当向本公司申请债券简称及债券代码。

债券简称及债券代码的编制规则由本公司另行制定。

第十条 发行人申请债券简称及债券代码时,应当提供以下材料:

(一)债券简称及代码申请书;

(二)中国证券监督管理委员会(以下简称中国证监会)关于证券公司债券发行的批复文件;

(三)加盖发行人印章的发行人营业执照复印件;

(四)指定联络人的有效身份证明文件原件及复印件;

(五)本公司要求提供的其他材料。

本公司自受理上述申请之日起两个工作日内,配发债券简称及债券代码。

第十一条 发行人变更债券简称时,应当提供以下材料:

(一)变更债券简称申请书;

(二)加盖发行人印章的发行人营业执照复印件;

(三)指定联络人有效身份证明文件原件及复印件;

(四)本公司要求提供的其他材料。

本公司自受理上述申请之日起两个工作日内,变更债券简称。

第十二条 发行人向本公司申请办理证券公司债券初始登记时,应当提供以下材料:

(一)初始登记申请;

(二)中国证监会关于证券公司债券发行的批复文件;

(三)债券募集说明书;

(四)具有从事证券业务资格的会计师事务所出具的募集资金验资报告;

(五)债券持有人名册清单(应当包括但不限于:债券代码、持有人全称、持有人专用账户号码、持有债券数量、司法冻结状态、债券托管证券公司等内容,并在每页上加盖发行人印章);

(六)承销协议或中国证监会关于发行人自行组织销售的批准文件;

(七)加盖发行人印章的发行人营业执照复印件;

(八)指定联络人有效身份证明文件原件及复印件;

(九)本公司要求提供的其他材料。

本公司自受理上述申请之日起两个工作日内,完成初始登记,并向发行人出具债券登记确认书。

第十三条 本公司根据发行人的申请提供债券持有人名册。债券持有人名册服务业务按照本公司有关持有人名册服务业务的规定办理。

第十四条 合格投资者应当将持有的债券托管在提供转让服务的证券公司。发行人办理初始登记时,应当注明债券托管的证券公司名称,合格投资者通过证券公司受让的债券即托管于该证券公司。

证券公司应当将自营债券,以及合格投资者在其处托管的债券,存管到本公司。

第十五条 合格投资者需要变更债券托管的证券公司时,应当通过转出的证券公司向本公司申请债券转托管。证券公司不得无故拒绝合格投资者的转托管申请。

第十六条 本公司收到证券公司的债券转托管指令当日(T 日)15:00 以后办理债券转托管,并将转托管数据发送转出的证券公司和转入的证券公司。

合格投资者可于 T+1 日通过转入的证券公司查询债券余额,并可转让转托管的债券。

第十七条 合格投资者转让债券应当通过其托管的证券公司向本公司申请办理债券转让的过户登记,转受让双方应当通过各自委托的证券公司于同一个工作日(T 日)9:30 至 15:00 向本公司发送转让和受让申报。

第十八条 转让或受让申报内容应当包括转让编号、债券简称、债券代码、转受让双方名称、专用账户号码、转让或受让数量、金额、受托证券公司、是否通过本公司办理资金结算等。一个转让编号对应一笔转让。

第十九条 转受让双方对已经发出的转让申报在申报当日 15:00 前可以申报撤销。

第二十条 对于同一转让方或受让方申报重复转让编号的,本公司以最后一次申报为准,其他申报视为无效申报。

第二十一条 发行人委托本公司办理债券派息、兑付的,发行人应当在派息/兑付债权登记日五个工作日前向本公司提供以下材料:

(一)委托债券派息、兑付申请;

(二)指定联络人有效身份证明文件原件及复印件;

(三)本公司要求提供的其他材料。

第二十二条 本公司于受理上述申请的次一工作日,将代理派息兑付所涉及的债券数量、派息兑付金额所需金额、手续费等通知发行人。

第二十三条 发行人应当在派息/兑付日两个工作日前将派息兑付资金以及手续费划至本公司指定银行账户。

第二十四条 本公司收到相应款项后,通过资金结算系统将债券持有人本息划付给债券托管的证券公司,证券公司于收到债券本息款后于次一工作日将其划付给合格投资者。

第二十五条 发行人委托本公司进行债券派息兑付,不能在规定期限内划入相关款项的,应当及时通知本公司,并以公告或其他有效的方式告知债券持有人,说明原因。因发行人未履行及时告知义务所致的一切法律责任由该发行人承担。

第二十六条 债券持有人因解散、破产、被依法责令关闭等原因丧失法人资格,资产承继人应当向证券公司提供以下材料并通过证券公司向本公司申报办理法人终止引起的过户登记.

(一)过户登记申请;

(二)工商行政管理部门出具的原法人注销登记证明;

(三)主管部门的批复文件或清算组有关债券归属的证明文件或人民法院的生效法律文书等能够证明财产归属的文件;

本公司认为必要时,还应提供有关债券受让情况的公证文件(公证内容应包括但不限于:申请人与原法人的名称、注册号、地址、债券受让依据);

(四)原法人及受让方的专用账户卡原件及复印件;

(五)受让方营业执照副本原件及复印件;

(六)受让方法定代表人授权委托书;

(七)经办人有效身份证明文件原件及复印件;

(八)本公司要求提供的其他材料。

第二十七条 合格投资者可以向其债券托管的证券公司或本公司查询其债券转让记录及持有数量等信息。合格投资者向本公司查询上述信息时,应当提供以下材料:

(一)查询申请;

(二)合格投资者的专用账户卡原件及复印件;

(三)合格投资者的有效身份证明文件原件及复印件;

(四)合格投资者的法定代表人对经办人的授权委托书;

(五)经办人的有效身份证明文件原件及复印件;

(六)合格投资者因解散、破产、被依法责令关闭等原因丧失法人资格,清算组、资产承继人等申请查询时,需提供清算组或资产承继人成立的批准文件、清算组或资产承继人授权委托书、经办人有效身份证明文件原件及复印件;原股东申请查询的,需提供经公证的原全体股东(出资人)授权委托书、经办人有效身份证明文件原件及复印件;

(七)本公司要求提供的其他材料。

第二十八条 执法机关要求对证券公司债券进行司法冻结/解冻及司法裁决过户,应当通过证券公司申请办理,并提供以下材料:

(一)生效法律文书;

(二)执行公务证及介绍信;

(三)协助执行通知书;

（四）本公司要求提供的其他材料。

第二十九条 人民法院、人民检察院、中国证监会及其授权部门，以及国家其他有权机关向本公司或托管证券公司查询合格投资者债券转让记录及持有数量等信息时，应当提供以下材料：

（一）协助查询文件（应当注明需查询的具体内容）；

（二）执行公务证或工作证及介绍信；

（三）本公司要求提供的其他材料。

第三十条 债券质押登记按照本公司有关质押登记的业务规定办理。

第四章 结 算

第三十一条 债券转让的资金结算可以委托本公司办理。本公司于每一交收日完成证券交易所市场的资金结算后，办理债券转让的资金结算。

第三十二条 本公司办理债券转让的资金结算采用逐笔全额方式，不提供交收担保。

第三十三条 本公司于每一工作日的15:00以后，对债券转让的每笔申报进行核查，对转让方和受让方相同转让编号的申报核查转受让双方专用账户号码、转让债券代码、数量、金额等信息是否一致，转让债券是否足够等内容，只有核查通过的申报才是有效申报，核查结束后，本公司将当日债券转让申报的核查结果发送相关证券公司。

第三十四条 对核查通过的申报，本公司进行清算处理，计算债券转让应支付的相关税费。委托本公司办理资金结算的，本公司对转让债券所需收付的资金一并计算，本公司在清算处理完成后，将当日债券转让申报的清算结果发送相关证券公司。

第三十五条 本公司对核查通过的待过户债券作锁定处理，直至T+1日本公司完成交收处理后解除锁定。债券锁定期间不得再次申报转让，也不办理转托管，锁定期间的孳息归转让方所有。

债券锁定期间如遇司法冻结、司法裁决过户，本公司自动解除锁定并协助执行，原转让申报无效。

第三十六条 证券公司收到本公司发送的清算结果后，应当与其合格投资者进行确认，并于T+1日15:00前，将确认结果发送本公司。

第三十七条 对于确认债券过户和支付资金的，证券公司应当于T+1日16:00前将每笔债券转让所需支付的资金及相关税费足额划入其在本公司的资金交收账户。

第三十八条 本公司对证券公司确认的每一笔债券转让申报按时间顺序于

T+1 日 16:00 以后办理债券过户手续,并在其资金交收账户内直接扣减相应税费,委托本公司办理资金结算的,本公司同时将相应资金从受让方证券公司资金交收账户划入转让方证券公司资金交收账户。

第三十九条 对于证券公司未确认的申报或者证券公司已确认但交收过程中资金交收账户中资金不足的转让申报,本公司不办理债券及资金的交收,其转让申报视为无效申报。

第四十条 本公司在交收完成后,将债券及资金交收的结果发送相关证券公司。

第五章 附 则

第四十一条 本公司办理债券登记结算业务,参照现行沪深证券市场企业债券相关业务收费标准,对于尚未开展过的业务参照非流通股相关业务收费标准,针对证券公司债券登记和转让的特殊情况制定具体的收费标准。

第四十二条 相关当事人不按规定缴纳有关登记结算费用的,本公司暂停为其提供相应的登记结算服务,直至其缴清相关费用为止。

第四十三条 本规则由本公司负责解释,修改时亦同。

第四十四条 本规则自中国证监会批准之日起实施。

定向发行证券公司债券登记结算业务收费标准

收费项目	标准	缴纳人
初始登记费	面值 0.1‰	发行人
派息手续费	派息金额 1‰	发行人
兑付手续费	兑付金额 0.5‰	发行人
机构开户	400 元	投资者
机构挂失补办	10 元补原号 400 元新号	投资者
销户	免费	投资者
合并账户	10 元	投资者
开户资料查询	免费	投资者
开户资料更改	免费	投资者
转托管	30 元/单	投资者
查询余额、过户记录	余额 10 元/户/次过户记录 10 元/户/次	投资者
质押	面值的 0.1‰	投资者
转让过户	面值 0.1‰(双向),起点 100 元,最高不超过 5 万元	投资者
持有人名册	100 元/次	发行人

Ⅱ.4.10 证券公司短期融资券管理办法

（2004 年 10 月 18 日 中国人民银行公告［2004］第 12 号）

第一章 总 则

第一条 为进一步发展货币市场，拓宽证券公司融资渠道，规范证券公司短期融资券的发行和交易，保护短期融资券投资人的合法权益，根据《中华人民共和国中国人民银行法》制定本办法。

第二条 本办法所称证券公司短期融资券（以下简称“短期融资券”）是指证券公司以短期融资为目的，在银行间债券市场发行的，约定在一定期限内还本付息的金融债券。

第三条 证券公司短期融资券的发行和交易接受中国人民银行的监管。

第四条 中国人民银行授权全国银行间同业拆借中心（以下简称“同业拆借中心”）通过同业拆借中心的电子信息系统每半年向银行间债券市场公示中国证券监督管理委员会（以下简称“证监会”）有关短期融资券发行人是否符合发行短期融资券基本条件的监管意见。

第五条 证券公司短期融资券只在银行间债券市场发行和交易。

第六条 证券公司短期融资券的发行和交易应遵循公平、诚信、自律的原则。

短期融资券的投资人应满足各自监管部门的审慎监管要求，并具备识别、判断、承担风险的能力。短期融资券的风险由投资人自行承担。

第七条 发行短期融资券的证券公司应当按期还本付息。

第八条 发行短期融资券的证券公司应按本办法的规定真实、准确、完整、及时地进行信息披露。

第二章 发 行

第九条 申请发行短期融资券的证券公司，应当符合以下基本条件，并经证监会审查认可：

（一）取得全国银行间同业拆借市场成员资格一年以上；

（二）发行人至少已在全国银行间同业拆借市场上按统一的规范要求披露详细财务信息达一年，且近一年无信息披露违规记录；

（三）客户交易结算资金存管符合证监会的规定，最近一年未挪用客户交易结算资金；

（四）内控制度健全，受托业务和自营业务严格分离管理，有中台对业务的前后台进行监督和操作风险控制，近两年内未发生重大违法违规经营；

（五）采用市值法对资产负债进行估值，能用合理的方法对股票风险进行估价；

（六）中国人民银行和证监会规定的其他条件。

第十条 经证监会认可具有发行短期融资券资格的证券公司，拟在银行间债券市场发行短期融资券应向中国人民银行提交以下备案材料：

（一）取得全国银行间同业拆借市场成员资格的批准文件复印件；

（二）同业拆借中心发布的相关信息披露情况公告的复印件；

（三）证监会有关短期融资券发行资格的认可文件复印件；

（四）中国人民银行要求提交的其他材料。

中国人民银行自收到符合要求的备案材料之日起 10 个工作日内，以备案通知书的形式确认收到备案材料并核定证券公司发行短期融资券的最高余额。

第十一条 拟发行短期融资券的证券公司应当聘请资信评级机构进行信用评级。

第十二条 发行短期融资券的证券公司应当按照有关规定，制定相关的业务规则，建立、健全相应的风险管理和内部控制制度。

第十三条 证券公司发行短期融资券实行余额管理，待偿还短期融资券余额不超过净资本的 60%．在此范围内，证券公司自主确定每期短期融资券的发行规模。

中国人民银行根据证监会提供的证券公司净资本情况，每半年调整一次发行人的待偿还短期融资券余额上限，并将该余额上限情况向全国银行间债券市场公示。

中国人民银行有权根据市场情况和发行人的情况，对证券公司待偿还短期融资券余额与该证券公司净资本的比例上限进行调整。

第十四条 短期融资券的期限最长不得超过 91 天。发行短期融资券的证券公司可在上述最长期限内自主确定短期融资券的期限。

中国人民银行有权根据市场发展情况对短期融资券的期限上限进行调整。

第十五条 短期融资券的发行期最长不超过三个工作日，即从短期融资券发行招标日到确立债权债务关系日，不超过三个工作日。

第十六条 短期融资券的发行应采取拍卖方式，发行利率或发行价格由供求双方自行确定。

第十七条 中国人民银行授权中央国债登记结算有限责任公司(以下简称“中央结算公司”)负责安排短期融资券的发行时间。证券公司发行每期短期融资券前应向中央结算公司申请安排发行时间,由中央结算公司根据各发行人申请的先后顺序排期发行。申请安排发行时间的材料至少应包括如下内容:

(一)中国人民银行的备案通知书;

(二)拟发行短期融资券的规模;

(三)拟发行短期融资券的期限;

(四)拟发行短期融资券的利率确定方式;

(五)待偿还短期融资券的余额和明细情况;

(六)中国人民银行规定的其他内容。

中央结算公司应在收到符合本条规定的申请材料后两个工作日内确定发行日期并通知发行人。

第十八条 发行人应在中央结算公司确定的发行日前三个工作日,通过中国债券信息网公布当期短期融资券的募集说明书。募集说明书必须由律师事务所出具法律意见书。募集说明书的内容应当具体明确,详细约定短期融资券当事人的权利和义务。募集说明书至少应包括以下内容:

(一)发行人的基本情况;

(二)拟发行短期融资券的规模、期限和利率确定方式;

(三)拟发行短期融资券的担保情况;

(四)发行期;

(五)本息偿还的时间、方式;

(六)发行人的违约责任;

(七)发行对象;

(八)投资风险提示;

(九)中国人民银行要求公布的其他事项。

第十九条 短期融资券发行完毕后,发行人应在完成债权债务登记日的次一工作日,通过中国债券信息网向市场公告当期短期融资券的实际发行规模、实际发行利率、期限等发行情况。中央结算公司应定期汇总发行公告,并向中国人民银行报告短期融资券的发行情况。

第二十条 证券公司不得将发行短期融资券募集资金用于以下用途:

(一)固定资产投资和营业网点建设;

(二)股票二级市场投资;

(三)为客户证券交易提供融资;

(四)长期股权投资;

（五）中国人民银行禁止的其他用途。

第三章 交易、托管、结算与兑付

第二十一条 短期融资券可以按照《全国银行间债券市场债券交易管理办法》的规定，在全国银行间债券市场进行交易。短期融资券于债权债务登记日的次一工作日即可流通转让。短期融资券的交易必须通过同业拆借中心的电子交易系统进行。

第二十二条 短期融资券采用簿记方式在中央结算公司进行登记、托管和结算。

第二十三条 发行人应依照发行公告的约定，按期兑付短期融资券本息，不得擅自变更兑付日期。

第二十四条 短期融资券到期日前三个工作日为截止过户日。发行人应于短期融资券到期日（遇节假日顺延）将待兑付短期融资券本息一次性全额划入中央结算公司指定的资金账户，由中央结算公司向短期融资券投资人支付本息。

第二十五条 如果发行人未能按期向中央结算公司指定账户全额划付短期融资券本息，中央结算公司应在短期融资券到期日日终，通过中国货币网和中国债券信息网及时向投资人公告发行人的违约事实。

第四章 信息披露

第二十六条 发行短期融资券的证券公司，有向银行间债券市场披露信息的义务。

第二十七条 发行短期融资券的证券公司的董事会或主要负责人应当保证所披露的信息真实、准确、完整，并承担相应的法律责任。

第二十八条 发行短期融资券的证券公司，必须通过同业拆借中心的电子信息系统定期披露以下信息：

（一）每年1月20日以前，披露上年末的资产负债表、净资本计算表、上年度的利润表及利润分配表；

（二）每年7月20日以前，披露当年6月30日的资产负债表、净资本计算表、当年1—6月的利润表和利润分配表；

（三）每年4月30日前，披露经具有从事证券期货相关业务资格的会计师事务所及其会计师审计的年度财务报表和审计报告，包括审计意见全文、经审计的资产负债表、净资本计算表、利润表及利润分配表和会计报表附注。

第二十九条 发行人出现下列情形之一时，应当及时予以公告：

（一）预计到期难以偿付利息或本金；

(二)减资、合并、分立、解散及申请破产;

(三)股权变更;

(四)中国人民银行规定应该公告的其他情形。

第三十条 已经成为上市公司的证券公司可以豁免定期披露本办法第二十七条第(一)、(二)项内容。

第五章 监督管理

第三十一条 中国人民银行有权随时对证券公司短期融资券的发行、交易和募集资金的使用等情况进行动态检查。

第三十二条 发行人有下列行为之一的,中国人民银行可按照低于发行人原待偿还短期融资券余额上限50%的比例,重新核定该发行人的待偿还短期融资券余额上限:

(一)未按期全额兑付短期融资券本息的;

(二)3年内累计2次未按要求披露信息的。

第三十三条 发行人有下列行为之一的,中国人民银行可暂停该发行人在全国银行间债券市场发行短期融资券六个月:

(一)待偿还短期融资券余额超过中国人民银行核定的上限的;

(二)将短期融资券募集资金用于禁止性用途的;

(三)6个月内累计发生2次未按期全额兑付短期融资券本息的;

(四)3年内累计3次未按要求披露信息的。

第三十四条 发行人有下列行为之一的,中国人民银行可禁止该发行人在全国银行间债券市场发行短期融资券:

(一)被取消同业拆借市场成员资格的;

(二)披露虚假信息的;

(三)证监会认定该公司不符合本办法第九条第(三)、(四)、(五)、(六)项规定中任意一项的;

(四)因违法违规经营受到证监会及其他主管部门罚款以上(含罚款)行政处罚的;

(五)主要财务指标中有两项以上(含两项)未达到证监会监管要求的;

(六)1年内累计3次未按期全额兑付短期融资券本息的;

(七)3年内累计3次以上(不含3次)未按要求披露信息的。

第三十五条 中央结算公司应于每个交易日,及时向市场披露上一交易日日终持有短期融资券的数量超过该期短期融资券总托管量20%的投资人名单和持有比例。

第三十六条　同业拆借中心负责短期融资券交易的日常监测，中央结算公司负责短期融资券结算的日常监测。同业拆借中心和中央结算公司发现异常交易和结算情况应及时向中国人民银行报告。

第三十七条　同业拆借中心和中央结算公司应依据本办法制定相应的短期融资券交易、结算和信息披露规则。

第三十八条　短期融资券交易中的其他违反本办法规定的行为，按照《全国银行间债券市场债券交易管理办法》的有关规定处罚。

第三十九条　对发行人披露虚假信息负有直接责任的董事、高级管理人员和其他直接责任人员，按照《中国人民银行法》第四十六条处罚。

第六章　附　　则

第四十条　本办法由中国人民银行负责解释。

第四十一条　本办法自2004年11月1日起实施。

Ⅱ.4.11 证券公司次级债管理规定

(2012 年 12 月 27 日 中国证券监督管理委员会
公告[2012]51 号)

第一条 为规范证券公司次级债管理,维护投资者合法权益,根据《证券法》、《证券公司监督管理条例》等法律、行政法规的规定,制定本规定。

第二条 本规定所称证券公司次级债,是指证券公司向股东或机构投资者定向借入的清偿顺序在普通债之后的次级债务(以下简称次级债务),以及证券公司向机构投资者发行的、清偿顺序在普通债之后的有价证券(以下简称次级债券)。次级债务、次级债券为证券公司同一清偿顺序的债务。

前款所称的机构投资者是指:经国家金融监管部门批准设立的金融机构,包括商业银行、证券公司、基金管理公司、信托公司和保险公司等;上述金融机构面向投资者发行的理财产品,包括但不限于银行理财产品、信托产品、投连险产品、基金产品、证券公司资产管理产品等;注册资本不低于人民币 1000 万元的企业法人;合伙人认缴出资总额不低于人民币 5000 万元,实缴出资总额不低于人民币 1000 万元的合伙企业;经中国证监会认可的其他投资者。

证券公司次级债券只能以非公开方式发行,不得采用广告、公开劝诱和变相公开方式。每期债券的机构投资者合计不得超过 200 人。

第三条 次级债分为长期次级债和短期次级债。

证券公司借入或发行期限在 1 年以上(不含 1 年)的次级债为长期次级债。

证券公司为满足正常流动性资金需要,借入或发行期限在 3 个月以上(含 3 个月)、1 年以下(含 1 年)的次级债为短期次级债。

第四条 长期次级债可按一定比例计入净资本,到期期限在 3、2、1 年以上的,原则上分别按 100%、70%、50% 的比例计入净资本。

短期次级债不计入净资本。证券公司为满足承销股票、债券业务的流动性资金需要而借入或发行的短期次级债,可按照以下标准扣减风险资本准备:

(一)在承销期内,按债务资金与承销业务风险资本准备的孰低值扣减风险资本准备;

(二)承销结束,发生包销情形的,按照债务资金与因包销形成的自营业务风险资本准备的孰低值扣减风险资本准备。

承销结束,未发生包销情况的,借入或发行的短期次级债不得扣减风险资本准备。

第五条 证券公司借入或发行次级债应根据公司章程的规定对以下事项作出决议：

（一）次级债的规模、期限、利率以及展期和利率调整；

（二）借入或募集资金的用途；

（三）与借入或发行次级债相关的其他重要事项；

（四）决议有效期。

第六条 证券公司发行次级债券应提供募集说明书，借入次级债务应与债权人签订次级债务合同。募集说明书和次级债务合同应约定以下事项：

（一）清偿顺序在普通债之后；

（二）次级债的金额、期限、利率；

（三）次级债本息的偿付安排；

（四）借入或募集资金用途；

（五）证券公司应向债权人披露的信息内容和披露时间、方式；

（六）次级债的借入或发行、偿还或兑付应符合本规定；

（七）违约责任。

募集说明书还应载明公司基本情况、财务状况、债券发行、转让范围及约束条件。

第七条 证券公司借入或发行次级债应符合以下条件：

（一）借入或募集资金有合理用途；

（二）次级债应以现金或中国证监会认可的其他形式借入或融入；

（三）借入或发行次级债数额应符合以下规定：

1. 长期次级债计入净资本的数额不得超过净资本（不含长期次级债累计计入净资本的数额）的50%；

2. 净资本与负债的比例、净资产与负债的比例等各项风险控制指标不触及预警标准。

（四）募集说明书内容或次级债务合同条款符合证券公司监管规定。

第八条 证券公司申请借入或发行次级债，应提交以下申请文件：

（一）申请书；

（二）关于借入或发行次级债的决议；

（三）募集说明书或借入次级债务合同；

（四）借入或募集资金的用途说明；

（五）合同当事人之间的关联关系说明；

（六）证券公司最近6个月的风险控制指标情况及相关测算报告；

（七）债权人资产信用的说明材料；

（八）中国证监会要求提交的其他文件。

第九条 证券公司次级债券可在证券交易所或中国证监会认可的交易场所（以下统称交易场所）依法向机构投资者发行、转让。发行或转让后，债券持有人不得超过200人。

次级债券发行或转让后，证券公司应在中国证券登记结算有限责任公司或中国证监会认可的其他登记结算机构（以下统称登记结算机构）办理登记。

证券公司在银行间市场发行次级债券，应事先经中国证监会认可，并遵守银行间市场的相关规定。

第十条 证券公司次级债券的发行、转让、兑付、登记、托管、结算、投资者适当性、信息披露和投资者权益保护等应符合法律法规以及交易场所和登记结算机构的相关规定。

证券公司次级债券可由具备承销业务资格的其他证券公司承销，也可由证券公司自行销售。

第十一条 证券公司申请次级债务展期，应提交以下申请文件：

（一）申请书；

（二）关于次级债务展期的决议；

（三）借入次级债务合同；

（四）债务资金的用途说明；

（五）证券公司最近3个月的风险控制指标情况及相关测算报告；

（六）中国证监会要求提交的其他文件。

前款所称次级债务展期，包括将短期次级债务转为长期次级债务。

第十二条 证券公司申请偿还次级债务，应在债务到期前至少10个工作日提交以下申请文件：

（一）申请书；

（二）借入次级债务合同；

（三）证券公司最近1个月的风险控制指标情况及相关测算报告；

（四）中国证监会要求提交的其他文件。

证券公司偿还短期次级债务的，还应提交债务资金使用情况的说明。

证券公司提前偿还次级债务的，还应提交关于提前偿还次级债务的决议。

第十三条 中国证监会及其派出机构对证券公司借入或发行次级债进行批准。其中，中国证监会对证券公司申请发行次级债券事项作出核准或不予核准的书面决定，中国证监会派出机构对证券公司申请次级债务借入、展期、偿还、利率调整等事项作出核准或不予核准的书面决定。

（一）对证券公司发行长期次级债券的申请，自受理之日起20个工作日内作出决定；对证券公司发行短期次级债券的申请，自受理之日起10个工作日内作出决定；

（二）对证券公司借入长期次级债务、次级债务展期的申请，自受理之日起10个工作日内作出决定；对证券公司借入短期次级债务、偿还次级债务和利率调整的申请，自受理之日起5个工作日内作出决定。

证券公司次级债券经批准后，可分期发行。次级债券分期发行的，自批准发行之日起，证券公司应在6个月内完成首期发行，剩余债券应在24个月内完成发行。

第十四条 证券公司可自长期次级债资金到账之日起按规定比例计入净资本。但是，长期次级债资金于获批日之前到账的，只能在获得批复后按规定比例计入净资本。

证券公司借入的短期次级债务转为长期次级债务或将长期次级债务展期的，在获得批复后方可按规定比例将长期次级债务计入净资本。

第十五条 证券公司提前偿还长期次级债务后1年之内再次借入新的长期次级债务的，新借入的次级债务应先按照提前偿还的长期次级债务剩余到期期限对应的比例计入净资本；在提前偿还的次级债务合同期限届满后，再按规定比例计入净资本。

新借入的长期次级债务数额超出提前偿还的长期次级债务数额的，超出部分的次级债务可按规定比例计入净资本。

第十六条 证券公司向其他证券公司借入长期次级债务或发行长期次级债券的，作为债权人的证券公司在计算自身净资本时应将借出或融出资金全额扣除。

证券公司不得向其实际控制的子公司借入或发行次级债。

第十七条 证券公司借入次级债务等事项获批后，未经批准不得变更次级债务合同。

第十八条 证券公司风险控制指标不符合规定标准或偿还次级债务后将导致风险控制指标不符合规定标准的，不得偿还到期次级债务本息。次级债务合同应明确约定前述事项。

证券公司到期偿还次级债券不受前款约束。

第十九条 除以下情形外，证券公司不得提前偿还或兑付次级债：

（一）证券公司偿还或兑付全部或部分次级债后，各项风险控制指标符合规定标准且未触及预警指标，净资本数额不低于借入或发行长期次级债时的净资本数额（包括长期次级债计入净资本的数额）；

（二）债权人将次级债权转为股权，且次级债权转为股权符合相关法律法规规定并经批准；

（三）中国证监会认可的其他情形。

第二十条 证券公司应自借入次级债务获批之日起 3 个工作日内在公司网站公开披露借入次级债务事项，自发行次级债券获批之日起 2 个工作日内在公司网站公开披露获准发行次级债券事项，并及时披露次级债券的后续发行情况。

证券公司偿还或兑付次级债，应在到期日前至少 3 个工作日在公司网站公开披露，并在实际偿还或兑付次级债后 3 个工作日内公开披露偿还或兑付情况。证券公司在交易场所发行次级债券，还应遵守其信息披露的要求。

上市证券公司借入或发行、偿还或兑付次级债的，除应遵守本规定要求外，还应按照上市公司信息披露管理的规定，履行信息披露义务。

第二十一条 中国证监会及其派出机构应加强对证券公司次级债存续期间的日常监管，对违反本规定及相关监管要求的，责令其及时改正，并依法采取监管措施。

第二十二条 从事证券相关业务的证券类机构借入或发行、偿还或兑付次级债等事项，经中国证监会同意，可参照本规定执行。

前款所称的证券类机构，包括但不限于证券金融公司。

第二十三条 本规定自公布之日起施行。《证券公司借入次级债务规定》（证监会公告［2010］23 号）同时废止。

Ⅱ.4.12 证券公司债务融资工具管理暂行规定（征求意见稿）

（2013年3月3日 中国证监会）

第一条 为规范证券公司债务融资工具发行与交易行为，保护投资者合法权益，根据《公司法》、《证券法》、《证券公司监督管理条例》等法律、行政法规和中国证监会有关规定，制定本规定。

第二条 本办法所称证券公司债务融资工具（以下简称“债务融资工具”）包括证券公司债券、次级债和收益凭证等。

证券公司债券是指证券公司依照法定程序发行，约定在一定期限内还本付息的有价证券。

次级债是指证券公司向股东或机构投资者发行或借入的次级债券和次级债务。

证券公司发行公司债券、次级债，应当符合中国证监会有关公司债券、次级债发行管理的规定。

收益凭证是指证券公司依照本办法发行，约定本金和收益的偿付与特定标的相关联的有价证券。特定标的包括但不限于货币利率，基础商品、证券的价格，或者指数。

第三条 证券公司公开发行债务融资工具，应当经中国证监会批准。中国证监会应当自受理申请之日起20个工作日内做出行政许可决定。

证券公司非公开发行债务融资工具，应当在发行完毕后5个工作日内报中国证券业协会实施备案管理。法律、行政法规和中国证监会另有规定的，从其规定。

第四条 债务融资工具经中国证监会批准，或者经中国证券业协会备案，不表明中国证监会或中国证券业协会对债务融资工具的投资价值或者投资者的收益做出实质性判断或者保证。

第五条 债务融资工具可以在证券交易所、证券公司柜台、机构间报价与转让系统以及中国证监会认可的其他场所发行、转让。

第六条 证券公司非公开发行债务融资工具，应当向合格投资者发行、转让，投资者不得超过二百人。

合格投资者标准由中国证券业协会另行制定。法律、行政法规和中国证监会会另有规定的，从其规定。

第七条 证券公司发行收益凭证，应当符合下列条件：

（一）最近12个月风险控制指标持续符合要求；

（二）募集资金有合法用途；

（三）以现金或者中国证监会认可的其他形式募集；

（四）中国证监会规定的其他审慎性条件。

第八条 证券公司发行收益凭证，应当在募集说明书或者认购协议中明确约定下列事项：

（一）金额、期限和偿付安排；

（二）利率及其确定方式，特定标的及其关联方式；

（三）募集资金用途；

（四）信息披露内容和方式；

（五）违约责任及争议解决机制；

（六）中国证监会规定或者合同约定的其他事项。

第九条 证券公司债券、次级债的期限，应当符合法律、行政法规和中国证监会有关规定。收益凭证的期限，可以由证券公司与投资者自行约定。

第十条 证券公司债务融资工具可以由中国证监会认可的承销机构承销，也可以由证券公司自行销售。法律、行政法规和中国证监会另有规定的，从其规定。

第十一条 证券公司公开发行债务融资工具，应当由取得中国证监会核准的证券市场资信评级业务许可的资信评级机构进行信用评级。

第十二条 为证券公司发行债务融资工具提供服务的承销机构、资信评级机构、受托管理人、会计师事务所、律师事务所和投资咨询机构等专业机构和人员应当勤勉尽责，严格遵守执业规范和职业道德，按规定和约定履行义务。

第十三条 证券公司发行债务融资工具，应当按规定履行信息披露义务。信息披露应遵循诚实信用原则，不得有虚假记载、误导性陈述或重大遗漏。发生重大事项，需及时向证券公司住所地证监局和中国证券业协会报告。

上市证券公司发行债务融资工具，除应当遵守本规定外，还应当按照上市公司信息披露管理的规定，履行信息披露义务。

第十四条 债务融资工具的登记、托管、结算、投资者适当性管理和权益保护等，应当符合法律、法规、中国证监会有关规定以及中国证券业协会规定。

第十五条 证券公司可以依法在境外市场发行债务融资工具，发行完毕后5个工作日内应当报中国证券业协会实施备案管理。

第十六条 基金管理公司、期货公司、证券金融公司和中国证监会负责监管的其他公司，以及商业银行、保险公司、信托公司等其他金融机构依本办法在第五条所列交易场所发行、转让债务融资工具，参照适用本办法。

第十七条 本办法由中国证监会负责解释。

第十八条 本办法自【 】年【 】月【 】日起实行。

Ⅲ 企业债

Ⅲ.1.1 企业债券管理条例

（1993 年 8 月 2 日 国务院第 121 号令）

第一章 总 则

第一条 为了加强对企业债券的管理，引导资金的合理流向，有效利用社会闲散资金，保护投资者的合法益，制定本条例。

第二条 本条例适用于中华人民共和国境内具有法人资格的企业（以下简称企业）在境内发行的债券。但是，金融债券和外币债券除外。除前款规定的企业外，任何单位和个人不得发行企业债券。

第三条 企业进行有偿筹集资金活动，必须通过公开发行企业债券的形式进行。但是，法律和国务院另有规定的除外。

第四条 发行和购买企业债券应当遵循自愿、互利、有偿的原则。

第二章 企 业 债 券

第五条 本条例所称企业债券，是指企业依照法定程序发行、约定在一定期限内还本付息的有价证券。

第六条 企业债券的票面应当载明下列内容：

（一）企业的名称、住所；

（二）企业债券的面额；

（三）企业债券的利率；

（四）还本期限和方式；

（五）利息的支付方式；

（六）企业债券发行日期和编号；

（七）企业的印记和企业法定代表人的签章；

（八）审批机关批准发行的文号、日期。

第七条 企业债券持有人有权按照约定期限取得利息、收回本金,但是无权参与企业的经营管理。

第八条 企业债券持有人对企业的经营状况不承担责任。

第九条 企业债券可以转让、抵押和继承。

第三章 企业债券的管理

第十条 国家计划委员会会同中国人民银行、财政部、国务院证券委员会拟订全国企业债券发行的年度规模和规模内的各项指标,报国务院批准后,下达各省、自治区、直辖市、计划单列市人民政府和国务院有关部门执行。未经国务院同意,任何地方、部门不得擅自突破企业债券发行的年度规模,并不得擅自调整年度规模内的各项指标。

第十一条 企业发行企业债券必须按照本条例的规定进行审批;未经批准的,不得擅自发行和变相发行企业债券。中央企业发行企业债券,由中国人民银行会同国家计划委员会审批;地方企业发行企业债券,由中国人民银行省、自治区、直辖市、计划单列市分行会同同级计划主管部门审批。

第十二条 企业发行企业债券必须符合下列条件:

(一)企业规模达到国家规定的要求;

(二)企业财务会计制度符合国家规定;

(三)具有偿债能力;

(四)企业经济效益良好,发行企业债券前连续三年盈利;

(五)所筹资金用途符合国家产业政策。

第十三条 企业发行企业债券应当制订发行章程。

发行章程应当包括下列内容:

(一)企业的名称、住所、经营范围、法定代表人;

(二)企业近三年的生产经营状况和有关业务发展的基本情况;

(三)财务报告;

(四)企业自有资产净值;

(五)筹集资金的用途;

(六)效益预测;

(七)发行对象、时间、期限、方式;

(八)债券的种类及期限;

(九)债券的利率;

(十)债券总面额;

(十一)还本付息方式;

（十二）审批机关要求载明的其他事项。

第十四条 企业申请发行企业债券，应当向审批机关报送下列文件：

（一）发行企业债券的申请书；

（二）营业执照；

（三）发行章程；

（四）经会计师事务所审计的企业近三年的财务报告；

（五）审批机关要求提供的其他材料。

企业发行企业债券用于固定资产投资，按照国家有关规定需要经有关部门审批的，还应当报送有关部门的审批文件。

第十五条 企业发行企业债券应当公布经审批机关批准的发行章程。

企业发行企业债券，可以向经认可的债券评信机构申请信用评级。

第十六条 企业发行企业债券的总面额不得大于该企业的自有资产净值。

第十七条 企业发行企业债券用于固定资产投资的，依照国家有关固定资产投资的规定办理。

第十八条 企业债券的利率不得高于银行相同期限居民储蓄定期存款利率的百分之四十。

第十九条 任何单位不得以下列资金购买企业债券：

（一）财政预算拨款；

（二）银行贷款；

（三）国家规定不得用于购买企业债券的其他资金。

办理储蓄业务的机构不得将所吸收的储蓄存款用于购买企业债券。

第二十条 企业发行企业债券所筹资金应当按照审批机关批准的用途，用于本企业的生产经营。企业发行企业债券所筹资金不得用于房地产买卖、股票买卖和期货交易等与本企业生产经营无关的风险性投资。

第二十一条 企业发行企业债券，应当由证券经营机构承销。

证券经营机构承销企业债券，应当对发行债券的企业的发行章程和其他有关文件的真实性、准确性、完整性进行核查。

第二十二条 企业债券的转让，应当在经批准的可以进行债券交易的场所进行。

第二十三条 非证券经营机构和个人不得经营企业债券的承销和转让业务。

第二十四条 单位和个人所得的企业债券利息收入，按照国家规定纳税。

第二十五条 中国人民银行及其分支机构和国家证券监督管理机构，依照规定的职责，负责对企业债券的发行和交易活动，进行监督检查。

第四章 法律责任

第二十六条 未经批准发行或者变相发行企业债券的，以及未通过证券经营机构发行企业债券的，责令停止发行活动，冻结并责令退还非法所筹资金，处以相当于非法所筹资金金额百分之五以下的罚款。

第二十七条 超过批准数额发行企业债券的，冻结并责令退还超额发行部分或者核减相当于超额发行金额的贷款额度，处以相当于超额发行部分百分之五以下的罚款。

第二十八条 超过本条例第十八条规定的最高利率发行企业债券的，责令改正，处以相当于所筹资金金额百分之五以下的罚款。

第二十九条 用财政预算拨款、银行贷款或者国家规定不得用于购买企业债券的其他资金购买企业债券的，以及办理储蓄业务的机构用所吸收的储蓄存款购买企业债券的，责令收回该资金，处以相当于所购买企业债券金额百分之五以下的罚款。

第三十条 未按批准用途使用发行企业债券所筹资金的，责令改正，没收其违反批准用途使用资金所获收益，并处以相当于违法使用资金金额百分之五以下的罚款。

第三十一条 非证券经营机构和个人经营企业债券的承销或者转让业务的，责令停止非法经营，没收非法所得，并处以承销或者转让企业债券金额百分之五以下的罚款。

第三十二条 本条例第二十六条、第二十七条、第二十八条、第二十九条、第三十条、第三十一条规定的处罚，由中国人民银行及其分支机构决定。

第三十三条 对有本条例第二十六条、第二十七条、第二十八条、第二十九条、第三十条、第三十一条所列违法行为的单位的法定代表人和直接责任人员，由中国人民银行及其分支机构给予警告或者处以一万元以上十万元以下的罚款；构成犯罪的，依法追究刑事责任。

第三十四条 地方审批机关违反本条例规定，批准发行企业债券的，责令改正，给予通报批评，根据情况相应核减该地方企业债券的发行规模。

第三十五条 企业债券监督管理机关的工作人员玩忽职守、徇私舞弊的，给予行政处分；构成犯罪的，依法追究刑事责任。

第三十六条 发行企业债券的企业违反本条例规定，给他人造成损失的，应当依法承担民事赔偿责任。

第五章 附 则

第三十七条 企业发行短期融资券，按照中国人民银行有关规定执行。

第三十八条 本条例由中国人民银行会同国家计划委员会解释。

第三十九条 本条例自发布之日起施行。1987 年 3 月 27 日国务院发布的《企业债券管理暂行条例》同时废止。

Ⅲ.1.2 国家发展改革委关于进一步改进和加强企业债券管理工作的通知

（2004年6月21日 发改财金[2004]1134号）

各省、自治区、直辖市及计划单列市、新疆生产建设兵团发展改革委（计委），国务院有关部门、中央直接管理的企业：

改革开放以来，随着社会主义市场经济体制的逐步建立和金融改革的深化，我国企业债券市场不断发展，为促进国民经济和加快重点项目建设发挥了积极作用。为了贯彻落实《国务院关于推进资本市场改革开放和稳定发展的若干意见》（国发[2004]3号），继续推进我国企业债券市场的改革创新和稳步发展，为国民经济全面协调可持续发展服务，必须进一步做好企业债券发行和监督管理工作，在逐步扩大发行规模的同时，不断完善和规范发行程序，加强和改进债券管理，防范和化解兑付风险。根据《公司法》、《证券法》、《企业债券管理条例》和国务院有关文件的规定，现就有关问题通知如下：

一、企业债券是资本市场重要的融资手段，发行企业债券是企业有效利用社会资金、开展直接融资的重要渠道。企业在境内发行债券，应当按照《公司法》、《证券法》、《企业债券管理条例》等法律法规和国务院有关文件规定的条件和程序，报经国家发展和改革委员会（简称“国家发展改革委”）批准。

在中华人民共和国境内注册登记的具有法人资格的企业均可申请发行企业债券。适用《公司法》关于发行公司债券有关规定的企业，按照《公司法》的要求申请发行公司债券。

金融债券和证券公司发行债券按照其他有关规定执行。

二、国家发展改革委依照规定的职责和国务院确定的企业债券发行总规模，会同有关部门，批准企业发行债券，并对其相关行为进行监督管理。

未经国家发展改革委批准，任何单位和个人不得擅自发行或者变相发行企业债券。

企业发行债券不得突破批准的发行规模；募集的资金必须用于批准的用途，不得擅自挪作他用。

三、根据《企业债券管理条例》，国家发展改革委按照先核定企业债券发行规模、再批准企业债券发行方案的方式，组织和实施企业债券发行审批工作。

（一）企业申请发行企业债券应符合下列条件：

1. 所筹资金用途符合国家产业政策和行业发展规划；

2. 净资产规模达到规定的要求；

3. 经济效益良好，近三个会计年度连续盈利；

4. 现金流状况良好，具有较强的到期偿债能力；

5. 近三年没有违法和重大违规行为；

6. 前一次发行的企业债券已足额募集；

7. 已经发行的企业债券没有延迟支付本息的情形；

8. 企业发行债券余额不得超过其净资产的40%。用于固定资产投资项目的，累计发行额不得超过该项目总投资的20%；

9. 符合国家发展改革委根据国家产业政策、行业发展规划和宏观调控需要确定的企业债券重点支持行业、最低净资产规模以及发债规模的上、下限；

10. 符合相关法律法规的规定。

（二）批准企业债券发行规模，按照以下程序进行：

1. 企业根据国家发展改革委的通知或公告，按照企业债券发行规模申请材料目录及其规定的格式（见附件一、二、三），提出债券发行规模申请。中央直接管理的企业向国家发展改革委申请；其他企业通过省级发展改革部门或国务院行业主管部门审核后，统一由省级发展改革部门或国务院行业主管部门向国家发展改革委申请（省级发展改革部门是指各省、自治区、直辖市、计划单列市及新疆生产建设兵团发展改革部门，下同）。

2. 国家发展改革委根据市场情况和已下达债券发行规模发行情况，不定期受理企业债券发行规模申请，并按照国家产业政策和有关法律法规及国务院有关文件规定的发债条件，对企业的发债规模申请进行审核，符合发债条件的，核定发行规模和资金用途，报经国务院同意后，统一下达发债规模并通知有关事项。中央直接管理的企业由国家发展改革委下达；其他企业由国家发展改革委下达给省级发展改革部门或国务院行业主管部门后，再由省级发展改革部门或国务院行业主管部门下达给企业。

发行人应在企业债券发行规模下达之日起一年内发行。

（三）批准企业债券发行方案，按照以下程序进行：

1. 企业债券发行人获准发债规模后，按照公开发行企业债券（公司债券）申请材料目录及其规定格式（见附件四、五、六），上报企业债券发行方案。中央直接管理的企业向国家发展改革委申请；其他企业经省级发展改革部门或国务院行业主管部门审核后，由省级发展改革部门或国务院行业主管部门向国家发展改革委申请。

2. 国家发展改革委受理企业债券发行方案后，根据法律法规及国务院有关文件规定的发债条件，以及国家发展改革委下达规模通知的要求，对企业债券发行方案申请材料进行审核，提出反馈意见，通知发行人及主承销商补充和修改申报材料。

3. 发行人及主承销商根据国家发展改革委提出的反馈意见，对企业债券发行方案及申报材料进行修改和调整，并出具文件进行说明。

4. 国家发展改革委分别会签中国人民银行、中国证监会后，印发企业债券发行批准文件，并抄送各营业网点所在地省级发展改革部门等有关单位。中央直接管理的企业由国家发展改革委批复；其他企业由国家发展改革委批复给省级发展改革部门或国务院行业主管部门后，再由省级发展改革部门或国务院行业主管部门批复给企业。

企业债券须在批准文件印发之日起两个月内开始发行。

四、按照《证券法》的规定，企业债券发行规模和发行方案的审批期限合计为三个月，从国家发展改革委受理企业债券发行规模申请材料开始计算，其间企业根据国家发展改革委的反馈意见补充和修改申报材料的时间、企业获准发债规模后编制企业债券发行方案的时间（至国家发展改革委受理发行方案止）、国家发展改革委上报国务院的时间除外。

五、企业发行债券的募集资金投向应符合国家产业政策和行业发展规划，用于本企业的生产经营。用于固定资产投资项目的，该项目应符合国家有关固定资产投资项目的管理程序；不得用于房地产买卖和股票、期货交易等风险性投资。

六、为了防范和化解企业债券兑付风险，发行人应当切实做好企业债券发行的担保工作，按照《担保法》的有关规定，聘请其他独立经济法人依法进行担保，并按照规定格式以书面形式出具担保函（见附件七）。以保证方式提供担保的，担保人应当承担连带责任。

七、为进二步推动企业债券市场规范化发展，保护投资者权益，参与企业债券发行的中介机构应具有从事企业债券发行业务的资格，遵纪守法，勤勉尽责，出具的文件必须真实、准确、完整，不得有虚假材料、误导性陈述和重大遗漏。

（一）发行人应当聘请有资格的信用评级机构对其发行的企业债券进行信用评级，其中至少有一家信用评级机构承担过 2000 年以后下达企业债券发行规模的企业债券评级业务。

（二）发行人及其担保人提供的最近三年财务报表（包括资产负债表、利润和利润分配表、现金流量表）应当经具有从业资格的会计师事务所进行审计。

（三）企业债券发行申请材料应当由具有从业资格的律师事务所进行资格审查和提供法律认证。

（四）发行企业债券应当由具有承销资格的证券经营机构承销，企业不得自行销售企业债券。主承销商由企业自主选择。需要组织承销团的，由主承销商组织承销团。承销商承销企业债券，可以采取代销、余额包销或全额包销方式，承销方式由发行人和主承销商协商确定。

1. 企业债券承销团的主承销商和副主承销商除具有规定的资格外，还应符合以下条件：

（1）已经承担过2000年以后下达规模的企业债券发行主承销商、或累计承担过3次以上副主承销商的金融机构方可担任主承销商。

（2）已经承担过2000年以后下达规模的企业债券发行副主承销商、或累计承担过3次以上分销商的金融机构方可担任副主承销商。

（3）企业集团财务公司可以承销本集团发行的企业债券，但不宜作为主承销商。

2. 承销商应当承担以下职责和义务：

（1）承销企业债券；

（2）代理发行人兑付企业债券本息；

（3）代理或者协助企业债券持有人进行企业债券交易；

（4）主承销商对发行人申请材料的真实性、准确性、完整性进行核查，督促企业及时履行信息披露义务；

（5）企业或者其担保人不履行债务时，主承销商应代理企业债券持有人进行追偿。

3. 企业债券发行采用包销方式的，各承销商包销的企业债券金额原则上不得超过其上年末净资产的三分之一。

4. 承销商的承销佣金以发行企业债券总面额为基数，严格按超额累退费率计收，不得擅自调高或降低收费标准（具体标准见附件八）。

5. 为防止企业债券发行过程中不利于市场健康发展的现象发生，企业债券发行应按照公正、公平、公开的原则进行，改革和完善发行方式，提高工作透明度。严禁名义承销、虚假销售行为。

八、企业债券利率由发行人和承销机构按照《企业债券管理条例》等法律法规，根据企业债券信用等级和市场情况提出，国家发展改革委商有关部门批准。

九、企业债券发行可以采取无记名实物券、实名制记帐式、无纸化电子记帐式等多种发行方式。

无记名实物券企业债券应当在指定的有价证券印制单位印制。

实名制记帐式企业债券应当按照有关规定进行债权登记托管。托管人为实名制记帐式企业债券的法定债权登记人，在企业债券发行结束后负责对企业债券进行债权管理、权益监护和代理兑付,并负责向投资者提供有关信息服务。

十、为进一步推动企业债券流通市场的发展,提高企业债券的流动性,分散风险,保护投资者利益,鼓励企业债券在经国家批准的交易场所依法进行交易。

十一、为保证企业债券按期兑付,维护企业债券市场健康有序发展,发行人、担保人应制定切实可行的偿债计划并认真执行,确保企业债券本息按期兑付。主承销商应监督发行人、担保人偿债计划的执行情况,各承销商应切实履行代理兑付企业债券本息的职责。

(一)发行人应当在债券本金兑付首日60日前向国家发展改革委及省级发展改革部门报告兑付方案,并于兑付首日5个工作日前通过指定媒体公布兑付事项。

(二)发行人应当在企业债券付息首日5个工作日前通过指定媒体公布付息事项。

(三)企业债券本息兑付首日5个工作日前,发行人应当将兑付资金全额划入指定账户。实名制记帐式企业债券划入托管人指定的账户;无记名实物券企业债券划入主承销商指定的账户。

(四)发行人不能按照规定期限履行兑付义务的,主承销商应当及时通知担保人履行担保义务。

(五)主承销商应当在企业债券,发行和兑付工作结束后15个工作日内,将企业债券发行、兑付情况报国家发展改革委及省级发展改革部门。

各地发展改革部门应主动取得各级人民政府及其有关部门的支持,督促发行人、担保人、承销商、托管人做好企业债券兑付工作,协调解决企业债券兑付中出现的问题,维护社会稳定。

十二、为充分维护投资者权益,各发行人及其他企业债券参与主体要重视企业债券信息披露工作,最大限度地向企业债券投资者披露发行人、担保人的重大信息,便于投资者及时做出投资或避险选择。

(一)发行人应当通过指定媒体,在债券发行首日3日前公告企业债券发行公告或公司债券募集说明书。发行公告和募集说明书应当真实、准确、完整,不得有虚假记载、误导性陈述或者重大遗漏。

(二)发行人应当在债券存续期间的每一会计年度结束之日起4个月内,向国家发展改革委及省级发展改革部门报送发行人、担保人经审计的年度财务报告,并公开披露。

(三)在企业债券存续期内,发行人、担保人发生可能影响企业债券兑付的重大事项时,发行人应当及时向国家发展改革委报告,并公开披露。

(四)在企业债券存续期内,发行人应当委托原信用评级机构每年至少进行一次跟踪评级，并于信用评级机构出具企业债券跟踪评级结果之后十五日内，将跟踪评级结果报国家发展改革委及省级发展改革部门，并公开披露。

十三、为了进一步加强企业债券监督管理工作，国家发展改革委依法对企业债券的发行、托管、兑付、信息披露、募集资金使用等以及在证券交易所之外其他合法交易等相关事项进行监督管理，维护企业债券市场秩序。

（一）国家发展改革委根据工作需要授权省级发展改革部门对本行政区域内企业债券发行及其相关活动进行监督检查，省级发展改革部门应当及时将监督检查结果报告国家发展改革委。

（二）在企业债券发行过程中，各承销商面向社会公开零售企业债券的所有营业网点及每个营业网点的承销份额，均须在各营业网点所在地省级发展改革部门备案，并自觉接受当地省级发展改革部门的监督检查。

（三）国家发展改革委和省级发展改革部门在履行监督检查职责时，有关单位和当事人应给予积极配合，对违法违规行为的，依法制止，责令纠正。涉嫌犯罪的，移送司法机关处理。

二〇〇四年六月二十一日

附：10个附件

附件一：企业债券发行规模申请材料目录

一、企业债券发行规模申请书（中央直接管理的企业向国家发展改革委申请；其他企业通过省级发展改革部门向国家发展改革委申请，申请书作为省级发展改革部门上报文件的附件）。

二、附件

1. 申请发债企业近三年财务报表；
2. 投资项目批复文件复印件；
3. 其他必要的文件和资料。

附件二：企业债券发行规模申请书格式文本

一、申请发债企业基本情况；

二、申请发债规模；

三、申请发债的必要性和可行性；

四、申请发债企业最近三年财务基本情况；

五、发债资金用途及投资项目基本情况；

六、偿债能力分析及偿债计划。

附件三:企业债券发行规模申请书示范文本

×××电力集团公司关于发行201×年企业债券的请示

国家发展和改革委员会:

根据电力产业发展战略要求以及×××电力集团公司(以下简称“集团公司”或“我公司”)电源基本建设项目资金需求,我公司特申请发行×万元人民币企业债券,筹集资金全部用于电源建设项目,以适应国民经济对电力发展的要求,缓解电力紧张矛盾;优化集团公司融资结构,降低财务成本,进一步提高集团公司的综合实力。现将有关情况汇报如下:

一、集团公司概况

(一)公司简介

公司名称:×××电力集团公司

地址:××市××区××路××号

法人代表:×××

注册资本:×万元人民币

经济性质:全民所有制

集团公司正式组建于××年××月××日,是我国重要的大型发电企业集团之一,以经营电力产业为主、综合发展,自主经营、自负盈亏、照章纳税、依法进行各项经营活动,其合法权益和经营活动受国家法律保护。

目前集团公司资产分布于全国××个省市自治区,拥有业绩优良的上市公司××电力股份有限公司等;拥有在香港注册的××有限公司等;拥有××个大型电厂。集团公司成员单位××家,包括全资企业××家,内部核算电厂××家,控股企业××家,参股企业××家,职工人数××人。

截至××年××月××日,集团公司的可控装机容量为××万千瓦,权益装机容量为××万千瓦。其中火电机组××万千瓦,占集团公司可控装机容量的××%;水电机组××万千瓦,占集团公司可控装机容量的××%;核电机组××万千瓦,占集团公司可控装机容量的××%。

截至××年××月××日,集团公司注册资本为××万元人民币,总资产为××亿元人民币,总负债为××亿元人民币,净资产为××亿元人民币,资产负债率为××%。

(二)集团公司最近三年主要财务数据

项目	××年	××年	××年
1. 资产总计			
其中:流动资产			
2. 负债合计			
其中:流动负债			
3. 所有者权益			
4. 主营业务收入			
5. 利润总额			
6. 净利润			

(三)集团公司最近三年主要经营情况

集团公司××年、××年和××年的发电量为××亿千瓦时、××亿千瓦时和××亿千瓦时。××年,集团公司发电机组利用小时数为××小时,集团公司××年火电机组供电煤耗为××克/千瓦时。

二、发行企业债券的必要性

(一)加大电力产业投资力度,缓解用电紧张状况

集团公司作为国有大型重点发电企业,将进一步加大电力产业投资力度,为国民经济持续稳定健康发展提供安全、可靠环保、价格合理的电能。本期债券的募集资金将用于国家重点火电建设项目和部分以大代小的火电项目,项目建成后,将缓解用电紧张状况,为促进区域经济发展提供有效的电力保障。

(二)满足集团公司持续快速发展的资金需求

近年来,随着我国经济的高速发展,基础设施建设投资力度加大,电力能源的供需矛盾日趋明显,对电力建设发展提速的要求已经显现。因此,未来需要进一步扩大电力基础设施建设规模,扭转我国目前存在的用电紧张局面,从而满足国民经济发展对于电力能源的需求。根据国家"十五"规划对电力发展的要求,到2010年集团公司规划新建电源项目××个,总规模××万千瓦,资金需求巨大。企业债券的发行将满足集团公司电源建设方面的部分资金需求,缓解集团公司的资金压力,保证集团公司持续快速发展。

(三)促进集团公司融资体系的完善,拓宽融资渠道,降低融资成本

目前集团公司建设资金来源主要以企业自有资金和银行贷款为主,资金结构比较单一,融资成本较高。多渠道筹集资金是实现集团公司未来发展战略规划的重大举措,也是完善集团公司投融资体制,实现可持续发展的前提和保障,

而发行企业债券是筹集电源建设资金的有效融资方式。随着资本市场投融资环境的不断规范和完善,我国债券市场的容量也在不断扩大,企业债券更以其期限长、成本低的特点,日渐成为大型电力建设项目的主要融资方式之一。发行企业债券,将优化集团公司的融资结构,拓宽集团公司电源建设项目的融资渠道,降低集团公司的融资成本。

(四)奠定集团公司在资本市场持续融资的基础

集团公司的电源建设是一项长期任务,需要从资本市场持续筹集建设资金。集团公司在水力、火力和核能的电源建设上都有长期的发展规划,需要大量的资金投入以满足集团公司的电源建设需求。近期内,集团公司在火电方面的发展主要以提高能源综合利用率、发展煤电联营项目、建设坑口电厂为主。因此,集团公司在未来几年内会存在巨大的资金需求。本期债券发行申请如获批准,将奠定集团公司在资本市场持续融资的基础。

三、发行企业债券的可行性

(一)发债资格

集团公司经营管理规范,经济效益良好,符合《企业债券管理条例》等相关法规对发行企业债券的有关规定。

(二)宏观经济环境

目前我国利率水平已处于历史低位,中、长期利率将呈逐步回升的态势,适合发行企业债券。

(三)电力市场

电力工业是国民经济的重要基础行业,是国家经济发展战略中的重点和先行产业。长期以来,国民经济的发展一直是电力消费需求的主要推动力量,国民经济的持续稳定增长带动了电力工业的快速发展。根据有关部门预测,电力消费弹性系数将呈现逐步增长的趋势,中国电力需求将持续保持较高的增长速度。因此,电力行业正处于高速发展的黄金阶段,扩大电力行业基础设施建设规模,加大水电建设投入成为电力行业发展的主流方向。

(四)企业债券市场

总体而言,目前我国企业债券市场需求持续增长,企业债券成为理想的投资品种。因此,我公司发行企业债券的市场条件已经具备。

四、募集资金投向

本期债券募集资金××万元人民币,将全部用于××热电厂工程、××电厂二期工程、××电厂三期技改工程、××联产技改工程等大中型电力基本建设项目。上述项目建设规模合计××万千瓦,总投资达××亿元。具体情况如下:(略)

五、偿债能力分析

集团公司将以良好的经营业绩为企业债券的到期偿还创造基础条件，并采取具体有效的措施来保障债券投资者到期兑付本息的合法权益。

（一）我公司较强的盈利能力是本期债券到期偿还的根本

我公司××年、××年、××年合并报表主营业务收入分别为××亿元、××亿元和××亿元，实现净利润分别为××亿元、××亿元和××亿元，最近三年平均可分配利润足以支付本期债券一年的利息。

（二）良好的募集资金投向为本期债券到期偿还提供了保障

募集资金投入项目经营期内经济效益良好，市场竞争力强。上述项目建成投产以后，现金流入大，将显著增加公司经济效益。我公司将进一步加强上述项目的内部管理，以降低成本，保证项目投产后的预期收益，为本期债券的偿付提供稳定的收入保证。

（三）强大的综合实力和优良的资信是本期债券到期偿还的坚实基础

集团公司按照国家电力产业政策和可持续发展的要求，以市场为导向，以深化改革和科技进步为动力，不断扩大电力核心产业经营规模，增强公司整体实力和竞争力。同时，与各大商业银行都有着良好的合作关系与沟通经验，资信优良，具备极强的融资能力。公司将根据市场形势的变化，不断改进管理方式，努力降低融资成本，改善债务结构，优化财务状况，为本期债券的偿还奠定坚实的基础。

综上所述，我公司本次申请发行企业债券符合国家有关规定，募集资金投资项目符合国家产业发展政策，具有良好的偿付能力。为此，特申请发行企业债券××亿元。以上，请批示！

附件四：公开发行企业债券（公司债券）申请材料目录

一、发行申请材料的纸张、封面及份数

（一）纸张

应采用幅面为210×297毫米规格的纸张（相当于A4纸张规格）。

（二）封面

1. 标有“×××公司公开发行企业债券（公司债券）申报材料”字样。

2. 申请企业名称、住所、联系电话、联系人、邮政编码。

3. 主承销商名称、住所、联系电话、联系人、邮政编码。

4. 申报时间。

（三）份数

申请材料共三份，其中至少一份为原件。

二、发行申请材料目录

（一）国家发展改革委下达本次企业债券发行规模的文件。

（二）企业债券发行方案申请书。

（三）发行企业债券可行性研究报告，包括债券资金用途、发行风险说明、偿债能力分析等。

（四）发债资金投向的有关原始合法文件。

（五）经审计的发债主体最近三年的资产负债表、利润及利润分配表、现金流量表。

（六）经审计的担保人最近三年的资产负债表、利润及利润分配表、现金流量表。

（七）企业债券发行章程（基本格式见附件九）。

（八）企业债券发行公告。

（九）承销协议。

（十）承销团协议（附承销网点和承销金额一览表及承销网点所在地省级发展改革部门的意见）。

（十一）担保函。

（十二）企业债券信用评级报告。

（十三）发债主体和担保人的《企业法人营业执照》（副本）复印件。

（十四）法律意见书。

（十五）各中介机构的证券从业资格证书复印件。

（十六）其他必要文件，如公司债券募集说明书（即公司债券募集办法，限于发行人是按照《公司法》设立并规范运作的股份有限公司、国有独资公司和两个以上的国有企业或者其他两个以上的国有投资主体投资设立的有限责任公司编报，标准格式见附件十）。

（十七）本期债券发行有关机构联系方式。

（十八）相关法律法规要求提供的其他文件。

附件五：企业债券发行方案申请书格式文本

一、发行人基本情况

二、发行概要

（一）发行主体；

（二）债券名称；

（三）发行规模；

（四）债券期限；

(五)债券利率；
(六)发行价格；
(七)发行方式；
(八)承销方式；
(九)发行对象与范围；
(十)承销团成员；
(十一)债券担保；
(十二)信用评级；
(十三)募集资金用途；
(十四)还本付息方式；
(十五)还本付息时间与期限；
(十六)转让与交易；
(十七)税收事项。

附件六:企业债券发行方案申请书示范文本

×××电力集团公司关于报送201×年企业债券发行方案的请示

国家发展和改革委员会:

××电力集团公司(以下简称“集团公司”)是经国务院同意进行国家授权投资的机构和国家控股公司的试点企业,根据电力基础产业发展战略要求以及集团公司电源基本建设项目资金需求,我集团公司向贵委提出发行××万元人民币企业债券发行规模。

根据贵委发改财金[200×]××号文件通知要求,现报送我公司拟发行的200×年××电力集团公司企业债券发行方案,基本概要如下:

一、发行主体:××电力集团公司。

二、债券名称::200×年××电力集团公司企业债券(简称“××债”)。

三、发行规模:人民币××万元。

四、债券期限:××年。

五、债券利率:固定利率,年利率为×%(或采用浮动利率,票面年利率为基准利率与基本利差之和。基准利率为发行首日和其他各计息年度起息日一年期整存整取定期储蓄存款利率;基本利差为×%,在本期债券存续期内固定不变)。本期债券固定利率(或浮动利率)采用单利按年计息,每年付息一次,不计复利,到期一次还本,最后一期利息随本金的兑付一起支付。

六、发行价格:债券面值100元,平价发行,以1000元为一个认购单位,认购金额须是人民币1000元的整数倍且不少于1000元。

七、发行方式:实名制记账式企业债券,投资人认购的本期债券在××登记结算有限责任公司开立的一级托管账户或在本期债券的二级托管人处开立的二级托管账户中托管记载。

八、承销方式:承销团余额包销。

九、发行范围及对象:本期债券通过承销团设置的发行网点和在××省、××市……设置的零售营业网点公开发行,持有中华人民共和国居民身份证的公民(军人持军人有效证件)及境内法人(国家法律、法规禁止购买者除外)均可购买。

十、承销团成员:主承销商为××证券有限责任公司,副主承销商为××证券股份有限公司、……、××证券有限责任公司,分销商为××证券有限责任公司、……、××证券有限责任公司。

十一、债券担保:××对本期债券本息提供全额无条件不可撤销连带责任担保。

十二、信用级别:经××资信评估有限公司综合评定,本期债券的信用级别为××级。

十三、募集资金投向:用于××、……、××电站项目建设。

十四、还本付息方式:每年付息一次,到期一次还本。

十五、还本付息时间:××年××月××日。

十六、转让与交易:经有关主管部门批准后,将尽快安排在××证券交易所挂牌上市。

十七、税收事项:本期债券利息收入所得税按国家有关法律、法规规定,由投资者自行承担。

以上妥否,请批示。

附:××电力集团公司200×年企业债券发行申报材料

××电力集团公司

二〇〇×年××月××日

附件七:担保函内容与格式

担保人:

住所:

邮政编码:

法定代表人:

职务:

电话:

开户银行:

帐号:

鉴于:

一、债券发行人　　　　　根据《企业债券管理条例》之规定,经国家发展和改革委员会批准(发改财金[200×]　号),发行面额总计为人民币　　　　　万元的企业债券;

二、担保人是根据中华人民共和国法律而合法存在的法人,根据《中华人民共和国担保法》等法律及有关法规的规定,具有提供保证担保的法律资格;

三、担保人在出具本担保函时,已就其财务状况及涉及的仲裁、诉讼等情况进行了充分披露,具有代表债券发行人清偿债务的能力。

本担保人出于真实意思,在此承诺对发行人此次所发行的债券的到期兑付提供无条件的不可撤销的担保。具体担保事宜如下:

第一条　被担保的债券种类、数额

被担保的债券为　　　年期企业债券,发行面额总计为人民币　　　万元。

第二条　债券的到期日

本担保函项下的债券到期日为　　年　月　日。债券发行人应于　　年　月　日至　年　月　日清偿全部债券本金和利息。

第三条　保证的方式

担保人承担保证的方式为连带责任保证。

第四条　保证责任的承担

在本担保函项下债券到期时,如发行人不能全部兑付债券本息,担保人应主动承担担保责任,将兑付资金划入企业债券登记机构或主承销人指定的帐户。债券持有人可分别或联合要求担保人承担保证责任。承销商有义务代理债券持有人要求担保人履行保证责任。

如债券到期后,债券持有人对担保人负有同种类、品质的到期债券的,可依法将该债务与其在本担保函项下对担保人的债券相抵销。

第五条 保证范围

担保人保证的范围包括债券本金及利息，以及违约金、损害赔偿金、实现债权的费用和其他应支付的费用。

第六条 保证的期间

担保人承担保证责任的期间为债券到期之日起二年。债券持有人在此期间内未要求担保人承担保证责任的，担保人免除保证责任。

第七条 财务信息披露

国家发展和改革委员会及有关省级发展改革部门或债券持有人及其代理人有权对担保人的财务状况进行监督，并要求担保人定期提供会计报表等财务信息。

第八条 债券的转让或出质

债券认购人或持有人依法将债权转让或出质给第三人的，担保人在本担保函第五条规定的范围内继续承担保证责任。

第九条 主债权的变更

经国家发展和改革委员会批准，债券利率、期限、还本付息方式等发生变更时，担保人继续承担本担保函项下的保证责任。

第十条 加速到期

在该保证合同项下的债券到期之前，担保人发生分立、合并、停产停业等足以影响债券持有人利益的重大事项时，债券发行人应在一定期限内提供新的保证，债券发行人不提供新的保证时，债券持有人有权要求债券发行人、担保人提前兑付债券本息。

第十一条 担保函的生效

本担保函自签定之日生效，在本担保函第六条规定的保证期间内不得变更或撤销。

担保人：

（公章）

法定代表人：

（公章）

年　　月　　日

附件八:承销商承销佣金收费标准

	包销方式	代销方式
不超过1亿元部分	1.5% -2.5%	1.5% -2.0%
超过1亿元(含1亿元)至5亿元部分	1.5% -2.0%	1.2% -1.5%
超过5亿元(含5亿元)至10亿元部分	1.2% -1.5%	0.8% -1.2%
超过10亿元部分(含10亿元)	0.8% -1.0%	0.5% -1.0%

附件九:×××企业债券(公司债券)发行章程基本格式

重要提示

凡欲认购本期债券的投资者,请认真阅读本发行章程。本发行人保证发行章程的内容真实、准确、完整,主管部门对本期债券发行所作出的任何决定,均不表明其对债券风险作出实质性判断。

第一条 债券发行依据

第二条 本次债券发行的有关机构

第三条 发行概要

第四条 发行人简况

第五条 担保人简况

第六条 承销方式

第七条 信用评级

第八条 认购与托管

第九条 债券发行网点

第十条 认购人承诺

第十一条 债券本息兑付办法

第十二条 已发行尚未兑付的债券

第十三条 筹集资金用途

第十四条 风险与对策

第十五条 发行人与担保人最近三年的主要财务数据与指标

第十六条 律师事务所出具的法律意见

第十七条 其他应说明的事项

附件十：×××公司债券募集说明书基本格式

一、释义
二、本期债券主要条款
三、风险提示和对策
四、发行人及发行人情况
五、担保人及担保人情况
六、本期债券募集资金的用途
七、本期债券发行后发行人的财务结构
八、发行人的历史财务指标与数据
九、发行人财务结果的分析
十、担保人的历史财务指标与数据
十一、发行人所在行业状况
十二、发行人业务状况及在所在行业的地位分析
十三、发行人与母公司、子公司等其他投资关系
十四、法律法规监管及律师事务所出具的法律意见
十五、税务等相关问题分析
十六、与本期债券相关的单位与部门
十七、其他需要说明的事项

Ⅲ.1.3 国家发展改革委关于下达2007年第一批企业债券发行规模及发行核准有关问题的通知

（2007年3月19日 发改财金[2007]602号）

各省、自治区、直辖市及计划单列市发展改革委，有关企业：

经报请国务院批准，现将2007年第一批企业债券发行规模下达给你们。本次共安排95家发债主体，发行规模992亿元。为做好本次企业债券发行工作，现将有关问题和要求通知如下：

一、规范发债申报材料，简化债券核准程序

各发债主体应按照《公司法》、《证券法》、《企业债券管理条例》和《国家发展改革委关于进一步改进和加强企业债券管理工作的通知》（发改财金[2004]1134号）等有关规定的基本要求，编制公开发行企业（公司）债券申请材料（目录见附件二）。

中央企业的申请材料直接报我委核准；地方企业的申请材料由所在省、自治区、直辖市、计划单列市发展改革部门转报我委核准。

为进一步简化企业债券核准程序，提高效率，适应市场需要，地方企业对我委反馈意见的回复及其他补充材料可直接报我委，抄报省级发展改革部门。我委关于企业债券的批复文件下达省级发展改革部门的同时，抄送地方企业、主承销商和债券登记托管机构，省级发展改革部门可不再转发。

二、强化信息披露，明确相关责任

发行人申请发行企业（公司）债券应当编制债券募集说明书（基本格式见附件三）及其摘要，作为发行债券的必备法律文件，进行信息披露。

发行人在募集说明书及其摘要中披露的所有信息应真实、准确、完整、及时，发行人及其有关负责人应承担相应的责任。凡对投资者作出购买债券决策有重大影响的信息均应披露。

主承销商应配合发行人编制募集说明书及其摘要，并对其内容进行核查，确认募集说明书及其摘要不存在虚假记载、误导性陈述或重大遗漏，并承担相应的责任。

募集说明书摘要应包括募集说明书全文的重要内容，不得出现内容上不一致，或因遗漏重要信息而误导投资者的情况。

发行人应在发行前至少一个工作日将募集说明书摘要刊登在我委指定的报

刊及发行人、主承销商认为必要的其他报刊;将募集说明书全文登载于我委、发行人、主承销商、债券登记托管机构及其他必要的网站;将审计报告、信用评级报告、法律意见书全文登载于发行人、主承销商及相应中介机构网站。同时,发行人住所、主承销商住所应置备全部备查文件,供投资者查阅。企业(公司)债券上市交易后,应按照交易场所的规定进行信息披露。

三、充分发挥市场中介机构作用,加强企业债券信用评级工作

本次企业债券应由具备从事企业债券承销业务资格的金融机构代理发行;由具有证券业务从业资格的会计师事务所对发行人最近三年的财务状况进行审计;由具有从业资格的律师事务所对发行人发行企业债券的合法合规性、募集说明书及其摘要的真实完整性出具法律意见书。

发债企业应聘请具有企业债券评级从业资格的信用评级机构出具信用评级报告,评级机构应在报告中同时公示债券信用等级和发行人长期主体信用等级。评级机构在开展评级业务过程中,应诚信尽责,严禁承诺评级级别、恶意价格竞争等不正当行为。发行人聘请评级机构后,原则上不得更换,如认为评级结果不公允,可以再聘请另一家评级机构进行评级,但两个评级机构的评级报告全文均应披露。

在债券存续期内,评级机构至少应于每年企业年报公布后的一个月内开展一次跟踪评级,并公告评级结果。

四、规范债券承销,防范发行风险

本次企业债券的发行应组织承销团。各发债主体要按照公平竞争的原则,自主选择企业债券发行的承销商和其他中介机构。承销商和其他中介机构不得以不正当竞争手段招揽业务,扰乱市场秩序。在本次企业债券的承销团组建过程中,应遵照以下规定:

(一)每个承销商担任主承销商(包括联合主承销商)的次数不得超过本次企业债券总家数的四分之一。

(二)以余额包销方式承销的,各承销商承销的企业债券金额原则上不得超过其上年末净资产的三分之一。

(三)企业债券发行规模在 15 亿元(不含 15 亿元)以下的,主承销商不得超过 1 家;15 亿元至 50 亿元(不含 50 亿元)的,主承销商不得超过 2 家;50 亿元以上的,主承销商不得超过 3 家。

(四)自 2000 年以来,已经担任过企业债券发行主承销商或累计担任过 3 次以上副主承销商的金融机构方可担任主承销商,已经担任过副主承销商或累计担任过 3 次以上分销商的金融机构方可担任副主承销商。

企业集团财务公司可以承销本集团发行的企业债券,并可直接担任副主承销商，不受3次分销商累计资格的限制，但不得担任主承销商。

（五）企业债券发行规模在5亿元（含5亿元）以下的，承销团成员家数不超过5家；5亿－15亿元（含15亿元）的，每增加1亿元可增加1家；15亿－30亿元（含30亿元）的，不超过20家；30亿元以上的，不超过25家。

承销团构成应保持合理结构，主承销商与副主承销商家数之和不得大于分销商家数。

（六）承销企业债券的佣金按超额累退费率计收（具体标准见附件四）。

五、探索多种债券增信方式，防范债券兑付风险

企业债券的发行可采用信用债券、抵押债券或第三方担保等形式。采取第三方担保的，应按规定格式出具担保函（附件五）。同时，要稳步提高信用债券发行比例，探索发展抵押债券。

发行人应制定切实可行的偿债计划及保障措施。应提前提取偿债基金，并建立专户进行管理。发行人应在募集说明书中说明，当发生债券本息不能按期兑付情况时，拟采取的具体偿债措施和赔偿方式，确保按期兑付本息。

六、推进债券发行市场化，维护发行市场秩序

本次企业债券应按照公开、公平、公正的原则，通过承销团设置的网点发行或在证券交易所网上发行。企业债券的利率由发行人和承销团协商确定，提倡采取簿记建档等市场化方式确定利率和进行配售，采用浮动利率的，可使用上海银行间同业拆放利率（Shanghai Interbank Offered Rate，Shibor）为基准利率。

在企业债券发行过程中，严禁超规模发行和擅自加价、折价销售以及在发行期内的"炒卖"行为；在投资者需求尚未满足的情况下，严禁承销团成员私自留券或以包销名义变相私自留券以及名义承销、虚假销售等行为。

七、其他事项

（一）发行本次债券所筹集的资金，应按照核准的用途使用，不得增加或更换项目，可调减项目，但应保持发债规模占项目总投资的比例不超过30%。

（二）4月30日前公告发行、但不能提供经审计的2006年财务报表的，可使用经审计的2003—2005年财务报表，并补充提供2006年上半年或全年财务报表（可未经审计）。

5月1日—10月31日公告发行的，应使用经审计的2004—2006年财务报表。

11月1日后公告发行的，除使用经审计的2004—2006年财务报表外，还应补充提供2007年上半年或全年财务报表（可未经审计）。

（三）高科技中小企业集合发行企业债券的，应统一担保，统一组织，由担保人出具集合债券担保函。

附件：

公开发行企业(公司)债券申请材料目录(略)

企业(公司)债券募集说明书基本格式(略)

承销企业(公司)债券佣金收费标准(略)

担保函内容与格式(略)

中华人民共和国国家发展和改革委员会

二〇〇七年三月十九日

Ⅲ.1.4 中国银监会关于有效防范企业债担保风险的意见

（2007年10月12日 银监发[2007]75号）

各银监局，各政策性银行、国有商业银行、股份制商业银行，邮政储蓄银行，银监会直接监管的信托公司、财务公司、租赁公司：

近年来，企业债券发行规模快速增长，债券品种和发行主体日益多样化，对构建多层次资本市场、提高金融资源配置效率、深化国有企业改革起到了重要作用。但部分银行存在忽视企业信用风险、盲目为企业发债提供担保的问题。为有效防范企业债券发行担保风险，保障银行资产安全，现就有关问题提出以下意见：

一、严格区分直接融资和间接融资市场不同的利益主体，防止侵害存款人利益

债券市场是直接融资市场，与以银行作为中介的间接融资市场有本质区别。直接融资市场以企业信用为基础，需保护投资人利益；间接融资市场以银行信用为基础，主要保护存款人利益。企业发债强调的是企业资信和还款能力，应与银行授信严格区分。按照我国现行债券发行审批要求，发债企业须聘请其他独立经济法人依法对企业债进行担保，担保人应承担连带担保责任。若银行为企业债券提供担保，一旦债券到期不能偿付，银行将代为承担偿付责任，这实质掩盖了债券真实风险，以银行信用代替或补充了企业信用。一方面，这可能引发发债企业和债券投资者双方的道德风险，难以建立市场化定价机制，不利于培育发债主体和投资者风险意识，有悖于国家大力发展债券市场、促进直接融资的初衷。另一方面，银行为企业发债提供担保，担保费率远低于贷款利率，而承担的信用风险却与贷款无异，甚至因缺乏严格的审批程序和有效的监控措施会高于贷款风险。还要间接承担额外的交易对手风险以及市场风险。银行担保保护了债券投资人利益，却使债券市场的各类风险转移至银行系统，可能损害银行股东利益和存款人资金安全。

二、充分认识企业债担保风险，防止偿债风险的跨业转移

现阶段我国债券市场尚不发达，债券发行人信用水平不高，债券发行申请、审批、债券资金运用监督、信息披露等制度有待健全，债券到期偿付风险较高，各银行应充分认识为企业债提供担保的风险。一是目前企业债发行市场化程度不高，中介机构发展相对滞后，部分评级公司的专业性、公信力不强，相关法律审查、会计审计的独立性不够，难以准确评判企业债真实风险和发挥有效监督。二是发债企业信息披露要求得不到有效落实，担保银行对发债企业资金使用和经营情况缺乏有效监控手段，企业一旦改变债券资金用途或发生其他影响偿债能力的事件，银行难以及时采取有效措施化解风险。如部分企业发债所筹资金违规流入股市和房市，增大了银行担保风险。三是个别银行未将对客户的担保纳入统一授信管理，未按照《商业银行授信尽职工作指引》要求对被担保企业进行严格审查，甚至存在为维持客户关系放松担保条件要求等问题，需要引起高度关注。

三、加强债券担保管理，健全或有负债风险问责制

以项目债为主的企业债券，债券期限较长，一般为 5 至 10 年，长的可达 20 年，多投放于较大的固定资产投资项目、技术改造项目，还款来源通常为项目租金收入、经营收入，受国家宏观调控政策、地区经济发展等因素影响较大，项目能否如期建成和按期偿还债券本息均存在较大风险，银行履行偿付责任概率较高。

各银行（公司总部）要进一步完善融资类担保业务的授权授信制度，将该类业务审批权限上收至各银行总行（公司总部）。即日起要一律停止对以项目债为主的企业债进行担保，对其他用途的企业债券、公司债券、信托计划、保险公司收益计划、券商专项资产管理计划等其他融资性项目原则上不再出具银行担保；已经办理担保的，要采取逐步退出措施，及时追加必要的资产保全措施。

四、加强担保等表外业务的授信管理，严格责任追究

各银行应当按照《商业银行授权授信管理暂行办法》要求，将担保等表外或有负债业务纳入统一授信管理，严格准入条件，严格担保审查，严格授权制度。对未纳入授信统一额度管理的客户，不得办理担保业务。对银行违反规定办理企业债担保业务的，或因未达到尽职要求形成风险的，银行监管部门将严厉追究有关机构和责任人责任。

各银监局要将本意见转发至辖内各银监分局和城市商业银行、农村商业银行、农村合作银行、城乡信用社；各政策性银行、国有商业银行、股份制商业银行要立即将本意见转发至各分支机构。

二〇〇七年十月十二日

Ⅲ.1.5 中央企业债券发行管理暂行办法

(2008年4月3日 国务院国有资产监督管理委员会)

关于印发《中央企业债券发行管理暂行办法》的通知

各中央企业:

为加强对中央企业的监督管理,规范中央企业债券发行行为,根据国家有关法律、行政法规,特制定《中央企业债券发行管理暂行办法》。现印发给你们,请结合实际,遵照执行,并及时反映工作中有关情况和问题。

国务院国有资产监督管理委员会
二〇〇八年四月三日

中央企业债券发行管理暂行办法

第一条 为加强对国务院国有资产监督管理委员会(以下简称国资委)履行出资人职责企业(以下简称中央企业)的监督管理,规范中央企业债券发行行为,防范和控制企业债务风险,根据《中华人民共和国公司法》、《中华人民共和国证券法》和《企业国有资产监督管理暂行条例》(国务院令第378号)等有关法律、行政法规,制定本办法。

第二条 中央企业公开发行企业债券、公司债券等中长期债券(以下统称债券)应当符合国家有关法律法规的规定,并按本办法的规定履行相应的决策程序。

中央企业发行前款规定以外的其他债券,按照有关法律、行政法规的规定,由中央企业董事会或总经理办公会议决定。

第三条 中央企业应当加强风险防范意识,建立健全有关债券发行的风险防范和控制制度。

中央企业发行债券或为其他企业发行债券提供担保,应当符合国资委有关风险控制的相关规定。

第四条 中央企业应当按照突出主业发展的原则,做好债券发行事项的可行性研究，可行性研究报告应当包括下列主要内容：

（一）宏观经济环境、债券市场环境、企业所处行业状况、同行业企业近期债券发行情况；

（二）企业产权结构、生产经营、财务状况和发展规划，本企业已发行债券情况；

（三）筹集资金的规模、用途和效益预测，发行债券对企业财务状况和经营业绩的影响，企业偿债能力分析；

（四）风险控制机制和流程，可能出现的风险及应对方案。

第五条 中央企业在可行性研究基础上制订债券发行方案。国有独资企业的债券发行方案由总经理办公会议审议，并形成书面意见；公司制企业的债券发行方案由董事会负责制订。

第六条 中央企业中的国有独资企业和国有独资公司发行债券，由国资委依照法定程序作出决定。

国有独资企业、国有独资公司应当向国资委报送下列文件资料：

（一）债券发行申请；

（二）债券发行可行性研究报告；

（三）债券发行方案（国有独资企业同时附送总经理办公会议审议意见）；

（四）企业章程及产权登记证；

（五）具有相应资质的会计师事务所出具的近三个会计年度的审计报告；

（六）国资委要求提供的其他材料。

第七条 中央企业中的国有控股或参股公司的发行债券，由其股东会（股东大会）作出决议；公司在召开股东会（股东大会）前，应当按照《中华人民共和国公司法》和公司章程的有关规定，将债券发行方案及相关材料报送包括国资委在内的全体股东，国资委出具意见后，由其股东代表在股东会（股东大会）上行使表决权，并及时将审议情况报告国资委。

国有控股或参股公司向国资委报送的文件资料比照第六条第二款的规定执行。

第八条 国资委根据国有经济布局和结构调整的总体要求，主要从企业主业发展资金需求、企业法人治理结构、资产负债水平、风险防范和控制机制建设等方面，对中央企业债券发行事项进行审核，并作出决定或出具意见。

第九条 国资委作出同意发行债券的决定、股东会（股东大会）作出同意发行债券的决议后，中央企业按规定向国家有关主管部门报送发行债券的申请。

第十条 国家有关主管部门对企业债券发行作出核准或不予核准的决定 5 日内，中央企业应将有关情况报告国资委。

中央企业应当在债券发行工作结束15日内及兑付工作结束15日内，将发行情况、兑付情况书面报告国资委。

债券存续期内，发生可能影响债券持有人实现其债权的重大事项时，中央企业应当及时向国资委报告。

第十一条 中央企业发行债券未按本办法规定履行相关决策程序的，国资委将按照《企业国有资产监督管理暂行条例》等有关规定，追究企业及其相关责任人员的责任。

第十二条 中央企业应当根据本办法精神，制订各级子企业的债券发行事项管理工作规范。

第十三条 国资委建立中央企业债券发行情况统计报告制度，中央企业应将本企业及各级子企业已发行债券、还本付息等情况随同年度决算一并报国资委。

Ⅲ.1.6 国家发展改革委关于推进企业债券市场发展、简化发行核准程序有关事项的通知

（2008 年 1 月 2 日　发改财金[2008]7 号）

各省、自治区、直辖市及计划单列市、新疆生产建设兵团发展改革委，有关部门，有关中央企业：

为进一步推动企业债券市场化发展，扩大企业债券发行规模，经国务院同意，对企业债券发行核准程序进行改革，将先核定规模、后核准发行两个环节，简化为直接核准发行一个环节。现将有关事项通知如下：

一、中华人民共和国境内注册登记的具有法人资格的企业申请发行企业债券，应按照《证券法》、《公司法》、《企业债券管理条例》等法律法规及有关文件规定的条件和程序，编制公开发行企业（公司）债券申请材料（见附件一、二），报国家发展改革委核准。

本通知所称企业债券，是指企业依照法定程序公开发行并约定在一定期限内还本付息的有价证券，包括依照公司法设立的公司发行的公司债券和其他企业发行的企业债券。上市公司发行的公司债券按其他有关规定执行。

二、企业公开发行企业债券应符合下列条件：

（一）股份有限公司的净资产不低于人民币 3000 万元，有限责任公司和其他类型企业的净资产不低于人民币 6000 万元；

（二）累计债券余额不超过企业净资产（不包括少数股东权益）的 40%；

（三）最近三年可分配利润（净利润）足以支付企业债券一年的利息；

（四）筹集资金的投向符合国家产业政策和行业发展方向，所需相关手续齐全。用于固定资产投资项目的，应符合固定资产投资项目资本金制度的要求，原则上累计发行额不得超过该项目总投资的 60%。用于收购产权（股权）的，比照该比例执行。用于调整债务结构的，不受该比例限制，但企业应提供银行同意以债还贷的证明；用于补充营运资金的，不超过发债总额的 20%；

（五）债券的利率由企业根据市场情况确定，但不得超过国务院限定的利率水平；

（六）已发行的企业债券或者其他债务未处于违约或者延迟支付本息的状态；

（七）最近三年没有重大违法违规行为。

三、完善企业债券市场化约束机制，企业可发行无担保信用债券、资产抵押债券、第三方担保债券。

四、中央直接管理企业的申请材料直接申报；国务院行业管理部门所属企业的申请材料由行业管理部门转报；地方企业的申请材料由所在省、自治区、直辖市、计划单列市发展改革部门转报。

公开发行企业（公司）债券申请材料应真实、准确、完整，凡对投资者作出购买债券决策有重大影响的信息均应披露，发行人及参与债券发行的各有关方应承担相应的责任。

五、国家发展改革委受理企业发债申请后，依据法律法规及有关文件规定，对申请材料进行审核。符合发债条件、申请材料齐全的直接予以核准。申请材料存在不足或需要补充有关材料的，应及时向发行人和主承销商提出反馈意见。发行人及主承销商根据反馈意见对申请材料进行补充、修改和完善，重要问题应出具文件进行说明。

国家发展改革委自受理申请之日起3个月内（发行人及主承销商根据反馈意见补充和修改申报材料的时间除外）作出核准或者不予核准的决定，不予核准的，应说明理由。

六、债券筹集资金必须按照核准的用途，用于本企业的生产经营，不得擅自挪作他用。不得用于弥补亏损和非生产性支出，也不得用于房地产买卖、股票买卖以及期货等高风险投资。

推进企业债券市场发展，需要不断优化市场基础环境。提高企业偿债意识，强化信息披露。充分发挥中介机构作用，形成由市场识别风险、承担风险、控制风险的有效机制，推动企业债券市场协调可持续发展。在信息披露、信用评级、承销组团、利率确定、财务审计、法律意见等方面仍需按现行规定认真执行。

附件：

一、公开发行企业（公司）债券申请材料目录（略）

二、×××企业（公司）债券募集说明书基本格式（略）

中华人民共和国国家发展和改革委员会

二〇〇八年一月二日

附件一:公开发行企业(公司)债券申请材料目录

一、发行申请材料的纸张、封面及份数

(一)纸张　应采用幅面为210毫米×297毫米规格的纸张(A4纸张规格)。

(二)封面

1. 标有"××××公开发行企业(公司)债券申请材料"字样。按照《公司法》设立的公司制企业发行企业债券可称为公司债券。

2. 申请企业名称、住所、联系电话、联系人、邮政编码。

3. 主承销商名称、住所、联系电话、联系人、邮政编码。

4. 申报时间。

(三)份数　申请材料为一份原件及电子文档。

二、发行申请材料目录

(一)国务院行业管理部门或省级发展改革部门转报发行企业债券申请材料的文件;

(二)发行人关于本次债券发行的申请报告;

(三)主承销商对发行本次债券的推荐意见(包括内审表);

(四)发行企业债券可行性研究报告,包括债券资金用途、发行风险说明、偿债能力分析等;

(五)发债资金投向的有关原始合法文件;

(六)发行人最近三年的财务报告和审计报告(连审)及最近一期的财务报告;

(七)担保人最近一年财务报告和审计报告及最近一期的财务报告(如有);

(八)企业(公司)债券募集说明书;

(九)企业(公司)债券募集说明书摘要;

(十)承销协议;

(十一)承销团协议;

(十二)第三方担保函(如有);

(十三)资产抵押有关文件(如有);

(十四)信用评级报告;

(十五)法律意见书;

(十六)发行人《企业法人营业执照》(副本)复印件;

(十七)中介机构从业资格证书复印件;

(十八)本次债券发行有关机构联系方式;

(十九)其他文件。

附件二:×××企业(公司)债券募集说明书基本格式

募集说明书应包括封面、扉页、目录、释义和正文内容等部分。

募集说明书扉页应包括以下内容:①发行人或发行人董事会声明;如:“发行人或发行人董事会已批准本期债券募集说明书及其摘要,发行人领导成员或全体董事承诺其中不存在虚假记载、误导性陈述或重大遗漏,并对其真实性、准确性、完整性承担个别和连带的法律责任”。②企业负责人和主管会计工作的负责人、会计机构负责人声明;如:“企业负责人和主管会计工作的负责人、会计部门负责人保证本期债券募集说明书及其摘要中财务报告真实、完整”。③主承销商勤勉尽责声明。④投资提示;如“凡欲认购本期债券的投资者,请认真阅读本募集说明书及其有关的信息披露文件,并进行独立投资判断。主管部门对本期债券发行所作出的任何决定,均不表明其对债券风险作出实质性判断。”“凡认购、受让并持有本期债券的投资者,均视同自愿接受本募集说明书对本期债券各项权利义务的约定”。“债券依法发行后,发行人经营变化引致的投资风险,投资者自行负责”。⑤其他重大事项或风险提示。⑥本期债券基本要素;债券名称、发行总额、期限、利率、发行方式、发行对象、信用级别、担保等。

募集说明书释义应在目录次页排印,对募集说明书中的有关机构简称、代称、专有名词、专业名词进行准确、简要定义。

募集说明书的主要内容目录如下:

第一条 债券发行依据

本次发行的审批文件文号

第二条 本次债券发行的有关机构

主要包括:本次发行涉及的机构的名称、法定代表人、经办人员、办公地址、联系电话、传真、邮政编码等。

第三条 发行概要

主要包括:债券名称、发行总额、期限、利率、还本付息、发行价格、发行方式、发行对象、发行期、认购托管、承销方式、信用级别、担保、重要提示等。

第四条 承销方式

第五条 认购与托管

第六条 债券发行网点

第七条 认购人承诺

第八条 债券本息兑付办法

第九条 发行人基本情况

主要包括:发行人概况;历史沿革;股东情况;公司治理和组织结构;发行人

与母公司、子公司等投资关系；主要控股子公司情况；发行人领导成员或董事、监事及高级管理人员情况等。

第十条 发行人业务情况主要包括：发行人所在行业现状和前景；发行人在行业中的地位和竞争优势；发行人主营业务模式、状况及发展规划。

第十一条 发行人财务情况主要包括：发行人最近三年及最近一期主要财务数据及资产负债表、利润及利润分配表、现金流量表；发行人财务分析（包括营运能力分析、盈利能力分析、偿债能力分析和现金流量分析等）。

第十二条 已发行尚未兑付的债券

第十三条 筹集资金用途主要包括：发债资金投向概况，如项目审批、核准或备案情况、收购合同或意向书签订情况、以债还贷情况、补充营运资金情况等。发债募集资金使用计划及管理制度。

第十四条 偿债保证措施主要包括：担保人基本情况、财务情况（主要财务数据及财务报表）、资信情况、担保函主要内容。采用资产抵押担保的，应提供抵押资产的评估、登记、保管和相关法律手续、保障投资者履行权利的有关制度安排等情况。发行人制定的偿债计划及保障措施，包括偿债专户、偿债基金以及违约时拟采取的具体偿债措施和赔偿方式。

第十五条 风险与对策

主要包括：与本期债券有关的风险与对策；与行业相关的风险与对策；与发行人有关的风险与对策。

第十六条 信用评级

主要包括信用评级报告的内容概要以及跟踪评级安排等。

第十七条 法律意见

主要包括法律事务所对本期债券的合法合规性及信息披露文件的真实性、完整性等出具的法律意见的概要。

第十八条 其他应说明的事项

第十九条 备查文件

包括备查文件清单、查阅地点、方式、联系人等。

注：募集说明书摘要的格式原则上仍为上述十九条，各条内容进行简化。

Ⅲ.1.7 国务院关于加强地方政府融资平台公司管理有关问题的通知

（2010年6月10日 国发[2010]19号）

各省、自治区、直辖市人民政府，国务院各部委、各直属机构：

近年来，地方政府融资平台公司（指由地方政府及其部门和机构等通过财政拨款或注入土地、股权等资产设立，承担政府投资项目融资功能，并拥有独立法人资格的经济实体）通过举债融资，为地方经济和社会发展筹集资金，在加强基础设施建设以及应对国际金融危机冲击中发挥了积极作用。但与此同时，也出现了一些亟须高度关注的问题，主要是融资平台公司举债融资规模迅速膨胀，运作不够规范；地方政府违规或变相提供担保，偿债风险日益加大；部分银行业金融机构风险意识薄弱，对融资平台公司信贷管理缺失等。为有效防范财政金融风险，加强对地方政府融资平台公司管理，保持经济持续健康发展和社会稳定，现就有关问题通知如下：

一、抓紧清理核实并妥善处理融资平台公司债务

地方各级政府要对融资平台公司债务进行一次全面清理，并按照分类管理、区别对待的原则，妥善处理债务偿还和在建项目后续融资问题。

纳入此次清理范围的债务，包括融资平台公司直接借入、拖欠或因提供担保、回购等信用支持形成的债务。债务经清理核实后按以下原则分类：（1）融资平台公司因承担公益性项目建设举借、主要依靠财政性资金偿还的债务；（2）融资平台公司因承担公益性项目建设举借、项目本身有稳定经营性收入并主要依靠自身收益偿还的债务；（3）融资平台公司因承担非公益性项目建设举借的债务。

对原计划由融资平台公司承担融资的在建项目，对其后续资金应根据不同情况妥善处理。地方各级政府要严格审核项目投资预算和资金来源，各类资金要集中用于项目续建和收尾，严格控制新开工项目，防止出现“半拉子”工程。经地方政府审核后，对还款来源主要依靠财政性资金的公益性在建项目，除法律和国务院另有规定外，不得再继续通过融资平台公司融资，应通过财政预算等渠道，或采取市场化方式引导社会资金解决建设资金问题。对使用债务资金的其他在建项目，原贷款银行等要重新进行审核，凡符合国家产业政策、土地政策、环境保护政策、信贷审慎管理规定及宏观调控政策等要求的项目，要继续按协议提供贷款，推进项目建设；对不符合上述要求的项目，地方政府要尽快进行清理，妥善处置。

对融资平台公司贷款，银行业金融机构要坚持按照“逐包打开、逐笔核对、重新评估、整改保全”的原则进行全面清理，及时采取补救措施，确保信贷资产安全。

地方各级政府要采取有效措施，落实有关债务人偿债责任。对融资平台公司存量债务，要按照协议约定偿还，不得单方面改变原有债权债务关系，不得转嫁偿债责任和逃废债务。融资平台公司等要统筹安排资金，制定偿债计划，明确偿债时限，切实承担还本付息责任。

二、对融资平台公司进行清理规范

在本通知下发前已经设立的融资平台公司，要按以下要求进行清理规范：对只承担公益性项目融资任务且主要依靠财政性资金偿还债务的融资平台公司，今后不得再承担融资任务，相关地方政府要在明确还债责任，落实还款措施后，对公司做出妥善处理；对承担上述公益性项目融资任务，同时还承担公益性项目建设、运营任务的融资平台公司，要在落实偿债责任和措施后剥离融资业务，不再保留融资平台职能。对承担有稳定经营性收入的公益性项目融资任务并主要依靠自身收益偿还债务的融资平台公司，以及承担非公益性项目融资任务的融资平台公司，要按照《中华人民共和国公司法》等有关规定，充实公司资本金，完善治理结构，实现商业运作；要通过引进民间投资等市场化途径，促进投资主体多元化，改善融资平台公司的股权结构。对其他兼有不同类型融资功能的融资平台公司，也要按照上述原则进行清理规范。

今后地方政府确需设立融资平台公司的，必须严格依照有关法律法规办理，足额注入资本金，学校、医院、公园等公益性资产不得作为资本注入融资平台公司。

三、加强对融资平台公司的融资管理和银行业金融机构等的信贷管理

融资平台公司融资和担保要严格执行相关规定。经清理整合后保留的融资平台公司，其融资行为必须规范，向银行业金融机构申请贷款须落实到项目，以项目法人公司作为承贷主体，并符合有关贷款条件的规定。融资项目必须符合国家宏观调控政策、发展规划、行业规划、产业政策、行业准入标准和土地利用总体规划等要求，按照国家有关规定履行项目审批、核准或备案手续。要严格按照规定用途使用资金，讲求效益，稳健经营。

银行业金融机构等要严格规范信贷管理，切实加强风险识别和风险管理。要落实借款人准入条件，按商业化原则履行审批程序，审慎评估借款人财务能力和还款来源。凡没有稳定现金流作为还款来源的，不得发放贷款。向融资平台公司新发贷款要直接对应项目，并严格执行国家有关项目资本金的规定。严格执行贷款集中度要求，加强贷款风险控制，坚持授信审批的原则、程序与标准。要按照要求将符合抵质押条件的项目资产或项目预期收益等权利作为贷款担保。要认真审查贷款投向，确保贷款符合国家规划和产业发展政策要求。要加强贷后管理，加大监督和检查力度。适当提高融资平台公司贷款的风险权重，按照不同情况严格进行贷款质量分类。

四、坚决制止地方政府违规担保承诺行为

地方政府在出资范围内对融资平台公司承担有限责任，实现融资平台公司债务风险内部化。要严格执行《中华人民共和国担保法》等有关法律法规规定，除法律和国务院另有规定外，地方各级政府及其所属部门、机构和主要依靠财政拨款的经费补助事业单位，均不得以财政性收入、行政事业等单位的国有资产，或其他任何直接、间接形式为融资平台公司融资行为提供担保。

五、加强组织领导，确保工作落实

各地区、各部门要从大局出发，牢固树立科学发展观和正确政绩观，充分认识加强融资平台公司管理工作的重要性和紧迫性，统一思想，加强领导，精心组织，结合本地区、本部门实际认真抓好落实。财政部、发展改革委、人民银行、银监会等部门和机构，要抓紧制定具体实施方案，完善相关政策，加强对这项工作的指导监督。财政部要会同有关部门加快建立融资平台公司债务管理信息系统、会计核算和统计报告制度，以及融资平台公司债务信息定期通报制度，实现对融资平台公司债务的全口径管理和动态监控。审计部门要加强对融资平台公司的审计监督。要研究建立地方政府债务规模管理和风险预警机制，将地方政府债务收支纳入预算管理，逐步形成与社会主义市场经济体制相适应、管理规范、运行高效的地方政府举债融资机制。

地方各级政府和有关部门、单位都要严格遵守法律制度规定，确保有法必依，违法必究。对清理规范中检查出来的问题要及时予以纠正，对清理规范后仍然违反《中华人民共和国预算法》、《中华人民共和国担保法》、《中华人民共和国商业银行法》等规定的要依法依规严肃处理，并追究相关责任人的责任。

各省（区、市）人民政府要切实履行职责，抓紧落实相关工作，并将工作落实情况于2010年12月31日前上报国务院，抄送财政部、发展改革委、人民银行和银监会。

国务院

二〇一〇年六月十日

Ⅲ.1.8 关于贯彻国务院关于加强地方政府融资平台公司管理有关问题的通知

(2010 年 7 月 30 日 财预[2010]412 号)

各省、自治区、直辖市、计划单列市财政厅(局)、发展改革委,中国人民银行上海总部、各分行、营业管理部、省会(首府)城市中心支行、副省级城市中心支行,各银监局:

为切实贯彻落实《国务院关于加强地方政府融资平台公司管理有关问题的通知》(国发[2010]19 号,以下简称《通知》),现就相关事项通知如下:

一、关于抓紧清理核实并妥善处理融资平台公司债务

清理核实融资平台公司债务是规范管理的前提。纳入此次清理核实范围的融资平台公司是指截至 2010 年 6 月 30 日,由地方政府及其部门和机构、所属事业单位等通过财政拨款或注入土地、股权等资产设立,具有政府公益性项目投融资功能,并拥有独立企业法人资格的经济实体,包括各类综合性投资公司,如建设投资公司、建设开发公司、投资开发公司、投资控股公司、投资发展公司、投资集团公司、国有资产运营公司、国有资本经营管理中心等,以及行业性投资公司,如交通投资公司等。

清理核实的债务是指截至 2010 年 6 月 30 日,融资平台公司通过直接借入、拖欠或因提供担保、回购等信用支持形成的债务。

融资平台公司债务经清理核实后按以下原则分类:融资平台公司因承担公益性项目建设运营举借、主要依靠财政性资金偿还的债务;融资平台公司因承担公益性项目建设运营举借、项目本身有稳定经营性收入并主要依靠自身收益偿还的债务;融资平台公司因承担非公益性项目建设运营举借的债务。

《通知》中"公益性项目"是指为社会公共利益服务、不以营利为目的,且不能或不宜通过市场化方式运作的政府投资项目,如市政道路、公共交通等基础设施项目,以及公共卫生、基础科研、义务教育、保障性安居工程等基本建设项目。

《通知》中"融资平台公司因承担公益性项目建设举借、主要依靠财政性资金偿还的债务",是指融资平台公司因承担公益性项目融资任务举借,根据协议约定、项目性质或相关政策规定确定,偿债资金 70% 以上(含 70%)来源于一般预算资金、政府性基金预算收入、国有资本经营预算收入、预算外收入等财政性资金的债务。上述财政性资金暂不包括已注入融资平台公司的土地使用权出让收入、因承担政府公益性项目建设获得的土地使用权出让收入返还、车辆通行费等专项收费收入。

《通知》中"在建项目"是指截至2010年6月30日，经相关投资主管部门依照有关规定完成审批、核准或备案手续，并已开工建设的项目。为避免损失浪费，防止出现"半拉子"工程，应当妥善安排在建项目的后续资金。"对还款来源主要依靠财政性资金的公益性在建项目，除法律和国务院另有规定外，不得再继续通过融资平台公司融资"中的"法律和国务院另有规定"是指对按照《中华人民共和国公路法》、《国务院关于加强国有土地资产管理的通知》（国发[2001]15号）等法律和国务院规定可以融资的项目，以及经国务院核准或审批的重大项目，如城市快速轨道交通项目等，可暂继续执行既定融资计划。

《通知》中"信贷审慎管理规定"是指人民银行和银监会发布的相关信贷政策与管理规定及银行自身信贷管理要求，如《固定资产贷款管理暂行办法》（中国银行业监督管理委员会令2009年第2号）、《流动资金贷款管理暂行办法》（中国银行业监督管理委员会令2010年第1号）、《项目融资业务指引》（银监发[2009]71号）等。

《通知》中"对不符合上述要求的项目，地方政府要尽快进行清理，妥善处置"，是指地方政府应根据实际情况，按照国家产业政策、土地政策、环境保护政策、信贷审慎管理规定及宏观调控政策等要求，对相关项目采取整改、终止等措施，妥善处置。对于整改后仍不符合上述要求的项目，银行不得再发放新的贷款。如果融资平台公司贷款风险缓释措施不到位，必须按照有关法律法规规定采取足额追加抵质押等措施，否则银行不能追加贷款。

《通知》中"逐包打开"是指要将贷款包内的每笔贷款一一对应到合格的项目，甄别贷款包的潜在风险，确实存在合规性问题和风险问题的，要采取相应保全措施。

《通知》中"逐笔核对"是指对融资平台公司贷款进行逐笔核实查对，从借款主体、担保主体、贷款管理等方面查找贷款存在的风险和问题。

《通知》中"重新评估"是指重新评估贷款对应的项目的合规性和可行性，项目的效益性以及还款来源的充足性和持续性，项目资本金的可靠性，项目融资需求的合理性，项目资金使用的真实性等方面存在的风险和问题，确保项目债务水平与还款水平相匹配。

《通知》中"整改保全"是指针对自查发现的风险和问题，在制度建设、项目合规性、贷款管理、操作流程、还款来源、抵押担保等方面采取的整改保全措施。按照"规范退出、保全分离"的原则，对于清理规范后自身具有稳定的经营性现金流，能够全额偿还贷款本息且符合一般商业公司经营性质的融资平台公司，银行应将该类公司的贷款整体纳入一般公司类贷款进行管理；对于清理规范后自身具有一定的经营性现金流，能够部分偿还贷款本息的融资平台公司，银行应采取补充完善合同手续、增加新的借款主体和担保主体等整改保全措施，强化还款约束，将其中规范后满足一般公司类贷款条件的贷款从融资平台公司贷款中剥离，纳入一般公司类贷款管理。

二、关于对融资平台公司进行清理规范

对融资平台公司进行清理规范时，对于其他兼有不同类型融资功能的融资平台公司，包括为政府投资项目（含公益性项目）融资而组建，不承担具体项目建设、项目经营管理职能，且与下属子公司仅是股权关系的国有资产运营公司、国有资本经营管理中心等类型的融资平台公司，也要按照规定原则进行清理规范。

《通知》中“承担有稳定经营性收入的公益性项目融资任务并主要依靠自身收益偿还债务”，是指融资平台公司因承担公益性项目融资任务举借，且偿债资金70%以上（含70%）来源于公司自身收益。融资平台公司自身收益除项目本身经营性收益外，还包括已注入融资平台公司的土地的出让金收入和车辆通行费等其他经营性收入。

《通知》中“今后地方政府确需设立融资平台公司的，必须严格依照有关法律法规办理，足额注入资本金，学校、医院、公园等公益性资产不得作为资本注入融资平台公司”的“今后”是指2010年7月1日以后（含7月1日）；“公益性资产”，是指为社会公共利益服务，且依据有关法律法规规定不能或不宜变现的资产，如学校、医院、公园、广场、党政机关及经费补助事业单位办公楼等，以及市政道路、水利设施、非收费管网设施等不能带来经营性收入的基础设施等。

三、关于加强对融资平台公司的融资管理和银行业金融机构等的信贷管理

融资平台公司融资和担保要严格执行《通知》中相关规定。经清理整合后保留的融资平台公司，其融资行为必须规范。《通知》中“向银行业金融机构申请贷款须落实到项目，以项目法人公司作为承贷主体”的规定，是指贷款资金应用于项目本身，承贷主体应为具有独立承担民事责任的市场主体。《通知》中“凡没有稳定现金流作为还款来源的，不得发放贷款”，是指对于自身没有稳定经营性现金流或者没有可靠偿债资金来源的融资平台公司，银行业金融机构等不得发放贷款。

银行业金融机构等要严格规范信贷管理，切实加强风险识别和风险管理。银行业金融机构的项目贷款审查流程、程序、授权授信等要严格按照商业贷款审查标准，不得放松信贷管理条件。《通知》中“向融资平台公司新发贷款要直接对应项目，并严格执行国家有关项目资本金的规定”的“项目”是指要符合《通知》第一部分所要求的“符合国家产业政策、土地政策、环境保护政策、信贷审慎管理规定及宏观调控政策等要求的项目”。

四、关于坚决制止地方政府违规担保承诺行为

《通知》明确，地方政府在出资范围内对融资平台公司承担有限责任，实现融资平台公司债务风险内部化。自《通知》下发之日起，对于融资平台公司的新增债务，地方政府仅以出资额为限承担有限责任。如果债务人无法偿还全部债务，债权人也应承担相应责任。

《通知》中“直接、间接形式为融资平台公司提供担保”包括但不限于下列各种形式：为融资平台公司融资行为出具担保函；承诺在融资平台公司偿债出现困难时，给予流动性支持，提供临时性偿债资金；承诺当融资平台公司不能偿付债务时，承担部分偿债责任；承诺将融资平台公司的偿债资金安排纳入政府预算。

五、关于加强组织领导，确保工作落实

各省(区、市)人民政府财政部门要会同发展改革部门、人民银行分支机构、银监会派出机构等，抓紧制定具体实施方案，建立协调机制，配备专职人员，加强对这项工作的指导监督。

各省(区、市)人民政府财政部门要于2010年10月31日前将地方政府融资平台公司债务清理核实情况报告报送财政部，抄送发展改革委、人民银行和银监会。报告应由各省(区、市)人民政府负责人签字并加盖公章，包括以下内容：本次融资平台公司债务清理核实工作的组织实施情况；债务核实情况(包括债务总量、分类、分级等情况)；特殊事项及说明；问题及政策建议等。

各省(区、市)人民政府按照《通知》要求于2010年12月31日前上报国务院的加强地方政府融资平台公司管理工作落实情况报告应由各省(区、市)人民政府负责人签字并加盖公章，包括以下内容：组织实施情况；债务总量、分类、分级等情况；在建项目后续资金安排情况；规范管理的具体措施及效果；特殊事项及说明；问题及政策建议等。

财政部　发展改革委　人民银行　银监会

二〇一〇年七月三十日

Ⅲ.1.9 国家发展改革委办公厅关于进一步规范地方政府投融资平台公司发行债券行为有关问题的通知

(2010年11月20日　发改办财金[2010]2881号)

各省、自治区、直辖市及计划单列市、新疆生产建设兵团发展改革委：

为了贯彻《国务院关于加强地方政府融资平台公司管理有关问题的通知》(国发[2010]19号)精神，进一步规范投融资平台公司的债券融资行为，有效防范投融资平台公司和地方政府债务风险，更好地发挥债券融资对地方基础设施建设的积极作用，促进企业债券市场健康发展，现就进一步规范投融资平台公司发行企业债券问题通知如下：

一、继续支持符合条件的投融资平台公司通过债券市场直接融资

地方政府投融资平台公司(以下简称"投融资平台公司")，是指由地方政府及其部门和机构等通过财政拨款或注入土地、股权等资产设立，从事政府指定或委托的公益性或准公益性项目的融资、投资、建设和运营，拥有独立法人资格的经济实体。近年来，投融资平台公司通过发行企业债券筹集资金，一方面按照募集资金投向，推动了地方基础设施建设和运营体制改革，改善了城镇生产、生活条件，促进了地方经济发展；另一方面按照规范、公开、透明的要求，改善了公司治理结构，为提高企业直接融资比重、降低融资风险、促进债券市场发展，做出了积极贡献。今后，要在有效防范风险，加强规范管理，合理引导投向的基础上，继续支持符合《国务院关于加强地方政府融资平台公司管理有关问题的通知》(国发[2010]19号)文件规定、符合企业债券发行条件的投融资平台公司发行企业债券，提高直接融资的比重。

二、防范投融资平台公司债券融资风险

为了有效防范投融资平台公司债券风险以及连带的地方政府债务风险，投融资平台公司应不断增强公司的自营性经营收入，提高可持续经营能力。凡是申请发行企业债券的投融资平台公司，其偿债资金来源70%以上(含70%)必须来自公司自身收益，且公司资产构成等必须符合国发[2010]19号文件的要求。经营收入主要来自承担政府公益性或准公益性项目建设，且占企业收入比重超过30%的投融资平台公司发行企业债券，除满足现行法律法规规定的企业债券发行条件外，还必须向债券发行核准机构提供本级政府债务余额和综合财力的完整信息（政府债务余额和综合财力的统计口径见附表），作为核准投融资平台公司发行企业债券的参考。如果该类投融资平台公司所在地政府负债水平超过100%，其发行企业债券的申请将不予受理。

三、规范融资担保行为

根据《担保法》和国发[2010]19号文件有关规定，为了进一步规范对投融资平台公司的融资担保行为，有效隔离投融资平台公司债务与地方政府债务风险的关系，除法律法规和国务院另有规定外，各级政府及其所属部门、机构和主要依靠财政拨款的经费补助事业单位，均不得以财政性资金、行政事业单位等的国有资产，或其他任何直接、间接方式，为投融资平台公司发行债券提供担保或增信。以资产抵（质）押方式为投融资平台公司发债提供增信的，其抵（质）押资产必须是可依法合规变现的非公益性有效资产。

四、确保公司资产真实有效

申请发行企业债券的投融资平台公司，必须依法严格确保公司资产的真实有效，必须具备真实足额的资本金注入，不得将公立学校、公立医院、公园、事业单位资产等公益性资产作为资本注入投融资平台公司。“公益性资产”是指主要为社会公共利益服务，且依据国家有关法律法规不得或不宜变现的资产。对于已将上述资产注入投融资平台公司的，在计算发债规模时，必须从净资产规模中予以扣除。

五、强化筹集资金用途监管

投融资平台公司发行企业债券所募资金，应主要用于对经济社会发展和改善人民群众生活具有重要作用的基础设施和市政公用事业领域。所投项目必须符合国家产业政策和宏观调控要求，符合固定资产投资管理有关规定。对于发债资金主要用于节能减排、生态环保、保障性住房、城市轨道交通、新疆和藏区发展、重大自然灾害灾区重建，以及其他国家产业政策鼓励发展领域项目建设的，可在同等条件下优先获得核准。发行人应按照核准的投向使用企业债券募集资金，不得擅自改变资金用途。各级发展改革部门要加强对本地企业债券募集资金使用的监督检查，防止发行人随意改变并挪用发债所募资金。

六、认真履行中介机构职责

债券承销机构、信用评级机构、会计师事务所、律师事务所等债券市场中介服务机构应认真履行各自职责，提供公正、客观、准确的相关文件，不得弄虚作假，以错误信息和文件误导投资人和核准机构。信用评级机构在对投融资平台公司进行信用评级时，应参考公司所在地政府债务余额和综合财力等指标进行综合评价，并给出合理的评级结果。会计师事务所、律师事务所应按照有关要求对投融资平台公司资产构成、收入构成、偿债资金来源构成等出具专业意见。债券承销机构应协调其他中介机构，做好投融资平台公司发债申报材料编制工作，确保申报材料完整合规。

七、完善还本付息监督与管理

债券发行人应加强内部管理，制定偿债资金计划，并在银行建立“偿债资金专户”，在债券存续期过半后各年度，提前安排必要的还本资金，保证按时还本付息。债券承销机构对于所承销债券，应该在债券存续期内督促债券发行人按时还本付息，以及债券回售安排的履约。地方政府及有关部门应切实履行出资人的职责，加强对投融资平台公司还本付息工作的指导和协调。

八、加强发债企业信息披露

投融资平台公司发行企业债券，应加强信息披露，确保相关信息的真实、准确、完整。在债券存续期间，发行人除应按照交易场所的规定，及时披露财务报告和企业的重大事项外，还应按时披露偿债资金专户的资金筹集情况。债券承销机构也应加强对所承销债券的后端管理，提醒并督促债券发行人按照有关规定和要求，及时披露企业经营等方面的相关信息。

自本通知下发之日起，投融资平台公司申请发行企业债券，均按本通知各项规定执行。

二〇一〇年十一月二十日

Ⅲ.1.10 国家发展改革委办公厅关于利用债券融资支持保障性住房建设有关问题的通知

（2011 年 6 月 9 日 发改办财金[2011]1388 号）

各省、自治区、直辖市及计划单列市、新疆生产建设兵团发展改革委：

加快建设保障性住房，是党中央、国务院作出的重大决策，是我国“十二五”时期改善民生的重点工程，也是当前和今后一个时期政府工作的一项重要任务。为如期完成“十二五”规划纲要提出的建设 3600 万套保障性住房的任务，现就充分发挥企业债券融资对保障性住房建设的支持作用，引导更多社会资金参与保障性住房建设的有关问题通知如下：

一、地方政府投融资平台公司发行企业债券应优先用于保障性住房建设

企业债券具有期限长、利率低的优势，是保障性住房项目市场融资的较好工具。为完成“十二五”规划提出的保障性住房建设任务，各地按《国务院关于加强地方政府融资平台公司管理有关问题的通知》（国发[2010]19 号）进行规范后继续保留的投融资平台公司申请发行企业债券，募集资金应优先用于各地保障性住房建设。只有在满足当地保障性住房建设融资需求后，投融资平台公司才能发行企业债券用于当地其他项目的建设。

二、支持符合条件的地方政府投融资平台公司和其他企业，通过发行企业债券进行保障性住房项目融资

地方政府投融资平台公司从事包括公租房、廉租房、经济适用房、限价房、棚户区改造等保障性住房项目建设的，如果符合国发[2010]19 号文要求，以及投融资平台公司发债的各项条件，可申请通过发行企业债券的方式进行保障性住房建设项目的融资。从事或承担公租房、廉租房、经济适用房、限价房、棚户区改造等保障性住房建设项目的其他企业，也可在政府核定的保障性住房建设投资额度内，通过发行企业债券进行项目融资。各地发展改革部门应根据本地实际，优先做好募集资金用于保障性住房项目的企业债券发行申请材料的转报工作，提高工作效率。

三、企业债券募集资金用于保障性住房建设的，优先办理核准手续

为了及时满足保障性住房项目的融资需求，对符合条件的地方政府投融资平台公司和其他企业发行企业债券，用于公租房等保障性住房建设的，发行人可在正式报送发债申请材料前，将保障性住房项目的有关材料先行报我委预审。

发行人正式申请材料上报后，我委将优先办理核准手续，简化审核环节并缩短核准周期。

四、强化中介机构服务，加强信息披露和募集资金用途监管，切实防范风险

为了防范政府性债务风险，承担保障性住房建设任备的投融资平台公司应按照国发[2010]19 号文进行规范，并符合《国家发展改革委办公厅关于进一步规范地方政府投融资平台公司发行债券行为有关问题的通知》(发改办财金[2010]2881 号)的有关要求，满足现行法律法规规定的公开发行企业债券的相关条件。

进一步强化中介机构独立、公正、客观、诚信的市场服务功能。承销机构、评级机构、会计师事务所、律师事务所等中介机构应当勤勉尽责，对债券发行人所提供的文件资料内客进行严格核查和验证，保证出具文件的真实性、准确性和完整性，并在债券发行后加强对发行人和投资者的后续服务与管理。

各地发展改革妻应加强对发行人募集资金使用方向的引导、监督，保障募集资金的专款专用。要督促发行人落实偿债计划及保障措施，按计划提取偿债基金，进行专户管理，提高资金使用效益，有效防范偿债风险。要督促发行人进一步加强信息披露工作，按照债券交易场所的规定，及时、准确地披露财务报告及有关重大事项。

国家发展与改革委办公厅
二〇一一年六月九日

Ⅲ.1.11 国家发展改革委办公厅关于进一步加强企业债券存续期监管工作有关问题的通知

（2011年7月21日 发改办财金[2011]1765号）

各省、自治区、直辖市及计划单列市、副省级省会城市、新疆生产建设兵团发展改革委：

随着我国多层次资本市场的不断发展，近年来我国债券市场发展很快，企业债券发行规模逐年上升。企业债券作为企业直接融资的重要手段，为企业改善融资结构、筹集投资项目中长期建设资金，发挥了积极作用。

发行人依法发债、合规运作、履约披露、保障兑付，是企业债券市场健康发展的基石。随着发债主体不断增多，加强债券存续期监管，保护债券持有人权益，促进债券市场健康发展，是当前各级发展改革部门需要上下配合、认真做好的一项重要工作。为促进发债企业严格履行相关义务，规范运作程序，及时诚信披露信息，合规使用债券资金，现就有关问题通知如下：

一、强化债券市场责任意识

企业发行债券构成了发行人与投资者之间的契约关系。债券募集说明书规定了发行人及其股东或地方政府相关部门、投资者、中介机构的权利义务，是一个具有法律约束力的合同性文本，必须严格遵守。相关企业和地方政府有关部门必须按照国家有关债券市场法律法规，切实树立责任意识、合规意识、履约意识。各地发展改革委要加强对发债企业及其主管部门的辅导和培训，通过宣传教育及辅导督查，确保企业负责人及其主要股东或管理部门树立明确的债券市场责任意识。

二、规范企业资产重组程序

在债券存续期内进行资产重组，事关企业盈利前景和偿债能力，属于对债券持有人权益具有影响的重大事项，政府部门或主要股东在做出重组决策前应充分考虑债券募集说明书规定的相关义务，并履行必要的程序。一是重组方案必须经企业债券持有人会议同意。二是应就重组对企业偿债能力的影响进行专项评级，评级结果应不低于原来评级。三是应及时进行信息披露。四是重组方案应报送国家发展改革委备案。省级发展改革部门要对企业债券发行人的重组过程进行监管，督促发行人按照合规的程序进行资产重组并履行相关义务。

发债企业应建立健全法人治理结构，维护法人财产完整。坚决杜绝平调企业资产资金或干预企业决策,影响企业未来偿债能力的行政行为。发行债券的投融资平台公司,要按照国务院有关文件要求提高企业资产质量,通过做实做强,成为具有自我发展能力的市场主体。对在债券发行人资产重组中未按有关规定履行法定程序,损害债券持有人权益并造成恶劣市场影响的,将按照有关法律法规予以处罚。

三、完善信息披露

企业债券发行人及其中介机构(为企业债券发行提供中介服务的承销机构、信用评级机构、会计师事务所、律师事务所及其他出具专业报告和专业意见的相关机构),应严格按照《公司法》、《证券法》等有关规定和债券交易场所有关要求,切实履行其在债券募集说明书及其他相关文件中承诺的信息披露义务。

除定期披露信息之外,在企业债券存续期内,发行人经营方针和经营范围发生重大变化,生产经营外部条件发生重大变化,未能清偿到期债务,净资产损失超过10%以上,作出减资、合并、分立、解散及申请破产决定,涉及重大诉讼、仲裁事项或受到重大行政处罚,申请发行新的债券等重大事项,均应及时披露相关信息。如发行人拟变更债券募集说明书约定条款,拟变更债券受托管理人,担保人或担保物发生重大变化,作出减资、合并、分立、解散及申请破产决定等对债券持有人权益有重大影响的事项,应当召开债券持有人会议并取得债券持有人法定多数同意方可生效,并及时公告。

发行人应加强与中央国债登记结算有限责任公司、全国银行间同业拆借中心和证券交易所的联系与沟通,及时做好信息披露工作。对于媒体、投资者及中介机构重点关注的问题,发行人要及时给予回应,并提出切实可行的解决措施。

各级发展改革部门要加强对本地区发债企业信息披露情况的监督检查,并定期将有关情况报告我委。对于未履行信息披露义务的企业,要限期改正,未按期改正的将暂停受理其新的发债申请。

四、加强债券资金用途监管

企业债券募集资金必须依照募集说明书披露的用途使用。债券资金托管银行、债权代理人必须履行监督债券资金流向的责任,各级发展改革部门应加强对募集资金投资项目建设进度的监督检查,发现问题应及时协调解决,确保债券资金切实发挥作用。确需改变募集资金用途的,应经债券持有人会议法定多数通过,投向符合国家产业政策,并经省级发展改革部门同意后方可实施,同时还要及时进行信息披露并报我委备案。各级发展改革部门应对本地区发债企业的募集资金使用情况进行定期检查,并将有关情况报告我委。

五、实施企业偿债能力动态监控

债券发行人要采取措施切实充实偿债资金专户。抵押资产监管人必须切实履行诚信勤勉义务,对抵押资产状况实施监管。主承销商应于企业财务报表发布同时,发布该企业履约情况及偿债能力年度分析报告。地方发改委应建立企业债券偿债动态监督机制。在当地债券发行人偿还本息前6个月与发行人进行沟通,督促发行人做好偿还本息准备。

六、强化市场约束机制

加大中介机构责任。对中介机构应承担相关义务但不作为的,取消其从事企业债券市场服务的相关资格。加强主承销商的机构责任,主承销商应该建立承销债券的信息档案,在债券存续期中勤勉尽责。凡因机构变动、人员流动等因素,致使债券工作出现缺失的,将追究相关主承销商及相关中介机构的责任。

国家发展改革委办公厅

二〇一一年七月二十一日

Ⅲ.1.12 国家发展改革委办公厅关于进一步加强企业发债过程中信用建设的通知

(2012年10月9日 发改办财金[2012]2804号)

各省、自治区、直辖市及计划单列市、新疆生产建设兵团发展改革委:

为进一步防范企业债券市场风险,切实加强拟发债企业信用建设,加快建立诚信企业守信受益、失信企业得到惩戒的良好机制,使企业信用信息更好地服务于企业债券市场发展,现就加强企业发债融资过程中的信用建设有关问题通知如下。

一、审核企业发债申请时重视对企业征信记录的使用

近年来,我国信用体系建设积极推进,征信服务机构快速发展,一些征信服务机构积累了一定量的企业信用信息。这些信用信息对审核企业债券发行申请,具有重要参考价值,有必要在今后工作中加以使用。今后,各省、自治区、直辖市及计划单列市发展改革部门(以下简称省级发展改革部门)向我委转报企业发债申请前,需向征信服务机构调取申请发债企业的征信记录或信用报告。调取工作须由省级发展改革部门负责企业债券工作的人员直接完成,可以请发债企业协助办理,但不得委托发债企业或主承销商等独自代为办理。调取信用记录的征信服务机构应当是依法设立并规范运行的征信服务机构,并逐步过渡到以信用体系建设主管部门推荐的征信服务机构。省级发展改革部门向我委转报企业发债申请时,一并转报征信服务机构提供的企业征信记录或信用报告。今后,企业征信记录或信用报告将作为我委审核企业发债申请的重要参考材料。

二、已向我委转报发债申请但尚未核准的,需及时补报征信记录

今年以来随着债券审批和发行速度的加快,申请发行债券的企业数量也在增加。目前,尚有一批债券发行申请正在我委审核。为保证这批债券的审核质量,防范潜在信用风险,请省级发展改革部门尽快调取这些企业的信用记录或信用报告,并报送我委。我委将参考企业信用记录或信用报告的情况,加快对企业发债申请的审核。

三、逐步加强对发债企业多方面征信采集

我国征信服务机构目前可以做到对企业信贷信用记录的较充分采集,为审核企业发债提供了重要信息参考,但仅掌握和分析这些信息尚不能满足债券审核需要。各级发展改革部门在推动社会信用体系建设过程中,应组织力量加快对企业各方面信用信息的采集，对企业过去是否有弄虚作假、恶意拖欠等违法违规和不诚信行为，进行重点采集，尽快形成比较完善的信用信息采集制度。在此基础上，尽快实现在转报企业发债申请时同时报送企业更全面的信用信息，为债券审核工作提供更全面的信息支持。

四、加强对主承销商征信记录的调用和分析

主承销商在企业债券发行中承担着重要作用，对发债企业遵守相关规定和认真履约负有重要的监督指导职责。主承销商的信用状况可以作为企业债券发行核准的参考指标。为此，我委将加强对债券主承销商信用记录的调用，通过定期调用券商的最新信用记录信息，及时掌握债券主承销商信用状况，强化对主承销商履行职责的信用水平和能力的分析。

五、逐步建立申请发债企业及保荐人综合信用承诺制度

企业债券综合信用承诺，指申请发债前，发行人、各中介机构等利益相关方分别签署信用承诺书，承诺遵守法律法规、规范性要求和发债约定，规范与债权人利益有关的各项行为，承诺如有违规或违约将自愿接受惩戒。建立企业债券综合信用承诺制度，有利于强化发行人和中介机构的责任意识，建立各主体自我约束、自我规范的机制，接受社会和市场的广泛监督，防范债券市场信用风险，也有利于推进和完善以信用承诺、信息披露为中心的债券发行和监管模式，提高管理效率，优化管理效果，进一步提高企业债券管理的市场化程度。各级发展改革部门要加快研究建立债券发行中的综合信用承诺制度，加快推进发债企业和市场中介机构的信用建设，为企业债券市场稳定健康发展创造更加良好的信用条件。

六、新申请发债须同时报送综合信用承诺书

作为综合信用承诺制度的基本工作，企业申请发债前，要按本通知要求，由发行人、主承销商、会计师事务所、律师事务所、评级机构等签署提交综合信用承诺书，与债券发行申请文件一并报送我委。具体要求是：

（一）发行人须承诺：发行条件符合要求，信息披露真实准确，向中介机构提供真实完整情况，严格按照约定使用募集资金，不擅自变更募集说明书条款，资产重组需履行规定义务，按时还本付息，以及发行人自愿做出的其他承诺，并针对每项承诺提出违约后自愿接受的惩罚措施。

（二）主承销商须承诺：内设机构健全，专业人员齐备，对发行人进行了尽职调查，对发债文件材料进行了准确核查和验证，出具的文件真实准确，协调其他中介机构认真完成了发行申报材料的编制，严格按照核准的方案发行债券，不误导投资者，不操纵市场，不以不正当手段发行债券，建立债券档案并做好后续服务和管理，及时督促发行人划拨资金兑付本息，并逐项提出违约后自愿接受的惩罚措施。

（三）会计师事务所须承诺：出具的文件真实准确没有重大遗漏，严格执行了质量控制制度和程序，核查了发行文件材料与本所出具的文件一致，不存在以不正当竞争手段招揽业务，并提出违约自愿接受的惩罚措施。

（四）律师事务所须承诺：对出具文件所依据的文件资料确认真实、准确、完整，本所签字律师不存在影响律师独立性情形，没有涉嫌违法违规，经核查发债申请文件材料与本所出具的文件一致，不存在以不正当竞争手段招揽业务，并提出违约自愿接受的惩罚措施。

（五）评级机构须承诺：出具的文件真实、准确、完整，评级结果客观公正且充分揭示了债券风险，不存在协商评级或以价定级行为，经核查发债申请文件材料与本机构出具的文件一致，不存在以不正当竞争手段招揽业务，并提出违约自愿接受的惩罚措施。

特此通知。

国家发展改革委办公厅

2012 年 10 月 9 日

Ⅲ.1.13 国家发展改革委办公厅关于进一步强化企业债券风险防范管理有关问题的通知

（2012年12月11日 发改办财金[2012]3451号）

各省、自治区、直辖市及计划单列市、新疆生产建设兵团发展改革委：

为进一步加强企业债券偿债风险防范管理，促进企业债券市场持续健康发展，现就有关问题通知如下：

一、根据发行主体资产负债率情况细化风险防范措施

对于部分企业资产负债率偏高，相应偿债保障措施比较薄弱的情况，在已有措施基础上，根据发行人最近一年未经审计财务数据计算的资产负债率水平分别采取不同的偿债保障措施。

（一）资产负债率在65%至80%之间的发债申请企业，在审核工作中对偿债风险实行“重点关注”。

主承销商在其出具的《发行人偿债能力分析报告》中，增加发行人资产负债率水平对偿债能力的影响分析。有关分析应至少包括：发行人最近三年的资产负债率情况、发行人所在行业的资产负债率情况、发行人有息负债情况、有息负债在未来五年内还本付息的时点及金额分布情况、发行人特殊负债情况等。重点是审核发行人偿债保障措施，根据负债期限时点分布，考察偿债压力水平和有关措施的保障程度。

另外，对负债率低于65%但负债绝对额较大的发债申请企业，在审核中也给予“重点关注”。应关注其流动比率、利息保障倍数、现金流、可变现资产规模等情况，必要时要求其安排担保措施。

对能够提供有效抵质押担保或第三方担保措施的“重点关注”类企业，将优先核准发债申请。

（二）资产负债率在80%至90%之间的发债申请企业，原则上必须提供担保措施。

（三）资产负债率超过90%，债务负担沉重，偿债风险较大的企业发债，不予核准发债。但实行有效的多种复合性风险防范措施的企业，可适当放宽资产负债率要求。

（四）特定行业企业资产负债率水平要求可适当放宽。

对拥有公路业务板块的企业因财政性资金计入负债以及二级公路停止收费

但负债仍由原企业承担造成资产负债率较高;房地产行业企业因售房预收款等导致资产负债率较高的两类行业企业,按剔除特殊因素后计算的负债率水平安排相应偿债保障措施。

铁路、地铁、电力特别是水电企业因投资规模较大、投资期限较长,资产负债率较高。物流贸易企业和建筑施工企业自有资金杠杆率较高,大量占用资金,资产负债率较高。上述行业企业因行业特点,对资产负债率要求可适当放宽,负债率超过85%应安排担保措施,超过90%不宜发债。

二、根据发债主体信用等级完善相应偿债保障措施

对城投类企业和完全竞争产业类企业两类主体的偿债保障措施拟根据评级情况做如下规定:

(一)产业类企业主体评级为AA-及以下的,应采取抵质押或第三方担保等措施。

(二)城投类企业主体评级在AA-及以下的,应采取签订政府(或高信用企业)回购协议等保障措施或提供担保。

三、完善保障房项目手续条件

为贯彻《国务院办公厅关于保障性安居工程建设和管理的指导意见》(国办发[2011]45号)中规范利用企业债券融资支持保障房建设的精神,对于募集资金主要用于保障房建设的发债申请列入审核绿色通道,优先办理。对保障房类项目手续提出以下要求。

(一)发债募集资金拟投入的保障房项目应纳入省级保障房计划,或省级政府与地市政府签订的保障房建设目标责任书,并严格限定在公租房、廉租房、经济适用房、限价商品房和各类棚户区改造的范围内。对省级计划和目标责任书之外的住房建设项目发债融资,按照一般企业债对待。

(二)保障房项目的审批、土地、环保等文件应齐备,偿债资金来源明确。

(三)一般性旧城改造、城乡一体化项目仍按照正常发债申请对待。

四、根据募集资金投向细化分类管理

(一)募集资金用于旅游基础设施建设、物流园区建设、开发区建设、产业园建设、水利、公路等基础设施投资为主的地方国有企业发债,因涉及政府投资计划及各项政策,不按完全竞争的产业类企业对待,原则上按政府投融资平台公司进行管理。

(二)按照国务院文件的要求,具有完全公益性的社会事业项目如体育中心、艺术馆、博物馆、图书馆等项目的建设,应根据地方财力和公共服务的需要量力而行,不宜通过发行企业债券筹集建设资金。

五、进一步规范企业债券担保行为

为了规范企业担保行为，防止担保流于形式，切实防范债券风险，要采取以下措施：

（一）禁止发债企业互相担保或连环担保。

（二）对发债企业为其他企业发债提供担保的，在考察资产负债率指标时按担保额一半计入本企业负债额。

（三）政府投融资平台公司为其他企业发行债券提供担保的，按担保额的三分之一计入该平台公司已发债余额。

（四）加强对抵质押担保行为的监管。抵质押物须经过具有证券从业资格的评估机构进行价值评估。在债券征信工作中，关注发行人是否有不良征信记录情况，发行人在综合信用承诺书中要对抵质押物没有“一物多押”进行承诺。加强对债券存续期抵质押资产状况的监管和信息披露。

六、规范信用评级，防止评级虚高

为规范信用评级机构的评级行为，防止以高评级招徕客户、“以价定级”、跟踪评级不尽职、出现兑付风险事件而不及时揭示风险等行为，将采取以下措施：

（一）加强评级机构自身信用记录的采集使用，强化综合信用承诺制度，对以高评级招揽客户、“以价定级”等行为进行处罚。

（二）我委将组织市场机构投资者定期对评级机构进行评价，加强对评级机构企业债券评级行为的监督。对评级质量差，风险揭示严重缺失的评级机构实行禁入制度。

（三）鼓励举报不规范评级行为，一经查实，按规定处罚。

七、加大对主承销商尽职工作的监管力度

为进一步规范主承销商的承销债券行为，将采取以下行为：

（一）对于发行人首次发行债券的，主承销商应提供发行人辅导报告。

（二）对于再次申请发债的，主承销商应提供发行人在存续期信息披露、募集资金使用和兑付本息情况的报告。

（三）切实提高发债材料质量，主承销商应建立完整的企业基本情况的尽职调查工作底稿，以备检查。主承销商应提供质量（风险）控制机构的审查报告。

（四）建立主承销商企业债券主办人制度，券商应提供主办人员教育背景及业绩记录，在我委备案。发债材料应由两名主办人员签字，并签署书面诚信尽职承诺。

（五）我委将加强对发债材料审核，审核中发现发债材料存在重大瑕疵、重大遗漏、披露不实不清或出现明显文字错误等情况的，将直接退回发债申请，并对主办人员给予批评，记入档案，要求主承销商进行整改。

（六）建立发债材料披露质量专家评议制度，拟邀请投资者代表定期对披露的发债材料质量进行评价。

（七）完善主承销商的自身信用记录并做好信用审核工作，逐步建立主承销商综合信用承诺制度。

八、加强对城投公司注入资产及重组的管理

（一）注入资产必须为经营性资产。政府办公场所、公园、学校等纯公益性资产不得注入城投公司。

（二）注入资产必须经具有证券从业资格的资产评估机构评估，由有关主管部门办理相关权属转移登记及变更工商登记。

（三）作为企业注册资本注入的土地资产除经评估外，必须取得土地使用权证，属于划拨、变更土地使用权人的，应证明原土地使用证已经注销。

国家发展改革委办公厅
2012 年 12 月 11 日

Ⅲ.1.14 关于制止地方政府违法违规融资行为的通知

（2012年12月24日 财预［2012］463号）

各省、自治区、直辖市、计划单列市财政厅（局）、发展改革委，中国人民银行上海总部、各分行、营业管理部、省会（首府）城市中心支行、副省级城市中心支行，各银监局：

《国务院关于加强地方政府融资平台公司管理有关问题的通知》（国发［2010］19号）下发后，地方各级政府加强融资平台公司管理，取得了阶段性成效。地方政府性债务规模迅速膨胀的势头得到有效遏制，大部分融资平台公司正在按照市场化原则规范运行，银行业金融机构对融资平台公司的信贷管理更加规范。但是，最近有些地方政府违法违规融资有抬头之势，如违规采用集资、回购（BT）等方式举债建设公益性项目，违规向融资平台公司注资或提供担保，通过财务公司、信托公司、金融租赁公司等违规举借政府性债务等。为有效防范财政金融风险，保持经济持续健康发展和社会稳定，现就有关问题通知如下：

一、严禁直接或间接吸收公众资金违规集资

地方各级政府及所属机关事业单位、社会团体等要严格执行《国务院办公厅关于依法惩处非法集资有关问题的通知》（国办发明电［2007］34号）等有关规定，未经有关监管部门依法批准不得直接或间接吸收公众资金进行公益性项目建设，不得对机关事业单位职工及其他个人进行摊派集资或组织购买理财、信托产品，不得公开宣传、引导社会公众参与融资平台公司项目融资。

二、切实规范地方政府以回购方式举借政府性债务行为

除法律和国务院另有规定外，地方各级政府及所属机关事业单位、社会团体等不得以委托单位建设并承担逐年回购（BT）责任等方式举借政府性债务。对符合法律或国务院规定可以举借政府性债务的公共租赁住房、公路等项目，确需采取代建制建设并由财政性资金逐年回购（BT）的，必须根据项目建设规划、偿债能力等，合理确定建设规模，落实分年资金偿还计划。

三、加强对融资平台公司注资行为管理

地方政府对融资平台公司注资必须合法合规，不得将政府办公楼、学校、医院、公园等公益性资产作为资本注入融资平台公司。严格执行《土地管理法》等有关规定，地方政府将土地注入融资平台公司必须经过法定的出让或划拨程序。以出让方式注入土地的，融资平台公司必须及时足额缴纳土地出让收入并取得国有土地使用证;以划拨方式注入土地的,必须经过有关部门依法批准并严格用于指定用途。融资平台公司经依法批准利用原有划拨土地进行经营性开发建设或转让原划拨土地使用权的,应当按照规定补缴土地价款。地方各级政府不得将储备土地作为资产注入融资平台公司,不得承诺将储备土地预期出让收入作为融资平台公司偿债资金来源。

四、进一步规范融资平台公司融资行为

地方各级政府必须严格按照有关规定规范土地储备机构管理和土地融资行为,不得授权融资平台公司承担土地储备职能和进行土地储备融资,不得将土地储备贷款用于城市建设以及其他与土地储备业务无关的项目。符合条件的融资平台公司因承担公共租赁住房、公路等公益性项目建设举借需要财政性资金偿还的债务,除法律和国务院另有规定外,不得向非金融机构和个人借款,不得通过金融机构中的财务公司、信托公司、基金公司、金融租赁公司、保险公司等直接或间接融资。

五、坚决制止地方政府违规担保承诺行为

地方各级政府及所属机关事业单位、社会团体,要继续严格按照《担保法》等有关法律法规规定,不得出具担保函、承诺函、安慰函等直接或变相担保协议,不得以机关事业单位及社会团体的国有资产为其他单位或企业融资进行抵押或质押,不得为其他单位或企业融资承诺承担偿债责任,不得为其他单位或企业的回购(BT)协议提供担保,不得从事其他违法违规担保承诺行为。

地方各级政府要从大局出发,充分认识制止违法违规融资行为的重要性和紧迫性,统一思想,加强领导,切实担负起加强地方政府性债务管理、防范财政金融风险的责任,规范政府及所属机关事业单位、社会团体、融资平台公司行为。要对地方各级政府及所属机关事业单位、社会团体、融资平台公司违法违规融资或担保承诺行为进行清理整改。对限期不改的,依法依规追究相关责任人的责任。

财政部　发展改革委　人民银行　银监会

2012 年 12 月 24 日

Ⅳ 公司债

Ⅳ.1 公司债

Ⅳ.1.1 关于实施《公司债券发行试点办法》有关事项的通知

（2007 年 8 月 14 日 证监发[2007]112 号）

各上市公司、各保荐机构：

为适应大力发展公司债券市场的需要，规范公司债券的发行行为，促进资本市场的协调发展，根据《证券法》、《公司法》，我会制定并颁布了《公司债券发行试点办法》。

试点初期，试点公司限于沪深证券交易所上市的公司及发行境外上市外资股的境内股份有限公司。

中国证券监督管理委员会
二〇〇七年八月十四日

Ⅳ.1.2 公司债券发行试点办法

（2007 年 8 月 14 日　中国证券监督管理委员会令第 49 号）

第一章 总 则

第一条 为规范公司债券的发行行为，保护投资者的合法权益和社会公共利益，根据《证券法》、《公司法》，制定本办法。

第二条 在中华人民共和国境内发行公司债券，适用本办法。

本办法所称公司债券，是指公司依照法定程序发行、约定在一年以上期限内还本付息的有价证券。

第三条 申请发行公司债券，应当符合《证券法》、《公司法》和本办法规定的条件，经中国证券监督管理委员会（以下简称“中国证监会”）核准。

第四条 申请发行公司债券，必须真实、准确、完整、及时、公平地披露或者提供信息，不得有虚假记载、误导性陈述或者重大遗漏。

第五条 公司应当诚实信用，维护债券持有人享有的法定权利和债券募集说明书约定的权利。

第六条 中国证监会对公司债券发行的核准，不表明其对该债券的投资价值或者投资者的收益作出实质性判断或者保证。公司债券的投资风险，由认购债券的投资者自行负责。

第二章 发行条件

第七条 发行公司债券，应当符合下列规定：

（一）公司的生产经营符合法律、行政法规和公司章程的规定，符合国家产业政策；

（二）公司内部控制制度健全，内部控制制度的完整性、合理性、有效性不存在重大缺陷；

（三）经资信评级机构评级，债券信用级别良好；

（四）公司最近一期末经审计的净资产额应符合法律、行政法规和中国证监会的有关规定；

（五）最近三个会计年度实现的年均可分配利润不少于公司债券一年的利息；

（六）本次发行后累计公司债券余额不超过最近一期末净资产额的百分之四十；金融类公司的累计公司债券余额按金融企业的有关规定计算。

第八条 存在下列情形之一的，不得发行公司债券：

（一）最近三十六月内公司财务会计文件存在虚假记载，或公司存在其他重大违法行为；

（二）本次发行申请文件存在虚假记载、误导性陈述或者重大遗漏；

（三）对已发行的公司债券或者其他债务有违约或者迟延支付本息的事实，仍处于继续状态；

（四）严重损害投资者合法权益和社会公共利益的其他情形。

第九条 公司债券每张面值一百元，发行价格由发行人与保荐人通过市场询价确定。

第十条 公司债券的信用评级，应当委托经中国证监会认定、具有从事证券服务业务资格的资信评级机构进行。

公司与资信评级机构应当约定，在债券有效存续期间，资信评级机构每年至少公告一次跟踪评级报告。

第十一条 为公司债券提供担保的，应当符合下列规定：

（一）担保范围包括债券的本金及利息、违约金、损害赔偿金和实现债权的费用；

（二）以保证方式提供担保的，应当为连带责任保证，且保证人资产质量良好；

（三）设定担保的，担保财产权属应当清晰，尚未被设定担保或者采取保全措施，且担保财产的价值经有资格的资产评估机构评估不低于担保金额；

（四）符合《物权法》、《担保法》和其他有关法律、法规的规定。

第三章 发行程序

第十二条 申请发行公司债券，应当由公司董事会制定方案，由股东会或股东大会对下列事项做出决议：

（一）发行债券的数量；

（二）向公司股东配售的安排；

（三）债券期限；

（四）募集资金的用途；

（五）决议的有效期；

（六）对董事会的授权事项；

（七）其他需要明确的事项。

第十三条 发行公司债券募集的资金，必须符合股东会或股东大会核准的用途，且符合国家产业政策。

第十四条 发行公司债券，应当由保荐人保荐，并向中国证监会申报。

保荐人应当按照中国证监会的有关规定编制和报送募集说明书和发行申请文件。

第十五条 公司全体董事、监事、高级管理人员应当在债券募集说明书上签字，保证不存在虚假记载、误导性陈述或者重大遗漏，并声明承担个别和连带的法律责任。

第十六条 保荐人应当对债券募集说明书的内容进行尽职调查，并由相关责任人签字，确认不存在虚假记载、误导性陈述或者重大遗漏，并声明承担相应的法律责任。

第十七条 为债券发行出具专项文件的注册会计师、资产评估人员、资信评级人员、律师及其所在机构，应当按照依法制定的业务规则、行业公认的业务标准和道德规范出具文件，并声明对所出具文件的真实性、准确性和完整性承担责任。

第十八条 债券募集说明书所引用的审计报告、资产评估报告、资信评级报告，应当由有资格的证券服务机构出具，并由至少二名有从业资格的人员签署。

债券募集说明书所引用的法律意见书，应当由律师事务所出具，并由至少二名经办律师签署。

第十九条 券募集说明书自最后签署之日起六个月内有效。

债券募集说明书不得使用超过有效期的资产评估报告或者资信评级报告。

第二十条 国证监会依照下列程序审核发行公司债券的申请：

（一）收到申请文件后，五个工作日内决定是否受理；

（二）中国证监会受理后，对申请文件进行初审；

（三）发行审核委员会按照《中国证券监督管理委员会发行审核委员会办法》规定的特别程序审核申请文件；

（四）中国证监会作出核准或者不予核准的决定。

第二十一条 发行公司债券，可以申请一次核准，分期发行。自中国证监会核准发行之日起，公司应在六个月内首期发行，剩余数量应当在二十四个月内发行完毕。超过核准文件限定的时效未发行的，须重新经中国证监会核准后方可发行。

首期发行数量应当不少于总发行数量的50%，剩余各期发行的数量由公司自行确定，每期发行完毕后五个工作日内报中国证监会备案。

第二十二条 公司应当在发行公司债券前的二至五个工作日内，将经中国证监会核准的债券募集说明书摘要刊登在至少一种中国证监会指定的报刊，同时将其全文刊登在中国证监会指定的互联网网站。

第四章　债券持有人权益保护

第二十三条　公司应当为债券持有人聘请债券受托管理人，并订立债券受托管理协议；在债券存续期限内，由债券受托管理人依照协议的约定维护债券持有人的利益。

公司应当在债券募集说明书中约定，投资者认购本期债券视作同意债券受托管理协议。

第二十四条　债券受托管理人由本次发行的保荐人或者其他经中国证监会认可的机构担任。为本次发行提供担保的机构不得担任本次债券发行的受托管理人。

债券受托管理人应当为债券持有人的最大利益行事，不得与债券持有人存在利益冲突。

第二十五条　债券受托管理人应当履行下列职责：

（一）持续关注公司和保证人的资信状况，出现可能影响债券持有人重大权益的事项时，召集债券持有人会议；

（二）公司为债券设定担保的，债券受托管理协议应当约定担保财产为信托财产，债券受托管理人应在债券发行前取得担保的权利证明或其他有关文件，并在担保期间妥善保管；

（三）在债券持续期内勤勉处理债券持有人与公司之间的谈判或者诉讼事务；

（四）预计公司不能偿还债务时，要求公司追加担保，或者依法申请法定机关采取财产保全措施；

（五）公司不能偿还债务时，受托参与整顿、和解、重组或者破产的法律程序；

（六）债券受托管理协议约定的其他重要义务。

第二十六条　公司应当与债券受托管理人制定债券持有人会议规则，约定债券持有人通过债券持有人会议行使权利的范围、程序和其他重要事项。

公司应当在债券募集说明书中约定，投资者认购本期债券视作同意债券持有人会议规则。

第二十七条　存在下列情况的，应当召开债券持有人会议：

（一）拟变更债券募集说明书的约定；

（二）拟变更债券受托管理人；

（三）公司不能按期支付本息；

（四）公司减资、合并、分立、解散或者申请破产；

（五）保证人或者担保物发生重大变化；

发生对债券持有人权益有重大影响的事项。

第五章　监 督 管 理

第二十八条　公司违反本办法规定，存在不履行信息披露义务，或者不按照约定召集债券持有人会议，损害债券持有人权益等行为的，中国证监会可以责令整改；对其直接负责的主管人员和其他直接责任人员，可以采取监管谈话、认定为不适当人选等行政监管措施，记入诚信档案并公布。

第二十九条　保荐人出具有虚假记载、误导性陈述或者重大遗漏的发行保荐书，保荐人或其相关人员伪造或变造签字、盖章，或者不履行其他法定职责的，依照《证券法》和保荐制度的有关规定处理。

第三十条　为公司债券发行出具审计报告、法律意见、资产评估报告、资信评级报告及其他专项文件的证券服务机构和人员，在其出具的专项文件中存在虚假记载、误导性陈述或者重大遗漏的，依照《证券法》和中国证监会的有关规定处理。

第三十一条　债券受托管理人违反本办法规定，未能履行债券受托管理协议约定的职责，损害债券持有人权益的，中国证监会可以责令整改；对其直接负责的主管人员和其他直接责任人员，可以采取监管谈话、认定为不适当人选等行政监管措施，记入诚信档案并公布。

第六章　附　　则

第三十二条　公司债券的上市交易、登记结算等事项应当遵守所在证券交易场所及相应证券登记结算机构的有关规定。

Ⅳ.1.3 公开发行证券的公司信息披露内容与格式准则第23号——公开发行公司债券募集说明书

(2007年8月15日 证监发行字[2007]224号)

第一章 总 则

第一条 为规范公开发行公司债券的信息披露行为,保护投资者合法权益,根据《公司法》、《证券法》、《公司债券发行试点办法》等法律、法规以及中国证券监督管理委员会(以下简称“中国证监会”)的有关规定,制定本准则。

第二条 申请发行公司债券的公司(以下简称“发行人”),应按本准则的要求编制公司债券募集说明书(以下简称“募集说明书”)及其摘要,作为向中国证监会申请发行公司债券的必备文件,并按规定披露。

第三条 本准则的规定是对募集说明书信息披露的最低要求。不论本准则是否有明确规定,凡对投资者做出投资决策有重大影响的信息,均应披露。

发行人认为对投资者有重大影响的事项,应在募集说明书文本扉页中作“重大事项提示”,提醒投资人关注。

第四条 募集说明书的编制应遵循以下要求:

(一)募集说明书全文文本封面应标有“×××公司公开发行公司债券募集说明书”字样,并应载明发行人及保荐人(主承销商)的名称和住所,还应载明正式申报的募集说明书签署日期;

(二)发行人应对可能对投资者理解有障碍及有特定含义的术语作出释义,募集说明书及其摘要的释义应在目录次页排印;

(三)引用的数据应提供资料来源,事实依据应充分、客观;

(四)引用的数字应采用阿拉伯数字,货币金额除特别说明外,应指人民币金额,并以元、千元或万元为单位;

(五)发行人可编制募集说明书外文译本,但应保证中、外文文本的一致性,在对中外文本的理解上发生歧义时,以中文文本为准。

第五条 募集说明书摘要的编制应遵循以下要求:

(一)募集说明书摘要必须忠实于募集说明书全文的内容,不得出现与全文相矛盾之处；

（二）募集说明书摘要刊登于中国证监会指定的信息披露报刊，篇幅不得超过一个版面。在指定报刊刊登的募集说明书摘要最小字号为标准小5号字，最小行距为0.35毫米。

第二章 募集说明书

第一节 发行概况

第六条 发行人应披露发行的基本情况及发行条款，主要包括：

（一）发行的核准文件、核准规模和本期债券的名称和发行总额。如发行人分次发行的，披露各期发行安排；

（二）票面金额；

（三）债券期限、还本付息的方式，本期债券的起息日、利息登记日、付息日期、本金支付日、支付方式、支付金额及其他具体安排；

（四）债券利率或其确定方式/发行价格或其确定方式；

（五）赎回条款或回售条款（如有）；

（六）担保情况（如有）；

（七）信用级别及资信评级机构；

（八）债券受托管理人；

（九）发行方式与发行对象；

（十）承销方式；

（十一）发行费用概算。

第七条 发行人应披露公司债券上市的地点和时间安排，并针对不同的发行方式，披露至上市前的有关重要日期，主要包括：

（一）发行公告刊登的日期；

（二）预计发行日期；

（三）申购日期；

（四）资金冻结日期（如有）；

（五）预计上市日期。

第八条 发行人应披露下列机构的名称、法定代表人、住所、联系电话、传真，同时应披露有关经办人员的姓名：

（一）发行人；

（二）保荐人（主承销商）及其他承销机构；

（三）律师事务所；

（四）会计师事务所；

（五）担保人（如有）；

（六）资信评级机构；

（七）债券受托管理人；

（八）收款银行；

（九）公司债券申请上市的证券交易所；

（十）公司债券登记机构；

（十一）其他与发行相关的机构。

第九条 发行人应披露其与本期发行有关的中介机构及其负责人、高级管理人员及经办人员之间存在的直接或间接的股权关系或其他利害关系。

第二节 风险因素

第十条 发行人应当遵循重要性原则，按顺序披露可能直接或间接对发行人生产经营状况、财务状况和债券偿付能力产生重大不利影响的所有因素。发行人应针对自身的实际情况，充分、准确、具体地描述相关风险因素。

第十一条 发行人应有针对地披露与本期债券相关的、可能影响债券本息偿付的具体风险因素，对这些风险因素能作出定量分析的，应进行定量分析；不能作出定量分析的，应进行定性描述。

有关风险因素可能对发行人生产经营状况、财务状况和偿债能力有严重不利影响的，发行人应作“重大事项提示”。

第十二条 发行人应披露下列风险因素：

（一）本期债券的投资风险

1. 利率风险。市场利率变化对本期债券收益的影响。

2. 流动性风险。本期债券因市场交易不活跃而可能受到的不利影响。

3. 偿付风险。本期债券本息可能不能足额偿付的风险。

4. 本期债券安排所特有的风险。本期债券有关约定潜在的风险，如专项偿债账户及其他偿债保障措施可能存在的风险、提前偿付安排可能对投资人利益的影响等。

5. 资信风险。发行人最近三年内资信状况及存在的问题和可能出现的资信风险。

6. 担保（如有）或评级的风险。担保人（如有）资信或担保物（如有）的现状及可能发生的重大变化对本期债券本息偿还的影响，信用评级级别变化可能对投资人利益的影响等。

（二）发行人的相关风险

1. 财务风险。发行人因资产结构、负债结构和其他财务结构不合理而形成的财务风险，对外担保等导致发行人整体变现能力差等风险。

2. 经营风险。发行人的产品或服务的市场前景、行业经营环境的变化、商业周期或产品生命周期的影响、市场饱和或市场分割、过度依赖单一市场、市场占有率下降等风险。

3. 管理风险。发行人管理制度存在的问题及可能诱发的债券本息偿付风险,如因内部控制不健全等可能对发行人产生直接和间接的经济损失,及其可能对债券本息偿付的影响。

4. 政策风险。因国家法律、法规、政策的可能变化对发行人产生的具体政策性风险,如因财政、金融、土地使用、产业政策、行业管理、环境保护、税收制度、财务管理制度、经营许可制度、外汇制度、收费标准等发生变化而对发行人的影响。

第十三条　发行人如披露风险的相应对策,主要应披露发行人针对风险已经采取的具体措施。

第三节　发行人的资信状况

第十四条　发行人应披露所聘请的资信评级机构及其对本期债券的信用评级情况。

第十五条　发行人应披露信用评级报告的主要事项,至少包括下列情况:

(一)信用评级结论及标识所代表的涵义;

(二)提供担保的,应对比说明有无担保的情况下评级结论的差异;

(三)评级报告揭示的主要风险;

(四)跟踪评级的有关安排;

(五)其他重要事项。

第十六条　发行人还应披露下列公司资信情况:

(一)公司获得主要贷款银行的授信情况;

(二)近三年与主要客户发生业务往来时,是否有严重违约现象;

(三)近三年发行的债券以及偿还情况;

(四)本次发行后的累计公司债券余额及其占发行人最近一期经审计净资产的比例;

(五)近三年的流动比率、速动比率、资产负债率、利息倍数[(利润总额+利息费用)/利息费用]、贷款偿还率(实际贷款偿还额/应偿还贷款额)、利息偿付率(实际支付利息/应付利息)等财务指标。

第四节　担保(如有)

第十七条　发行人应披露本期债券的担保情况(如有)、担保授权情况。

第十八条　提供保证担保的,应披露保证人的基本情况,至少包括下列事项:

(一)基本情况简介;

（二）最近一年的净资产额、资产负债率、净资产收益率、流动比率、速动比率等主要财务指标，并注明是否经审计；

（三）资信状况；

（四）累计对外担保的金额；

（五）累计担保余额占其净资产额的比例；

（六）偿债能力分析。

第十九条 提供保证担保的，应披露债券担保协议或担保函的主要内容，至少包括下列事项：

（一）担保金额；

（二）担保期限；

（三）担保方式；

（四）担保范围；

（五）发行人、担保人、债券受托管理人、债券持有人之间的权利义务关系；

（六）反担保和共同担保的情况（如有）；

（七）各方认为需要约定的其他事项。

第二十条 提供抵押或质押担保的，应披露担保物的名称、金额（账面价值和评估值）、担保物金额与所发行债券面值总额和本息总额之间的比例，并说明担保物发生重大变化时的持续披露安排。

第二十一条 提供抵押和质押担保的，应披露担保物的评估、登记、保管和相关法律手续的办理情况，并披露担保的范围。

第二十二条 发行人应披露债券持有人及债券受托管理人对担保事项的持续监督安排。

第五节 偿债计划及其他保障措施

第二十三条 发行人应披露所制定的具体偿债计划及保障措施。

第二十四条 发行人如设置专项偿债账户的，应披露该帐户的资金来源、提取的起止时间、提取频度、提取金额、管理方式、监督安排及信息披露等内容。

第二十五条 发行人应披露不能按时支付利息、到期不能兑付以及发生其他违约情况时的解决措施。

发行人应当作出董事会决定并披露，在出现预计不能按期偿付债券本息或者到期未能按期偿付债券本息时，公司将至少采取如下措施：

（一）不向股东分配利润；

（二）暂缓重大对外投资、收购兼并等资本性支出项目的实施；

（三）调减或停发董事和高级管理人员的工资和奖金；

（四）主要责任人不得调离。

第二十六条 发行人应披露其他已做出的,可能影响债券持有人利益的承诺事项。发行人可根据实际情况作下列约定:

(一)本期债券存续期内最高借款余额不超过同一时点净资产的倍数;

(二)本期债券存续期内最高抵(质)押借款余额不超过同一时点净资产的倍数。

在计算上述最高借款余额时,应包括发行人及其控股子公司对外担保等产生的或有负债。

第六节 债券持有人会议

第二十七条 发行人应披露债券持有人根据法律、法规的规定和本募集说明书的约定行使有关权利的形式。

第二十八条 发行人应披露债券持有人会议规则的主要内容,包括但不限于债券持有人会议的权利、召开程序以及决议的生效条件和效力等。

发行人应明确提示投资者认购本期债券视作同意发行人制定的债券持有人会议规则。

第二十九条 发行人应披露债券持有人会议召开的情形。至少应包括:

(一)拟变更募集说明书的约定;

(二)发行人不能按期支付本息;

(三)发行人减资、合并、分立、解散或者申请破产;

(四)保证人或者担保物发生重大变化;

(五)变更、解聘债券受托管理人;

(六)发生对债券持有人权益有重大影响的事项。

第三十条 发行人应明确披露债券持有人会议决议的生效条件和效力。说明决议对未参加会议或明示不同意见的债券持有人的适用性,以及决议是否对全体债券持有人具有同等效力。

第三十一条 发行人应披露债券持有人会议规则约定的其他重要事宜。

第七节 债券受托管理人

第三十二条 发行人应披露所聘任的债券受托管理人及其联系人和所订立的债券受托管理协议的情况。

发行人应明确提示投资者认购本期债券视作同意债券受托管理协议。

第三十三条 发行人应披露债券受托管理协议的主要事项,至少包括下列事项:

(一)债券受托管理人的名称及基本情况;

(二)债券受托管理人的聘任情况,与发行人是否有利害关系;

(三)发行人、债券持有人和债券受托管理人之间的权利、义务和违约责任;

（四）债券受托管理人行使权利、履行义务的方式、程序等；

（五）债券受托管理人的报酬情况；

（六）变更、解聘债券受托管理人的条件及程序；

（七）其他重要内容。

第三十四条 发行人应披露债券受托管理人保护债券持有人合法权益的主要措施，说明债券受托管理事务的主要程序和方式，说明如何出具债券受托管理事务报告。

第三十五条 发行人应披露债券受托管理人应履行的义务，至少应包括：

（一）持续关注公司和保证人的资信状况，出现可能影响债券持有人重大权益的事项时，召集债券持有人会议；

（二）公司为债券设定抵押或质押担保的，债券受托管理人应在债券发行前取得抵押权、质押权的权利证明文件，并在担保期间妥善保管；

（三）在债券持续期内勤勉处理债券持有人与公司之间的谈判或者诉讼事务；

（四）预计公司不能偿还债务时，要求公司追加担保，或者依法申请法定机关采取财产保全措施；

（五）公司不能偿还债务时，受托参与整顿、和解、重组或者破产的法律程序；

（六）债券受托管理协议约定的其他重要义务。

第八节 发行人基本情况

第三十六条 发行人应简要披露公司设立及上市情况、股本变化情况、重大资产重组情况。

发行人应披露本次发行前股本总额及前10名股东持股数量、股份性质及其股份限售情况。

第三十七条 发行人应以图表方式披露其组织结构和对其他企业的重要权益投资情况。

第三十八条 发行人应披露控股股东和实际控制人的基本情况。实际控制人应披露到最终的国有控股主体或自然人为止。

若发行人的控股股东或实际控制人为自然人，应披露其姓名、简要背景及所持有的发行人股票被质押的情况，同时披露该自然人对其他企业的投资情况。

若发行人的控股股东或实际控制人为法人，应披露该法人的名称及其股东。披露该法人的成立日期、注册资本、主要业务、主要资产的规模及分布、最近一年母公司财务报表的主要财务数据并注明是否经审计、所持有的发行人股票被质押的情况。

第三十九条 发行人应列表披露现任董事、监事、高级管理人员的基本情况。至少包括姓名、性别、年龄、从业简历、兼职情况、薪酬情况、持有本公司股票及债券情况。

第四十条 发行人应披露其所从事的主要业务、主要产品(或服务)的用途。

第九节 财务会计信息

第四十一条 如未作特别说明,本节信息中近三年的财务会计信息应摘自经有证券期货相关业务资格会计师事务所审计的财务报告,发行境外上市外资股的境内股份有限公司应以按照中国的企业会计准则编制的财务报告为基准。

第四十二条 发行人应简要披露财务会计信息,主要包括:

(一)最近三年及一期的资产负债表、利润表及现金流量表,发行人编制合并财务报表的,应同时披露合并财务报表和母公司财务报表。最近三年及一期合并财务报表范围发生重大变化的,还应披露合并财务报表范围的具体变化情况、变化原因及其影响;

(二)最近三年及一期的主要财务指标;

(三)最近三年内进行过导致公司主营业务和经营性资产发生实质变更的重大资产购买、出售、置换的发行人,披露最近三年及一期的财务报表应包括:重组完成后各年的资产负债表、利润表、现金流量表,以及重组时编制的重组前模拟资产负债表、模拟利润表和模拟报表的编制基础;

(四)公司管理层作出的关于公司最近三年及一期的财务分析的简明结论性意见,主要以发行人的母公司财务报表为基础分析说明发行人资产负债结构、现金流量、偿债能力、近三年的盈利能力、未来业务目标以及盈利能力的可持续性。

第四十三条 发行人应重点披露本次发行公司债券后公司资产负债结构的变化。

第四十四条 会计师事务所曾对发行人近三年财务报告出具非标准无保留意见的,发行人应披露发行人董事会关于非标准无保留意见审计报告涉及事项处理情况的说明以及会计师事务所及注册会计师关于非标准无保留意见审计报告的补充意见。

第四十五条 发行人对可能影响投资者理解公司财务状况、经营业绩和现金流量情况的信息,应加以必要的说明。

第十节 募集资金运用

第四十六条 发行人应简要披露募集资金的运用计划。

第四十七条 募集资金用于项目投资、股权投资或收购资产的,发行人应当披露拟投资项目的基本情况、股权投资情况、拟收购资产的基本情况。

募集资金运用涉及立项、土地、环保等有关报批事项的,发行人应当披露已经取得有关主管部门批准的情况。

募集资金用于补充流动资金或者偿还银行贷款的，发行人应当披露补充流动资金或者偿还银行贷款的具体安排和对公司财务状况的影响。

第十一节　其他重要事项

第四十八条　发行人应披露公司最近一期末的对外担保情况，并披露对公司财务状况、经营成果、声誉、业务活动、未来前景等可能产生较大影响的未决诉讼或仲裁事项，主要包括：

（一）受理该诉讼或仲裁的法院或仲裁机构的名称；

（二）提起诉讼或仲裁的日期；

（三）诉讼或仲裁的当事人和代理人；

（四）提起诉讼或仲裁的原因；

（五）诉讼或仲裁请求；

（六）可能出现的处理结果或已生效法律文书的执行情况。

第十二节　董事及有关中介机构声明

第四十九条　发行人全体董事、监事及高管人员应在募集说明书正文的尾页声明：

“本公司全体董事、监事及高管人员承诺本募集说明书及其摘要不存在虚假记载、误导性陈述或重大遗漏，并对其真实性、准确性、完整性承担个别和连带的法律责任。”

声明应由全体董事、监事及高管人员签名，并由发行人加盖公章。

第五十条　保荐人（主承销商）应在募集说明书正文后声明：

“本公司已对募集说明书及其摘要进行了核查，确认不存在虚假记载、误导性陈述或重大遗漏，并对其真实性、准确性和完整性承担相应的法律责任。”

声明应由项目主办人、公司法定代表人或其授权代表签名，并由公司加盖公章。

第五十一条　发行人律师应在募集说明书正文后声明：

“本所及签字的律师已阅读募集说明书及其摘要，确认募集说明书及其摘要与本所出具的法律意见书不存在矛盾。本所及签字律师对发行人在募集说明书及其摘要中引用的法律意见书的内容无异议，确认募集说明书不致因所引用内容出现虚假记载、误导性陈述或重大遗漏，并对其真实性、准确性和完整性承担相应的法律责任。”

声明应由签字的律师、所在律师事务所负责人签名，并由律师事务所加盖公章。

第五十二条　承担审计业务的会计师事务所应在募集说明书正文后声明：“本所及签字注册会计师已阅读募集说明书及其摘要，确认募集说明书及其摘要与本所出具的报告不存在矛盾。本所及签字注册会计师对发行人在募集说明书及其摘要中引用的财务报告的内容无异议，确认募集说明书不致因所引用内容而出现虚假记载、误导性陈述或重大遗漏，并对其真实性、准确性和完整性承担相应的法律责任。”

声明应由签字注册会计师及所在会计师事务所负责人签名，并由会计师事务所加盖公章。

第五十三条 承担资信评级业务或者资产评估业务（如有）的机构应在募集说明书正文后声明：

“本机构及签字的资信评级人员（或资产评估人员）已阅读募集说明书及其摘要，确认募集说明书及其摘要与本机构出具的报告不存在矛盾。本机构及签字的资信评级人员（或资产评估人员）对发行人在募集说明书及其摘要中引用的报告的内容无异议，确认募集说明书及其摘要不致因所引用内容而出现虚假记载、误导性陈述或重大遗漏，并对其真实性、准确性和完整性承担相应的法律责任”。

声明应由签字的资信评级人员（或资产评估人员）及单位负责人签名，并由资信评级机构或者资产评估机构加盖公章。

第十三节 备查文件

第五十四条 募集说明书结尾应列明备查文件，并在指定网站上披露。

第五十五条 备查文件包括下列文件：

（一）发行人最近3年的财务报告及审计报告和已披露的中期报告；

（二）保荐机构出具的发行保荐书；

（三）法律意见书；

（四）资信评级报告；

（五）中国证监会核准本次发行的文件。

如有下列文件，应作为备查文件披露：

（一）担保合同和担保函；

（二）发行人董事会关于报告期内被出具非标准无保留意见审计报告涉及事项处理情况的说明；

（三）注册会计师关于报告期内非标准无保留意见审计报告的补充意见；

（四）最近3年内发生的重大资产重组的发行人提供的模拟财务报告及审计报告和重组进入公司的资产的财务报告、资产评估报告和/或审计报告；

（五）拟收购资产或担保资产的资产评估报告及有关审核文件；

（六）其他与发行有关的重要文件。

第三章　募集说明书摘要

第五十六条　发行人应在募集说明书摘要的显要位置声明：

“本募集说明书摘要的目的仅为向公众提供有关本次发行的简要情况，并不包括募集说明书全文的各部分内容。募集说明书全文同时刊载于×××网站。投资者在做出认购决定之前，应仔细阅读募集说明书全文，并以其作为投资决定的依据。”

第五十七条　募集说明书摘要的内容至少包括下列各部分：

（一）发行概况。按照本准则第二章第一节的要求披露；

（二）担保事项（如有）和评级情况；

（三）发行人基本情况。按照本准则第二章第八节的要求简要披露；

（四）公司的资信情况；

（五）财务会计信息，披露本准则第四十二条要求的财务指标；

（六）募集资金运用。简要披露募集资金的使用计划、投资项目基本情况和项目发展前景分析。

第五十八条　募集说明书摘要的结尾应当说明募集说明书全文及备查文件的查阅方式。

第四章　附　　则

第五十九条　本准则由中国证监会负责解释。

第六十条　本准则自发布之日起施行。

Ⅳ.1.4 公开发行证券的公司信息披露内容与格式准则第24号——公开发行公司债券申请文件

（2007年8月15日 证监发行字[2007]225号）

第一条 为规范公开发行公司债券申请文件的报送行为，根据《证券法》、《公司债券发行试点办法》制定本准则。

第二条 申请公开发行公司债券的，应按本准则的规定制作申请文件。

第三条 本准则规定的申请文件目录是对发行申请文件的最低要求，中国证监会根据审核需要，可以要求发行人和中介机构补充材料。如果某些材料对发行人不适用，可不必提供，但应向中国证监会作出书面说明。

第四条 保荐机构报送申请文件，初次报送应提交原件一份，复印件两份；在提交发行审核委员会审核之前，根据中国证监会要求的份数补报申请文件。

第五条 发行人不能提供有关文件的原件的，应由发行人律师提供鉴证意见，或由出文单位盖章，以保证与原件一致。如原出文单位不再存续，由承继其职权的单位或作出撤销决定的单位出文证明文件的真实性。

所有需要签名处，均应为签名人亲笔签名，不得以名章、签名章等代替。

第六条 申请文件的封面和侧面应标明“×××公司公司债券申请文件”字样。

发行申请文件的扉页上应标明发行人董事会秘书及有关中介机构项目负责人的姓名、电话、传真及其他有效的联系方式。

第七条 在每次报送书面文件的同时，发行人应报两份相应的电子文件（应为标准.doc或.rtf文件）。

发行结束后，发行人应将募集说明书的电子文件及历次报送的电子文件汇总报送中国证监会备案。

第八条 未按本准则的要求制作和报送发行申请文件的，中国证监会可不予受理。

第九条 本准则自发布之日起施行。

附录：公开发行公司债券申请文件目录

第一章 本次公司债券发行的募集文件

1－1　募集说明书(申报稿)

1－2　募集说明书摘要

1－3　发行公告(发审会后按中国证监会要求提供)

第二章　发行人关于本次公司债券发行的申请与授权文件

2－1　发行人关于本次公司债券发行的申请报告

2－2　发行人董事会决议

2－3　发行人股东大会决议

第三章　中介机构关于本次公司债券发行的文件

3－1　保荐人出具的公司债券发行保荐书

3－2　发行人律师出具的法律意见书

第四章　其他文件

4－1　发行人最近三年的财务报告和审计报告及最近一期的财务报告(截至此次申请时,近期发生重大资产重组的发行人提供的模拟财务报告及审计报告和重组进入公司的资产的财务报告、资产评估报告和/或审计报告)

4－2　发行人董事会、会计师事务所及注册会计师关于非标准无保留意见审计报告的补充意见(如有)

4－3　本次公司债券发行募集资金使用的有关文件

4－4　债券受托管理协议

4－5　债券持有人会议规则

4－6　资信评级机构为本次发行公司债券出具的资信评级报告

4－7　本次发行公司债券的担保合同、担保函、担保人就提供担保获得的授权文件(如有);担保财产的资产评估文件(如为抵押或质押担保)

4－8　担保人最近一年及一期的财务报告、审计报告(如有)

4－9　特定行业主管部门出具的监管意见书

4－10　承销协议(发行前按中国证监会要求提供)

4－11　发行人全体董事、监事和高管对发行申请文件真实性、准确性和完整性的承诺书

Ⅳ.1.5 中国人民银行关于促进公司债券发展的公告

(2007 年 9 月 27 日 中国人民银行公告[2007]第 19 号)

为改善我国融资结构,促进债券市场协调发展,现就公司债券在银行间债券市场发行、交易流通和登记托管有关事宜公告如下:

一、支持公司债券在银行间债券市场发行、交易流通和登记托管。按照市场化运作原则,经其他管理部门核准的公司债券,在办理相应手续后即可在银行间债券市场发行、交易流通和登记托管。

二、公司债券发行人可以利用银行间债券市场债券发行系统等现有基础设施发行公司债券,以提高发行效率,降低发行成本。

三、支持符合条件的公司债券在银行间债券市场交易流通,全国银行间同业拆借中心和中央国债登记结算有限责任公司应在公司债券发行结束后 5 个工作日内办理相应的交易流通手续,具体操作按照中国人民银行公告〔2005〕第 30 号的规定执行。

四、公司债券在银行间债券市场除可进行现券、质押式回购、买断式回购交易以外,还可以进行债券借贷、远期交易等衍生产品交易。

银行间债券市场做市商要采取措施提高公司债券流动性,至少对 1 只公司债券进行双边报价。

五、支持商业银行等市场参与者在银行间债券市场参与公司债券承销和投资活动,以充分发挥机构投资者的作用,拓宽公司债券发展的深度和广度。

六、全国银行间同业拆借中心和中央国债登记结算有限责任公司要进一步拓展债券交易和登记结算等业务系统功能,保证系统平稳运行,切实防范市场风险,为公司债券在银行间债券市场发行、交易流通和登记托管做好技术支持和服务工作。

七、进一步完善公司债券跨市场转托管功能,支持公司债券在银行间债券市场与其他交易场所之间互相转托管。中央国债登记结算有限责任公司应在接到投资者转托管申请的当日,在系统运行时间内办理转托管事宜,以促进债券市场互通互联。

中国人民银行

二〇〇七年九月二十七日

Ⅳ.1.6 关于银行业上市公司发行债券时累计公司债券余额如何计算有关问题的函

（2008 年 1 月 18 日 发行监管函[2008]11 号）

各保荐机构、各银行业上市公司：

我会 2007 年 8 月发布的《公司债券发行试点办法》第七条规定，“发行公司债券，本次发行后累计公司债券余额不超过最近一期末净资产额的百分之四十，金融类公司的累计公司债券余额按金融企业的有关规定计算”。根据《中国银监会办公厅关于银行业金融机构公司债券有关问题意见的复函》（银监办函[2008]288 号）的规定，银行业上市公司发行债券时，其累计公司债券余额的计算及相关问题可按如下原则处理：

一、银行业上市公司发行普通公司债券、可转换公司债券、分离交易的可转债或者其他公司债券品种时，其累计公司债券余额的计算由银监会根据有关监管指标核定。银行业上市公司董事会在银监会核定的指标内提出发行方案，经股东大会表决通过后向我会报送正式申请材料。

二、分离交易的可转换公司债券是一般性债券与权证相结合的新型债务融资工具，发行后权证和债券分离交易，债券部分不能按照可转债有关规定计入附属资本。但根据银监会的有关规则，若分离交易的可转债具有次级性质，可比照长期次级债务工具的有关规定计入附属资本。其发行规模（包括其他长期次级债务工具）受核心资本 50% 的约束，原始期限不得低于 5 年，在距到期日的最后 5 年里，计入附属资本的数量逐年摊销。在附属资本中，分离交易的可转债列在长期附属债务工具下，不得列入可转债。

二○○八年一月十八日

中国证券监督管理委员会发行监管部

Ⅳ.2 创业板公司非公开发行公司债

Ⅳ.2.1 创业板上市公司非公开发行公司债券

（2011 年 10 月 20 日　中国证券监督管理委员会
公告[2011]29 号）

为了促进创业板上市公司持续规范发展，进一步支持自主创新和其他成长型创业企业利用资本市场做优做强，多渠道破解中小企业融资难题，现将创业板上市公司非公开发行公司债券的有关事项公告如下，请各保荐机构、创业板上市公司遵照执行：

一、创业板上市公司申请非公开发行公司债券，执行《公司债券发行试点办法》（证监会令第 49 号）的有关规定，符合规定的公司可依照程序向中国证监会报送申请文件。

二、创业板上市公司非公开发行公司债券的转让执行深圳证券交易所的有关业务规则。

中国证券监督管理委员会
二〇一一年十月二十日

Ⅳ.2.2 关于为创业板上市公司非公开发行公司债券提供转让服务有关事项的通知

（2011年12月1日 深证上[2011]364号）

各创业板上市公司、各会员单位：

根据中国证监会公告[2011]29号的相关规定，创业板上市公司可非公开发行公司债券（以下简称“债券”），现就深圳证券交易所（以下简称“本所”）提供转让服务的有关事项通知如下：

一、经中国证监会同意非公开发行的债券，可申请在本所综合协议交易平台转让。

二、债券发行人应参照《深圳证券交易所公司债券上市规则》的相关规定向本所报送申请文件及履行相关义务。

三、投资者认购债券的数量应不低于5000张。

四、债券转让的申报、成交确认、信息披露等应遵循《深圳证券交易所综合协议交易平台业务实施细则》的相关规定。

五、本通知由本所负责解释。

六、本通知自发布之日起施行。

特此通知

二〇一一年十二月一日

Ⅳ.3 可交换公司债券

Ⅳ.3.1 上市公司股东发行可交换公司债券试行规定

（2008年10月17日 中国证券监督管理委员会
公告[2008]41号）

为规范上市公司股东发行可交换公司债券的行为，根据《公司债券发行试点办法》，就有关事项规定如下：

一、持有上市公司股份的股东，可以经保荐人保荐，向中国证监会申请发行可交换公司债券。

可交换公司债券是指上市公司的股东依法发行、在一定期限内依据约定的条件可以交换成该股东所持有的上市公司股份的公司债券。

二、申请发行可交换公司债券，应当符合下列规定：

（一）申请人应当是符合《公司法》、《证券法》规定的有限责任公司或者股份有限公司；

（二）公司组织机构健全，运行良好，内部控制制度不存在重大缺陷；

（三）公司最近一期末的净资产额不少于人民币3亿元；

（四）公司最近3个会计年度实现的年均可分配利润不少于公司债券一年的利息；

（五）本次发行后累计公司债券余额不超过最近一期末净资产额的40%；

（六）本次发行债券的金额不超过预备用于交换的股票按募集说明书公告日前20个交易日均价计算的市值的70%，且应当将预备用于交换的股票设定为本次发行的公司债券的担保物；

（七）经资信评级机构评级，债券信用级别良好；

（八）不存在《公司债券发行试点办法》第八条规定的不得发行公司债券的情形。

三、预备用于交换的上市公司股票应当符合下列规定：

（一）该上市公司最近一期末的净资产不低于人民币15亿元，或者最近3个会计年度加权平均净资产收益率平均不低于6%。扣除非经常性损益后的净利润与扣除前的净利润相比，以低者作为加权平均净资产收益率的计算依据；

（二）用于交换的股票在提出发行申请时应当为无限售条件股份，且股东在约定的换股期间转让该部分股票不违反其对上市公司或者其他股东的承诺；

（三）用于交换的股票在本次可交换公司债券发行前，不存在被查封、扣押、冻结等财产权利被限制的情形，也不存在权属争议或者依法不得转让或设定担保的其他情形。

四、可交换公司债券的期限最短为一年，最长为6年，面值每张人民币100元，发行价格由上市公司股东和保荐人通过市场询价确定。

募集说明书可以约定赎回条款，规定上市公司股东可以按事先约定的条件和价格赎回尚未换股的可交换公司债券。

募集说明书可以约定回售条款，规定债券持有人可以按事先约定的条件和价格将所持债券回售给上市公司股东。

五、可交换公司债券自发行结束之日起12个月后方可交换为预备交换的股票，债券持有人对交换股票或者不交换股票有选择权。

公司债券交换为每股股份的价格应当不低于公告募集说明书日前20个交易日公司股票均价和前一个交易日的均价。募集说明书应当事先约定交换价格及其调整、修正原则。若调整或修正交换价格，将造成预备用于交换的股票数量少于未偿还可交换公司债券全部换股所需股票的，公司必须事先补充提供预备用于交换的股票，并就该等股票设定担保，办理相关登记手续。

六、可交换公司债券的发行程序，按照《公司债券发行试点办法》第三章的规定办理。

债券受托管理和债券持有人权益保护事项，按照《公司债券发行试点办法》第四章的规定办理。

可交换公司债券的信用评级事项，按照《公司债券发行试点办法》第二章第十条的规定办理。

除用预备交换的股票设定担保外，发行人为本次发行的公司债券另行提供担保的，按照《公司债券发行试点办法》第二章第十一条的规定办理。

七、预备用于交换的股票及其孳息（包括资本公积转增股本、送股、分红、派息等），是本次发行可交换公司债券的担保物，用于对债券持有人交换股份和本期债券本息偿付提供担保。

在可交换公司债券发行前，公司债券受托管理人应当与上市公司股东就预备用于交换的股票签订担保合同，按照证券登记结算机构的业务规则设定担保，办理相关登记手续，将其专户存放，并取得担保权利证明文件。

当债券持有人按照约定条件交换股份时，从作为担保物的股票中提取相应数额用于支付;债券持有人部分或者全部未选择换股且上市公司股东到期未能清偿债务时,作为担保物的股票及其孳息处分所得的价款优先用于清偿对债券持有人的负债。

八、可交换公司债券持有人申请换股的,应当通过其托管证券公司向证券交易所发出换股指令,指令视同为债券受托管理人与发行人认可的解除担保指令。

九、申请发行可交换公司债券,应当按照本规定的要求编制申请文件,按照《证券法》的规定持续公开信息。编制募集说明书除应参照《公开发行证券的公司信息披露内容与格式准则第 23 号——公开发行公司债券募集说明书》(证监发行字[2007]224 号)外,还应参照上市公司发行可转换公司债券募集说明书摘要的有关要求披露上市公司的重要信息。

十、拥有上市公司控制权的股东发行可交换公司债券的,应当合理确定发行方案,不得通过本次发行直接将控制权转让给他人。持有可交换公司债券的投资者因行使换股权利增持上市公司股份的,或者因持有可交换公司债券的投资者行使换股权利导致拥有上市公司控制权的股东发生变化的,相关当事人应当履行《上市公司收购管理办法》(证监会令第 35 号)规定的义务。

十一、可交换公司债券的上市交易、换股、回售、赎回、登记结算等事项,按照证券交易所和证券登记结算机构的有关规定办理。

十二、本规定未尽事项,按照中国证监会的其他有关规定办理。

十三、本规定自公布之日起施行。

附录:发行可交换公司债券申请文件目录

一、相关责任人签署的募集说明书;

二、保荐人出具的发行保荐书;

三、发行人关于就预备用于交换的股票在证券登记结算机构设定担保并办理相关登记手续的承诺;

四、评级机构出具的债券资信评级报告;

五、公司债券受托管理协议和公司债券持有人会议规则;

六、本期债券担保合同(如有)、抵押财产的资产评估文件(如有);

七、其他重要文件。

Ⅳ.3.2 关于规范上市公司国有股东发行可交换公司债券及国有控股上市公司发行证券有关事项的通知

(2009年6月24日 国资发产权[2009]125号)

国务院各部委、各直属机构,各省、自治区、直辖市及计划单列市和新疆生产建设兵团国资委,各中央企业,上海证券交易所、深圳证券交易所、中国证券登记结算有限责任公司:

为规范上市公司国有股东发行可交换公司债券及国有控股上市公司发行证券行为,维护证券市场健康发展,根据《中华人民共和国公司法》、《中华人民共和国证券法》、《中华人民共和国企业国有资产法》,以及《企业国有资产监督管理暂行条例》(国务院令第378号)等法律法规规定,现就有关问题通知如下:

一、本通知所称上市公司国有股东发行的可交换公司债券是指上市公司国有股东依法发行、在一定期限内依据约定的条件可以交换成该股东所持特定上市公司股份的公司债券。

本通知所称国有控股上市公司发行证券包括上市公司采用公开方式向原股东配售股份、向不特定对象公开募集股份,采用非公开方式向特定对象发行股份以及发行(分离交易)可转换公司债券等。

二、上市公司国有股东发行可交换公司债券应当遵守有关法律法规及规章制度的规定,符合国有资产监督管理机构对上市公司最低持股比例的要求;应当做好可行性研究,严格履行内部决策程序,合理把握市场时机,并建立健全有关债券发行的风险防范和控制机制;募集资金的投向应当符合国家相关产业政策及企业主业发展规划。

三、上市公司国有股东发行的可交换公司债券交换为上市公司每股股份的价格应不低于债券募集说明书公告日前1个交易日、前20个交易日、前30个交易日该上市公司股票均价中的最高者。

四、上市公司国有股东发行的可交换公司债券,其利率应当在参照同期银行贷款利率、银行票据利率、同行业其他企业发行的债券利率,以及标的公司股票每股交换价格、上市公司未来发展前景等因素的前提下,通过市场询价合理确定。

五、国有股东发行可交换公司债券，该股东单位为国有独资公司的，由公司董事会负责制定债券发行方案，并由国有资产监督管理机构依照法定程序作出决定；国有股东为其他类型公司制企业的，债券发行方案在董事会审议后，应当在公司股东会（股东大会）召开前不少于20个工作日，按照规定程序将发行方案报省级或省级以上国有资产监督管理机构审核，国有资产监督管理机构应在公司股东会（股东大会）召开前5个工作日出具批复意见。

国有股东为中央单位的，由中央单位通过集团母公司报国务院国有资产监督管理机构审核；国有股东为地方单位的，由地方单位通过集团母公司报省级国有资产监督管理机构审核。

六、上市公司国有股东发行可交换公司债券的，应当向国有资产监督管理机构报送以下材料：

（一）国有股东发行可交换公司债券的请示；

（二）国有股东发行可交换公司债券的方案及内部决议；

（三）国有股东发行可交换公司债券的风险评估论证情况、偿本付息的具体方案及债务风险的应对预案；

（四）国有控股股东发行可交换公司债券对其控股地位影响的分析；

（五）国有股东为发行可交换公司债券设定担保的股票质押备案表；

（六）国有股东基本情况、营业执照、公司章程及产权登记文件；

（七）国有股东最近一个会计年度的审计报告；

（八）上市公司基本情况、最近一期年度报告及中期报告；

（九）国有资产监督管理机构要求提供的其他材料。

七、国有控股上市公司发行证券应当遵守有关法律、行政法规及规章制度的规定，有利于提高上市公司的核心竞争力，完善法人治理结构，有利于维护上市公司全体投资者的合法权益，募集资金的投向应当符合国家相关产业政策及公司发展规划。

八、国有控股上市公司发行证券，涉及国有股东或经本次认购上市公司增发股份后成为上市公司股东的潜在国有股东，以资产认购所发行证券的，应当按照国务院国有资产监督管理机构关于规范国有股东与上市公司进行资产重组的有关规定开展相关工作。

九、国有控股股东应当协助上市公司根据国家有关产业政策规定、资本市场状况，以及上市公司发展需要，就发行证券事项进行充分的可行性研究，并严格按照国家有关法律法规要求，规范运作。

十、国有控股股东应当在上市公司董事会审议通过证券发行方案后，按照规定程序在上市公司股东大会召开前不少于20个工作日，将该方案逐级报省级或省级以上国有资产监督管理机构审核。国有资产监督管理机构在上市公司相关股东大会召开前5个工作日出具批复意见。

国有资产监督管理机构关于国有控股上市公司发行证券的审核程序按照本通知第五条第二款的规定办理。

十一、国有控股上市公司拟发行证券的,国有控股股东应当向国有资产监督管理机构报送以下材料:

(一)国有控股上市公司拟发行证券情况的请示;

(二)上市公司董事会关于本次发行证券的决议;

(三)上市公司拟发行证券的方案;

(四)国有控股股东基本情况、认购股份情况及其上一年度审计报告;

(五)国有控股股东关于上市公司发行证券对其控股地位影响的分析;

(六)上市公司基本情况、最近一期的年度报告及中期报告;

(七)上市公司前次募集资金使用情况的报告及本次募集资金使用方向是否符合国家相关政策规定;

(八)上市公司发行可转换债券的风险评估论证情况、偿本付息的具体方案及发生债务风险的应对预案;

(九)律师事务所出具的法律意见书;

(十)国有资产监督管理机构要求提供的其他材料。

十二、国有控股股东在上市公司召开股东大会时,应当按照国有资产监督管理机构出具的批复意见,对上市公司拟发行证券的方案进行表决。

上市公司股东大会召开前未获得国有资产监督管理机构批复的,国有控股股东应当按照有关法律法规规定,提议上市公司延期召开股东大会。

十三、上市公司证券发行完毕后,国有控股股东应持国有资产监督管理机构的批复,到证券登记结算机构办理相关股份变更手续。

国务院国有资产监督管理委员会

二〇〇九年六月二十四日

Ⅳ.4 可转换公司债与可分离债券

Ⅳ.4.1 上市公司证券发行管理办法

（2006年5月6日 中国证券监督管理委员会令第30号）

第一章 总 则

第一条 为了规范上市公司证券发行行为，保护投资者的合法权益和社会公共利益，根据《证券法》、《公司法》制定本办法。

第二条 上市公司申请在境内发行证券，适用本办法。

本办法所称证券，指下列证券品种：

（一）股票；

（二）可转换公司债券；

（三）中国证券监督管理委员会（以下简称“中国证监会”）认可的其他品种。

第三条 上市公司发行证券，可以向不特定对象公开发行，也可以向特定对象非公开发行。

第四条 上市公司发行证券，必须真实、准确、完整、及时、公平地披露或者提供信息，不得有虚假记载、误导性陈述或者重大遗漏。

第五条 中国证监会对上市公司证券发行的核准，不表明其对该证券的投资价值或者投资者的收益作出实质性判断或者保证。因上市公司经营与收益的变化引致的投资风险，由认购证券的投资者自行负责。

第二章 公开发行证券的条件

第一节 一般规定

第六条 上市公司的组织机构健全、运行良好，符合下列规定：

（一）公司章程合法有效，股东大会、董事会、监事会和独立董事制度健全，能够依法有效履行职责；

（二）公司内部控制制度健全，能够有效保证公司运行的效率、合法合规性和财务报告的可靠性；内部控制制度的完整性、合理性、有效性不存在重大缺陷；

（三）现任董事、监事和高级管理人员具备任职资格，能够忠实和勤勉地履行职务，不存在违反公司法第一百四十八条、第一百四十九条规定的行为，且最近三十六个月内未受到过中国证监会的行政处罚、最近十二个月内未受到过证券交易所的公开谴责；

（四）上市公司与控股股东或实际控制人的人员、资产、财务分开，机构、业务独立，能够自主经营管理；

（五）最近十二个月内不存在违规对外提供担保的行为。

第七条 上市公司的盈利能力具有可持续性，符合下列规定：

（一）最近三个会计年度连续盈利。扣除非经常性损益后的净利润与扣除前的净利润相比，以低者作为计算依据；

（二）业务和盈利来源相对稳定，不存在严重依赖于控股股东、实际控制人的情形；

（三）现有主营业务或投资方向能够可持续发展，经营模式和投资计划稳健，主要产品或服务的市场前景良好，行业经营环境和市场需求不存在现实或可预见的重大不利变化；

（四）高级管理人员和核心技术人员稳定，最近十二个月内未发生重大不利变化；

（五）公司重要资产、核心技术或其他重大权益的取得合法，能够持续使用，不存在现实或可预见的重大不利变化；

（六）不存在可能严重影响公司持续经营的担保、诉讼、仲裁或其他重大事项；

（七）最近二十四个月内曾公开发行证券的，不存在发行当年营业利润比上年下降百分之五十以上的情形。

第八条 上市公司的财务状况良好，符合下列规定：

（一）会计基础工作规范，严格遵循国家统一会计制度的规定；

（二）最近三年及一期财务报表未被注册会计师出具保留意见、否定意见或无法表示意见的审计报告；被注册会计师出具带强调事项段的无保留意见审计报告的，所涉及的事项对发行人无重大不利影响或者在发行前重大不利影响已经消除；

（三）资产质量良好。不良资产不足以对公司财务状况造成重大不利影响；

（四）经营成果真实，现金流量正常。营业收入和成本费用的确认严格遵循国家有关企业会计准则的规定，最近三年资产减值准备计提充分合理，不存在操纵经营业绩的情形；

（五）最近三年以现金或股票方式累计分配的利润不少于最近三年实现的年

均可分配利润的百分之二十。

第九条 上市公司最近三十六个月内财务会计文件无虚假记载，且不存在下列重大违法行为：

（一）违反证券法律、行政法规或规章，受到中国证监会的行政处罚，或者受到刑事处罚；

（二）违反工商、税收、土地、环保、海关法律、行政法规或规章，受到行政处罚且情节严重，或者受到刑事处罚；

（三）违反国家其他法律、行政法规且情节严重的行为。

第十条 上市公司募集资金的数额和使用应当符合下列规定：

（一）募集资金数额不超过项目需要量；

（二）募集资金用途符合国家产业政策和有关环境保护、土地管理等法律和行政法规的规定；

（三）除金融类企业外，本次募集资金使用项目不得为持有交易性金融资产和可供出售的金融资产、借予他人、委托理财等财务性投资，不得直接或间接投资于以买卖有价证券为主要业务的公司；

（四）投资项目实施后，不会与控股股东或实际控制人产生同业竞争或影响公司生产经营的独立性；

（五）建立募集资金专项存储制度，募集资金必须存放于公司董事会决定的专项账户。

第十一条 上市公司存在下列情形之一的，不得公开发行证券：

（一）本次发行申请文件有虚假记载、误导性陈述或重大遗漏；

（二）擅自改变前次公开发行证券募集资金的用途而未作纠正；

（三）上市公司最近十二个月内受到过证券交易所的公开谴责；

（四）上市公司及其控股股东或实际控制人最近十二个月内存在未履行向投资者作出的公开承诺的行为；

（五）上市公司或其现任董事、高级管理人员因涉嫌犯罪被司法机关立案侦查或涉嫌违法违规被中国证监会立案调查；

（六）严重损害投资者的合法权益和社会公共利益的其他情形。

第二节 发行股票

第十二条 向原股东配售股份（简称“配股”），除符合本章第一节规定外，还应当符合下列规定：

（一）拟配售股份数量不超过本次配售股份前股本总额的百分之三十；

（二）控股股东应当在股东大会召开前公开承诺认配股份的数量；

（三）采用证券法规定的代销方式发行。

控股股东不履行认配股份的承诺,或者代销期限届满,原股东认购股票的数量未达到拟配售数量百分之七十的,发行人应当按照发行价并加算银行同期存款利息返还已经认购的股东。

第十三条 向不特定对象公开募集股份(简称"增发"),除符合本章第一节规定外,还应当符合下列规定:

(一)最近三个会计年度加权平均净资产收益率平均不低于百分之六。扣除非经常性损益后的净利润与扣除前的净利润相比,以低者作为加权平均净资产收益率的计算依据;

(二)除金融类企业外,最近一期末不存在持有金额较大的交易性金融资产和可供出售的金融资产、借予他人款项、委托理财等财务性投资的情形;

(三)发行价格应不低于公告招股意向书前二十个交易日公司股票均价或前一个交易日的均价。

第三节 发行可转换公司债券

第十四条 公开发行可转换公司债券的公司,除应当符合本章第一节规定外,还应当符合下列规定:

(一)最近三个会计年度加权平均净资产收益率平均不低于百分之六。扣除非经常性损益后的净利润与扣除前的净利润相比,以低者作为加权平均净资产收益率的计算依据;

(二)本次发行后累计公司债券余额不超过最近一期末净资产额的百分之四十;

(三)最近三个会计年度实现的年均可分配利润不少于公司债券一年的利息。

前款所称可转换公司债券,是指发行公司依法发行、在一定期间内依据约定的条件可以转换成股份的公司债券。

第十五条 可转换公司债券的期限最短为一年,最长为六年。

第十六条 可转换公司债券每张面值一百元。

可转换公司债券的利率由发行公司与主承销商协商确定,但必须符合国家的有关规定。

第十七条 公开发行可转换公司债券,应当委托具有资格的资信评级机构进行信用评级和跟踪评级。

资信评级机构每年至少公告一次跟踪评级报告。

第十八条 上市公司应当在可转换公司债券期满后五个工作日内办理完毕偿还债券余额本息的事项。

第十九条 公开发行可转换公司债券,应当约定保护债券持有人权利的办法,以及债券持有人会议的权利、程序和决议生效条件。

存在下列事项之一的,应当召开债券持有人会议:

(一)拟变更募集说明书的约定;

(二)发行人不能按期支付本息;

(三)发行人减资、合并、分立、解散或者申请破产;

(四)保证人或者担保物发生重大变化;

(五)其他影响债券持有人重大权益的事项。

第二十条 公开发行可转换公司债券,应当提供担保,但最近一期末经审计的净资产不低于人民币十五亿元的公司除外。

提供担保的,应当为全额担保,担保范围包括债券的本金及利息、违约金、损害赔偿金和实现债权的费用。

以保证方式提供担保的,应当为连带责任担保,且保证人最近一期经审计的净资产额应不低于其累计对外担保的金额。证券公司或上市公司不得作为发行可转债的担保人,但上市商业银行除外。

设定抵押或质押的,抵押或质押财产的估值应不低于担保金额。估值应经有资格的资产评估机构评估。

第二十一条 可转换公司债券自发行结束之日起六个月后方可转换为公司股票,转股期限由公司根据可转换公司债券的存续期限及公司财务状况确定。

债券持有人对转换股票或者不转换股票有选择权,并于转股的次日成为发行公司的股东。

第二十二条 转股价格应不低于募集说明书公告日前二十个交易日该公司股票交易均价和前一交易日的均价。

前款所称转股价格,是指募集说明书事先约定的可转换公司债券转换为每股股份所支付的价格。

第二十三条 募集说明书可以约定赎回条款,规定上市公司可按事先约定的条件和价格赎回尚未转股的可转换公司债券。

第二十四条 募集说明书可以约定回售条款,规定债券持有人可按事先约定的条件和价格将所持债券回售给上市公司。

募集说明书应当约定,上市公司改变公告的募集资金用途的,赋予债券持有人一次回售的权利。

第二十五条 募集说明书应当约定转股价格调整的原则及方式。发行可转换公司债券后,因配股、增发、送股、派息、分立及其他原因引起上市公司股份变动的,应当同时调整转股价格。

第二十六条 募集说明书约定转股价格向下修正条款的,应当同时约定:

(一)转股价格修正方案须提交公司股东大会表决,且须经出席会议的股东所持表决权的三分之二以上同意。股东大会进行表决时,持有公司可转换债券的股东应当回避;

(二)修正后的转股价格不低于前项规定的股东大会召开日前二十个交易日该公司股票交易均价和前一交易日的均价。

第二十七条 上市公司可以公开发行认股权和债券分离交易的可转换公司债券(简称"分离交易的可转换公司债券")。

发行分离交易的可转换公司债券,除符合本章第一节规定外,还应当符合下列规定:

(一)公司最近一期未经审计的净资产不低于人民币十五亿元;

(二)最近三个会计年度实现的年均可分配利润不少于公司债券一年的利息;

(三)最近三个会计年度经营活动产生的现金流量净额平均不少于公司债券一年的利息,符合本办法第十四条第(一)项规定的公司除外;

(四)本次发行后累计公司债券余额不超过最近一期末净资产额的百分之四十,预计所附认股权全部行权后募集的资金总量不超过拟发行公司债券金额。

第二十八条 分离交易的可转换公司债券应当申请在上市公司股票上市的证券交易所上市交易。

分离交易的可转换公司债券中的公司债券和认股权分别符合证券交易所上市条件的,应当分别上市交易。

第二十九条 分离交易的可转换公司债券的期限最短为一年。

债券的面值、利率、信用评级、偿还本息、债权保护适用本办法第十六条至第十九条的规定。

第三十条 发行分离交易的可转换公司债券,发行人提供担保的,适用本办法第二十条第二款至第四款的规定。

第三十一条 认股权证上市交易的,认股权证约定的要素应当包括行权价格、存续期间、行权期间或行权日、行权比例。

第三十二条 认股权证的行权价格应不低于公告募集说明书日前二十个交易日公司股票均价和前一个交易日的均价。

第三十三条 认股权证的存续期间不超过公司债券的期限,自发行结束之日起不少于六个月。

募集说明书公告的权证存续期限不得调整。

第三十四条 认股权证自发行结束至少已满六个月起方可行权,行权期间为存续期限届满前的一段期间,或者是存续期限内的特定交易日。

第三十五条 分离交易的可转换公司债券募集说明书应当约定，上市公司改变公告的募集资金用途的，赋予债券持有人一次回售的权利。

第三章 非公开发行股票的条件

第三十六条 本办法规定的非公开发行股票，是指上市公司采用非公开方式，向特定对象发行股票的行为。

第三十七条 非公开发行股票的特定对象应当符合下列规定：

（一）特定对象符合股东大会决议规定的条件；

（二）发行对象不超过十名。

发行对象为境外战略投资者的，应当经国务院相关部门事先批准。

第三十八条 上市公司非公开发行股票，应当符合下列规定：

（一）发行价格不低于定价基准日前二十个交易日公司股票均价的百分之九十；

（二）本次发行的股份自发行结束之日起，十二个月内不得转让；控股股东、实际控制人及其控制的企业认购的股份，三十六个月内不得转让；

（三）募集资金使用符合本办法第十条的规定；

（四）本次发行将导致上市公司控制权发生变化的，还应当符合中国证监会的其他规定。

第三十九条 上市公司存在下列情形之一的，不得非公开发行股票：

（一）本次发行申请文件有虚假记载、误导性陈述或重大遗漏；

（二）上市公司的权益被控股股东或实际控制人严重损害且尚未消除；

（三）上市公司及其附属公司违规对外提供担保且尚未解除；

（四）现任董事、高级管理人员最近三十六个月内受到过中国证监会的行政处罚，或者最近十二个月内受到过证券交易所公开谴责；

（五）上市公司或其现任董事、高级管理人员因涉嫌犯罪正被司法机关立案侦查或涉嫌违法违规正被中国证监会立案调查；

（六）最近一年及一期财务报表被注册会计师出具保留意见、否定意见或无法表示意见的审计报告。保留意见、否定意见或无法表示意见所涉及事项的重大影响已经消除或者本次发行涉及重大重组的除外；

（七）严重损害投资者合法权益和社会公共利益的其他情形。

第四章 发行程序

第四十条 上市公司申请发行证券，董事会应当依法就下列事项作出决议，并提请股东大会批准：

(一)本次证券发行的方案;

(二)本次募集资金使用的可行性报告;

(三)前次募集资金使用的报告;

(四)其他必须明确的事项。

第四十一条 股东大会就发行股票作出的决定,至少应当包括下列事项:

(一)本次发行证券的种类和数量;

(二)发行方式、发行对象及向原股东配售的安排;

(三)定价方式或价格区间;

(四)募集资金用途;

(五)决议的有效期;

(六)对董事会办理本次发行具体事宜的授权;

(七)其他必须明确的事项。

第四十二条 股东大会就发行可转换公司债券作出的决定,至少应当包括下列事项:

(一)本办法第四十一条规定的事项;

(二)债券利率;

(三)债券期限;

(四)担保事项;

(五)回售条款;

(六)还本付息的期限和方式;

(七)转股期;

(八)转股价格的确定和修正。

第四十三条 股东大会就发行分离交易的可转换公司债券作出的决定,至少应当包括下列事项:

(一)本办法第四十一条、第四十二条第(二)项至第(六)项规定的事项;

(二)认股权证的行权价格;

(三)认股权证的存续期限;

(四)认股权证的行权期间或行权日。

第四十四条 股东大会就发行证券事项作出决议,必须经出席会议的股东所持表决权的三分之二以上通过。向本公司特定的股东及其关联人发行证券的,股东大会就发行方案进行表决时,关联股东应当回避。

上市公司就发行证券事项召开股东大会,应当提供网络或者其他方式为股东参加股东大会提供便利。

第四十五条 上市公司申请公开发行证券或者非公开发行新股,应当由保荐人保荐，并向中国证监会申报。

保荐人应当按照中国证监会的有关规定编制和报送发行申请文件。

第四十六条 中国证监会依照下列程序审核发行证券的申请：

（一）收到申请文件后，五个工作日内决定是否受理；

（二）中国证监会受理后，对申请文件进行初审；

（三）发行审核委员会审核申请文件；

（四）中国证监会作出核准或者不予核准的决定。

第四十七条 自中国证监会核准发行之日起，上市公司应在六个月内发行证券；超过六个月未发行的，核准文件失效，须重新经中国证监会核准后方可发行。

第四十八条 上市公司发行证券前发生重大事项的，应暂缓发行，并及时报告中国证监会。该事项对本次发行条件构成重大影响的，发行证券的申请应重新经过中国证监会核准。

第四十九条 上市公司发行证券，应当由证券公司承销；非公开发行股票，发行对象均属于原前十名股东的，可以由上市公司自行销售。

第五十条 证券发行申请未获核准的上市公司，自中国证监会作出不予核准的决定之日起六个月后，可再次提出证券发行申请。

第五章 信息披露

第五十一条 上市公司发行证券，应当按照中国证监会规定的程序、内容和格式，编制公开募集证券说明书或者其他信息披露文件，依法履行信息披露义务。

第五十二条 上市公司应当保证投资者及时、充分、公平地获得法定披露的信息，信息披露文件使用的文字应当简洁、平实、易懂。

中国证监会规定的内容是信息披露的最低要求，凡对投资者投资决策有重大影响的信息，上市公司均应充分披露。

第五十三条 证券发行议案经董事会表决通过后，应当在二个工作日内报告证券交易所，公告召开股东大会的通知。

使用募集资金收购资产或者股权的，应当在公告召开股东大会通知的同时，披露该资产或者股权的基本情况、交易价格、定价依据以及是否与公司股东或其他关联人存在利害关系。

第五十四条 股东大会通过本次发行议案之日起两个工作日内，上市公司应当公布股东大会决议。

第五十五条 上市公司收到中国证监会关于本次发行申请的下列决定后，

应当在次一工作日予以公告：

（一）不予受理或者终止审查；

（二）不予核准或者予以核准。

上市公司决定撤回证券发行申请的，应当在撤回申请文件的次一工作日予以公告。

第五十六条 上市公司全体董事、监事、高级管理人员应当在公开募集证券说明书上签字，保证不存在虚假记载、误导性陈述或者重大遗漏，并声明承担个别和连带的法律责任。

第五十七条 保荐机构及保荐代表人应当对公开募集证券说明书的内容进行尽职调查并签字，确认不存在虚假记载、误导性陈述或者重大遗漏，并声明承担相应的法律责任。

第五十八条 为证券发行出具专项文件的注册会计师、资产评估人员、资信评级人员、律师及其所在机构，应当按照本行业公认的业务标准和道德规范出具文件，并声明对所出具文件的真实性、准确性和完整性承担责任。

第五十九条 公开募集证券说明书所引用的审计报告、盈利预测审核报告、资产评估报告、资信评级报告，应当由有资格的证券服务机构出具，并由至少二名有从业资格的人员签署。

公开募集证券说明书所引用的法律意见书，应当由律师事务所出具，并由至少二名经办律师签署。

第六十条 公开募集证券说明书自最后签署之日起六个月内有效。

公开募集证券说明书不得使用超过有效期的资产评估报告或者资信评级报告。

第六十一条 上市公司在公开发行证券前的二至五个工作日内，应当将经中国证监会核准的募集说明书摘要或者募集意向书摘要刊登在至少一种中国证监会指定的报刊，同时将其全文刊登在中国证监会指定的互联网网站，置备于中国证监会指定的场所，供公众查阅。

第六十二条 上市公司在非公开发行新股后，应当将发行情况报告书刊登在至少一种中国证监会指定的报刊，同时将其刊登在中国证监会指定的互联网网站，置备于中国证监会指定的场所，供公众查阅。

第六十三条 上市公司可以将公开募集证券说明书全文或摘要、发行情况公告书刊登于其他网站和报刊，但不得早于按照第六十一条、第六十二条规定披露信息的时间。

第六章 监管和处罚

第六十四条 上市公司违反本办法规定，中国证监会可以责令整改；对其直接负责的主管人员和其他直接责任人员，可以采取监管谈话、认定为不适当人选等行政监管措施，记入诚信档案并公布。

第六十五条 上市公司及其直接负责的主管人员和其他直接责任人员违反法律、行政法规或本办法规定，依法应予行政处罚的，依照有关规定进行处罚；涉嫌犯罪的，依法移送司法机关，追究其刑事责任。

第六十六条 上市公司提供的申请文件中有虚假记载、误导性陈述或重大遗漏的，中国证监会可作出终止审查决定，并在三十六个月内不再受理该公司的公开发行证券申请。

第六十七条 上市公司披露盈利预测的，利润实现数如未达到盈利预测的百分之八十，除因不可抗力外，其法定代表人、盈利预测审核报告签字注册会计师应当在股东大会及中国证监会指定报刊上公开作出解释并道歉；中国证监会可以对法定代表人处以警告。

利润实现数未达到盈利预测的百分之五十的，除因不可抗力外，中国证监会在三十六个月内不受理该公司的公开发行证券申请。

第六十八条 上市公司违反本办法第十条第（三）项和第（四）项规定的，中国证监会可以责令改正，并在三十六个月内不受理该公司的公开发行证券申请。

第六十九条 为证券发行出具审计报告、法律意见、资产评估报告、资信评级报告及其他专项文件的证券服务机构和人员，在其出具的专项文件中存在虚假记载、误导性陈述或重大遗漏的，除承担证券法规定的法律责任外，中国证监会十二个月内不接受相关机构出具的证券发行专项文件，三十六个月内不接受相关人员出具的证券发行专项文件。

第七十条 承销机构在承销非公开发行的新股时，将新股配售给不符合本办法第三十七条规定的对象的，中国证监会可以责令改正，并在三十六个月内不接受其参与证券承销。

第七十一条 上市公司在非公开发行新股时，违反本办法第四十九条规定的，中国证监会可以责令改正，并在三十六个月内不受理该公司的公开发行证券申请。

第七十二条 本办法规定的特定对象违反规定，擅自转让限售期限未满的股票的，中国证监会可以责令改正，情节严重的，十二个月内不得作为特定对象认购证券。

第七十三条 上市公司和保荐机构、承销商向参与认购的投资者提供财务资助或补偿的，中国证监会可以责令改正；情节严重的，处以警告、罚款。

第七章 附　　则

第七十四条 上市公司发行以外币认购的证券的办法、上市公司向员工发行证券用于激励的办法，由中国证监会另行规定。

第七十五条 本办法自2006年5月8日起施行。《上市公司新股发行管理办法》(证监会令第1号)、《关于做好上市公司新股发行工作的通知》(证监发[2001]43号)、《关于上市公司增发新股有关条件的通知》(证监发[2002]55号)、《上市公司发行可转换公司债券实施办法》(证监会令第2号)和《关于做好上市公司可转换公司债券发行工作的通知》(证监发行字[2001]115号)同时废止。

Ⅳ.4.2 深圳证券交易所可转换公司债券上市、交易、清算、转股和兑付实施规则

（2003 年 4 月 15 日 深圳证券交易所）

第一章 总 则

第一条 为规范可转换公司债券的上市、交易、清算、转股及兑付，保护投资者和证券发行人的合法权益，根据《可转换公司债券管理暂行办法》等法律、法规制定本规则。

第二条 本规则所指可转换公司债券是指发行人经中国证券监督管理委员会（以下简称中国证监会）批准，依照法定程序发行，在一定期间内依据约定的条件可以转换成股份的公司债券。

第三条 可转换公司债券在深圳证券交易所（以下简称本所）上市，应当遵守本规则的规定，本所依据国家有关法律、法规、规章和本规则对发行可转换公司债券的上市公司及上市推荐人进行监管。

第二章 可转换公司债券的上网发行

第四条 可转换公司债券的发行人和主承销商在获得中国证监会复审批准后，可向本所申请上网发行。

第五条 发行人和主承销商申请在本所上网发行，需提交以下材料：

1. 中国证监会关于公开发行可转换公司债券的批复文件；

2. 募集说明书；

3. 可转换公司债券发行公告。

第六条 主承销商或发行人应在发行日前二至五个交易日内，将可转换公司债券募集说明书和发行公告刊登在中国证监会指定的至少一种全国性报刊上。

第七条 上网定价发行的申购程序为：

1. 申购当日（T 日），投资者凭证券帐户卡申请认购可转换公司债券，并由本所反馈认购情况；

2. T+1 日，由本所结算公司将申购资金冻结在申购专户中。确因银行结算制度而造成申购资金不能及时入帐的，须在 T+1 日提供通过人民银行或商业银

行电子联行系统汇划的划款凭证，并确保T+2日上午申购资金入账；

3. T+2日，由主承销商和有从事证券业务资格的会计师事务所对申购资金进行验资，并由会计师事务所出具验资报告；

4. T+3日，由主承销商负责组织摇号抽签，并于当日公布中签结果；

5. T+4日，对未中签部分的申购款未予以解冻，并将认购款项划入主承销商指定账户，主承销商于次日将此款划入发行人账户。

第八条 每个账户申购可转换公司债券不少于1000元面值，超过1000元面值的，必须是1000元面值的整数倍，每个账户认购上限为不超过公开发行的可转换公司债券总额的1‰。

第九条 本所在申购期（三个交易日）内冻结所有投资者申购资金。冻结资金的利息，按企业存款利率计息（计息期三天，含法定休息日），利息归发行公司所有。

第十条 发行手续费按可转换公司债券面值的2‰收取。

第十一条 有关发行方面的未尽事宜，参照本所A股发行相关条款执行。

第三章 可转换公司债券的上市

第十二条 发行人在可转换公司债券发行结束后，可向本所申请上市。

第十三条 请可转换公司债券上市，需提交以下材料：

1. 可转换公司债券上市申请书；
2. 中国证监会批准发行可转换公司债券的批文；
3. 报送中国证监会全套复审材料；
4. 上市推荐书；
5. 上市推荐人向本所提交的资格证明，包括：

①会员资格证书；

②中国证监会颁发的承销资格证书；

③本所颁发的上市推荐资格证书；

④负责推荐工作主要业务人员的简历；

⑤最近一年上市推荐业务的情况说明；

⑥上市推荐协议书；

⑦本所结算公司出具的可转换公司债券托管情况的证明文件；

⑧本所要求提供的其他文件。

6. 发行公司关于可转换公司债券事务联系人的授权书，联系人资格参照A股上市规则执行；

7. 可转换公司债券上市公告书（公告书的内容与格式按照中国证监会有关

准则编制)。

第十四条 发行人应在可转换公司债券上市前五个交易日内,在中国证监会指定的至少一种全国性报刊上刊登上市公告书。

第十五条 本所对发行申请材料进行审核,并将上市安排报中国证监会批准后,签发上市通知书。发行人应于上市前五个交易日与本所签订可转换公司债券上市协议,并报中国证监会备案。

第十六条 在本所上市的可转换公司债券,须缴纳上市费用(含上市初费和上市月费)。上市初费按上市债券总额的0.01%缴纳,最高不超过30000元,月费的收取以上市债券总额为收费依据,以1亿元为基数每月交纳500元,每增加2000万元月费增加100元,最高不超过2000元。

第十七条 在本所上市的可转换公司债券,发行人应及时披露有关信息,信息披露的具体内容按照中国证监会有关规定执行。

第四章 可转换公司债券的交易和清算

第十八条 可转换公司债券实行T+1交易。

第十九条 可转换公司债券以面值100元为一报价单位,以面值1000元为一交易单位,结算单位为张(即100元面值),价格升降单位为0.01元。

第二十条 可转换公司债券交易的集中开市时间同A股。

第二十一条 除本办法另有规定外,可转换公司债券的委托、交易、托管、转托管、行情揭示参照A股办理。

第二十二条 可转换公司债券实行T+1交收,交易清算参照A股的现行清算办法办理。

第二十三条 可转换公司债券在转换期结束前的十个交易日自动终止交易并予除牌,终止交易前一周本所予以公告。

第二十四条 禁止卖空可转换公司债券。证券商(或投资者)出现卖空,本所将即时冻结其卖空资金,每卖空一个交易单位罚款人民币1000元,并责成卖空证券商(或投资者)于T+1日对卖空可转换公司债券进行补购。

第二十五条 可转换公司债券的交易费用。本所按成交金额的0.1‰向可转换公司债券买卖双方征收交易经手费,同时债券买卖双方还须向所委托的债券交易商交纳佣金,佣金按成交金额的2‰计取。

第二十六条 有关交易和清算方面的未尽事宜,参照本所A股相关条款执行。

第五章 可转换公司债券的转股

第二十七条 可转换公司债券发行人的普通股股票上市后,可转换公司债券可随时转换成股票。

第二十八条 可转换公司债券持有人在可转换期间的交易时间内，通过报盘方式申请转股。

第二十九条 本所接到报盘并确认其有效后，记减投资者的债券数额，同时记加投资者相应的股份数额。

第三十条 转股申请不能撤单。

第三十一条 如投资者申请转股的可转换公司债券数额大于投资者实际拥有的可转换公司债券数额，本所确认其最大的可转换股票部分进行转股，申请剩余部分予以取消。

第三十二条 转换后的股份可于转股后的下一个交易日上市交易。

第三十三条 可转换公司债券转股的最小单位为一股。

第三十四条 可转换公司债券在自愿申请转股期内，债券交易不停市。

第三十五条 可转换公司债券上市交易期间，未转换的单只可转换公司债券数量少于3000万元时，本所将立即予以公告，并于三个交易日后停止其交易。可转换公司债券在停止交易后、转换期结束前，持有人仍然可以依据约定的条件申请转股。

第三十六条 发行人因增发新股、配股、分红派息而调整转股价格时，本所将停止该可转换公司债券转股，停止转股的时间由发行人与本所商定，最长不超过十五个交易日，同时本所还依据公告信息对其转股价格进行调整，并于股权登记日的下一个交易日恢复转股。恢复转股后采用调整后的转股价格。

第三十七条 到期无条件强制性转股的债券，本所于到期日前十个工作日停止其交易，并于到期日将剩余债券全部予以转股。

第三十八条 转换期内有条件强制性转股的债券，发行人可于条件满足时实施全部或部分强制性转股。发行人应于强制性转股条件满足后的十个交易日内在中国证监会指定的全国性报刊上刊登公告至少三次，本所依据强制性转股公告所载日期停止该可转换公司债券的交易，并于停止交易后的第三个交易日按公告条件予以全部或部分转股。

第三十九条 可转换公司债券持有人申请转股或强制性转股后，所剩债券面额不足转换一股股份的部分，继续享受付息及最终还本的权利。

第六章　可转换公司债券的赎回

第四十条 赎回条件满足时，发行人可以全部或按一定比例赎回未转换为股份的可转换公司债券，也可以不行使赎回权。

第四十一条 当可转换公司债券赎回条件满足、发行人刊登公告行使赎回权时,本所于赎回日停止该债券的交易和转股。

第四十二条 发行人根据停止交易后登记在册的债券数量,于赎回日后三个交易日内将赎回债券所需的资金划入本所指定的资金账户。

第四十三条 本所于赎回日后第四个交易日将资金划入券商清算头寸账户,同时记减投资者相应的可转换公司债券。

第四十四条 各券商于赎回日后第五个交易日将兑付款划入投资者开设的资金或保证金账户。

第四十五条 未赎回的可转换公司债券,于赎回日后下一个交易日恢复交易和转股。

第七章 可转换公司债券的回售

第四十六条 可转换公司债券存续期内,可转换公司债券持有人只能在每一年度回售条件首次满足时行使回售权。

第四十七条 当回售条件每年首次满足时,发行人应当在两个工作日内公告。发行人公告后,可转换公司债券持有人可以全部或部分回售未转换为股份的可转换公司债券,也可以不行使回售权。

第四十八条 可转换公司债券持有人行使回售权时,应当在公告后的十个交易日内以书面形式通过托管券商正式通知发行人。券商审核确认后,冻结可转换公司债券持有人相应的可转换公司债券数额。

第四十九条 券商将回售数据以报盘的方式传送本所,本所于当日进行数据处理,并于回售申请终止日后第二个交易日将数据传给发行人,通知发行人按回售条件生效的价格将相应资金划入本所指定的资金账户,本所收到资金后再划入券商清算头寸账户,同时记减投资者相应的可转换公司债券数额。

第五十条 当本所在一天内同时收到可转换债券持有人的交易、转托管、转股、回售报盘时,按以下顺序进行数据处理:回售、转股、转托管、交易。

第八章 可转换公司债券的本息兑付

第五十一条 可转换公司债券的本息兑付是指设置强制性转股条款的可转债发行人每年向未转换成该公司股票的可转债持有人支付利息,或者非强制性转股的可转换公司债券发行人向到期未转换成该公司股票的可转债持有人一次性还本付息。

第五十二条 到期一次性还本付息的可转换公司债券,本所于转换期结束时自动终止交易后二个交易日内,将交易结束时的债券数据通知发行人,发行人应于到期日前将相应本息款划入本所指定的资金账户。

第五十三条 本所于到期日后第三个交易日将本息款划入券商清算头寸账户,各券商于到期日后第五个交易日将本息款划入投资者开设的资金或保证金账户。

第五十四条 设置强制性转股条款的可转换公司债券,每年兑付利息期间,债券交易不停市。

第五十五条 到期强制性转股后所剩的可转换公司债券面额不足转换一股股份的部分,本所于强制转股日后十个交易日内,将这部分债券的本金及其最后一年利息划入券商账户,各券商于第二个交易日将资金划入投资者账户。

第九章 附 则

第五十六条 证券商及投资者在有关业务中应遵守国家有关法律、法规、政策及本规则。

第五十七条 本规则由本所负责解释、修订,本规则的修改补充构成本规则的组成部分。

第五十八条 本规则经本所理事会通过并报中国证监会批准后实施。

Ⅳ.4.3 公开发行证券的公司信息披露内容与格式准则第10号——上市公司公开发行证券申请文件

（2006年5月8日 证监发行字［2006］1号）

第一条 为规范上市公司公开发行证券申请文件的报送行为，根据《证券法》、《上市公司证券发行管理办法》制定本准则。

第二条 申请公开发行证券的，应按本准则的规定制作申请文件。

第三条 本准则规定的申请文件目录是对发行申请文件的最低要求，中国证监会根据审核需要，可以要求发行人和中介机构补充材料。如果某些材料对发行人不适用，可不必提供，但应向中国证监会作出书面说明。

第四条 申请文件一经受理，未经中国证监会同意不得增加、撤回或更换。

第五条 发行人应根据中国证监会对发行申请文件的反馈意见提供补充材料。有关中介机构应对反馈意见相关问题进行尽职调查或补充出具专业意见。

第六条 保荐机构报送申请文件，初次报送应提交原件一份，复印件两份；在提交发行审核委员会审核之前，根据中国证监会要求的份数补报申请文件。

第七条 发行人不能提供有关文件的原件的，应由发行人律师提供鉴证意见，或由出文单位盖章，以保证与原件一致。如原出文单位不再存续，由承继其职权的单位或作出撤销决定的单位出文证明文件的真实性。

所有需要签名处，均应为签名人亲笔签名，不得以名章、签名章等代替。

需要由发行人律师鉴证的文件，发行人律师应在该文件首页注明“以下第××页至第×××页与原件一致”，并签名和签署鉴证日期，律师事务所应在该文件首页加盖公章，并在第××页至第×××页侧面以公章加盖骑缝章。

第八条 申请文件应采用幅面为209×295毫米规格的纸张（相当于标准A4纸张规格），双面印刷（需提供原件的历史文件除外）。

第九条 申请文件的封面和侧面应标明“×××公司配股/增发/可转换公司债券/分离交易的可转换公司债券）申请文件”字样。发行申请文件的扉页上应标明发行人董事会秘书及有关中介机构项目负责人的姓名、电话、传真及其他有效的联系方式。

第十条 申请文件章与章之间、节与节之间应有明显的分隔标识。

申请文件中的页码必须与目录中的页码相符。页码标注的举例，如第四章4－1的页码标注为：4－1－1，4－1－2，4－1－3，…，4－1－n。

第十一条 在每次报送书面文件的同时，发行人应报两份相应的电子文件（应为标准.doc或.rtf文件）。

发行结束后，发行人应将募集说明书的电子文件及历次报送的电子文件汇总报送中国证监会备案。

第十二条 未按本准则的要求制作和报送发行申请文件的，中国证监会可不予受理。

第十三条 本准则自发布之日起施行。

附录：上市公司公开发行证券申请文件目录

第一章 本次证券发行的募集文件

1－1 募集说明书（申报稿）

1－2 募集说明书摘要

1－3 发行公告（发审会后按中国证监会要求提供）

第二章 发行人关于本次证券发行的申请与授权文件

2－1 发行人关于本次证券发行的申请报告

2－2 发行人董事会决议

2－3 发行人股东大会决议

第三章 保荐机构关于本次证券发行的文件

3－1 证券发行保荐书

3－2 保荐机构尽职调查报告

第四章 发行人律师关于本次证券发行的文件

4－1 法律意见书

4－2 律师工作报告

第五章 关于本次证券发行募集资金运用的文件

5－1 募集资金投资项目的审批、核准或备案文件

5－2 发行人拟收购资产（包括权益）有关的财务报告、审计报告、资产评估报告

5－3 发行人拟收购资产（包括权益）的合同或其草案

第六章 其他文件

6－1 发行人最近三年的财务报告和审计报告及最近一期的财务报告

6－2 会计师事务所关于发行人内部控制制度的鉴证报告

6－3 会计师事务所关于前次募集资金使用情况的专项报告

6－4　经注册会计师核验的发行人最近三年加权平均净资产收益率和非经常性损益明细表

6－5　发行人董事会、会计师事务所及注册会计师关于非标准无保留意见审计报告的补充意见

6－6　盈利预测报告及盈利预测报告审核报告

6－7　最近三年内发生重大资产重组的发行人提供的模拟财务报告及审计报告和重组进入公司的资产的财务报告、资产评估报告和/或审计报告

6－8　控股股东（企业法人）最近一年的财务报告、审计报告以及保荐机构出具的关于实际控制人情况的说明

6－9　发行人公司章程（限于电子文件）

6－10　资信评级机构为本次发行可转换公司债券或分离交易的可转换公司债券出具的资信评级报告

6－11　本次发行可转换公司债券或分离交易的可转换公司债券的担保合同、担保函、担保人就提供担保获得的授权文件

6－12　特定行业（或企业）主管部门出具的监管意见书

6－13　承销协议（发行前按中国证监会要求提供）

6－14　发行人全体董事对发行申请文件真实性、准确性和完整性的承诺书

Ⅳ.4.4 公开发行证券的公司信息披露内容与格式准则第11号——上市公司公开发行证券募集说明书

(2006年5月8日 证监发行字[2006]2号)

第一章 总 则

第一条 为规范上市公司公开发行证券的信息披露行为,保护投资者的合法权益,根据《公司法》、《证券法》、《上市公司证券发行管理办法》,制定本准则。

第二条 发行人编制配股说明书、增发招股意向书、增发招股说明书、可转换公司债券募集说明书、分离交易的可转换公司债券募集说明书等募集说明书及其摘要,应当符合本准则的要求。

第三条 募集说明书的编制应遵循以下要求:

(一)使用通俗易懂的事实描述性语言,并采用表格或其他较为直观的方式披露公司及其产品、财务等情况;

(二)引用的资料应注明来源,事实依据应充分、客观;

(三)引用的数字应采用阿拉伯数字,有关金额的资料除特别说明之外,应指人民币金额,并以元、千元或万元为单位;

(四)发行人可编制募集说明书外文译本,但应保证中外文文本的一致性,在对中外文本的理解上发生歧义时,以中文文本为准;

(五)募集说明书摘要的编制必须忠实于募集说明书全文的内容,不得出现与全文相矛盾之处。

第四条 在不影响信息披露的完整并保证阅读方便的前提下,发行人可采用相互引征的方法,对各相关部分的内容进行适当的技术处理;对于曾在募集说明书、上市公告书和定期报告、临时报告中披露过的信息,如事实未发生变化,发行人可采用索引的方法进行披露,以免重复。

第五条 上市公司发行证券刊登的募集说明书摘要最小字号为标准小5号字,最小行距为0.35毫米。

发行人将募集说明书及其摘要全文刊登并保留在公司网站的,其内容应当与在报刊上刊登的一致。

第六条 增发招股意向书除发行数量、发行价格及筹资金额等内容可不确定外，其内容和格式应与增发招股说明书一致。

增发招股意向书应载明“本招股意向书的所有内容均构成招股说明书不可撤销的组成部分，与招股说明书具有同等法律效力”。

发行价格确定后，发行人应编制增发招股说明书，刊登于中国证监会指定的互联网网站，并报中国证监会备案。

第七条 特殊行业的发行人编制募集说明书及其摘要，还应遵循中国证监会关于该行业的信息披露特别规定。

第二章 募集说明书

第一节 封面、书脊、扉页、目录、释义

第八条 募集说明书文本封面及书脊应标明“×××股份有限公司×××说明书”字样，封面还应载明已经上市股票简称和代码、发行人注册地、保荐机构、主承销商、募集说明书公告时间。

第九条 募集说明书文本扉页应当刊载如下声明：

“本公司全体董事、监事、高级管理人员承诺募集说明书及其摘要不存在任何虚假、误导性陈述或重大遗漏，并保证所披露信息的真实、准确、完整。”

“公司负责人、主管会计工作负责人及会计机构负责人（会计主管人员）保证募集说明书及其摘要中财务会计报告真实、完整。”

“证券监督管理机构及其他政府部门对本次发行所作的任何决定，均不表明其对发行人所发行证券的价值或者投资人的收益作出实质性判断或者保证。任何与之相反的声明均属虚假不实陈述。”

“根据《证券法》的规定，证券依法发行后，发行人经营与收益的变化，由发行人自行负责，由此变化引致的投资风险，由投资者自行负责。”

第十条 发行人认为对投资者有重大影响的事项，应在募集说明书文本扉页中作“重大事项提示”，提醒投资人关注。

第十一条 募集说明书目录应标明各章、节的标题及其对应的页码。发行人应对可能对投资者理解有障碍及有特定含意的术语作出释义。募集说明书释义应在目录次页排印。

第二节 本次发行概况

第十二条 本节披露本次发行的基本情况：

（一）发行人中英文名称及注册地、境内上市股票简称和代码、上市地；

（二）本次发行的核准文件、证券类型、发行数量、证券面值、定价方式或发行价格、预计募集资金量（含发行费用）及募集资金净额、募集资金专项存储的

账户；

（三）发行方式与发行对象；

（四）承销方式及承销期；

（五）发行费用；

（六）承销期间的停牌、复牌及本次发行证券上市的时间安排、申请上市证券交易所；

（七）本次发行证券的上市流通，包括各类投资者持有期的限制或承诺。

发行可转换公司债券的，应载明主要发行条款、评级或担保情况。

第十三条 本节应披露本次发行涉及的下列机构的名称、法定代表人、经办人员、办公地址、联系电话、传真：

（一）发行人；

（二）保荐机构和承销团成员；

（三）发行人律师事务所；

（四）审计机构；

（五）资产评估机构；

（六）申请上市的证券交易所；

（七）收款银行；

（八）资信评级机构；

（九）债券的担保人。

第三节 风险因素

第十四条 发行人应当遵循重要性原则，按顺序披露可能直接或间接对发行人生产经营状况和持续盈利能力产生重大不利影响的所有因素。

发行人应针对自身的实际情况，充分、准确、具体地描述相关风险因素。

发行人应对所披露的风险因素做定量分析，无法进行定量分析的，应有针对性地作出定性描述。

有关风险因素对发行人生产经营状况和持续盈利能力有严重不利影响的，应做“重大事项提示”。

第十五条 发行人应披露的风险因素包括但不限于下列内容：

（一）产品或服务的市场前景、行业经营环境的变化、商业周期或产品生命周期的影响、市场饱和或市场分割、过度依赖单一市场、市场占有率下降；

（二）经营模式发生变化、经营业绩不稳定、主要产品或主要原材料价格波动、过度依赖某一重要原材料、产品或服务、经营场所过度集中或分散；

（三）资产周转能力较差导致的资产流动性风险、现金流状况不佳及债务结构不合理导致的偿债风险、各项主要资产减值准备计提不足的风险、重大对外投资和境外投资管理不善或财务失控的风险、非经常性损益比重较大等因素导致发行人盈利来源不稳定的风险、发行人未来资本性支出计划存在的投资风险；

（四）技术不成熟、技术尚未产业化、技术缺乏有效保护或保护期限短、缺乏核心技术或核心技术依赖他人、产品或技术面临被淘汰；

（五）投资项目在市场前景、技术保障、产业政策、环境保护、土地使用、融资安排、与他人合作等方面存在的问题，因营业规模、营业范围扩大或者业务转型而导致的管理风险、业务转型风险，因固定资产折旧大量增加而导致的利润下滑风险，以及因产能扩大而导致的产品销售风险；

（六）由于财政、金融、税收、土地使用、产业政策、行业管理、环境保护等方面法律、法规、政策变化引致的风险；

（七）可能严重影响公司持续经营的其他因素，如自然灾害、安全生产、汇率变化、外贸环境、担保、诉讼和仲裁等。

第四节　发行人基本情况

第十六条　发行人应披露本次发行前股本总额及前10名股东持股数量、股份性质及其股份限售情况。

第十七条　发行人应以图表方式披露其组织结构和对其他企业的重要权益投资情况。

列表披露发行人直接或间接控股企业的成立时间、注册资本、实收资本、发行人持有的权益比例、主要业务及主要生产经营地、最近一年该企业总资产、净资产、营业收入、净利润等财务数据，并注明有关财务数据是否经过审计及审计机构名称。

第十八条　发行人应披露控股股东和实际控制人的基本情况。实际控制人应披露到最终的国有控股主体或自然人为止。

若发行人的控股股东或实际控制人为自然人，应披露其姓名、简要背景及所持有的发行人股票被质押的情况，同时披露该自然人对其他企业的投资情况。

若发行人的控股股东或实际控制人为法人，应披露该法人的名称及其股东。披露该法人的成立日期、注册资本、主要业务、主要资产的规模及分布、最近一年母公司财务报表的主要财务数据、所持有的发行人股票被质押的情况。

第十九条　发行人应披露其所从事的主要业务、主要产品（或服务）的用途。

发行人从事多种业务和产品（或服务）生产经营的，关于业务和产品（或服务）分类的披露应前后一致，不得采用多种统计口径进行披露。

如果发行人的主要业务和产品（或服务）分属不同行业，应分行业披露相关信息。

第二十条　发行人应结合其主要业务和主要产品（或服务）披露所处行业的

基本情况，包括但不限于：

（一）行业的主管部门、监管体制、主要法律法规及政策等；

（二）行业竞争格局和市场化程度、行业内的主要企业及其市场份额、进入本行业的主要障碍、市场供求状况及变动原因、行业利润水平的变动趋势及变动原因等；

（三）行业技术水平及技术特点、行业特有的经营模式、行业的周期性、区域性或季节性特征等；

（四）发行人所处行业与上、下游行业之间的关联性及上下游行业发展状况；

（五）出口业务比例较大的发行人，还应披露产品进口国的有关进出口政策，贸易磨擦对产品进口的影响，以及进口国同类产品的竞争格局等情况。

第二十一条 发行人应披露在行业中的竞争地位，包括发行人的市场占有率、近3年的变化情况及未来变化趋势，主要竞争对手的简要情况等。

第二十二条 发行人应根据重要性原则披露主要业务的具体情况，主要包括：

（一）分别按主要产品、销售区域、销售模式披露最近3年及一期的营业收入构成；

（二）主要产品的工艺流程或服务的流程图；

（三）主要经营模式，包括生产模式、采购模式、销售模式；

（四）列表披露报告期主要产品（或服务）的产能、产量、销量，产品或服务的主要消费群体、销售价格的基本情况；报告期内各年度向前5名客户合计的销售额占各年度销售总额的百分比，如向单个客户的销售比例超过总额的50%或严重依赖于少数客户的，则应披露其名称及销售比例，如该等客户为发行人的关联人的，则应披露产品最终实现销售的情况。对于销售客户存在同属相同的实际控制人情形的，则应合并计算销售额；

（五）报告期主要产品所需的主要原材料和能源及其供应情况；报告期内各年度向前5名供应商合计的采购额占各年度采购总额的百分比，如向单个供应商的采购比例超过总额的50%或严重依赖于少数客户的，则应披露其名称及采购比例。对于供应商存在同属相同的实际控制人情形的，则应合并计算采购额；

（六）发行人应披露董事、监事、高级管理人员和核心技术人员，主要关联方或持有发行人5%以上股份的股东在上述供应商或客户中所占的权益。若无，亦应说明；

（七）存在高危险、重污染情况的，应披露安全生产及污染治理情况、因安全生产及环境保护原因受到处罚的情况、近3年相关费用或成本支出及未来支出情况，说明是否符合国家关于安全生产和环境保护的要求。

第二十三条 发行人应列表披露与其业务相关的主要固定资产及无形资产，主要包括：

（一）生产经营所需的主要生产设备、房屋及其取得和使用情况、成新率或尚可使用年限、在发行人及下属公司中分布情况等；

（二）商标、专利、非专利技术、土地使用权、水面养殖权、探矿权、采矿权等主要无形资产的价值、取得方式和时间、使用情况、使用期限或保护期，以及对发行人生产经营的重大影响。

发行人允许他人使用自己所有的资产，或作为被许可方使用他人资产的，应简介许可合同的主要内容，主要包括许可人、被许可人、许可使用的具体资产内容、许可方式、许可年限、许可使用费等。若发行人所有或使用的资产存在纠纷或潜在纠纷的，应明确提示。

第二十四条 发行人应披露拥有的特许经营权的情况，主要包括特许经营权的取得、特许经营权的期限、费用标准，对发行人持续生产经营的影响。

第二十五条 发行人若在中华人民共和国境外进行生产经营，应对有关业务活动进行地域性分析。若发行人在境外拥有资产，应详细披露该资产规模、所在地、经营管理、盈利情况等。

第二十六条 发行人应列表披露自上市以来历次筹资、派现及净资产额变化情况。

第二十七条 发行人应披露最近 3 年及一期发行人及其控股股东、实际控制人所作出的重要承诺及承诺的履行情况。

第二十八条 发行人应披露发行人的股利分配政策。

第二十九条 发行人发行可转换公司债券的，还应当披露最近 3 年发行的债券和债券偿还情况以及各年度利息保障倍数、贷款偿还率、利息偿付率等财务指标和资信评级情况。

第三十条 发行人应列表披露现任董事、监事、高级管理人员的基本情况。至少包括姓名、性别、年龄、从业简历、兼职情况、薪酬情况、持有本公司股份情况。

发行人应披露对管理层的激励情况。

第五节 同业竞争与关联交易

第三十一条 发行人应披露是否存在与控股股东、实际控制人及其控制的企业从事相同、相似业务的情况。对存在相同、相似业务的，发行人应对是否存在同业竞争做出合理解释。

第三十二条 对于已存在或可能存在的同业竞争，发行人应披露解决同业竞争的具体措施。

第三十三条 发行人应披露独立董事对发行人是否存在同业竞争和避免同业竞争有关措施的有效性所发表的意见。

第三十四条 发行人应根据《公司法》、企业会计准则的相关规定披露关联方、关联关系和关联交易。

第三十五条 发行人应按经常性关联交易和偶发性关联交易分类披露最近3年及一期关联交易情况。

对经常性的关联交易，发行人应披露：关联交易方、交易内容、交易金额、交易价格的确定方法、占营业收入或营业成本的比重、占同类型交易的比重以及关联交易增减变化的趋势，与交易相关的应收应付款项余额及增减变化的原因。

对偶发性的关联交易，发行人应披露关联交易方、交易内容、交易金额、交易价格的确定方法、资金的结算情况、交易产生利润及对发行人当期利润的影响程度、关联交易对公司主要业务的影响。

第三十六条 发行人应披露明确的减少和规范关联交易的措施。

发行人应披露独立董事对关联交易的必要性、关联交易价格的公允性、批准程序的合规性以及减少和规范关联交易措施的有效性发表的意见。

第六节 财务会计信息

第三十七条 如未作特别说明，本节信息应摘自经有证券期货相关业务资格会计师事务所审计的财务报告及审核的盈利预测报告。

第三十八条 发行人应披露最近3年审计意见的类型；被出具带强调事项段的无保留意见的，还应披露审计报告正文以及董事会对相关事项的详细解释，并说明相关事项是否对公司有重大影响或影响是否已经消除，会计师事务所及注册会计师关于相关事项对发行人是否有重大影响或影响是否已经消除所发表的意见。

第三十九条 发行人应披露最近3年及一期的资产负债表、利润表、现金流量表及所有者权益变动表。发行人编制合并财务报表的，应同时披露合并财务报表和母公司财务报表。最近3年及一期合并财务报表范围发生重大变化的，还应披露合并财务报表范围的具体变化情况、变化原因及其影响。

最近3年内进行过导致公司主营业务和经营性资产发生实质变更的重大资产购买、出售、置换的发行人，披露的最近3年及一期的财务报表应包括：重组完成后各年的资产负债表、利润表、现金流量表和所有者权益变动表，以及重组时编制的重组前模拟利润表和模拟报表的编制基础。

发行人本次募集资金拟用于重大资产购买的，即拟购买的总资产或净资产占发行人最近一年末合并财务报表总资产或净资产的50%以上、或拟购买的资产在前一年产生的营业收入占发行人前一年合并财务报表营业收入的50%以上，还应披露假设前3年已完成购买并据此编制的前3年备考合并利润表、前一年末备考合并资产负债表。

第四十条 发行境内上市外资股和境外上市外资股的发行人，由于在境内外披露的财务会计资料所采用的会计准则不同，导致净资产、净利润存在差异的，应披露最近一年的差异调节表，并注明境外财务报表的审计机构的名称以及审计意见的类型。

第四十一条 发行人应列表披露最近3年及一期的流动比率、速动比率、资产负债率(母公司)、应收账款周转率、存货周转率、每股经营活动现金流量、每股净现金流量、研发费用占营业收入的比重等财务指标以及非经常性损益明细表。除特别说明，上述财务指标以合并财务报表的数据为基础进行计算，其中扣除非经常性损益前后的净资产收益率和每股收益的计算应执行财政部、证监会的有关规定。

第四十二条 发行人本次募集资金拟用于重大资产购买的，应当披露发行人假设按预计购买基准日完成购买的盈利预测报告及假设发行当年1月1日完成购买的盈利预测报告及会计师事务所的审核意见。其他发行人认为提供盈利预测报告将有助于投资者对发行人及投资于发行人的证券作出正确判断，且发行人确信有能力对最近的未来期间的盈利情况作出切合实际的预测，可以披露盈利预测报告及会计师事务所的审核意见。

第四十三条 发行人披露盈利预测报告的，应声明："本公司盈利预测报告是管理层在最佳估计假设的基础上编制的，但所依据的各种假设具有不确定性，投资者进行投资决策时应谨慎使用。"

第四十四条 发行人披露的盈利预测报告应包括盈利预测表及其说明。

盈利预测表的格式应与利润表一致，其中预测数应分栏列示已审实现数、未审实现数、预测数和合计数。需要编制合并财务报表的发行人，应分别编制母公司盈利预测表和合并盈利预测表。

盈利预测说明应包括编制基准、所依据的基本假设及其合理性、与盈利预测数据相关的背景及分析资料等。盈利预测数据包含了特定的财政税收优惠政策或非经常性损益项目的，应特别说明。

第七节 管理层讨论与分析

第四十五条 发行人应主要依据最近3年及一期的合并财务报表分析影响发行人财务状况、经营业绩、现金流量的财务与非财务因素，并审慎披露未来变动趋势。为有助于理解分析过程和结论，发行人应提供分部信息。

发行人不应仅以引述方式重复财务报告的内容，应选择使用逐年比较、与同行业对比分析等便于理解的形式对最近3年及一期的上述情况进行分析。

第四十六条 发行人对财务状况、盈利能力及现金流量的分析一般应包括但不限于第四十七条至第五十二条的内容，但发行人可视实际情况并根据重要性原则有选择地进行增减。

第四十七条 财务状况分析一般应包括：

（一）发行人应披露公司资产、负债的主要构成，分析说明其主要资产的减值准备提取情况是否与资产质量实际状况相符；最近3年及一期资产结构、负债结构发生重大变化的，发行人还应分析说明导致变化的主要因素；

（二）发行人应分析披露最近3年及一期流动比率、速动比率、资产负债率以及利息保障倍数的变动趋势，并结合公司的现金流量状况、在银行的资信状况、可利用的融资渠道及授信额度、表内负债、表外融资情况及或有负债等情况，分析说明公司的偿债能力。发行人最近3年及一期经营活动产生的现金流量净额为负数或者远低于同期净利润的，应分析披露原因；

（三）发行人应披露最近3年及一期应收账款周转率、存货周转率等反映资产周转能力的财务指标的变动趋势，并结合市场发展、行业竞争状况、公司生产模式及物流管理、销售模式及赊销政策等情况，分析说明影响公司的资产周转能力；

（四）发行人最近一期末持有金额较大的交易性金融资产、可供出售的金融资产、借予他人款项、委托理财等财务性投资的，应分析其投资目的、对发行人资金安排的影响、投资期限、发行人对投资的监管方案、投资的可回收性及减值准备的计提是否充足。

第四十八条 盈利能力分析一般应包括：

（一）发行人应列表披露最近3年及一期营业收入的构成及比例，分别按产品（或服务）类别及业务、地区分部列示，分析营业收入增减变化的情况及原因；营业收入存在季节性波动的，应分析季节性因素对各季度经营成果的影响；

（二）发行人应依据所从事的主要业务、采用的经营模式及行业竞争情况，分析公司最近3年一期利润的主要来源、可能影响发行人盈利能力连续性和稳定性的主要因素；

（三）发行人应按照利润表项目逐项分析最近3年及一期经营成果变化的原因，对于变动幅度较大的项目应重点说明；

（四）发行人主要产品价格或主要原材料、燃料价格频繁变动且影响较大的，应对价格变动对公司利润的影响作敏感性分析；

（五）发行人应列表披露最近3年及一期公司综合毛利率、分行业毛利率的数据及变动情况；最近3年及一期毛利率发生重大变化的，还应用数据说明相关因素对毛利率变动的影响程度；

（六）发行人最近3年及一期投资收益及非经常性损益对公司经营成果有重大影响的，应当分析原因及对公司盈利能力稳定性的影响。

第四十九条 资本性支出分析一般应包括：

（一）发行人应披露最近3年及一期的重大的资本性支出情况；如果资本性支出导致公司固定资产大规模增加或进行跨行业投资的，应当分析资本性支出对公司主要业务和经营成果的影响；

（二）发行人应披露未来可预见的重大资本性支出计划及资金需求量，资本性支出计划涉及跨行业投资的，应说明其与发行人业务发展规划的关系。

第五十条 发行人最近3年及一期存在会计政策变更、会计估计变更的，应披露变更的性质、内容、原因、变更影响数的处理方法及对发行人财务状况、经营成果的影响；发行人最近3年及一期存在会计差错更正的，应披露前期差错的性质。

第五十一条 发行人目前存在重大担保、诉讼、其他或有事项和重大期后事项的，应说明其对发行人财务状况、盈利能力及持续经营的影响。

第五十二条 发行人应结合其在业务经营方面存在的主要优势及困难，谨慎、客观地对公司财务状况和盈利能力的未来发展趋势进行分析。

第八节 本次募集资金运用

第五十三条 发行人应披露：

（一）预计募集资金数额；

（二）按投资项目的轻重缓急顺序，列表披露募集资金投资项目内容、时间进度、项目的审批、核准或备案情况；

（三）若所筹资金不能满足规划中项目资金需求的，应详细说明其缺口部分的资金来源及落实情况。

第五十四条 募集资金用于扩大现有产品产能的，发行人应结合现有各类产品在报告期内的产能、产量、销量、产销率、销售区域，项目达产后各类产品年新增的产能、产量、销售区域，以及本行业的发展趋势、有关产品的市场容量、主要竞争对手等情况对项目的市场前景进行详细的分析论证。

募集资金用于新产品开发生产或用于跨行业发展的，发行人应披露相关新产品的市场容量、主要竞争对手、行业发展趋势、技术保障、项目投产后新增产能情况，对项目的市场前景进行详细的分析论证。

第五十五条 募集资金投入导致发行人生产经营模式发生变化的，发行人应结合其在新模式下的经营管理能力、技术准备情况、产品市场开拓情况等，对项目的可行性进行分析。

第五十六条 发行人原固定资产投资和研发支出较少、本次募集资金将大规模增加固定资产投资或研发支出的，应充分说明固定资产变化与产能变动的匹配关系，并充分披露新增固定资产折旧、研发支出对发行人未来经营成果的影响。

第五十七条 募集资金直接投资于固定资产项目的，发行人可视实际情况并根据重要性原则披露以下内容：

（一）投资概算情况，预计投资规模，募集资金的具体用项，包括用于购置设备、土地、技术以及补充流动资金等方面的具体支出；

（二）产品的质量标准和技术水平，生产方法、工艺流程和生产技术选择，主要设备选择，核心技术及其取得方式；

（三）主要原材料、辅助材料及燃料等的供应情况；

（四）投资项目的竣工时间、产量、产品销售方式及营销措施；

（五）投资项目可能存在的环保问题、采取的措施及资金投入情况；

（六）投资项目的选址，拟占用土地的面积、取得方式；

（七）项目的组织方式，项目的实施进展情况。

第五十八条 募集资金拟用于对外投资或合作经营的，还应披露：

（一）合资或合作方的基本情况，包括名称、法定代表人、住所、注册资本、主要股东、主要业务，与发行人是否存在关联关系；投资规模及各方投资比例；合资或合作方的出资方式；合资协议的主要条款以及可能对发行人不利的条款；

（二）拟组建的企业法人的基本情况，包括设立、注册资本、主要业务；组织管理和发行人对其的控制情况。

第五十九条 募集资金拟用于向其他企业增资或收购其他企业股份的，应披露：

（一）拟增资或收购的企业的基本情况及最近一年及一期经具有证券期货相关业务资格的会计师事务所审计的资产负债表和利润表；

（二）增资资金折合股份或收购股份的评估、定价情况；

（三）增资或收购前后持股比例及控制情况；

（四）增资或收购行为与发行人业务发展规划的关系。

第六十条 募集资金拟用于收购资产的，应披露：

（一）拟收购资产的内容；

（二）拟收购资产的评估、定价情况；

（三）拟收购资产与发行人主要业务的关系。

若收购的资产为在建工程的，还应披露在建工程的已投资情况、还需投资的金额、负债情况、建设进度、计划完成时间等。

第六十一条 发行人募集资金拟投入其他用途的，应披露具体的内容。

第九节 历次募集资金运用

第六十二条 披露最近5年内募集资金运用的基本情况。

第六十三条 列表披露前次募集资金实际使用情况。若募集资金的运用和项目未达到计划进度和效益,应进行说明。

募集资金实际使用情况表投资项目承诺投资情况实际使用情况实际投资与承诺投资的差异额备注投资额预计完工时间投资额完工程度完工时间

第六十四条 发行人对前次募集资金投资项目的效益作出承诺并披露的,列表披露投资项目效益情况;项目实际效益与承诺效益存在重大差异的,还应披露原因。

募集资金投资项目效益情况表投资项目。

发行人承诺效益项目实际效益差异额主要原因。

第六十五条 发行人最近5年内募集资金的运用发生变更的,应列表披露历次变更情况,并披露募集资金的变更金额及占所募集资金净额的比例;发行人募集资金所投资的项目被以资产置换等方式置换出公司的,应予以单独披露。

第六十六条 发行人应披露会计师事务所对前次募集资金运用所出具的专项报告结论。

第十节 董事及有关中介机构声明

第六十七条 发行人全体董事、监事、高级管理人员应在募集说明书正文的尾页声明:

"本公司全体董事、监事、高级管理人员承诺本募集说明书及其摘要不存在虚假记载、误导性陈述或重大遗漏,并对其真实性、准确性、完整性承担个别和连带的法律责任。"

声明应由全体董事、监事、高级管理人员签名,并由发行人加盖公章。

第六十八条 保荐机构、主承销商应对募集说明书的真实性、准确性、完整性进行核查,并在募集说明书正文后声明:

"本公司已对募集说明书及其摘要进行了核查,确认不存在虚假记载、误导性陈述或重大遗漏,并对其真实性、准确性和完整性承担相应的法律责任。"

声明应由项目主办人、保荐代表人、法定代表人签名,并由公司加盖公章。

第六十九条 发行人律师应在募集说明书正文后声明:

"本所及签字的律师已阅读募集说明书及其摘要,确认募集说明书及其摘要与本所出具的法律意见书和律师工作报告不存在矛盾。本所及签字的律师对发行人在募集说明书及其摘要中引用的法律意见书和律师工作报告的内容无异议,确认募集说明书不致因所引用内容出现虚假记载、误导性陈述或重大遗漏,并对其真实性、准确性和完整性承担相应的法律责任。"

声明应由签字的律师、所在律师事务所负责人签名，并由律师事务所加盖公章。

第七十条 承担审计业务的会计师事务所应在募集说明书正文后声明：

“本所及签字注册会计师已阅读募集说明书及其摘要，确认募集说明书及其摘要与本所出具的报告不存在矛盾。本所及签字注册会计师对发行人在募集说明书及其摘要中引用的财务报告的内容无异议（或盈利预测已经本所审核），确认募集说明书不致因所引用内容而出现虚假记载、误导性陈述或重大遗漏，并对其真实性、准确性和完整性承担相应的法律责任”。

声明应由签字注册会计师及所在会计师事务所负责人签名，并由会计师事务所加盖公章。

第七十一条 承担评估业务的资产评估机构应在募集说明书正文后声明：“本机构及签字的资产评估师已阅读募集说明书及其摘要，确认募集说明书及其摘要与本机构出具的评估报告不存在矛盾。本机构及签字的评估师对发行人在募集说明书及其摘要中引用的评估报告的内容无异议，确认募集说明书不致因所引用内容出现虚假记载、误导性陈述或重大遗漏，并对其真实性、准确性和完整性承担相应的法律责任。”

声明应由签字的资产评估师及单位负责人签名，并由资产评估机构加盖公章。

第七十二条 承担债券信用评级业务的机构应在募集说明书正文后声明：

“本机构及签字的评级人员已阅读募集说明书及其摘要，确认募集说明书及其摘要与本机构出具的资信评级报告不存在矛盾。本机构及签字的评级人员对发行人在募集说明书及其摘要中引用的资信评级报告的内容无异议，确认募集说明书不致因所引用内容出现虚假记载、误导性陈述或重大遗漏，并对其真实性、准确性和完整性承担相应的法律责任。”

声明应由签字的评级人员及单位负责人签名，并由评级机构加盖公章。

第七十三条 有关人员的签名应使用楷体。

第十一节 备查文件

第七十四条 募集说明书结尾应列明备查文件，并在指定网站上披露。

第七十五条 备查文件包括下列文件：

（一）发行人最近3年的财务报告及审计报告和已披露的中期报告；

（二）保荐机构出具的发行保荐书；

（三）法律意见书和律师工作报告；

（四）注册会计师关于前次募集资金使用情况的专项报告；

（五）中国证监会核准本次发行的文件。

如有下列文件,应作为备查文件披露:

(一)资信评级报告;

(二)担保合同和担保函;

(三)盈利预测报告及盈利预测报告的审核报告;

(四)发行人董事会关于非标准无保留意见审计报告涉及事项处理情况的说明;

(五)会计师事务所及注册会计师关于非标准无保留意见审计报告的补充意见;

(六)最近3年内发生重大资产重组的发行人提供的模拟财务报告及审计报告和重组进入公司的资产的财务报告、资产评估报告和/或审计报告;

(七)拟收购资产的资产评估报告及有关审核文件;

(八)其他与本次发行有关的重要文件。

第三章　募集说明书摘要

第七十六条　发行人应在募集说明书摘要的显要位置声明本准则第九条的内容及以下内容:

"本募集说明书摘要的目的仅为向公众提供有关本次发行的简要情况。投资者在做出认购决定之前,应仔细阅读募集说明书全文,并以其作为投资决定的依据。募集说明书全文同时刊载于×××网站"。

第七十七条　募集说明书摘要的内容至少包括下列各部分:

(一)本次发行概况。按照本准则第二章第二节的要求披露。

(二)主要股东情况。披露前10名股东持股数量、股份性质及其股份限售情况。

(三)财务会计信息及管理层讨论与分析。披露本准则第三十九条要求的财务指标,简要摘录管理层讨论与分析中对投资判断敏感性较强的内容。

(四)本次募集资金运用。简要披露本次募集资金的原因、使用计划、投资项目基本情况和项目发展前景分析。

第七十八条　摘要的结尾应当说明募集说明书全文及备查文件的查阅方式。

第四章　附　　则

第七十九条　本准则由中国证监会负责解释。

第八十条　本准则自发布之日起施行。

V 非金融企业债务融资工具

V.1.1 银行间债券市场非金融企业债务融资工具管理办法

(2008 年 4 月 9 日 中国人民银行令[2008]第 1 号)

为进一步完善银行间债券市场管理,促进非金融企业直接债务融资发展,中国人民银行制定了《银行间债券市场非金融企业债务融资工具管理办法》,经2008 年 3 月 14 日第 5 次行长办公会议通过,现予公布,自 2008 年 4 月 15 日起施行。

行长:周小川

二〇〇八年四月九日

银行间债券市场非金融企业债务融资工具管理办法

第一条 为进一步完善银行间债券市场管理,促进非金融企业直接债务融资发展,根据《中华人民共和国中国人民银行法》及相关法律、行政法规,制定本办法。

第二条 本办法所称非金融企业债务融资工具(以下简称债务融资工具),是指具有法人资格的非金融企业(以下简称企业)在银行间债券市场发行的,约定在一定期限内还本付息的有价证券。

第三条 债务融资工具发行与交易应遵循诚信、自律原则。

第四条 企业发行债务融资工具应在中国银行间市场交易商协会(以下简称交易商协会)注册。

第五条 债务融资工具在中央国债登记结算有限责任公司(以下简称中央结算公司)登记、托管、结算。

第六条 全国银行间同业拆借中心(以下简称同业拆借中心)为债务融资工

具在银行间债券市场的交易提供服务。

第七条 企业发行债务融资工具应在银行间债券市场披露信息。信息披露应遵循诚实信用原则,不得有虚假记载、误导性陈述或重大遗漏。

第八条 企业发行债务融资工具应由金融机构承销。企业可自主选择主承销商。需要组织承销团的,由主承销商组织承销团。

第九条 企业发行债务融资工具应由在中国境内注册且具备债券评级资质的评级机构进行信用评级。

第十条 为债务融资工具提供服务的承销机构、信用评级机构、注册会计师、律师等专业机构和人员应勤勉尽责,严格遵守执业规范和职业道德,按规定和约定履行义务。

上述专业机构和人员所出具的文件含有虚假记载、误导性陈述和重大遗漏的,应当就其负有责任的部分承担相应的法律责任。

第十一条 债务融资工具发行利率、发行价格和所涉费率以市场化方式确定,任何商业机构不得以欺诈、操纵市场等行为获取不正当利益。

第十二条 债务融资工具投资者应自行判断和承担投资风险。

第十三条 交易商协会依据本办法及中国人民银行相关规定对债务融资工具的发行与交易实施自律管理。交易商协会应根据本办法制定相关自律管理规则,并报中国人民银行备案。

第十四条 同业拆借中心负责债务融资工具交易的日常监测,每月汇总债务融资工具交易情况向交易商协会报送。

第十五条 中央结算公司负责债务融资工具登记、托管、结算的日常监测,每月汇总债务融资工具发行、登记、托管、结算、兑付等情况向交易商协会报送。

第十六条 交易商协会应每月向中国人民银行报告债务融资工具注册汇总情况、自律管理工作情况、市场运行情况及自律管理规则执行情况。

第十七条 交易商协会对违反自律管理规则的机构和人员,可采取警告、诫勉谈话、公开谴责等措施进行处理。

第十八条 中国人民银行依法对交易商协会、同业拆借中心和中央结算公司进行监督管理。

交易商协会、同业拆借中心和中央结算公司应按照中国人民银行的要求,及时向中国人民银行报送与债务融资工具发行和交易等有关的信息。

第十九条 对违反本办法规定的机构和人员,中国人民银行可依照《中华人民共和国中国人民银行法》第四十六条规定进行处罚,构成犯罪的,依法追究刑事责任。

第二十条 短期融资券适用本办法。

第二十一条 本办法自2008年4月15日起施行。《短期融资券管理办法》(中国人民银行令[2005]第2号)、《短期融资券承销规程》和《短期融资券信息披露规程》(中国人民银行公告[2005]第10号)同时终止执行。

V.1.2 银行间债券市场非金融企业债务融资工具发行注册规则(NAFMII 规则 0001)

(2009 年 7 月 17 日　中国银行间市场交易商协会
2008 年 4 月 15 日第一届常务理事会第二次会议审议通过
2009 年 2 月 24 日第一届常务理事会第三次会议修订)

第一条　为规范银行间债券市场非金融企业债务融资工具的发行注册,根据中国人民银行《银行间债券市场非金融企业债务融资工具管理办法》(中国人民银行令[2008]第 1 号)及相关法律法规,制定本规则。

第二条　本规则所称非金融企业债务融资工具(简称债务融资工具),是指具有法人资格的非金融企业(简称企业)在银行间债券市场发行的、约定在一定期限内还本付息的有价证券。

第三条　中国银行间市场交易商协会(简称交易商协会)负责受理债务融资工具的发行注册。

第四条　接受发行注册不代表交易商协会对债务融资工具的投资价值及投资风险进行实质性判断。注册不能免除企业及相关中介机构真实、准确、完整、及时披露信息的法律责任。

第五条　债务融资工具发行注册实行注册会议制度,由注册会议决定是否接受债务融资工具发行注册。

第六条　注册会议原则上每周召开一次。注册会议由 5 名经济金融理论知识丰富、熟知相关法律法规、从业经验丰富、职业声誉较高的金融市场专家(简称注册专家)参加。

第七条　注册专家由交易商协会会员推荐,交易商协会常务理事会审定。

第八条　交易商协会秘书处设注册办公室,负责注册文件的接收、初评和安排注册会议。

第九条　企业通过主承销商将注册文件送达注册办公室。注册文件包括:

(一)债务融资工具注册报告(附企业《公司章程》规定的有权机构决议);

(二)主承销商推荐函及相关中介机构承诺书;

(三)企业发行债务融资工具拟披露文件;

(四)证明企业及相关中介机构真实、准确、完整、及时披露信息的其他文件。

第十条 企业应在注册报告中声明：

（一）自愿接受交易商协会的自律管理；

（二）在债务融资工具存续期内，自愿配合交易商协会的业务调查。

第十一条 企业全体董事或具有同等职责的人员应认真审阅并理解债务融资工具相关的法律法规和自律规则，承诺注册文件中不存在虚假记载、误导性陈述或重大遗漏，并对其真实性、准确性、完整性承担个别和连带法律责任。

第十二条 注册办公室在初评过程中可建议企业解释、补充注册文件内容。

第十三条 注册办公室可调阅相关中介机构的工作报告、工作底稿或其他有关资料。中介机构未能尽职而导致注册文件不符合要求的，注册办公室可要求其重新开展工作。

第十四条 注册办公室应至少提前 2 个工作日，将经过初评的拟披露注册文件送达参加注册会议的注册专家。

第十五条 参加会议的注册专家由注册办公室从注册专家名单中随机抽取。如有担任企业及其关联方董事、监事、高级管理人员，或者存在其他情形足以影响其独立性的，该注册专家应回避。

第十六条 参加会议的注册专家应对是否接受债务融资工具的发行注册做出独立判断，意见分为“接受注册”、“有条件接受注册”、“推迟接受注册”三种。

5 名注册专家均发表“接受注册”意见的，交易商协会接受发行注册；2 名（含）以上注册专家发表“推迟接受注册”意见的，交易商协会推迟接受发行注册；不属于以上两种情况的，交易商协会有条件接受发行注册，企业按照注册专家意见将注册文件修改完善后，交易商协会接受发行注册。

第十七条 交易商协会接受发行注册的，向企业出具《接受注册通知书》，注册有效期 2 年；推迟接受发行注册的，企业可于 6 个月后重新提交注册文件。

第十八条 企业在注册有效期内可一次发行或分期发行债务融资工具。企业应在注册后 2 个月内完成首期发行。企业如分期发行，后续发行应提前 2 个工作日向交易商协会备案。

企业在注册有效期内需更换主承销商或变更注册金额的，应重新注册。

第十九条 本规则由交易商协会秘书处负责解释。

第二十条 本规则自发布之日起施行。

V.1.3　银行间债券市场非金融企业债务融资工具信息披露规则(2012版)

(2012年5月21日　中国银行间市场交易商协会
2008年4月15日第一届常务理事会第二次会议审议通过
2012年3月1日第三届常务理事会第一次会议修订
自2012年10月1日起施行)

第一条　为规范非金融企业(以下简称企业)在银行间债券市场发行债务融资工具的信息披露行为,保护投资者合法权益,根据中国人民银行《银行间债券市场非金融企业债务融资工具管理办法》及相关法律法规,制定本规则。

第二条　企业及其全体董事或具有同等职责的人员,应当保证所披露的信息真实、准确、完整、及时,承诺其中不存在虚假记载、误导性陈述或重大遗漏,并承担个别和连带法律责任。个别董事或具有同等职责的人员无法保证所披露的信息真实、准确、完整、及时或对此存在异议的,应当单独发表意见并陈述理由。

第三条　为债务融资工具的发行、交易提供中介服务的承销机构、信用评级机构、会计师事务所、律师事务所等中介机构及其指派的经办人员,应对所出具的专业报告和专业意见负责。

第四条　债务融资工具的投资者应对披露信息进行独立分析,独立判断债务融资工具的投资价值,自行承担投资风险。

第五条　企业应通过中国银行间市场交易商协会(以下简称交易商协会)认可的网站公布当期发行文件。发行文件至少应包括以下内容:

(一)发行公告;

(二)募集说明书;

(三)信用评级报告和跟踪评级安排;

(四)法律意见书;

(五)企业最近三年经审计的财务报告和最近一期会计报表。

首期发行债务融资工具的,应至少于发行日前五个工作日公布发行文件;后续发行的,应至少于发行日前三个工作日公布发行文件。

第六条　企业应在募集说明书显著位置作如下提示:

“本企业发行本期×××(债务融资工具名称)已在中国银行间市场交易商

协会注册，注册不代表交易商协会对本期×××（债务融资工具名称）的投资价值做出任何评价，也不代表对本期×××（债务融资工具名称）的投资风险做出任何判断。投资者购买本企业本期×××（债务融资工具名称），应当认真阅读本募集说明书及有关的信息披露文件，对信息披露的真实性、准确性和完整性进行独立分析，并据以独立判断投资价值，自行承担与其有关的投资风险。”

第七条 企业最迟应在债权债务登记日的次一工作日，通过交易商协会认可的网站公告当期债务融资工具的实际发行规模、价格、期限等信息。

第八条 在债务融资工具存续期内，企业应按以下要求持续披露信息：

（一）每年4月30日以前，披露上一年度的年度报告和审计报告；

（二）每年8月31日以前，披露本年度上半年的资产负债表、利润表和现金流量表；

（三）每年4月30日和10月31日以前，披露本年度第一季度和第三季度的资产负债表、利润表和现金流量表。

第一季度信息披露时间不得早于上一年度信息披露时间，上述信息的披露时间应不晚于企业在证券交易所、指定媒体或其他场合公开披露的时间。

第九条 在债务融资工具存续期内，企业发生可能影响其偿债能力的重大事项时，应及时向市场披露。

前款所称重大事项包括但不限于：

（一）企业名称、经营方针和经营范围发生重大变化；

（二）企业生产经营的外部条件发生重大变化；

（三）企业涉及可能对其资产、负债、权益和经营成果产生重要影响的重大合同；

（四）企业发生可能影响其偿债能力的资产抵押、质押、出售、转让、划转或报废；

（五）企业发生未能清偿到期重大债务的违约情况；

（六）企业发生大额赔偿责任或因赔偿责任影响正常生产经营且难以消除的；

（七）企业发生超过净资产10%以上的重大亏损或重大损失；

（八）企业一次免除他人债务超过一定金额，可能影响其偿债能力的；

（九）企业三分之一以上董事、三分之二以上监事、董事长或者总经理发生变动；董事长或者总经理无法履行职责；

（十）企业做出减资、合并、分立、解散及申请破产的决定，或者依法进入破产程序、被责令关闭；

（十一）企业涉及需要说明的市场传闻；

（十二）企业涉及重大诉讼、仲裁事项；

（十三）企业涉嫌违法违规被有权机关调查，或者受到刑事处罚、重大行政处罚；企业董事、监事、高级管理人员涉嫌违法违纪被有权机关调查或者采取强制措施；

（十四）企业发生可能影响其偿债能力的资产被查封、扣押或冻结的情况；企业主要或者全部业务陷入停顿，可能影响其偿债能力的；

（十五）企业对外提供重大担保。

第十条 本规则第九条列举的重大事项是企业重大事项信息披露的最低要求，可能影响企业偿债能力的其他重大事项，企业及相关当事人均应依据本规则通过交易商协会认可的网站及时披露。

第十一条 企业应当在下列事项发生之日起两个工作日内，履行重大事项信息披露义务，且披露时间不晚于企业在证券交易所、指定媒体或其他场合公开披露的时间，并说明事项的起因、目前的状态和可能产生的影响：

（一）董事会、监事会或者其他有权决策机构就该重大事项形成决议时；

（二）有关各方就该重大事项签署意向书或者协议时；

（三）董事、监事或者高级管理人员知悉该重大事项发生并有义务进行报告时；

（四）收到相关主管部门决定或通知时。

第十二条 在第十一条规定的事项发生之前出现下列情形之一的，企业应当在该情形出现之日起两个工作日内披露相关事项的现状、可能影响事件进展的风险因素：

（一）该重大事项难以保密；

（二）该重大事项已经泄露或者市场出现传闻。

第十三条 企业披露重大事项后，已披露的重大事项出现可能对企业偿债能力产生较大影响的进展或者变化的，应当在上述进展或者变化出现之日起两个工作日内披露进展或者变化情况、可能产生的影响。

第十四条 企业披露信息后，因更正已披露信息差错及变更会计政策和会计估计、募集资金用途或中期票据发行计划的，应及时披露相关变更公告，公告应至少包括以下内容：

（一）变更原因、变更前后相关信息及其变化；

（二）变更事项符合国家法律法规和政策规定并经企业有权决策机构同意的说明；

（三）变更事项对企业偿债能力和偿付安排的影响；

（四）相关中介机构对变更事项出具的专业意见；

(五)与变更事项有关且对投资者判断债务融资工具投资价值和投资风险有重要影响的其他信息。

第十五条 企业更正已披露财务信息差错,除披露变更公告外,还应符合以下要求:

(一)更正未经审计财务信息的,应同时披露变更后的财务信息;

(二)更正经审计财务报告的,应同时披露原审计责任主体就更正事项出具的相关说明及更正后的财务报告,并应聘请会计师事务所对更正后的财务报告进行审计,且于公告发布之日起三十个工作日内披露相关审计报告;

(三)变更前期财务信息对后续期间财务信息造成影响的,应至少披露受影响的最近一年变更后的年度财务报告(若有)和最近一期变更后的季度会计报表(若有)。

第十六条 企业变更债务融资工具募集资金用途,应至少于变更前五个工作日披露变更公告。

第十七条 企业变更中期票据发行计划,应至少于原发行计划到期日前五个工作日披露变更公告。

第十八条 若投资者认为变更事项对其判断相关债务融资工具投资价值和投资风险具有重要影响,可依据《银行间债券市场非金融企业债务融资工具持有人会议规程》提议召开债务融资工具持有人会议。

第十九条 企业变更已披露信息的,变更前已公开披露的文件应在原披露网站予以保留,相关机构和个人不得对其进行更改或替换。

第二十条 企业应当制定信息披露事务管理制度。信息披露事务管理制度内容包括但不限于:

(一)明确企业应遵守的信息披露标准;

(二)未公开信息的传递、审核、披露流程;

(三)信息披露事务管理部门及其负责人在信息披露中的职责;

(四)董事和董事会、监事和监事会、高级管理人员等的报告、审议和披露的职责;

(五)董事、监事、高级管理人员履行职责的记录和保管制度;

(六)未公开信息的保密措施,内幕信息知情人的范围和保密责任;

(七)财务管理和会计核算的内部控制及监督机制;

(八)对外发布信息的申请、审核、发布流程;与投资者、中介服务机构、媒体等的信息沟通与制度;

(九)信息披露相关文件、资料的档案管理;

(十)涉及子公司的信息披露事务管理和报告制度;

（十一）未按规定披露信息的责任追究机制，对违反规定人员的处理措施。

企业信息披露事务管理制度应当经企业董事会或其他有权决策机构审议通过，并向市场公开披露其主要内容。

第二十一条 企业应当制定重大事项的报告、传递、审核、披露程序。董事、监事、高级管理人员知悉重大事项发生时，应当按照企业规定立即履行报告义务；董事长或企业主要负责人在接到报告后，应当立即向董事会或其他有权决策机构报告，并敦促负责信息披露事务的主要责任人组织重大事项的披露工作。

第二十二条 高级管理人员应当及时向董事会或其他有权决策机构报告有关企业经营或者财务方面出现的重大事项、已披露的事件的进展或者变化情况及其他相关信息。

第二十三条 已是上市公司的企业可豁免定期披露财务信息，但须按其上市地监管机构的有关要求进行披露，同时通过交易商协会认可的网站披露信息网页链接或用文字注明其披露途径。

第二十四条 企业应当在债务融资工具本息兑付日前五个工作日，通过交易商协会认可的网站公布本金兑付、付息事项。

第二十五条 为债务融资工具提供登记托管和代理兑付的机构（以下简称登记托管机构）在债务融资工具本、息兑付日12时未足额收到兑付资金的，应及时以书面形式向交易商协会报告。

登记托管机构在债务融资工具本、息兑付日营业终了仍未足额收到兑付资金的，应向投资者公告企业未足额划付资金的事实。

第二十六条 登记托管机构应于每个交易日通过交易商协会认可的网站披露上一交易日日终，单一投资者持有债务融资工具的数量超过该支债务融资工具未偿付存量30%的投资者名单和持有比例。

第二十七条 企业信息披露文件应以不可修改的电子版形式送达全国银行间同业拆借中心（以下简称同业拆借中心），同业拆借中心依据本规则及时完成信息披露文件的格式审核工作后，对符合规定格式的信息披露文件及时予以公布。

对按照本规则第五条、第九条要求披露的信息，同业拆借中心应及时发送至登记托管机构，并由登记托管机构及时在其官方网站公布。

第二十八条 本规则第八条规定的信息披露期限结束后的五个工作日内，同业拆借中心应及时以书面形式向交易商协会报告信息披露情况，并通过交易商协会认可的网站向市场公告。

第二十九条 企业未按本规则第二十条规定制定信息披露事务管理制度的，给予警告处分，可并处责令改正或暂停相关业务。

企业未按本规则规定向市场公开其信息披露事务管理制度主要内容的，给予通报批评处分，可并处责令改正。

第三十条 企业违反本规则相关规定，未按要求真实、完整、及时地披露信息的，根据情节严重程度可给予诫勉谈话、通报批评，并处责令改正；对负有直接责任的董事、高级管理人员和其他直接责任人员，给予诫勉谈话、通报批评，并处责令改正。

企业披露的信息有虚假记载、误导性陈述或者重大遗漏的，根据情节严重程度可给予警告、严重警告或公开谴责处分，可并处责令改正、责令致歉、暂停相关业务、暂停会员权利或取消会员资格处分；对负有直接责任的董事、高级管理人员和其他直接责任人员，可给予警告、严重警告或公开谴责处分，可并处责令改正或认定为不适当人选。

第三十一条 对信息披露违规的中介机构，根据情节严重程度可给予诫勉谈话、通报批评、警告或严重警告处分，可并处责令改正、责令致歉或暂停相关业务；对负有直接责任的董事、高级管理人员和其他直接责任人员，可给予诫勉谈话、通报批评、警告或严重警告处分，可并处责令改正或认定为不适当人选。

第三十二条 为债务融资工具发行和交易提供中介服务的相关中介机构及经办人员所出具的文件含有虚假记载、误导性陈述或重大遗漏，给他人造成损失的，应当就其负有责任的部分依法承担民事责任。

第三十三条 债务融资工具涉及信用增进的，为债务融资工具提供信用增进服务的机构应比照本规则中对发行企业的要求，在债务融资工具存续期内定期披露财务报表，并及时披露对发行企业偿债能力有重大影响的事项。

第三十四条 在信息披露工作中，企业、中介机构及负有直接责任的董事、高级管理人员和其他直接责任人员涉嫌违反法律、行政法规的，交易商协会可将其移交行政主管部门或司法机关处理。

第三十五条 除本规则第二十三条规定的情形外，企业备案豁免披露信息按国家有关规定办理，有关情况须及时向市场公告。

第三十六条 在境外上市或下属公司在境外上市的企业，应严格按照本规则要求披露季度、半年度和年度财务报表；财务报表应按中华人民共和国企业会计准则编制。

第三十七条 本规则的规定是信息披露的最低要求。不论本规则是否明确规定，凡对企业偿债能力有重大影响的信息，企业及相关当事人均应依据本规则在银行间市场披露。

第三十八条 本规则由交易商协会秘书处负责解释。

第三十九条 本规则自 2012 年 10 月 1 日起施行。

V.1.4 银行间债券市场非金融企业债务融资工具中介服务规则(NAFMII 规则 0003)

(2012 年 3 月 1 日修订
中国银行间市场交易商协会公告[2008]第 2 号
2008 年 4 月 15 日第一届常务理事会第二次会议审议通过
2012 年 3 月 1 日第三届常务理事会第一次会议修订)

第一章 总 则

第一条 为保护投资者合法权益,规范中介机构在银行间债券市场为非金融企业(以下简称企业)发行债务融资工具提供中介服务的行为,根据《银行间债券市场非金融企业债务融资工具管理办法》、《中国银行间市场交易商协会章程》及相关规定,制定本规则。

第二条 本规则所称中介服务是指承销机构、信用评级机构、会计师事务所、律师事务所、信用增进机构等中介机构在银行间债券市场为企业发行债务融资工具所提供的专业服务。

债务融资工具登记、托管、交易、清算、结算等机构应按照中国人民银行有关规定开展相关业务,并定期向交易商协会报送债务融资工具有关发行、登记、托管、交易、清算、结算、兑付等情况。

第三条 在中华人民共和国境内依法设立的具有相关执业资格的中国银行间市场交易商协会(以下简称交易商协会)会员机构或声明遵守自律规则、并在交易商协会登记的非会员机构可提供债务融资工具中介服务。

第四条 交易商协会秘书处负责接收中介机构登记文件,包括:

(一)登记报告;

(二)执业资格证明文件复印件;

(三)营业执照(副本)复印件;

(四)内控制度;

(五)专业部门及专业人员情况说明;

(六)最近一年经审计的会计报表;

(七)登记所需其他文件。

第二章 业务规范

第五条 债务融资工具发行需要组成承销团的，由主承销商组织承销团，组成承销团的机构应当签订承销团协议。

第六条 承销团有三家或三家以上承销商的，可设一家联席主承销商或副主承销商，共同组织承销活动；承销团中除主承销商、联席主承销商、副主承销商以外的承销机构为分销商。

第七条 主承销商应建立、健全相关内控制度，包括营销管理制度、尽职调查制度、发行管理制度、后续服务管理制度、突发事件应对制度、追偿制度及培训制度。

第八条 主承销商应建立企业质量评价和遴选体系，明确推荐标准，确保企业充分了解相关法律、法规、自律规范性文件及其所应承担的风险和责任，为企业提供切实可行的专业意见及良好的顾问服务。

第九条 主承销商应协助企业披露发行文件，为投资者提供有关信息查询服务，严格按照相关协议组织债务融资工具的承销和发行。

第十条 自债务融资工具发行之日起，主承销商应负责跟踪企业的业务经营和财务状况，并督促企业进行持续信息披露。

第十一条 主承销商应督促企业按时兑付债务融资工具本息，或履行约定的支付义务。企业不履行债务时，除非投资者自行追偿或委托他人进行追偿，主承销商应履行代理追偿职责。

第十二条 主承销商应按照有关规定开展后续管理工作，积极应对管理突发事件，其他相关中介机构应给予配合，并根据需要在其职责范围内发表专业意见。

第十三条 承销团成员应严格按照承销团协议的约定开展承销活动。

第十四条 信用评级机构应在充分尽职调查的基础上，独立确定企业和债务融资工具的信用级别，出具评级报告，并对其进行跟踪评级。信用评级机构应接受投资者关于信用评级的质询。

第十五条 会计师事务所应依据相关规定对企业进行审计，并出具审计报告。会计师事务所应对出具的非标准无保留意见进行说明。

第十六条 律师事务所应在充分尽职调查的基础上，出具法律意见书和律师工作报告。法律意见书应至少包括对发行主体、发行程序、发行文件的合法性以及重大法律事项和潜在法律风险的意见。

第十七条 信用增进机构应在充分尽职调查的基础上，出具信用增进有效文件，并按照有关规定披露相关信息。

第三章 行为规范

第十八条 中介机构在银行间债券市场提供债务融资工具中介服务,应当遵守法律、法规、行政规章及行业自律组织的执业规范,遵循诚实、守信、独立、勤勉、尽责的原则,保证其所出具文件的真实性、准确性、完整性。

第十九条 中介机构应建立债务融资工具中介服务相关内部控制和风险管理制度,健全内部机构设置,配备具有相关业务资格的从业人员。

第二十条 中介机构提供中介服务,应与企业在业务协议中明确约定各自的权利和义务。

第二十一条 中介机构相关从业人员担任企业及其关联方董事、监事、高级管理人员,或者存在其他情形足以影响其独立性的,该从业人员应回避。

第二十二条 中介机构提供中介服务,应安排足够的时间,执行必要的工作程序,确保全面、深入地开展尽职调查。

第二十三条 中介机构应当对所依据的文件资料内容的真实性、准确性、完整性进行必要的核查和验证。在尽职调查过程中如企业存有重大违法违规行为,或者发现企业提供的材料有虚假记载、误导性陈述、重大遗漏的,应当督促企业纠正、补充;企业拒不纠正、补充的,中介机构应拒绝继续接受委托,并及时向交易商协会报告。

第二十四条 中介机构出具的专业报告应表述清晰准确,结论性意见应有明确依据。报告应充分揭示风险,除非企业已经采取了具体措施,不得对尚未采取的措施进行任何描述。

专业报告应由两名以上经办人员签字,加盖中介机构公章,且不得有不合理的用途限制。

第二十五条 中介机构应当归类整理尽职调查过程中形成的工作记录和获取的基础资料,形成记录清晰的工作底稿。工作底稿至少应保存至债务融资工具到期后5年。

第二十六条 中介机构及其从业人员对其在执业过程中获知的内幕信息,应予以保密,不得利用内幕信息获取不正当利益。

第二十七条 中介机构不应有以下行为:

(一)超出自身能力或采取不正当手段承揽业务;

(二)与企业或其他相关机构、人员之间有不当利益约定;

(三)以不正当方式提供中介服务;

(四)对不确定事项做出承诺;

(五)其他不正当行为。

第四章 自律管理

第二十八条 交易商协会定期组织市场成员对中介机构类会员进行市场评价。

第二十九条 市场评价包括中介机构的资质及业务情况评价、市场成员评价、相关专业委员会评价、交易商协会评价等因素，具体评价方案另行制定。

第三十条 市场评价结果在交易商协会网站公布。交易商协会根据市场评价结果对中介机构进行分级规范。

第三十一条 交易商协会可对中介机构的中介服务开展情况和自律规范性文件遵守执行情况开展业务调查。中介机构应积极配合调查，及时提供真实、准确、完整的材料。

第三十二条 交易商协会建立中介机构资料库和诚信档案，记载中介机构及其从业人员提供中介服务所受奖励、处分等情况，并按照规定予以公开。

第五章 自律处分

第三十三条 未按本规则第三条规定提供中介服务的，根据情节严重程度给予诫勉谈话、通报批评、警告或严重警告处分，可并处责令改正。

第三十四条 中介机构未按规定建立健全中介服务有关制度和工作机制的，根据情节严重程度给予诫勉谈话、通报批评或警告处分，可并处责令改正。

第三十五条 主承销商出现未按业务规范要求组织债务融资工具的承销与发行、协助和督促企业信息披露、督促企业按时兑付债务融资工具本息或履行约定的支付义务等情形之一的，根据情节严重程度给予诫勉谈话、通报批评、警告、严重警告或公开谴责处分，可并处责令改正、责令致歉、暂停相关业务、暂停会员权利或取消会员资格。对负有直接责任的董事、高级管理人员和其他直接责任人员给予诫勉谈话、通报批评、警告、严重警告或公开谴责处分，可并处责令改正、责令致歉或认定不适当人选。

第三十六条 中介机构出现未按规定开展后续管理工作、突发事件应急管理工作等情形之一的，根据情节严重程度给予诫勉谈话、通报批评、警告、严重警告或公开谴责处分，可并处责令改正、责令致歉、暂停相关业务、暂停会员权利或取消会员资格。对负有直接责任的董事、高级管理人员和其他直接责任人员给予诫勉谈话、通报批评、警告、严重警告或公开谴责处分，可并处责令改正、责令致歉或认定不适当人选。

第三十七条 承销团成员、信用评级机构、会计师事务所、律师事务所、信用增进机构未按业务规范要求提供中介服务的，根据情节严重程度给予诫勉谈话、通报批评、警告、严重警告或公开谴责处分，可并处责令改正、责令致歉、暂停相关业务、暂停会员权利或取消会员资格。对负有直接责任的董事、高级管理人员和其他直接责任人员给予诫勉谈话、通报批评、警告、严重警告或公开谴责处分，可并处责令改正、责令致歉或认定不适当人选。

第三十八条 中介机构出现未按要求全面、深入、规范开展尽职调查的，根据情节严重程度给予诫勉谈话、通报批评、警告、严重警告或公开谴责处分，可并处责令改正、责令致歉、暂停相关业务、暂停会员权利或取消会员资格。对负有直接责任的董事、高级管理人员和其他直接责任人员给予诫勉谈话、通报批评、警告、严重警告或公开谴责处分，可并处责令改正、责令致歉或认定不适当人选。

第三十九条 中介机构违反第二十三条规定，未履行相关核查、验证、督促及报告等义务的，根据情节严重程度给予通报批评、警告或严重警告处分，可并处责令改正、责令致歉或暂停相关业务。

第四十条 中介机构制作、出具的文件不真实、准确、完整的，根据情节严重程度给予诫勉谈话或通报批评处分，可并处责令改正。对负有直接责任的董事、高级管理人员和其他直接责任人员给予诫勉谈话或通报批评处分，可并处责令改正。

中介机构制作、出具的文件有虚假记载、误导性陈述或者重大遗漏的，根据情节严重程度给予警告、严重警告或公开谴责处分，可并处责令改正、责令致歉、暂停相关业务、暂停会员权利或取消会员资格。对负有直接责任的董事、高级管理人员和其他直接责任人员给予警告、严重警告或公开谴责处分，可并处责令改正、责令致歉或认定不适当人选。

第四十一条 中介机构出现未恪守保密义务、利用内幕信息获取不正当利益的，根据情节严重程度给予警告、严重警告或公开谴责处分，可并处责令改正、责令致歉、暂停相关业务、暂停会员权利或取消会员资格。对负有直接责任的董事、高级管理人员和其他直接责任人员给予警告、严重警告或公开谴责处分，可并处责令改正、责令致歉或认定不适当人选。

第四十二条 中介机构违反第二十七条规定，存在不正当行为的，根据情节严重程度给予警告、严重警告或公开谴责处分，可并处责令改正、责令致歉、暂停相关业务、暂停会员权利或取消会员资格。对负有直接责任的董事、高级管理人员和其他直接责任人员给予警告、严重警告或公开谴责处分，可并处责令改正、责令致歉或认定不适当人选。

第四十三条 中介机构未按规定配合协会业务调查的，根据情节严重程度给予诫勉谈话、通报批评、警告、严重警告或公开谴责处分，可并处责令改正、责令致歉、暂停相关业务、暂停会员权利或取消会员资格。对负有直接责任的董事、高级管理人员和其他直接责任人员给予诫勉谈话、通报批评、警告、严重警告或公开谴责处分，可并处责令改正、责令致歉或认定不适当人选。

第四十四条 中介机构及负有直接责任的董事、高级管理人员和其他直接责任人员涉嫌违反法律、行政法规的，交易商协会可将其移交行政主管部门或司法机关处理。

第六章 附 则

第四十五条 各中介机构中介业务自律指引由交易商协会秘书处组织市场成员制定并发布实施。

第四十六条 本规则由交易商协会秘书处负责解释。

第四十七条 本规则自公布之日起施行。

V.1.5 银行间债券市场非金融企业债务融资工具募集说明书指引(NAFMII指引0001)

(2008年4月15日
中国银行间市场交易商协会公告[2008]第2号)

第一章 总 则

第一条 为规范非金融企业在银行间债券市场发行债务融资工具的信息披露行为,保护投资者合法权益,根据中国人民银行《银行间债券市场非金融企业债务融资工具管理办法》及中国银行间市场交易商协会(以下简称交易商协会)相关自律规则,制定本指引。

第二条 申请发行债务融资工具的非金融企业(以下简称企业)应按本指引的要求编制募集说明书。

第三条 本指引的规定是对募集说明书的最低要求。不论本指引是否明确规定,凡对投资者做出投资决策有重大影响的信息,均应披露。

第四条 募集说明书编制应满足下列一般要求:

(一)引用的信息应有明确的时间概念和资料来源,应有充分、客观、公正的依据;

(二)引用的数字应采用阿拉伯数字,货币金额除特别说明外,应指人民币金额,并注明金额单位;

(三)文字清晰准确,表述规范,不得出现矛盾歧义,不得刊载任何祝贺性、广告性和恭维性词句;

(四)全文文本应采用便于保存的A4纸张印刷。

第五条 企业报送注册文件后,在募集说明书披露前发生与注册时报备的文件内容不一致或对投资债务融资工具有重大影响的事项,应向交易商协会做出书面说明,经确认后相应修改募集说明书。

第二章 封面、扉页、目录、释义

第六条 募集说明书封面应标有“×××企业×××(债务融资工具名称)募集说明书”字样,并应载明本期发行金额、债务融资工具担保情况、企业及主承销商的名称、信用评级机构名称及信用评级结果、募集说明书签署日期。

第七条 募集说明书扉页应刊登企业董事会的下列声明：

“本企业发行本期×××(债务融资工具名称)已在中国银行间市场交易商协会注册，注册不代表交易商协会对本期×××(债务融资工具名称)的投资价值做出任何评价，也不代表对本期×××(债务融资工具名称)的投资风险做出任何判断。投资者购买本企业本期×××(债务融资工具名称)，应当认真阅读本募集说明书及有关的信息披露文件，对信息披露的真实性、准确性和完整性进行独立分析，并据以独立判断投资价值，自行承担与其有关的任何投资风险。”

“本企业董事会(或具有同等职责的部门)已批准本募集说明书，全体董事(或具有同等职责的人员)承诺其中不存在虚假记载、误导性陈述或重大遗漏，并对其真实性、准确性、完整性承担个别和连带法律责任。”

“本企业负责人和主管会计工作的负责人、会计机构负责人保证本募集说明书所述财务信息真实、准确、完整。”

“凡通过认购、受让等合法手段取得并持有本企业发行的×××(债务融资工具名称)，均视同自愿接受本募集说明书对各项权利义务的约定。”

“本企业承诺根据法律法规的规定和本募集说明书的约定履行义务，接受投资者监督。”

第八条 会计师事务所对企业近三年财务报告出具了非标准无保留意见审计报告的，企业还应在扉页中提示：“×××会计师事务所对本企业××××年财务报告出具了××××(审计报告类型)的审计报告，请投资者注意阅读该审计报告全文及相关财务报表附注。本企业对相关事项已作详细说明，请投资者注意阅读。”

第九条 募集说明书的目录应标明各章、节的标题及相应的页码，内容编排应逻辑清晰。

第十条 企业应对可能引起投资者理解障碍及有特定含义的术语做出释义。募集说明书的释义应在目录次页排印。

第三章 风险提示及说明

第十一条 企业应披露可能直接或间接对其生产经营状况、财务状况和债务偿付能力产生重大不利影响的所有因素。企业应针对自身的实际情况，充分、准确、具体地描述相关风险因素。

第十二条 本指引所指的风险是可能对企业经营业绩和持续经营产生不利影响的所有因素，特别是企业在业务、市场营销、技术、财务、行业环境、发展前景、融资渠道等方面存在的困难、障碍及或有损失。

第十三条 企业应主动披露上述因素及其在最近一个完整会计年度受其影

响的情况及程度。对这些风险因素能做出定量分析的,应进行定量分析;不能做出定量分析的,应进行客观的定性描述。

第十四条 企业在各项风险描述之前,不得只列示风险种类,应用粗体明确提示风险具体内容和可能产生的后果。

第十五条 企业应进行下列风险提示:

(一)债务融资工具的投资风险:

1. 利率风险。市场利率变化对债务融资工具收益的影响。

2. 流动性风险。债务融资工具因市场交易不活跃而可能受到的不利影响。

3. 偿付风险。债务融资工具本息可能不能足额偿付的风险。

(二)企业的相关风险:

1. 财务风险。主要是指企业资产负债结构和其他财务结构不合理、资产流动性较差以及或有负债过高等因素影响企业整体变现能力的风险。

2. 经营风险。主要是指企业的产品或服务的市场前景、行业经营环境的变化、商业周期或产品生命周期的影响、市场饱和或市场分割、过度依赖单一市场、市场占有率下降等风险。

3. 管理风险。主要是指组织模式和管理制度不完善,与控股股东及其他重要关联方存在同业竞争及重大关联交易,发行后重要股东可能变更或资产重组导致企业管理层、管理制度、管理政策不稳定等风险。

4. 政策风险。主要是指因国家法律、法规、政策的可能变化对企业产生的具体政策性风险,如因财政、金融、土地使用、产业政策、行业管理、环境保护、税收制度、财务管理制度、经营许可制度、外汇制度、收费标准等发生变化而对企业的影响。

(三)本债务融资工具所特有的风险:

债务融资工具因含特殊条款而存在的潜在风险。如设置担保的,需说明担保人资信或担保物的现状及可能发生的重大变化对债务融资工具本息偿还的影响。

企业应按重要性程度对上述相关风险因素进行排序。上述风险因素在最近一个会计报告期内已造成损失的,应予以清晰表述。

第十六条 除非已经采取了具体措施,企业不得对尚未采取的措施进行任何描述。

第四章 发行条款

第十七条 募集说明书应详细披露本期债务融资工具的全部发行条款,包括但不限于:

(一)债务融资工具名称;
(二)企业全称;
(三)企业待偿还债务融资工具余额;
(四)本期发行金额;
(五)债务融资工具期限;
(六)债务融资工具面值;
(七)发行价格或利率确定方式;
(八)发行对象;
(九)承销方式;
(十)发行方式;
(十一)发行日期;
(十二)起息日期;
(十三)兑付价格;
(十四)兑付方式;
(十五)兑付日期;
(十六)信用评级机构及信用评级结果;
(十七)赎回条款或回售条款(如有);
(十八)担保情况。

第十八条 企业债务融资工具的发行安排,包括但不限于:
(一)簿记建档安排;
(二)分销安排;
(三)缴款和结算安排;
(四)登记托管安排;
(五)上市流通安排。

第五章 募集资金运用

第十九条 企业应披露本次募集资金的具体用途,用于流动资金的,应披露具体安排;用于长期投资的,应披露具体的投资项目。

第二十条 企业应承诺在债务融资工具存续期间变更资金用途前及时披露有关信息。

第六章 企业基本情况

第二十一条 企业应简要披露其基本情况,包括但不限于:
(一)注册名称;

（二）法定代表人；

（三）注册资本；

（四）设立（工商注册）日期；

（五）工商登记号；

（六）住所及其邮政编码；

（七）电话、传真号码。

第二十二条 企业应披露历史沿革、经历的改制重组情况及股本结构的历次变动情况。

第二十三条 企业应披露控股股东和实际控制人的基本情况及持股比例。实际控制人应披露到最终的国有控股主体或自然人为止。

若企业控股股东或实际控制人为自然人，应披露其姓名、简要背景及所持有的企业股份被质押的情况，同时披露该自然人对其他企业的主要投资情况、与其他主要股东的关系。

若企业控股股东或实际控制人为法人，应披露该法人的名称、成立日期、注册资本、主要业务、资产规模及所持有的企业股份被质押的情况。

第二十四条 企业应披露与控股股东之间在资产、人员、机构、财务、业务经营等方面的相互独立情况。

第二十五条 企业应披露对其他企业的重要权益投资情况，包括主要子公司、参股公司及其他合营企业，以及有重要影响的关联方等。

第二十六条 企业应披露其内部组织机构设置及运行情况，包括各主要职能部门、业务或事业部和分公司的情况。

第二十七条 企业应披露董事、监事及高级管理人员的情况。

第二十八条 企业应详细披露其业务范围、主营业务情况及业务发展目标。

第二十九条 企业应披露所在行业状况、行业地位及面临的主要竞争状况。

第七章 企业主要财务状况

第三十条 企业应披露最近三年及一期财务会计信息及主要财务指标。

财务会计信息包括但不限于资产负债表、利润表及现金流量表。企业编制合并财务报表的，应同时披露合并财务报表和母公司财务报表。企业最近三年及一期合并财务报表范围发生重大变化的，还应披露合并财务报表范围的具体变化情况、变化原因及其影响。

财务指标包括但不限于偿债能力指标、盈利能力指标、运营效率指标。

第三十一条 企业应说明最近一个会计年度期末有息债务的总余额、债务期限结构、信用融资与担保融资的结构等情况及主要债务起息日、到期日及融资利率情况。

第三十二条　企业应全面披露关联交易情况,主要包括产品销售、原材料采购、劳务提供、资产租赁、应收应付款项、融资、担保等的关联交易及金额。

第三十三条　企业应对截至募集说明书签署之日对外担保和未决诉讼(仲裁)等重大或有事项或承诺事项作详细披露,并对可能产生的损失作合理估计。

第三十四条　企业应披露截至募集说明书签署之日的资产抵押、质押、担保和其他限制用途安排,以及除此以外的其他具有可对抗第三人的优先偿付负债的情况。

第三十五条　企业对可能影响投资者理解企业财务状况、经营业绩和现金流量情况的信息,应加以说明。

第八章　企业资信状况

第三十六条　企业应披露所聘请的信用评级机构对企业的信用评级情况。包括但不限于:

(一)信用评级结论及标识所代表的涵义;

(二)评级报告揭示的主要风险;

(三)跟踪评级的有关安排;

(四)其他重要事项。

第三十七条　企业应披露下列与企业及其子公司有关的资信情况:

(一)获得主要贷款银行的授信情况;

(二)近三年是否有债务违约记录;

(三)近三年债务融资工具偿还情况;

(四)其他与企业有关的资信情况。

第九章　债务融资工具担保

第三十八条　企业应披露债务融资工具的担保情况。

第三十九条　提供保证担保的,企业应披露保证人的基本情况,包括但不限于:

(一)基本情况简介;

(二)最近一年的净资产、资产负债率、净资产收益率、流动比率、速动比率等主要财务指标,并注明是否经审计;

(三)资信状况;

(四)累计对外担保的金额;

(五)累计担保余额占其净资产额的比例。

第四十条 提供保证担保的,企业应披露债务融资工具担保协议或担保函的主要内容,至少包括下列事项:

(一)担保金额;

(二)担保期限;

(三)担保方式;

(四)担保范围;

(五)企业、担保人、债务融资工具持有人之间的权利义务关系;

(六)各方认为需要约定的其他事项。

第四十一条 提供抵押或质押担保的,企业应披露担保物的名称、金额(账面值和评估值)、担保物金额与所发行债务融资工具面值总额和本息总额之间的比例。

第四十二条 提供抵押或质押担保的,企业应披露担保物的评估、登记、保管和相关法律手续的办理情况。

第四十三条 企业应披露保证人的资信或担保物发生重大变化时的持续披露安排。

第十章 税 项

第四十四条 企业应在募集说明书中明确列示投资债务融资工具所应缴纳的税项、征税依据及缴纳方式。

第四十五条 企业应明确告知投资者所应缴纳税项是否与债务融资工具的各项支付构成抵销。

第四十六条 企业应声明所列税项不构成对投资者的纳税建议和投资者纳税依据。投资者应就有关事项咨询财税顾问,企业不承担由此产生的任何责任。

第十一章 发行的有关机构

第四十七条 企业应披露下列机构的名称、住所、法定代表人、联系电话、传真和有关经办人员的姓名:

(一)企业;

(二)主承销商及其他承销机构;

(三)律师事务所;

(四)会计师事务所;

(五)信用评级机构;

(六)担保机构(如有);

(七)登记、托管、结算机构;

(八)其他与发行有关的机构。

第四十八条 企业应披露与发行有关的中介机构及其负责人、高级管理人员及经办人员之间存在的直接或间接的股权关系或其他重大利害关系。

第十二章 附 录

第四十九条 募集说明书的附录是募集说明书不可分割的组成部分,包括但不限于:

(一)企业关于报告期内被出具非标准无保留意见审计报告(如有)涉及事项及处理情况的说明;

(二)注册会计师关于报告期内非标准无保留意见审计报告(如有)的补充意见;

(三)债务融资工具担保的相关证明文件(如有)。采用抵(质)押担保的,应提供抵(质)押物的权属证明、资产评估报告及与抵(质)押相关的登记、保管、持续监督安排等方面的文件。

第十三章 附 则

第五十条 企业确有合理理由就某些信息提出豁免要求的,可在不影响投资人判断债务融资工具投资价值的前提下,做出书面说明并经交易商协会确认后予以豁免。

第五十一条 本指引自公布之日起施行。

V.1.6 银行间债券市场非金融企业债务融资工具尽职调查指引(NAFMII指引0002)

(2008年4月15日
中国银行间市场交易商协会公告[2008]第2号)

第一条 为规范银行间债券市场非金融企业债务融资工具主承销商对拟发行债务融资工具的企业(以下简称企业)的尽职调查行为,提高尽职调查质量,根据中国人民银行《银行间市场非金融企业债务融资工具管理办法》及中国银行间市场交易商协会(以下简称交易商协会)相关自律规则,制定本指引。

第二条 本指引所称的尽职调查,是指主承销商及其工作人员遵循勤勉尽责、诚实信用原则,通过各种有效方法和步骤对企业进行充分调查,掌握企业的发行资格、资产权属、债权债务等重大事项的法律状态和企业的业务、管理及财务状况等,对企业的还款意愿和还款能力做出判断,以合理确信企业注册文件真实性、准确性和完整性的行为。

第三条 主承销商应按本指引的要求对企业进行尽职调查,并撰写企业债务融资工具尽职调查报告(以下简称尽职调查报告),作为向交易商协会注册发行债务融资工具的备查文件。

第四条 本指引是对尽职调查的指导性要求。主承销商应根据本指引的要求,制定完善的尽职调查内部管理制度。

第五条 主承销商应遵循勤勉尽责、诚实信用的原则,严格遵守职业道德和执业规范,有计划、有组织、有步骤地开展尽职调查,保证尽职调查质量。

第六条 主承销商开展尽职调查应制定详细的工作计划。工作计划主要包括工作目标、工作范围、工作方式、工作时间、工作流程、参与人员等。

第七条 主承销商开展尽职调查应组建尽职调查团队。调查团队应主要由主承销商总部人员构成,分支机构人员可参与协助。

第八条 尽职调查的内容包括但不限于:

(一)发行资格;

(二)历史沿革;

(三)股权结构、控股股东和实际控制人情况;

(四)公司治理结构;

(五)信息披露能力;

（六）经营范围和主营业务情况；

（七）财务状况；

（八）信用记录调查；

（九）或有事项及其他重大事项情况。

第九条 主承销商应保持职业的怀疑态度，根据企业及其所在行业的特点，对影响企业财务状况和偿债能力的重要事项展开调查。

第十条 主承销商开展尽职调查可采用查阅、访谈、列席会议、实地调查、信息分析、印证和讨论等方法。

第十一条 查阅的主要渠道包括：

（一）由企业提供相关资料；

（二）通过银行信贷登记咨询系统获得相关资料；

（三）通过工商税务查询系统获得相关资料；

（四）通过公开信息披露媒体、互联网及其他可靠渠道搜集相关资料。

第十二条 访谈是指通过与企业的高级管理人员，以及财务、销售、内部控制等部门的负责人员进行对话和访谈，从而掌握企业的最新情况，并核实已有的资料。

第十三条 列席会议是指列席企业有关债务融资工具事宜的会议。如：股东会、董事会、高级管理层办公会和部门协调会及其他涉及债务融资工具发行目的、用途、资金安排等事宜的会议。

第十四条 实地调查是指到企业的主要生产场地或建设工地等业务基地进行实地调查。实地调查可包括生产状况、设备运行情况、库存情况、生产管理水平、项目进展情况和现场人员工作情况等内容。

第十五条 信息分析是指通过各种方法对采集的信息、资料进行分析，从而得出结论性意见。

第十六条 印证主要是指通过与有关机构进行沟通和验证，从而确认查阅和实地调查结论的真实性。

第十七条 讨论主要是指讨论尽职调查中涉及的问题和分歧，从而使主承销商与企业的意见达成一致。

第十八条 主承销商应按照工作计划收集详尽的资料，进行充分调查，编写工作底稿，并在此基础上撰写尽职调查报告。

尽职调查报告应层次分明、条理清晰、具体明确，突出体现尽职调查的重点及结论，充分反映尽职调查的过程和结果，包括尽职调查的计划、步骤、时间、内容及结论性意见。

尽职调查报告应由调查人、审核人和审定人签字。

第十九条 主承销商应指派专人对已经注册的企业的情况进行跟踪,关注企业经营和财务状况的重大变化,并进行定期和不定期的调查。

第二十条 主承销商应于每期债务融资工具发行前,撰写补充尽职调查报告,反映企业注册生效以来发生的重大变化的尽职调查情况。

第二十一条 本指引自公布之日起施行。

V.1.7 银行间债券市场非金融企业短期融资券业务指引(NAFMII 指引 0003)

(2009 年 11 月 3 日
中国银行间市场交易商协会公告[2009]第 14 号)

为进一步规范非金融企业在银行间市场发行债务融资工具的行为,交易商协会对《银行间债券市场非金融企业短期融资券业务指引》(NAFMII 指引 0003)和《银行间债券市场非金融企业中期票据业务指引》(NAFMII 指引 0004)进行了修订,现予以公布施行。

中国银行间市场交易商协会
二〇〇九年十一月三日

银行间债券市场非金融企业中期票据业务指引(NAFMII 指引 0003)

第一条 为规范非金融企业在银行间债券市场发行短期融资券的行为,根据中国人民银行《银行间债券市场非金融企业债务融资工具管理办法》及中国银行间市场交易商协会(以下简称交易商协会)相关自律规则,制定本指引。

第二条 本指引所称短期融资券,是指具有法人资格的非金融企业(以下简称企业)在银行间债券市场发行的,约定在 1 年内还本付息的债务融资工具。

第三条 企业发行短期融资券应依据《银行间债券市场非金融企业债务融资工具注册规则》在交易商协会注册。

第四条 企业发行短期融资券应遵守国家相关法律法规,短期融资券待偿还余额不得超过企业净资产的 40%。

第五条 企业发行短期融资券所募集的资金应用于企业生产经营活动,并在发行文件中明确披露具体资金用途。企业在短期融资券存续期内变更募集资金用途应提前披露。

第六条 企业发行短期融资券应按交易商协会《银行间债券市场非金融企业债务融资工具信息披露规则》在银行间债券市场披露信息。

第七条 企业发行短期融资券应由已在中国人民银行备案的金融机构承销。

第八条 企业发行短期融资券应披露企业主体信用评级和当期融资券的债项评级。

第九条 企业的主体信用级别低于发行注册时信用级别的，短期融资券发行注册自动失效，交易商协会将有关情况进行公告。

第十条 短期融资券在债权债务登记日次一工作日即可在全国银行间债券市场机构投资者之间流通转让。

第十一条 本指引自公布之日起施行。

V.1.8　银行间债券市场非金融企业债务融资工具持有人会议规程(NAFMII规程0002)

(2010年9月1日　中国银行间市场交易商协会公告)

第一章　总　　则

第一条　为保护银行间债券市场非金融企业债务融资工具(简称债务融资工具)持有人的合法权益,规范债务融资工具持有人会议(简称持有人会议),明确相关各方的权利义务,根据中国人民银行《银行间市场非金融企业债务融资工具管理办法》(中国人民银行令[2008]第1号)及中国银行间市场交易商协会(简称交易商协会)相关自律规则,制定本规程。

第二条　持有人会议由同期全体债务融资工具持有人组成,依据本规程规定的程序召集和召开,对本规程规定权限范围内与债务融资工具本息偿付相关的重大事项依法进行审议和表决。

第三条　持有人会议以维护债务融资工具持有人的共同利益,表达债务融资工具持有人的集体意志为目的。

第四条　持有人会议根据本规程审议通过的决议,对同期全体债务融资工具持有人具有同等效力和约束力。

第二章　持有人会议的召开条件

第五条　发行人应当在募集说明书中约定持有人会议的召集人。召集人原则上为本期债务融资工具的主承销商。本期债务融资工具由多家机构联合承销的,召集人为负责后续管理的牵头主承销商。

第六条　在债务融资工具存续期间,出现以下情形之一的,召集人应当自知悉该情形之日起按勤勉尽责的要求召集持有人会议,并拟定会议议案。

(一)发行人未能按期足额兑付债务融资工具本金或利息;

(二)发行人转移债务融资工具全部或部分清偿义务;

(三)发行人变更信用增进安排或信用增进机构,对债务融资工具持有人权益产生重大不利影响的;

(四)发行人减资、合并、分立、解散、申请破产或被接管;

(五)单独或合计持有百分之五十以上同期债务融资工具余额的持有人提议

召开；

（六）募集说明书中约定的其他应当召开持有人会议的情形；

（七）法律、法规规定的其他应由持有人会议做出决议的情形。

出现上述情形时，发行人应当及时告知召集人。持有人会议的召集不以发行人履行告知义务为前提。

第七条 在债务融资工具存续期间，发行人或信用增进机构出现《银行间债券市场非金融企业债务融资工具信息披露规则》列明的重大事项情形之一的，债务融资工具持有人、发行人和信用增进机构可以向召集人提议召开持有人会议。召集人不能履行或不履行召集职责的，提议人有权自行召集持有人会议。召集程序、议事规则、表决决议机制可以参照本规程的相关规定。

第三章 持有人会议的召集

第八条 召集人应当至少于持有人会议召开日前两个工作日在中国债券信息网、中国货币网和交易商协会网站发布召开持有人会议的公告。

第九条 召开持有人会议的公告内容包括但不限于下列事项：

（一）会议召集人、会务负责人姓名及联系方式；

（二）会议时间和地点；

（三）会议召开形式：持有人会议可以采用现场、非现场或两者相结合的形式；

（四）会议拟审议议题：议题属于持有人会议权限范围、有明确的决议事项，并且符合法律、法规和本规程的相关规定；

（五）会议议事程序：包括持有人会议的召集方式、表决方式、表决时间和其他相关事宜；

（六）债权登记日：应为持有人会议召开日前一工作日；

（七）提交债券账务资料以确认参会资格的截止时点：债务融资工具持有人在规定时间内未向召集人证明其参会资格的，不得参加持有人会议和享有表决权；

（八）委托事项。

第十条 召集人在持有人会议召开前将议案发送至参会人员，并将议案提交至持有人会议审议。

第四章 持有人会议参会机构

第十一条 债务融资工具持有人应当于债权登记日向中国人民银行认可的银行间债券市场债券登记托管结算机构申请查询本人当日的债券账务信息，并于会议召开日提供相应债券账务资料以证明参会资格。召集人应当对债务融资工具持有人的参会资格进行确认,并登记其名称以及持有份额。

第十二条 除法律、法规及相关自律规则另有规定外,在债权登记日确认债权的债务融资工具持有人有权出席或者通过出具书面授权书委托合格代理人出席持有人会议。

授权委托书需载明委托事项的授权权限。授权权限包括但不限于代理出席权、议案表决权、议案修正权、修正议案表决权。

第十三条 发行人、债务融资工具清偿义务承继方、信用增进机构等重要关联方应当按照召集人的要求列席持有人会议。交易商协会派员列席持有人会议。

第十四条 持有人会议应当有律师出席。出席律师原则上由为债务融资工具发行出具法律意见的律师担任。出席律师对会议的召集、召开、表决程序、出席会议人员资格和有效表决权等事项出具法律意见书。法律意见书应当与持有人会议决议一同披露。

第十五条 信用评级机构可应召集人邀请列席会议,密切跟踪持有人会议动向,并及时发表公开评级意见。

第五章 持有人会议的表决和决议

第十六条 债务融资工具持有人及其代理人行使表决权,所持每一债务融资工具最低面额为一表决权。发行人、发行人母公司、发行人下属子公司、债务融资工具清偿义务承继方等重要关联方没有表决权。

第十七条 除募集说明书另有约定外,出席持有人会议的债务融资工具持有人所持有的表决权数额应达到本期债务融资工具总表决权的三分之二以上,会议方可生效。

持有人会议的议事程序和表决形式,除本规程有规定外,由召集人规定。

第十八条 持有人会议对列入议程的各项议案分别审议,逐项表决。单独或合计持有该债务融资工具余额百分之十以上的债务融资工具持有人可以提议修正议案,并提交会议审议。

持有人会议不得对公告通知中未列明的事项进行决议。

第十九条 持有人会议的全部议案在会议召开日后三个工作日内表决结束。

第二十条 持有人会议表决日后,召集人应当对会议表决日债务融资工具持有人的持有份额进行核对。表决日无对应债务融资工具面额的表决票视为无效票。

第二十一条 除募集说明书另有约定外，持有人会议决议应当由出席会议的本期债务融资工具持有人所持有的表决权的四分之三以上通过后生效。

第二十二条 持有人会议应有书面会议记录。召集人应当保证持有人会议记录内容真实、准确和完整。持有人会议记录由出席会议的召集人代表和律师签名。

第二十三条 召集人应当在持有人会议表决日次一工作日将会议决议公告在中国债券信息网、中国货币网和交易商协会网站披露。会议决议公告包括但不限于以下内容：

（一）出席会议的本期债务融资工具持有人（代理人）所持表决权情况；

（二）会议有效性；

（三）各项议案的议题和表决结果。

第二十四条 召集人在会议表决日次一工作日将会议决议提交至发行人，并代表债务融资工具持有人及时就有关决议内容与发行人及其他有关机构进行沟通。发行人应当在三个工作日内答复是否接受持有人会议通过的决议。

第二十五条 召集人应当及时将发行人答复在中国债券信息网、中国货币网和交易商协会网站披露。召集人在持有人会议表决日后七个工作日内将持有人会议相关材料送交易商协会备案。备案材料包括但不限于以下内容：

（一）持有人会议公告；

（二）持有人会议议案；

（三）持有人会议参会机构与人员以及表决机构与人员名册；

（四）持有人会议记录；

（五）表决文件；

（六）持有人会议决议公告；

（七）发行人的答复（若持有人会议决议需发行人答复）；

（八）法律意见书。

第二十六条 持有人会议的会议记录、出席会议机构及人员的登记名册、授权委托书、法律意见书等会议文件、资料由召集人保管，并至少保管至对应债务融资工具到期后五年。

第六章 附 则

第二十七条 持有人会议的召集人、参会机构对涉及单个债务融资工具持有人的持券量、投票结果等信息具有保密义务。

第二十八条 召集人可依据相关自律规则申请豁免披露持有人会议有关情况。

第二十九条 对未按本规程履行持有人会议有关职责的发行人和主承销商等中介机构，交易商协会可通过诫勉谈话、警告、通报、公开谴责等措施进行处理，情节严重的，可建议有关部门给予处罚。

第三十条 本规程由交易商协会秘书处负责解释。

第三十一条 本规程自公布之日起实施。

V.1.9 银行间债券市场非金融企业中期票据业务指引(NAFMII 指引 0004)

(2009 年 11 月 3 日
中国银行间市场交易商协会公告[2009]第 14 号)

为进一步规范非金融企业在银行间市场发行债务融资工具的行为,交易商协会对《银行间债券市场非金融企业短期融资券业务指引》(NAFMII 指引 0003)和《银行间债券市场非金融企业中期票据业务指引》(NAFMII 指引 0004)进行了修订,现予以公布施行。

中国银行间市场交易商协会
二〇〇九年十一月三日

银行间债券市场非金融企业中期票据业务指引(NAFMII 指引 0004)

第一条 为规范非金融企业在银行间债券市场发行中期票据的行为,根据中国人民银行《银行间债券市场非金融企业债务融资工具管理办法》及中国银行间市场交易商协会(以下简称交易商协会)相关自律规则,制定本指引。

第二条 本指引所称中期票据,是指具有法人资格的非金融企业(以下简称企业)在银行间债券市场按照计划分期发行的,约定在一定期限还本付息的债务融资工具。

第三条 企业发行中期票据应依据《银行间债券市场非金融企业债务融资工具注册规则》在交易商协会注册。

第四条 企业发行中期票据应遵守国家相关法律法规,中期票据待偿还余额不得超过企业净资产的 40%。

第五条 企业发行中期票据所募集的资金应用于符合国家法律法规及政策要求的企业生产经营活动,并在发行文件中明确披露具体资金用途。企业在中期票据存续期内变更募集资金用途应提前披露。

第六条 企业发行中期票据应制订发行计划,在计划内可灵活设计各期票据的利率形式、期限结构等要素。

第七条 企业应在中期票据发行文件中约定投资者保护机制,包括应对企业信用评级下降、财务状况恶化或其他可能影响投资者利益情况的有效措施,以及中期票据发生违约后的清偿安排。

第八条 企业发行中期票据除应按交易商协会《银行间债券市场非金融企业债务融资工具信息披露规则》在银行间债券市场披露信息外,还应于中期票据首次发行公告之日,在银行间债券市场一次性披露中期票据完整的发行计划。

第九条 企业发行中期票据应由符合条件的承销机构承销。

第十条 中期票据投资者可就特定投资需求向主承销商进行逆向询价,主承销商可与企业协商发行符合特定需求的中期票据。

第十一条 企业发行中期票据应披露企业主体信用评级。中期票据若含可能影响评级结果的特殊条款,企业还应披露中期票据的债项评级。

第十二条 在注册有效期内,企业主体信用级别低于发行注册时信用级别的,中期票据发行注册自动失效,交易商协会将有关情况进行公告。

第十三条 中期票据在债权债务登记日次一工作日即可在全国银行间债券市场机构投资者之间流通转让。

第十四条 本指引自公布之日起施行。

V.1.10 银行间债券市场非金融企业债务融资工具主承销商后续管理工作指引（NAFMII 指引 0006）

（2010 年 4 月 19 日　中国银行间市场交易商协会）

第一条　为建立健全银行间债券市场非金融企业债务融资工具（简称债务融资工具）后续管理体系，指导主承销商开展相关工作，促进银行间债券市场平稳健康发展，根据《银行间债券市场非金融企业债务融资工具管理办法》（中国人民银行令[2008]第 1 号）及中国银行间市场交易商协会（简称交易商协会）相关自律规则，制定本指引。

第二条　本指引所称后续管理工作，是指主承销商在债务融资工具存续期内，通过各种有效方法对债务融资工具发行企业（简称企业）和提供信用增进服务的机构进行跟踪、监测、调查，及时准确地掌握其风险状况及偿债能力，持续督导其履行信息披露、还本付息等义务，以保护投资者权益的行为。

第三条　主承销商应根据本指引要求，遵循勤勉尽责、审慎判断、及时预警、稳妥处置的原则，有组织、有计划、有步骤地开展后续管理工作。企业和提供信用增进服务的机构应积极配合主承销商开展后续管理工作。

第四条　主承销商应根据本指引建立后续管理工作机制和相关制度，设立专门机构或岗位从事债务融资工具后续管理工作；后续管理工作应由总部负责，分支机构协助配合。

第五条　企业发行一期债务融资工具聘请两家或两家以上机构担任主承销商的，由相关主承销商与企业协商指定一家主承销商牵头负责后续管理工作，并将各自职责在承销协议中予以明确。

第六条　主承销商应协助企业和提供信用增进服务的机构建立和完善信息披露管理制度，督导其真实、准确、完整地披露相关信息。

第七条　主承销商应至少提前一个月掌握债务融资工具还本付息的资金安排，并及时了解其他有特殊安排产品的相关情况，督促企业按时履约。

第八条　主承销商应对企业和提供信用增进服务的机构进行动态监测，建立重点关注池，开展风险排查和压力测试，以便及时、准确地掌握其偿债能力。

第九条　主承销商应结合宏观经济、金融政策和行业运行变化情况，对企业和提供信用增进服务机构的经营管理、财务状况，债务融资工具信息披露、募集资金用途、二级市场交易、公开市场信息等情况，进行动态监测。

在动态监测过程中，对于可能影响企业偿债能力的重大事项，应督促其及时披露；对于符合第十条要求的企业，应纳入重点关注池；对于偿债能力可能受到严重影响的企业，应进行压力测试。

第十条 主承销商通过动态监测，发现企业或提供信用增进服务的机构出现以下可能影响偿债能力情况的，应及时将企业纳入重点关注池：

（一）主要经营、财务指标出现不利变化；

（二）内部管理架构或高管人员出现重大变动；

（三）主体或债项跟踪评级级别下降，或评级展望调至负面；

（四）未按时披露财务信息或未及时披露重大事项；

（五）未按约定使用募集资金；

（六）主承销商认为应入池的其他情况；

（七）监管部门或交易商协会要求应入池的其他情况。

主承销商应对重点关注池施行动态管理，对于池内企业，经风险排查确认其偿债能力不会受到不利影响的，应及时调整出池。各家主承销商在池企业数量原则上应不少于存续期内企业数量的20%。

第十一条 主承销商应对重点关注池内企业开展定期（半年一次）和不定期的风险排查，查找风险点，评估风险程度及影响。风险排查主要内容包括：

（一）行业运行情况；

（二）经营管理和财务状况及主要风险点；

（三）信息披露、募集资金使用情况；

（四）提供信用增进服务机构的风险状况；

（五）主承销商认为应排查的其他内容；

（六）监管部门或交易商协会要求排查的其他内容。

第十二条 主承销商通过动态监测、风险排查，发现对企业偿债能力可能产生严重影响的，应对企业开展定期（半年一次）和不定期的压力测试。测试企业数量原则上应不少于在池企业数量的20%（至少1家）。

第十三条 主承销商应通过压力测试，测算企业在遇到假定的小概率事件等极端不利情况下可能发生的损失；如经评估，对债务融资工具还本付息可能带来严重影响的，应督促企业积极自查、防范风险，并会同企业制定风险处置预案。

制定风险处置预案应根据企业实际情况，以确保债务融资工具本息按期兑付为目标。预案具体内容可包括企业易变现的资产所有权质押、第三方流动性支持、企业兑付款预存、企业关联方担保等方式。

第十四条 对于已制定风险处置预案的企业,主承销商应加强沟通与联系,密切跟踪事态发展,根据情况适时启动风险处置预案,采取针对性处置措施,妥善处理相关问题,并及时向有关部门和交易商协会报告。

第十五条 对严重影响债务融资工具还本付息的突发事件,主承销商应根据《银行间债券市场非金融企业债务融资工具突发事件应急管理工作指引》,及时启动应急响应程序。

第十六条 在债务融资工具存续期内,主承销商应按要求形成相关后续管理报告,报告应情况明了、层次分明、条理清晰、重点突出、措施明确。

第十七条 后续管理报告包括定期和不定期两种形式,其中定期后续管理报告分为年度报告及半年度报告,分别于每年 5 月 15 日和 9 月 15 日前提交,报告内容包括当期风险排查情况、压力测试情况以及后续管理工作开展情况;不定期报告包括专项风险排查报告、专项压力测试报告和突发事件应急处置报告,各报告应在相关工作结束后的 10 个工作日内提交。

第十八条 后续管理报告中风险排查情况部分应包括但不限于以下内容:

(一)当期入池和出池企业清单,企业入池及出池原因分析;

(二)在池企业基本情况、经营管理、财务状况及主要风险因素分析;

(三)在池企业债务融资工具信息披露和募集资金使用情况;

(四)对在池企业提供信用增进服务机构的风险状况分析;

(五)采取的应对措施。

第十九条 后续管理报告中压力测试情况部分应包括但不限于以下内容:

(一)进行压力测试的原因分析;

(二)压力测试具体方法、测试过程及结果分析;

(三)采取的应对措施(包括风险处置预案的制定及实施情况)。

第二十条 后续管理报告中后续管理工作开展情况部分应包括但不限于以下内容:

(一)债务融资工具情况概述,包括信息披露、募集资金使用及还本付息等情况;

(二)后续管理工作开展情况总结,包括动态监测、重点关注池管理、风险排查及压力测试等情况及采取的应对措施;

(三)下一年度后续管理工作计划(仅年度报告含)。

第二十一条 主承销商应为每家债务融资工具发行企业建立独立的后续管理工作档案,并至少保存至债务融资工具到期后 5 年。

第二十二条 主承销商应对后续管理工作中获得的内幕信息予以保密,不得利用内幕信息获取不当利益。

第二十三条 交易商协会定期对主承销商后续管理工作质量进行综合评价考核。

第二十四条 对未履行后续管理工作职责的主承销商，以及未履行配合义务的企业和提供信用增进服务的机构，交易商协会可通过诫勉谈话、警告、通报、公开谴责等措施进行处理，情节严重的，可建议有关部门给予处罚。

第二十五条 本指引由交易商协会秘书处负责解释。

第二十六条 本指引自公布之日起施行。

V.1.11 银行间债券市场非金融企业债务融资工具突发事件应急管理工作指引（NAFMII 指引 0007）

（2010 年 4 月 23 日　中国银行间市场交易商协会）

第一条 为建立健全银行间债券市场非金融企业债务融资工具（以下简称债务融资工具）突发事件应急组织管理体系，保护投资者合法权益，维护银行间债券市场平稳运行，根据《银行间债券市场非金融企业债务融资工具管理办法》（中国人民银行令［2008］第 1 号）及中国银行间市场交易商协会（以下简称交易商协会）相关自律规则，制定本指引。

第二条 本指引所称突发事件，是指在债务融资工具存续期间突然发生的、严重影响或可能严重影响债务融资工具本息偿付的、需要立即处置的重大事件。

第三条 本指引所称应急管理，是指由债务融资工具主承销商牵头，提供信用增进服务的机构、信用评级机构和律师事务所等中介机构配合，协助相关发行企业有效应对突发事件的行为。

第四条 主承销商、企业及相关中介机构开展应急管理工作应坚持快速响应、各司其职、协同联动、稳妥处置的原则。

第五条 主承销商应制定债务融资工具应急管理预案。应急管理预案包括但不限于以下内容：

（一）按照突发事件性质、可控程度、影响范围和对债务融资工具还本付息的影响程度等因素，对突发事件进行科学合理的分类分级。

（二）建立统一指挥、分工明确、协同配合的内部应急管理组织体系和外部沟通协调机制。

（三）建立健全应对突发事件的预警提示、信息传递、应急响应的运作流程。

1. 预警提示：建立预警监测体系，及时提出预警；

2. 信息传递：确定内部和对外信息传递的基本路径，确保信息及时准确的传递；

3. 应急响应：按照突发事件的级别，明确相应的响应程序，并制订针对性的应对措施。

（四）明确应急预案的宣传、培训、演练等具体内容。

第六条 企业应在主承销商协助下制定债务融资工具突发事件应急管理机制,积极应对突发事件。

第七条 主承销商应在获知突发事件后立即启动应急管理预案,并及时向相关部门和交易商协会报告。

第八条 主承销商应组织其他中介机构,在相关部门的指导下,积极协助企业制定并实施应急处置方案。

第九条 主承销商应督导企业按照有关规定及自律规则,在指定媒体披露突发事件相关信息;并协助企业做好对外沟通解释工作。

第十条 主承销商应视突发事件发展变化情况,根据需要,协助组织召开债务融资工具持有人会议。债务融资工具持有人会议规程另行制定。

第十一条 主承销商应密切跟踪事态发展,协助企业动态调整应急处置方案,并及时向相关部门和交易商协会报告。

第十二条 提供信用增进服务的机构应及时评估突发事件的影响,依据有关协议采取相应的偿债保障措施。

第十三条 信用评级机构应及时评估突发事件对企业和债务融资工具信用级别的影响,开展补充尽职调查,在指定媒体披露不定期跟踪评级结果。

第十四条 律师事务所应参与突发事件的处置工作,并就突发事件的法律后果和影响发表法律意见。

第十五条 主承销商、企业和相关中介机构应在应急处置结束后,及时对突发事件的发生、处置过程、处置结果以及损失进行全面评估和总结,完善应急管理预案,并向交易商协会提交应急处置报告。

第十六条 主承销商等中介机构应对应急管理工作中获得的内幕信息予以保密,不得利用内幕信息获取不当利益。

第十七条 对未能按本指引要求处置突发事件的企业和主承销商等中介机构,交易商协会可通过诫勉谈话、警告、通报、公开谴责等措施进行处理,情节严重的,可建议有关部门给予处罚。

第十八条 本指引由交易商协会秘书处负责解释。

第十九条 本指引自公布之日起施行。

V.1.12 银行间债券市场非金融企业债务融资工具非公开定向发行规则

（2011 年 4 月 29 日 中国银行间市场交易商协会公告[2011]6 号）

为推动金融市场发展，加快多层次资本市场体系建设，提高直接融资比重，拓宽非金融企业融资渠道，根据《银行间债券市场非金融企业债务融资工具管理办法》（中国人民银行令[2008]第 1 号）及相关法律法规，中国银行间市场交易商协会组织市场成员制定了《银行间债券市场非金融企业债务融资工具非公开定向发行规则》，于 2010 年 8 月 27 日经交易商协会第二届常务理事会第二次会议审议通过，并经人民银行备案同意，现予公布施行。

中国银行间市场交易商协会
二〇一一年四月二十九日

银行间债券市场非金融企业债务融资工具非公开定向发行规则

第一章 总 则

第一条 为推动金融市场发展，加快多层次资本市场体系建设，提高直接融资比重，拓宽非金融企业融资渠道，根据中国人民银行《银行间债券市场非金融企业债务融资工具管理办法》（中国人民银行令[2008]第 1 号）及相关法律法规，制定本规则。

第二条 本规则所称非公开定向发行是指具有法人资格的非金融企业（以下简称企业），向银行间市场特定机构投资人（以下简称定向投资人）发行债务融资工具，并在特定机构投资人范围内流通转让的行为。

第三条 在银行间债券市场以非公开定向发行方式发行的债务融资工具称为非公开定向债务融资工具（以下简称定向工具）。

第四条 中国银行间市场交易商协会（以下简称交易商协会）依据相关规定，对定向工具的发行、登记托管、结算和流通转让实施自律管理。

第五条 定向工具不向社会公众发行。

第六条 定向投资人是指具有投资定向工具的实力和意愿、了解该定向工具投资风险、具备该定向工具风险承担能力并自愿接受交易商协会自律管理的机构投资人。

第七条 定向投资人由发行人和主承销商在定向工具发行前遴选确定。定向投资人投资定向工具应向交易商协会出具书面确认函(确认函示范样本见附件1)。

第八条 定向工具投资人应自行判断和承担投资风险。

第九条 定向工具发行与流通转让应遵循平等、自愿、公平、诚信、自律的原则。

第二章 注 册

第十条 企业发行定向工具应在交易商协会注册。

交易商协会只对非公开定向发行注册材料进行形式完备性核对。接受发行注册不代表交易商协会对债务融资工具的投资价值及投资风险进行实质性判断。注册不能免除企业及相关中介机构真实、准确、完整、及时披露信息的法律责任。

第十一条 非公开定向发行的注册工作应遵循公平、公正、公开原则。

第十二条 企业发行定向工具应提交相应注册材料(注册材料清单见附件2)。

第十三条 交易商协会根据相关自律规则指引接收非公开定向发行注册材料,对形式完备的非公开定向发行注册材料办理注册手续。

第十四条 对形式不完备的非公开定向发行注册材料,交易商协会通过主承销商一次性书面告知发行人予以补正。

在交易商协会书面通知发出后10个工作日内未补正材料的,视作发行人放弃本次注册。补正材料后,形式仍不完备的,视作发行人放弃本次注册;交易商协会以合理方式及时通过主承销商告知发行人。

第十五条 非公开定向发行注册材料形式完备性核对实行核对人和复核人双人负责制,主要流程包括:

(一)企业或相关中介机构应提交非公开定向发行注册材料正式件一份。

(二)核对人根据相关自律规则指引对非公开定向发行注册材料进行核对。若核对人认为非公开定向发行注册材料形式完备,则直接交由复核人进行复核;若核对人认为非公开定向发行注册材料形式不完备,经复核人复核后,核对人可通过主承销商向企业出具补充信息的建议函。

（三）复核人对核对人工作进行复核，复核人可根据需要通过主承销商向企业出具补充信息的建议函。复核人认定非公开定向发行注册材料形式完备，则按照规定程序办理相关后续工作。

第十六条 交易商协会接受发行注册的，应向企业出具《接受注册通知书》，注册有效期2年。企业在注册有效期内需更换主承销商或变更注册金额的，应重新注册。

第十七条 《接受注册通知书》发出后，已注册的《定向发行协议》不得修改。否则，《接受注册通知书》自动失效。

第十八条 企业在注册有效期内可分期发行定向工具，首期发行应在注册后6个月内完成。

第三章 发行、登记、托管、流通

第十九条 企业向定向投资人发行定向工具前，应与拟投资该期定向工具的定向投资人达成《定向发行协议》。

《定向发行协议》的内容包括但不限于：

（一）发行人的基本情况；

（二）发行人对定向工具的募集资金用途合法合规、发行程序合规性的声明；

（三）拟投资定向工具的机构投资人名单及基本情况；

（四）发行人与拟投资定向工具的机构投资人的权利和义务；

（五）定向工具名称、发行金额、期限、发行价格或利率确定方式；

（六）募集资金用途及定向工具存续期间变更资金用途时的告知方式和时限；

（七）信息披露的具体标准和信息披露方式；

（八）定向工具的流通转让范围及约束条件；

（九）投资风险提示；

（十）法律适用及争议解决机制；

（十一）保密条款；

（十二）协议生效的约定。

第二十条 企业发行定向工具应由符合条件的承销机构承销。企业自主选择主承销商。需要组织承销团的，由主承销商组织承销团。

第二十一条 承销机构承销定向工具应遵守相关规定和规则，勤勉尽责、诚实守信。

第二十二条 定向工具的发行价格按市场化方式确定。

第二十三条 定向工具采用实名记账方式在中国人民银行认可的登记托管

机构登记托管。

第二十四条 定向工具应在《定向发行协议》约定的定向投资人之间流通转让。

第二十五条 企业应在定向工具发行完成后的次一工作日，通过主承销商向交易商协会书面报告发行情况。

第二十六条 为定向工具提供登记托管、流通转让服务的机构，应按照交易商协会的要求，及时向交易商协会提供定向工具相关信息；应于次月的 5 个工作日内，将本月定向工具托管结算和流通转让情况书面报送交易商协会。

第四章 信 息 披 露

第二十七条 企业发行定向工具应向定向投资人披露信息。信息披露应遵循诚实信用原则，不得有虚假记载、误导性陈述或重大遗漏。

第二十八条 企业向定向投资人发行定向工具，信息披露的具体标准和信息披露方式，应在《定向发行协议》中明确约定。

第二十九条 企业应在定向工具完成债权债务登记的次一工作日，以合理方式告知定向投资人当期定向工具实际发行规模、期限、利率等情况。

第三十条 企业在定向工具完成债权债务登记后，可通过交易商协会认可的网站公告当期定向工具实际发行规模、期限、初始投资人数量、流通转让范围等基本信息。

第三十一条 企业应在定向工具本息兑付日前 5 个工作日，以合理方式告知定向投资人本金兑付及付息事项。

第五章 自律管理与市场约束

第三十二条 企业发行定向工具所募集资金的用途应符合法律法规和国家政策要求。

第三十三条 为定向工具提供服务的承销机构、信用评级机构、注册会计师、律师等专业机构和人员应勤勉尽责，严格遵守执业规范和职业道德，按国家法律规定、行业自律标准及合同约定履行义务。上述专业机构和人员所出具的文件含有虚假记载、误导性陈述和重大遗漏的，应当就其负有责任的部分承担相应的法律责任。

第三十四条 为定向工具提供登记托管、结算、流通转让服务的机构，应按相关法律法规和交易商协会的自律规则履行职责。

第三十五条 定向工具发行和流通转让中，任何商业机构不得以欺诈、操纵市场等行为获取不正当利益。

第三十六条 交易商协会对定向工具发行、登记托管、结算和流通转让中违反自律管理规则的会员机构及其工作人员,有权采取警告、诫勉谈话、公开谴责等处理措施。

第六章 附 则

第三十七条 定向工具信用评级和跟踪评级的具体安排由发行人与定向投资人协商确定,并在《定向发行协议》中明确约定。

第三十八条 本规则由交易商协会秘书处负责解释。

第三十九条 本规则自发布之日起施行。

V.1.13 银行间债券市场非金融企业债务融资工具现场调查工作规程

(2011年5月6日 中国银行间市场交易商协会)

第一章 总 则

第一条 为规范银行间债券市场非金融企业债务融资工具(简称债务融资工具)现场调查工作,督导相关市场成员依法合规开展业务,促进银行间债券市场平稳健康发展,根据《银行间债券市场非金融企业债务融资工具管理办法》(中国人民银行令[2008]第1号)以及中国银行间市场交易商协会(简称交易商协会)相关自律规范文件,制定本规程。

第二条 本规程所称现场调查,是指交易商协会根据需要组成调查组,进入调查对象的生产、经营、管理等场所,就调查对象在债务融资工具发行、承销和后续管理过程中对相关自律规范文件执行情况实施的自律检查。

第三条 本规程所称调查对象,是指债务融资工具发行人(简称发行人)与相关中介机构等交易商协会会员,以及自愿接受交易商协会自律管理的机构。

第四条 现场调查是交易商协会的独立行为,不替代发行人以及主承销商等中介机构应开展的相关工作。

第五条 调查对象应当配合调查,及时提供相关信息,并保证其真实、准确、完整。

第六条 现场调查不代表交易商协会对相关债务融资工具投资价值做出任何评价,也不代表对相关债务融资工具投资风险做出任何判断。投资者应当独立判断投资价值,自行承担与其有关的任何投资风险。

第七条 交易商协会秘书处负责现场调查的组织与实施。

第二章 调查实施

第八条 交易商协会秘书处应根据需要制订调查计划,并根据调查计划开展现场调查。

第九条 现场调查的程序主要包括:

(一)制定具体调查方案;

(二)成立调查组;

（三）向调查对象发送调查通知；

（四）进入调查现场开展查阅资料、访谈和实地查看工作；

（五）调查评估及调查后管理。

第十条 现场调查方案应当明确调查目的、调查时间、调查人员和调查提纲等内容。

第十一条 交易商协会秘书处可以根据调查需要邀请其他相关机构或专家参加调查组，调查组中交易商协会秘书处的调查人员不得少于2人。

第十二条 交易商协会秘书处原则上应当至少提前5个工作日将调查安排书面通知调查对象。出现重大紧急情况或者提前告知调查对象可能影响调查效果的情况除外。

第十三条 调查人员与调查对象存在利害关系的，应当回避；调查对象认为相关调查人员与其存在利害关系的，应当说明理由，并至少在现场调查的1个工作日前以书面形式向交易商协会秘书处提出回避申请。经交易商协会秘书处核实后，相关调查人员应当回避。

第十四条 调查人员进入现场开始调查时，应当出示现场调查通知书。

第十五条 现场调查时，调查人员可以采取查阅资料、访谈、查看生产经营管理场所等方式，如有必要可以复制或记录有关资料。

第十六条 查阅资料是指调查人员查阅调查对象债务融资工具相关凭证、正式文件、资料和工作底稿等内容。

调查对象为发行人的，查阅资料范围包括债务融资工具募集资金收支凭证、相关文件和生产经营情况报告等。

调查对象为主承销商以及其他中介机构的，查阅资料范围包括债务融资工具发行、承销及后续管理相关的各种文件、资料和凭证等。

第十七条 访谈是指调查人员与调查对象工作人员就相关事宜进行对话和询问。

参加访谈的调查对象工作人员应当为债务融资工具业务相关负责人以及交易商协会秘书处认为有助于保证访谈效果的人员。

第十八条 实地查看是指在不影响调查对象正常生产经营的前提下，调查人员进入调查对象生产经营管理场所进行查看。

调查对象为发行人的，实地查看应当重点关注其生产经营管理情况、募集资金所投项目的运行情况等。

调查对象为主承销商及其他中介机构的，实地查看应当重点关注其债务融资工具有关经营管理情况以及各种文件和凭证保存的完备性和合规性情况等。

第十九条 调查对象应当为实施现场调查提供必要的条件和准备，及时提供调查所需的文件和资料，并以合理方式确认其真实性。

第三章　调查后管理

第二十条　交易商协会秘书处应当在现场调查后进行评估，并在现场调查结束后20个工作日内向调查对象出具业务调查意见书。

第二十一条　交易商协会秘书处确定要求调查对象进行整改的，调查对象应当按照要求进行整改。

需要提交整改报告的，调查对象应当按照要求向交易商协会秘书处提交整改报告。整改报告应当至少包括整改原因、问题分析、整改计划、整改措施、整改负责人等内容。

第二十二条　交易商协会秘书处应当核查调查对象整改落实情况。调查对象未按照要求进行整改的，交易商协会秘书处可以采取进一步自律管理措施。

第二十三条　针对违反本规程以及现场调查中发现违反交易商协会自律规范文件要求的调查对象，交易商协会可通过诫勉谈话、警告、通报、公开谴责等措施进行处理；违反有关法律法规的，移交有关部门处理。

第二十四条　交易商协会秘书处应当建立现场调查专项档案，并至少保存至现场调查结束后5年。

档案内容包括工作底稿、调查对象提供的材料以及现场调查有关的其他材料。

第四章　工 作 纪 律

第二十五条　调查人员应当遵守法律法规和交易商协会自律规范文件的有关规定，遵守交易商协会秘书处有关规章制度，坚持廉洁自律、客观公正、勤勉尽职。

第二十六条　调查人员应当相互合作、相互监督，确保调查工作有序、高效的开展。

第二十七条　调查人员应当保守调查对象以及其他相关机构的秘密，不得利用工作便利，为本人或者他人谋取不正当利益。

第五章　附　　则

第二十八条　本规程由交易商协会秘书处负责解释。

第二十九条　本规程自发布之日起实施。

V.1.14 银行间债券市场非金融企业债务融资工具注册工作规程

(2011年5月6日 中国银行间市场交易商协会
2009年2月24日第一届常务理事会第三次会议审议通过
2011年4月26日第二届常务理事会第三次会议修订)

第一章 总 则

第一条 为规范银行间债券市场非金融企业债务融资工具注册工作，根据《银行间债券市场非金融企业债务融资工具管理办法》(中国人民银行令[2008]第1号)及中国银行间市场交易商协会(简称协会)相关自律规则，制定本规程。

第二条 非金融企业债务融资工具(以下简称债务融资工具)发行注册实行注册会议制度，由注册会议决定是否接受债务融资工具发行注册。

第三条 注册会议根据相关自律规则，对发行企业(简称企业)及中介机构注册文件拟披露信息的完备性进行评议，并督促其完善信息披露。

注册会议不对债务融资工具的投资价值及风险作实质性判断。

第四条 协会秘书处设注册办公室，负责接收注册文件、对注册文件拟披露信息的完备性进行初步评议(简称初评)和安排注册会议。

第五条 注册工作应遵循公平、公正、公开原则。

第二章 注册办公室

第六条 注册办公室工作人员由协会专职人员和会员选派人员组成。

第七条 注册办公室工作人员应符合以下条件：

(一)坚持原则，公正廉洁，责任心强；

(二)熟悉相关法律法规；

(三)具有符合注册工作需要的知识结构和水平；

(四)有2年以上相关工作经验；

(五)协会秘书处要求的其他条件。

第八条 注册办公室根据相关自律规则指引接收注册文件，要件齐备的，注册办公室应办理接收手续；要件不齐备的，予以退回。

第九条 注册办公室在初评工作中可建议企业或中介机构补充、修改注册文件;可调阅中介机构的尽职调查报告或其他有关资料;可要求因未能尽职而导致注册文件拟披露信息不完备的中介机构重新开展工作。

第十条 注册文件初评工作实行初评人和复核人双人负责制,主要流程包括:

(一)初评人根据相关自律规则指引对注册文件拟披露信息情况进行初评。如有必要,初评人于20个工作日内向企业及中介机构出具关于建议××企业补充信息的函(简称建议函)。初评人认为拟披露文件符合相关规则、指引的,向注册办公室提交工作报告。

(二)复核人对初评人工作进行复核,复核人可根据需要向企业及中介机构出具建议函。

(三)初评人、复核人均认为拟披露文件符合相关规则、指引的,撰写初评报告,并将注册文件和初评报告提交注册会议。

第十一条 企业或相关中介机构在收到建议函10个工作日内,未向注册办公室提交补充材料的,应出具书面说明材料,否则注册办公室停止受理并退回注册文件。

第三章 注 册 会 议

第十二条 注册会议由5名经济金融理论知识丰富、熟知相关法律法规、从业经验丰富、职业声誉较高的金融市场专家(简称注册专家)参加。

第十三条 注册专家由协会会员推荐,报协会常务理事会审定。协会会员推荐注册专家,应向协会秘书处提交推荐函和被推荐人简历。被推荐人应符合以下条件:

(一)坚持原则,公正廉洁,责任心强;

(二)熟悉相关法律法规;

(三)精通经济金融专业知识,有较高职业声誉;

(四)有5年以上相关工作经验;

(五)协会要求的其他条件。

协会秘书处根据协会会员推荐或变更申请,以及注册专家尽职履责情况,拟定注册专家名单,提交常务理事会审议。

第十四条 注册会议原则上每周召开一次,由注册办公室从注册专家名单中随机抽取5名注册专家参加,并设1名召集人主持会议。

第十五条 注册专家有下列任一情形的,注册办公室应按随机抽选结果,顺位选择下一名注册专家参加注册会议:

（一）担任相关企业及其关联方的董事、监事、高级管理人员的；

（二）个人或者所属单位为拟评议项目提供主承销、评级、审计、法律等服务的；

（三）所属单位已有顺序在本人之前的注册专家参加本次注册会议的；

（四）参加过前三次注册会议的；

（五）因故不能参会的；

（六）无法及时取得联系的；

（七）注册办公室认为可能影响公正履职的其他情形。

第十六条 注册办公室应至少提前2个工作日，将经过初评的拟披露注册文件送达参加注册会议的注册专家。

第十七条 参会注册专家确认参会后又因故不能到会的，经商注册办公室同意后，可委托他人将经本人签字的书面意见提交会议，被委托人不能具有第十五条所列任一情形。

第十八条 注册专家以个人身份参加注册会议，听取注册办公室初评报告并进行讨论，通过填写《注册意见表》对会议所评项目独立发表意见。

第十九条 注册专家意见分为“接受注册”、“有条件接受注册”、“推迟接受注册”三种：

（一）认为拟披露文件符合相关自律规则、指引要求的，发表“接受注册”意见；

（二）认为拟披露文件通过补充具体材料可以达到相关自律规则、指引要求的，发表“有条件接受注册”意见，并书面说明需要补充的具体材料内容；

（三）认为拟披露文件无法通过补充具体材料达到相关自律规则、指引要求的，发表“推迟接受注册”意见，并书面说明理由。

第二十条 注册办公室负责汇总注册专家意见，撰写会议纪要，并办理注册会议相关后续工作。

（一）5名注册专家均发表“接受注册”意见的，协会接受发行注册，向企业发送《接受注册通知书》。

（二）2名（含）以上注册专家发表“推迟接受注册”意见的，协会推迟接受发行注册，注册办公室3个工作日内将注册专家意见汇总后反馈给企业，退回注册文件；但不得透露任一参会注册专家的任何个人意见。

（三）不属于以上两种情况的，协会有条件接受发行注册，注册办公室3个工作日内将注册专家意见汇总后反馈给企业。企业或相关中介机构10个工作日内提交补充材料，经提出意见的注册专家书面同意的，向企业发送《接受注册通知书》；10个工作日内未提交补充材料的，除非有书面说明材料，停止受理并退回注册文件。

第二十一条 债务融资工具注册过程中，企业发生重大突发事项的，应修改有关注册材料并及时通报注册办公室。

第二十二条 注册会议决定后至《接受注册通知书》发出前，企业发生重大事项需要补充披露相关信息的，注册办公室应及时将企业修改完毕的注册文件函告原参会注册专家，注册专家决定是否需要重新提交注册会议评议。

第二十三条 《接受注册通知书》发出后至债务融资工具债权债务关系确立前，企业发生重大事项的，应暂停发行并及时通报注册办公室。需要提交注册会议的，注册办公室应将企业修改完毕的注册文件重新提交注册会议评议。企业已公告发行文件的，应及时向市场披露有关信息。

第二十四条 注册有效期内，企业未按规定履行信息披露义务、对投资者做出投资决策产生重大影响的，剩余注册额度自动失效。协会将根据相关规定对有关机构和人员进行处理。

第二十五条 注册办公室应及时整理并妥善保管注册会议档案，具体资料包括但不限于初评报告、注册专家随机抽取表、《注册意见表》、注册会议纪要、复评报告等。以上材料的保存期至该债务融资工具最后一期本息兑付结束后的三年止。

第二十六条 注册办公室应定期撰写有关注册文件评议、注册会议情况的工作报告。

第四章 纪律与责任

第二十七条 注册专家应遵守下列工作纪律：

（一）坚持原则、公正廉洁、勤勉尽责；

（二）保守企业及相关机构的商业秘密；

（三）不得泄露注册会议的任何信息；

（四）不得利用工作便利，为本人或者他人谋取不正当利益；

（五）在行使相关职责期间（指自确认参加注册会议始，至相关企业注册文件有最终结论止），不得与相关企业、机构或个人接触；

（六）正确行使职权，独立发表注册意见，不得干扰其他注册专家发表相关意见。

第二十八条 出席注册会议的注册专家应认真审阅注册文件，切实履行职责。

第二十九条 注册办公室工作人员和注册会议其他列席人员应遵守下列工作纪律：

(一)坚持原则、公正廉洁、勤勉尽责;

(二)保守企业及相关机构的商业秘密;

(三)不得泄露注册办公室初评工作和注册会议信息;

(四)不得利用工作便利,为本人或者他人谋取不正当利益;

(五)与企业等相关机构或个人存在利害关系的,应回避;

(六)服从协会秘书处管理,遵守协会各项规章制度和秘书处注册工作内部纪律。

第三十条 注册办公室工作人员应实行定期轮岗制度。

第五章 附 则

第三十一条 协会秘书处设后督中心,对注册工作实行全流程监督。有关工作规程另行制定。

第三十二条 本规程由交易商协会秘书处负责解释。

第三十三条 本规程自发布之日起施行。

V.1.15 银行间债券市场非金融企业债务融资工具发行规范指引

(2011年5月30日 中国银行间市场交易商协会)

第一章 总 则

第一条 为规范银行间市场非金融企业债务融资工具发行,维护投资人和发行人的合法权益,促进银行间市场健康发展,根据中国人民银行《银行间债券市场非金融企业债务融资工具管理办法》(中国人民银行令[2008]第1号)及中国银行间市场交易商协会(以下简称交易商协会)相关自律规则,制定本指引。

第二条 非金融企业在银行间市场以招标方式、簿记建档方式及非公开定向方式发行债务融资工具适用本指引。

第三条 非金融企业债务融资工具发行应遵循公平、公正、公开原则。

第四条 非金融企业债务融资工具的发行人、承销商等相关当事人应明确专门的机构和人员负责发行工作,并制定相应的内部管理制度和发行操作规程。

第五条 非金融企业债务融资工具发行的相关机构及其工作人员应遵守市场主管部门相关规定、本指引及交易商协会相关规则。

第六条 非金融企业债务融资工具发行的相关机构在发行过程中不得有违反公平竞争、进行不正当利益输送、破坏市场秩序等行为。

其相关工作人员不得以不正当手段影响发行工作,为本人或者他人、直接或者间接谋取不正当利益。

第二章 招标发行规范

第七条 本指引所称招标发行,是指发行债务融资工具的非金融企业(以下简称发行人)使用中国人民银行发行系统在银行间债券市场招标发行债务融资工具的行为。

第八条 招标发行的相关当事人包括发行人、投标参与人、提供发行服务的中介机构及其他相关人员。

第九条 发行人拟招标发行债务融资工具的应遵守中国人民银行相关规定。

第十条 发行人应与投标参与人签订书面协议,明确双方权利与义务。

第十一条　招标发行前,发行人除应按照相关规定向投资人履行信息披露义务外,还应至少提前1个工作日通过交易商协会认可的网站公开披露以下信息:

(一)本期债务融资工具发行办法和招标书;

(二)投标参与人名单。

第十二条　发行人的工作人员、观察员及提供发行服务的中介机构的系统操作人员可以进入招标现场。其他与发行工作无关的人员在规定的发行时间内不得进入招标现场。

第十三条　招标现场的任何人员不得将通讯工具带入招标现场。招标时间内,招标现场的任何人员均不得擅自出入,不得对外泄露投标信息。

第三章　簿记建档发行规范

第十四条　本指引所称簿记建档发行,是指发行人和主承销商共同确定利率区间后,投资人根据对利率的判断确定在不同利率档次下的申购定单,再由簿记建档管理人(以下简称簿记管理人)记录投资人认购债务融资工具利率(价格)及数量意愿,并进行配售的行为。

第十五条　簿记建档发行的相关当事人包括发行人、主承销商、簿记管理人、提供发行服务的中介机构(若有)、公证员(若有)及其他相关人员。

第十六条　簿记管理人是受发行人委托,负责簿记建档具体运作的专业机构。簿记管理人的职责包括但不限于:

(一)选定簿记场所。

(二)维护发行现场秩序,并采取必要的措施,保证簿记建档发行工作的顺利实施。

(三)记录投资人认购债务融资工具的利率(价格)及数量意愿。

(四)按照约定的配售基本原则进行发行额度配售。

第十七条　发行人和簿记管理人可根据发行工作需要聘请公证员参与簿记建档发行。

公证员应对簿记建档发行进行全程公证。公证员应按照相关法律法规及本指引的要求对簿记建档程序的真实性、合法性进行公证。

第十八条　簿记建档应有专门的簿记场所。簿记场所应符合安全保密要求,与其他区域保持隔离,并具备完善可靠的通讯系统和记录系统。

第十九条　簿记场所由簿记管理人选定。簿记管理人选定簿记场所应事前征求发行人意见。

第二十条　簿记建档发行前,发行人应按照相关规定、募集说明书或合同约定向投资人披露簿记建档规则，明确价格确定原则、簿记流程和配售基本原则。

第二十一条 簿记建档发行前，应进行询价，负责询价的簿记管理人或承销商应向投资人提供以事实为依据的投资价值信息，不得误导投资人。

第二十二条 在询价基础上，由发行人与主承销商协商确定利率（价格）区间。

第二十三条 投资人应按照簿记建档规则进行申购，认真履行申购义务。

第二十四条 在簿记建档发行过程中，发行人不得干扰投资人申购及簿记管理人配售。相关当事人及其工作人员不得有实施或配合实施不正当利益输送行为。

第二十五条 簿记建档发行的相关当事人应不迟于簿记建档日之前2日将参与簿记的工作人员的名单提交簿记管理人（附一寸证件照片）。簿记管理人根据该名单制作并派发出入证。工作人员须凭出入证进入簿记场所，出入证不得转借他人使用。

第二十六条 簿记建档时间内，簿记现场的任何人员均不得擅自出入，不得对外泄露相关信息。除专职接听、拨打电话的发行人代表、簿记管理人代表和公证员（若有）外，其他人员禁止使用任何对外通讯工具。

第二十七条 簿记管理人应派出专职人员，在簿记现场进行值守和维持秩序，查验并登记进出人员身份。任何人进入和离开簿记现场时应予登记。

第二十八条 簿记管理人应妥善保管簿记建档有关资料，以备管理部门查阅，与簿记建档有关的任何信息资料均不得泄露或对外披露。

第四章 非公开定向发行规范

第二十九条 本指引所称非公开定向发行（以下简称定向发行）是指具有法人资格的非金融企业，向银行间市场特定机构投资人（以下简称定向投资人）发行债务融资工具，并在定向投资人范围内流通转让的行为。

第三十条 定向发行相关当事人包括发行人、主承销商、簿记管理人（若有）、定向投资人代表（若有）、提供发行服务的中介机构及其他相关人员。

第三十一条 发行人和定向投资人应本着诚实信用、公平、公正的原则，认真履行《定向发行协议》约定的义务。

第三十二条 定向发行不得采用公开劝诱和变相公开方式。

定向发行相关当事人及其工作人员在定向发行工作中不得有实施或配合实施不正当利益输送行为。

第三十三条 定向发行采用招标发行方式的，应遵守本指引第二章相关规定。定向发行采用簿记建档发行方式的，应遵守本指引第三章相关规定。

第三十四条 发行人可根据需要，设立定向投资人代表参与定向发行工作。定向投资人代表由定向投资人共同推选。主承销商和簿记管理人不得兼任定向投资人代表。

定向投资人代表只能监督定向发行的过程，不得干扰招投标、申购及配售。

第五章 后续管理

第三十五条 交易商协会可对发行工作进行抽查，或根据发行相关当事人的举报开展现场调查和检查。

相关当事人应对交易商协会的调查和检查予以配合，按照交易商协会要求提供发行工作的相关档案资料。

第三十六条 对于违反本指引的相关当事人，交易商协会可通过诫勉谈话、警告、通报、公开谴责等措施进行处理。违反有关法律法规的，移交有关部门处理。

第六章 附则

第三十七条 本指引由交易商协会秘书处负责解释。

第三十八条 本指引自公布之日起施行。

Ⅵ 资产支持证券及票据

Ⅵ.1.1 信贷资产证券化试点管理办法

（2005 年 4 月 20 日 中国人民银行
中国银行业监督管理委员会公告［2005］第 7 号）

第一章 总 则

第一条 为了规范信贷资产证券化试点工作，保护投资人及相关当事人的合法权益，提高信贷资产流动性，丰富证券品种，根据《中华人民共和国中国人民银行法》、《中华人民共和国银行业监督管理法》、《中华人民共和国信托法》等法律及相关法规，制定本办法。

第二条 在中国境内，银行业金融机构作为发起机构，将信贷资产信托给受托机构，由受托机构以资产支持证券的形式向投资机构发行受益证券，以该财产所产生的现金支付资产支持证券收益的结构性融资活动，适用本办法。

受托机构应当依照本办法和信托合同约定，分别委托贷款服务机构、资金保管机构、证券登记托管机构及其他为证券化交易提供服务的机构履行相应职责。

受托机构以信托财产为限向投资机构承担支付资产支持证券收益的义务。

第三条 资产支持证券由特定目的信托受托机构发行，代表特定目的信托的信托受益权份额。

资产支持证券在全国银行间债券市场上发行和交易。

第四条 信贷资产证券化发起机构、受托机构、贷款服务机构、资金保管机构、证券登记托管机构、其他为证券化交易提供服务的机构和资产支持证券投资机构的权利和义务，依照有关法律法规、本办法的规定和信托合同等合同（以下简称相关法律文件）的约定。

受托机构依照有关法律法规、本办法的规定和相关法律文件约定，履行受托职责。发起机构、贷款服务机构、资金保管机构、证券登记托管机构及其他为证券化交易提供服务的机构依照有关法律法规、本办法的规定和相关法律文件约定,履行相应职责。

资产支持证券投资机构(也称资产支持证券持有人)按照相关法律文件约定享有信托财产利益并承担风险,通过资产支持证券持有人大会对影响其利益的重大事项进行决策。

第五条 从事信贷资产证券化活动,应当遵循自愿、公平、诚实信用的原则,不得损害国家利益和社会公共利益。

第六条 受托机构因承诺信托而取得的信贷资产是信托财产,独立于发起机构、受托机构、贷款服务机构、资金保管机构、证券登记托管机构及其他为证券化交易提供服务的机构的固有财产。

受托机构、贷款服务机构、资金保管机构及其他为证券化交易提供服务的机构因特定目的的信托财产的管理、运用或其他情形而取得的财产和收益,归入信托财产。

发起机构、受托机构、贷款服务机构、资金保管机构、证券登记托管机构及其他为证券化交易提供服务的机构因依法解散、被依法撤销或者被依法宣告破产等原因进行清算的,信托财产不属于其清算财产。

第七条 受托机构管理运用、处分信托财产所产生的债权,不得与发起机构、受托机构、贷款服务机构、资金保管机构、证券登记托管机构及其他为证券化交易提供服务机构的固有财产产生的债务相抵销;受托机构管理运用、处分不同信托财产所产生的债权债务,不得相互抵销。

第八条 受托机构、贷款服务机构、资金保管机构、证券登记托管机构及其他为证券化交易提供服务的机构,应当恪尽职守,履行诚实信用、谨慎勤勉的义务。

第九条 中国银行业监督管理委员会(以下简称中国银监会)依法监督管理有关机构的信贷资产证券化业务活动。有关监管规定由中国银监会另行制定。

第十条 中国人民银行依法监督管理资产支持证券在全国银行间债券市场上的发行与交易活动。

第二章 信贷资产证券化发起机构与特定目的的信托

第十一条 信贷资产证券化发起机构是指通过设立特定目的的信托转让信贷资产的金融机构。

第十二条 发起机构应在全国性媒体上发布公告,将通过设立特定目的的信托转让信贷资产的事项,告知相关权利人。

第十三条 发起机构应与受托机构签订信托合同,载明下列事项:

(一)信托目的;

（二）发起机构、受托机构的名称、住所；

（三）受益人范围和确定办法；

（四）信托财产的范围、种类、标准和状况；

（五）本办法第十四条规定的赎回或置换条款；

（六）受益人取得信托利益的形式、方法；

（七）信托期限；

（八）信托财产的管理方法；

（九）发起机构、受托机构的权利与义务；

（十）接受受托机构委托代理信托事务的机构的职责；

（十一）受托机构的报酬；

（十二）资产支持证券持有人大会的组织形式与权力；

（十三）新受托机构的选任方式；

（十四）信托终止事由。

第十四条 在信托合同有效期内，受托机构若发现作为信托财产的信贷资产在入库起算日不符合信托合同约定的范围、种类、标准和状况，应当要求发起机构赎回或置换。

第三章 特定目的信托受托机构

第十五条 特定目的信托受托机构（以下简称受托机构）是因承诺信托而负责管理特定目的信托财产并发行资产支持证券的机构。

第十六条 受托机构由依法设立的信托投资公司或中国银监会批准的其他机构担任。

第十七条 受托机构依照信托合同约定履行下列职责：

（一）发行资产支持证券；

（二）管理信托财产；

（三）持续披露信托财产和资产支持证券信息；

（四）依照信托合同约定分配信托利益；

（五）信托合同约定的其他职责。

第十八条 受托机构必须委托商业银行或其他专业机构担任信托财产资金保管机构，依照信托合同约定分别委托其他有业务资格的机构履行贷款服务、交易管理等其他受托职责。

第十九条 有下列情形之一的，受托机构职责终止：

（一）被依法取消受托机构资格；

（二）被资产支持证券持有人大会解任；

（三）依法解散、被依法撤销或者被依法宣告破产；

（四）受托机构辞任；

（五）法律、行政法规规定的或信托合同约定的其他情形。

第二十条 受托机构被依法取消受托机构资格、依法解散、被依法撤销或者被依法宣告破产的，在新受托机构产生前，由中国银监会指定临时受托机构。

受托机构职责终止的，应当妥善保管资料，及时办理移交手续；新受托机构或者临时受托机构应及时接收。

第四章 贷款服务机构

第二十一条 贷款服务机构是接受受托机构委托，负责管理贷款的机构。

贷款服务机构可以是信贷资产证券化发起机构。

第二十二条 受托机构应与贷款服务机构签订服务合同，载明下列事项：

（一）受托机构、贷款服务机构的名称、住所；

（二）贷款服务机构职责；

（三）贷款管理方法与标准；

（四）受托机构、贷款服务机构的权利与义务；

（五）贷款服务机构的报酬；

（六）违约责任；

（七）其他事项。

第二十三条 贷款服务机构依照服务合同约定管理作为信托财产的信贷资产，履行下列职责：

（一）收取贷款本金和利息；

（二）管理贷款；

（三）保管信托财产法律文件，并使其独立于自身财产的法律文件；

（四）定期向受托机构提供服务报告，报告作为信托财产的信贷资产信息；

（五）服务合同约定的其他职责。

第二十四条 贷款服务机构应有专门的业务部门，对作为信托财产的信贷资产单独设账，单独管理。

第二十五条 贷款服务机构应按照服务合同要求，将作为信托财产的信贷资产回收资金转入资金保管机构，并通知受托机构。

第二十六条 受托机构若发现贷款服务机构不能按照服务合同约定的方式、标准履行职责，经资产支持证券持有人大会决定，可以更换贷款服务机构。

受托机构更换贷款服务机构应及时通知借款人。

第五章 资金保管机构

第二十七条 资金保管机构是接受受托机构委托，负责保管信托财产账户资金的机构。

信贷资产证券化发起机构和贷款服务机构不得担任同一交易的资金保管机构。

第二十八条 受托机构应与资金保管机构签订资金保管合同，载明下列事项：

（一）受托机构、资金保管机构的名称、住所；

（二）资金保管机构职责；

（三）资金管理方法与标准；

（四）受托机构、资金保管机构的权利与义务；

（五）资金保管机构的报酬；

（六）违约责任；

（七）其他事项。

第二十九条 资金保管机构依照资金保管合同管理资金，履行下列职责：

（一）安全保管信托财产资金；

（二）以信贷资产证券化特定目的的信托名义开设信托财产的资金账户；

（三）依照资金保管合同约定方式，向资产支持证券持有人支付投资收益；

（四）依照资金保管合同约定方式和受托机构指令，管理特定目的的信托账户资金；

（五）按照资金保管合同约定，定期向受托机构提供资金保管报告，报告资金管理情况和资产支持证券收益支付情况；

（六）资金保管合同约定的其他职责。

依照信托合同约定，受托机构也可委托其他服务机构履行上述（三）、（四）、（五）项职责。

第三十条 在向投资机构支付信托财产收益的间隔期内，资金保管机构只能按照合同约定的方式和受托机构指令，将信托财产收益投资于流动性好、变现能力强的国债、政策性金融债及中国人民银行允许投资的其他金融产品。

第三十一条 受托机构若发现资金保管机构不能按照合同约定方式、标准保管资金，经资产支持证券持有人大会决定，可以更换资金保管机构。

第六章 资产支持证券发行与交易

第三十二条 受托机构在全国银行间债券市场发行资产支持证券应当向中

国人民银行提交下列文件：

（一）申请报告；

（二）发起机构章程或章程性文件规定的权力机构的书面同意文件；

（三）信托合同、贷款服务合同和资金保管合同及其他相关法律文件草案；

（四）发行说明书草案（格式要求见附）；

（五）承销协议；

（六）中国银监会的有关批准文件；

（七）执业律师出具的法律意见书；

（八）注册会计师出具的会计意见书；

（九）资信评级机构出具的信用评级报告草案及有关持续跟踪评级安排的说明；

（十）中国人民银行规定提交的其他文件。

第三十三条 中国人民银行应当自收到资产支持证券发行全部文件之日起5个工作日内决定是否受理申请。中国人民银行决定不受理的，应书面通知申请人不受理原因；决定受理的，应当自受理申请之日起20个工作日内作出核准或不核准的书面决定。

第三十四条 资产支持证券可通过内部或外部信用增级方式提升信用等级。

第三十五条 资产支持证券在全国银行间债券市场发行与交易应聘请具有评级资质的资信评级机构，对资产支持证券进行持续信用评级。

资信评级机构应保证其信用评级客观公正。

第三十六条 发行资产支持证券时，发行人应组建承销团，承销人可在发行期内向其他投资者分销其所承销的资产支持证券。

第三十七条 资产支持证券名称应与发起机构、受托机构、贷款服务机构和资金保管机构名称有显著区别。

第三十八条 资产支持证券的发行可采取一次性足额发行或限额内分期发行的方式。分期发行资产支持证券的，在每期资产支持证券发行前5个工作日，受托机构应将最终的发行说明书、评级报告及所有最终的相关法律文件报中国人民银行备案，并按中国人民银行的要求披露有关信息。

第三十九条 资产支持证券的承销可采用协议承销和招标承销等方式。承销机构应为金融机构，并须具备下列条件：

（一）注册资本不低于2亿元人民币；

（二）具有较强的债券分销能力；

（三）具有合格的从事债券市场业务的专业人员和债券分销渠道；

（四）最近两年内没有重大违法、违规行为；

（五）中国人民银行要求的其他条件。

第四十条 资产支持证券在全国银行间债券市场发行结束后10个工作日内，受托机构应当向中国人民银行和中国银监会报告资产支持证券发行情况。

第四十一条 资产支持证券可以向投资者定向发行。定向发行资产支持证券可免于信用评级。定向发行的资产支持证券只能在认购人之间转让。

第四十二条 资产支持证券在全国银行间债券市场发行结束之后2个月内，受托机构可根据《全国银行间债券市场债券交易流通审核规则》的规定申请在全国银行间债券市场交易资产支持证券。

第四十三条 资产支持证券在全国银行间债券市场登记、托管、交易、结算应按照《全国银行间债券市场债券交易管理办法》等有关规定执行。

第七章 信息披露

第四十四条 受托机构应当在资产支持证券发行前和存续期间依法披露信托财产和资产支持证券信息。信息披露应通过中国人民银行指定媒体进行。

受托机构及相关知情人在信息披露前不得泄露其内容。

第四十五条 受托机构应保证信息披露真实、准确、完整、及时，不得有虚假记载、误导性陈述和重大遗漏。

接受受托机构委托为证券化交易提供服务的机构应按照相关法律文件约定，向受托机构提供有关信息报告，并保证所提供信息真实、准确、完整、及时。

第四十六条 受托机构应当在发行资产支持证券5个工作日前发布最终的发行说明书。

第四十七条 受托机构应在发行说明书的显著位置提示投资机构：资产支持证券仅代表特定目的信托受益权的相应份额，不是信贷资产证券化发起机构、特定目的信托受托机构或任何其他机构的负债，投资机构的追索权仅限于信托财产。

第四十八条 在资产支持证券存续期内，受托机构应核对由贷款服务机构和资金保管机构定期提供的贷款服务报告和资金保管报告，定期披露受托机构报告，报告信托财产信息、贷款本息支付情况、证券收益情况和中国人民银行、中国银监会规定的其他信息。

第四十九条 受托机构应及时披露一切对资产支持证券投资价值有实质性影响的信息。

第五十条 受托机构年度报告应经注册会计师审计，并由受托机构披露审计报告。

第五十一条 受托机构应于信息披露前将相关信息披露文件分别报送全国银行间同业拆借中心和中央国债登记结算有限责任公司。

全国银行间同业拆借中心和中央国债登记结算有限责任公司应为资产支持证券信息披露提供服务,及时将违反信息披露规定的行为向中国人民银行报告并公告。

第八章 资产支持证券持有人权利及其行使

第五十二条 资产支持证券持有人依照相关法律文件约定,享有下列权利:

(一)分享信托利益;

(二)参与分配清算后的剩余信托财产;

(三)依法转让其持有的资产支持证券;

(四)按照规定要求召开资产支持证券持有人大会;

(五)对资产支持证券持有人大会审议事项行使表决权;

(六)查阅或者复制公开披露的信托财产和资产支持证券信息资料;

(七)信托合同和发行说明书约定的其他权利。

第五十三条 下列事项应当通过召开资产支持证券持有人大会审议决定,信托合同如已有明确约定,从其约定。

(一)更换特定目的信托受托机构;

(二)信托合同约定的其他事项。

第五十四条 资产支持证券持有人大会由受托机构召集。受托机构不召集的,资产支持证券持有人有权依照信托合同约定自行召集,并报中国人民银行备案。

第五十五条 召开资产支持证券持有人大会,召集人应当至少提前三十日公告资产支持证券持有人大会的召开时间、地点、会议形式、审议事项、议事程序和表决方式等事项。

资产支持证券持有人大会不得就未经公告的事项进行表决。

第五十六条 资产支持证券持有人大会可以采取现场方式召开,也可以采取通讯等方式召开。

资产支持证券持有人依照信托合同约定享有表决权,资产支持证券持有人可以委托代理人出席资产支持证券持有人大会并行使表决权。

第五十七条 资产支持证券持有人大会决定的事项,应当报中国人民银行备案,并予以公告。

第九章 附 则

第五十八条 与信贷资产证券化相关的会计、税收处理规定和房地产抵押登记变更规定,由国务院有关部门另行规定。

第五十九条 购买和持有资产支持证券的投资管理政策由有关监管机构另行规定。

第六十条 本办法自发布之日起实施。

第六十一条 本办法由中国人民银行和中国银行业监督管理委员会负责解释。

附:资产支持证券发行说明书的编制要求

一、发行机构(受托机构)、发起机构、贷款服务机构、资金保管机构、证券登记托管机构及其他为证券化交易提供服务的机构的名称、住所

二、发起机构简介和财务状况概要

三、发起机构、受托机构、贷款服务机构和资金保管机构在以往证券化交易中的经验及违约记录申明

四、交易结构及当事方的主要权利与义务

五、资产支持证券持有人大会的组织形式与权力

六、交易各方的关联关系申明

七、信托合同、贷款服务合同和资金保管合同等相关法律文件的主要内容

八、贷款发放程序、审核标准、担保形式、管理方法、违约贷款处置程序及方法

九、设立特定目的信托的信贷资产选择标准和统计信息

十、信托财产现金流需要支付的税费清单,各种税费支付来源和支付优先顺序

十一、发行的资产支持证券的分档情况,各档次的本金数额、信用等级、票面利率、预计期限和本息偿付优先顺序

十二、资产支持证券的内外部信用提升方式

十三、信用评级机构出具的资产支持证券信用评级报告概要及有关持续跟踪评级安排的说明

十四、执业律师出具的法律意见书概要

十五、选择性或强制性的赎回或终止条款,如清仓回购条款

十六、各档次资产支持证券的利率敏感度分析;在给定提前还款率下,各档次资产支持证券的收益率和加权平均期限的变化情况

十七、投资风险提示

十八、注册会计师出具的该交易的税收安排意见书

十九、证券存续期内信息披露内容及取得方式

二十、中国人民银行规定载明的其他事项

Ⅵ.1.2 信贷资产证券化试点会计处理规定

（2005 年 5 月 16 日　财政部）

第一章　总　　则

第一条　为规范信贷资产证券化试点工作，保护投资人及相关当事人的合法权益，根据《中华人民共和国会计法》、《中华人民共和国信托法》、《信贷资产证券化试点管理办法》等法律及相关法规，制定本规定。

第二条　在中国境内，银行业金融机构作为发起机构，将信贷资产信托给受托机构，由受托机构以资产支持证券的形式向投资机构发行受益证券，以该财产所产生的现金支付资产支持证券收益的结构性融资活动，适用本规定。

第二章　发起机构的会计处理

第三条　发起机构是通过设立特定目的信托转让信贷资产的金融机构。

第四条　发起机构已将信贷资产所有权上几乎所有（通常指 95% 或者以上的情形，下同）的风险和报酬转移时，应当终止确认该信贷资产，并将该信贷资产的账面价值与因转让而收到的对价之间的差额，确认为当期损益。终止确认是指将信贷资产从发起机构的账上和资产负债表内转出。

转让该信贷资产时如取得了某项新资产或者承担了某项新负债（如因提供保证承担的预计负债等，下同），应当在转让日按公允价值确认该新资产或者新负债，并将该新资产扣除新负债后的净额作为上述对价的组成部分。

公允价值是指在公平交易中，熟悉情况的交易双方自愿进行资产交换或者债务清偿的金额。上述新资产或者新负债有活跃市场的，发起机构应当按市场报价确定该新资产或者新负债的公允价值；没有活跃市场的，发起机构应当比照类似资产或者负债的市场报价，或者按未来现金流量现值，或者按市场上普遍认同的计价模型计算的结果，确定该新资产或者新负债的公允价值。

第五条　发起机构保留了信贷资产所有权上几乎所有的风险和报酬时，不应当终止确认该信贷资产；转让该信贷资产收到的对价，应当确认为一项负债。

在随后的会计期间，发起机构应当继续确认该信贷资产的收益及其相关负债的费用。

第六条　不属于第四条和第五条情形的，发起机构应当分别以下两种情况进行处理：

（一）发起机构放弃了对该信贷资产控制的，应当在转让日终止确认该信贷资产，并将该信贷资产的账面价值与因转让而收到的对价之间的差额，确认为当期损益。

转让该信贷资产时如取得了某项新资产或者承担了某项新负债，应当在转让日按公允价值确认该新资产或者新负债，并将该新资产扣除新负债后的净额作为上述对价的组成部分。

以下条件全部符合时，表明发起机构放弃了对所转让信贷资产的控制：

1. 发起机构与该信贷资产实现了破产隔离；

2. 特定目的信托受托机构按信托合同约定，能够单独将该信贷资产出售给与其不存在关联方关系的第三方，且没有额外条件对该项出售加以限制。

（二）发起机构仍保留对该信贷资产控制的，应当在转让日按其继续涉入该信贷资产的程度确认有关资产，并相应确认有关负债。发起机构继续涉入该信贷资产的程度，是指该信贷资产价值变动使发起机构面临的风险水平。

发起机构通过对该信贷资产提供保证的方式继续涉入的，其涉入程度为该信贷资产的账面价值和保证金额两者之中的较低者。保证金额是指发起机构所收到的对价中，可能被要求偿还的最高金额。

发起机构应当在转让日按上述较低金额确认继续涉入所产生的资产，同时按保证金额与保证合同的公允价值（通常为提供保证所收取的费用）之和确认有关负债。

第七条 信贷资产部分转让符合终止确认条件的，应当将该信贷资产整体的账面价值在终止确认部分和未终止确认部分之间，按转让日各自的相对公允价值进行分摊，并将终止确认部分的账面价值与终止确认部分的对价（因该转让取得的新资产扣除承担的新负债后的净额包括在内）之间的差额，确认为当期损益。

发起机构将该信贷资产整体的账面价值在终止确认部分和未终止确认部分进行分摊时，未终止确认部分没有市场报价且最近市场上也没有与其有关的实际成交价格的，该未终止确认部分的公允价值，按该信贷资产整体的公允价值扣除终止确认部分的对价之后的差额确定；该信贷资产整体的公允价值无法取得时，按其账面价值扣除终止确认部分的对价之后的差额确定。

上述未终止确认部分应当在转让日按整体账面价值分摊后的金额确认。

第八条 发起机构仅继续涉入信贷资产一部分的，应当将该信贷资产整体的账面价值，在继续涉入仍确认的部分和终止确认部分之间，按转让日各自的相对公允价值进行分摊，并将终止确认部分的账面价值与终止确认部分的对价之间的差额,确认为当期损益。

第九条 发起机构对特定目的的信托具有控制权的,应当将其纳入合并会计报表。

第十条 发起机构未终止确认所转让信贷资产,或者按继续涉入信贷资产程度确认某项资产的,应当在会计报表附注中作如下披露:

(一)资产的性质;

(二)发起机构仍保留的信贷资产所有权上风险和报酬的性质(如信用风险等);

(三)发起机构继续确认所转让信贷资产整体的,应当披露所转让信贷资产的账面价值和相关负债的账面价值;

(四)发起机构继续涉入所转让信贷资产的,应当披露所转让信贷资产整体的账面价值、继续确认资产的账面价值以及相关负债的账面价值。

第三章 特定目的信托的会计处理

第十一条 特定目的信托应当作为独立的会计主体,以持续经营为前提,独立核算资产证券化信贷资产的管理、运用和处分情况。

第十二条 受托机构因承诺信托而取得的信贷资产是信托财产,独立于发起机构、受托机构、贷款服务机构、资金保管机构、证券登记机构及其他为证券化交易提供服务的机构的固有财产。

受托机构、贷款服务机构、资金保管机构及其为证券化交易提供服务的机构因特定目的信托财产的管理、运用或其他情形而取得的财产和收益,应当归入信托财产。

第十三条 特定目的信托的会计要素包括信托资产、信托负债、信托权益、信托项目收入、信托项目费用、信托项目利润。

信托项目利润应按信托合同的约定,分配给资产支持证券投资机构。

第十四条 特定目的信托应当单独记账、单独核算、单独编制财务会计报告。不同特定目的信托在账户设置、资金划拨、账簿记录等方面应当相互独立。

第十五条 信托终止,受托机构应当对特定目的信托作出处理信托事务的清算报告。

第十六条 特定目的信托的其他相关业务或事项,应当根据《信托业务会计核算办法》(财会[2005]1号)进行会计处理。

第四章 受托机构的会计处理

第十七条 受托机构是承诺信托而负责管理特定目的信托财产并发行资产

支持证券的机构。

第十八条 受托机构应当按信托合同规定的计提方法、计提标准,计算确认应当由特定目的信托承担的受托机构报酬。

第十九条 受托机构发生的为特定目的信托代垫的信托营业费用,应当确认为对特定目的信托的债权。

第二十条 受托机构对于已终止特定目的信托未被取回的信托财产,应当作为代保管业务进行管理和核算。

第二十一条 受托机构的其他相关业务或事项,应当根据《信托业务会计核算办法》(财会[2005]1号)进行会计处理。

第五章 资金保管机构的会计处理

第二十二条 资金保管机构是接受受托机构委托,负责保管信托财产账户资金的机构。

第二十三条 资金保管机构应当按有关资金保管合同的约定确认和计量保管收入。

第二十四条 资金保管机构在向投资机构支付信托财产收益的间隔内,只能按照合同约定的方式和受托机构指令,将信托财产收益投资于流动性好、变现能力强的国债、政策性金融债以及中国人民银行允许投资的其他金融产品。

上述投资形成的收益,应当存入特定目的信托银行账户。

第二十五条 资金保管机构应当按照保管合同约定,定期向受托机构提供资金保管报告,报告资金管理情况和资产支持证券收益支付情况。

第六章 贷款服务机构的会计处理

第二十六条 贷款服务机构是接受受托机构委托,负责管理贷款的机构。

第二十七条 贷款服务机构应当按照有关贷款服务合同确认和计量服务收入。

第二十八条 贷款服务机构对作为信托财产的信贷资产单独设账,单独管理。

第二十九条 贷款服务机构应当定期向受托机构提供服务报告,报告作为信托财产的信贷资产信息。

第七章 投资机构的会计处理

第三十条 投资机构在取得资产支持证券时,应当按实际支付价款确认一项资产支持证券投资。

第三十一条 投资机构取得信托收益时，应当区分属于资产支持证券投资本金部分和证券投资收益部分，并分别进行会计处理。

第三十二条 会计期末，投资机构应当对所持有资产支持证券的账面价值进行检查，发现账面价值高于其可收回金额的，应当计提减值准备。

第三十三条 资产支持证券在投资机构期末资产负债表内应当按其流动性，单列“资产支持证券”项目反映。

第八章 附 则

第三十四条 本规定由中华人民共和国财政部负责解释。

第三十五条 本规定自发布之日起施行。

财政部

二〇〇五年五月十六日

VI.1.3 关于个人住房抵押贷款证券化涉及的抵押权变更登记有关问题的试行通知

(2005年5月16日 建住房[2005]77号)

各省、自治区建设厅,直辖市房地局(建委),新疆生产建设兵团建设局:

国务院已经批准个人住房抵押贷款证券化试点方案。为配合做好个人住房抵押贷款证券化试点工作,根据《中华人民共和国担保法》、《中华人民共和国城市房地产管理法》和《城市房地产抵押管理办法》(建设部令第98号)的有关规定,现就个人住房抵押贷款证券化涉及的抵押权变更登记的条件、程序和时限等问题,通知如下:

一、金融机构发放或持有个人住房贷款,借款人以住房抵押给金融机构作为偿还借款担保,并依法到房地产管理部门办理了抵押登记的住房抵押权,随主债权一同转让的,可以申请办理住房抵押权变更登记。

二、有下列情形之一的,可以按照本通知的规定,批量办理个人住房抵押权变更登记:

(一)金融机构与依法设立的信托投资公司或中国银监会批准的其他机构按照有关规定,以个人住房抵押贷款证券化为目的设立信托时,需要将金融机构发放或持有的个人住房抵押贷款债权及相应的住房抵押权批量转让给受托机构的;

(二)前述特定目的信托存续期间,金融机构根据合同的约定进行债权回购,或受托机构发生更换的。

三、批量办理个人住房抵押权变更登记的,由个人住房抵押权转让人和受让人共同申请。

四、申请批量办理个人住房抵押权变更登记的,应当提供以下资料:

(一)抵押权变更登记申请表;

(二)规定了个人住房贷款抵押权转让事项的合同或相关协议;

(三)经批准的个人住房抵押贷款证券化方案(复印件);

(四)拟转让的个人住房抵押权清单和相应的《房屋他项权证》;

(五)个人住房抵押权转让人和受让人的营业执照(复印件)。

拟转让的个人住房抵押权清单应载明抵押房产坐落、抵押人、借款期限、房屋所有权证号、他项权证号等项目,并加盖抵押权转让双方当事人的印章。

五、申请个人住房抵押权变更登记，资料齐全的，房地产管理部门应当在3日内决定受理，并出具受理通知书；资料不齐全的，房地产管理部门应当及时通知申请人补齐，以申请人补齐资料之日作为受理日。

六、房地产管理部门应当对申请人提交的资料进行审核。

凡资料齐全、与权属登记信息一致、抵押物不存在权利限制或权利负担的，予以登记，即将个人住房抵押权变更的情况逐一记载在房屋权属登记管理信息系统和纸介质的权属登记信息的相应记录中。抵押权以权属登记信息为准，原则上不再颁发新的《房屋他项权证》。

抵押物存在权利限制或权利负担的，暂不登记，并告知申请人。申请人仍书面要求办理的，可以办理；申请人要求替换的，应当允许。

个人住房抵押权清单中项目不齐或与权属登记信息不一致的，不予登记，并在规定时限内书面说明理由。

七、个人住房抵押贷款证券化是一项金融创新业务，其住房抵押权转让具有特殊性。房地产管理部门办理批量个人住房抵押权变更登记时，只对抵押权人做变更处理，其他登记事项不作变更。

八、批量办理个人住房抵押权变更登记，以一份他项权证或一笔抵押登记为一起业务计算，一次受理200起以下的，5个工作日内完成；200起以上的，可适当增加工作日，但最长不得超过15日。

九、房地产管理部门要加快房屋权属登记信息化建设，向社会公众提供高效、便捷的登记信息查询服务。

各地在执行中有什么具体问题，请及时向我部住宅与房地产业司反映。

中华人民共和国建设部
二〇〇五年五月十六日

Ⅵ.1.4 资产支持证券信息披露规则

(2005 年 6 月 13 日 中国人民银行公告[2005]第 14 号)

第一条 为规范资产支持证券信息披露行为,维护投资者合法权益,推动债券市场的发展,根据《信贷资产证券化试点管理办法》(中国人民银行公告[2005]第 7 号)等有关规定,制定本规则。

第二条 资产支持证券受托机构(以下简称受托机构)的信息披露应通过中国货币网、中国债券信息网以及中国人民银行规定的其他方式进行。

第三条 受托机构应保证信息披露真实、准确和完整,不得有虚假记载、误导性陈述和重大遗漏。

资产支持证券发起机构和接受受托机构委托为证券化提供服务的机构应按照信托合同和服务合同的约定,及时向受托机构提供有关信息报告,并保证所提供信息真实、准确和完整。

第四条 受托机构、为证券化提供服务的机构、全国银行间同业拆借中心(以下简称同业中心)、中央国债登记结算有限责任公司(以下简称中央结算公司)等相关知情人在信息披露前不得泄露拟披露的信息。

第五条 受托机构应在资产支持证券发行前的第五个工作日,向投资者披露发行说明书、评级报告、募集办法和承销团成员名单。

分期发行资产支持证券的,其第一期的信息披露按本条第一款的有关规定执行;自第二期起,受托机构只在每期资产支持证券发行前第五个工作日披露补充发行说明书。

第六条 受托机构应在发行说明书中说明资产支持证券的清偿顺序和投资风险,并在显著位置提示投资者:"投资者购买资产支持证券,应当认真阅读本文件及有关的信息披露文件,进行独立的投资判断。主管部门对本期证券发行的核准,并不表明对本期证券的投资价值作出了任何评价,也不表明对本期证券的投资风险作出了任何判断"。

第七条 受托机构应在每期资产支持证券发行结束的当日或次一工作日公布资产支持证券发行情况。

第八条 资产支持证券存续期内,受托机构应在每期资产支持证券本息兑付日的三个工作日前公布受托机构报告(编制要求附后),反映当期资产支持证券对应的资产池状况和各档次资产支持证券对应的本息兑付信息;每年 4 月 30

日前公布经注册会计师审计的上年度受托机构报告。

第九条 受托机构应与信用评级机构就资产支持证券跟踪评级的有关安排作出约定,并应于资产支持证券存续期内每年的 7 月 31 日前向投资者披露上年度的跟踪评级报告。

第十条 召开资产支持证券持有人大会,召集人应至少提前三十日公布资产支持证券持有人大会的召开时间、地点、会议形式、审议事项、议事程序和表决方式等事项,并于大会结束后十日内披露大会决议。

第十一条 在发生可能对资产支持证券投资价值有实质性影响的临时性重大事件时,受托机构应在事发后的三个工作日内向同业中心和中央结算公司提交信息披露材料,并向中国人民银行报告。

本条所称重大事件包括但不限于以下事项:

(一)发生或预期将发生受托机构不能按时兑付资产支持证券本息等影响投资者利益的事项;

(二)受托机构和证券化服务机构发生影响资产支持证券投资价值的违法、违规或违约事件;

(三)资产支持证券第三方担保人主体发生变更;

(四)资产支持证券的信用评级发生变化;

(五)信托合同规定应公告的其他事项;

(六)中国人民银行和中国银行业监督管理委员会等监管部门规定应公告的其他事项;

(七)法律、行政法规规定应公告的其他事项。

第十二条 同业中心和中央结算公司应在不迟于收到信息披露文件的次一工作日将有关文件予以公告。

第十三条 资产支持证券的信息披露除适用本规则外,还适用于《全国银行间债券市场债券交易管理办法》(中国人民银行令[2000]第 2 号)、《全国银行间债券市场金融债券发行管理办法》(中国人民银行令[2005]第 1 号)和《全国银行间债券市场债券交易流通审核规则》(中国人民银行公告[2004]第 19 号)等有关规定。

第十四条 本规则由中国人民银行负责解释。

第十五条 本规则自公布之日起施行。

附:受托机构报告编制要求

一、受托机构和证券化服务机构的名称、地址。

二、各档次证券的本息兑付情况,包括各档次证券入库时点的本金金额、本期期初及期末的本金余额、证券票面利率、本期本金和利息支付情况、本期利息迟付情况、本期本金损失情况以及评级情况等。

三、本期资产池统计特征说明,包括贷款余额、贷款数目、加权平均贷款利率和加权平均剩余期限等。

四、本期的资产池本金细项分列(含正常还本金额、本金提前结清金额、部分提前还本金额、处置回收本金金额及回购贷款本金金额等)和利息(含税费支出)细项分列的说明。

五、资产池提前还款、拖欠、违约、处置、处置回收及损失等情况。

六、内外部信用增级情况说明。

七、资产池中进入法律诉讼程序的信托资产情况;法律诉讼程序进度。

八、依信托合同所进行许可投资之投资收入或损失之总金额等情况。

九、其他情况说明。

Ⅵ.1.5 资产支持证券在银行间债券市场的登记、托管、交易和结算等有关事项

(2005 年 6 月 15 日　中国人民银行公告[2005]第 15 号)

为规范资产支持证券的登记、托管、交易和结算等行为,维护投资者合法权益,推动债券市场的健康发展,根据《全国银行间债券市场债券交易管理办法》(中国人民银行令[2000]第 2 号)和《全国银行间债券市场债券交易流通审核规则》(中国人民银行公告[2004]第 19 号)等有关规定,现就资产支持证券在银行间债券市场的登记、托管、交易和结算等有关事项公告如下:

一、资产支持证券受托机构(以下简称受托机构)在中央国债登记结算有限责任公司(以下简称中央结算公司)办理资产支持证券登记托管,同期各档次的资产支持证券应作为独立券种分别注册。

二、受托机构申请其发行的资产支持证券在银行间债券市场交易流通,其每期资产支持证券的实际发行额应不少于人民币 5 亿元;同期各档次资产支持证券的实际发行额应不少于人民币 2 亿元。

三、资产支持证券应以现券买卖的方式在银行间债券市场交易流通。

四、资产支持证券的发起机构和受托机构不得认购、买卖其发起或发行的资产支持证券,但受托机构依据有关规定(或合同)进行提前赎回的除外。

五、全国银行间同业拆借中心(以下简称同业中心)和中央结算公司应依据本公告制定相应的资产支持证券交易和托管结算细则,报中国人民银行批准后实施,并做好资产支持证券的登记、托管、交易、结算和本息兑付等有关工作。

六、同业中心负责资产支持证券交易的日常监测工作,中央结算公司负责资产支持证券结算的日常监测工作。发现异常情况应及时向中国人民银行报告。

同业中心和中央结算公司应在每季度结束后的十个工作日内,向中国人民银行提交该季度资产支持证券的登记、托管、交易、结算、本息兑付和信息披露等情况的书面报告。

七、中国人民银行各分行、营业管理部,各省会(首府)城市中心支行要加强对辖区内机构投资者的资产支持证券交易的监测、监督与分析工作,发现问题要及时向总行报告。

八、本公告未尽事宜按《全国银行间债券市场债券交易管理办法》（中国人民银行令[2000]第2号）和《全国银行间债券市场债券交易流通审核规则》（中国人民银行公告[2004]第19号）的有关规定执行。

中国人民银行
二○○五年六月十五日

Ⅵ.1.6 资产支持证券交易操作规则

（2005 年 8 月 1 日 银复［2005］53 号）

第一条 为规范资产支持证券交易行为，根据《信贷资产证券化试点管理办法》（中国人民银行公告［2005］第 7 号）、《全国银行间债券市场债券交易管理办法》（中国人民银行令［2000］第 2 号）和《全国银行间债券市场债券交易流通审核规则》（中国人民银行公告［2004］第 19 号）等有关规定，制定本规则。

第二条 全国银行间同业拆借中心（以下简称“同业中心”）为资产支持证券交易提供报价、交易、行情和信息服务。

第三条 同业中心根据中国人民银行有关批准文件办理资产支持证券交易流通的具体手续。

第四条 经批准交易流通的资产支持证券，其受托机构应及时向同业中心提交资产支持证券交易流通公告。

第五条 同业中心收到资产支持证券交易流通公告后的次一个工作日通过中国货币网向市场投资者公布以下信息：

（一）中国人民银行批准资产支持证券交易流通的文件；

（二）资产支持证券交易流通公告。

第六条 同业中心在收到中央国债登记结算责任有限公司传送的资产支持证券交易流通要素公告后的次一个工作日办理资产支持证券交易流通，并通过中国货币网向市场投资者公告。

第七条 资产支持证券应以现券买卖的方式在银行间债券市场交易流通。

第八条 资产支持证券交易采用询价交易和点击成交的报价交易方式。

第九条 资产支持证券按每百元面额对应的本金进行报价。

第十条 资产支持证券的交易数额最小为面额 10 万元，交易单位为面额 1 万元。

第十一条 资产支持证券交易达成后，交易系统生成的成交通知单及交易双方订立的合同书、信件和数据电文等形式是确认交易成立的合同文件。

资产支持证券成交通知单内容包括：成交日期、成交编号、交易员姓名、交易双方名称、交易方向、证券代码、每百元本金额、净价、应计利息、全价、成交金额、结算金额、应计利息总额、结算日、结算方式、交易双方人民币资金账户户名、开户行、账号、证券托管账号、手续费等。

第十二条 资产支持证券预期到期日前的第3个工作日为截止交易流通日。

第十三条 受托机构应按《资产支持证券信息披露规则》的规定向同业中心提交有关信息披露文件。

（一）发行说明书；

（二）评级报告；

（三）承销团成员名单；

（四）发行结果公告；

（五）信托合同文件的主要内容；

（六）受托机构报告；

（七）中国人民银行规定的其他信息披露文件。

第十四条 受托机构应在本息兑付日前的第五个工作日向同业中心提供受托机构报告，同业中心于本息兑付日前的第四个工作日通过中国货币网向市场投资者公布，并于本息兑付日开市前完成对资产支持证券交易流通要素的调整。

第十五条 本规则第五、第十三、第十四条规定的资产支持证券信息披露文件均应以电子版形式提交，并符合以下要求：

（一）文件格式为PDF，签章为JPG图片格式；

（二）电子版文件的文件名应包含受托机构全称。

第十六条 受托机构应通过电子邮件的方式向同业中心发送资产支持证券信息披露文件，并电话确认文件发送情况。

电子邮件地址：zchq@ chinamoney. com. cn

第十七条 同业中心按照《资产支持证券信息披露规则》的规定公告信息披露文件。

第十八条 同业中心负责资产支持证券交易的日常监测，出现异常情况及时启动应急处理机制，并向中国人民银行报告。

第十九条 受托机构未按《资产支持证券信息披露规则》提供信息披露文件的，同业中心应向中国人民银行报告。

第二十条 本规则未尽事宜按《中国人民银行关于资产支持证券交易结算等有关事项的公告》（中国人民银行公告［2005］第15号）、《资产支持证券信息披露规则》（中国人民银行公告［2005］第14号）、《全国银行间债券市场债券交易规则》（中汇交发［2000］25号）和《全国银行间债券市场应急交易规则》（中汇交发［2000］25号）的有关规定执行。

第二十一条 本规则由同业中心负责解释。

第二十二条 本规则经中国人民银行批准后施行。

Ⅵ.1.7 金融机构信贷资产证券化试点监督管理办法

（2005 年 11 月 7 日　中国银行业监督管理委员会令
2005 年第 3 号）

第一章　总　　则

第一条　为规范信贷资产证券化试点工作，促进金融机构审慎开展信贷资产证券化业务，有效管理和控制信贷资产证券化业务中的相关风险，保护投资人及相关当事人的合法权益，根据《中华人民共和国银行业监督管理法》、《中华人民共和国商业银行法》、《中华人民共和国信托法》等有关法律、行政法规和《信贷资产证券化试点管理办法》，制定本办法。

第二条　本办法所称金融机构，是指在中华人民共和国境内依法设立的商业银行、政策性银行、信托投资公司、财务公司、城市信用社、农村信用社以及中国银行业监督管理委员会（以下简称银监会）依法监督管理的其他金融机构。

第三条　在中华人民共和国境内，银行业金融机构作为发起机构，将信贷资产信托给受托机构，由受托机构以资产支持证券的形式向投资机构发行受益证券，以该财产所产生的现金支付资产支持证券收益的结构性融资活动，适用本办法。

第四条　金融机构作为信贷资产证券化发起机构、受托机构、信用增级机构、贷款服务机构、资金保管机构、资产支持证券投资机构等从事信贷资产证券化业务活动，应当依照有关法律、行政法规、部门规章的规定和信贷资产证券化相关法律文件的约定，履行相应职责，并有效地识别、计量、监测和控制相关风险。

第五条　银监会依法对金融机构的信贷资产证券化业务活动实施监督管理。

未经银监会批准，金融机构不得作为信贷资产证券化发起机构或者特定目的信托受托机构从事信贷资产证券化业务活动。

第二章　市场准入管理

第六条　信贷资产证券化发起机构是指通过设立特定目的信托转让信贷资产的金融机构。

第七条 银行业金融机构作为信贷资产证券化发起机构，通过设立特定目的信托转让信贷资产，应当具备以下条件：

（一）具有良好的社会信誉和经营业绩，最近三年内没有重大违法、违规行为；

（二）具有良好的公司治理、风险管理体系和内部控制；

（三）对开办信贷资产证券化业务具有合理的目标定位和明确的战略规划，并且符合其总体经营目标和发展战略；

（四）具有适当的特定目的信托受托机构选任标准和程序；

（五）具有开办信贷资产证券化业务所需要的专业人员、业务处理系统、会计核算系统、管理信息系统以及风险管理和内部控制制度；

（六）最近三年内没有从事信贷资产证券化业务的不良记录；

（七）银监会规定的其他审慎性条件。

第八条 特定目的信托受托机构是指在信贷资产证券化过程中，因承诺信托而负责管理特定目的信托财产并发行资产支持证券的机构。受托机构由依法设立的信托投资公司或者银监会批准的其他机构担任。

第九条 信托投资公司担任特定目的信托受托机构，应当具备以下条件：

（一）根据国家有关规定完成重新登记三年以上；

（二）注册资本不低于五亿元人民币，并且最近三年年末的净资产不低于五亿元人民币；

（三）自营业务资产状况和流动性良好，符合有关监管要求；

（四）原有存款性负债业务全部清理完毕，没有发生新的存款性负债或者以信托等业务名义办理的变相负债业务；

（五）具有良好的社会信誉和经营业绩，到期信托项目全部按合同约定顺利完成，没有挪用信托财产的不良记录，并且最近三年内没有重大违法、违规行为；

（六）具有良好的公司治理、信托业务操作流程、风险管理体系和内部控制；

（七）具有履行特定目的信托受托机构职责所需要的专业人员、业务处理系统、会计核算系统、管理信息系统以及风险管理和内部控制制度；

（八）已按照规定披露公司年度报告；

（九）银监会规定的其他审慎性条件。

第十条 信托投资公司申请特定目的信托受托机构资格，应当向银监会提出申请，并且报送下列文件和资料（一式三份）：

（一）申请报告；

（二）公司营业执照、注册资本证明和重新登记完成三年以上的证明；

（三）管理特定目的信托财产的操作规程、会计核算制度、风险管理和内部控制制度；

（四）管理特定目的信托财产的业务主管人员和主要业务人员的名单和履历；

（五）公司最近三个会计年度经审计的财务报表；

（六）申请人自律承诺书；

（七）银监会要求提交的其他文件和资料。

第十一条 银监会应当自收到信托投资公司的完整申请材料之日起五个工作日内决定是否受理申请。银监会决定不受理的，应当书面通知申请人并说明理由；决定受理的，应当自受理之日起一个月内做出批准或者不批准的书面决定。

第十二条 其他金融机构申请特定目的信托受托机构资格的市场准入条件和程序，由银监会另行制定。

第十三条 银行业金融机构作为发起机构，将信贷资产信托给受托机构，由受托机构以资产支持证券的形式向投资机构发行受益证券，应当由符合本办法第七条规定条件的银行业金融机构与获得特定目的信托受托机构资格的金融机构向银监会联合提出申请，并且报送下列文件和资料（一式三份）：

（一）由发起机构和受托机构联合签署的申请报告；

（二）可行性研究报告；

（三）信贷资产证券化业务计划书；

（四）信托合同、贷款服务合同、资金保管合同及其他相关法律文件草案；

（五）执业律师出具的法律意见书草案、注册会计师出具的会计意见书草案、资信评级机构出具的信用评级报告草案及有关持续跟踪评级安排的说明；

（六）发起机构对特定目的信托受托机构的选任标准及程序；

（七）发起机构信贷资产证券化的业务流程、会计核算制度、风险管理和内部控制制度；

（八）发起机构信贷资产证券化业务主管人员和主要业务人员的名单和履历；

（九）受托机构对贷款服务机构、资金保管机构、信贷资产证券化交易中其他有关机构的选任标准及程序；

（十）受托机构在信托财产收益支付的间隔期内，对信托财产收益进行投资管理的原则及方式说明；

（十一）银监会要求提交的其他文件和资料。

前款第（三）项所称信贷资产证券化业务计划书应当包括以下内容：

（一）发起机构、受托机构、贷款服务机构、资金保管机构及其他参与证券化交易的机构的名称、住所及其关联关系说明；

（二）发起机构、受托机构、贷款服务机构和资金保管机构在以往证券化交易中的经验及违约记录说明；

（三）设立特定目的信托的信贷资产选择标准、资产池情况说明及相关统计信息；

（四）资产池信贷资产的发放程序、审核标准、担保形式、管理方法、违约贷款处置程序及方法；

（五）交易结构及各参与方的主要权利与义务；

（六）信托财产现金流需要支付的税费清单，各种税费支付来源、支付环节和支付优先顺序；

（七）资产支持证券发行计划，包括资产支持证券的分档情况、各档次的本金数额、信用等级、票面利率、期限和本息偿付优先顺序；

（八）信贷资产证券化交易的内外部信用增级方式及相关合同草案；

（九）清仓回购条款等选择性或强制性的赎回或终止条款；

（十）该信贷资产证券化交易的风险分析及其控制措施；

（十一）拟在发行说明书显著位置对投资机构进行风险提示的内容；

（十二）银监会要求的其他内容。

第十四条 银监会应当自收到发起机构和受托机构联合报送的完整申请材料之日起五个工作日内决定是否受理申请。银监会决定不受理的，应当书面通知申请人并说明理由；决定受理的，应当自受理之日起三个月内做出批准或者不批准的书面决定。

第三章 业务规则与风险管理

第十五条 金融机构应当根据本机构的经营目标、资本实力、风险管理能力和信贷资产证券化业务的风险特征，确定是否从事信贷资产证券化业务以及参与的方式和规模。

第十六条 金融机构在开展信贷资产证券化业务之前，应当充分识别和评估可能面临的信用风险、利率风险、流动性风险、操作风险、法律风险和声誉风险等各类风险，建立相应的内部审批程序、业务处理系统、风险管理和内部控制制度，由信贷管理部门、资金交易部门、风险管理部门、法律部门/合规部门、财务会计部门和结算部门等相关部门对信贷资产证券化的业务处理和风险管理程序进行审核和认可，必要时还需获得董事会或其授权的专门委员会的批准。

第十七条 金融机构应当充分认识其因从事信贷资产证券化业务而承担的义务和责任，并根据其在信贷资产证券化业务中担当的具体角色，针对信贷资产证券化业务的风险特征,制定相应的风险管理政策和程序,以确保持续有效地识别、计量、监测和控制信贷资产证券化业务中的风险,同时避免因在信贷资产证券化交易中担当多种角色而可能产生的利益冲突。

金融机构应当将对信贷资产证券化业务的风险管理纳入其总体的风险管理体系。

第十八条 金融机构的董事会和高级管理层应当了解信贷资产证券化业务及其所包含的风险,确定开展信贷资产证券化业务的总体战略和政策,确保具备从事信贷资产证券化业务和风险管理所需要的专业人员、管理信息系统和会计核算系统等人力、物力资源。从事信贷资产证券化业务和风险管理的工作人员应当充分了解信贷资产证券化业务的法律关系、交易结构、主要风险及其控制方法和技术。

第一节 发起机构

第十九条 信贷资产证券化发起机构拟证券化的信贷资产应当符合以下条件:

(一)具有较高的同质性;

(二)能够产生可预测的现金流收入;

(三)符合法律、行政法规以及银监会等监督管理机构的有关规定。

第二十条 发起机构应当按照公平的市场交易条件和条款转让信贷资产,并且不得违反法律、行政法规、银监会等监督管理机构的有关规定以及贷款合同的约定。

第二十一条 发起机构应当准确区分和评估通过信贷资产证券化交易转移的风险和仍然保留的风险,并对所保留的风险进行有效的监测和控制。

发起机构应当按照本办法第四章的有关规定,对所保留的风险计提资本。

第二十二条 发起机构应当确保受托机构在资产支持证券发行说明书的显著位置提示投资机构:资产支持证券不代表发起机构的负债,资产支持证券投资机构的追索权仅限于信托财产。发起机构除了承担在信托合同和可能在贷款服务合同等信贷资产证券化相关法律文件中所承诺的义务和责任外,不对信贷资产证券化业务活动中可能产生的其他损失承担义务和责任。

第二节 特定目的信托受托机构

第二十三条 特定目的信托受托机构应当在资产支持证券发行结束后十个工作日内,向银监会报告资产支持证券的发行情况,并向银监会报送与发起机构、信用增级机构、贷款服务机构和其他为信贷资产证券化交易提供服务的机构正式签署的相关法律文件。

在资产支持证券存续期内,受托机构应当向银监会报送所披露的受托机构报告。

第二十四条 受托机构应当将作为信托财产的信贷资产与其固有财产和其他信托财产分别记账,分别管理。不同证券化交易中的信托财产也应当分别记账,分别管理。

第二十五条 受托机构应当在下列事项发生后五个工作日内向银监会报告:

(一)作为信托财产的信贷资产质量发生重大变化,可能无法按时向投资机构支付资产支持证券收益;

(二)受托机构、贷款服务机构、资金保管机构违反有关法律、行政法规、部门规章的规定或者信贷资产证券化相关法律文件约定,可能会影响资产支持证券收益的按时支付;

(三)外部信用增级机构发生变更;

(四)资产支持证券和其他证券化风险暴露的信用评级发生变化;

(五)发生清仓回购;

(六)银监会规定的其他可能导致信贷资产证券化业务活动产生重大损失的事项。

第二十六条 受托机构因辞任、被资产支持证券持有人大会解任或者信托合同约定的其他情形而终止履行职责的,应当在五个工作日内向银监会报告。

新受托机构应当自签署信托合同之日起五个工作日内向银监会报告,并报送新签署的信托合同以及其他相关法律文件。

第二十七条 贷款服务机构更换的,受托机构应当及时通知借款人,并在五个工作日内向银监会报告,报送新签署的贷款服务合同。

资金保管机构更换的,受托机构应当在五个工作日内向银监会报告,并报送新签署的资金保管合同。

第二十八条 受托机构应当在资产支持证券发行说明书的显著位置提示投资机构:资产支持证券仅代表特定目的的信托受益权的相应份额,不是受托机构的负债。受托机构以信托财产为限向投资机构承担支付资产支持证券收益的义务,不对信贷资产证券化业务活动中可能产生的其他损失承担义务和责任。

第三节 信用增级机构

第二十九条 本办法所称信用增级是指在信贷资产证券化交易结构中通过合同安排所提供的信用保护。信用增级机构根据在相关法律文件中所承诺的义务和责任,向信贷资产证券化交易的其他参与机构提供一定程度的信用保护,并为此承担信贷资产证券化业务活动中的相应风险。

第三十条 信用增级可以采用内部信用增级和/或外部信用增级的方式提

供。内部信用增级包括但不限于超额抵押、资产支持证券分层结构、现金抵押账户和利差账户等方式。外部信用增级包括但不限于备用信用证、担保和保险等方式。

第三十一条 金融机构提供信用增级，应当在信贷资产证券化的相关法律文件中明确规定信用增级的条件、保护程度和期限，并将因提供信用增级而承担的义务和责任与因担当其他角色而承担的义务和责任进行明确的区分。

第三十二条 金融机构应当在法律、行政法规和银监会等监督管理机构有关规定允许的范围内，按照公平的市场交易条件和条款，约定提供信用增级的条件、条款及其所承担的义务和责任。

第三十三条 信用增级机构应当确保受托机构在资产支持证券发行说明书中披露信贷资产证券化交易中的信用增级安排情况，并在其显著位置提示投资机构：信用增级仅限于在信贷资产证券化相关法律文件所承诺的范围内提供，信用增级机构不对信贷资产证券化业务活动中可能产生的其他损失承担义务和责任。

第三十四条 商业银行为信贷资产证券化交易提供信用增级，应当按照本办法第四章的有关规定计提资本。

第四节 贷款服务机构

第三十五条 贷款服务机构是指在信贷资产证券化交易中，接受受托机构委托，负责管理贷款的机构。贷款服务机构应当由在中华人民共和国境内依法设立并具有经营贷款业务资格的金融机构担任。

第三十六条 贷款服务机构可以是信贷资产证券化的发起机构。贷款服务机构为发起机构的，应当与受托机构签署单独的贷款服务合同。

第三十七条 贷款服务机构根据与受托机构签署的贷款服务合同，收取证券化资产的本金、利息和其他收入，并及时、足额转入受托机构在资金保管机构开立的资金账户。

第三十八条 贷款服务机构应当制定管理证券化资产的政策和程序，由专门的业务部门负责履行贷款管理职责。证券化资产应当单独设账，与贷款服务机构自身的信贷资产分开管理。不同信贷资产证券化交易中的证券化资产也应当分别记账，分别管理。

第三十九条 贷款服务机构履行贷款服务职能，应当具备所需要的专业人员以及相应的业务处理系统和管理信息系统。

第四十条 贷款服务费用应当按照公平的市场交易条件和条款确定。

第四十一条 贷款服务机构应当确保受托机构在资产支持证券发行说明书的显著位置提示投资机构：贷款服务机构根据贷款服务合同履行贷款管理职责，

并不表明其为信贷资产证券化业务活动中可能产生的损失承担义务和责任。

第四十二条 银监会根据贷款服务机构在信贷资产证券化业务活动中所承担义务和责任的经济实质,判断其是否形成证券化风险暴露。如果形成证券化风险暴露,贷款服务机构应当按照本办法第四章的有关规定计提资本。

第五节 资金保管机构

第四十三条 资金保管机构是指在信贷资产证券化交易中,接受受托机构委托,负责保管信托财产账户资金的机构。

信贷资产证券化发起机构和贷款服务机构不得担任同一交易的资金保管机构。

第四十四条 受托机构应当选择具备下列条件的商业银行担任资金保管机构:

(一)有专门的业务部门负责履行信托资金保管职责;

(二)具有健全的资金保管制度和风险管理、内部控制制度;

(三)具备安全保管信托资金的条件和能力;

(四)具有足够的熟悉信托资金保管业务的专职人员;

(五)具有安全高效的清算、交割系统;

(六)具有符合要求的营业场所、安全防范设施和与保管信托资金有关的其他设施;

(七)最近三年内没有重大违法、违规行为。

第四十五条 资金保管机构应当为每项信贷资产证券化信托资金单独设账,单独管理,并将所保管的信托资金与其自有资产和管理的其他资产严格分开管理。

第四十六条 在向资产支持证券投资机构支付信托财产收益的间隔期内,资金保管机构发现对信托财产收益进行投资管理的投资指令违反法律、行政法规、其他有关规定或者资金保管合同约定的,应当及时向银监会报告。

第六节 资产支持证券投资机构

第四十七条 金融机构按照法律、行政法规和银监会等监督管理机构的有关规定可以买卖政府债券、金融债券的,也可以在法律、行政法规和银监会等监督管理机构有关规定允许的范围内投资资产支持证券。

第四十八条 金融机构投资资产支持证券,应当充分了解可能面临的信用风险、利率风险、流动性风险、法律风险等各类风险,制定相应的投资管理政策和程序,建立投资资产支持证券的业务处理系统、管理信息系统和风险控制系统。

参与资产支持证券投资和风险管理的工作人员应当在充分了解信贷资产证券化的交易结构、资产池资产状况、信用增级情况、信用评级情况等信息的基础上做出投资决策,分析资产支持证券的风险特征并运用相应的风险管理方法和技术控制相关风险。

第四十九条 金融机构投资资产支持证券,将面临资产池资产所包含的信用风险。金融机构应当根据资产池资产的客户、地域和行业特征,将其纳入本机构统一的信用风险管理体系,包括对风险集中度的管理。

第五十条 金融机构投资资产支持证券,应当实行内部限额管理,根据本机构的风险偏好、资本实力、风险管理能力和信贷资产证券化的风险特征,设定并定期审查、更新资产支持证券的投资限额、风险限额、止损限额等,同时对超限额情况制定监控和处理程序。

第五十一条 金融机构负责资产支持证券投资的部门应当与负责风险管理的部门保持相对独立。在负责资产支持证券投资的部门内部,应当将前台与后台严格分离。

第五十二条 信贷资产证券化发起机构不得投资由其发起的资产支持证券,但发起机构持有最低档次资产支持证券的除外。

特定目的信托受托机构不得用所有者权益项下的资金或者信托资金投资由其发行的资产支持证券,但受托机构依据有关规定(或合同)进行提前赎回的除外。

第五十三条 信贷资产证券化的其他参与机构投资在同一证券化交易中发行的资产支持证券,应当建立有效的内部风险隔离机制,由与在证券化交易中履行其他职责(如贷款服务和资金保管职责)相独立的部门负责资产支持证券的投资管理,并且不得利用信息优势进行内幕交易或者操纵市场。

第五十四条 商业银行投资资产支持证券,应当按照本办法第四章的有关规定计提资本。

第五十五条 信托投资公司所有者权益项下依照规定可以运用的资金以及信托项下委托人不为自然人的信托资金,可以投资于资产支持证券。信托投资公司所有者权益项下资产支持证券的投资余额不得超过其净资产的50%,自用固定资产、股权投资和资产支持证券的投资余额总和不得超过其净资产的80%。

第四章 资本要求

第五十六条 从事信贷资产证券化业务的商业银行应当按照《商业银行资本充足率管理办法》和本办法计算资本充足率。

第五十七条 为充分抵御因从事信贷资产证券化业务而承担的风险,商业银行应当基于信贷资产证券化业务的经济实质,而不仅限于法律形式计提资本。

第五十八条 商业银行因从事信贷资产证券化业务而形成的风险暴露称为

证券化风险暴露。证券化风险暴露包括但不限于资产支持证券和信用增级。储备账户如果作为发起机构的资产,应当视同于证券化风险暴露。

前款所称储备账户包括但不限于现金抵押账户和利差账户。

第五十九条 商业银行作为信贷资产证券化发起机构、信用增级机构、投资机构或者贷款服务机构等从事信贷资产证券化业务,只要产生了证券化风险暴露,就应当计提相应的资本。

银监会有权根据信贷资产证券化业务的经济实质,判断商业银行是否持有证券化风险暴露,并确定应当如何计提资本。

第六十条 在符合下列所有条件的情况下,发起机构才能在计算风险加权资产时扣减被证券化的信贷资产:

(一)与被转让信贷资产相关的重大信用风险已经转移给了独立的第三方机构。

(二)发起机构对被转让的信贷资产不再拥有实际的或者间接的控制。

发起机构证明对被转让的信贷资产不再拥有实际的或者间接的控制,至少需要由执业律师出具法律意见书,表明发起机构与被转让的信贷资产实现了破产隔离。

发起机构对被转让的信贷资产保留实际的或者间接的控制,包括但不限于下列情形:

1. 发起机构为了获利,可以赎回被转让的信贷资产,但发起机构按照《信贷资产证券化试点管理办法》第十四条规定,因已转让的信贷资产被发现在入库起算日不符合信托合同约定的范围、种类、标准和状况而被要求赎回或置换的除外;

2. 发起机构有义务承担被转让信贷资产的重大信用风险。

(三)发起机构对资产支持证券的投资机构不承担偿付义务和责任。

(四)在信托合同和信贷资产证券化其他相关法律文件中不包括下列条款:

1. 要求发起机构改变资产池中的资产,以提高资产池的加权平均信用质量,但通过以市场价格向独立的第三方机构转让资产除外;

2. 在信贷资产转让之后,仍然允许发起机构追加第一损失责任或者加大信用增级的支持程度;

3. 在资产池信用质量下降的情况下,增加向除发起机构以外的其他参与机构支付的收益。

(五)清仓回购符合本办法第六十八条所规定的条件。

在符合上述(一)至(五)项条件的情况下,发起机构仍然应当为所保留的证券化风险暴露计提资本。

在上述(一)至(五)项条件中任何一项不符合的情况下,发起机构都应当按照资产证券化前的资本要求计提资本。

第六十一条 银监会按照客观性、独立性、国际通用性、信息披露充分性、可信度、资源充足性、对资产支持证券评级的专业能力、评级方法和结果的公开性、市场接受程度等标准,确定资信评级机构对信贷资产证券化交易的评级是否可以作为确定风险权重的依据。

第六十二条 银监会认可资信评级机构对信贷资产证券化交易的信用评级作为确定风险权重依据的,证券化风险暴露的风险权重按照本办法附录所示的对应关系确定。

长期评级在BB+(含BB+)到BB-(含BB-)之间的,非发起机构应当对所持有的证券化风险暴露运用350%的风险权重,发起机构应当将证券化风险暴露从资本中扣减。

最高档次的证券化风险暴露未进行评级的,按照被转让信贷资产的平均风险权重确定风险权重。其他未评级的证券化风险暴露,从资本中扣减。

第六十三条 同一证券化风险暴露具有两个不同的评级结果时,商业银行应当运用所对应的较高风险权重。

同一证券化风险暴露具有三个或者三个以上的评级结果时,商业银行应当从所对应的两个较低的风险权重中选用较高的一个风险权重。

本办法采用标准普尔的评级符号仅为示例目的,银监会不指定资信评级机构的选用。

第六十四条 信贷资产证券化交易没有信用评级或者信用评级未被银监会认可作为风险权重依据的,商业银行应当区别以下情形,为证券化风险暴露计提资本:

(一)将第一损失责任从资本中扣减;

(二)对最高档次的证券化风险暴露,按照被转让信贷资产的平均风险权重确定风险权重;

(三)对其他的证券化风险暴露,运用100%的风险权重。

证券化风险暴露由《商业银行资本充足率管理办法》规定的保证主体提供具有风险缓释作用的保证的,按照对保证人直接债权的风险权重确定风险权重。

第六十五条 对表外的证券化风险暴露,运用100%的信用转换系数。

第六十六条 商业银行为信贷资产证券化交易提供保证的,不论资产证券化交易的信用评级是否作为确定风险权重的依据,都应当根据本办法第六十四条的规定确定被保证对象的风险权重,并以此作为该项保证的风险权重。

第六十七条 在将证券化风险暴露从资本中扣减的情况下,应当首先从需要扣减的证券化风险暴露中扣除所计提的专项准备或者减值准备，然后再从核心资本和附属资本中分别扣减扣除专项准备或者减值准备后证券化风险暴露的50%。

第六十八条 如果信贷资产证券化交易合同中含有清仓回购条款，在符合下列条件的情况下，发起机构可以不为其计提资本：

（一）发起机构有权决定是否进行清仓回购，清仓回购的行使无论在形式还是实质上都不是强制性的；

（二）清仓回购安排不会免除信用增级机构或者资产支持证券投资机构理应承担的损失，或者被用来提供信用增级；

（三）只有在资产池或者以该资产池为基础发行的资产支持证券余额降至10%或者10%以下时，才能进行清仓回购。

在上述任何一项条件不符合的情况下，发起机构都应当按照资产证券化前的资本要求计提资本。

第六十九条 商业银行为信贷资产证券化业务所计提的资本，以被转让信贷资产证券化前的资本要求为上限。

第七十条 商业银行以超过合同义务的方式为信贷资产证券化交易提供隐性支持的，银监会有权要求其按照被转让信贷资产证券化前的资本要求计提资本，并要求其公开披露所提供的隐性支持和为此需要增加的资本。

商业银行提供隐性支持的方式包括但不限于以下情形：

（一）以高于市场价格的方式从资产池赎回部分资产，或赎回资产池中信用质量下降的资产，但发起机构按照《信贷资产证券化试点管理办法》第十四条规定，因已转让的信贷资产被发现在入库起算日不符合信托合同约定的范围、种类、标准和状况而被要求赎回或置换的除外；

（二）以打折的方式向资产池再次注入信贷资产；

（三）增加合同约定之外的第一损失责任。

第五章 监督管理

第七十一条 从事信贷资产证券化业务活动的金融机构应当按照规定向银监会报送与信贷资产证券化业务有关的财务会计报表、统计报表和其他报告。有关规定由银监会另行制定。

第七十二条 从事信贷资产证券化业务活动的金融机构在信贷资产证券化业务中出现重大风险和损失时，应当及时向银监会报告，并提交应对措施。

第七十三条 银监会应当根据金融机构在信贷资产证券化业务中担当的具体角色，定期对其信贷资产证券化业务的合规性和风险状况进行现场检查。

第七十四条 金融机构应当按照银监会关于信息披露的有关规定，披露其从事信贷资产证券化业务活动的有关信息，披露的信息应当至少包括以下内容：

（一）从事信贷资产证券化业务活动的目的；

（二）在信贷资产证券化业务活动中担当的角色、提供的服务、所承担的义务、责任及其限度；

（三）当年所开展的信贷资产证券化业务概述；

（四）发起机构的信用风险转移或者保留程度；

（五）因从事信贷资产证券化业务活动而形成的证券化风险暴露及其数额；

（六）信贷资产证券化业务的资本计算方法和资本要求；

（七）对所涉及信贷资产证券化业务的会计核算方式。

金融机构应当在每个会计年度终了后的四个月内披露上述信息。因特殊原因不能按时披露的，应当至少提前十五个工作日向银监会申请延期。

第七十五条 金融机构违反本办法第三章规定的审慎经营规则从事信贷资产证券化业务活动，或者未按照本办法第四章有关规定计提资本的，应当根据银监会提出的整改建议，在规定的时限内向银监会提交整改方案并采取整改措施。

对于在规定的时限内未能采取有效整改措施或者其行为造成重大损失的金融机构，银监会有权采取下列措施：

（一）暂停金融机构开展新的信贷资产证券化业务；

（二）责令调整董事、高级管理人员或者限制其权利；

（三）《中华人民共和国银行业监督管理法》第三十七条规定的其他措施。

第七十六条 特定目的信托受托机构有下列情形之一的，银监会有权取消其担任特定目的信托受托机构的资格：

（一）经营状况发生恶化，连续两年出现亏损；

（二）在担任特定目的信托受托机构期间出现重大失误，未能尽职管理信托财产而被解任；

（三）严重损害信托财产以及信贷资产证券化发起机构、投资机构和其他相关机构的利益；

（四）银监会认为影响其履行受托机构职责的其他重大事项。

第六章 法律责任

第七十七条 未经银监会批准，金融机构作为信贷资产证券化发起机构或者特定目的信托受托机构从事信贷资产证券化业务活动的，由银监会依据《中华人民共和国银行业监督管理法》第四十四条的规定，予以处罚。

第七十八条 金融机构从事信贷资产证券化业务活动，有下列情形之一的，由银监会依据《中华人民共和国银行业监督管理法》第四十五条的规定，予以处罚：

（一）违反本办法规定投资资产支持证券，或者严重违反本办法第三章、第四章规定的其他审慎经营规则的；

（二）提供虚假的或者隐瞒重要事实的报表、报告等文件、资料的；

（三）未按照规定进行风险揭示或者信息披露的；

（四）拒绝执行本办法第七十五条规定的措施的。

第七十九条 金融机构从事信贷资产证券化业务活动，未按照规定向银监会报告或者报送有关文件、资料的，由银监会依据《中华人民共和国银行业监督管理法》第四十六条的规定，予以处罚。

第八十条 金融机构从事信贷资产证券化业务活动的其他违法违规行为，由银监会依据《中华人民共和国银行业监督管理法》、《中华人民共和国商业银行法》、《中华人民共和国信托法》、《金融违法行为处罚办法》等有关法律、行政法规，予以处罚。

第八十一条 金融机构从事信贷资产证券化业务活动，违反有关法律、行政法规和部门规章规定的，银监会除依照本办法第七十七条至第八十条规定处罚外，还可以依据《中华人民共和国银行业监督管理法》第四十七条和《金融违法行为处罚办法》的相关规定，对直接负责的董事、高级管理人员和其他直接责任人员进行处理；构成犯罪的，依法追究刑事责任。

第七章 附 则

第八十二条 商业银行投资境外资产支持证券，参照本办法计提资本。

第八十三条 从事信贷资产证券化业务活动的农村合作银行、城市信用社、农村信用社、财务公司计算证券化风险暴露的资本要求，比照适用本办法。从事信贷资产证券化业务活动的外国银行在华分行参照本办法计算营运资金加准备金等之和中的人民币份额与其风险资产中的人民币份额的比例。

第八十四条 信托投资公司以外的不适用于资本充足率考核的金融机构投资资产支持证券的有关规定，由银监会另行制定。

第八十五条 未设立董事会的金融机构，应当由其经营决策机构履行本办法规定的董事会的有关职责。

第八十六条 本办法下列用语的含义：

（一）“超额抵押”是指在信贷资产证券化交易中，将资产池价值超过资产支持证券票面价值的差额作为信用保护的一种内部信用增级方式，该差额用于弥补信贷资产证券化业务活动中可能会产生的损失。

（二）"资产支持证券分层结构"是指在信贷资产证券化交易中，将资产支持证券按照受偿顺序分为不同档次证券的一种内部信用增级方式。在这一分层结构中，较高档次的证券比较低档次的证券在本息支付上享有优先权，因此具有较高的信用评级；较低档次的证券先于较高档次的证券承担损失，以此为较高档次的证券提供信用保护。

（三）"现金抵押账户"是指信贷资产证券化交易中的一种内部信用增级方式。现金抵押账户资金由发起机构提供或者来源于其他金融机构的贷款，用于弥补信贷资产证券化业务活动中可能产生的损失。

（四）"利差账户"是指信贷资产证券化交易中的一种内部信用增级方式。利差账户资金来源于信贷资产利息收入和其他证券化交易收入减去资产支持证券利息支出和其他证券化交易费用之后所形成的超额利差，用于弥补信贷资产证券化业务活动中可能产生的损失。

（五）"第一损失责任"是指信用增级机构向信贷资产证券化交易中的其他参与机构提供的首要的财务支持或者风险保护。

（六）"清仓回购"是指在全部偿还资产池资产或者资产支持证券之前，赎回证券化风险暴露的一种选择权。清仓回购的通常做法是在资产池或者资产支持证券余额降至一定的水平之后，赎回剩余的证券化风险暴露。

第八十七条 本办法由银监会负责解释。

第八十八条 本办法自 2005 年 12 月 1 日起施行。

Ⅵ.1.8　关于信贷资产证券化有关税收政策问题的通知

（2006 年 2 月 20 日　财税[2006]5 号）

各省、自治区、直辖市、计划单列市财政厅(局)、国家税务局、地方税务局,新疆生产建设兵团财务局:

为了贯彻落实《国务院关于推进资本市场改革开放和稳定发展的若干意见》(国发[2004]3 号),支持扩大直接融资比重,改进银行资产负债结构,促进金融创新,经报国务院批准,现就我国银行业开展信贷资产证券化业务试点中的有关税收政策问题通知如下:

一、关于印花税政策问题

(一)信贷资产证券化的发起机构(指通过设立特定目的的信托项目[以下简称信托项目]转让信贷资产的金融机构,下同)将实施资产证券化的信贷资产信托予受托机构(指因承诺信托而负责管理信托项目财产并发售资产支持证券的机构,下同)时,双方签订的信托合同暂不征收印花税。

(二)受托机构委托贷款服务机构(指接受受托机构的委托,负责管理贷款的机构,下同)管理信贷资产时,双方签订的委托管理合同暂不征收印花税。

(三)发起机构、受托机构在信贷资产证券化过程中,与资金保管机构(指接受受托机构委托,负责保管信托项目财产账户资金的机构,下同)、证券登记托管机构(指中央国债登记结算有限责任公司)以及其他为证券化交易提供服务的机构签订的其他应税合同,暂免征收发起机构、受托机构应缴纳的印花税。

(四)受托机构发售信贷资产支持证券以及投资者买卖信贷资产支持证券暂免征收印花税。

(五)发起机构、受托机构因开展信贷资产证券化业务而专门设立的资金账簿暂免征收印花税。

二、关于营业税政策问题

(一)对受托机构从其受托管理的信贷资产信托项目中取得的贷款利息收入,应全额征收营业税。

(二)在信贷资产证券化的过程中,贷款服务机构取得的服务费收入、受托机构取得的信托报酬、资金保管机构取得的报酬、证券登记托管机构取得的托管费、其他为证券化交易提供服务的机构取得的服务费收入等,均应按现行营业税的政策规定缴纳营业税。

（三）对金融机构（包括银行和非银行金融机构）投资者买卖信贷资产支持证券取得的差价收入征收营业税；对非金融机构投资者买卖信贷资产支持证券取得的差价收入，不征收营业税。

三、关于所得税政策问题

（一）发起机构转让信贷资产取得的收益应按企业所得税的政策规定计算缴纳企业所得税，转让信贷资产所发生的损失可按企业所得税的政策规定扣除。发起机构赎回或置换已转让的信贷资产，应按现行企业所得税有关转让、受让资产的政策规定处理。

发起机构与受托机构在信贷资产转让、赎回或置换过程中应当按照独立企业之间的业务往来支付价款和费用，未按照独立企业之间的业务往来支付价款和费用的，税务机关依照《税收征收管理法》的有关规定进行调整。

（二）对信托项目收益在取得当年向资产支持证券的机构投资者（以下简称机构投资者）分配的部分，在信托环节暂不征收企业所得税；在取得当年未向机构投机者分配的部分，在信托环节由受托机构按企业所得税的政策规定申报缴纳企业所得税；对在信托环节已经完税的信托项目收益，再分配给机构投资者时，对机构投资者按现行有关取得税后收益的企业所得税政策规定处理。

（三）在信贷资产证券化的过程中，贷款服务机构取得的服务收入、受托机构取得的信托报酬、资金保管机构取得的报酬、证券登记托管机构取得的托管费、其他为证券化交易提供服务的机构取得的服务费收入等，均应按照企业所得税的政策规定计算缴纳企业所得税。

（四）在对信托项目收益暂不征收企业所得税期间，机构投资者从信托项目分配获得的收益，应当在机构投资者环节按照权责发生制的原则确认应税收入，按照企业所得税的政策规定计算缴纳企业所得税。机构投资者买卖信贷资产支持证券获得的差价收入，应当按照企业所得税的政策规定计算缴纳企业所得税，买卖信贷资产支持证券所发生的损失可按企业所得税的政策规定扣除。

（五）受托机构和证券登记托管机构应向其信托项目主管税务机关和机构投资者所在地税务机关提供有关信托项目的全部财务信息以及向机构投资者分配收益的详细信息。

（六）机构投资者从信托项目清算分配中取得的收入，应按企业所得税的政策规定缴纳企业所得税，清算发生的损失可按企业所得税的政策规定扣除。

四、受托机构处置发起机构委托管理的信贷资产时，属于本通知未尽事项的，应按现行税收法律、法规及政策规定处理。

五、本通知自信贷资产证券化业务试点之日起执行。

财政部　国家税务总局

二〇〇六年二月二十日

Ⅵ.1.9 关于信贷资产证券化基础资产池信息披露有关事项公告

(2007 年 8 月 21 日　中国人民银行公告[2007]第 16 号)

为规范信贷资产证券化信息披露行为,维护投资者合法权益,推动信贷资产证券化业务的健康发展,根据《信贷资产证券化试点管理办法》(中国人民银行公告[2005]第 7 号发布)、《资产支持证券信息披露规则》(中国人民银行公告[2005]第 14 号发布)等有关规定,现就信贷资产证券化基础资产池信息披露有关事项公告如下:

一、基础资产池信息披露是投资者识别风险,进行投资决策选择的重要依据。受托机构、发起机构或其他证券化服务机构要高度重视基础资产池信息披露工作,严格按照《信贷资产证券化试点管理办法》、《资产支持证券信息披露规则》和本公告要求做好基础资产池的信息披露。受托机构、发起机构或其他证券化服务机构应保证信息披露真实、准确、完整、及时,不得有虚假记载、误导性陈述和重大遗漏。

二、受托机构在《发行说明书》中应披露包括但不限于以下有关基础资产池的内容:

(一)发起机构构建基础资产池所适用的具体标准。在信托合同有效期内,受托机构若发现作为信托财产的信贷资产在入库起算日不符合信托合同约定的条件的,发起机构应当采取的应对措施(如赎回或置换)。

(二)发起机构的贷款发放程序、审核标准、担保形式、管理方法、违约贷款处置程序和方法,以及对基础资产池贷款的相关说明。

(三)基础资产池的总体特征。包括:贷款笔数、总本金余额、单笔贷款最高本金余额、单笔贷款平均本金余额、合同总金额、单笔贷款最高合同金额、单笔贷款平均合同金额、加权平均贷款年利率、单笔贷款最高年利率、加权平均贷款合同期限、加权平均贷款剩余期限、加权平均贷款账龄、加权平均贷款初始抵押率(贷款是抵押贷款的)、加权平均借款人年龄(贷款是个人消费类贷款的)以及加权平均值的计算方法。

(四)基础资产池的分布情况。包括:贷款种类、信贷资产质量、信贷资产期限结构、信贷资产利率结构、担保情况、借款人年龄结构(贷款是个人消费类贷款的)、借款人地域结构(以不动产或动产抵押的指不动产或动产的登记或注册地）、借款人行业结构。为说明上述分布情况，应至少披露按上述分类的贷款笔数及占比、合同金额及占比、本金余额及占比、平均每笔余额、加权平均贷款初始抵押率（贷款是抵押贷款的），说明贷款合同期限、贷款账龄分布情况时还应披露加权平均存续期限。

（五）如果单一借款人的入池贷款本金余额占资产池比例超过15%，或某一借款人及其关联方的入池贷款本金余额占资产池比例超过20%，应披露相关借款人的名称、贷款用途、担保或抵押情况、经营情况、基本财务信息及信用评级或相关信用状况。

（六）执业律师出具的法律意见书概要。该法律意见书概要包括但不限于以下有关基础资产池的内容：

1. 对基础资产池合法合规性进行尽职调查的情况、过程和结果的简要说明。

2. 对基础资产池合法合规性所做出的判断。

3. 对该基础资产池是否可依法设立信托做出的判断。

（七）投资者在资产支持证券发行期限内查阅基础资产池全部具体信息（包括借款人姓名、借款合同等）的途径和方法。

三、发起机构、受托机构在共同发布的《信托公告》中应披露包括但不限于以下有关基础资产池的内容：

（一）设为信托财产的贷款合同编号。

（二）上述贷款的笔数、本金余额。

（三）上述贷款借款人所在地区、行业分布情况，包括贷款笔数及占比、本金余额及占比信息。

四、受托机构在《受托机构报告》中应披露包括但不限于以下有关基础资产池的内容：

（一）本期资产池统计特征说明。包括贷款余额、贷款笔数、担保情况、加权平均贷款利率和加权平均剩余期限等。

（二）本期资产池的本金细项分列（含正常还本金额、本金提前结清金额、部分提前还本金额、处置回收本金金额及回购贷款本金金额等）和利息（含税费支出）细项分列的说明。

（三）本期资产池的贷款状态特征、提前还款、拖欠、违约、处置、处置回收及损失等情况。

（四）信托合同约定发起机构或其他第三方可对基础资产池进行回购或替换的，应披露本期回购或替换的贷款笔数、金额及原因。

（五）本期资产池中进入法律诉讼程序的信托资产情况；法律诉讼程序进度及结果。

五、信用评级机构在发行前的《信用评级报告》中应披露包括但不限于以下有关基础资产池的内容：

（一）基础资产池概况。包括基础资产池所涉及的借款人户数、贷款笔数、初始贷款规模及贷款期限、入池贷款规模及剩余期限、现行贷款利率、加权平均贷款利率、最长贷款剩余期限、最短贷款剩余期限、加权平均贷款剩余期限、贷款本息偿付方式、入池贷款合格标准等资产池概况；资产池在资产质量、贷款性质、债务人分布、行业分布、地区分布等特征方面的统计情况，尤其是资产池前十大债务人及前五大债务人占比数据等。

（二）基础资产池信用风险分析。包括从资产质量、债务人分布、行业分布、地区分布、期限分布等方面对资产池进行的信用风险分析，尤其对于入池贷款中，单一行业贷款占比超过10%、单一借款人贷款占比超过5%的情况，要披露相关信息，如借款人所在行业背景、所在地区、未偿本金余额、剩余期限、贷款偿付记录、贷款担保措施等以及借款人的信用等级情况或考虑贷款担保后的信用等级情况等。

（三）基础资产池加权平均信用等级情况。包括入池贷款所涉及的借款人及保证人的信用级别判定依据；按未偿本金余额、借款人户数等统计的借款人信用级别分布情况或考虑贷款担保后的信用等级分布情况；资产池的加权平均信用级别等。

（四）现金流分析及压力测试。包括压力测试内容、测试参数及测试结果，如违约率及违约时间分布、违约回收率及回收周期等。

六、信用评级机构在跟踪《信用评级报告》中应披露包括但不限于以下有关基础资产池的内容：

（一）基础资产池的变动概况。截止跟踪信用评级报告日，基础资产池的借款人户数、贷款笔数、未偿本金余额及剩余期限、现行贷款利率等概况；基础资产池在资产质量、贷款性质、债务人分布、行业分布、地区分布、信用等级分布等方面的特征与发行日的变化对比情况。

（二）基础资产池信用风险分析。包括从发行日至跟踪报告日的违约率、违约回收率、逾期率、提前还款率等指标的统计情况；信用等级调整、违约贷款及其处置、提前还款、逾期还款等具体情况的说明及分析。

七、若本公告某些具体要求对个别基础资产确实不适用的，受托机构可根据实际情况，在不影响披露内容完整性的前提下做出适当修改，但应在相关信息披露文件中做出说明。

八、本公告未作规定的，参照《信贷资产证券化试点管理办法》、《资产支持证券信息披露规则》及中国人民银行的其他规定执行。

中国人民银行
二〇〇七年八月二十一日

Ⅵ.1.10 关于进一步加强信贷资产证券化业务管理工作的通知

（2008年2月4日 银监办发[2008]23号）

国家开发银行，中国工商银行、中国农业银行、中国银行、中国建设银行、交通银行，各股份制商业银行：

自2005年信贷资产证券化试点工作启动以来，部分银行相继开办了该项业务，业务规模日益扩大。为保障信贷资产证券化业务的稳健发展，切实加强风险监管，现就有关事项通知如下：

一、强调资产质量，循序渐进推进证券化业务。各行要根据自身业务水平及管理能力等情况循序渐进发展证券化业务。鉴于目前市场情况及投资者风险偏好和承受能力，应强调资产质量，证券化资产以好的和比较好的资产为主；如试点不良资产证券化，由于其风险特征完全不同，各行要切实做好违约风险和信用（经营）风险的分散和信息披露工作。

二、确保“真实出售”，控制信贷风险。一是发起行要切实落实证券化资产的“出表”要求，做到真实出售，降低银行信贷风险；二是发起行要准确区分和评估交易转移的风险和仍然保留的风险，对保留的风险必须进行有效的监测和控制。

三、强调“经济实质”，严格资本计提。参与证券化业务的相关银行要严格遵循资本监管的有关要求，对于风险的衡量应依据交易的“经济实质”，而不仅仅是“法律形式”，准确判断资产证券化是否实现了风险的有效转移，对于因证券发起、信用增级、投资以及贷款服务等形成的证券化风险暴露都要计提资本，确保资本充足和审慎经营。

四、加强风险管理和内部控制，防范操作风险。一是在发起资产支持证券时，发起行应建立针对性较强的证券化业务内部风险管理制度，具体内容应涵盖业务流程与管理、基础资产选调流程、证券化业务会计处理方法等。要确保将信贷资产证券化业务风险管理纳入总体风险管理体系，持续有效地识别、计量、监测和控制各类相关风险。二是在履行贷款服务功能时，贷款服务银行要明确信息提供、资金划付等工作的业务操作流程和内部规章制度，建立严格的内部监督审核机制，动态监控系统运行情况，提高系统功能完备性及稳定性，优化信息系统支持，明确每一个环节的时间截点，确保严格履行相关合同中的义务。

五、科学合理制定贷款服务考核机制，防范道德风险。贷款服务银行应建立健全证券化资产管理服务的内部规章和标准，明确岗位职责，充实人员，规范服务管理行为，建立相应的激励考核机制，将证券化贷款管理尽职情况纳入对相关人员的考核范围，确保管理水平达到交易文件约定标准，切实防范贷款服务道德风险。尤其是对于证券化后出现借款人违约的贷款，要切实加大催收力度，提高催收要求和处置效率，实施动态监控，降低操作风险和声誉风险。

六、规范债权转移相关工作，防范法律风险。一是发起行应聘请具有良好专业能力和丰富经验的律师事务所、承销商、会计顾问、评级机构等专业机构，确保业务各个环节、步骤的规范运作。二是发起行应与相关司法以及监管部门充分沟通，确保交易结构设计以及实际操作依法合规。三是发起行按照相关规定做好与债务人的沟通工作，防止债务人对证券化业务产生误解，为信贷资产证券化业务提供方便，防范证券化业务可能引发的法律风险。

七、严格信息披露，保护投资者利益。参与证券化业务的相关银行要按照有关监管规定做好基础资产池信息披露工作，切实保护投资者利益。在向次级证券投资者披露基础资产信息时，应督促投资者按照相关约定做好重要客户信息的保密工作。

八、加强投资者教育工作。参与证券化业务的相关银行要提高公众对信贷资产支持产品价值的认识，充分揭示风险。同时，做好投资者培养工作，尤其是对中小投资者的培养工作。

二〇〇八年二月四日

Ⅵ.1.11 关于通报证券公司企业资产证券化业务试点情况的函

（2009年5月21日 机构部部函[2009]224号）

各证监局：

按照《国务院关于推进资本市场改革开放和稳定发展的若干意见》（国发[2004]3号）关于"积极探索并开发资产证券化品种"的精神，自2005年8月开始，部分证券公司进行了企业资产证券化业务试点。现就有关情况通报如下：

一、试点基本情况

企业资产证券化业务是证券公司以专项资产管理计划为特殊目的载体，以计划管理人身份面向投资者发行资产支持受益凭证，按照约定用受托资金购买原始权益人能够产生稳定现金流的基础资产，将该基础资产的收益分配给受益凭证持有人的专项资产管理业务。

企业资产证券化是区别于股票、债券的一种直接融资方式。主要特征是：1.将企业能够产生稳定现金收入的优质资产独立出来，以该资产为基础发行受益凭证，投资者受益来源于基础资产产生的现金收入；2.专项计划通过买卖或者其他合法方式获得基础资产，当企业破产时，基础资产不能作为企业破产财产清算，从而实现资产与企业的风险隔离；3.与股票、债券不同，企业资产证券化的融资企业与投资者之间不直接形成融资关系，而是企业以自有的优质资产为基础资产，通过证券公司设立专项计划向投资者发售受益凭证获得资金，并以基础资产产生的现金收入向投资者偿付本息的一种融资形式；4.受益凭证有明确的期限和稳定收益率，具有固定收益产品性质；5.受益凭证可分为优先级和次级两种，其作用在于向投资者明示风险收益差别。优先级受益凭证享有优先分配基础资产收益的权力。

2004年4月开始对企业资产证券化研究论证，2005年8月推出第一个试点项目，至今已试点9个项目。参与试点的9家企业分别属于电信、电力和基础设施等行业，累计融资262.85亿元。投资者主要是有一定风险识别能力的机构投资者，包括大型企业集团、财务公司、社保基金、企业年金、信托公司和证券投资基金。受益凭证在沪、深证券交易所大宗交易系统挂牌交易。截至2009年4月底，已有3只专项计划到期完成清算，向投资者按期偿付了本金和收益。

2006年底我会与交易所、证监局对企业资产证券化项目进行联合检查。

2007年对资产证券化运行和管理现状、监管情况、募集资金使用以及存在的问题进行了全面的总结，提出继续选择少量项目进行试点，起草完成《证券公司企业资产证券化业务试点指引（试行）》（以下简称“指引”）。美国发生金融危机后，就资产证券化暴露出的道德风险、现金流预测风险、信息披露风险、投资者适当性风险进行了研究，结合国内试点情况，提出应对风险具体措施，并在《指引》中相应做出安排。2008年国务院《关于支持汶川地震灾后恢复重建政策措施的意见》（国发[2008]21号），提出利用资产证券化支持四川地震灾区的交通、水务等基础设施项目建设。

二、试点的要求和做法

考虑到企业资产证券化是创新业务，对于证券公司经营能力、创新能力和风险控制能力要求较高，选择试点证券公司主要按下列要求掌握：一是分类评价在A级以上，具备证券资产管理业务资格，最近12月净资本不低于20亿元；二是最近3年没有重大违法违规行为；三是建立健全包括项目选择、产品设计、系统测试、产品推广、信息披露、后续管理、档案管理，监督检查等业务环节的管理制度，确保资产证券化业务的各个环节具有制度保障；四是各项风控指标符合监管规定，具有完善的合规和风控制度及风险处置应对措施，能有效控制业务风险；五是对试点做了充分的研究准备，有适当适量能够从事资产证券化业务的专业人员。

国外实践表明，资产证券化这一金融工具有一定风险，运作模式和监管措施等还需进一步探索。企业资产证券化可适用的基础资产范围广、企业类型多、行业跨度大，证券公司在试点过程中始终坚持了“试点先行、个案推进；明确定位、把握节奏；逐步探索，控制风险；总结经验、完善制度”的原则。一是严格把握节奏，只选择少量优质项目进行试点，项目选择和募集资金投向应当符合国家经济政策导向，符合资产证券化的特征和本质要求；二是证券公司应当在风险可测、可控、可承受的基础上开展业务，将风险控制贯穿到资产证券化业务的各个环节，做到事前预案、事中有监控、事后有应对；三是试点项目的基础资产权属明确，各方权利义务清晰，合同内容合法有效，交易架构符合现行法律、法规和有关规定；四是基础资产应当为优质、能够产生持续、稳定、真实、可预测的现金流的资产，不能以企业不良债权作为基础资产进行证券化，基础资产转让应当符合真实销售的原则；五是资产证券化项目有外部信用增级措施，切实保护投资者利益。

三、试点监管情况

试点过程中，我会严把项目准入关，制定指引、明确程序、加强政策指导；要求基础资产权属合法，收益稳定可测；严格审查企业信用、财务状况，持续运营能力；要求募集资金使用与国家经济政策和产业政策一致。严格控制资金风险，由托管银行专户管理并监管资金进出，禁止任何机构挪用专项计划资金，实行信息披露制度，证券公司、托管银行定期发布资产管理报告、资金托管报告和收益分配报告；专项计划发生可能影响投资者受益的重大情况须及时发布临时报告，并由评级公司发布跟踪评级报告，持续加强对项目执行情况的专项检查。

证券交易所对试点项目的合理性、可行性、合法性和相关风险进行专业论证和评价，对专项计划的基础资产、现金流预测、产品结构设计、风险控制措施和安全性，以及受益凭证是否符合交易所挂牌交易条件出具意见。交易所也在对受益凭证的挂牌、交易、监控、信息披露、流动性安排、持续监管等内容作出专项规定。

证监局承担了资产证券化业务一线监管职责。核查辖区试点证券公司的管理制度和工作流程，对制度建设、业务能力和试点条件做出综合判断。监督制度执行情况，建立证券公司相关业务监管档案。掌握辖区专项计划开展情况，对专项计划进行现场检查和非现场检查，监控业务风险，防范违法违规行为发生。

目前企业资产证券化试点仍在进行。交易所要继续做好项目论证工作，加强信息披露监管，采取有效措施提高产品流动性，证监局要按照《指引》要求，督促试点证券公司认真履行管理人职责；发生重大风险事件，监督证券公司启动风险处置预案，化解风险，妥善处理投资者关系，维护社会稳定；对涉嫌违法违规行为立案稽查，追究责任。

Ⅵ.1.12 证券公司企业资产证券化业务试点指引(试行)

(2009 年 5 月 21 日)

第一章 总 则

第一条 为了规范证券公司企业资产证券化业务试点工作,保护投资者合法权益,制定本指引。

第二条 证券公司企业资产证券化业务是指证券公司以专项资产管理计划(以下简称“专项计划”)为特殊目的载体,以计划管理人身份面向投资者发行资产支出受益凭证(以下简称“受益凭证”),按照约定用受托资金购买原始权益人能够产生稳定现金流的基础资产,将该基础资产的收益分配给受益凭证持有人的专项资产管理业务。

第三条 企业资产证券化业务的原始权益人、计划管理人、托管人等业务参与人,以及其他为企业资产证券化业务提供服务的机构,应当遵守《中华人民共和国证券法》、《证券公司监督管理条例》、《证券公司客户资产管理业务试行办法》等法律、行政法规和中国证券监督管理委员会(以下简称“中国证监会”)的规定。

第四条 证券公司办理企业资产证券化业务,应当设立专项计划,并担任计划管理人。

计划管理人管理专项计划资产,应当恪尽职守,履行诚实信用、谨慎勤勉的义务,为受益凭证持有人的利益服务。

第五条 证券公司管理专项计划资产,取得的财产和收益,归入专项计划资产,产生的风险由专项计划资产承担。专项计划资产独立于原始权益人、计划管理人、托管人、受益凭证持有人及其他为企业资产证券化业务提供服务机构的固有财产。

第六条 证券公司办理企业资产证券化业务,应当经中国证监会批准。未经批准,证券公司不得办理或者以任何形式变相办理企业资产证券化业务。

第二章 专 项 计 划

第七条 本指引所称基础资产,是指符合法律、行政法规的规定,权属明确,能够产生独立、稳定、可评估预测的现金流的财产或财产权利。

第八条 基础资产可以为债权类资产、收益权类资产以及中国证监会认可的其他资产。

基础资产可以是单项财产或财产权利，也可以是同一类型多项财产或财产权利构成的资产组合。

第九条 基础资产转让行为应当真实、合法、有效。

基础资产为债权的，原始权益人应当将债权转让事项通知债务人。无法通知债务人的，原始权益人应当在全国性媒体上发布公告，将债权转让事项告知债务人。法律、行政法规规定债权转让应当办理批准、登记等手续的，应当依法办理。

基础资产为收益权的，法律、行政法规规定收益权转让应当办理变更登记手续的，应当依法办理。对于暂时不能办理变更登记手续的，计划管理人应当采取有效措施，维护基础资产的安全。

第十条 专项计划的基础资产不得附带抵押、质押等担保负担或者其他权利限制。原始权益人、计划管理人等业务参与人通过合法安排，确保解除基础资产相关担保负担和其他权利限制的除外。

第十一条 专项计划的任何货币收支活动，包括接受来自推广专用账户的投资者认购资金、支付基础资产购买价款、收集和存放货币形态的基础资产收益、支付投资者受益及专项计划费用等，必须通过专项计划账户。

计划管理人应当分别为不同的专项计划开立独立的专项计划账户。专项计划账户应当由托管人托管，账户内的资产属于专项计划资产。

第十二条 计划管理人应当监控基础资产现金流的归集，定期核对专项计划相关账目，必要时可以现场检查；原始权益人、托管人及其他为企业资产证券化业务提供服务的机构应当予以配合。出现重大异常情况的，计划管理人应当及时向投资者披露相关信息，并采取必要措施维护专项计划资金安全。

第十三条 计划存续期内，计划管理人可以按照计划说明书和托管协议的约定，将计划专用账户内的资金投资于银行存款或者其他风险低、变现能力强的固定收益类产品。计划管理人应当以专项计划的名义设立专门用于再投资的账户，以确保计划资产的独立性。

计划管理人应当为专项计划资金的投资建立有效的投资决策、风险评估等内部管理机制，尽职履行审慎、勤勉义务，严格控制投资风险，并向投资者披露相关投资信息。

计划管理人的投资指令违反计划说明书或者托管协议约定的，托管人应当拒绝。

第十四条 受益凭证是持有人享有专项计划受益权的证明，可以依法继承、转让和质押。

第十五条 受益凭证可以通过担保等方式提升信用等级。

第十六条 受益凭证的发行规模，受益分配安排、存续期限应当与基础资产的现金流状况相匹配。

受益凭证的收益率和发行价格，可以由计划管理人以市场询价等方式确定。同一计划中相同种类、相同期限的收益凭证，收益率和发行价格应当相同。

第十七条 推广机构在收益凭证的宣传和推介过程中应当采取下列措施，确保投资者的投资行为是在充分知悉投资受益凭证风险的情形下作出的审慎决定：

（一）推广机构应当了解投资者的财产与收入状况、风险承受能力和投资偏好等，推荐与其风险承受能力相匹配的受益凭证。

（二）推广机构应当合规推介专项计划，应当指定专人向投资者讲解企业资产证券化有关业务规则和计划说明书的内容，向投资者充分披露专项计划的基础资产情况、现金流预测对专项计划的影响，交易合同主要内容及受益凭证的风险收益特性，明确投资收益凭证的权利义务；并在计划说明书的显著位置说明受益凭证仅代表专项计划受益权的相应份额，不属于计划管理人或者任何其他机构的负债，受益凭证持有人的追索权仅限于专项计划资产。

（三）计划说明书应当在显著位置提示受益凭证投资风险；推广机构应当制作风险揭示书充分揭示投资风险，在接受投资者认购资金前应当确保投资者已经知悉风险揭示书内容并在风险揭示书上签字。

第十八条 推广机构不得通过广播、电视、报刊及其他公共媒体推广受益凭证。

第十九条 推广机构应当在托管人处开立专项计划推广专营账户，用于受益凭证认购资金的接收，验资与划转。

划入推广专用账户的认购资金，超过计划说明书约定的推广规模，计划管理人应当及时将超出规模部分的资金全额退还认购人。

禁止任何单位或个人挪用推广专用账户资金。

第二十条 受益凭证投资者应当为机构投资者。

投资者应当以真实身份认购专项计划受益凭证，认购资金的来源、用途应当符合法律法规的规定，投资者应当在受益凭证认购协议中对此作出明确承诺。投资者未作承诺，或者推广机构明知投资者身份不真实、认购资金来源或者用途不合法的，推广机构应当对其认购要求予以拒绝。

推广机构发现投资者涉嫌洗钱的，应当按照《中华人民共和国反洗钱法》的规定，履行报告义务。

第二十一条　计划管理人可以用自有资金认购受益凭证，计划管理人认购金额不得超过同一计划受益凭证总金额的5%，并且不得超过2亿元；参与多个专项计划的自有资金总额，不得超过计划管理人净资本的15%。

计划管理人以自由资金认购专项计划受益凭证的，应当按照认购金额的10%扣减净资本。扣减后的净资本等各项风险控制指标，应当符合中国证监会的规定。

第二十二条　计划管理人应当自专项计划设立日起五个工作日内，将专项计划的推广、验资和设立情况向住所地中国证监会派出机构报告。

第二十三条　推广期结束时，专项计划实际受托资金未达到计划说明书约定的最低发行规模，或者未满足计划说明书约定的其他设立条件，专项计划设立失败。

计划管理人应当自推广期结束之日起十个工作日内，向投资者退还认购资金及其交付日至退还日期间发生的利息，并向住所地中国证监会派出机构报告。

第二十四条　受益凭证的转让应当在证券交易所进行，受益凭证的登记、存管、结算、代为兑付由证券登记结算机构办理。

第二十五条　发生下列情形之一的，专项计划终止：

（一）受益凭证收益分配完毕；

（二）受益凭证持有人大会决定终止；

（三）计划说明书约定的不可抗力事件导致专项计划不能存续；

（四）法律、行政法规或者中国证监会规定，以及计划说明书约定的其他情形。

第二十六条　专项计划终止的，计划管理人应当按照计划说明书的约定成立清算组，负责专项计划资产的保管、清理、估价、变现和分配。

清算组成员的组成应当由计划说明书约定。

第二十七条　计划说明书应当明确约定清算程序、清算财产的分配顺序及方式。专项计划的清算财产应当优先用于支付清算费用。

清算账册及有关文件应当由计划管理人、托管人保存二十年。

第二十八条　计划管理人应当自专项计划清算完成之日起十个工作日内，向托管人、受益凭证持有人出具清算报告，并将清算结果向住所地中国证监会派出机构报告。

计划管理人应当聘请具有证券期货相关业务资格的会计师事务所对清算报告出具审计意见。

第三章　计划管理人

第二十九条　有下列情形之一的，证券公司不得担任计划管理人：

（一）证券公司持有原始权益人10%以上的股份；

（二）原始权益人持有证券公司10%以上的股份；

（三）根据协议安排，在未来12月内存在上述情形之一的；

（四）证券公司与原始权益人之间存在其他重大关联关系，可能损害受益凭证持有人合法权益的。

第三十条 计划管理人应当履行下列职责：

（一）对原始权益人进行辅导，提高原始权益人规范运作水平，督促原始权益人依法履行职责，并出具辅导报告；

（二）发行受益凭证，设立专项计划；

（三）按照约定及时将募集资金支付给原始权益人；

（四）为受益凭证持有人的利益管理专项计划资产；

（五）监督原始权益人持续经营情况和基础资产现金流状况；

（六）督促原始权益人按出具的专项说明与承诺使用募集资金；

（七）按照约定向受益凭证持有人分配收益；

（八）按照约定召集受益凭证持有人大会；

（九）履行信息披露义务；

（十）聘请专项计划的托管人及其他为企业资产证券化业务提供服务的机构；

（十一）法律、行政法规或者中国证监会规定，以及计划说明书约定的其他职责。

第三十一条 未经中国证监会批准，计划管理人不得辞任。

计划管理人被取消资产管理资格、解散、被撤销或者依法宣告破产的，在受益凭证持有人大会选任新的计划管理人之前，计划管理人应当按照有关监管要求妥善处理有关事宜。计划说明书应当对此作出相应约定。

第三十二条 计划管理人职责终止的，应当及时办理档案和职责移交手续。计划管理人完成移交手续前，应当妥善保管专项计划文件和资料，维护受益凭证持有人的合法权益。

计划管理人应当在完成移交手续之日起5个工作日内，向住所地中国证监会派出机构报告。

第三十三条 证券公司办理企业资产证券化业务，应当对原始权益人等相关交易主体和基础资产进行全面的尽职调查，形成书面的工作底稿，并制作尽职调查报告。

第三十四条 证券公司办理企业资产证券化业务，应当获得充分的基础资产未来现金流预测报告。

证券公司应当根据基础资产的类型和现金流特征设计符合资产证券化特征的专项计划，审慎确定专项计划募集资金金额。

证券公司应当向投资者充分揭示现金流预测偏差可能导致的受益凭证投资风险。

第三十五条 证券公司应当针对受益凭证存续期内可能出现的重大风险，制订切实可行的风险控制措施和风险处置预案。在风险发生时，证券公司应当勤勉尽责地执行风险处置预案，最大程度地保护受益凭证持有人利益。

第三十六条 证券公司应当对设立专项计划的合法性、安全性和可操作性进行全面分析，并制作可行性研究报告。

第三十七条 计划管理人应当按照计划说明书的约定管理计划资产。

计划管理人不得有下列行为：

（一）受托资金不入账或者进行其他任何形式的账外经营；

（二）受托资金超过计划说明书约定的规模；

（三）挪用专项计划资产；

（四）违反计划说明书的约定以专项计划资产设定担保或者其他或有负债；

（五）违反计划说明书的约定以专项计划资产对外投资；

（六）以分支机构名义对外办理企业资产证券化业务；

（七）法律、行政法规及中国证监会禁止的其他行为。

第三十八条 计划管理人应当为专项计划单独记账、独立核算，不同的专项计划在账户设置、资金划拨、账簿记录等方面应当相互独立。

第三十九条 计划说明书应当详细说明计划管理人与原始权益人之间的利益关系，包括近三年是否存在承销保荐、财务顾问及其他业务关系。

第四十条 证券公司应当明确业务主办部门及相关部门的工作职责和分工协作，建立健全有效地风险隔离机制，充分发挥风险控制、监察稽核、法律合规等部门的监督制衡作用，防止账外经营、挪用计划资产及其他违法违规行为发生，防范利益冲突，控制业务风险。

证券公司应当建立健全项目选择、产品设计、系统测试、产品推广、信息披露、后续管理、档案管理、监督检查等业务环节的管理制度，确保资产证券化业务的各个环节具有制度保障。

第四十一条 计划管理人应当为专项计划指定项目主办人，项目主办人应当承担尽职调查及计划管理职责。

项目主办人应当具备良好的职业道德，无不良诚信记录，具备企业资产证券化相关知识，并具有三年以上投资银行、资产管理或者固定收益业务从业经历。

第四十二条 计划管理人应当建立企业资产证券化业务的权限管理和责任

追究制度，明确公司分管企业资产证券化业务的高级管理人员、部门负责人和项目主办人的权限和责任。

第四章 原始权益人

第四十三条 原始权益人应当符合下列条件：

（一）生产经营符合法律、行政法规和公司章程的规定，符合国家经济政策；

（二）内部控制制度健全；

（三）具有持续经营能力，无重大经营风险、财务风险和法律风险；

（四）最近三年未发生重大违约、虚假信息披露或者其他重大违法违规行为；

（五）法律、行政法规和中国证监会对顶的其他条件。

第四十四条 原始权益人应当履行下列职责：

（一）接受计划管理人的辅导；

（二）承诺向计划管理人等有关业务参与人提交的文件真实、准确、完整，不存在虚假记载、误导性陈述或者重大遗漏等情形；

（三）承诺基础资产真实、合法、有效，且不存在任何影响专项计划设立的情形；

（四）与计划管理人签订基础资产转让协议；依照法律、行政法规、公司章程和相关协议的规定或者约定，合法转让基础资产；

（五）在专项计划存续期间，维持正常的生产经营活动或者提供合理的支持，为基础资产产生预期现金流提供必要的保障；

（六）配合并支持计划管理人、托管人及其他为企业资产证券化业务提供服务的机构履行职责；

（七）不得侵占、损害计划资产；

（八）发生重大事项，可能损害受益凭证持有人利益的，及时书面告知计划管理人；

（九）专项计划法律文件约定的其他职责。

第四十五条 原始权益人不得违背募集资金用途专项说明与承诺使用募集资金。募集资金使用应当符合法律、行政法规规定和国家经济政策。

第五章 受益凭证持有人

第四十六条 受益凭证持有人享有下列权利：

（一）分享专项计划受益；

（二）参与分配清算后的转向计划剩余资产；

（三）提议召开受益凭证持有人大会并行使表决权；

（四）获得资产管理报告等专项计划信息披露文件，查阅或者复制专项计划相关信息资料；

（五）转让受益凭证；

（六）认购协议或计划说明书约定的其他权利。

第四十七条 受益凭证持有人不得主张分割专项计划资产，不得要求专项计划回购其受益凭证。

第四十八条 专项计划应当设立受益凭证持有人大会。受益凭证持有人大会由全体受益凭证持有人组成。受益凭证持有人大会的职权、召集、召开和表决机制等应当在计划说明书中约定。

第六章 专项计划设立申请

第四十九条 证券公司申请设立专项计划，应当向中国证监会提交下列申请文件：

（一）申请书；

（二）计划说明书；

（三）主要交易合同文本；

（四）法律意见书；

（五）受益凭证推广方案；

（六）原始权益人募集资金用途专项说明与承诺；

（七）原始权益人最近三年经审计的财务会计报告及融资情况说明（未满三年的自成立之日起）；

（八）证券公司、托管人有关防范利益冲突的特别说明；

（九）证券公司分管企业资产证券化业务的高级管理人员、部门负责人和项目主办人的情况登记表；

（十）证券交易所出具的专项计划论证报告和统一专项计划受益凭证挂牌交易的意见；

（十一）中国证监会要求的其他文件。

上述申请文件一式三份，其中报送中国证监会两份，报送证券公司住所地证监局一份。

第五十条 证券公司应当为专项计划制作至少包含下列内容的计划说明书：

（一）受益凭证的发行规模、品种、期限、预期收益率、资信评级状况、登记、托管、交易场所等基本情况；

（二）专项计划的交易结构；

（三）原始权益人、计划管理人等业务参与人情况；
（四）基础资产情况；
（五）计划资产的管理安排；
（六）现金流归集、投资及分配；
（七）风险揭示与防范措施；
（八）专项计划的设立、终止等事项；
（九）信息披露安排；
（十）受益凭证持有人大会职权、召集、召开和表决机制；
（十一）主要交易文件摘要。

第五十一条 证券公司应当委托律师事务所，对包括但不限于下列事项发表明确的法律意见：

（一）计划管理人、推广机构、托管人的资质及权限；
（二）计划说明书、资产转让协议、托管协议、认购协议等法律文件的合法性；
（三）基础资产的真实性、合法性、有效性、权利归属及其负担情况；
（四）基础资产转让的合法性；
（五）基础资产与原始权益人风险隔离的有效性；
（六）专项计划信用增级安排的合法性、有效性；
（七）专项计划合法性、有效性的总体法律意见。

第五十二条 证券公司应当聘请具有证券市场资信评级业务资格的资信评级机构，对专项计划受益凭证进行初始评级和跟踪评级。

专项计划存续期间，资信评级机构负有向受益凭证持有人披露跟踪评级报告的衣服。资信评级机构应当每十二个月向受益凭证持有人披露至少一次跟踪评级报告。

专项计划存续期间，资信评级机构发生变更，计划管理人、资信评级机构应当向受益凭证持有人说明原因，并向计划管理人住所地中国证监会派出机构报告。

第七章 信息披露

第五十三条 计划管理人应当自专项计划设立之日起，按照证券交易所规定，向受益凭证持有人每三个月披露季度资产管理报告，每十二个月披露年度资产管理报告。每次收益分配前，披露受益分配报告。

托管人应当自专项计划设立之日起，按照证券交易所规定，向受益凭证持有人每三个月披露季度托管报告，每十二个月披露年度托管报告。

资产管理报告、托管报告和收益分配报告应当由计划管理人向住所地中国证监会派出机构备案。

第五十四条 资产管理报告应至少包括下列内容：

(一)基础资产运行情况；

(二)原始权益人、计划管理人、托管人等业务参与人的履约情况；

(三)专项计划账户资金收支情况；

(四)需要对受益凭证持有人报告的其他事项。

年度资产管理报告应当包括具有证券期货相关业务资格的会计师事务所出具的年度资产管理报告审计意见。

第五十五条 计划存续期间发生下列情形的，计划管理人应当向受益凭证持有人及时披露，并向住所地中国证监会派出机构备案。

(一)未按计划说明书约定分配受益；

(二)受益凭证信用等级发生调整；

(三)基础资产发生超过受益凭证未偿本金余额5%以上，或者当期应当分配金额10%以上的重大损失；

(四)原始权益人、计划管理人、托管人或者基础资产涉及法律纠纷，可能影响受益凭证按时分配受益；

(五)基础资产现金流预期发生重大变化；

(六)原始权益人、计划管理人、托管人、担保人违反合同约定，对受益凭证持有人利益产生不利影响；

(七)原始权益人、计划管理人、托管人、担保人经营情况发生重大变化，或者作出减资、合并、分离、解散、申请破产等决定，可能影响受益凭证持有人利益；

(八)计划管理人、托管人、资信评级机构发生变更；

(九)担保人信用等级发生调整；

(十)其他可能对受益凭证持有人利益产生重大影响的情形。

VI.1.13 商业银行资产证券化风险暴露监管资本计量指引

（2009 年 12 月 23 日 银监发[2009]116 号）

第一章 总 则

第一条 为规范商业银行资产证券化风险暴露的监管资本计量，加强资产证券化业务的风险管理，根据《中华人民共和国银行业监督管理法》、《中华人民共和国商业银行法》等法律法规，制定本指引。

第二条 本指引适用于《中国银行业实施新资本协议指导意见》确定的新资本协议银行和自愿实施新资本协议的其他商业银行在资产证券化交易中所产生的银行账户信用风险暴露的监管资本计量。

第三条 本指引所称资产证券化交易包括传统型资产证券化、合成型资产证券化以及兼具两种类型共同特点的资产证券化交易。

传统型资产证券化是指基础资产的信用风险通过资产转让、信托等方式全部或部分转移给投资者，基础资产的现金流用以支付至少两个不同信用风险档次的证券的资产证券化交易。

合成型资产证券化是指基础资产的信用风险通过信用衍生工具或者保证全部或部分转移给投资者的资产证券化交易。该交易结构中至少具有两个不同信用风险档次的证券。信用衍生工具包括资金来源预置型和资金来源非预置型两种类型。

第四条 商业银行因从事资产证券化业务而形成的表内外风险暴露称为资产证券化风险暴露。资产证券化风险暴露包括但不限于资产支持证券、信用增级、流动性便利、利率互换、货币互换、信用衍生工具和分档次抵补。储备账户如果作为发起机构的资产，应当视同于资产证券化风险暴露。

前款所称储备账户包括但不限于现金抵押账户和利差账户。

第五条 为充分抵御因从事资产证券化业务而承担的风险，商业银行应当基于交易的经济实质，而不仅限于法律形式计提监管资本。商业银行作为资产证券化发起机构、信用增级机构、流动性便利提供机构、投资机构或者贷款服务机构等从事资产证券化业务，只要产生了资产证券化风险暴露，就应当计提相应的监管资本。

银监会有权根据交易的经济实质,判断商业银行是否持有资产证券化风险暴露,并确定应当如何计提资本。

第六条 商业银行经银监会批准使用信用风险内部评级法计算某类资产证券化基础资产的资本要求的,必须使用资产证券化内部评级法计算同类基础资产的相应资产证券化风险暴露的资本要求。商业银行未得到银监会批准使用信用风险内部评级法计算某类证券化基础资产资本要求的,必须使用资产证券化标准法计算相应资产证券化风险暴露的资本要求。

对部分证券化基础资产使用信用风险内部评级法计算资本要求的,如该部分资产所占比重较大,则应使用资产证券化内部评级法计算资产证券化风险暴露的资本要求,否则应使用资产证券化标准法计算资产证券化风险暴露的资本要求。

商业银行经银监会批准使用信用风险内部评级法的,如证券化基础资产没有相应的内部评级法计算资本要求,发起机构应当使用资产证券化标准法计算资产证券化风险暴露的资本要求,投资机构应当使用评级基础法计算资产证券化风险暴露的资本要求。

第七条 在将资产证券化风险暴露从监管资本中扣减的情况下,商业银行应当首先从需要扣减的资产证券化风险暴露中扣除专门针对该资产证券化风险暴露所计提的准备,然后再从核心资本和附属资本中分别扣减已扣除该项准备后的资产证券化风险暴露的50%。

第八条 商业银行应当从核心资本中全额扣减在资产证券化交易中出现的销售利得,从核心资本和附属资本中分别扣减已扣除销售利得后的增信拆息债券的50%。

第九条 银监会按照客观性、独立性、国际通用性、信息披露充分性、可信度、资源充足性、对资产支持证券评级的专业能力、评级方法和结果的公开性、市场接受程度等标准,确定资信评级机构对资产证券化交易的评级是否可以作为确定风险权重的依据。

第十条 同一资产证券化风险暴露具有两个不同的评级结果时,商业银行应当运用所对应的较高风险权重。

同一资产证券化风险暴露具有三个或者三个以上的评级结果时,商业银行应当从所对应的两个较低的风险权重中选用较高的一个风险权重。

第十一条 商业银行为资产证券化交易提供信用支持而且该信用支持已经反映到外部评级中的,该银行不得使用外部评级而应当按照本指引关于未评级资产证券化风险暴露的有关规定计量监管资本要求。

第十二条 同一商业银行在同一资产证券化交易中具有重叠的资产证券化

风险暴露的，应当对重叠部分的监管资本要求进行比较，只需按照最高值计提一次监管资本。

第十三条 商业银行在按照本指引第八条要求扣减销售利得和增信拆息债券之后为资产证券化业务所计提的资本，以基础资产证券化之前的监管资本要求为上限。

第十四条 商业银行只有在对资产证券化基础资产进行必要的尽职调查并符合下列条件的情况下，才能采用本指引规定的方法计量资产证券化风险暴露的监管资本要求：

（一）商业银行应当持续、全面了解其表内外资产证券化风险暴露及基础资产的风险特征。

（二）商业银行应当能够及时获取基础资产的相关信息，包括资产类别、借款人资信状况、各类逾期资产占比、违约率、提前还款率、基础资产抵质押品类别及其权属状况、平均抵质押率以及行业和地域分散情况等。

（三）商业银行应当全面了解可能对其所持有资产证券化风险暴露产生重大影响的资产证券化交易的结构特征，包括信用增级、流动性支持、与交易有关的违约定义、各种触发机制和资产支持证券偿付安排等。

不符合上述条件的，商业银行应当将资产证券化风险暴露从监管资本中扣减。

第二章 信用风险转移与监管资本计量

第十五条 对于传统型资产证券化交易，在符合下列所有条件的情况下，发起机构才能在计算风险加权资产时扣减证券化基础资产：

（一）与被转让资产相关的重大信用风险已经转移给了独立的第三方机构。

（二）发起机构对被转让的资产不再拥有实际的或者间接的控制。

发起机构证明对被转让的资产不再拥有实际的或者间接的控制，至少需要由执业律师出具法律意见书，表明发起机构与被转让的资产实现了破产隔离。

发起机构对被转让的资产保留实际的或者间接的控制，包括但不限于下列情形：

1. 发起机构为了获利，可以赎回被转让的资产，但发起机构按照相关规定，因基础资产被发现在入库起算日不符合信托合同约定的范围、种类、标准和状况而被要求赎回或置换的情况除外。

2. 发起机构有义务承担被转让资产的重大信用风险。

（三）发起机构对资产支持证券的投资机构不承担偿付义务和责任。

（四）在信托合同和资产证券化其他相关法律文件中不包括下列条款：

1. 要求发起机构改变资产池中的资产，以提高资产池的加权平均信用质量，但通过以市场价格向独立的第三方机构转让资产除外。

2. 在基础资产转让之后，仍然允许发起机构追加承担第一损失责任或者增加信用增级的支持程度。

3. 在资产池信用质量下降的情况下，增加向除发起机构以外的其他参与机构支付的收益。

（五）清仓回购符合本指引第十九条所规定的条件。

在符合上述（一）至（五）项条件的情况下，发起机构仍然应当按照本指引规定，为所持有的资产证券化风险暴露计提资本。

在上述（一）至（五）项条件中任何一项不符合的情况下，发起机构都应当按照资产证券化前的资本要求计提资本。

第十六条 对于合成型资产证券化交易，只有在符合下列所有条件的情况下，发起机构才能在计量证券化基础资产监管资本时认可信用风险缓释工具的信用风险缓释作用：

（一）信用风险缓释工具符合《商业银行信用风险缓释监管资本计量指引》的相关要求。

（二）合格抵质押品仅限于《商业银行信用风险缓释监管资本计量指引》所规定的合格金融抵质押品。由特定目的信托所抵押的合格抵质押品可以被视为合格抵质押品。

（三）合格保证和信用衍生产品仅限于《商业银行信用风险缓释监管资本计量指引》附件1所列示的第一项、第二项合格保证和合格信用衍生产品。本指引不将特定目的信托视为合格保证人。

（四）发起机构必须将基础资产的重大信用风险转移给独立的第三方机构。

（五）信用风险缓释工具的相关合同文件不得包含限制信用风险转移数量的条件和条款，包括但不限于以下情形：

1. 在信用损失事件发生或者资产池信用质量下降的时候，限制信用保护或信用风险转移程度。

2. 要求发起机构改变资产池中的资产，以提高资产池的加权平均信用质量，但通过以市场价格向独立的第三方机构转让资产除外。

3. 在资产池信用质量下降的情况下，增加发起机构的信用保护成本。

4. 在资产池信用质量下降的情况下，增加向除发起机构以外的其他参与机构支付的收益。

5. 在资产证券化交易开始之后，仍然允许发起机构追加承担第一损失责任或者增加信用增级的支持程度。

（六）资产证券化交易必须由执业律师出具法律意见书，确认相关合同在所有相关国家或者地区的执行效力。

（七）清仓回购符合本指引第十九条所规定的条件。

在符合上述（一）至（七）项条件的情况下，发起机构仍然应当按照本指引规定，为所持有的资产证券化风险暴露计提资本。

在上述（一）至（七）项条件中任何一项不符合的情况下，发起机构在计量证券化基础资产监管资本时均不得认可信用风险缓释工具的信用风险缓释作用。

第十七条 对于符合本指引第十六条规定条件的合成型资产证券化交易，发起机构在计量证券化基础资产监管资本时，应当按照如下规定认可信用风险缓释工具的信用风险缓释作用：

（一）基础资产采用信用风险内部评级法的，按照《商业银行信用风险缓释监管资本计量指引》关于初级内部评级法的相关规定，认可信用风险缓释工具的信用风险缓释作用。

（二）基础资产不采用信用风险内部评级法的，按照《商业银行资本充足率管理办法》的相关规定，认可信用风险缓释工具的信用风险缓释作用。

第十八条 当合成型资产证券化交易的信用风险缓释工具与基础资产存在期限错配时，发起机构应当按照下列规定计算监管资本要求：

（一）如果资产池中的资产具有不同的期限，应当将最长的期限作为整个资产池的期限。

（二）根据本指引第三章和第四章有关规定，如果发起机构需要从监管资本中扣减所持有资产证券化风险暴露，则无需考虑该部分资产证券化风险暴露的期限错配情况。

（三）对于其他的资产证券化风险暴露，发起机构应当按照《商业银行信用风险缓释监管资本计量指引》的有关规定，对期限错配情形进行处理。

第十九条 资产证券化交易合同中含有清仓回购条款的，在符合下列条件的情况下，发起机构可以不为清仓回购安排计提资本：

（一）发起机构有权决定是否进行清仓回购，清仓回购的行使无论在形式还是实质上都不是强制性的。

（二）清仓回购安排不会免除信用增级机构或者资产支持证券投资机构理应承担的损失，也不会被用来提供信用增级。

（三）对于传统型资产证券化交易，只有在资产池或者以该资产池为基础发行的资产支持证券余额降至资产池或者资产支持证券初始金额的10%或者10%以下时，才能进行清仓回购。

（四）对于合成型资产证券化交易，只有在参考资产的价值降至初始金额的

10%或者10%以下时,才能进行清仓回购。

在上述(一)至(四)项条件中任何一项不符合的情况下,对于传统型资产证券化交易,发起机构应当按照资产证券化前的资本要求计提资本,而且不能在监管资本中计入销售利得。对于合成型资产证券化交易,发起机构在计量证券化基础资产监管资本时不得认可信用风险缓释工具的信用风险缓释作用。如果合成型资产证券化交易包含赎回权,而且该赎回权在特定时间终止证券化交易及其所购买的信用保护,发起机构应当按照本指引第十八条的规定计算该证券化交易的资本要求。

第二十条 商业银行以超过合同义务的方式为资产证券化交易提供隐性支持的,应当按照基础资产证券化之前的资本要求计提资本,不得在监管资本中计入销售利得,而且应当公开披露所提供的隐性支持及其对监管资本要求的影响。

商业银行提供隐性支持的方式包括但不限于以下情形:

(一)以高于市场价格的方式从资产池赎回部分资产,或赎回资产池中信用质量下降的资产,但发起机构按照有关规定,因基础资产被发现在入库起算日不符合信托合同约定的范围、种类、标准和状况而被要求赎回或置换的情况除外。

(二)以打折的方式向资产池再次注入资产。

(三)增加合同约定之外的第一损失责任。

(四)所行使的清仓回购被认定为用作提供信用增级。

第三章 资产证券化标准法

第二十一条 银监会认可资信评级机构对资产证券化交易的信用评级作为确定风险权重依据的,资产证券化风险暴露和再资产证券化风险暴露的风险权重按照附件1所示的对应关系确定。

第二十二条 商业银行应当区分以下情形,为无信用评级或者信用评级未被银监会认可作为风险权重依据的资产证券化风险暴露和再资产证券化风险暴露(以下简称未评级的资产证券化风险暴露)计提监管资本。

(一)对于最高档次的资产证券化风险暴露和再资产证券化风险暴露,如果商业银行能够确定资产池的平均风险权重,则可以按照资产池的平均风险权重确定资产证券化风险暴露的风险权重。

(二)对于符合本指引第二十三条规定的合格流动性便利,按照资产池中单个风险暴露的最高风险权重确定风险权重。

(三)其他未评级的资产证券化风险暴露从监管资本中扣减。

第二十三条 在满足以下条件的情况下,商业银行提供的流动性便利为合格流动性便利:

(一)流动性便利的合同文件明确限定使用流动性便利的情形。流动性便利的金额应当低于基础资产和信用增级所能清偿的全部金额。流动性便利不能用于抵补在其使用之前资产池中产生的任何损失。

(二)对流动性便利的使用应当具有不确定性。流动性便利不能用于永久性或者常规性地对资产证券化投资机构提供资金。

(三)对流动性便利应当进行资产质量测试,防止其被用于抵补因违约已经产生的信用风险暴露的损失。如果流动性便利用于支持具有外部评级的资产证券化风险暴露,则该项流动性便利只能用于支持外部评级为投资级以上的资产证券化风险暴露。

(四)流动性便利不得在所有的信用增级使用完毕之后动用。

(五)对流动性便利的偿付不能位于资产证券化交易投资机构之后,也不能延期或者免除债务。

第二十四条 在满足以下条件的情况下,贷款服务机构现金透支便利为合格贷款服务机构现金透支便利:

(一)贷款服务机构有权得到全额偿付。

(二)该现金透支便利具有最高受偿顺序,优先于其他所有对基础资产的求偿权。

第二十五条 表外资产证券化风险暴露按照如下方式确定信用转换系数:

(一)对于按照外部评级确定风险权重的流动性便利,运用100%的信用转换系数。

(二)对于不按照外部信用评级确定风险权重的合格流动性便利,运用50%的信用转换系数。

(三)对于合格贷款服务机构现金透支便利,按照本指引关于合格流动性便利的有关规定计算监管资本要求。如果合格贷款服务机构现金透支便利可以在无需事先通知的情况下无条件取消,则可以运用0%的信用转换系数。

(四)对于其他的表外资产证券化风险暴露,运用100%的信用转换系数。

第二十六条 采用资产证券化标准法的商业银行在计量具有信用风险缓释工具的资产证券化风险暴露的监管资本时,能够认可的合格抵质押品仅限于《商业银行信用风险缓释监管资本计量指引》所规定的合格金融抵质押品。由特定目的信托所抵押的合格抵质押品可被视为合格抵质押品。

第二十七条 采用资产证券化标准法的商业银行在计量由合格抵质押品提供信用风险缓释的资产证券化风险暴露的监管资本时,应当首先按照没有合格抵质押品的情况计算监管资本要求,再将其乘以按照《商业银行信用风险缓释监管资本计量指引》第九条所计算的E*/E,作为该资产证券化风险暴露的监管资本要求。

其中 E 是指未考虑信用风险缓释的资产证券化风险暴露,E * 是指考虑信用风险缓释之后的资产证券化风险暴露。

第二十八条 采用资产证券化标准法的商业银行在计量具有信用风险缓释工具的资产证券化风险暴露的监管资本时,能够认可的合格保证仅限于《商业银行信用风险缓释监管资本计量指引》附件 1 所列示的第一项、第二项合格保证和信用衍生产品。本指引不将特定目的信托视为合格保证人。

第二十九条 由合格保证人对资产证券化风险暴露提供具有风险缓释作用的信用保护的,该资产证券化风险暴露持有机构可以对具有信用保护的资产证券化风险暴露部分按照对保证人的直接债权计量监管资本要求。

第三十条 信用风险缓释工具仅覆盖部分资产证券化风险暴露的,对于所覆盖部分,商业银行应当按照本指引的有关规定计量考虑信用风险缓释作用后的监管资本要求;对于未覆盖部分,则应按照不存在信用风险缓释工具的情形计量监管资本要求。

信用风险缓释工具仅覆盖部分资产证券化风险暴露,并且资产证券化风险暴露具有不同档次的,若无明确约定,应当视为该信用风险缓释工具按照从高级到低级的顺序依次为各档次的资产证券化风险暴露提供信用保护。

第三十一条 资产证券化风险暴露与信用风险缓释工具之间存在期限错配、币种错配的,应当按照《商业银行信用风险缓释监管资本计量指引》的相关规定进行处理。

第三十二条 作为非发起机构的商业银行为资产证券化风险暴露提供信用保护的,应当视同于该资产证券化风险暴露的投资机构来计量监管资本要求。

第三十三条 除了本指引第三十四条规定的例外情形,当资产证券化交易同时具有下列提前摊还情形时,发起机构应当为部分或者全部投资者权益计提资本:

(一)在该资产证券化交易中有提前摊还条款的相关安排。

(二)基础资产具有循环特征,包括允许借款人在信用额度内在事先约定的限额内变动提款额与还款额而形成的资产。

当基础资产同时包含循环信贷和定期贷款时,发起机构应当对基础资产中的循环信贷风险暴露部分按照本指引第三十五条至第三十七条的规定计提监管资本。

第三十四条 如有下列任何一项情形,发起机构都无需为证券化交易的提前摊还计提资本:

(一)在补充型证券化交易结构中,所补充的基础资产不具有循环特征,而且在提前摊还发生之后，发起机构不能再增加资产池中的基础资产。

（二）证券化交易的基础资产池虽然具有循环特征，但证券化交易的提前摊还安排导致其具有定期贷款性质，使发起机构无需承担基础资产的风险。

（三）即使发生提前摊还，资产支持证券投资机构仍然完全承担循环额度借款人未来动用融资额度的风险。

（四）提前摊还的触发机制与证券化交易的基础资产或发起机构无关。

第三十五条　发起机构为投资者权益计提的资本为以下三项的乘积：

（一）投资者权益。

（二）相关信用转换系数。

（三）基础资产证券化之前的平均风险权重。

前款所称投资者权益等于投资机构在证券化基础资产已提取本金余额和未提取本金余额的等价信用金额中所占的数额。在确定未提取本金余额的等价信用金额时，证券化基础资产的未提取本金余额应当根据发起机构与投资机构在已提取本金余额中的份额进行分配。

前款所称信用转换系数按照下列两项条件确定：

（一）提前摊还是控制型结构还是非控制型结构。

（二）基础资产为非承诺零售信用额度还是其他信用额度。

第三十六条　对于具有控制型提前摊还安排的资产证券化交易，发起机构应当根据本指引附件2确定信用转换系数：

（一）对于承诺型信用额度，适用90%的信用转换系数。

（二）对于非承诺的非零售信用额度，适用90%的信用转换系数。

（三）对于非承诺的零售信用额度，按照附件2中资产证券化交易的“三个月平均超额利差”与“超额利差锁定点”的比值确定信用转换系数。若该证券化交易未设定锁定超额利差，则超额利差锁定点为4.5%。

第三十七条　对于具有非控制型提前摊还安排的资产证券化交易，发起机构应当按照本指引附件3确定信用转换系数：

（一）对于承诺型信用额度，适用100%的信用转换系数。

（二）对于非承诺的非零售信用额度，适用100%的信用转换系数。

（三）对于非承诺的零售信用额度，按照附件3中资产证券化交易的“三个月平均超额利差”与“超额利差锁定点”的比值确定信用转换系数。若该证券化交易未设定锁定超额利差，则超额利差锁定点为4.5%。

第四章　资产证券化内部评级法

第三十八条　资产证券化内部评级法包括评级基础法和监管公式法。商业

银行应当区分以下情形,选择相应的方法:

(一)对于有评级或者未评级但可以推断出评级的资产证券化风险暴露,应当使用评级基础法计量监管资本要求。

(二)对于未评级而且无法推断出评级的资产证券化风险暴露,可以选择下列方法计量监管资本要求:

1. 监管公式法。

2. 对于符合本指引第二十三条规定的合格流动性便利,按照本指引第四十六条的规定计量监管资本要求。

3. 从监管资本中扣减资产证券化风险暴露。

采用监管公式法所计算的资产证券化风险暴露的风险权重不得低于7%,再资产证券化风险暴露的风险权重不得低于20%。

第三十九条 采用评级基础法的,风险加权资产等于资产证券化风险暴露乘以本指引附件4所列示的相应风险权重。

资产证券化风险暴露的风险权重决定于外部评级或者推测评级、长期评级或者短期评级、资产池中资产分散状况和资产证券化风险暴露的优先等级四方面因素。

如果资产证券化风险暴露对资产池全部资产享有最优先的受偿权利,该资产证券化风险暴露可以作为优先档次的资产证券化风险暴露。对于传统型资产证券化交易,如果第一损失责任以上所有档次的资产证券化风险暴露都有评级,则评级最高的是优先档次的资产证券化风险暴露;如果某几个档次的资产证券化风险暴露评级相同,则其中受偿顺序最优先的为优先档次的资产证券化风险暴露。对于合成型资产证券化风险暴露,如果符合本指引第四十条所规定的条件,则超高档次为优先档次的资产证券化风险暴露。

资产证券化风险暴露的风险权重按照如下方法确定:

(一)资产池风险暴露有效数量(N)小于6的,该资产池不具有分散性,适用附件4中第四列的风险权重。

(二)资产池风险暴露有效数量(N)大于或者等于6的,若属于优先档次的证券,则适用附件4第二列的风险权重,否则适用附件4第三列的风险权重。

前款所称资产池风险暴露有效数量(N)应当按照本指引第四十一条第(六)项的有关规定计算。

再资产证券化风险暴露的风险权重决定于再资产证券化风险暴露的优先等级。优先档次再证券化风险暴露适用附件4第五列的风险权重,非优先档次再证券化风险暴露适用附件4第六列的风险权重。

满足下列条件的再资产证券化风险暴露为优先档次再资产证券化风险暴

露，否则为非优先档次再资产证券化风险暴露：

（一）该风险暴露为优先档次的资产证券化风险暴露。

（二）所有基础资产均不是再资产证券化风险暴露。

第四十条 当满足下列条件，使未评级资产证券化风险暴露在各方面都优于作为参考的具有外部评级的资产证券化风险暴露时，商业银行必须对未评级资产证券化风险暴露进行推测评级。

（一）未评级的资产证券化风险暴露在各方面都比作为参考的资产证券化风险暴露具有更高的优先级。在评估未评级资产证券化风险暴露与参考资产证券化风险暴露的优先级别时，必须考虑信用增级的作用。如果参考资产证券化风险暴露由第三方保证或者其他信用增级提供保护，而对未评级资产证券化风险暴露没有提供上述信用增级，则不能依据参考资产证券化风险暴露对未评级资产证券化风险暴露进行推测评级。

（二）参考资产证券化风险暴露的期限，必须大于或者等于未评级资产证券化风险暴露的期限。

（三）参考资产证券化风险暴露的外部评级，必须满足本指引第九条关于资信评级机构评级能否作为确定资产证券化风险暴露风险权重依据的标准，并经银监会认可作为确定风险权重的依据。

推测评级应当根据参考资产证券化风险暴露外部评级的变化，持续不断地进行更新。

第四十一条 采用监管公式法的，某一档次资产证券化风险暴露的监管资本要求取决于下列五个指标：基础资产证券化之前的内部评级法监管资本要求（KIRB）、该档次的信用增级水平（L）、该档次的厚度（T）、资产池风险暴露有效数量（N）和资产池加权平均违约损失率。

监管公式法的计算方法和各个指标的定义如下：

（一）某一档次资产证券化风险暴露的监管资本等于基础资产风险暴露与 $0.0056 \times T$ 和 $S[L+T]-S[L]$ 中较大值的乘积。

如果银行只持有一定比例的某一档次资产证券化风险暴露，那么对该银行的监管资本要求等于该档次资产证券化风险暴露监管资本要求的相应比例。

（二）监管公式定义如下：

当 $L > KIRB$ 时，$S[L] = L$

当 $KIRB < L$ 时，

$$S[L] = KIRB + K[L] - K[KIRB] + (d \times KIRB/\omega)(1 - e\omega(KIRB - L)/KIRB)$$

其中：$h = (1 - KIRB/LGD)N$

Beta[L;a,b]为 L 的以 a 和 b 为参数的累计 Beta 分布。

上述公式中由银监会确定的参数为：$\tau=1000$，$\omega=20$。

（三）基础资产证券化之前的内部评级法监管资本要求（KIRB）为（a）与（b）的比值。其中，（a）为基础资产按照信用风险内部评级法计算所需要的监管资本与预期损失之和，（b）为资产池风险暴露。计算（a）值时应当视同于资产池中的资产是由银行直接持有，按照银监会关于信用风险内部评级法的有关规定计算。对基础资产所提供的风险缓释会使所有的资产证券化风险暴露受益。如果在某些结构中涉及特别目的机构，特别目的机构所有与资产证券化相关的资产都应当按照资产池中的资产来处理，包括作为特别目的机构资产的储备账户。

如果银行专门针对资产池中的资产提取了准备，或者资产池中的某些资产是银行通过不可退款的打折方式购买的，在计算上述（a）和（b）值时，必须使用未扣减该项准备或者不考虑价格折扣的风险暴露。如果某项基础资产为违约资产，则相应的准备或者价格折扣可用于抵消与该资产证券化风险暴露相关的监管资本扣减。

（四）该档次的信用增级水平（L）为（a）与（b）的比值，以小数形式表示。（a）为优先级低于该档次的资产证券化风险暴露，（b）为资产池全部风险暴露。

计算该档次的信用增级水平时无需考虑针对某一特定档次证券的信用增级，也不算入与资产证券化有关的销售利得或增信拆息债券。在计算利率互换或货币互换的信用增级水平时，如果其优先级次于该档次，可以用当前价值来计量；如果当前价值无法确定，在计算该档次的信用增级水平时就可以不考虑该利率互换或货币互换。如果某储备账户的资金由资产池中优先级低于该档次资产的现金流提供，则可以算入该档次的信用增级水平；如果储备账户是由资产池的未来收益提供资金，则不能算入该档次的信用增级水平。

（五）该档次的厚度（T）为（a）与（b）的比值。（a）为银行持有的某一档次资产证券化风险暴露，（b）为资产池全部风险暴露。对于因利率互换或货币互换所形成的资产证券化风险暴露，银行必须考虑潜在未来风险暴露。潜在未来风险暴露为《商业银行资本充足率管理办法》附件 3 针对衍生产品合约按照现期风险暴露法计算风险资产时由账面名义金额乘以固定系数所得的部分。如果资产证券化风险暴露的当前价值为非负值，则该资产证券化风险暴露的价值为当前价值与潜在未来风险暴露之和；如果该资产证券化风险暴露的当前价值为负值，则其价值为潜在未来风险暴露。

（六）资产池风险暴露有效数量（N）的计算方法如下：

其中，EADi 表示资产池中第 i 个债务人的违约风险暴露。对同一债务人的多个风险暴露应当合并计算。如果已知最大资产证券化风险暴露的份额为 C1，

也可以用 $1/C1$ 来计算 N。

对于再资产证券化风险暴露，有效数量(N)是指该风险暴露的基础资产的数量，而不是该基础资产之下的基础资产数量。

(七)资产池加权平均违约损失率的计算方法如下：

其中，LGDi 表示对第 i 个债务人的全部风险暴露的平均违约损失率。

再资产证券化风险暴露适用 100% 的加权平均违约损失率。

第四十二条 按照监管公式法计算的风险权重为 1250% 的，商业银行应当按照本指引第七条的有关规定，从资本中扣减相应的资产证券化风险暴露。

第四十三条 对于零售资产证券化交易运用监管公式法时，可以使用以下简化值：$h=0$ 并且 $v=0$。

第四十四条 如果符合下列条件，银行在计算资产池风险暴露有效数量(N)和资产加权平均违约损失率时，可以采用下列简化方法：

(一)如果与最大风险暴露相关的资产组合份额 C1 小于或者等于 0.03，在使用监管公式法时，可以令 $LGD=0.50$，并采用下列公式计算 N：

前款中 Cm 表示证券化资产池中最大的 m 项风险暴露之和所占的份额，m 由商业银行自行确定。

(二)如果只有 C1 已知，并且小于等于 0.03，则可以令 $LGD=0.50$，$N=1/C1$。

第四十五条 对于表外资产证券化风险暴露，运用 100% 的信用转换系数。

第四十六条 如果商业银行计算基础资产证券化之前的内部评级法监管资本要求(KIRB)存在困难，经银监会批准，可以暂时采用以下方法计算未评级流动性便利的监管资本要求：

(一)对于合格流动性便利，风险权重按照不采用信用风险内部评级法计算的资产池中单个风险暴露的最高风险权重确定，并运用 100% 的信用转换系数。

(二)对于其他情形，应当将流动性便利从监管资本中全额扣减。

第四十七条 采用资产证券化内部评级法的商业银行在计量具有信用风险缓释工具的资产证券化风险暴露的监管资本时，能够认可的合格抵质押品仅限于《商业银行信用风险缓释监管资本计量指引》对初级内部评级法所规定的合格抵质押品。由特定目的信托所抵押的合格抵质押品可被视为合格抵质押品。

第四十八条 采用资产证券化内部评级法的商业银行在计量具有信用风险缓释工具的资产证券化风险暴露的监管资本时，能够认可的合格保证和信用衍生产品仅限于《商业银行信用风险缓释监管资本计量指引》对初级内部评级法所规定的合格保证和信用衍生产品。本指引不将特定目的信托视为合格保证人。

第四十九条 采用资产证券化内部评级法的商业银行应当根据本指引第三

章第二十七条和第二十九条至第三十二条关于信用风险缓释工具的处理和《商业银行信用风险缓释监管资本计量指引》关于初级内部评级法的有关规定，计量具有信用风险缓释工具的资产证券化风险暴露的监管资本。具体实例见附件5。

第五十条 使用内部评级法的发起机构应当按照本指引第三十三条到第三十七条的有关规定，为提前摊还安排计提监管资本。该发起机构为投资者权益计提的监管资本为以下三项的乘积：

（一）投资者权益。

（二）相关信用转换系数。

（三）基础资产证券化之前的内部评级法监管资本要求（KIRB）。

前款所称投资者权益等于投资机构在证券化基础资产已提取本金余额和未提取本金余额的违约风险暴露中所占的数额。在确定未提取本金余额的违约风险暴露时，未提取本金余额应当根据发起机构与投资机构在证券化基础资产已提取本金余额中的份额进行分配。

第五章 附　　则

第五十一条 附件1到附件5是本指引的组成部分。

第五十二条 本指引采用标准普尔的评级符号仅为示例目的，银监会不指定资信评级机构的选用。

第五十三条 商业银行计算预期损失时不应包括资产证券化风险暴露，针对资产证券化风险暴露计提的准备也不计入合格准备。

第五十四条 资产证券化基础资产的信用风险未全部转移给独立第三方机构的，发起机构应当按照相关规定为所保留的基础资产计提损失准备。

第五十五条 本指引下列用语的含义：

（一）“资金来源预置型信用衍生工具”是指在发生信用违约事件时，信用保护购买机构对于因获得信用保护而有权获取的资金或者资产，可以自行通过扣押、处置、转让等方式进行处理而获得赔偿。信用保护购买机构持有用于信用保护的抵质押资产或发行信用连接票据属于此种情形。

（二）“资金来源非预置型信用衍生工具”是指在发生信用违约事件时，信用保护购买机构只能依赖信用保护提供机构履行承诺而获得赔偿。保证和信用违约互换属于此种情形。

（三）“流动性便利”是指在基础资产的实际本息收取与资产支持证券的正常本息偿付暂时不匹配的情况下，由银行提供的一种短期融资，以确保投资者能按时、足额收取资产支持证券的本金和利息。

（四）“分档次抵补”是指对于某一风险暴露，商业银行向信用保护提供方转移一部分风险,同时保留一部分风险,而转移部分和保留部分处于不同优先档次的情形。在这种情况下,商业银行所获得的信用保护既可以是针对较高档次的,也可以是针对较低档次的。

(五)“现金抵押账户”是指资产证券化交易中的一种内部信用增级方式。现金抵押账户资金由发起机构提供或者来源于其他金融机构的贷款,用于弥补资产证券化业务活动中可能产生的损失。

(六)“利差账户”是指资产证券化交易中的一种内部信用增级方式。利差账户资金来源于资产利息收入和其他证券化交易收入减去资产支持证券利息支出和其他证券化交易费用之后所形成的超额利差,用于弥补资产证券化业务活动中可能产生的损失。

(七)“销售利得”是指商业银行因从事资产证券化交易而导致的所有者权益的增加额。

(八)“增信拆息债券”是指发起机构的一项表内资产,代表与资产证券化交易未来利差收入相关的现金流,并具有次级特征。

(九)“第一损失责任”是指资产证券化交易参与机构最先承担的资产池损失责任,为该参与机构向资产证券化交易其他参与机构所提供的首要财务支持或者风险保护。

(十)“清仓回购”是指在资产池资产或者资产支持证券全部偿还之前,发起机构赎回资产证券化风险暴露的一种选择权。对于传统型资产证券化交易,清仓回购的通常做法是在资产池或者资产支持证券余额降至一定的水平之后,由发起机构赎回剩余的资产证券化风险暴露;对于合成型资产证券化交易,清仓回购通常是指提前终止信用保护。

(十一)“再资产证券化”是指至少一项基础资产符合本指引第四条关于资产证券化风险暴露定义并具有分层结构的资产证券化风险暴露。对一个或多个再资产证券化的风险暴露属于再资产证券化。

(十二)“服务机构现金透支便利”是指由贷款服务机构提供的一种短期垫款或者融资,包括但不限于垫付清收费用、抵押品相关费用以按时收回基础资产的本金和利息,从而使投资者能按时、足额收取资产支持证券的本金和利息。

(十三)“提前摊还”是指在资产证券化相关法律文件中事先规定的机制被触发时,投资机构将在事先规定的资产支持证券到期日之前得到偿还。

(十四)“控制型提前摊还”是指满足如下条件的提前摊还安排:

1. 发起机构具有恰当的资本或者流动性方案,以确保其在发生提前摊还时有足够的资本和流动性资金。

2. 在包括提前摊还期在内的证券化交易存续期内,发起机构与投资机构按照每月月初在证券化基础资产未偿余额中的相对份额所确定的同一比例，分摊利息、本金、费用、损失与回收金额。

3. 发起机构所设定的提前摊还期应当足以使基础资产至少90%的未偿债务在提前摊还结束时已经被偿还或者认定为违约。

4. 在提前摊还期内，偿还投资机构的速度不得快于直线摊销法下的还款速度。

不满足上述条件的提前摊还安排为“非控制型提前摊还”。

（十五）“非承诺信用额度”是指无需事先通知，即可无条件随时撤消的信用额度。

第五十六条 本指引由银监会负责解释。

第五十七条 本指引自2010年1月1日起施行；有关监管资本要求的计算规则自获得银监会批准实施新资本协议之日起施行。

Ⅵ.1.14 关于进一步扩大信贷资产证券化试点有关事项的通知

（2012年5月17日 银发[2012]127号）

国家开发银行，各政策性银行、国有商业银行、股份制商业银行，中国邮政储蓄银行，各金融资产管理公司，各会计师事务所，各信托公司、企业集团财务公司、汽车金融公司：

根据国务院批复精神和前期信贷资产证券化试点实践经验，结合国际金融危机以后国际资产证券化业务监管的趋势性变化，为了进一步完善制度，防范风险，扎实推进我国信贷资产证券化业务健康可持续发展，现就扩大信贷资产证券化试点有关事项通知如下：

一、基础资产。信贷资产证券化入池基础资产的选择要兼顾收益性和导向性，既要有稳定可预期的未来现金流，又要注重加强与国家产业政策的密切配合。鼓励金融机构选择符合条件的国家重大基础设施项目贷款、涉农贷款、中小企业贷款、经清理合规的地方政府融资平台公司贷款、节能减排贷款、战略性新兴产业贷款、文化创意产业贷款、保障性安居工程贷款、汽车贷款等多元化信贷资产作为基础资产开展信贷资产证券化，丰富信贷资产证券化基础资产种类。信贷资产证券化产品结构要简单明晰，扩大试点阶段禁止进行再证券化、合成证券化产品试点。

二、机构准入。扩大试点阶段，金融机构信贷资产证券化业务准入条件及审批程序继续按照《信贷资产证券化试点管理办法》（中国人民银行 中国银行业监督管理委员会公告[2005]第7号公布）和《金融机构信贷资产证券化试点监督管理办法》（中国银行业监督管理委员会令2005年第3号发布）有关规定执行。鼓励更多经审核符合条件的金融机构参与信贷资产证券化业务。银监会在收到发起机构和受托机构联合报送的完整申请材料之日起五个工作日内决定是否受理申请。银监会决定不受理的，应当书面通知申请人并说明理由；决定受理的，应当自受理之日起三个月内做出批准或者不批准的书面决定。

三、风险自留。扩大试点阶段，信贷资产证券化各发起机构应持有由其发起的每一单资产证券化中的最低档次资产支持证券的一定比例，该比例原则上不得低于每一单全部资产支持证券发行规模的5%，持有期限不得低于最低档次证券的存续期限。本通知施行前，已经发行的资产支持证券不受此规定限制。发起机构原则上应担任信贷资产证券化的贷款服务机构，切实履行贷款服务合同各项约定。

四、信用评级。资产支持证券在全国银行间债券市场发行与交易初始评级应当聘请两家具有评级资质的资信评级机构，进行持续信用评级，并按照有关政策规定在申请发行资产支持证券时向金融监管部门提交两家评级机构的评级报告。鼓励探索采取多元化信用评级方式，支持对资产支持证券采用投资者付费模式进行信用评级。参与资产支持证券评级的各信用评级机构要努力提高对资产支持证券信用评级的透明度和公信力。同时，资产支持证券投资者应建立内部信用评级体系，加强对投资风险自主判断，减少对外部评级的依赖。

五、资本计提。扩大试点阶段，各银行业金融机构仍按照《商业银行资本充足率管理办法》（中国银行业监督管理委员会令 2007 年第 11 号发布）、《金融机构信贷资产证券化试点监督管理办法》（中国银行业监督管理委员会令 2005 年第 3 号发布）和《商业银行资产证券化风险暴露监管资本计量指引》（银监发［2009］116 号）等规定，计提监管资本。本通知施行后，如中国银行业监督管理委员会发布新的资本监管规定，按新规定有关要求执行。

六、会计处理。扩大试点阶段，信贷资产证券化会计处理按照《企业会计准则第 23 号——金融资产转移》（财会［2006］3 号）及财政部发布的相关《企业会计准则解释》的有关规定执行。参与资产证券化业务的各会计师事务所应严格执行财政部相关规定，按要求做好信贷资产证券化会计处理工作。

七、信息披露。信贷资产证券化发起机构、受托机构、信用评级机构或其他证券化服务机构应严格按照《信贷资产证券化试点管理办法》（中国人民银行 中国银行业监督管理委员会公告［2005］第 7 号公布）、《资产支持证券信息披露规则》（中国人民银行公告［2005］第 14 号公布）、《信贷资产证券化基础资产池信息披露有关事项》（中国人民银行公告［2007］第 16 号公布）等政策规定，做好信贷资产证券化业务信息披露工作，按投资人要求及时、准确、真实、完整披露资产支持证券相关信息。在遵循法律法规有关信贷资产证券化相关方私密性权利规定要求的基础上，鼓励创造条件逐步实现对每一笔入池资产按要求进行规范信息披露。

八、投资者要求。稳步扩大资产支持证券机构投资者范围，鼓励保险公司、证券投资基金、企业年金、全国社保基金等经批准合规的非银行机构投资者投资资产支持证券。单个银行业金融机构购买持有单支资产支持证券的比例，原则上不得超过该单资产支持证券发行规模的 40%。

九、中介服务。信贷资产证券化各受托机构、贷款服务机构、资产保管机构、信用增级结构和承销机构及其他为信贷资产证券化发行交易提供服务的中介服务机构，应认真总结前期资产证券化试点实践经验，勤勉尽责，规范经营，在有效识别、计量、监测和控制相关风险的前提下，合力匹配证券风险收益，进一步提高中介服务的质量和水平。

十、本通知自发布之日起施行。前期试点过程已经发布的信贷资产证券化有关政策规定中的具体条款有与本通知不一致的，在扩大试点阶段按本通知有关规定执行。本通知执行过程中遇到的相关情况和问题，请及时报告。

中国人民银行　银监会　财政部
2012 年 5 月 17 日

Ⅵ.1.15 银行间债券市场非金融企业资产支持票据指引

(2012年8月3日 中国银行间市场交易商协会公告[2012]14号)

第一条 为推动金融市场发展,拓宽非金融企业融资渠道,规范非金融企业在银行间债券市场发行资产支持票据的行为,保护投资者合法权益,根据中国人民银行《银行间债券市场非金融企业债务融资工具管理办法》(中国人民银行令[2008]第1号)及中国银行间市场交易商协会(以下简称交易商协会)相关自律规则,制定本指引。

第二条 本指引所称资产支持票据,是指非金融企业(以下简称企业)在银行间债券市场发行的,由基础资产所产生的现金流作为还款支持的,约定在一定期限内还本付息的债务融资工具。

基础资产是指符合法律法规规定,权属明确,能够产生可预测现金流的财产、财产权利或财产和财产权利的组合。基础资产不得附带抵押、质押等担保负担或其他权利限制。

第三条 企业发行资产支持票据应在交易商协会注册。

第四条 企业可选择公开发行或非公开定向发行方式在银行间市场发行资产支持票据。

第五条 企业发行资产支持票据应设置合理的交易结构,不得损害股东、债权人利益。

第六条 企业发行资产支持票据应制定切实可行的现金流归集和管理措施,对基础资产产生的现金流进行有效控制,对资产支持票据的还本付息提供有效支持。

第七条 企业发行资产支持票据所募集资金的用途应符合法律法规和国家政策要求。企业在资产支持票据存续期内变更募集资金用途应提前披露。

第八条 企业应在资产支持票据发行文件中约定投资者保护机制,包括但不限于:

(一)债项评级下降的应对措施;

(二)基础资产现金流恶化或其他可能影响投资者利益等情况的应对措施;

(三)资产支持票据发生违约后的债权保障及清偿安排;

(四)发生基础资产权属争议时的解决机制。

第九条 企业发行资产支持票据应披露以下信息:

(一)资产支持票据的交易结构和基础资产情况;

(二)相关机构出具的现金流评估预测报告;

(三)现金流评估预测偏差可能导致的投资风险;

(四)在资产支持票据存续期内,定期披露基础资产的运营报告。

第十条 企业选择公开发行方式发行资产支持票据,应通过交易商协会认可的网站披露本指引第九条所述信息。

企业选择非公开定向发行方式发行资产支持票据,应在《定向发行协议》中明确约定本指引第九条所述信息的披露方式。

第十一条 企业选择公开发行方式发行资产支持票据,应当聘请两家具有评级资质的资信评级机构进行信用评级。

鼓励对资产支持票据采用投资者付费模式等多元化信用评级方式进行信用评级。

第十二条 本指引由交易商协会秘书处负责解释。

第十三条 本指引自发布之日起施行。

Ⅵ.1.16 证券公司资产证券化业务管理规定

（2013 年 3 月 15 日 中国证监会[2013]16 号）

第一章 总 则

第一条 为了规范证券公司资产证券化业务活动，保障投资者的合法权益，根据《证券法》、《证券公司监督管理条例》和其他相关法律、行政法规，制定本规定。

第二条 本规定所称资产证券化业务，是指以特定基础资产或资产组合所产生的现金流为偿付支持，通过结构化方式进行信用增级，在此基础上发行资产支持证券的业务活动。

证券公司通过设立特殊目的载体开展资产证券化业务适用本规定。

前款所称特殊目的载体，是指证券公司为开展资产证券化业务专门设立的专项资产管理计划（以下简称“专项计划”）或者中国证监会认可的其他特殊目的载体。

第三条 因专项计划资产的管理、运用、处分或者其他情形而取得的财产，归入专项计划资产。因处理专项计划事务所支出的费用、对第三人所负债务，以专项计划资产承担。

专项计划资产独立于原始权益人、管理人、托管人及其他业务参与人的固有财产。

原始权益人、管理人、托管人及其他业务参与机构因依法解散、被依法撤销或者宣告破产等原因进行清算的，专项计划资产不属于其清算财产。

第四条 管理人管理、运用和处分专项计划资产所产生的债权，不得与原始权益人、管理人、托管人、资产支持证券投资者及其他业务参与机构的固有财产产生的债务相抵销。管理人管理、运用和处分不同专项计划资产所产生的债权债务，不得相互抵销。

第五条 专项计划资产应当由具有相关业务资格的商业银行、中国证券登记结算有限责任公司、具有托管业务资格的证券公司或者中国证监会认可的其他资产托管机构托管。

第六条 资产支持证券可以按照规定在证券交易所、中国证券业协会机构间报价与转让系统、证券公司柜台市场以及中国证监会认可的其他交易场所进行转让。

第七条 证券公司通过设立专项计划发行资产支持证券,应当向中国证监会提出申请并获得批准。

中国证监会应当自受理申请之日起2个月内,对上述申请作出批准或不予批准的书面决定。

第二章 专项计划

第八条 本规定所称基础资产,是指符合法律法规,权属明确,可以产生独立、可预测的现金流的可特定化的财产权利或者财产。基础资产可以是单项财产权利或者财产,也可以是多项财产权利或者财产构成的资产组合。

前款规定的财产权利或者财产,可以是企业应收款、信贷资产、信托受益权、基础设施收益权等财产权利,商业物业等不动产财产,以及中国证监会认可的其他财产或财产权利。

第九条 法律法规规定基础资产转让应当办理批准、登记手续的,应当依法办理。法律法规没有要求办理登记或者暂时不具备办理登记条件的,管理人应当采取有效措施,维护基础资产安全。

基础资产为债权的,应当按照有关法律规定将债权转让事项通知债务人。

第十条 基础资产不得附带抵押、质押等担保负担或者其他权利限制。能够通过专项计划相关安排,解除基础资产相关担保负担和其他权利限制的除外。

第十一条 以基础资产产生现金流循环购买新的同类基础资产方式组成专项计划资产的,专项计划的法律文件应当明确说明基础资产的购买条件、购买规模、流动性风险以及风险控制措施。基础资产的规模、存续期限应当与资产支持证券的规模、存续期限相匹配。

第十二条 专项计划的货币收支活动均应当通过专项计划账户进行。

第十三条 资产支持证券是投资者享有专项计划权益的证明,可以依法继承、交易或转让。资产支持证券投资者不得主张分割专项计划资产,不得要求专项计划回购资产支持证券。

资产支持证券投资者享有下列权利:

(一)分享专项计划收益;

(二)按照认购协议及计划说明书的约定参与分配清算后的专项计划剩余资产;

(三)获得资产管理报告等专项计划信息披露文件,查阅或者复制专项计划相关信息资料;

(四)依法以交易、转让或质押等方式处置资产支持证券;

（五）根据交易场所相关规则，通过回购进行融资；

（六）认购协议或者计划说明书约定的其他权利。

第十四条 专项计划可以通过内部或者外部信用增级方式提升资产支持证券信用等级。

同一专项计划发行的资产支持证券可以划分为不同种类。同一种类的资产支持证券，享有同等权益，承担同等风险。

第十五条 资产支持证券可以由取得中国证监会核准的证券市场资信评级业务资格的资信评级机构（以下简称资信评级机构）进行初始评级和跟踪评级。

第十六条 专项计划的管理人以及资产支持证券的销售机构应当采取下列措施，保障投资者的投资决定是在充分知悉资产支持证券风险收益特点的情形下作出的审慎决定：

（一）了解投资者的财产与收入状况、风险承受能力和投资偏好等，推荐与其风险承受能力相匹配的资产支持证券；

（二）向投资者充分披露专项计划的基础资产情况、现金流预测情况以及对专项计划的影响、交易合同主要内容及资产支持证券的风险收益特点，告知投资资产支持证券的权利义务；

（三）制作风险揭示书充分揭示投资风险，在接受投资者认购资金前应当确保投资者已经知悉风险揭示书内容并在风险揭示书上签字。

第十七条 专项计划应当开立资产支持证券募集专用账户，用于资产支持证券认购资金的接收、验资与划转。管理人应当在专项计划设立后5个工作日内，将专项计划的设立情况向住所地中国证监会派出机构报告。

第十八条 发行期结束时，资产支持证券发行规模未达到计划说明书约定的最低发行规模，或者专项计划未满足计划说明书约定的其他设立条件，专项计划设立失败。管理人应当自发行期结束之日起10个工作日内，向投资者退还认购资金及利息。

第十九条 资产支持证券的登记、托管、转让、结算、代为兑付等事项应当遵守有关交易场所及相应登记结算机构的规定。证券公司可以为资产支持证券提供双边报价服务。

第三章 管理人及托管人

第二十条 管理人应当履行下列职责：

（一）对相关交易主体和基础资产进行全面的尽职调查；

（二）在专项计划存续期间，督促可能对专项计划以及资产支持证券投资者的利益产生重大影响的原始权益人（以下简称特定原始权益人）以及为专项计划

提供服务的有关机构,履行法律规定或合同约定的义务;

(三)办理资产支持证券发行事宜;

(四)按照约定及时将募集资金支付给原始权益人;

(五)为资产支持证券投资者的利益管理专项计划资产;

(六)建立相对封闭、独立的基础资产现金流归集机制,切实防范专项计划资产被混同、挪用等风险;

(七)监督、检查特定原始权益人持续经营情况和基础资产现金流状况,出现重大异常情况的,管理人应当采取必要措施,维护专项计划资产安全;

(八)按照约定向资产支持证券投资者分配收益;

(九)履行信息披露义务;

(十)负责专项计划的终止清算;

(十一)法律、行政法规和中国证监会规定以及计划说明书约定的其他职责。

第二十一条 管理人不得有下列行为:

(一)募集资金不入账或者进行其他任何形式的账外经营;

(二)超过计划说明书约定的规模募集资金;

(三)挪用专项计划资产;

(四)以专项计划资产设定担保或者形成其他或有负债;

(五)违反计划说明书的约定以专项计划资产对外投资;

(六)法律、行政法规和中国证监会禁止的其他行为。

第二十二条 管理人应当为专项计划单独记账、独立核算,不同的专项计划在账户设置、资金划拨、账簿记录等方面应当相互独立。

第二十三条 管理人应当针对专项计划存续期内可能出现的重大风险,制订切实可行的风险控制措施和风险处置预案。在风险发生时,管理人应当勤勉尽责地执行风险处置预案,最大程度地保护资产支持证券投资者利益。

第二十四条 有下列情形之一的,管理人应当在计划说明书中充分披露有关事项,并对可能存在的风险以及采取的风险防范措施予以说明:

(一)管理人持有原始权益人5%以上的股份或出资份额;

(二)原始权益人持有管理人5%以上的股份或出资份额;

(三)管理人与原始权益人之间近三年存在承销保荐、财务顾问等业务关系;

(四)管理人与原始权益人之间存在其他重大利益关系。

第二十五条 管理人与原始权益人存在第二十四条所列情形,或者管理人以自有资金或者其管理的集合资产管理计划、其他客户资产、证券投资基金认购资产支持证券的,应当采取有效措施,防范可能产生的利益冲突。

管理人以自有资金或其管理的集合资产管理计划、其他客户资产、证券投资基金认购资产支持证券的比例上限，由其按照有关规定和合同约定确定。

第二十六条 专项计划终止的，管理人应当按照计划说明书的约定成立清算组，负责专项计划资产的保管、清理、估价、变现和分配。

管理人应当自专项计划清算完毕之日起10个工作日内，向托管人、资产支持证券投资者出具清算报告，并将清算结果报住所地中国证监会派出机构备案。

管理人应当聘请具有证券相关业务资格的会计师事务所对清算报告出具审计意见。

第二十七条 未经中国证监会同意，专项计划不得变更管理人。

管理人出现被取消资产管理业务资格、解散、被撤销或宣告破产以及其他不能继续履行职责情形的，在依据计划说明书或者其他相关法律文件的约定选任符合本规定要求的新的管理人之前，由中国证监会指定临时管理人。计划说明书应当对此作出相应约定。

第二十八条 管理人职责终止的，应当及时办理档案和职责移交手续。管理人完成移交手续前，应当妥善保管专项计划文件和资料，维护资产支持证券投资者的合法权益。

管理人应当自完成移交手续之日起5个工作日内，向住所地中国证监会派出机构报告。

第二十九条 托管人办理专项计划的托管业务，应当履行下列职责：

（一）安全保管专项计划资产；

（二）监督管理人专项计划的运作，发现管理人的管理指令违反计划说明书或者托管协议约定的，应当要求改正；未能改正的，应当拒绝执行并及时报告管理人住所地中国证监会派出机构；

（三）出具资产托管报告；

（四）计划说明书以及相关法律文件约定的其他事项。

第四章 原始权益人

第三十条 原始权益人不得侵占、损害专项计划资产，并应当履行下列职责：

（一）依照法律、行政法规、公司章程和相关协议的规定或者约定移交基础资产；

（二）配合并支持管理人、托管人以及其他为资产证券化业务提供服务的机构履行职责；

（三）专项计划法律文件约定的其他职责。

第三十一条 原始权益人向管理人等有关业务参与人所提交的文件应当真

实、准确、完整，不存在虚假记载、误导性陈述或者重大遗漏；原始权益人应当确保基础资产真实、合法、有效，不存在任何影响专项计划设立的情形。

第三十二条 特定原始权益人还应当符合下列条件：

（一）生产经营符合法律、行政法规、特定原始权益人公司章程或者企业、事业单位的内部规章文件的规定；

（二）内部控制制度健全；

（三）具有持续经营能力，无重大经营风险、财务风险和法律风险；

（四）最近三年未发生重大违约、虚假信息披露或者其他重大违法违规行为；

（五）法律、行政法规和中国证监会规定的其他条件。

上述特定原始权益人，在专项计划存续期间，应当维持正常的生产经营活动或者提供合理的支持，为基础资产产生预期现金流提供必要的保障。发生重大事项可能损害资产支持证券投资者利益的，应当及时书面告知管理人。

第五章 设立申请

第三十三条 证券公司申请设立专项计划、发行资产支持证券，应当具备以下条件：

（一）具备证券资产管理业务资格；

（二）最近1年未因重大违法违规行为受到行政处罚；

（三）具有完善的合规、风控制度以及风险处置应对措施，能有效控制业务风险。

证券公司申请设立专项计划、发行资产支持证券，应当按照本规定附件向中国证监会提交申请文件。

第三十四条 资产支持证券的投资者应当为合格投资者，合格投资者合计不得超过二百人。

合格投资者的具体标准，由中国证券业协会另行规定。

第三十五条 资产支持证券在本规定第六条所列交易场所转让的，转让后资产支持证券的投资者应当为合格投资者，且合计不得超过二百人。

第六章 信息披露

第三十六条 管理人、托管人应当自每个会计年度结束之日起3个月内，向资产支持证券投资者披露年度资产管理报告、年度托管报告。每次收益分配前，管理人应当向资产支持证券投资者进行信息披露。

年度资产管理报告、年度托管报告应当由管理人报住所地中国证监会派出机构备案。

第三十七条 年度资产管理报告应当至少包括下列内容：

（一）基础资产运行情况；

（二）特定原始权益人、管理人、托管人等业务参与人的履约情况；

（三）专项计划账户资金收支情况；

（四）需要对资产支持证券投资者报告的其他事项；

（五）会计师事务所对专项计划年度运行情况的审计意见。

第三十八条 年度托管报告应当至少包括下列内容：

（一）专项计划资产托管情况；

（二）对管理人的监督情况；

（三）需要对资产支持证券投资者报告的其他事项。

第三十九条 专项计划存续期间发生下列情形的，管理人应当及时向资产支持证券投资者披露，并向住所地中国证监会派出机构报告：

（一）未按计划说明书约定分配收益；

（二）资产支持证券信用等级发生不利调整；

（三）基础资产发生超过资产支持证券未偿本金余额10%以上的损失；

（四）基础资产的运行情况或产生现金流的能力发生重大变化；

（五）特定原始权益人、管理人、托管人或者基础资产涉及法律纠纷，可能影响按时分配收益；

（六）预计基础资产现金流相比预期减少20%以上；

（七）特定原始权益人、管理人、托管人等相关机构违反合同约定，对资产支持证券投资者利益产生不利影响；

（八）特定原始权益人、管理人、托管人等相关机构的经营情况发生重大变化，或者作出减资、合并、分立、解散、申请破产等决定，可能影响资产支持证券投资者利益；

（九）管理人、托管人、资信评级机构等相关机构发生变更；

（十）特定原始权益人、管理人、托管人等相关机构信用等级发生调整，影响资产支持证券投资者利益；

（十一）可能对资产支持证券投资者利益产生重大影响的情形。

第七章 监督管理

第四十条 证券公司开展资产证券化业务，应当根据中国证监会及其派出机构的要求，及时报送有关业务信息。在资产证券化业务运作过程中发生重大事件的，证券公司应当立即向住所地中国证监会派出机构报告。

第四十一条 中国证监会派出机构应当对资产证券化业务中管理人、托管人职责履行情况进行监督,并根据监管需要对资产证券化业务开展情况进行检查。对于违反本规定的,中国证监会派出机构应当依法责令其限期改正,并视情节轻重,依法采取相应的监管措施。

第四十二条 为专项计划出具现金流预测报告、评级报告、法律意见书等文件的相关机构未勤勉尽责,所制作、出具的文件有虚假记载、误导性陈述或重大遗漏的,中国证监会依照《证券法》等有关法律、行政法规进行处罚;涉嫌犯罪的,依法移送司法机关,追究其刑事责任。

第四十三条 证券交易场所、证券登记结算机构以及其他自律组织可以制定规则,对资产支持证券的发行、交易、转让、登记结算以及信息披露等事项进行规范。

第八章 附 则

第四十四条 证券公司通过其他特殊目的载体开展的资产证券化业务,参照本规定执行。中国证监会另有规定的,从其规定。

第四十五条 证券投资基金管理公司、期货公司、证券金融公司和中国证监会负责监管的其他公司,以及商业银行、保险公司、信托公司等金融机构,在本规定第六条所列交易场所发行和转让资产支持证券,参照适用本规定。

第四十六条 本规定自公布之日起施行。

附件:证券公司设立专项计划发行资产支持证券申请文件清单及要求

证券公司设立专项计划发行资产支持证券申请文件清单及要求

一、申请文件:

(一)申请书;

(二)计划说明书草案;

(三)主要交易合同文本草案;

(四)法律意见书;

(五)特定原始权益人最近3年(未满3年的自成立之日起)经审计的财务会计报告及融资情况说明;

(六)中国证监会要求的其他材料。

二、计划说明书应当包括以下内容:

(一)专项计划的交易结构;

(二)信用增级方式;

(三)资产支持证券的发行规模、品种、期限、预期收益率、资信评级状况(如有）、登记、托管、交易场所等基本情况；

（四）特定原始权益人、管理人等业务参与人情况；

（五）基础资产情况及其现金流预测或者收益分析；

（六）专项计划资产的管理安排；

（七）现金流归集、投资及分配；

（八）风险揭示与防范措施；

（九）专项计划的设立、终止等事项；

（十）专项计划清算程序、清算财产的分配顺序及方式；

（十一）信息披露安排；

（十二）主要交易文件摘要。

计划说明书应当在显著位置说明，资产支持证券仅代表专项计划权益的相应份额，不属于管理人或者任何其他机构的负债，并提示资产支持证券投资风险。

三、法律意见书应当包括以下内容：

（一）管理人、销售机构、托管人的资质及权限；

（二）说明书、资产转让协议、托管协议、认购协议等法律文件的合法性；

（三）基础资产的真实性、合法性、有效性、权利归属及其负担情况；

（四）基础资产转让行为的合法性；

（五）专项计划信用增级安排的合法性、有效性；

（六）对可能影响资产支持证券投资者利益的其他重大事项的意见。

四、证券公司、其他相关业务参与机构及相关人员应当作出承诺，保证申请文件内容真实、准确、完整，不存在虚假记载、误导性陈述或者重大遗漏，并对其出具的相关文件及申请文件中引用内容的真实性、准确性、完整性承担相应的法律责任。

五、证券公司编制申请文件时，应当尽量使用事实描述性语言；报送申请文件时，应当提交原件 1 份、复印件 2 份；申请文件一经受理，未经中国证监会同意，不得增加、撤回或者更换。

Ⅶ 中小企业债券品种

Ⅶ.1 中小企业私募债

Ⅶ.1.1 中小企业划型标准规定

(2011年6月18日 工信部联企业[2011]300号)

一、根据《中华人民共和国中小企业促进法》和《国务院关于进一步促进中小企业发展的若干意见》(国发[2009]36号),制定本规定。

二、中小企业划分为中型、小型、微型三种类型,具体标准根据企业从业人员、营业收入、资产总额等指标,结合行业特点制定。

三、本规定适用的行业包括:农、林、牧、渔业,工业(包括采矿业,制造业,电力、热力、燃气及水生产和供应业),建筑业,批发业,零售业,交通运输业(不含铁路运输业),仓储业,邮政业,住宿业,餐饮业,信息传输业(包括电信、互联网和相关服务),软件和信息技术服务业,房地产开发经营,物业管理,租赁和商务服务业,其他未列明行业(包括科学研究和技术服务业,水利、环境和公共设施管理业,居民服务、修理和其他服务业,社会工作,文化、体育和娱乐业等)。

四、各行业划型标准为:

(一)农、林、牧、渔业。营业收入20000万元以下的为中小微型企业。其中,营业收入500万元及以上的为中型企业,营业收入50万元及以上的为小型企业,营业收入50万元以下的为微型企业。

(二)工业。从业人员1000人以下或营业收入40000万元以下的为中小微型企业。其中,从业人员300人及以上,且营业收入2000万元及以上的为中型企业;从业人员20人及以上,且营业收入300万元及以上的为小型企业;从业人员20人以下或营业收入300万元以下的为微型企业。

(三)建筑业。营业收入80000万元以下或资产总额80000万元以下的为中小微型企业。其中，营业收入6000万元及以上，且资产总额5000万元及以上的为中型企业；营业收入300万元及以上，且资产总额300万元及以上的为小型企业；营业收入300万元以下或资产总额300万元以下的为微型企业。

（四）批发业。从业人员200人以下或营业收入40000万元以下的为中小微型企业。其中，从业人员20人及以上，且营业收入5000万元及以上的为中型企业；从业人员5人及以上，且营业收入1000万元及以上的为小型企业；从业人员5人以下或营业收入1000万元以下的为微型企业。

（五）零售业。从业人员300人以下或营业收入20000万元以下的为中小微型企业。其中，从业人员50人及以上，且营业收入500万元及以上的为中型企业；从业人员10人及以上，且营业收入100万元及以上的为小型企业；从业人员10人以下或营业收入100万元以下的为微型企业。

（六）交通运输业。从业人员1000人以下或营业收入30000万元以下的为中小微型企业。其中，从业人员300人及以上，且营业收入3000万元及以上的为中型企业；从业人员20人及以上，且营业收入200万元及以上的为小型企业；从业人员20人以下或营业收入200万元以下的为微型企业。

（七）仓储业。从业人员200人以下或营业收入30000万元以下的为中小微型企业。其中，从业人员100人及以上，且营业收入1000万元及以上的为中型企业；从业人员20人及以上，且营业收入100万元及以上的为小型企业；从业人员20人以下或营业收入100万元以下的为微型企业。

（八）邮政业。从业人员1000人以下或营业收入30000万元以下的为中小微型企业。其中，从业人员300人及以上，且营业收入2000万元及以上的为中型企业；从业人员20人及以上，且营业收入100万元及以上的为小型企业；从业人员20人以下或营业收入100万元以下的为微型企业。

（九）住宿业。从业人员300人以下或营业收入10000万元以下的为中小微型企业。其中，从业人员100人及以上，且营业收入2000万元及以上的为中型企业；从业人员10人及以上，且营业收入100万元及以上的为小型企业；从业人员10人以下或营业收入100万元以下的为微型企业。

（十）餐饮业。从业人员300人以下或营业收入10000万元以下的为中小微型企业。其中，从业人员100人及以上，且营业收入2000万元及以上的为中型企业；从业人员10人及以上，且营业收入100万元及以上的为小型企业；从业人员10人以下或营业收入100万元以下的为微型企业。

（十一）信息传输业。从业人员2000人以下或营业收入100000万元以下的为中小微型企业。其中，从业人员100人及以上，且营业收入1000万元及以上的为中型企业；从业人员10人及以上，且营业收入100万元及以上的为小型企业；

从业人员 10 人以下或营业收入 100 万元以下的为微型企业。

（十二）软件和信息技术服务业。从业人员 300 人以下或营业收入 10000 万元以下的为中小微型企业。其中，从业人员 100 人及以上，且营业收入 1000 万元及以上的为中型企业；从业人员 10 人及以上，且营业收入 50 万元及以上的为小型企业；从业人员 10 人以下或营业收入 50 万元以下的为微型企业。

（十三）房地产开发经营。营业收入 200000 万元以下或资产总额 10000 万元以下的为中小微型企业。其中，营业收入 1000 万元及以上，且资产总额 5000 万元及以上的为中型企业；营业收入 100 万元及以上，且资产总额 2000 万元及以上的为小型企业；营业收入 100 万元以下或资产总额 2000 万元以下的为微型企业。

（十四）物业管理。从业人员 1000 人以下或营业收入 5000 万元以下的为中小微型企业。其中，从业人员 300 人及以上，且营业收入 1000 万元及以上的为中型企业；从业人员 100 人及以上，且营业收入 500 万元及以上的为小型企业；从业人员 100 人以下或营业收入 500 万元以下的为微型企业。

（十五）租赁和商务服务业。从业人员 300 人以下或资产总额 120000 万元以下的为中小微型企业。其中，从业人员 100 人及以上，且资产总额 8000 万元及以上的为中型企业；从业人员 10 人及以上，且资产总额 100 万元及以上的为小型企业；从业人员 10 人以下或资产总额 100 万元以下的为微型企业。

（十六）其他未列明行业。从业人员 300 人以下的为中小微型企业。其中，从业人员 100 人及以上的为中型企业；从业人员 10 人及以上的为小型企业；从业人员 10 人以下的为微型企业。

五、企业类型的划分以统计部门的统计数据为依据。

六、本规定适用于在中华人民共和国境内依法设立的各类所有制和各种组织形式的企业。个体工商户和本规定以外的行业，参照本规定进行划型。

七、本规定的中型企业标准上限即为大型企业标准的下限，国家统计部门据此制定大中小微型企业的统计分类。国务院有关部门据此进行相关数据分析，不得制定与本规定不一致的企业划型标准。

八、本规定由工业和信息化部、国家统计局会同有关部门根据《国民经济行业分类》修订情况和企业发展变化情况适时修订。

九、本规定由工业和信息化部、国家统计局会同有关部门负责解释。

十、本规定自发布之日起执行，原国家经贸委、原国家计委、财政部和国家统计局 2003 年颁布的《中小企业标准暂行规定》同时废止。

Ⅶ.1.2 中小企业私募债券试点登记结算业务实施细则

(2012 年 5 月 20 日 中国证券登记结算有限责任公司)

关于发布《中小企业私募债券试点登记结算业务实施细则》的通知

各市场参与主体:

为规范中小企业私募债券试点的登记结算业务运作,保护投资者合法权益,本公司制定了《中小企业私募债券试点登记结算业务实施细则》,现予以发布,并自发布之日起实施。

附件:《中小企业私募债券试点登记结算业务实施细则》

中国证券登记结算有限责任公司

二〇一二年五月二十二日

中小企业私募债券试点登记结算业务实施细则

第一条 为规范中小企业私募债券(以下简称私募债券)试点的登记结算业务运作,保护投资者合法权益,根据《公司法》、《证券法》、《证券登记结算管理办法》等法律法规、部门规章的规定,以及中国证券登记结算有限责任公司(以下简称本公司)相关业务规则,制定本细则。

第二条 本细则适用于上海证券交易所、深圳证券交易所(以下简称证券交易所)《中小企业私募债券业务试点办法》规定的私募债券的登记、结算。

第三条 私募债券发行人(以下简称发行人)在向证券交易所备案并取得其出具的《接受备案通知书》后,应向本公司申请办理私募债券的集中登记。

第四条 本公司通过电子化证券登记簿记系统办理私募债券的集中登记。

本公司根据投资者证券账户的记录办理私募债券持有人名册登记。

第五条 投资者认购、登记、托管及转让私募债券的,应当通过其 A 股证券账户进行。

第六条 发行人向本公司申请办理私募债券初始登记前,应当与本公司签订证券登记及服务协议，明确双方的权利义务关系。

发行人也可以委托承销商向本公司申请办理私募债券初始登记。

第七条 发行人或其委托的承销商申请办理初始登记时，应当提交以下申请材料：

（一）私募债券初始登记申请；

（二）证券交易所出具的私募债券发行《接受备案通知书》；

（三）承销协议；

（四）具有从事证券业务资格的会计师事务所出具的关于私募债券发行人全部募集资金到位的验资报告；

（五）私募债券担保协议（如有）；

（六）已完成发行的私募债券持有人名册；

（七）发行人最近年检后的法人营业执照副本原件及复印件、法定代表人对指定联络人的授权委托书；

（八）指定联络人有效身份证明文件原件及复印件；

（九）发行人委托承销商办理初始登记的，还应提交授权委托书；

（十）本公司要求提供的其他材料。

本公司对发行人提交的申请材料是否完整、齐全、符合法定形式等进行形式审核。审核通过后，根据发行人提交的发行数据，办理私募债券持有人名册的初始登记，并向发行人出具证券登记证明文件。

由于发行人或其委托的承销商提交的申请材料不真实、不准确、不完整或其他因发行人原因导致登记不实所产生的一切法律责任由发行人承担。

第八条 私募债券通过上海证券交易所固定收益证券综合电子平台、深圳证券交易所综合协议交易平台转让的，或通过证券公司转让的，本公司依据私募债券转让的交收结果，办理私募债券的变更登记。

第九条 本公司根据投资者及其他相关当事人的申请办理以下变更登记

（一）继承、捐赠、依法进行的财产分割引起的过户登记；

（二）法人合并、分立，或因解散、破产、被依法责令关闭等原因丧失法人资格引起的过户登记；

（三）司法冻结与扣划；

（四）质押登记；

（五）相关法律、行政法规、中国证监会规章及本公司业务规则规定的其他情形。

第十条 本公司向发行人提供以下私募债券持有人名册服务：

（一）按照双方约定，定期向发行人发送持有人名册；

（二）因召开私募债券持有人会议、派发本息等原因，发行人申领持有人名册；

（三）本公司认可的其他情形。

发行人取得持有人名册后，应当妥善保管，并在法律、行政法规和部门规章许可的范围内使用持有人名册。因发行人不当使用持有人名册所产生的一切法律责任由发行人承担。

第十一条 发行人委托本公司派发私募债券本息的，应当在本公司规定时间内将用于派发私募债券本息的资金划转至本公司指定的银行账户。

本公司确认发行人的相应款项到账后，根据本公司有关业务规定办理私募债券本息派发手续。

发行人委托本公司派发私募债券本息，不能在本公司规定期限内划入相关款项的，发行人应当及时通知本公司，并按有权机构规定方式进行披露，说明原因。

发行人不能在本公司规定期限内划入相关款项、未履行及时通知及披露义务以及其他因发行人原因，导致投资者未按时取得私募债券本息所产生的一切法律责任由发行人承担。

第十二条 发行人、投资者可以通过本公司提供的电子网络服务系统、现场办理等方式向本公司申请查询与自己相关的私募债券登记信息。

对通过网络查询服务系统等非现场办理方式获得的查询结果有异议的，应以本公司确认的查询结果为准。

第十三条 对于通过上海证券交易所固定收益证券综合电子平台、深圳证券交易所综合协议交易平台达成的私募债券转让，本公司根据证券交易所发送的转让成交结果办理清算交收。

对于通过证券公司转让的私募债券，本公司根据经证券交易所确认的私募债券转让成交结果办理清算交收。

第十四条 对于私募债券转让，本公司依据结算参与人的委托，办理结算参与人之间的债券和资金的结算。结算参与人与其客户之间的债券划付，应当委托本公司代为办理。

第十五条 对于私募债券转让，本公司可提供逐笔全额、纯券过户等结算服务，以及代收代付等服务。

逐笔全额结算是指本公司作为结算组织者，对每笔私募债券转让，在规定的交收时点，将买方结算参与人应付资金足额划付给卖方结算参与人的同时，将卖方结算参与人应付债券足额划付给买方结算参与人。在逐笔全额结算过程中，本公司不作为共同对手方，不提供交收担保。

纯券过户是指私募债券转让达成后，本公司根据交易所确认的转让成交结果，在规定的交收时点，将卖方结算参与人应付债券足额划付给买方结算参与人，买卖双方结算参与人之间的资金结算自行完成。

代收代付是指买卖双方结算参与人可选择通过本公司资金划付平台完成应收应付资金的划转。

第十六条 对于私募债券转让，本公司可按照与结算参与人的约定提供不同的清算交收周期安排。

第十七条 结算参与人通过其在本公司开立的资金交收账户（结算备付金账户，上海市场为专用资金交收账户）和证券交收账户分别完成资金与债券的交收。

第十八条 对于采用逐笔全额结算方式的私募债券转让，本公司根据证券交易所发送的私募债券转让成交数据进行逐笔清算，计算出结算参与人每笔转让的应收（应付）资金（债券）数量，并按本细则第十九条、第二十条的规定办理债券与资金的交收。

第十九条 在规定的交收时点，本公司根据私募债券逐笔全额清算结果，按转让成交顺序逐笔检查应付资金结算参与人资金交收账户中资金是否足额，同时检查应付债券结算参与人卖出证券账户中债券是否足额，检查的最小单位是单笔转让数量，不办理部分交收。如单笔债券转让的应付资金或债券不足，本公司继续按转让成交顺序进行下一笔债券转让的资金、债券检查和办理交收。

第二十条 结算参与人应付资金、债券均足额的，本公司将相应资金从应付资金结算参与人资金交收账户划转至应收资金结算参与人资金交收账户；同时将相应债券从卖出客户的证券账户代为划付至应付债券结算参与人证券交收账户，再划转至应收债券结算参与人证券交收账户，再代为划拨至其买入客户的证券账户。

买方结算参与人应付资金不足，或者卖方结算参与人应付债券不足的，则本公司做交收失败处理。由于结算参与人应付债券或资金不足导致交收失败的，由违约方结算参与人向对手方结算参与人承担全部责任。本公司将把结算参与人交收违约情况报告中国证监会。

第二十一条 对于采用纯券过户结算方式的私募债券转让，本公司根据证券交易所发送的私募债券转让成交数据，检查应付债券结算参与人相关卖出证券账户中债券是否足额，检查的最小单位是单笔转让数量，不办理部分交收。应付债券足额的，本公司将相应债券从卖出客户的证券账户代为划付至应付债券结算参与人证券交收账户，再划转至应收债券结算参与人证券交收账户，再代为划拨至其买入客户的证券账户。

第二十二条 结算参与人私募债券采用纯券过户结算方式的,相关结算资金的划付可选择本公司代收代付方式完成。本公司可根据结算参与人的资金划付指令,通过结算参与人的相关资金交收账户办理资金的代收代付。因资金不足导致的资金划付失败,由相关责任方协商解决后续处理事宜。

第二十三条 私募债券涉及的登记、结算业务,除本细则有特别规定外,适用本公司《证券账户管理规则》、《证券登记规则》、《债券登记、托管与结算业务细则》以及其他登记结算相关业务规则办理。

第二十四条 本细则由本公司负责解释。

第二十五条 本细则自发布之日起实施。

VII. 1.3 证券公司开展中小企业私募债券承销业务试点办法

（2012年5月23日　中证协发[2012]120号）

关于发布《证券公司开展中小企业私募债券承销业务试点办法》的通知

各证券公司：

为规范证券公司开展中小企业私募债券承销业务，服务实体经济，促进中小微企业发展，中国证券业协会（以下简称协会）根据《中华人民共和国公司法》、《中华人民共和国证券法》等法律、法规，制定了《证券公司开展中小企业私募债券承销业务试点办法》（见附件），现予发布实施。

附件：证券公司开展中小企业私募债券承销业务试点办法

二〇一二年五月二十三日

证券公司开展中小企业私募债券承销业务试点办法

第一章　总　　则

第一条　为规范证券公司开展中小企业私募债券承销业务，服务实体经济，促进中小微企业发展，根据《中华人民共和国公司法》、《中华人民共和国证券法》等法律、法规，制定本办法。

第二条　证券公司接受非上市中小微企业委托，承销该企业以非公开方式发行公司债券（以下简称私募债券），适用本办法。

第三条　证券公司开展私募债券承销业务，应当遵循平等、自愿、诚实信用原则。

担任私募债券承销商的证券公司及其业务人员应勤勉尽责，严格遵守执业规范和职业道德，按规定和约定履行义务。

第四条　担任私募债券承销商的证券公司应按照本办法和相关约定督促发

行人履行信息披露义务,协助发行人制定偿债保障措施和投资者保护机制,保护投资者的合法权益。

第五条 证券公司开展私募债券承销业务,应当建立完备的投资者适当性制度。参与私募债券认购和转让的投资者应为具备相应风险识别和承担能力的合格投资者,证券公司应当了解和评估投资者对私募债券的风险识别和承担能力,充分揭示风险。

第六条 证券公司应要求投资者在首次认购私募债券前签署风险认知书,承诺具备合格投资者资格,知悉债券风险,进行独立的投资判断,并自行承担投资风险。

第七条 中国证券业协会(以下简称"证券业协会")依据本办法对证券公司开展私募债券承销业务实施自律管理。

第二章 试点方案备案

第八条 证券公司开展私募债券承销业务试点,应符合下列条件:

(一)经中国证券监督管理委员会(以下简称"中国证监会")批准可以从事证券承销业务,并已开展债券承销业务;

(二)最近一年证券公司分类评价 B 类(含)以上;

(三)净资本不低于 10 亿元人民币;

(四)各项风险控制指标符合中国证监会的有关规定;

(五)最近一年没有重大违法违规行为,未被中国证监会立案稽查,未受到中国证监会行政处罚;

(六)已制定开展私募债券承销业务试点实施方案和健全的业务规则,具备开展试点所需的专业人员和技术设施;

(七)证券业协会规定的其他条件。

第九条 证券公司开展私募债券承销业务试点,应当将下列材料报证券业协会备案:

(一)公司关于开展私募债券承销业务试点的说明;

(二)开展私募债券承销业务试点实施方案及相关业务规则;

(三)公司董事会关于开展私募债券承销业务的决议;

(四)证券业协会要求的其他文件。

第十条 证券业协会负责组织对证券公司试点实施方案进行专业评价。通过专业评价后,证券公司方可开展私募债券承销业务。

第三章 尽职调查

第十一条 证券公司担任私募债券的承销商,应对发行人及其担保人的情况进行尽职调查，形成尽职调查报告。

尽职调查包括但不限于以下内容：

（一）发行人的基本情况和实际控制人情况；

（二）经营范围和主营业务情况；

（三）公司治理和内部控制情况；

（四）财务状况及偿债能力；

（五）信用记录调查；

（六）所募资金用途；

（七）增信措施安排和提供信用增进服务的机构资信状况（若有）；

（八）或有事项及其他重大事项情况。

第十二条 证券公司承销私募债券，应遵循审慎原则，履行必要的立项、内部审核程序。证券公司在内部审核中应重点关注以下事项：

（一）发行人公司治理和内部控制制度是否存在重大缺陷；

（二）发行人提供的财务会计文件有无虚假记载；

（三）发行人对已发行的债券或者其他债务是否有违约或者迟延支付本息的事实，且仍处于继续状态；

（四）发行人是否存在重大违法行为或严重损害投资者合法权益和社会公共利益的其他情形。

第十三条 证券公司应建立尽职调查工作底稿制度，尽职调查工作底稿应归入公司私募债券承销业务档案予以妥善保存。

第四章 债券承销

第十四条 证券公司应与发行人签订《私募债券承销协议》（以下简称“承销协议”），明确双方的权利和义务。

承销协议的内容包括但不限于：

（一）发行人、证券公司的基本情况；

（二）承销方式和承销费用；

（三）发行人对其所提供资料的真实性、准确性和完整性的声明；

（四）发行对象的范围和条件；

（五）私募债券名称、发行金额、期限、发行价格或利率确定方式；

（六）募集资金的用途；

（七）信息披露的范围、方式和具体标准；

（八）私募债券的转让场所、转让方式、转让范围及约束条件；

（九）私募债券增信措施情况（若有）；

（十）信用评级和跟踪评级的具体安排（若有）；

（十一）保密条款；

（十二）证券业协会规定的其他内容。

第十五条 证券公司应协助发行人制作债券募集说明书及相关附属文件。

第十六条 证券公司不得采用广告等公开以及变相公开方式承销私募债券。每期私募债券的投资者合计不得超过200人。

第十七条 证券公司在承销过程中，不得以提供透支、回扣等不正当手段诱使投资者认购私募债券。

第十八条 证券公司对在承销活动中获得的内幕信息和商业秘密应当予以保密，不得利用内幕信息和商业秘密获取不当利益。

第十九条 私募债券存续期间，证券公司应持续关注发行人和提供增信服务的机构的情况，及时掌握其风险状况及偿债能力，督促发行人按有关约定履行还本付息义务。

证券公司应按照本办法和相关约定协助、指导和督促发行人履行信息披露义务。

第五章　风险控制与合规管理

第二十条 证券公司应建立健全开展私募债券承销业务的管理制度、业务流程和操作规范，明确内部职责分工，规范开展私募债券承销业务。

第二十一条 证券公司应建立健全私募债券承销业务的风险管理制度，加强业务开展过程中的风险识别、评价和管理；建立相应的风险控制指标体系和动态监控机制。

第二十二条 证券公司应采取有效措施，对私募债券承销业务的相关管理制度、重大决策和业务方案进行合规审查，对业务开展情况进行合规监督，并按本办法规定和公司内部规章制度，进行定期或不定期的合规检查。

证券公司应建立健全必要的隔离墙制度，防范私募债券承销业务过程中可能存在的内幕交易，管理利益冲突。

第二十三条 证券公司应建立健全私募债券承销业务档案管理制度，加强对尽职调查工作底稿、尽职调查报告、承销协议等业务档案的管理。私募债券承销业务档案保存期限在私募债券到期后不少于5年。

第六章　自律管理

第二十四条 证券业协会对证券公司的私募债券承销业务进行定期或不定期检查。证券公司及其相关业务人员违反本办法规定，证券业协会视情节轻重采取相关自律惩戒措施，并记入证券公司诚信信息管理系统或证券从业人员诚信信息管理系统。

第二十五条 证券公司及其相关业务人员开展业务，存在违反法律、法规行为的，证券业协会将移交中国证监会或其他有权机关依法查处。

第七章 附 则

第二十六条 本办法由证券业协会负责解释。

第二十七条 本办法经中国证监会批准后生效，自发布之日起施行。

Ⅶ.1.4 关于开展证券公司中小企业私募债券承销业务试点实施方案专业评价的通知

(2012 年 5 月 23 日　中证协发[2012]121 号)

关于开展证券公司中小企业私募债券承销业务试点实施方案专业评价的通知

各证券公司:

根据中国证券业协会《证券公司开展中小企业私募债券承销业务试点办法》的规定,符合中小企业私募债券承销业务试点开展条件的证券公司,自本通知发布之日起,可向我会申请开展中小企业私募债券承销业务试点实施方案的专业评价。有关专业评价申请材料的内容与格式要求见本通知附件。

联系人:王爱宾/王惠娟

电　话:010 - 66575685/010 - 66575961

传　真:010 - 66575991

邮　箱:wangab@ sac. net. cn/wanghj@ sac. net. cn

附件:证券公司中小企业私募债承销业务试点实施方案专业评价申请材料内容与格式

二〇一二年五月二十三日

证券公司中小企业私募债承销业务试点实施方案专业评价申请材料内容与格式

一、申请材料内容

证券公司报送的专业评价申请材料应当包括以下内容:

(一)申请书

包括简要说明本公司是否符合《试点办法》关于开展中小企业私募债券承销业务的各项条件,并附相应的证明文件;公司董事会关于同意开展中小企业私募债券承销业务的决议等内部决策情况;公司开展该项业务的准备工作情况等。

（二）承诺书

公司及法定代表人、经营管理主要负责人应在承诺书中就以下事项做出承诺，并盖章、签字：

1. 本公司及本人对申报材料内容进行了认真、仔细的审查，确认申报材料所载内容均真实、准确、完整；

2. 在专业评价期间，保证不以不正当手段影响评价专家对本公司的判断，不以任何方式干扰评价专家的工作。保证在接受专家询问时，本公司陈述内容真实、客观、准确；

3. 若本公司或本人违反上述承诺，将承担由此引起的相应责任。

（三）业务试点实施方案

包括业务决策与授权体系，承销项目立项标准以及流程，发行人以及担保人尽职调查工作的标准以及流程，发行后发行人持续经营情况跟踪以及信用情况持续评估的安排，债券销售渠道、交易对手以及投资者适当性管理，合规与风控措施安排，有关业务计划、业务档案、合同与风险认知书文本等，信用风险事件保障预案以及应急处理预案等。

（四）相关业务规则及管理办法

对本公司相关业务规则进行整理汇编。

二、申请材料格式和要求

（一）封面。应标有“证券公司中小企业私募债业务试点实施方案专业评价申请材料”字样、申请公司名称、正式报送申请材料的日期、公司主要承办人姓名和联系方式。

（二）纸张和页码。采用 A4 纸，页码置于每页下端居中。

（三）份数。书面申请材料一式 3 份，以备存档；申请材料电子版 1 份，以 U 盘或光盘形式报送。

（四）在编制电子版业务实施方案时，应做好方案目录与正文内容之间的链接或索引。以 WORD 版报送的，要建立详细结构图；以 PDF 版报送的，要建立详细书签，以便于评价专家查阅。

（五）申请材料应本着勤俭、节约和实用的原则制作，采取非活页形式印刷和装订，不提倡精美包装。

Ⅶ.1.5 上海证券交易所中小企业私募债券业务试点办法

（2012年5月22日 上海证券交易所）

关于发布实施《上海证券交易所中小企业私募债券业务试点办法》有关事项的通知

各市场参与人：

为规范中小企业私募债券业务，拓宽中小微型企业融资渠道，服务实体经济发展，保护投资者合法权益，上海证券交易所（以下简称“本所”）制定了《上海证券交易所中小企业私募债券业务试点办法》，经中国证监会批准，现予发布实施。

试点期间，中小企业私募债券发行人限于符合《关于印发中小企业划型标准规定的通知》（工信部联企业[2011]300号）规定、且未在本所和深圳证券交易所上市的中小微型企业，暂不包括房地产企业和金融企业。

特此通知。

附件：上海证券交易所中小企业私募债券业务试点办法

上海证券交易所

二〇一二年五月二十二日

上海证券交易所中小企业私募债券业务试点办法

第一章 总 则

第一条 为规范中小企业私募债券业务，拓宽中小微型企业融资渠道，服务实体经济发展，保护投资者合法权益，根据《公司法》、《证券法》等法律、行政法规以及上海证券交易所（以下简称“本所”）相关业务规则，制定本办法。

第二条 本办法所称中小企业私募债券（以下简称“私募债券”），是指中小微型企业在中国境内以非公开方式发行和转让，约定在一定期限还本付息的公司债券。

第三条 发行人应当以非公开方式向具备相应风险识别和承担能力的合格

投资者发行私募债券，不得采用广告、公开劝诱和变相公开方式。

每期私募债券的投资者合计不得超过 200 人。

第四条 发行人应向投资者充分揭示风险，制定偿债保障等投资者保护措施，加强投资者权益保护。

发行人应当保证发行文件及信息披露内容真实、准确、完整，不得有虚假记载、误导性陈述或重大遗漏。

第五条 私募债券应当由证券公司承销。证券公司和相关中介机构为私募债券相关业务提供服务，应当遵循平等、自愿、诚实守信的原则，严格遵守执业规范和职业道德，按规定和约定履行义务。

第六条 私募债券在本所进行转让的，在发行前应当向本所备案。本所接受备案并不对发行人的经营风险、偿债风险、诉讼风险以及私募债券的投资风险或收益等作出判断或保证。私募债券的投资风险由投资者自行承担。

第七条 本所为私募债券的信息披露和转让提供服务，并实施自律管理。

第八条 私募债券的登记和结算，由中国证券登记结算有限责任公司按其业务规则办理。

第二章 备案及发行

第九条 在本所备案的私募债券，应当符合下列条件：

（一）发行人是中国境内注册的有限责任公司或者股份有限公司；

（二）发行利率不得超过同期银行贷款基准利率的 3 倍；

（三）期限在一年（含）以上；

（四）本所规定的其他条件。

第十条 证券公司开展承销业务，应当符合法律、行政法规、中国证监会有关监管规定和中国证券业协会的相关规定。

第十一条 私募债券发行前，承销商应当将发行材料报送本所备案。备案材料应当包含以下内容：

（一）备案登记表；

（二）发行人公司章程及营业执照（副本）复印件；

（三）发行人内设有权机构关于本期私募债券发行事项的决议；

（四）私募债券承销协议；

（五）私募债券募集说明书；

（六）承销商的尽职调查报告；

（七）私募债券受托管理协议及私募债券持有人会议规则；

（八）发行人经具有执行证券、期货相关业务资格的会计师事务所审计的最近两个完整会计年度的财务报告；

（九）律师事务所出具的关于本期私募债券发行的法律意见书；

（十）发行人全体董事、监事和高级管理人员对发行申请文件真实性、准确性和完整性的承诺书；

（十一）本所规定的其他文件。

第十二条 私募债券募集说明书应当至少包含以下内容：

（一）发行人基本情况；

（二）发行人财务状况；

（三）本期私募债券发行基本情况及发行条款，包括私募债券名称、本期发行总额、期限、票面金额、发行价格或利率确定方式、还本付息的期限和方式等；

（四）承销机构及承销安排；

（五）募集资金用途及私募债券存续期间变更资金用途程序；

（六）私募债券转让范围及约束条件；

（七）信息披露的具体内容和方式；

（八）偿债保障机制、股息分配政策、私募债券受托管理及私募债券持有人会议等投资者保护机制安排；

（九）私募债券担保情况（若有）；

（十）私募债券信用评级和跟踪评级的具体安排（若有）；

（十一）本期私募债券风险因素及免责提示；

（十二）仲裁或其他争议解决机制；

（十三）发行人对本期私募债券募集资金用途合法合规、发行程序合规性的声明；

（十四）发行人全体董事、监事和高级管理人员对发行文件真实性、准确性和完整性的承诺；

（十五）其他重要事项。

第十三条 本所对备案材料进行完备性核对。备案材料完备的，本所自接受材料之日起10个工作日内出具《接受备案通知书》。

发行人取得《接受备案通知书》后，应当在6个月内完成发行。逾期未发行的，应当重新备案。

第十四条 两个或两个以上的发行人可以采取集合方式发行私募债券。

第十五条 发行人可为私募债券设置附认股权或可转股条款，但是应当符合法律法规以及中国证监会有关非上市公众公司管理的规定。

第十六条 合格投资者认购私募债券应当签署认购协议。认购协议应当包含本期债券认购价格、认购数量、认购人的权利义务及其他声明或承诺等内容。

第十七条 私募债券发行后,发行人应当在中国证券登记结算有限责任公司办理登记。

第三章 投资者适当性管理

第十八条 参与私募债券认购和转让的合格机构投资者,应当符合下列条件:

(一)经有关金融监管部门批准设立的金融机构,包括商业银行、证券公司、基金管理公司、信托公司和保险公司等;

(二)上述金融机构面向投资者发行的理财产品,包括但不限于银行理财产品、信托产品、投连险产品、基金产品、证券公司资产管理产品等;

(三)注册资本不低于人民币 1000 万元的企业法人;

(四)合伙人认缴出资总额不低于人民币 5000 万元,实缴出资总额不低于人民币 1000 万元的合伙企业;

(五)经本所认可的其他合格投资者。

有关法律法规或监管部门对上述投资主体投资私募债券有限制性规定的,遵照其规定。

第十九条 合格个人投资者应当至少符合下列条件:

(一)个人名下的各类证券账户、资金账户、资产管理账户的资产总额不低于人民币 500 万元;

(二)具有两年以上的证券投资经验;

(三)理解并接受私募债券风险。

第二十条 发行人的董事、监事、高级管理人员及持股比例超过 5% 的股东,可参与本公司发行私募债券的认购与转让。

承销商可参与其承销私募债券的发行认购与转让。

第二十一条 证券公司应当建立完备的投资者适当性制度,确认参与私募债券认购和转让的投资者为具备风险识别与承担能力的合格投资者。证券公司应当了解和评估投资者对私募债券的风险识别和承担能力,充分揭示风险。证券公司应当要求合格投资者在首次认购或受让私募债券前,签署风险认知书,承诺具备合格投资者资格,知悉私募债券风险,将依据发行人信息披露文件进行独立的投资判断,并自行承担投资风险。

第四章 转让服务

第二十二条 私募债券以现货及本所认可的其他方式转让。采取其他方式转让的,需报经中国证监会批准。

第二十三条 发行人申请私募债券在本所转让的，应当提交以下材料，并在转让前与本所签订《私募债券转让服务协议》：

（一）转让服务申请书；

（二）私募债券登记证明文件；

（三）本所要求的其他材料。

第二十四条 合格投资者可通过本所固定收益证券综合电子平台或证券公司进行私募债券转让。

通过固定收益证券综合电子平台进行转让的，参照本所现有规则办理；通过证券公司转让的，转让达成后，证券公司须向本所申报，并经本所确认后生效。证券公司应当建立健全风险控制制度，遵循诚实信用原则，不得进行虚假申报，不得误导投资者。

第二十五条 本所按照申报时间先后顺序对私募债券转让进行确认，对导致私募债券投资者超过200人的转让不予确认。

第二十六条 中国证券登记结算有限责任公司根据本所发送的私募债券转让数据进行清算交收。

第二十七条 私募债券转让信息在固定收益证券综合电子平台或本所网站专区进行披露。

第五章 信息披露

第二十八条 发行人、承销商及其他信息披露义务人，应当按照本办法及募集说明书的约定履行信息披露义务。发行人应当指定专人负责信息披露事务。承销商应当指定专人辅导、督促和检查发行人的信息披露义务。

信息披露应当在本所网站专区或以本所认可的其他方式向合格投资者披露。

第二十九条 发行人应当在完成私募债券登记后3个工作日内，披露当期私募债券的实际发行规模、利率、期限以及募集说明书等文件。

第三十条 发行人应当及时披露其在私募债券存续期内可能发生的影响其偿债能力的重大事项。

前款所称重大事项包括但不限于：

（一）发行人发生未能清偿到期债务的违约情况；

（二）发行人新增借款或对外提供担保超过上年末净资产20%；

（三）发行人放弃债权或财产超过上年末净资产10%；

（四）发行人发生超过上年末净资产10%的重大损失；

（五）发行人做出减资、合并、分立、解散及申请破产的决定；

（六）发行人涉及重大诉讼、仲裁事项或受到重大行政处罚；

（七）发行人高级管理人员涉及重大民事或刑事诉讼，或已就重大经济事件接受有关部门调查。

第三十一条 在私募债券存续期内，发行人应当按照本所规定披露本金兑付、付息事项。

第三十二条 发行人的董事、监事、高级管理人员及持股比例超过5%的股东转让私募债券的，应当及时通报发行人，并通过发行人在转让达成后3个工作日内进行披露。

第六章 投资者权益保护

第三十三条 发行人应当为私募债券持有人聘请私募债券受托管理人。私募债券受托管理人可由该次发行的承销商或其他机构担任。

为私募债券发行提供担保的机构不得担任该私募债券的受托管理人。

第三十四条 在私募债券存续期限内，由私募债券受托管理人依照约定维护私募债券持有人的利益。私募债券受托管理人应当为私募债券持有人的最大利益行事，不得与私募债券持有人存在利益冲突。

第三十五条 私募债券受托管理人应当履行下列职责：

（一）持续关注发行人和保证人的资信状况，出现可能影响私募债券持有人重大权益的事项时，召集私募债券持有人会议；

（二）发行人为私募债券设定抵押或质押担保的，私募债券受托管理人应当在私募债券发行前取得担保的权利证明或其他有关文件，并在担保期间妥善保管；

（三）在私募债券存续期内勤勉处理私募债券持有人与发行人之间的谈判或者诉讼事务；

（四）监督发行人对募集说明书约定的应当履行义务（包括募集资金用途、提取偿债保障金等）的执行情况，并出具受托管理人事务报告；

（五）预计发行人不能偿还债务时，要求发行人追加担保，或者依法申请法定机关采取财产保全措施；

（六）发行人不能偿还债务时，受托参与整顿、和解、重组或者破产的法律程序；

（七）私募债券受托管理协议约定的其他重要义务。

第三十六条 发行人应当与私募债券受托管理人制定私募债券持有人会议规则，约定私募债券持有人通过私募债券持有人会议行使权利的范围、程序和其他重要事项。

存在下列情况的,应当召开私募债券持有人会议:

(一)拟变更私募债券募集说明书的约定;

(二)拟变更私募债券受托管理人;

(三)发行人不能按期支付本息;

(四)发行人减资、合并、分立、解散或者申请破产;

(五)保证人或者担保物发生重大变化;

(六)发生对私募债券持有人权益有重大影响的事项。

第三十七条 发行人应当设立偿债保障金专户,用于兑息、兑付资金的归集和管理。

发行人应当在募集说明书中承诺,在私募债券付息日的10个工作日前,将应付利息全额存入偿债保障金专户;在本金到期日的30日前累计提取的偿债保障金余额不低于私募债券余额的20%。

第三十八条 发行人应当在募集说明书中约定采取限制股息分配措施,以保障私募债券本息按时兑付,并承诺若未能足额提取偿债保障金,不以现金方式进行利润分配。

第三十九条 发行人可采取其他内外部增信措施,提高偿债能力,控制私募债券风险。增信措施包括但不限于下列方式:

(一)限制发行人将资产抵押给其他债权人;

(二)第三方担保和资产抵押、质押;

(三)商业保险。

第七章 自律监管和纪律处分措施

第四十条 发行人及其董事、监事和高级管理人员,违反本办法、募集说明书约定、本所其他相关规定或者其所作出的承诺的,本所可以采取约见谈话、通报批评、公开谴责、暂停或终止为其债券提供转让服务等措施。

第四十一条 证券公司、中介机构及相关人员违反本办法规定,未履行信息披露义务或所出具的文件含有虚假记载、误导性陈述、重大遗漏的,本所可以采取约见谈话、通报批评、公开谴责等措施;情节严重的,可上报相关主管机关查处。

第四十二条 证券公司未按照投资者适当性管理的要求遴选确定具有风险识别和风险承受能力的合格投资者的,本所可以责令其改正,并视情节轻重采取相应的自律监管或纪律处分等措施。

第四十三条 私募债券转让双方转让行为违反本办法、本所其他相关规定的,本所可以责令其改正,并视情节轻重采取相应的监管措施。

第四十四条 本所对前述主体采取纪律处分措施的,将记入诚信档案。

第八章 附 则

第四十五条 本办法经中国证监会批准后生效,修改时亦同。

第四十六条 本办法由本所负责解释。

第四十七条 本办法自发布之日起施行。

Ⅶ.1.6 上海证券交易所中小企业私募债券业务指引(试行)

(2012 年 5 月 23 日 上海证券交易所)

关于发布实施《上海证券交易所中小企业私募债券业务指引(试行)》有关事项的通知

各市场参与人:

为了保障中小企业私募债券业务规范、有序运行,依据《上海证券交易所中小企业私募债券业务试点办法》,上海证券交易所制定了《上海证券交易所中小企业私募债券业务指引(试行)》,现予发布实施。

特此通知。

附件:上海证券交易所中小企业私募债券业务指引(试行)

二〇一二年五月二十三日

上海证券交易所中小企业私募债券业务指引(试行)

第一章 总 则

第一条 为了规范中小企业私募债券(以下简称“私募债券”)的业务运行,根据《上海证券交易所中小企业私募债券业务试点办法》(以下简称“《试点办法》”)及相关法律法规、行政规章和本所业务规则,制定本指引。

第二条 私募债券在上海证券交易所(以下简称“本所”)的备案、信息披露、转让以及投资者适当性管理适用本指引,本指引未作规定的适用本所其他业务规则。

第三条 私募债券在本所的备案、信息披露、转让,不表明本所对发行人的经营风险、偿债风险、诉讼风险以及私募债券的投资风险或收益等作出判断或保证。

私募债券的投资风险由投资者自行承担。

第四条 私募债券的登记、清算、交收,按照中国证券登记结算有限责任公司(以下简称"中登公司")相关业务规则办理。

中登公司根据本所发送的私募债券转让数据进行清算、交收。

第二章 备案及发行

第五条 私募债券备案实行备案会议制度,由本所私募债券备案小组(以下简称"备案小组")通过备案会议对备案材料进行完备性核对,并决定是否接受备案。

本所债券业务部门负责备案小组的日常管理工作。

第六条 试点期间,在本所备案的私募债券除符合《试点办法》规定的条件外,还应当符合下列条件:

(一)发行人不属于房地产企业和金融企业;

(二)发行人所在地省级人民政府或省级政府有关部门已与本所签订合作备忘录;

(三)期限在3年以下;

(四)发行人对还本付息的资金安排有明确方案。

试点期间,鼓励发行人为私募债券提供适当比例的内外部增信措施。本所可根据试点业务的开展情况调整私募债券的备案条件。

第七条 私募债券发行前,承销商应当将发行材料报送本所备案。备案材料应当符合《上海证券交易所中小企业私募债券备案材料内容与格式》(附件1)的要求,并至少包含以下内容:

(一)私募债券备案申请函及备案登记表;

(二)发行人公司章程及营业执照(副本)复印件;

(三)发行人内设有权机构关于本期私募债券发行事项的决议;

(四)私募债券承销协议;

(五)私募债券募集说明书;

(六)承销商的尽职调查报告;

(七)本期私募债券意向发售对象的情况;

(八)私募债券受托管理协议及私募债券持有人会议规则;

(九)发行人经具有执行证券、期货相关业务资格的会计师事务所审计的最近两个完整会计年度的财务报告;

(十)律师事务所出具的关于本期私募债券发行的法律意见书;

(十一)发行人全体董事、监事和高级管理人员保证发行申请文件真实、准确、完整及接受本所自律监管的承诺书;

（十二）本所规定的其他文件。

第八条 私募债券募集说明书应当符合《上海证券交易所中小企业私募债券募集说明书格式与内容》（附件2）的要求。

第九条 本所接到备案材料后，对备案材料进行初步核对。无异议的，本所在3个工作日内出具《备案受理回执》，并将备案材料提交备案会议；不符合备案条件的，退回备案材料。

本所可以要求发行人、承销商补正材料。

备案小组成员应符合以下条件：

（一）坚持原则，公正廉洁，责任心强；

（二）熟悉相关法律法规与经济金融专业知识；

（三）有2年以上相关工作经验；

（四）本所要求的其他条件。

备案小组成员名单由本所总经理办公会议审定。

第十条 出具《备案受理回执》后，本所从备案小组成员中选定5人参加备案会议，并指定一名召集人。

备案小组成员有下列任一情形的，不得参加备案会议：

（一）本人或近亲属担任相关企业及其关联方的董事、监事、高级管理人员的；

（二）本人或近亲属曾经为发行人提供主承销、评级、审计、法律等服务的；

（三）本人申请回避的；

（四）因其他原因不能正常履行职责或可能影响公正履职的。

第十一条 备案小组成员应当切实履行职责，认真审阅备案材料，正确行使职权，独立发表备案意见，不得干扰备案小组其他成员发表相关意见，遵守本所其他各项规章制度和内部纪律。

第十二条 备案核对过程中，本所可根据需要调阅发行人和相关中介机构的工作报告、工作底稿或其他备查资料。

本所认为必要时，可要求发行人和承销商等中介机构，到场回答和陈述有关问题。

第十三条 备案小组成员应当填写《备案意见表》，独立发表意见。

第十四条 备案意见分为“接受备案”、“有条件接受备案”、“推迟接受备案”三种：

（一）备案材料完备性核对通过的，发表“接受备案”意见；

（二）备案材料需要补充的，发表“有条件接受备案”意见，并书面说明需要补充的具体材料内容；

(三)备案材料不完备且不能提供补充材料的,发表“推迟接受备案”意见,并书面说明理由。

第十五条 本所根据备案小组意见,分别做出以下处理:

(一)备案小组成员一致发表“接受备案”意见的,本所接受备案,本所向承销商或发行人发送《接受备案通知书》;

(二)2 名以上备案小组成员发表“推迟接受备案”意见的,本所推迟接受发行备案,在 3 个工作日内将备案小组意见汇总后反馈给承销商或发行人,退回备案材料;

(三)不属于以上两种情况的,本所有条件接受备案,在 3 个工作日内将备案小组成员意见汇总后反馈给发行人。发行人或相关中介机构 20 个工作日内提交补充材料,经提出意见的备案小组成员书面同意的,本所接受备案,向发行人出具《接受备案通知书》;20 个工作日内未提交补充材料的,本所停止受理并退回备案材料。

第十六条 本所通过固定收益平台或本所网站专区向合格投资者发布《接受备案通知书》,并按相关《合作备忘录》的约定抄送发行人所在省级政府有关部门。

第十七条 私募债券备案过程中,发行人发生重大突发事项的,应当修改有关备案材料并及时通报本所。

第十八条 备案会议决定后至《接受备案通知书》发出前,发行人发生重大事项需要补充披露相关信息的,应当及时将修改完毕的备案材料提交本所。备案小组将根据修改后的备案材料决定是否需要重新提交备案会议进行完备性核对。

第十九条 《接受备案通知书》发出后至私募债券发行完毕前,发行人发生重大事项的,应当暂停发行并及时通报本所。备案小组认为有必要的,发行人应当将修改完毕的备案材料重新提交备案会议评议。发行人已向投资人提供发行材料的,应当及时向相关投资人披露有关信息。

第二十条 发行人取得《接受备案通知书》后,应当在 6 个月内完成发行。逾期未发行的,应当重新备案。

发行人可一次发行或分两期发行。

第二十一条 发行人应当以非公开方式向具备相应风险识别和承担能力的合格投资者发行私募债券,不得采用广告、公开劝诱和变相公开方式。

第二十二条 发行人在完成发行之后,可以通过承销商向本所提交新的备案申请。

第三章 投资者适当性管理

第二十三条 证券公司应当按照中国证监会和本所有关规定，建立并严格执行私募债券投资者适当性管理制度。

第二十四条 机构投资者申请成为私募债券合格投资者，应符合以下条件：

（一）经有关金融监管部门批准设立的金融机构，包括商业银行、证券公司、基金管理公司、信托公司和保险公司等；

（二）上述金融机构面向投资者发行的理财产品，包括但不限于银行理财产品、信托产品、投连险产品、基金产品、证券公司资产管理产品等；

（三）注册资本不低于人民币1000万元的企业法人；

（四）合伙人认缴出资总额不低于人民币5000万元，实缴出资总额不低于人民币1000万元的合伙企业；

（五）经本所认可的其他合格投资者。

第二十五条 个人投资者申请成为私募债券合格投资者，应符合以下条件：

（一）该投资者个人名下的各类证券账户、资金账户、资产管理账户等金融资产总计不低于人民币500万元；

（二）具有最近2年以上的证券交易成交记录；

（三）理解并接受私募债券风险，通过私募债券投资基础知识测试。

第二十六条 证券公司应当要求投资者提供相关证明材料，并对投资者的申请材料是否满足合格投资者要求进行审核。未能提供证明材料的不能确认为私募债券合格投资者。

第二十七条 证券公司应当根据本所提供的题库编制试卷，组织个人投资者参加。投资者测试得分高于80分的，证券公司方可确认其通过基础知识测试。题库及答案可从本所网站债券专区获取。

参加测试的投资者和证券公司工作人员应当在试卷上签字确认。

证券公司在试点期间可以适当推迟实施相关知识测试，但最迟在2012年9月底前完成。

第二十八条 证券公司应当加强对投资者的培训和指导。对于未能通过测试的投资者，经继续培训后，证券公司可以再次组织其参加测试。

第二十九条 存在下列情形之一的，证券公司不得接受私募债券合格投资者资格申请：

（一）被中国证监会采取证券市场禁入措施的；

（二）有关法律法规或监管部门禁止投资私募债券的；

（三）近三年存在严重违法违规或其他严重不良诚信记录的；

其他不宜接受的情形。

第三十条 对符合私募债券合格投资者条件的，证券公司应当与其签署《上海证券交易所中小企业私募债券合格投资者风险认知书》（附件3），并填写《上海证券交易所中小企业私募债券合格投资者资格确认表》（附件4）。

第三十一条 证券公司应当通过本所网站债券专区在线提交私募债券合格投资者账户名单，具体填报要求见《上海证券交易所中小企业私募债券合格投资者证券账户填报要求》（附件5）。

第三十二条 证券公司应当妥善保存投资者提供的证明文件及相关材料的原件或者复印件、测试试卷、《上海证券交易所中小企业私募债券合格投资者风险认知书》、《上海证券交易所中小企业私募债券合格投资者资格确认表》等资料。

第三十三条 证券公司应当加强投资者教育工作，充分提示参与私募债券可能面临的风险。

第三十四条 本所对证券公司落实私募债券投资者适当性管理情况进行现场或非现场检查，证券公司应予配合并提供相关资料。

第三十五条 本所定期对证券公司提交的私募债券合格投资者账户名单进行检查。

第三十六条 投资者应当配合证券公司落实投资者适当性管理，不得采用提供虚假信息等手段规避投资者适当性管理要求。

第四章 转让服务

第三十七条 私募债券全额或部分发行后，可以在本所转让。

第三十八条 私募债券转让双方应当满足《试点办法》规定的合格投资者条件，全面了解私募债券发行、转让等规则，事先通过本所网站专区或其他方式获得私募债券的募集说明书及其他法律文件，知晓相应的私募债券发行转让等条款及相关权利、义务，自行承担投资风险。

第三十九条 私募债券转让双方应当持有足额的私募债券和资金，及时进行结算。

第四十条 发行人申请私募债券在本所转让的，应当与本所签订《私募债券转让服务协议》，明确双方的权利义务，并提交以下材料：

（一）服务申请书；

（二）私募债券登记托管证明文件；

（三）本所要求的其他材料。

发行人须保证文件内容真实、准确、完整，不存在虚假记载、误导性陈述或重大遗漏。

第四十一条 证券公司应当要求合格投资者在首次受让私募债券前，签署《风险认知书》，承诺具备合格投资者资格，并通过严格的业务管理规范以及柜台前端控制等手段，保障参与私募债券转让的投资者符合合格投资者适当性管理要求。

第四十二条 证券公司应当通过本所网站专区向本所报备合格投资者账户。本所对参与私募债券转让的合格投资者账户进行实时监控。

私募债券可通过本所固定收益证券综合电子平台（以下简称“固定收益平台”）或证券公司进行转让。

通过证券公司达成转让的，证券公司应当向固定收益平台申报，经本所确认后生效。

第四十三条 单只私募债券的发行和转让中，持有账户数合计不得超过200户。本所按照申报时间先后顺序对私募债券转让进行确认，对导致私募债券持有账户数超过200户的转让不予确认。

第四十四条 证券公司应当遵循诚实信用原则，如实向本所申报投资者已经达成的交易意向，不得进行虚假申报，不得误导投资者。

证券公司进行虚假申报，应当承担全部法律责任，并赔偿由此造成的损失。

第四十五条 固定收益平台每个交易日9:30至11:30、13:00至15:00接受指定对手方报价、协议转让和意向报价。

指定对手方报价的要素包括约定号、证券代码、证券账号、买卖方向、转让价格、转让数量等。固定收益平台按照双方的约定号对申报的证券代码、转让价格和转让数量进行匹配。

第四十六条 私募债券现券转让申报数量应当不低于面值5万元。私募债券持有余额小于5万元面值的应一次性转让。

本所可根据市场情况调整私募债券转让的最低限额。

第四十七条 私募债券转让价格为净价（不含应计利息，结算价格应为转让价格和应计利息之和），转让价格由转让双方自行协商确定。

第四十八条 私募债券兑付前5个工作日，固定收益平台停止转让服务。

第四十九条 私募债券转让行情仅在固定收益平台和本所网站向合格投资者进行披露。

第五十条 发行人出现重大违法行为，财务状况恶化，或其他可能对投资者造成重大影响的事件的，本所可视情况暂时停止或终止提供私募债券转让服务。

第五章 信息披露

第五十一条 发行人及其全体董事、监事及高级管理人员以及其他信息披露义务人，应当按照《试点办法》及募集说明书的约定，履行信息披露义务。

承销商应当指定专人督促、辅导、协助信息披露义务人进行信息披露相关事务。

第五十二条 发行人应当指定专人负责信息披露相关事务。

第五十三条 信息披露义务人应当保证所披露的信息真实、准确、完整、及时，不得虚假记载、误导性陈述或重大遗漏。

董事、监事、高级管理人员等信息披露义务人对所披露信息的真实性、准确性、完整性、及时性存在异议的，应当单独发表意见并陈述理由。

第五十四条 承销商在私募债券存续期间应当对发行人资金使用情况进行检查。

承销商发现发行人存在对私募债券偿债能力有重大影响的情况的，应当及时督促发行人履行信息披露义务。发行人不履行信息披露义务的，承销商应当及时向本所报告。

第五十五条 信息披露义务人通过本所披露的文件应当以不可修改的电子文档格式送达本所。

第五十六条 私募债券发行人应当向其债券持有人披露至少包括私募债券名称、代码、期限、发行金额、利率、发行人及承销商的联系方式、募集说明书、付息及本金兑付事宜、存续期间可能影响其偿债能力的重大事项等内容。

私募债券发行人应当向所有合格投资者披露包括但不限于私募债券名称、代码、期限、发行金额、利率、发行人及承销商的联系方式等内容。私募债券募集说明书对披露内容有特别约定的，从其约定。

第五十七条 发行人应当在所有信息披露文件的显著位置载明包括但不限于以下内容的本所免责提示：本公司发行的私募债券已在上海证券交易所备案，上海证券交易所不对本公司的经营风险、偿债风险、诉讼风险以及私募债券的投资风险或收益等作出判断或保证。投资者购买本公司私募债券，应当认真阅读募集说明书及有关的信息披露文件，对本公司信息披露的真实性、准确性、完整性和及时性进行独立分析，并据以独立判断投资价值，自行承担投资风险。

第五十八条 发行人应当在完成债券登记后3个工作日内，披露当期私募债券的实际发行规模、利率、期限以及募集说明书等文件。

第五十九条 在债券存续期间，发行人应当在私募债券本息兑付日前5个工作日，披露付息及本金兑付事宜。

第六十条 发行人应当及时披露可能发生的影响其偿债能力的重大事项。

前款所称重大事项包括但不限于：

（一）发行人发生未能清偿到期债务的违约情况；

（二）发行人新增借款或对外提供担保超过上年末净资产20%；

（三）发行人发生超过上年末净资产10%以上的重大损失；

（四）发行人占同类资产总额20%以上资产的抵押、质押、出售、转让或报废；

（五）发行人做出减资、合并、分立、解散及申请破产的决定；

（六）发行人涉及重大诉讼、仲裁事项或受到重大行政处罚；

（七）发行人高级管理人员涉及重大民事或刑事诉讼，或已就重大经济事件接受有关部门调查；

（八）发行人涉及需要澄清的市场传闻；

（九）发行人经营方针、经营范围或经营外部条件发生重大变化；

（十）发行人涉及可能对其资产、负债、权益和经营成果产生重要影响的重大合同；

（十一）其他对投资者做出投资决策有重大影响的事项。

第六十一条 发行人的董事、监事、高级管理人员及持股比例超过5%的股东转让私募债券的，应当及时通报发行人及承销商，并通过发行人在转让达成后3个工作日内进行披露。

第六十二条 发行人可以在募集说明书中约定是否披露定期报告。如约定披露定期报告的，发行人应当按以下要求进行信息披露：

（一）每年4月30日以前，披露上一年度年度报告；

（二）每年8月31日以前，披露本年度中期报告。

第六章 纪律与处罚

第六十三条 备案小组成员、本所相关工作人员应当遵守下列工作纪律：

（一）坚持原则、公正廉洁、勤勉尽责；

（二）保守企业及相关机构的商业秘密；

不得泄露备案初核工作和备案会议信息；

不得利用工作便利，为本人或者他人谋取不正当利益；

与发行人等相关机构或个人存在利害关系的，应当回避。

第六十四条 发行人及其董事、监事和高级管理人员，违反本指引、募集说明书约定、本所其他相关规定或者其所作出的承诺的，本所可以采取约见谈话、通报批评、公开谴责、暂停或终止为其债券提供转让服务等措施。

第六十五条 发行人、承销商、相关中介机构及相关人员违反法律、法规、规章和本指引规定，未履行信息披露义务或所出具的文件含有虚假记载、误导性陈述、重大遗漏，或在发行环节违法违规的，本所可以采取约见谈话、通报批评、公开谴责等措施;情节严重的,可上报相关主管机关查处,追究相关当事人的法律责任。

第六十六条 证券公司未按照投资者适当性管理的要求遴选确定具有风险识别和风险承受能力的合格投资者的,本所将依据相关规定采取书面警示、要求整改、约见谈话、通报批评、公开谴责、暂停或者限制交易等监管措施或纪律处分,并向中国证监会报告。

第六十七条 私募债券转让双方转让行为违反本指引、本所其他相关规定的,本所可以责令其改正,并视情节轻重采取相应的监管措施。发行人、证券公司、转让双方及相关人员涉嫌操纵市场、内幕交易等违法犯罪行为的,本所上报相关主管机关查处,追究相关当事人的法律责任。

第六十八条 发行人、承销商及相关中介机构所提交的备案材料不能做到真实、准确、完整、专业,本所可暂停接受相关备案材料 6 个月;情节严重的,暂停接受相关备案材料 1 年;情节特别严重的,暂停接受相关备案材料 3 年。

第六十九条 本所对前述主体采取纪律处分措施的,将记入诚信档案。

第七章 附 则

第七十条 本指引由本所负责解释。

第七十一条 本指引自发布之日起施行。

附件:

1. 上海证券交易所中小企业私募债券备案材料内容与格式(略)
2. 上海证券交易所中小企业私募债券募集说明书的格式与内容(略)
3. 上海证券交易所中小企业私募债券合格投资者风险认知书(略)
4. 上海证券交易所中小企业私募债券合格投资者资格确认表(略)
5. 上海证券交易所中小企业私募债券合格投资者证券账户填报要求(略)

Ⅶ.1.7 上海证券交易所中小企业私募债券备案工作提示(第1号)

(2012年8月16日 上海证券交易所)

各中小企业私募债券承销商:

为推动中小企业私募债券试点业务顺利开展,上海证券交易所就备案工作进行如下提示:

一、每年5月1日后申报的备案申请材料,除需提供拟发行人经审计的最近两个完整会计年度的财务报告(两期独立的年度报告)外,还需提供当年最近一期的财务报告(可以未经审计)。

二、鼓励拟发行人以优质资产作为抵(质)押物为私募债券提供增信。

三、募集说明书中应当包含截至募集说明书公布之前,拟发行人以及保证人(如有)向其他主体提供保证、抵押及质押等担保的基本情况。

四、律师事务所出具的法律意见书中应包含对拟发行人纳税情况的调查意见。调查范围包括但不限于拟发行人前两个会计年度和当年的各税种申报及缴纳情况,纳税申报表及税务机关出具的纳税凭证复印件等文件应作为法律意见书的附件。

五、律师事务所出具的法律意见书中应包含截至法律意见书签发之日,拟发行人以及保证人(如有)对内、对外担保及自有资产抵押、质押详细情况的调查意见。

上海证券交易所

二〇一二年八月十六日

Ⅶ.1.8 深圳证券交易所中小企业私募债券业务试点办法

（2012 年 5 月 23 日 深圳证券交易所）

第一章 总 则

第一条 为了规范中小企业私募债券业务，拓宽中小微型企业融资渠道，服务实体经济发展，保护投资者合法权益，根据《公司法》、《证券法》等法律、行政法规以及深圳证券交易所（以下简称“本所”）相关业务规则，制定本办法。

第二条 本办法所称中小企业私募债券（以下简称“私募债券”），是指中小微型企业在中国境内以非公开方式发行和转让，约定在一定期限还本付息的公司债券。

第三条 发行人应当以非公开方式向具备相应风险识别和承担能力的合格投资者发行私募债券，不得采用广告、公开劝诱和变相公开方式。

每期私募债券的投资者合计不得超过 200 人。

第四条 发行人应向投资者充分揭示风险，并制定偿债保障等投资者保护措施，加强投资者权益保护。

发行人应当保证发行文件及信息披露内容真实、准确、完整，不得有虚假记载、误导性陈述或重大遗漏。

第五条 私募债券应由证券公司承销。证券公司和相关中介机构为私募债券相关业务提供服务，应当遵循平等、自愿、诚实守信的原则，严格遵守执业规范和职业道德，按规定和约定履行义务。

第六条 私募债券在本所进行转让的，在发行前应当向本所备案。本所接受备案并不表明对发行人的经营风险、偿债风险、诉讼风险以及私募债券的投资风险或收益等作出判断或保证。私募债券的投资风险由投资者自行承担。

第七条 本所为私募债券的信息披露和转让提供服务，并实施自律管理。

第八条 私募债券的登记和结算，由中国证券登记结算有限责任公司按其业务规则办理。

第二章 备案及发行

第九条 在本所备案的私募债券，应当符合下列条件：

（一）发行人是中国境内注册的有限责任公司或股份有限公司；

（二）发行利率不得超过同期银行贷款基准利率的3倍；

（三）期限在一年（含）以上；

（四）本所规定的其他条件。

第十条 证券公司开展承销业务，应当符合法律、行政法规、中国证监会有关监管规定和中国证券业协会的相关规定。

第十一条 私募债券发行前，承销商应将私募债券发行材料报送本所备案。备案材料包含以下内容：

（一）备案登记表；

（二）发行人公司章程及营业执照（副本）复印件；

（三）发行人内设有权机构关于本期私募债券发行事项的决议；

（四）私募债券承销协议；

（五）私募债券募集说明书；

（六）承销商的尽职调查报告；

（七）私募债券受托管理协议及私募债券持有人会议规则；

（八）发行人经具有从事证券、期货相关业务资格的会计师事务所审计的最近两个完整会计年度的财务报告；

（九）律师事务所出具的关于本期私募债券发行的法律意见书；

（十）发行人全体董事、监事和高级管理人员对发行申请文件真实性、准确性和完整性的承诺书；

（十一）本所规定的其他文件。

第十二条 私募债券募集说明书应至少包括以下内容：

（一）发行人基本情况；

（二）发行人财务状况；

（三）本期私募债券发行基本情况及发行条款，包括私募债券名称、本期发行总额、期限、票面金额、发行价格或利率确定方式、还本付息的期限和方式等；

（四）承销机构及承销安排；

（五）募集资金用途及私募债券存续期间变更资金用途程序；

（六）私募债券转让范围及约束条件；

（七）信息披露的具体内容和方式；

（八）偿债保障机制、股息分配政策、私募债券受托管理及私募债券持有人会议等投资者保护机制安排；

（九）私募债券担保情况（若有）；

（十）私募债券信用评级和跟踪评级的具体安排（若有）；

（十一）本期私募债券风险因素及免责提示；

（十二）仲裁或其他争议解决机制；

（十三）发行人对本期私募债券募集资金用途合法合规、发行程序合规性的声明；

（十四）发行人全体董事、监事和高级管理人员对发行文件真实性、准确性和完整性的承诺；

（十五）其他重要事项。

第十三条 本所对备案材料进行完备性核对。备案材料完备的，本所自接受材料之日起10个工作日内出具《接受备案通知书》。发行人取得《接受备案通知书》后，应在6个月内完成发行。逾期未发行的，应当重新备案。

第十四条 两个或两个以上的发行人可以采取集合方式发行私募债券。

第十五条 发行人可为私募债券设置附认股权或可转股条款，但应符合法律法规以及中国证监会有关非上市公众公司管理的规定。

第十六条 合格投资者认购私募债券应签署认购协议。认购协议应包括本期债券认购价格、认购数量、认购人的权利义务及其他声明或承诺等内容。

第十七条 私募债券发行后，发行人应在中国证券登记结算有限责任公司办理登记。

第三章 投资者适当性管理

第十八条 参与私募债券认购和转让的合格投资者，应符合下列条件：

（一）经有关金融监管部门批准设立的金融机构，包括商业银行、证券公司、基金管理公司、信托公司和保险公司等；

（二）上述金融机构面向投资者发行的理财产品，包括但不限于银行理财产品、信托产品、投连险产品、基金产品、证券公司资产管理产品等；

（三）注册资本不低于人民币1000万元的企业法人；

（四）合伙人认缴出资总额不低于人民币5000万元，实缴出资总额不低于人民币1000万元的合伙企业；

（五）经本所认可的其他合格投资者。

有关法律法规或监管部门对上述投资主体投资私募债券有限制性规定的，遵照其规定。

第十九条 发行人的董事、监事、高级管理人员及持股比例超过5%的股东，可参与本公司发行私募债券的认购与转让。承销商可参与其承销私募债券的发行认购与转让。

第二十条 证券公司应当建立完备的投资者适当性制度，确认参与私募债券认购和转让的投资者为具备风险识别与承担能力的合格投资者。证券公司应当了解和评估投资者对私募债券的风险识别和承担能力，充分揭示风险。证券公司应要求合格投资者在首次认购或受让私募债券前，签署风险认知书，承诺具备合格投资者资格，知悉私募债券风险，将依据发行人信息披露文件进行独立的投资判断，并自行承担投资风险。

第四章 转让服务

第二十一条 私募债券以现货及本所认可的其他方式转让。采取其他方式转让的，须报经中国证监会批准。

第二十二条 发行人申请私募债券在本所转让的，应当提交以下材料，并在转让前与本所签订《私募债券转让服务协议》：

（一）转让服务申请书；

（二）私募债券登记证明文件；

（三）本所要求的其他材料。

第二十三条 合格投资者可通过本所综合协议交易平台或通过证券公司进行私募债券转让。

通过综合协议交易平台进行转让的，参照本所现有规则办理；通过证券公司转让的，转让达成后，证券公司须向本所申报，并经本所确认后生效。证券公司应当建立健全风险控制制度，遵循诚实信用原则，不得进行虚假申报、不得误导投资者。

第二十四条 本所按照申报时间先后顺序对私募债券转让进行确认，对导致私募债券投资者超过200人的转让不予确认。

第二十五条 中国证券登记结算有限责任公司根据本所发送的私募债券转让数据进行清算交收。

第二十六条 私募债券转让信息在综合协议交易平台或本所网站专区进行披露。

第五章 信息披露

第二十七条 发行人、承销商及其他信息披露义务人，应当按照本办法及募集说明书的约定履行信息披露义务。发行人应当指定专人负责信息披露事务。承销商应当指定专人辅导、督促和检查发行人的信息披露义务。

信息披露应在本所网站专区或以本所认可的其他方式向合格投资者披露。

第二十八条 发行人应在完成私募债券登记后3个工作日内，披露当期私募债券的实际发行规模、利率、期限以及募集说明书等文件。

第二十九条 发行人应及时披露其在私募债券存续期内可能发生的影响其偿债能力的重大事项。

前款所称重大事项包括但不限于：

（一）发行人发生未能清偿到期债务的违约情况；

（二）发行人新增借款或对外提供担保超过上年末净资产 20%；

（三）发行人放弃债权或财产超过上年末净资产 10%；

（四）发行人发生超过上年末净资产 10% 的重大损失；

（五）发行人做出减资、合并、分立、解散及申请破产的决定；

（六）发行人涉及重大诉讼、仲裁事项或受到重大行政处罚；

（七）发行人高级管理人员涉及重大民事或刑事诉讼，或已就重大经济事件接受有关部门调查。

第三十条 在私募债券存续期内，发行人应按照本所规定披露本金兑付、付息事项。

第三十一条 发行人的董事、监事、高级管理人员及持股比例超过 5% 的股东转让私募债券的，应当及时通报发行人，并通过发行人在转让达成后 3 个工作日内进行披露。

第六章 投资者权益保护

第三十二条 发行人应当为私募债券持有人聘请私募债券受第六章投资者权益保护托管理人。私募债券受托管理人可由本次发行的承销商或其他机构担任。

为私募债券发行提供担保的机构不得担任该私募债券的受托管理人。

第三十三条 在私募债券存续期限内，由私募债券受托管理人依照约定维护私募债券持有人的利益。私募债券受托管理人应当为私募债券持有人的最大利益行事，不得与私募债券持有人存在利益冲突。

第三十四条 私募债券受托管理人应当履行下列职责：

（一）持续关注发行人和保证人的资信状况，出现可能影响私募债券持有人重大权益的事项时，召集私募债券持有人会议；

（二）发行人为私募债券设定抵押或质押担保的，私募债券受托管理人应在私募债券发行前取得担保的权利证明或其他有关文件，并在担保期间妥善保管；

（三）在私募债券存续期内勤勉处理私募债券持有人与发行人之间的谈判或者诉讼事务；

（四）监督发行人对募集说明书约定的应履行义务（包括募集资金用途、提取偿债保障金）的执行情况，并出具受托管理人事务报告；

（五）预计发行人不能偿还债务时，要求发行人追加担保，或者依法申请法定机关采取财产保全措施；

（六）发行人不能偿还债务时，受托参与整顿、和解、重组或者破产的法律程序；

（七）私募债券受托管理协议约定的其他重要义务。

第三十五条　发行人应当与私募债券受托管理人制定私募债券持有人会议规则，约定私募债券持有人通过私募债券持有人会议行使权利的范围、程序和其他重要事项。存在下列情形之一的，应当召开私募债券持有人会议：

（一）拟变更私募债券募集说明书的约定；

（二）拟变更私募债券受托管理人；

（三）发行人不能按期支付本息；

（四）发行人减资、合并、分立、解散或者申请破产；

（五）保证人或者担保物发生重大变化；

（六）发生对私募债券持有人权益有重大影响的其他事项。

第三十六条　发行人应当设立偿债保障金专户，用于兑息、兑付资金的归集和管理。发行人应在募集说明书中承诺，在私募债券付息日的 10 个工作日前，将应付利息全额存入偿债保障金专户；在本金到期日 30 个自然日前累计提取的偿债保障金余额不低于私募债券余额的 20%。

第三十七条　发行人应在募集说明书中约定采取限制股息分配措施，以保障私募债券本息按时兑付，并承诺若未能足额提取偿债保障金，不以现金方式进行利润分配。

第三十八条　发行人可采取其他内外部增信措施，提高偿债能力，控制私募债券风险。增信措施包括但不限于下列方式：

（一）限制发行人将资产抵押给其他债权人；

（二）第三方担保和资产抵押、质押；

（三）商业保险。

第七章　自律监管和纪律处分措施

第三十九条　发行人及其董事、监事和高级管理人员，违反本办法、募集说明书约定、本所其他相关规定或者其所作出的承诺的，本所可采取约见谈话、通报批评、公开谴责、暂停或终止为其债券提供转让服务等措施。

第四十条　证券公司、中介机构及相关人员违反本办法规定，未履行信息披露义务或所出具的文件含有虚假记载、误导性陈述、重大遗漏的，本所可采取约见谈话、通报批评、公开谴责等措施；情节严重的，可上报相关主管机关查处。

第四十一条 证券公司未按照投资者适当性管理的要求遴选确定具有风险识别和风险承受能力的合格投资者的，本所可责令其改正，并视情节轻重采取相应的自律监管或纪律处分等措施。

第四十二条 私募债券转让双方转让行为违反本办法、本所其他相关规定的，本所可责令其改正，并视情节轻重采取相应的监管措施或者纪律处分措施。

第四十三条 前述主体被本所采取纪律处分措施的，本所将其记入诚信档案。

第八章 附 则

第四十四条 本办法经中国证监会批准后生效，修改时亦同。

第四十五条 本办法由本所负责解释。

第四十六条 本办法自发布之日起施行。

Ⅶ.1.9　深圳证券交易所中小企业私募债券试点业务指南

（2012年8月23日修订　深圳证券交易所）

为推动中小企业私募债券试点业务顺利开展,根据《深圳证券交易所交易规则(2011年修订)》、《深圳证券交易所综合协议交易平台业务实施细则》和《深圳证券交易所中小企业私募债券业务试点办法》(以下简称"《试点办法》")等有关规定,制定本指南。

第一章　概　　述

本指南所称中小企业私募债券(以下简称"私募债券"),是指中小微型企业在中国境内以非公开方式发行和转让，约定在一定期限还本付息的公司债券。

试点期间，私募债券发行人范围仅限符合《关于印发中小企业划型标准规定的通知》[工信部联企业(2011)300号](详见附件10)规定的，未在上海、深圳证券交易所上市的中小微型企业，但暂不包括房地产企业和金融企业。

私募债券应当由具有承销业务资格的证券公司(以下简称"会员")承销。证券公司开展中小企业私募债券试点业务，应当严格执行中国证券业协会《证券公司开展中小企业私募债券承销业务试点办法》的规定，承销发行私募债券。

私募债券发行后，发行人应当按照中国证券登记结算有限责任公司《中小企业私募债券试点登记结算业务实施细则》，在中国证券登记结算有限责任公司深圳分公司(以下简称"中国结算深圳分公司")办理私募债券的集中登记。

中国结算深圳分公司联系人：丁志勇，联系电话：(0755)25941405

在本所进行的中小企业私募债券业务，适用本指南。本指南未做规定的，适用《试点办法》和本所其他有关规定。

第二章　备案与发行

私募债券在本所进行转让的，在发行前应当在本所备案。本所接受备案并不对私募债券的投资价值、风险或者收益作出判断。发行人发生经营风险、偿债风险及诉讼等重大问题，由发行人自行处理。私募债券投资风险由投资者自行承担，本所不承担责任。

一、备案条件

在本所备案的私募债券应当符合以下条件：

(一)发行人是中国境内注册的有限责任公司或者股份有限公司；

(二)发行利率不得超过同期银行贷款基准利率的三倍；

(三)期限在一年(含)以上；

(四)本所规定的其他条件。

二、备案申请

私募债券的备案申请，应当通过本所会员业务专区办理。私募债券承销商登录本所会员业务专区，通过"公文及报表上传—中小企业私募债试点业务—备案材料提交"栏目提交备案材料，备案材料应当包括下列文件：

(一)备案登记表和备案工作表(内容与格式见附件1、附件2)；

(二)发行人公司章程及营业执照(副本)复印件；

(三)发行人内设有权机构关于本期私募债券发行事项的决议；

(四)私募债券承销协议；

(五)私募债券募集说明书(内容与格式见附件3)；

（六）承销商的尽职调查报告；

（七）私募债券受托管理协议及私募债券持有人会议规则；

（八）发行人经具有从事证券、期货相关业务资格的会计师事务所审计的最近两个完整会计年度的财务报告；6 月 30 日以后提交备案材料的，另需提交发行人当年未经审计的中期财务报告；

（九）律师事务所出具的关于本期私募债券发行的法律意见书；

（十）发行人全体董事、监事和高级管理人员对备案申请文件真实性、准确性和完整性的承诺书；

（十一）承销商通过中国证券业协会备案的文件；

（十二）发行人董事、监事、高级管理人员及持股 5% 以上股东名册（内容与格式见附件 4）；

（十三）本所规定的其他文件，包括发行人与承销商保证私募债券备案材料电子文档与原件完全一致的承诺函等文件。

三、备案流程

本所对备案材料的完备性进行核对，备案材料不齐全的，将要求承销商重新提交；备案材料齐全的，本所确认接受材料。承销商应当于本所确认接受材料后三个工作日内报送备案材料原件。

本所自接受材料之日起十个工作日内决定接受备案或者要求重新补充材料，并出具《接受备案通知书》或者《补充材料通知书》。承销商可以通过本所会员业务专区查询备案核对过程的各项工作进度。

私募债券发行人取得《接受备案通知书》后，应当在六个月内完成发行。《接受备案通知书》自出具之日起六个月后自动失效，对于失效后发行的私募债券，中国结算深圳分公司将不予办理登记。

四、发行认购

合格投资者认购私募债券时，应当签署认购协议。认购协议应当至少包括本期债券认购价格、认购数量、认购人的权利义务及其他声明或者承诺等内容。

私募债发行结束后，承销商应向债券工作小组提交认购人名单，认购人名单应包括债券名称、发行人名称、发行利率、认购人名称、股东代码、认购份额等内容。

第三章　产品设计与投资者权益保护

一、产品设计

私募债券可以采用非标准化的产品设计。

（一）私募债券可以由发行人单独发行，或者由两个及以上发行人集合发行；

（二）私募债券的计息方式可以选择采用贴现式或者附息式固定利率、附息式浮动利率等方式；

（三）私募债券可以设置附认股权或者可转股条款，但是应当符合法律法规以及中国证监会有关非上市公众公司管理的规定；

（四）私募债券可以设置附发行人赎回、上调票面利率选择权或者投资者回售选择权。

试点期间，私募债券的转股、回售、赎回业务暂不通过本所交易系统提供服务，由承销商通过场外方式自行处理，并向中国结算深圳分公司办理变更登记。私募债券在转股、回售、赎回业务完成后，发行人可申请终止转让服务。

二、投资者权益保护

（一）受托管理人

发行人应当为私募债券持有人聘请私募债券受托管理人。私募债券受托管理人可由本期发行的承销商或者商业银行等其他机构担任。为私募债券发行提供担保的机构不得担任本期私募债券的受托管理人。

在私募债券存续期限内，由私募债券受托管理人依照约定维护私募债券持有人的利益。私募债券受托管理人应当为私募债券持有人的最大利益行事，不得与私募债券持有人存在利益冲突。

私募债券受托管理人应当履行下列职责：

1. 持续关注发行人和保证人的资信状况，出现可能影响私募债券持有人重大权益的事项时，召集私募债券持有人会议；

2. 发行人为私募债券设定抵押或者质押担保的，私募债券受托管理人应当在私募债券发行前取得担保的权利证明或者其他有关文件，并在担保期间妥善保管；

3. 在私募债券存续期内勤勉处理私募债券持有人与发行人之间的谈判或者诉讼事务；

4. 监督发行人对募集说明书约定的应履行义务（包括募集资金用途、提取偿债保障金）的执行情况，并出具受托管理人事务报告；

5. 预计发行人不能偿还债务时，要求发行人追加担保，或者依法申请法定机关采取财产保全措施；

6. 发行人不能偿还债务时，受托参与整顿、和解、重组或者破产的法律程序；

7. 私募债券受托管理协议约定的其他重要义务。

（二）债券持有人会议

发行人应当与私募债券受托管理人制定私募债券持有人会议规则，约定私募债券持有人通过私募债券持有人会议行使权利的范围、程序和其他重要事项。

存在下列情况的,应当召开私募债券持有人会议:

1. 拟变更私募债券募集说明书的约定;

2. 拟变更私募债券受托管理人;

3. 发行人不能按期支付本息;

4. 发行人减资、合并、分立、解散或者申请破产;

5. 保证人或者担保物发生重大变化;

6. 发生对私募债券持有人权益有重大影响的事项。

(三)偿债保障金

发行人应当设立偿债保障金专户,用于兑息、兑付资金的归集和管理。在私募债券付息日十个工作日前,发行人应当将应付利息全额存入偿债保障金专户;在本金到期日三十日前累计提取的偿债保障金余额不低于私募债券余额的20%。

偿债保障金自存入偿债保障金专户之日起,仅能用于兑付私募债券本金及利息。私募债券受托管理人应当监督发行人偿债保障金专户的设立和资金使用情况。

(四)限制股息分配措施

发行人应当采取限制股息分配措施,以保障私募债券本息按时兑付,并承诺若未能足额提取偿债保障金,不以现金方式进行利润分配。

(五)增信措施

私募债券增信措施以及信用评级安排由买卖双方自主协商确定。发行人可采取其他内外部增信措施,提高偿债能力,控制私募债券风险。增信措施包括但不限于下列方式:

1. 限制发行人将资产抵押给其他债权人;

2. 第三方担保和资产抵押、质押;

3. 商业保险。

第四章 投资者适当性管理

一、合格投资者

参与私募债券认购和转让的合格投资者,应当符合下列条件:

(一)经有关金融监管部门批准设立的金融机构,包括商业银行、证券公司、基金管理公司、信托公司和保险公司等;

(二)上述金融机构面向投资者发行的理财产品,包括但不限于银行理财产品、信托产品、投连险产品、基金产品、证券公司资产管理产品等;

(三)注册资本不低于人民币1000万元的企业法人;

（四）合伙人认缴出资总额不低于人民币5000万元，实缴出资总额不低于人民币1000万元的合伙企业；

（五）经本所认可的其他合格投资者。发行人的董事、监事、高级管理人员及持股比例超过5%的股东，可以参与本公司发行私募债券的认购，但仅允许通过承销商交易单元进行转让。

承销商可参与其承销私募债券的认购与转让。

有关法律法规或者监管部门对上述投资主体投资私募债券有限制性规定的，遵照其规定。

二、投资者适当性管理

会员应当建立完备的投资者适当性管理制度，确认参与私募债券认购和转让的投资者为具备风险识别与承担能力的合格投资者。会员应当了解和评估投资者对私募债券的风险识别和承担能力，充分揭示风险。

投资者适当性管理具体流程和要求如下：

（一）会员在接收投资者申请开通私募债券认购与转让权限时，应当通过现场询问、提交证明文件等方式，收集投资者相关信息，甄别其是否具备一定的风险识别和承担能力。

（二）若符合合格投资者条件，会员应当要求合格投资者在首次认购或者受让私募债券前，签署《风险认知书》（详见附件5），承诺具备合格投资者资格，知悉并自行承担私募债券风险。

（三）会员可以在合格投资者签署《风险认知书》的下一工作日，为其开通私募债券认购与转让权限。合格投资者于开通权限之日起可参与私募债券的认购和转让。

直接持有或租用本所交易单元的合格投资者，可以不签署《风险认知书》，直接参与私募债券的认购和转让。

（四）会员在合格投资者开通权限的当日，向本所上报已开通权限的所有合格投资者情况。会员登录本所会员业务专区，通过"公文及报表上传—中小企业私募债试点业务—合格投资者适当性管理"栏目，上传Excel格式的《××证券公司中小企业私募债券合格投资者名单》（内容与格式见附件6）进行报备。对于新增开通权限的合格投资者，会员应当及时更新上述名单，以全量形式覆盖原同名文件上传。

（五）对于跨会员转托管的，投资者在向甲公司提出申请但未开通权限期间发生的转托管，该投资者须到乙公司重新提出申请办理开通权限；对于已经开通权限后的转托管，投资者可向乙公司出具在甲公司签署的风险认知书复本，乙公司在复核签署时间等内容后，可以为其开通转让权限。

（六）会员不得接受合格投资者名单之外的投资者认购或转让私募债券。

（七）会员应当以电子或者书面的方式，妥善保存投资者相关证明文件和已签署的《风险认知书》等资料。

第五章 转让服务

私募债券以现货及本所认可的其他方式转让。采取其他方式转让的，须报经中国证监会批准。

一、转让服务准备流程

发行人完成私募债券的集中登记后，应当委托转让服务推荐人向本所提出私募债券转让服务申请。

（一）转让服务推荐人

发行人申请私募债券在本所转让前，须委托承销商作为其转让服务推荐人，并出具转让服务推荐书。

转让服务推荐人应当保证发行人向本所提交的转让服务申请材料、转让服务公告书等没有虚假记载、误导性陈述或者重大遗漏，并保证对其承担连带责任。转让服务推荐人不得利用其在推荐过程中获得的内幕信息进行内幕交易，为自己或者他人牟取利益。

（二）提交申请材料与签订协议

发行人申请私募债券在本所转让的，应当通过本所会员业务专区办理。

私募债券承销商登录本所会员业务专区，通过“公文及报表上传—中小企业私募债试点业务—转让服务申请”栏目提交转让服务申请材料。申请材料应当包括以下内容：

1. 转让服务申请书；

2. 私募债券登记证明文件；

3. 转让服务推荐书；

4. 本所要求的其他材料，包括发行人信息披露事务专员、主承销指定督导员联系信息以及私募债券认购人名单等。

私募债券转让前，承销商应当向本所报送上述申请材料原件。同时，发行人应当与本所签订《深圳证券交易所中小企业私募债券转让服务协议》（内容与格式见附件7）。

二、转让服务平台与相关规定

私募债券投资者通过本所综合协议交易平台（以下简称“协议平台”）进行私募债券转让。在协议平台进行私募债券转让的，应当遵循以下规定：

1. 转让私募债券投资者，应当持有中国结算深圳分公司人民币普通股票账户(A 股证券账户)。

2. 本所私募债券代码区间为“118001－118999”,私募债券代码按顺序编制。

3. 协议平台接受私募债券投资者申报的时间为每个交易日 9:15 至 11:30、13:00 至 15:30,申报当日有效。

4. 私募债券面值为人民币 100 元,价格最小变动单位为人民币 0.001 元。私募债券成交价格由买卖双方在前收盘价的上下 30% 之间自行协商确定。私募债券当日收盘价为债券当日所有转让成交的成交量加权平均价;当日无成交的,以前收盘价为当日收盘价。

5. 私募债券单笔现货交易数量不得低于 5000 张或者交易金额不得低于人民币 50 万元。

6. 试点初期,协议平台仅接受私募债券投资者“成交申报”指令,不接受“意向申报”和“定价申报”指令。“成交申报”指令包括证券账号、证券代码、买卖方向、交易价格、交易数量和对手方交易单元代码等内容。“成交申报”指令在协议平台确认成交前可以撤销。

7. 私募债券按全价方式进行转让。私募债券转让可以当日回转。

8. 本所按照申报时间先后顺序对私募债券转让进行确认,对导致私募债券持有账户数超过 200 人的转让不予确认。

9. 承销商可以通过协议平台对私募债券转让进行做市。

三、转让成交信息披露

私募债券转让成交信息在协议平台即时披露,并于每日收市后通过本所网站—综合协议平台栏目(http://www.szse.cn/main/ints/)向市场披露。成交信息内容包括:证券名称、证券代码、成交价格、成交数量、买卖双方交易单元名称和代码等。

四、暂停、恢复及终止提供转让服务

(一)暂停、恢复提供转让服务

本所会员专区以外的公共媒体中出现发行人发布的尚未披露的私募债券相关信息,可能或者已经对私募债券及其衍生品种交易价格产生重大影响的,发行人应当向本所申请暂停提供转让服务,直至按规定在会员专区发布相关公告后予以恢复转让服务。

本所可根据市场需要对私募债券及其衍生品种采取临时停止提供转让服务的措施,相关情形消除后予以恢复。

发行人有下列情形之一的,本所对私募债券临时停止提供转让服务,并在十五个工作日内决定是否暂停提供转让服务:

1. 发行人有重大违法行为;

2. 未按照私募债券募集说明书要求履行义务；

3. 本所规定的其他情形。

本所暂停提供私募债券转让服务后，上述所列情形消除的，发行人可向本所提出恢复提供转让服务的申请，本所在收到申请后十五个工作日内决定是否恢复提供转让服务。

（二）终止提供转让服务

私募债券出现下列情况之一的，本所终止提供转让服务：

1. 发行人有上述暂停提供转让服务中第1、2项所列情形之一经查实后果严重的；

2. 发行人解散或者被宣告破产的；

3. 债券到期的。

属于终止提供转让服务第1、2项所列情形之一的，由本所作出是否终止提供转让服务的决定。

属于终止提供转让服务第3项情形的，本所于私募债券到期前五个工作日终止提供转让服务。

第六章 信息披露

一、信息披露义务

私募债券发行人应当指定专人负责信息披露事务。私募债券承销商应当指定专人辅导、督促和检查发行人的信息披露义务。发行人董事、监事和高级管理人员应当保证信息披露内容真实、准确、完整，没有虚假记载、误导性陈述或者重大遗漏，并就其保证承担个别和连带的责任。

在私募债券存续期间，发行人应当履行以下信息披露义务：

1. 发行人应当在私募债券发行认购结束后，披露《中小企业私募债券备案登记表》、《私募债券发行结果公告》（内容与格式见附件8）与私募债券募集说明书。

2. 本所对私募债券提供转让服务前五个工作日内，发行人应当披露《关于××在深圳证券交易所综合协议交易平台进行转让的公告书》（内容与格式见附件9）。

3. 私募债券付息两个工作日前，发行人应当披露《私募债券付息公告》。《私募债券付息公告》应当至少包括发行人名称、私募债券简称和代码、债券发行总额、债券存续期间、票面利率、债权登记日、除息日、派息日、派息金额以及税务处理等内容。

4. 私募债券兑付五个工作日前，发行人应当披露《私募债券兑付公告》。

《私募债券兑付公告》应当至少包括发行人名称、私募债券简称和代码、债券发行总额、债券存续期间、票面利率、债权登记日、摘牌日、到期兑付日以及兑付金额等内容。

5. 私募债券转股、回售或者赎回业务申报起始日前，发行人应当至少披露三次《私募债券转股/回售/赎回业务提示性公告》；私募债券转股、回售或者赎回业务实施完成后，发行人应当披露《私募债券转股/回售/赎回结果公告》。

《私募债券转股/回售/赎回业务提示性公告》应当至少包括发行人名称、私募债券简称和代码、转股/回售/赎回申报期间、申报方式、转股/回售/赎回价格、股权分配日或者回售/赎回资金到账日等内容。

《私募债券转股/回售/赎回结果公告》应当至少包括发行人名称、私募债券简称和代码、转股/回售/赎回业务发生前后对债券托管额的影响以及新增转股数量等内容。

6. 发行人可以根据私募债券募集说明书的规定，选择是否披露定期报告。

7. 发行人的董事、监事、高级管理人员及持股比例超过5%的股东转让私募债券的，当事人与承销商应当及时通报发行人。发行人应当在转让达成后三个工作日内，披露董事、监事、高级管理人员及持股比例超过5%的股东转让私募债券相关情况。

8. 发行人应当及时披露其在私募债券存续期内可能发生的影响其偿债能力的重大事项。

重大事项包括但不限于以下内容：

(1)发行人发生未能清偿到期债务的违约情况；

(2)发行人新增借款或者对外提供担保超过上年末净资产20%；

(3)发行人放弃债权或者财产超过上年末净资产10%；

(4)发行人发生超过上年末净资产10%的重大损失；

(5)发行人作出减资、合并、分立、解散及申请破产的决定；

(6)发行人涉及重大诉讼、仲裁事项或者受到重大行政处罚；

(7)发行人高级管理人员涉及重大民事或者刑事诉讼，或者已就重大经济事件接受有关部门调查。

二、信息披露方式与流程

上述发行人应当履行的信息披露义务中，除私募债券募集说明书和定期报告可以通过本所会员业务专区向合格投资者披露或者由承销商向指定合格投资者披露外，其他信息披露均应当在本所会员业务专区向私募债券持有人等合格投资者披露。

在本所会员业务专区的信息披露具体流程如下：

（一）承销商登录本所会员业务专区，通过“公文及报表上传—中小企业私募债试点业务—信息披露申请”栏目进入信息披露页面；

（二）承销商在线选择信息披露类别后，提交信息披露文件。

第七章 自律监管和纪律处分措施

发行人及其董事、监事和高级管理人员，违反《试点办法》、募集说明书约定、本所其他相关规定或者其所作出的承诺的，本所可采取约见谈话、通报批评、公开谴责、暂停或者终止为其债券提供转让服务等措施。

会员、中介机构及相关人员违反《试点办法》规定，未履行信息披露义务或者所出具的文件含有虚假记载、误导性陈述、重大遗漏的，本所可采取约见谈话、通报批评、公开谴责等措施；情节严重的，可上报相关主管机关查处。

会员未按照投资者适当性管理的要求遴选确定具有风险识别和风险承受能力的合格投资者的，本所可责令其改正，并视情节轻重采取相应的自律监管或者纪律处分等措施。

私募债券转让双方转让行为违反《试点办法》、本所其他相关规定的，本所可责令其改正，并视情节轻重采取相应的监管措施。

前述主体被本所采取纪律处分措施的，本所将其记入诚信档案。

第八章 其他事项

试点期间，本所暂免向发行人收取转让服务费用；私募债券转让经手费等，参照公司债券标准执行。

本指南并非本所业务规则或对规则的解释，本所将根据需要随时进行修订，恕不另行通知。

本指南自2012年9月1日起正式实施。本所保留对本指南的最终解释权。

Ⅶ.1.10 证券公司中小企业私募债券承销业务尽职调查指引

（2013 年 1 月 17 日 中国证券业协会）

第一章 总 则

第一条 为规范证券公司开展中小企业私募债券承销业务，促进证券公司做好尽职调查工作，制定本指引。

第二条 尽职调查是指证券公司通过访谈、查阅、实地考察等方法，勤勉尽责地对申请以非公开方式发行债券的中小微企业（以下简称“企业”）进行调查，以充分了解企业经营情况、财务状况和偿债能力的过程。

第三条 本指引是对证券公司尽职调查工作的一般要求。证券公司应按照本指引的要求，认真履行尽职调查义务。除对本指引已列示的内容进行调查外，证券公司还应对承销业务中涉及的、可能影响企业偿债能力的其他重大事项进行调查，核实相关发行文件的真实性、准确性和完整性。必要时，证券公司可采取本指引以外的其他方法对相关事项进行调查。

第四条 证券公司应建立健全内部控制制度，确保参与尽职调查工作的相关人员能够恪守独立、客观、公正的原则，具备良好的职业道德和专业胜任能力。

第五条 尽职调查过程中，证券公司可合理利用会计师事务所、律师事务所等其他中介机构出具的专业意见。对专业意见有异议的，应主动与其他中介机构进行沟通，并可要求其做出解释或出具依据；发现专业意见与尽职调查过程中获得的信息存在重大差异的，应对有关事项进行调查、复核。

第六条 尽职调查工作完成后，证券公司应出具尽职调查报告，并履行内核程序。

第二章 尽职调查内容和方法

第七条 尽职调查内容包括但不限于：

（一）企业基本情况、历史沿革情况和实际控制人情况；

（二）经营范围和主营业务情况；

（三）公司治理和内部控制情况；

（四）财务状况及偿债能力；

(五)信用记录;

(六)募集资金用途;

(七)增信措施安排和提供信用增进服务的机构资信状况(如有);

(八)或有事项及其他重大事项情况。

第八条 调查控股股东及实际控制人情况。

查阅工商登记文件、股权结构图、股东名册、重要会议记录及会议决议,询问管理层,了解企业的股权结构和股东情况,调查企业的控股股东及实际控制人情况。

第九条 调查主营业务情况。

查阅营业执照、财务报告,询问管理层(指对企业决策、经营、管理负有领导职责的人员,包括董事、监事、总经理、副总经理、财务负责人等,后三者为高级管理人员,下同),了解企业的经营范围、主营业务和提供的主要产品(或服务),判断企业的主营业务是否符合国家产业政策。

第十条 调查所属行业状况、经营模式、主要供应商和客户情况。

访谈管理层、比较分析行业及市场数据,了解企业所处行业的基本情况,关注企业面临的主要竞争状况,企业在行业中的竞争地位、竞争优势及劣势,以及采取的竞争策略等。

询问管理层,结合行业属性和企业规模等,了解企业的经营模式,调查企业的采购模式、生产或服务模式和销售模式。

查阅账簿,访谈管理层及采购部门和销售部门负责人,计算从前五名供应商的采购额及其占当期采购总额的比例、对前五名客户的销售额及其占当期主营业务收入的比例,关注企业对供应商和客户的依赖程度,以及供应商和客户的稳定性。

第十一条 调查公司治理情况。

查阅公司章程、会议记录、会议决议等,咨询律师或法律顾问,了解企业的组织结构;查阅公司治理有关文件,了解企业的董事、监事、高级管理人员的构成情况和职责,公司章程和股东(大)会(如有)、董事会(如有)、监事会(如有)的议事规则。关注公司制度的执行情况,并取得企业出具的关于公司治理情况的自我评价。

第十二条 调查内部控制情况。

查阅会议记录、规章制度等,访谈管理层及员工,咨询注册会计师,了解企业的内部控制制度及其执行情况,重点关注内部控制制度能否合理保证财务报告的可靠性。取得企业出具的关于内部控制情况的自我评价,包括内部控制制度是否健全、执行是否有效等。

第十三条 调查主要财务指标。

根据经审计的财务报告，计算、比较报告期毛利率、净资产收益率、资产负债率、流动比率、速动比率、利息保障倍数、应收账款周转率、存货周转率等主要财务指标，分析企业的盈利能力、长短期偿债能力和营运能力。比较分析经营活动产生的现金流量净额变动情况等，调查企业的获取现金能力。各项财务指标及相关会计项目有较大变动或异常的，应分析原因。

第十四条 调查主要资产状况。

查阅有关明细资料，咨询注册会计师，调查企业的应收款项形成原因、收回可能性等。

查阅房屋建筑物与生产经营设备的权属证明、相关合同等，咨询律师或法律顾问，必要时进行实地察看，调查企业是否具备完整、合法的财产权属证明，固定资产是否存在抵押、质押情形以及是否存在法律纠纷或潜在纠纷。

查阅土地使用权、商标、专利、著作权、特许经营权等无形资产的权属证明、相关合同等，咨询律师或法律顾问，了解企业的土地使用权、商标权、专利权、著作权、特许经营权等的权利期限情况等，调查无形资产是否存在质押情形以及是否存在法律纠纷或潜在纠纷。

第十五条 调查主要债务情况。

查阅银行借款合同，了解企业银行借款的金额、期限、利率、担保措施、付息情况、还款计划等。查阅企业与银行授信相关的合同、协议，询问管理层、财务人员等，了解企业全部银行的综合授信额度、已使用授信情况、近期授信安排等。

查阅有关明细资料，咨询注册会计师，调查企业的应付款项形成原因，关注是否存在长期延迟支付款项的情形。对于资金拆借款项，重点关注拆借期限、利率、偿还情况等。

第十六条 调查或有负债情况。

查阅担保合同或协议，询问管理层，咨询注册会计师和律师或法律顾问，调查企业的对外担保情况，包括但不限于被担保方名称、担保金额、担保期限，被担保方经营情况和财务状况，是否具备履约能力，是否提供必要的反担保。

询问管理层，咨询注册会计师和律师或法律顾问，调查企业的其他或有负债情况。

第十七条 调查企业及其管理层、实际控制人的信用记录。

查阅纳税凭证、借款合同与还款凭证等，咨询律师或法律顾问，必要时查询中国人民银行征信系统、工商行政管理部门的企业信用信息系统、地方政府的中小企业综合信息系统等公共诚信系统，调查企业是否存在逾期借款、未偿还已到期债券等不良信用记录，了解企业的诚信状况。

访谈管理层和实际控制人,必要时查询中国人民银行征信系统,咨询律师或法律顾问,调查企业的管理层和实际控制人是否存在不良信用记录,了解管理层和实际控制人的诚信状况。

取得企业出具的关于诚信状况的书面声明和管理层、实际控制人出具的关于诚信状况的书面声明。

第十八条 调查募集资金用途。

如募集资金用于项目投资,查阅有关资料,了解企业拟投资项目的基本情况,包括但不限于项目简介、建设内容、投资总额、项目进展、有关批文(如有)、项目经济效益测算等,调查募集资金用途是否符合相关产业政策、是否与企业的生产经营状况以及未来发展规划相吻合,分析募集资金运用对企业财务状况及经营成果的影响。

如募集资金用于股权投资或收购资产,了解企业的股权投资情况、拟收购资产基本情况等,分析股权投资或收购资产对本期债券偿付的影响。

如募集资金用于补充流动资金,了解其必要性。

第十九条 调查债券担保情况(如有)。

如提供保证担保,查阅保证人有关资料,访谈保证人或其法定代表人,调查保证人情况,包括但不限于:

(1)基本情况;

(2)最近一年的净资产、资产负债率、净资产收益率、流动比率、速动比率等主要财务指标,并注明是否经审计;

(3)资信状况;

(4)累计对外担保金额、累计担保余额及其占净资产比例;

(5)或有负债情况;

(6)偿债能力分析。

如提供抵押或质押担保,查阅、比较分析有关资料,询问管理层,了解担保物情况,包括但不限于担保物名称、金额(账面价值和评估值),担保范围,担保物金额与所发行债券面值总额和本息总额之间的比例,变现能力,担保物发生重大变化时的安排,担保物的评估、登记、保管和相关法律手续的办理情况。

第三章 尽职调查工作底稿

第二十条 尽职调查工作底稿应真实、准确、完整地反映所实施的尽职调查工作。工作底稿应内容完整、格式规范、记录清晰、结论明确。工作底稿应有调查人员及与调查相关人员的签字。

第二十一条 尽职调查工作底稿应有索引编号。相互引用时,应交叉注明索引编号。

第二十二条 尽职调查工作底稿应存入证券公司私募债券承销业务档案，保存期限在私募债券到期后不少于五年。

第四章 尽职调查报告

第二十三条 尽职调查报告应说明尽职调查涵盖的期间、调查内容、调查程序和方法、调查结论等。

第二十四条 尽职调查报告应对企业是否符合中小企业私募债券发行相关条件、是否建议承销该项目等发表明确结论。

第二十五条 尽职调查人员应在尽职调查报告上签字，并加盖证券公司公章和注明报告日期。

第二十六条 尽职调查报告应存入证券公司私募债券承销业务档案，保存期限在私募债券到期后不少于五年。

第五章 附 则

第二十七条 本指引由中国证券业协会负责解释。

第二十八条 本指引自发布之日起实施。

Ⅶ.2 中小企业集合票据

Ⅶ.2.1 银行间债券市场中小非金融企业集合票据业务指引

（2009 年 11 月 9 日 中国银行间市场交易商协会
公告［2009］第 15 号）

为贯彻落实党中央和国务院关于支持中小企业发展的有关方针政策，明确中小非金融企业集合票据创新的原则和方向，规范中小非金融企业集合票据的运作，根据《银行间债券市场非金融企业债务融资工具管理办法》（中国人民银行令［2008］第 1 号），协会组织市场成员制定了《银行间债券市场中小非金融企业集合票据业务指引》，经 2009 年 10 月 23 日第一届理事会第三次会议审议通过，现予以发布施行。

中国银行间市场交易商协会
二〇〇九年十一月九日

银行间债券市场中小非金融企业集合票据业务指引

第一条 为规范中小非金融企业在银行间债券市场发行集合票据的行为，根据中国人民银行《银行间债券市场非金融企业债务融资工具管理办法》（中国人民银行令［2008］第 1 号）、中国银行间市场交易商协会（简称交易商协会）章程及相关自律规则，制定本指引。

第二条 本指引所称中小非金融企业（简称企业），是指国家相关法律法规及政策界定为中小企业的非金融企业。

第三条 本指引所称集合票据，是指 2 个（含）以上、10 个（含）以下具有法人资格的企业，在银行间债券市场以统一产品设计、统一券种冠名、统一信用增进、统一发行注册方式共同发行的，约定在一定期限还本付息的债务融资工具。

第四条 企业发行集合票据应依据《银行间债券市场非金融企业债务融资

工具注册规则》在交易商协会注册，一次注册、一次发行。

第五条 企业发行集合票据应遵守国家相关法律法规，任一企业集合票据待偿还余额不得超过该企业净资产的40%。任一企业集合票据募集资金额不超过2亿元人民币，单支集合票据注册金额不超过10亿元人民币。

第六条 企业发行集合票据所募集的资金应用于符合国家相关法律法规及政策要求的企业生产经营活动。企业在发行文件中应明确披露具体资金用途，任一企业在集合票据存续期内变更募集资金用途均须经有权机构决议通过，并应提前披露。

第七条 集合票据的产品结构不得违背国家相关法律法规的要求，参与主体之间的法律关系清晰，各企业的偿付责任明确。

第八条 企业发行集合票据应制定偿债保障措施，并在发行文件中进行披露，包括信用增进措施、资金偿付安排以及其他偿债保障措施。

第九条 企业发行集合票据应披露集合票据债项评级、各企业主体信用评级以及专业信用增进机构（若有）主体信用评级。

第十条 企业应在集合票据发行文件中约定投资者保护机制，包括应对任一企业及信用增进机构主体信用评级下降或财务状况恶化、集合票据债项评级下降以及其他可能影响投资者利益情况的有效措施。

第十一条 在注册有效期内，对于已注册但尚未发行的集合票据，债项信用级别低于发行注册时信用级别的，集合票据发行注册自动失效，交易商协会将有关情况进行公告。

第十二条 企业发行集合票据应按交易商协会《银行间债券市场非金融企业债务融资工具信息披露规则》在银行间债券市场披露信息。

第十三条 企业发行集合票据应由符合条件的承销机构承销。

第十四条 集合票据投资者可就特定投资需求向主承销商进行逆向询价，主承销商可与企业协商发行符合特定需求的集合票据。

第十五条 主承销商应协助企业做好集合票据的信息披露、登记托管、交易流通、本息兑付相关工作。

第十六条 集合票据在债权债务登记日的次一工作日即可在银行间债券市场流通转让。

第十七条 本指引自公布之日起施行。

Ⅶ.3 中小企业集合债(仅文号)

Ⅶ.3.1 国家发展改革委关于下达2007年第一批企业债券发行规模及发行核准有关问题的通知

(2007年3月19日 发改财金[2007]602号)

Ⅶ.3.2 国家发展改革委关于推进企业债券市场发展、简化发行核准程序有关事项的通知

(2008年1月2日 发改财金[2008]7号)

Ⅷ 其他市场主体相关法规

Ⅷ.1 信用评级监管法规

Ⅷ.1.1 关于在银行间债券市场发行债券(包括证券公司短期融资券,即短期公司债,下同)信用评级的有关具体事项公告

(2004年12月30日 中国人民银行公告[2004]第22号)

为加强对银行间债券市场的监督管理,保护投资人合法权益,现就在银行间债券市场发行债券(包括证券公司短期融资券,即短期公司债,下同)信用评级的有关具体事项公告如下:

一、拟在银行间债券市场发行债券的机构(以下简称拟发债机构)和发行的债券,除不需评级外,均应经过在中国境内工商注册且具备债券评级能力的评级机构的信用评级,在向中国人民银行提交的备案材料中,应包括信用评级结果和有关简要说明文件。

二、拟发债机构在向有关资信评级机构提出评级申请的同时,应向中国人民银行报告。报告材料应包括:资信评级机构的受理承诺;信用评级收费标准;跟踪评级安排等内容。

三、资信评级机构应按照独立、公正、客观的原则,对拟发债机构和拟发行债券进行信用评级,并确定其信用等级。对发行债券提供担保的,资信评级机构还应对担保机构及债券增值进行信用评级,确定信用等级。

信用评级工作结束后,资信评级机构应在向拟发债机构送达信用评级报告书的同时,向中国人民银行报送信用评级报告书备份。信用评级报告书应包括对政策环境、资本充足性、资产流动性、资产质量、盈利能力、管理质量、信用风险管理、市场风险管理、流动性风险管理、信用担保及信用增值等要素的评价内容。

四、中国人民银行对信用评级结果进行事后检查,对资信评级机构的评级能力进行评价。对资信评级机构依法合规开展信用评级业务的情况,以及违反评级程序、恶性竞争、以级定价或以价定级的资信评级机构,中国人民银行将向社会公示。

中国人民银行

二○○四年十二月三十日

Ⅷ.1.2 中国人民银行信用评级管理指导意见

（2006 年 3 月 29 日 银发［2006］95 号）

人民银行上海总部，各分行、营业管理部、省会（首府）城市中心支行，大连、青岛、宁波、厦门、深圳市中心支行：

为指导中国人民银行分支行管理信用评级工作，规范信用评级机构在银行间债券市场和信贷市场信用评级执业行为，促进信用评级业的健康发展，现就信用评级管理提出以下指导意见：

一、本指导意见适用于中国人民银行对信用评级机构在银行间债券市场和信贷市场从事金融产品信用评级、借款企业信用评级、担保机构信用评级业务的管理和指导。

二、信用评级机构应拥有相当的有一定经验的金融、会计、证券、投资、评估等专业知识的专业评估人员。

三、信用评级机构应向中国人民银行提供下列材料：

（一）工商行政管理部门核发的《企业法人营业执照》和税务管理部门核发的《税务登记证》副本复印件并出示副本原件；

（二）公司章程；

（三）注册资本验资报告复印件并出示原件；

（四）信用评级工作制度和内部管理制度；

（五）最近三年的财务报表；

（六）经物价部门核定或备案的收费标准；

（七）办公场所及组织机构的设置情况；

（八）法定代表人及其高级管理人员（指副总经理以上人员）的身份证明复印件、简历及有关资料。

四、信用评级机构应具备以下信用评级工作制度和内部管理制度：

（一）信用评级程序细则；

（二）信用评级方法规则；

（三）专业评估人员执业规范；

（四）信用评级报告准则；

（五）信用评级工作实地调查制度；

（六）信用评级评审委员会管理制度；

（七）跟踪评级及复评制度；

（八）防火墙制度、回避制度等避免利益冲突的相关制度；

（九）业务信息保密制度；

（十）违约率检验制度；

（十一）信用评级结果公示制度。

五、从事信用评级业务的信用评级机构应遵循以下原则：

（一）按照国家有关法律、法规、政策和中国人民银行有关规定，开展信用评级业务；

（二）根据独立、公正、客观、科学的原则设定信用评级方法体系，采用宏观与微观、动态与静态、定量与定性相结合的科学分析方法，确定被评对象的信用等级；

（三）严格依据公开的评级方法和程序，独立地开展信用评级工作，保证评级的公正性、一致性、完整性，信用评级结果不受任何单位和个人的影响；

（四）信用评级机构和评估人员如与被评对象有利益关系的，应当回避。

六、信用评级机构要依据国家有关法律、行政法规、政策，按照中国人民银行对信用评级要素、标识及含义的要求（见附件），在对债务人主体的财务状况、风险管理、经营能力、盈利能力等整体信用状况进行分析的基础上，对债务的违约可能性及清偿程度进行综合判断，并以简单、直观的符号表示信用等级。

七、信用评级机构应遵循以下信用评级程序：

（一）被评对象与信用评级机构当事双方签订评级合同，支付评估费。

（二）被评对象按合同规定向信用评级机构提供所需的真实、完整的有关资料、报表。

（三）信用评级机构收到被评对象提供的资料、报表后，在合同规定期限内按有关规定进行详细审核，并就被评对象经营及财务状况组织现场调查和访谈。

（四）信用评级机构综合搜集到的与被评对象有关的信息资料，经加工分析后提出信用评级报告书。

（五）信用评级机构召开内部信用评级评审委员会，评定等级。

（六）如被评对象有充分理由认为评级结果与实际情况存在较大差异，可在规定的时限内向信用评级机构提出复评申请并提供补充资料，复评次数仅限一次；首次评级后，信用评级机构应将评级结果书面告知被评对象并向中国人民银行报告。

（七）拟发行债券的信用评级结果由债券发行人在中国人民银行指定的国内有关媒体上公告。借款企业和担保机构信用评级结果，由信用评级机构在企业自愿的原则下，将其信用等级在国内有关媒体上公告。

（八）信用评级机构在债券存续期和企业信用等级有效期内，应进行跟踪评级。跟踪评级结果与公告结果不一致的，由信用评级机构及时通知被评对象。信用评级机构应将变更后的债券信用等级在指定媒体上向社会公布并书面报告中国人民银行；变更后的借款企业信用等级和担保机构信用等级，信用评级机构除书面报告中国人民银行外，还应在企业自愿的原则下，将其信用等级在国内有关媒体上公告。

八、信用评级机构及其评估人员不得有下列行为：

（一）向中国人民银行报送有虚假陈述或者重大遗漏的文件、资料；

（二）对本机构的股东及有利益关系者进行评级；

（三）同被评对象合谋篡改评级资料从而歪曲评级结果；

（四）以承诺、分享投资收益或者分担投资损失、承诺高等级、压价竞争、诋毁同行等不正当竞争手段招揽业务，进行恶性竞争；

（五）未经被评对象的同意将有关评级资料和信息向社会公布或泄露他人，但国家法律和行政法规另有规定的除外；

（六）为委托人提供担保；

（七）高级管理人员从事与信用评级业务有利益冲突的兼职业务；

（八）国家法律、行政法规及中国人民银行规定的其他禁止行为。

九、信用评级机构应就评级资料建立数据库并进行永久保存。

十、信用评级机构应按规定向中国人民银行报送信用评级机构统计报表、信用评级报告全文、跟踪评级安排及跟踪评级报告等材料。

十一、中国人民银行建立以违约率为核心考核指标的检验体系，对信用评级机构的评级质量进行验证，并向社会公示评级违约结果。

信用评级机构应按时向中国人民银行报送违约率统计所需的信息，包括企业组织机构代码、贷款卡号等。

十二、对信用评级机构不遵守评级程序、恶性竞争、评级诈骗、以级定价或以价定级等行为，中国人民银行将向社会公开披露，并中止违规机构在银行间债券市场和信贷市场信用评级业务。

请人民银行上海总部、各分支行将本指导意见转发给辖区内信用评级机构、人民银行各地（市）中心支行和各金融机构，并结合当地实际情况，组织辖区内信用评级机构遵照执行。对实施过程中出现的新情况、新问题，及时向总行报告。

附件:信用评级要素、标识及含义

中国人民银行
二○○六年三月二十九日

附件:信用评级要素、标识及含义

一、银行间债券市场金融产品信用评级要素、标识及含义:

(一)对金融产品发行主体评级应主要考察以下要素:宏观经济和政策环境,行业及区域经济环境,企业自身素质,包括公司产权状况、法人治理结构、管理水平、经营状况、财务质量、抗风险能力等。对金融机构债券发行人进行资信评估还应结合行业特点,考虑市场风险、信用风险和操作风险管理、资本充足率、偿付能力等要素。

(二)对金融产品评级应包括以下要素:募集资金拟投资项目的概况、可行性、主要风险、盈利及现金流预测评价、偿债保障措施等。

(三)信用等级的划分、符号及含义:

1. 银行间债券市场长期债券信用等级划分为三等九级,符号表示分别为:AAA、AA、A、BBB、BB、B、CCC、CC、C。等级含义如下:

AAA 级:偿还债务的能力极强,基本不受不利经济环境的影响,违约风险极低。

AA 级:偿还债务的能力很强,受不利经济环境的影响不大,违约风险很低。

A 级:偿还债务能力较强,较易受不利经济环境的影响,违约风险较低。

BBB 级:偿还债务能力一般,受不利经济环境影响较大,违约风险一般。

BB 级:偿还债务能力较弱,受不利经济环境影响很大,有较高违约风险。

B 级:偿还债务的能力较大地依赖于良好的经济环境,违约风险很高。

CCC 级:偿还债务的能力极度依赖于良好的经济环境,违约风险极高。

CC 级:在破产或重组时可获得保护较小,基本不能保证偿还债务。

C 级:不能偿还债务。

除 AAA 级,CCC 级以下等级外,每一个信用等级可用"+"、"-"符号进行微调,表示略高或略低于本等级。

2. 银行间债券市场短期债券信用等级划分为四等六级,符号表示分别为:A-1、A-2、A-3、B、C、D。等级含义如下:

A-1 级:为最高级短期债券,其还本付息能力最强,安全性最高。

A-2 级:还本付息能力较强,安全性较高。

A-3 级:还本付息能力一般,安全性易受不良环境变化的影响。

B级:还本付息能力较低,有一定的违约风险。

C级:还本付息能力很低,违约风险较高。

D级:不能按期还本付息。

每一个信用等级均不进行微调。

二、借款企业信用评级要素、标识及含义:

(一)信用评级机构对企业进行信用评级应主要考察以下方面内容:

1. 企业素质:包括法人代表素质、员工素质、管理素质、发展潜力等;

2. 经营能力:包括销售收入增长率、流动资产周转次数、应收账款周转率、存货周转率等;

3. 获利能力:包括资本金利润率、成本费用利润率、销售利润率、总资产利润率等;

4. 偿债能力:包括资产负债率、流动比率、速动比率、现金流等;

5. 履约情况:包括贷款到期偿还率、贷款利息偿还率等;

6. 发展前景:包括宏观经济形势、行业产业政策对企业的影响;行业特征、市场需求对企业的影响;企业成长性和抗风险能力等。

(二)借款企业信用等级应按不同行业分别制定评定标准。

(三)借款企业信用等级分三等九级,即AAA、AA、A、BBB、BB、B、CCC、CC、C。等级含义如下:

AAA级:短期债务的支付能力和长期债务的偿还能力具有最大保障;经营处于良性循环状态,不确定因素对经营与发展的影响最小。

AA级:短期债务的支付能力和长期债务的偿还能力很强;经营处于良性循环状态,不确定因素对经营与发展的影响很小。

A级:短期债务的支付能力和长期债务的偿还能力较强;企业经营处于良性循环状态,未来经营与发展易受企业内外部不确定因素的影响,盈利能力和偿债能力会产生波动。

BBB级:短期债务的支付能力和长期债务偿还能力一般,目前对本息的保障尚属适当;企业经营处于良性循环状态,未来经营与发展受企业内外部不确定因素的影响,盈利能力和偿债能力会有较大波动,约定的条件可能不足以保障本息的安全。

BB级:短期债务支付能力和长期债务偿还能力较弱;企业经营与发展状况不佳,支付能力不稳定,有一定风险。

B级:短期债务支付能力和长期债务偿还能力较差;受内外不确定因素的影响,企业经营较困难,支付能力具有较大的不确定性,风险较大。

CCC级:短期债务支付能力和长期债务偿还能力很差;受内外不确定因素的

影响，企业经营困难，支付能力很困难，风险很大。

CC 级：短期债务的支付能力和长期债务的偿还能力严重不足；经营状况差，促使企业经营及发展走向良性循环状态的内外部因素很少，风险极大。

C 级：短期债务支付困难，长期债务偿还能力极差；企业经营状况一直不好，基本处于恶性循环状态，促使企业经营及发展走向良性循环状态的内外部因素极少，企业濒临破产。

每一个信用等级可用“+”、“-”符号进行微调，表示略高或略低于本等级，但不包括 AAA+。

三、担保机构信用评级要素、标识及含义：

（一）信用评级机构对担保机构进行信用评级应主要考察以下方面内容：

1. 经营环境：主要包括宏观和地区经济环境、行业环境、监管与政策、政府支持等；

2. 管理风险：主要包括管理层、专业人员等人力资本、法人治理结构、内部管理和运营体制；

3. 担保风险管理：包括担保政策、策略与原则，担保业务的风险管理制度、程序，实际运作情况；

4. 担保资产质量：包括担保资产信用风险、集中程度、关联担保风险，并根据各方面的情况对未来的担保风险进行预测；

5. 担保资本来源与担保资金运作风险：包括担保资本补偿与增长机制、担保资金流动性、安全性和营利性等；

6. 偿债能力与资本充足性：主要包括资本充足率、货币资本充足率、流动性等。

（二）担保机构信用等级的设置采用三等九级。符号表示分别为：AAA、AA、A、BBB、BB、B、CCC、CC、C。等级含义如下：

AAA 级：代偿能力最强，绩效管理和风险管理能力极强，风险最小。

AA 级：代偿能力很强，绩效管理和风险管理能力很强，风险很小。

A 级：代偿能力较强，绩效管理和风险管理能力较强，尽管有时会受经营环境和其他内外部条件变化的影响，但是风险小。

BBB 级：有一定的代偿能力，绩效管理和风险管理能力一般，易受经营环境和其他内外部条件变化的影响，风险较小。

BB 级：代偿能力较弱，绩效管理和风险管理能力较弱，有一定风险。

B 级：代偿能力较差，绩效管理和风险管理能力弱，有较大风险。

CCC 级：代偿能力很差，在经营、管理、抵御风险等方面存在问题，有很大风险。

CC 级:代偿能力极差,在经营、管理、抵御风险等方面有严重问题,风险极大。

C 级:濒临破产,没有代偿债务能力。

除 CCC 级以下等级外,每一个信用等级可用“ + ”、“ - ”符号进行微调,表示略高或略低于本等级,但不包括 AAA + 。

Ⅷ.1.3 信贷市场和银行间债券市场信用评级规范

（2006年11月21日 中国人民银行发布）

《信贷市场和银行间债券市场信用评级规范第1部分：信用评级主体规范》

《信贷市场和银行间债券市场信用评级规范第2部分：信用评级业务规范》

《信贷市场和银行间债券市场信用评级规范第3部分：信用评级业务管理规范》

第1部分：信用评级主体规范

1 范　　围

本部分规定了在信贷市场和银行间债券市场从事信用评级的机构进入和退出该市场的程序、从事信用评级业务的基本原则及要求。

本部分适用于信贷市场和银行间债券市场中从事信用评级业务的主体。

2 术语和定义

下列术语和定义适用于本部分。

2.1 信用 credit

以偿还为条件的价值运动的特殊形式，多产生于融资行为和商品交易的赊销或预付之中，如银行信用、商业信用等。

2.2 信用评级 credit rating

也称为资信评级，由独立的信用评级机构对影响评级对象的诸多信用风险因素进行分析研究，就其偿还债务的能力及其偿债意愿进行综合评价，并且用简单明了的符号表示出来。

2.3 信用等级 credit ratings

信用评级机构用既定的符号来标识主体和债券未来偿还债务能力及偿债意愿可能性的级别结果。

2.4 信用评级机构 credit rating agency

依法设立的从事信用评级业务的社会中介机构。

2.5 债券信用评级 bond credit rating

以企业或经济主体发行的有价债券为对象进行的信用评级。

2.6 主体信用评级 corporate credit rating

以企业或经济主体为对象进行的信用评级。

2.7 评级对象 object rated

即被评对象，信用评级机构（行为主体）进行信用评级业务的操作对象（行为客体）。信用评级的对象一般可分为二类：即债券信用评级和主体信用评级。

2.8 信用评级报告 credit rating report

信用评级机构根据收集到的资信调查资料，作如实的记载和系统分析整理，按评级要求和程序给予信用等级，并撰写充分反映评级对象真实信用情况的报告。

2.9 债券 bond

政府、金融机构、企业等机构直接向社会借债筹措资金时，向投资者发行，并且承诺按约定条件支付利息并按约定条件偿还本金的债权债务凭证。

2.10 短期债券 short-term bond

偿还期限在 1 年以内（含 1 年）的债券为短期债券。

2.11 中长期债券 medium/long-term bond

偿还期限在 1 年以上（不含 1 年）的债券为中长期债券。

3 信贷市场和银行间债券市场信用评级业务的主体和客体界定

信贷市场和银行间债券市场信用评级业务的主体是指信用评级机构。它按照独立、公正的原则，采用科学、客观的评级方法并按合理、规范的评级程序对评级对象的信用状况作出分析评价，向评级结果的使用者（如商业银行、投资者等）提供整合分析后的信用信息。

信贷市场和银行间债券市场信用评级业务的客体是指评级对象。

4　信贷市场和银行间债券市场信用评级市场的进入与退出

4.1　进入条件

从事信贷市场和银行间债券市场信用评级业务的信用评级机构，应取得评级业务主管部门的业务认可。

4.2　进入程序

4.2.1　书面申请

拟进行信贷市场和银行间债券市场信用评级业务的信用评级机构，应以书面方式向评级业务主管部门提出申请。

4.2.2　提交材料

向评级业务主管部门递交申请书，并提交以下相关材料：

——工商行政管理部门核发的《企业法人营业执照》和税务管理部门核发的《税务登记证》副本复印件并出示副本原件；

——遵照物价部门核定或备案的收费标准；

——注册资本验资报告复印件并出示原件；

——公司章程；

——信用评级制度和内部管理制度；

——最近三年经审计的财务报表（对于成立时间不足三年的机构，报最近所有年度的财务报表）；

——办公场所及组织机构的设置情况；

——法定代表人及其高级管理人员（指副总经理以上人员）的身份证明复印件、简历及有关资料；

——信用评级机构拟开展业务的范围及执业能力情况说明等；

——评级业务主管部门要求附加的其他资料。

4.2.3　审查

评级业务主管部门对信用评级机构提交的材料进行审查。

4.2.4　运行

审查合格的信用评级机构，由评级业务主管部门认可后，正式开展信用评级业务。

4.3 退出程序

退出信用评级市场的情形分为主动退出和强制退出。

4.3.1 主动退出

出现以下情况信用评级机构可主动退出：

——由于终止信用评级业务的；

——由于破产等原因无法继续开展信用评级业务的。

退出机构至少在终止信用评级业务之前的3个月向评级业务主管部门提出书面申请，接到书面回复后开始办理退出手续。

评级业务主管部门将通过媒体向社会公告该机构退出该市场的消息及有关事项。

信用评级机构在退出信用评级市场之后，应及时将退出该市场的消息及有关事项通过媒体向社会公告。退出机构保留的与业务相关的资料应按评级业务主管部门的要求进行处理。退出机构及其员工应对评级对象（发行人）的评级资料负有保密义务。

4.3.2 强制退出

出现以下情况可由评级业务主管部门强制信用评级机构退出市场：

——危害国家安全及国家利益、企业信息安全的；

——不履行信用评级机构应有职责，且情节恶劣的；

——不遵守信用评级机构行为准则，造成严重影响的；

——危害投资人、评级对象（发行人）利益，严重损害信贷市场和银行间债券市场信用评级声誉的；

——不遵守评级业务主管部门相关规定的。

评级业务主管部门在认定某信用评级机构存在上述严重情形的，经指正，在合理期限内仍未改正，可书面通知该机构按有关要求办理退出手续，并处理相关后续事项。

评级业务主管部门将通过媒体向社会公告该机构退出该市场的消息及有关事项。

被要求强制退出信贷市场和银行间债券市场的信用评级机构必须在退市前处理所有相关问题。

信用评级机构自强制退出市场之日起，不得再继续从事信贷市场和银行间债券市场信用评级业务。

退出机构保留的与业务相关的资料应按评级业务主管部门的要求进行处理。退出机构及其员工应对评级对象（发行人）的评级资料负有保密义务。

退出机构须在强制退出市场之日起3年后，方可重新申请从事信贷市场和银行间债券市场信用评级业务，进入程序按照4.1和4.2规定进行。

5 信用评级机构的从业要求

5.1 信用评级机构执业要求

信用评级机构在开展业务时应遵循以下要求：

——按照国家有关法律、法规、政策、评级业务主管部门的有关规定和行业规章，开展信用评级业务；

——以诚信为本，勤勉尽责，具有良好的职业道德；

——保守国家秘密、商业秘密，遵循为客户保密的义务；

——不断更新和提高专业知识与技能，提高业务能力、职业道德水平和创新能力；

——严格依据信用评级方法和程序，独立地开展信用评级工作，保证评级的公正性、一致性、完整性，信用评级结果不受任何单位和个人的影响；

——评级机构应建立评级数据库，积累评级信息；

——按照评级业务主管部门要求报送有关信用评级的业务资料和信用评级机构的报表；

——信用评级机构在进行评级业务操作中，应按照评级业务主管部门的规定，及时将评级结果及跟踪评级相关材料上报，并向社会及时披露；

——评级业务主管部门规定的其他要求。

5.2 评级业务质量控制制度要求

信用评级机构应当建立完善的评级业务质量控制制度，保证评级质量。评级业务质量控制制度包括：

评级报告质量控制制度、实地调查制度、评审委员会制度、评级结果公布制度和跟踪评级制度等。

5.2.1 评级报告质量控制制度

评级报告质量控制制度应当规定评级业务开展的基本程序、评级业务的质量保障程序等内容。评级机构根据评级业务性质成立评级小组，完成资料收集、整理、核实工作，并撰写信用评级报告和分析报告。首次评级完成后，评级机构应当指派专人负责跟踪评级。评级对象（发行人）申请复评且得到受理后，评级小组应当严格按照相关要求审核补充资料，完成复评工作。在评级过程中要遵循回避制度、评级报告审核制度。

5.2.2 实地调查制度

实地调查制度应当使评估人员在进行信用评级（首次评级和跟踪评级）过程中，能够在合理的范围内对信用评级所需要的信用信息进行调查、收集、分类、分析、加工，对相关资料能够进行核查和验证，以及能够主动发现信用风险。

5.2.3 评审委员会制度

应当规定评审委员会的组成、运行程序、表决机制、权限及其承担的责任等内容。

5.2.4 评级结果公布制度

评级结果公布制度主要规定评级机构向公众和评级对象(发行人)公布结果的形式、内容、时间及公布的媒介。对不同业务性质的信用评级,有关要素可作调整。

5.2.5 跟踪评级制度

跟踪评级分为定期跟踪和不定期跟踪两部分。跟踪评级制度应当规定跟踪评级的人员安排、分析人员的职责、跟踪评级关注范围、跟踪评级的时间安排等,以做到能及时、准确揭示信用风险。

5.3 内部管理制度要求

内部管理制度主要包括回避制度、档案管理制度、数据库管理制度和评级信息管理制度。

5.3.1 回避制度

评级机构的业务部门之间应避免评级业务部门的人员、业务、档案等方面与其他部门交叉。评级机构应建立业务回避制度,评级人员进行信用评级时,应回避存在利益冲突的评级客户。回避人员包括本人、家庭成员及有利益关联的员工,并对存在的不同情况进行规定。

5.3.2 档案管理制度

信用评级机构应对评级工作底稿、评级报告、相关信息等评级资料建立信用评级档案,并建立档案管理制度。制度主要包括:档案管理人员职责、信用评级业务档案的接收和管理、档案的借阅与查阅、档案保管期限的划分与确定、档案的鉴定和销毁、档案的统计和移交、档案的保护和防护、评级机构终止信用评级业务时档案的处理等内容。

5.3.3 数据库管理制度

数据库管理制度包括如下内容:

——数据库应包括机构自身采集、积累及分析的数据、机构业务管理数据等内容;

——数据库管理制度应明确不同类别数据的保存期限和保存方式、保管(数据维护)人的责任等内容;

——应建立计算机安全制度和管理制度,确保数据库运行;

——数据库管理制度应对评级机构终止信用评级业务时数据的处理作出明确的安排。

5.3.4 评级信息管理制度

评级信息管理制度是指评级信息的使用和管理。主要包括对评级信息的使用、信息的保密、信息载体(文件、计算机介质等评级有关的物件)的保管、工作人员使用评级信息的要求等。评级机构应对评级对象(发行人)的商业秘密、涉及人员的隐私和协定的不可公开信息保密,但有关法律法规要求披露的除外。

5.4 信用评级机构及其员工的行为准则

5.4.1 评级机构行为准则

评级机构应遵循下列行为准则:

——不能向评级业务主管部门报送有虚假陈述或者重大遗漏的文件、资料;

——不能与评级对象(发行人)或其他市场参与主体合谋篡改评级资料从而歪曲评级结果;

——不能以承诺、分享投资收益或者分担投资损失,承诺高等级、压价竞争、诋毁同行等不正当竞争手段招揽业务,进行恶性竞争;

——不能在未经评级对象(发行人)的同意的情况下将有关评级资料和信息向社会公布或向他人泄漏,但国家法律法规、评级业务主管部门另有规定的除外;

——不能出租、出借、转让、涂改业务资格证书;

——不能对本机构的股东及有利益关系者进行评级;

——不能为评级委托人提供担保;

——不能从事国家法律、法规及评级业务主管部门规定的其他禁止行为。

5.4.2 评级机构员工行为准则

评级机构员工应遵循下列行为准则:

——评估人员应当具备与信用评级相适应的专业知识和经验,能够胜任所从事的业务;

——评估人员要依据独立、公正、客观的原则开展业务;

——不能与评级对象(发行人)或其他市场参与主体合谋篡改评级资料从而歪曲评级结果;

——不能未经被评级对象(发行人)的同意将有关评级资料和信息(主动评级的评级结果除外);

向社会公布或向他人泄漏,但国家法律法规、业务主管部门另有规定的除外;

——不能从事与信用评级业务有利益冲突的兼职业务;

——不能从事国家法律、法规及评级业务主管部门规定的其他禁止行为。

5.5　其他要求

信用评级机构建立的计算机信息处理系统，要符合国家相关技术规范和标准；

信用评级机构所制定的业务质量控制制度、内部管理制度，不得与国家相关法律法规相冲突。

第2部分：信用评级业务规范

1　范　　围

本部分规定了信用评级业务中信用评级程序、信用等级符号及含义、信用评级报告内容等。

本部分适用于信用评级机构进行信用评级时的业务操作。

2　术语和定义

下列术语和定义适用于本部分。

2.1　信用 credit

以偿还为条件的价值运动的特殊形式，多产生于融资行为和商品交易的赊销或预付之中，如银行信用、商业信用等。

2.2　信用评级 credit rating

也称资信评级，由独立的信用评级机构对影响评级对象的诸多信用风险因素进行分析研究，就其偿还债务的能力及其偿债意愿进行综合评价，并且用简单明了的符号表示出来。

2.3　信用等级 credit ratings

信用评级机构用既定的符号来标识主体和债券未来偿还债务能力及偿债意愿可能性的级别结果。

2.4　信用评级机构 credit rating agency

依法设立的从事信用评级业务的社会中介机构。

2.5　债券信用评级 bond credit rating

以企业或经济主体发行的有价债券为对象进行的信用评级。

2.6　主体信用评级 corporate credit rating

以企业或经济主体为对象进行的信用评级。

2.7　评级对象 object rated

即被评对象,信用评级机构(行为主体)进行信用评级业务的操作对象(行为客体)。信用评级的对象一般可分为二类:即债券信用评级和主体信用评级。

2.8　信用评级报告 credit rating report

信用评级机构根据收集后的资信调查资料,作如实的记载和系统分析整理,按既定的评级要求和程序给予信用等级,并撰写充分反映评级对象的真实信用情况的报告。

2.9　债券 bond

政府、金融机构、企业等机构直接向社会借债筹措资金时,向投资者发行,并且承诺按约定条件支付利息并按约定条件偿还本金的债权债务凭证。

2.10　短期债券 short-term bond

偿还期限在 1 年以内(含 1 年)的债券为短期债券。

2.11　中长期债券 medium/long-term bond

偿还期限在 1 年以上(不含 1 年)的债券为中长期债券。

2.12　时效限定 effective time duration

对信用评级结果的有效时间作出的期限规定。

3　信用评级业务

3.1　概述

评级机构接受信用评级委托方的委托并组建评级小组,遵照信用评级的基本原则和流程,采用定性与定量相结合、静态分析与动态分析相结合、宏观分析与微观分析相结合的科学方法对评级对象(发行人)的偿还债务的能力及其偿债意愿做出综合评价,并以简单的符号表示,使评级结果使用者快速、方便地得到客观、简明的信用信息,为评级结果使用者的决策提供参考。

3.2　信用评级基本原则

3.2.1　真实性原则

在评级过程中,应按照合理的程序和方法对评级所收集的数据和资料进行分析,并按照合理、规范的程序审定评级结果。

3.2.2　一致性原则

评级机构在评级业务过程中所采用的评级程序、评级方法应与机构公开的程序和方法一致。

3.2.3　独立性原则

评级机构的内部信用评审委员会成员、评估人员在评级过程中应保持独立性,应根据所收集的数据和资料独立做出评判,不能受评级对象(发行人)及其他外来因素的影响。

3.2.4　客观性原则

评级机构的评估人员在评级过程中应做到公正,不带有任何偏见。

3.2.5　审慎性原则

在信用评级资料的分析过程和作出判断过程中应持谨慎态度,特别是对定性指标的分析和判断时。

在分析基础资料时,应准确指出影响评级对象(发行人)经营的潜在风险,对评级对象(发行人)某些指标的极端情况要做深入分析。

3.3　信用评级小组

3.3.1　信用评级小组构成

评级机构与信用评级委托方签订信用评级协议后,评级机构应根据评级对象(发行人)所处行业特点、企业规模及企业机构的复杂程度组建评级小组。

一般情况下,评级小组至少由评级机构的2名专业分析人员组成,小组整体必须具备金融、财务、证券、投资、评估等专业知识。评级小组成员的整体专业素质必须满足相应性质的评级业务需要。评级机构应在本机构网站上公布专业分析人员的专业资格和相关职业经历。

3.3.2　评级小组成员资格

评级小组成员应具备以下资格:

——品行良好,公正诚实,具有良好的职业道德;

——遵守国家相关法律法规及信用评级行业自律规范,未受过重大刑事处罚或者与信用评级业务有关的行政处罚;

——具备金融、财务、证券、投资、评估等一种或一种以上的专业知识;

——具有1年以上从事评级业务的经验,并能胜任信用评级工作要求。如果项目有特殊要求,应具备相应的专业素质;

——与评级对象(发行人)不存在利益冲突和关联。

3.3.3　评级小组负责人资格

评级小组负责人应具备以下资格：

——具备3.3.2评级小组成员资格；

——参与过5个以上信用评级项目；

——从事3年以上信用评级业务。

3.4　信用评级信息

3.4.1　评级信息类型

信用评级所需要的信息包括评级对象(发行人)的内部信息和外部信息两大类。

内部信息：包括财务及非财务信息、评级对象(发行人)的未来发展信息、评级对象(发行人)管理部门和股东的信息等。

外部信息：包括宏观经济环境、产业(或行业)发展趋势、技术环境、政策和监管措施等来自评级对象(发行人)外部、由评级机构独立收集的信息。

3.4.2　评级信息来源

评级信息来源：评级对象(发行人),以及与评级对象(发行人)存在业务、管理、监督等关系的相关部门。这些相关部门包括银行类金融机构、非银行类金融机构、政府部门、司法部门、国际合作组织、其他社会征信机构等。

银行类金融机构：政策性银行、国有商业银行、股份制商业银行、城市商业银行、农村商业银行、城市合作信用社、农村信用社、外资银行、邮政储蓄银行等。

非银行类金融机构：资产管理公司、证券公司、保险公司、信托投资公司、财务公司、金融租赁公司等。

政府部门：工商、税务、统计、信息产业、海关、技术监督、劳动人事等国家行政机关和具有行政管理职能的单位。

司法部门：公安、检察和法院。

国际合作组织：亚洲开发银行、国际清算银行等国际公认的权威组织。

社会征信机构：依法批准成立,征集企业信息,向社会提供信息服务的法人单位及其他组织。

3.4.3　评级信息的质量

3.4.3.1　信息质量评价原则

信用评级机构在收集评级信息时要评估评级信息的相关性、及时性和可靠性：

——相关性：要收集与评级对象及发行人有关的信息,这些信息可以直接或间接反映评级对象的信用状况；

——及时性:要及时了解影响评级对象及发行人信用状况的一些重大变动和最新信息;

——可靠性:要区分可靠的信息和不太可靠的信息,保证信息的真实性和可验证性,考虑不太可靠的信息在计量上的不确定性及其对评级结果的影响。

3.4.3.2 信息质量保证

信用评级机构至少应通过以下方式保证评级信息的质量:

——应建立评级信息质量审核机制,评估人员应对收集到的评级信息进行严格审核;

——应建立评级信息质量责任机制,明确信息收集人员的责任、信息来源、可使用的范围等;

——应对来源于评级对象(发行人)的内部信息和自行收集的外部信息进行审慎分析。

3.5 信用评级程序

3.5.1 评级准备

评级准备阶段应按以下步骤进行:

a)接受评级委托方申请后,信用评级机构进行初步调查,判断本机构是否能够独立、客观、公正地对评级对象进行评级,且具备相应的评级能力。

b)接受评级委托方委托后,评级对象(发行人)与评级机构当事双方签订“评级合同”,支付评估费,评级机构根据评级项目特点成立专门的评级小组并指定评级小组的负责人。

c)评级对象(发行人)按评级小组要求提供材料,并对所提供材料的真实性负责。评级小组对评级对象(发行人)提交的材料及机构已有的信息做初步审核,确定材料中遗漏、缺失、错误的信息并通知评级对象(发行人)进行补充,以保证评级材料的完整性、真实性。

d)按照评级需要,制订合理完善的评级计划。

3.5.2 实地调查

依据对收集资料的初步审查结果,评级机构确定详尽的评级对象(发行人)实地调查内容。实地调查包括与评级对象(发行人)的高层管理人员及有关人员访谈、查看评级对象(发行人)现场、对评级对象(发行人)关联的机构进行调查与访谈等方面的工作。

评级小组在实地考察和访谈之后,应根据实际情况随时修改或补充相关资料,并建立完备的实地调查工作底稿。

3.5.3 初评阶段

评级小组在完成实地调查后,开始进入初评阶段。评级机构应视评级对象的实际情况安排初评工作进度。从初评工作开始日到信用评级报告初稿完成日，单个主体评级或债券评级不应少于15个工作日，集团企业评级或债券评级不应少于45个工作日。

在此阶段，评级小组应遵循以下要求：

a)完成资料收集整理后，评级小组应当根据与评级对象相适应的评级指标体系和评级方法，对评级材料深入分析。评估人员应当对评级对象(发行人)的经营环境、经营能力及状况、财务、评级对象(发行人)风险因素及抗风险能力等方面进行评价；对特殊行业的评级对象还应当分析影响评级对象(发行人)的特殊因素；对债券及债券类的评级，还应当深入分析发行人募集资金投向、到期偿付能力等与债券资金流向及收益相关的因素，如存在担保或抵押，还应评估担保或抵押情况；

b)评级小组在对收集资料进行定性与定量相结合、静态和动态相结合的综合分析基础上，初步确定评级对象的信用等级，初步拟定信用评级报告；

c)评级小组撰写的信用评级报告和工作底稿须依序经过评级小组负责人初审、部门负责人再审和评级总监三审的三级审核，并在报告及底稿上签署审核人姓名及意见。如在审核中发现问题，应当及时修正，并重新审核。

3.5.4　评定等级

信用等级的评定流程如下：

——评级小组向信用评级机构的内部信用评审委员会提交三级审核后的信用评级报告及工作底稿；

——内部信用评审委员会应召开评审会。评审会听取评估人员情况介绍，并对信用评级报告及工作底稿进行讨论、质疑、审核，提出信用评级报告的修改意见；信用评审委员会应当根据信用等级评定办法及级别限制条件，决定评级对象的信用等级；

——评级小组根据信用评审委员会决定的信用等级及评定意见，修改信用评级报告；

——评级结果须经2/3以上的与会评审委员同意方为有效。

3.5.5　结果反馈与复评

信用评级机构在评级结果确定后，将信用评级报告及意见反馈表送交评级委托方，委托方应当在规定期限内反馈意见。如委托方和评级对象(发行人)不为同一单位的，则还应将信用评级报告及意见反馈表送交评级对象(发行人)。

如果评级委托方或评级对象(发行人)对评级结果没有异议，则评级结果为首次评级的最终信用级别。

如果评级委托方或评级对象(发行人)对评级结果有异议，并在规定的时限内向评级机构提出复评申请并提供补充材料，由评级小组向信用评级机构的信用评审委员会申请复评。

如果评级委托方或评级对象（发行人）对评级结果有异议，但不能在规定的时限内提供充分、有效的补充材料，信用评级机构可不受理复评请求。

信用评审委员会受理复评后，评级小组根据补充的材料，按照的 3.5.3 和 3.5.4重新评级。复评结果为首次评级的最终信用级别，且复评仅限一次。

3.5.6　结果发布

信用评级结果的发布见 4.2。

3.5.7　文件存档

评级小组将评级对象（发行人）的原始资料、评价过程中的文字资料进行分类整理，作为工作底稿存档；

评级委托方或评级对象（发行人）提供的全套资料按照保密级别归档，对评级委托方或评级对象（发行人）特别要求保密的文件，应作为机密文件单独存档。

3.5.8　跟踪评级

信用评级机构应按以下要求进行跟踪评级：

a）评级机构应在信用等级时效限定期内按照跟踪评级安排继续进行评级服务；

b）跟踪评级包括定期和不定期跟踪评级；

c）信用评级机构应密切关注评级对象（发行人）的信息，保证信用评级资料的及时更新；

d）跟踪评级报告应当与前次评级报告保持连贯；

e）跟踪评级结果按照 4.2 的规定发布。跟踪评级结果与以前公告结果不一致的，由信用评级机构及时通知委托方或评级对象（发行人）。变更后的债券信用等级应在指定媒体向社会发布并在评级业务主管部门备案。

4　信用评级结果及其发布

4.1　评级结果

信用评级的重要结果是评级对象的信用等级，它以简单的符号表示。

信用评级报告也是信用评级的重要结果，它是对评级对象信用状况及相关要素的具体分析。

4.1.1　信用等级符号及含义

4.1.1.1　银行间债券市场中长期债券信用等级及含义

银行间债券市场中长期债券信用评级等级划分为三等九级，符号表示为：AAA、AA、A、BBB、BB、B、CCC、CC、C。

银行间债券市场中长期债券信用等级符号及其含义如下：

——AAA 级：偿还债务的能力极强，基本不受不利经济环境的影响，违约风险极低；

——AA 级：偿还债务的能力很强，受不利经济环境的影响不大，违约风险很低；

——A 级：偿还债务能力较强，较易受不利经济环境的影响，违约风险较低；

——BBB 级：偿还债务能力一般，受不利经济环境影响较大，违约风险一般；

——BB 级：偿还债务能力较弱，受不利经济环境影响很大，违约风险较高；

——B 级：偿还债务的能力较大地依赖于良好的经济环境，违约风险很高；

——CCC 级：偿还债务的能力极度依赖于良好的经济环境，违约风险极高；

——CC 级：在破产或重组时可获得保护较小，基本不能保证偿还债务；

——C 级：不能偿还债务。

注：除 AAA 级，CCC 级（含）以下等级外，每一个信用等级可用"+"、"-"符号进行微调，表示略高或略低于本等级。

4.1.1.2　银行间债券市场短期债券信用等级及含义

银行间债券市场短期债券信用评级等级划分为四等六级，符号表示为：A-1、A-2、A-3、B、C、D。

银行间债券市场短债券信用等级符号及其含义如下所示：

——A-1 级：还本付息能力最强，安全性最高；

——A-2 级：还本付息能力较强，安全性较高；

——A-3 级：还本付息能力一般，安全性易受不良环境变化的影响；

——B 级：还本付息能力较低，有一定的违约风险；

——C 级：还本付息能力很低，违约风险较高；

——D 级：不能按期还本付息。

注：每一个信用等级均不进行微调。

4.1.1.3　借款企业信用等级及含义

借款企业信用等级划分为三等九级，符号表示为：AAA、AA、A、BBB、BB、B、CCC、CC、C。

借款企业信用等级符号及其含义如下所示：

——AAA 级：短期债务的支付能力和长期债务的偿还能力具有最大保障；经营处于良性循环状态，不确定因素对经营与发展的影响最小；

——AA 级：短期债务的支付能力和长期债务的偿还能力很强；经营处于良性循环状态，不确定因素对经营与发展的影响很小；

——A 级：短期债务的支付能力和长期债务的偿还能力较强；企业经营处于

良性循环状态，未来经营与发展易受企业内外部不确定因素的影响，盈利能力和偿债能力会产生波动；

——BBB级：短期债务的支付能力和长期债务偿还能力一般，目前对本息的保障尚属适当；企业经营处于良性循环状态，未来经营与发展受企业内外部不确定因素的影响，盈利能力和偿债能力会有较大波动，约定的条件可能不足以保障本息的安全；

——BB级：短期债务支付能力和长期债务偿还能力较弱；企业经营与发展状况不佳，支付能力不稳定，有一定风险；

——B级：短期债务支付能力和长期债务偿还能力较差；受内外不确定因素的影响，企业经营较困难，支付能力具有较大的不确定性，风险较大；

——CCC级：短期债务支付能力和长期债务偿还能力很差；受内外不确定因素的影响，企业经营困难，支付能力很困难，风险很大；

——CC级：短期债务的支付能力和长期债务的偿还能力严重不足；经营状况差，促使企业经营及发展走向良性循环状态的内外部因素很少，风险极大；

——C级：短期债务支付困难，长期债务偿还能力极差；企业经营状况一直不好，基本处于恶性循环状态，促使企业经营及发展走向良性循环状态的内外部因素极少，企业濒临破产。

注：每一个信用等级可用“+”、“-”符号进行微调，表示略高或略低于本等级，但不包括AAA+。

4.1.1.4　担保机构信用等级

担保机构信用等级的设置采用三等九级，符号表示为：AAA、AA、A、BBB、BB、B、CCC、CC、C。

担保机构信用等级符号及其含义如下：

——AAA级：代偿能力最强，绩效管理和风险管理能力极强，风险最小；

——AA级：代偿能力很强，绩效管理和风险管理能力很强，风险很小；

——A级：代偿能力较强，绩效管理和风险管理能力较强，尽管有时会受经营环境和其他内外部条件变化的影响，但是风险小；

——BBB级：有一定的代偿能力，绩效管理和风险管理能力一般，易受经营环境和其他内外部条件变化的影响，风险较小；

——BB级：代偿能力较弱，绩效管理和风险管理能力较弱，有一定风险；

——B级：代偿能力较差，绩效管理和风险管理能力弱，有较大风险；

——CCC级：代偿能力很差，在经营、管理、抵御风险等方面存在问题，有很大风险；

——CC级：代偿能力极差，在经营、管理、抵御风险等方面存有严重问题，风险极大；

——C 级：濒临破产，没有代偿债务能力。

注：除 CCC 级（含）以下等级外，每一个信用等级可用“＋”、“－”符号进行微调，表示略高或略低于本等级，但不包括 AAA＋。

4.1.2 信用评级报告

4.1.2.1 概述

信用评级报告应对评级对象（发行人）的主要信用要素进行定量与定性、静态与动态的综合分析。

信用评级报告应针对评级对象（发行人）的特点，揭示实际风险状况。

信用评级报告不应有误导性语句。报告中用语应简洁明了。

4.1.2.2 信用评级报告的内容组成

信用评级报告应当至少包括概述、声明、信用评级报告正文、跟踪评级安排和附录等内容。对比较复杂的信用评级或特殊评级，可根据评级分析需要适当增加或调整内容，但须充分揭示出评级对象（发行人）的信用风险。

4.1.2.2.1 信用评级报告概述

信用评级报告概述部分应包括评级对象（发行人）的名称、评级对象（发行人）主要财务数据、信用等级、评级小组成员及主要负责人、联系方式和出具报告的时间。

对债券评级还应当包括被评债券的名称、发债规模、债券期限和利率、债券偿还方式、债券发行目的等内容。

主体评级如存在担保，应当说明担保情况；债券评级如存在担保，应说明担保人的信用等级及增强后的债券信用等级。

4.1.2.2.2 信用评级报告声明

信用评级报告声明应包含以下内容：

——除因本次评级事项评级机构与评级对象（发行人）构成委托关系外，评级机构、评估人员与评级对象（发行人）不存在任何影响评级行为独立、客观、公正的关联关系；

——评级机构与评估人员履行了实地调查和诚信义务，有充分理由保证所出具的评级报告遵循了真实、客观、公正的原则；

——信用评级报告的评级结论是评级机构依据合理的内部信用评级标准和程序做出的独立判断，未因评级对象（发行人）和其他任何组织或个人的不当影响改变评级意见；

——信用评级报告用于相关决策参考，并非是某种决策的结论、建议等；

——说明评估结论的时效限定。

4.1.2.2.3 信用评级报告正文

信用评级报告正文部分包括评级报告分析及评级结论两部分。

评级报告分析应简要说明本次评级过程及评级中对各种因素的分析。评级时分析的主要因素包括评级对象(发行人)的概况介绍、所处经济环境的评价、所处行业的分析、评级对象(发行人)公司治理结构分析、业务运营分析、资本实力分析、财务状况分析、评级对象(发行人)风险因素及抗风险能力分析、评级对象(发行人)募集资金投向分析、偿债保障能力分析等内容。

评级结论应当写明信用等级级别及释义、评级结论的主要依据,并简要说明本次评级的过程和评级对象的信用风险点。

4.1.2.2.4 跟踪评级安排

跟踪评级安排包括定期跟踪评级和不定期跟踪评级。

跟踪评级安排应在首次评级报告中说明信用等级时效限定内的跟踪评级时间、评级范围、出具评级报告方式等内容,持续揭示评级对象(发行人)的信用变化。

4.1.2.2.5 信用评级报告附录

信用评级报告附录部分应当收录与此次评级相关的其他重要事项。

4.2 评级结果发布

信用评级结果的发布方式应有利于信用信息的及时传播。

评级结果发布的要求如下:

——信用评级结果的发布要依据国家有关法律法规的规定和信用评级业务主管部门的规定,将评级结果在评级机构网站、指定的公共媒体上对外发布。若无相应的法律法规和规定,对由第三方委托进行的信用评级,按照委托主体与评级对象(发行人)的约定,发布评级结果;对评级对象主动进行的信用评级,信用评级结果的发布方式应当有利于信用信息的及时传播。

——信用评级结果发布的内容一般包括评级对象(发行人)名称、信用等级、简要描述及主要支持数据。

——评级机构应当及时将评级结果向信用评级业务主管部门报告。

——跟踪评级结果发布的具体要求如下:

1)对于主体评级,评级机构应在正式出具评级报告后第6个月发布定期跟踪报告;对于一年期的短期债券评级机构应在债券发行后第6个月发布定期跟踪报告;中长期债券应在债券发行后第12个月发布定期跟踪报告。

2)不定期跟踪自首次评级报告发行之日起进行。不定期跟踪评级结果若发生变化,应在不定期跟踪评级分析结束后下1个工作日向评级业务主管部门报告并发布评级结果的变化;若无变化,应在不定期跟踪评级分析结束后7个工作日内向评级业务主管部门报告并发布评级结果。

第3部分:信用评级业务管理规范

1 范围

本部分规定了开展信用评级业务准则、信用评级的跟踪与检验、信用评级业务的质量检查和信用评

级业务数据的管理与统计等内容。

本部分适用于信用评级市场信用评级业务的管理和控制。

2 术语和定义

2.1 信用评级 credit rating

也称资信评级,由独立的信用评级机构对影响评级对象的诸多信用风险因素进行分析研究,就其偿还债务的能力及其偿债意愿进行综合评价,并且用简单明了的符号表示出来。

2.2　信用评级机构 credit rating agency

依法设立的从事信用评级业务的社会中介机构。

2.3　债券信用评级 bond credit rating

以企业或经济主体发行的有价债券为对象进行的信用评级。

2.4　主体信用评级 corporate credit rating

以企业或经济主体为对象进行的信用评级。

2.5　评级对象 object rated

即被评对象，信用评级机构（行为主体）进行信用评级业务的操作对象（行为客体）。信用评级的对象一般可分为二类：即债券信用评级和主体信用评级。

2.6　短期债券 short-term bond

偿还期限在1年以内（含1年）的债券为短期债券。

2.7　中长期债券 medium/long-term bond

偿还期限在1年以上（不含1年）的债券为中长期债券。

2.8　违约 Default

债务人因某种因素不能按照事先达成的协议全部或部分履行合约的行为。

3　信用评级业务的准则及具体要求

3.1　开展信用评级业务准则

信用评级机构进行信用评级业务时应遵循以下准则：

——按照国家有关法律、法规、政策和信用评级业务主管部门的有关规定，开展信用评级业务；

——信用评级机构如与评级对象（发行人）有利益关系，则不应承担此项信用评级项目；

——信用评级机构的评估人员如与评级对象（发行人）有利益关系，应当回避；

——信用评级依据收集的基础资料，客观地进行信用等级评估，信用评级结果不受任何单位和个人影响；

——信用评级应根据客观、公正、科学的原则设定信用评级指标体系，采用宏观与微观、定量与定性、动态与静态相结合的科学分析方法，确定评级对象的信用等级；

——信用评级机构在进行信用评级业务时，必须履行实地调查义务；

——严格依据信用评级程序，独立地开展信用评级工作，保证评级的公正性、一致性、完整性；

——信用评级结果应客观、公正，不应有误导性。

3.2 信用评级业务的具体要求

信用评级机构应按照如下要求开展信用评级业务：

——发行企业短期债券是为满足企业流动性资金的需求，而信用评级是对企业自主偿债能力的评估，商业银行为发行人提供的授信额度不能作为债券到期偿付的备用支持，评级机构不能以此对信用等级进行增强；

——如发债主体存在分期发行或滚动发行债券的，评级机构应对发行人主体（主体评级失效或未进行过主体评级的）和债券予以重新评级；

——如果发行人、承销商对评级结果不满意而撤换评级机构的，被撤换的评级机构应向评级业务主管部门报告，且前后两家评级机构的评级报告要同时公布；

——评级机构要通过定期培训等多种方式提高专业评估人员素质和评级技术；

——评级机构应加强对二级市场的跟踪研究，对信用等级与债券利差走势间的变化情况进行分析，并将分析报告在每季度后5日内报评级业务主管部门备案。

4 评级业务主管部门对评级业务的管理

评级业务主管部门应建立评级业务报备和报告等管理制度，及时掌握信用评级业务开展情况，发现问题，并依据有关规定及时做出适当处理。

评级业务主管部门应依据违约率为核心的考核指标，对信用评级机构的评级结果进行检验，对评级质量不高的评级机构实现市场淘汰，并对违反信贷市场和银行间债券市场信用评级有关规定的评级机构进行处理。

5 信用评级业务的质量检查

5.1 质量检查概述

信用评级业务实行统一的检查制度。检查由信用评级业务主管部门直接执行，或组织有关信用评级机构成立联合检查组执行。被检查对象包括信用评级机构和评估人员。检查的主要内容是信用评级机构是否遵循本标准的规定以及信用评级业务主管部门的规定。

5.2 质量检查具体操作

检查包括定期检查和不定期检查两种形式。定期检查每年至少一次，主要对评估机构存在的问题进行专项检查。在信用评级机构违规被投诉、媒体披露的情况下进行特定的检查。

信用评级业务主管部门检查人员可以到信用评级机构进行现场检查，也可以根据需要调阅被检查对象的有关资料进行非现场检查。检查人员在检查工作中可以查阅、记录、复印评级报告、工作底稿等有关文件、资料,也可以向信用评级机构有关人员进行询问。检查人员应当将检查中发现的问题与被检查对象进行充分沟通、交流和讨论,并提出改进意见和建议。

5.3　质量检查结果与异议处理

检查人员应当在完成检查工作后编写质量检查报告。质量检查报告应当征求被检查机构的意见。检查报告的内容主要包括:检查工作开展情况、发现的问题、改进建议、与被检查机构之间的分歧、有关政策建议等。

对检查中发现的一般性问题,信用评级业务主管部门向被检查机构发出提示函,提请改进。

被检查机构对检查报告如有异议,应于收到检查报告后15个工作日内向信用评级业务主管部门提交申述意见。

6　信用评级业务数据的管理与统计

6.1　信用评级前期资料的管理

从事信用评级业务的评级机构在与评级对象(发行人)签订信用评级合同之后、进场评估之前,要向评级业务主管部门提交以下备案材料:

——评级机构与评级对象(发行人)签订的信用评级协议复印件;

——信用评级收费标准:包括费用总额、支付方式、支付时间、收费凭证(一次性全额支付)复印件等;

——跟踪评级初步安排。

6.2　信用评级报告的管理

信用评级机构完成评级项目后,应在规定的时间内将信用评级报告及跟踪评级安排报评级业务主管部门备案。

6.3　信用评级业务的统计

为了促进信贷市场和银行间债券市场的信用评级业务规范、健康地发展,评级业务主管部门应建立相应的信用评级业务统计报表制度。

信用评级业务统计包括银行间债券市场信用评级业务情况统计、全国信用评级机构统计以及违约率相关数据的统计。

信用评级业务统计报表制度中的有关表格由评级业务主管部门制定。

6.3.1　银行间债券市场信用评级业务情况的统计

《银行间债券市场信用评级情况报告表》的主要内容包括银行间债券市场发债主体、债券发行概况、债券评级等内容。

评级机构在填报《银行间债券市场信用评级情况报告表》时,应严格执行以下要求：

——必须指定人员，真实、及时、完整地填报报表；

——《银行间债券市场信用评级情况报告表》实行按月报送，各评级机构应在每月后5个工作日内报送上月报表。

6.3.2 全国信用评级机构统计

《全国资信评级机构统计报表》主要包括债券评级业务、主体评级业务及资信评级机构基本情况等内容。

评级机构在填报《全国资信评级机构统计报表》时，应严格执行以下要求：

——必须指定人员，真实、及时、完整地填报报表；

——《全国资信评级机构统计报表》中的业务统计表实行按季报送，各评级机构应在每季后5个工作日内报送上季报表；

——《全国资信评级机构统计报表》中的机构基本情况实行按年报送，各评级机构应在每年后的15个工作日内报送上年报表；

——评级机构如有重大变动，应及时报告评级业务主管部门。

6.3.3 违约率相关数据的统计

评级业务主管部门应对信用评级结果进行事后检验。违约率作为评级业务主管部门对信用评级机构评级质量检验的核心指标，评级业务主管部门应科学、客观地分析违约率数据。

违约率相关数据包括信用评级机构基本信息，各种类型的评级业务及评分业务相关数据，被评级对象及发行人的相关信息等。为客观、公正计算违约率指标，评级机构应严格执行以下要求：

——必须指定人员，真实、及时、完整地填报报表；

——评级及评分业务相关数据，评级对象及发行人信息等内容按月上报，各评级机构应在每月后7个工作日内报送；

——机构基本信息实行按年报送，各评级机构应在每年后3月内报送上年报表；

——按评级业务主管部门的要求及时上报违约率其他相关数据。

6.3.4 材料报送方式

6.3.4.1 正式文件报送方式

纸质报送材料在加盖单位公章后，邮寄至信用评级业务主管部门。

6.3.4.2 电子文档报送方式

报送材料的电子文档按信用评级业务主管部门要求的方式，报送到信用评级业务主管部门。

VIII.1.4 中国人民银行关于加强银行间债券市场信用评级作业管理的通知

（2008年3月11日 中国人民银行公告）

人民银行上海总部，各分行、营业管理部、省会（首府）城市中心支行；银行间债券市场各承销商；大公国际资信评估有限公司，联合资信评估有限公司，上海新世纪资信评估投资服务有限公司，上海远东资信评估有限公司，中诚信国际信用评级有限公司：

为规范银行间债券市场信用评级机构的评级作业行为，加强对信用评级机构评级作业的管理，现就有关事项通知如下：

一、关于信用评级机构现场访谈作业管理

对债券发行人高层管理人员及有关人员进行现场访谈，是信用评级机构对发行人实地调查中的重要步骤，也是信用评级分析的重要基础之一。信用评级机构要认真做好现场访谈工作，深入、详尽地了解发行人的相关情况，按月填写《信用评级机构现场访谈作业情况表》（见附件1），于月后5个工作日内报送人民银行征信管理局（请以Excel文件报送，并以“信用评级机构现场访谈作业情况表—××年××月—××评级机构”为文件命名）。

人民银行征信管理局按业务属地原则，将各信用评级机构现场访谈作业情况表分别下发人民银行相关分支机构。人民银行分支机构要据此核验信用评级机构的相关报备材料，并充分发挥一线管理职能。

二、关于评级作业时间要求

（一）信用评级机构初次对某企业开展信用评级时，从初评工作开始日到信用评级报告初稿完成日，单个企业主体的信用评级或债券评级一般不少于15天（遇法定节假日顺延，下同），集团企业主体的信用评级或债券评级一般不少于45天。

（二）信用评级机构连续对某企业进行信用评级时，从初评工作开始日到信用评级报告初稿完成日，单个企业主体的信用评级或债券评级一般不少于10天，集团企业主体的信用评级或债券评级一般不少于20天。

信用评级机构连续对某企业进行信用评级是指同一信用评级机构对同一企业开展的第二次以上的信用评级，其进场开展评级工作开始日与上次评级报告（包括定期跟踪评级报告）有效期结束日之间的间隔一般不超过3个月。

三、关于债券发行人是否为集团企业的判定

主承销商依据银监会颁布的《商业银行集团客户授信业务风险管理指引》(银监会令2007年第12号)对债券发行人是否为集团企业作出判定,并出具被评企业是否为集团企业的说明文件,该文件须加盖公章或经有权签字人签字。

信用评级机构在进场评级作业前向人民银行征信管理局和人民银行当地分支机构提交的报备材料中,除信用评级协议复印件、信用评级收费凭证复印件、跟踪评级安排材料外,还应包括上述说明文件。

请银行间债券市场各承销商于2008年3月31日前,将有权签署上述说明文件的签字人的姓名、职位、签字样本报人民银行征信管理局备案。有权签字人发生变更时,应至少提前3个工作日向人民银行征信管理局备案。

四、关于《信用评级机构评级作业主要流程单》的报备要求

信用评级机构开展信用评级业务时,应及时填写《信用评级机构评级作业主要流程单》(见附件2),经加盖公章后,随评级报告向人民银行征信管理局和人民银行当地分支机构报备。《信用评级机构评级作业主要流程单》应与工作底稿相关内容保持一致。

中国人民银行

二〇〇八年三月十一日

附件:

附件1:信用评级机构现场访谈作业情况表.xls

附件2:信用评级机构评级作业主要流程单.doc

附件1:

信用评级机构现场访谈作业情况表

××年××月

评级机构名称:

序号	发行人名称	发行人是否为集团企业	发行人所在地	现场访谈时间		评级专业人员姓名		访谈对象	访谈内容	备注
				开始时间	完成时间	负责人	其他人员			
1										
2										
3										

续表

序号	发行人名称	发行人是否为集团企业	发行人所在地	现场访谈时间		评级专业人员姓名		访谈对象	访谈内容	备注
				开始时间	完成时间	负责人	其他人员			
4										
5										

填表人：　　　　　　复核人：　　　　　　负责人：

说明：

1.“发行人名称”填写全称。

2.“发行人是否为集团企业”填写“是”或“否”。

3.“发行人所在地”填写省、自治区、直辖市。

4.“开始时间”与“完成时间”以“××月××日”形式填写。

5.“访谈对象”填写主要访谈对象的职位或岗位。

6. 对跨月作业的情况，填报月按完成现场访谈日所在月填报。

附件2：

信用评级机构评级作业主要流程单

信用评级机构：____________________

发行人：____________________

主承销商：____________________

拟发行债券名称：____________________

发行人是否为集团企业：____________________

一、实地调查阶段

1. 时间：____年____月____日——____年____月____日

2. 评级小组负责人签名：

发行人负责人(或授权人)签名：

二、初评阶段

1. 时间：____年____月____日——____年____月____日

2. 评级小组负责人签名：

评级审核人签名：

三、信用等级评定阶段

1. 时间：____年____月____日——____年____月____日

2. 评审委员会负责人签名：

四、复评阶段(如没有，可空)

1. 时间：____年____月____日——____年____月____日

2. 评审委员会负责人签名：

五、评级报告出具日期：____年____月____日

Ⅷ.1.5 证券市场资信评级业务管理暂行办法

（2007 年 8 月 24 日 中国证券监督管理委员会令第 50 号）

第一章 总 则

第一条 为了促进证券市场资信评级业务规范发展，提高证券市场的效率和透明度，保护投资者的合法权益和社会公共利益，依据《证券法》，制定本办法。

第二条 资信评级机构从事证券市场资信评级业务（以下简称证券评级业务），应当依照本办法的规定，向中国证券监督管理委员会（以下简称中国证监会）申请取得证券评级业务许可。未取得中国证监会的证券评级业务许可，任何单位和个人不得从事证券评级业务。

本办法所称证券评级业务，是指对下列评级对象开展资信评级服务：

（一）中国证监会依法核准发行的债券、资产支持证券以及其他固定收益或者债务型结构性融资证券；

（二）在证券交易所上市交易的债券、资产支持证券以及其他固定收益或者债务型结构性融资证券，国债除外；

（三）本款第（一）项和第（二）项规定的证券的发行人、上市公司、非上市公众公司、证券公司、证券投资基金管理公司；

（四）中国证监会规定的其他评级对象。

第三条 取得中国证监会证券评级业务许可的资信评级机构（以下简称证券评级机构），从事证券评级业务，应当遵循独立、客观、公正的原则。

第四条 证券评级机构从事证券评级业务，应当遵循一致性原则，对同一类评级对象评级，或者对同一评级对象跟踪评级，应当采用一致的评级标准和工作程序。评级标准有调整的，应当充分披露。

第五条 证券评级机构从事证券评级业务，应当制定科学的评级方法和完善的质量控制制度，遵守行业规范、职业道德和业务规则，勤勉尽责，审慎分析。

第六条 中国证监会及其派出机构依法对证券评级业务活动进行监督管理。

中国证券业协会依法对证券评级业务活动进行自律管理。

第二章 业务许可

第七条 申请证券评级业务许可的资信评级机构，应当具备下列条件：

（一）具有中国法人资格，实收资本与净资产均不少于人民币2000万元；

（二）具有符合本办法规定的高级管理人员不少于3人；具有证券从业资格的评级从业人员不少于20人，其中包括具有3年以上资信评级业务经验的评级从业人员不少于10人，具有中国注册会计师资格的评级从业人员不少于3人；

（三）具有健全且运行良好的内部控制机制和管理制度；

（四）具有完善的业务制度，包括信用等级划分及定义、评级标准、评级程序、评级委员会制度、评级结果公布制度、跟踪评级制度、信息保密制度、证券评级业务档案管理制度等；

（五）最近5年未受到刑事处罚，最近3年未因违法经营受到行政处罚，不存在因涉嫌违法经营、犯罪正在被调查的情形；

（六）最近3年在税务、工商、金融等行政管理机关，以及自律组织、商业银行等机构无不良诚信记录；

（七）中国证监会基于保护投资者、维护社会公共利益规定的其他条件。

第八条 资信评级机构负责证券评级业务的高级管理人员，应当具备下列条件：

（一）取得证券从业资格；

（二）熟悉资信评级业务有关的专业知识、法律知识，具备履行职责所需要的经营管理能力和组织协调能力，且通过证券评级业务高级管理人员资质测试；

（三）无《公司法》、《证券法》规定的禁止任职情形；

（四）未被金融监管机构采取市场禁入措施，或者禁入期已满；

（五）最近3年未因违法经营受到行政处罚，不存在因涉嫌违法经营、犯罪正在被调查的情形；

（六）正直诚实，品行良好，最近3年在税务、工商、金融等行政管理机关，以及自律组织、商业银行等机构无不良诚信记录。

境外人士担任前款规定职务的，还应当在中国境内或者香港、澳门等地区工作不少于3年。

第九条 申请证券评级业务许可的资信评级机构，应当向中国证监会提交下列材料：

（一）申请报告；

（二）企业法人营业执照复印件；

（三）公司章程；

（四）股东名册及其出资额、出资方式、出资比例、背景材料，股东之间是否存在关联关系的说明；

（五）经具有证券、期货相关业务资格的会计师事务所审计的财务报告；

（六）高级管理人员和评级从业人员情况的说明及其证明文件；

（七）内部控制机制、管理制度及其实施情况的说明；

（八）业务制度及其实施情况的说明；

（九）中国证监会规定的其他材料。

第十条 中国证监会依照法定条件和程序，根据审慎监管的原则，并充分考虑市场发展和行业公平竞争的需要，对资信评级机构的证券评级业务许可申请进行审查、作出决定。

第三章 业务规则

第十一条 证券评级机构应当自取得证券评级业务许可之日起20日内，将其信用等级划分及定义、评级方法、评级程序报中国证券业协会备案，并通过中国证券业协会网站、本机构网站及其他公众媒体向社会公告。

信用等级划分及定义、评级方法和评级程序有调整的，应当及时备案、公告。

第十二条 证券评级机构与评级对象存在下列利害关系的，不得受托开展证券评级业务：

（一）证券评级机构与受评级机构或者受评级证券发行人为同一实际控制人所控制；

（二）同一股东持有证券评级机构、受评级机构或者受评级证券发行人的股份均达到5%以上；

（三）受评级机构或者受评级证券发行人及其实际控制人直接或者间接持有证券评级机构股份达到5%以上；

（四）证券评级机构及其实际控制人直接或者间接持有受评级证券发行人或者受评级机构股份达到5%以上；

（五）证券评级机构及其实际控制人在开展证券评级业务之前6个月内买卖受评级证券；

（六）中国证监会基于保护投资者、维护社会公共利益认定的其他情形。

第十三条 证券评级机构应当建立回避制度。证券评级机构评级委员会委员及评级从业人员在开展证券评级业务期间有下列情形之一的，应当回避：

（一）本人、直系亲属持有受评级机构或者受评级证券发行人的股份达到5%以上，或者是受评级机构、受评级证券发行人的实际控制人；

（二）本人、直系亲属担任受评级机构或者受评级证券发行人的董事、监事和高级管理人员；

（三）本人、直系亲属担任受评级机构或者受评级证券发行人聘任的会计师事务所、律师事务所、财务顾问等证券服务机构的负责人或者项目签字人；

（四）本人、直系亲属持有受评级证券或者受评级机构发行的证券金额超过50万元，或者与受评级机构、受评级证券发行人发生累计超过50万元的交易；

（五）中国证监会认定的足以影响独立、客观、公正原则的其他情形。

第十四条 证券评级机构应当建立清晰合理的组织结构，合理划分内部机构职能，建立健全防火墙制度，从事证券评级业务的业务部门应当与其他业务部门保持独立。

证券评级机构的人员考核和薪酬制度，不得影响评级从业人员依据独立、客观、公正、一致性的原则开展业务。

证券评级机构应当指定专人对证券评级业务的合法合规性进行检查，并向注册地中国证监会派出机构报告。

第十五条 证券评级机构开展证券评级业务，应当成立项目组，项目组组长应当具有证券从业资格且从事资信评级业务3年以上。

项目组对评级对象进行考察、分析，形成初评报告，并对所依据的文件资料内容的真实性、准确性、完整性进行核查和验证。

第十六条 证券评级机构应当建立评级委员会制度，评级委员会是确定评级对象信用等级的最高机构。

评级委员会对项目组提交的初评报告进行审查，作出决议，确定信用等级。

第十七条 证券评级机构应当建立复评制度。证券评级机构接受委托开展证券评级业务，在确定信用等级后，应当将信用等级告知受评级机构或者受评级证券发行人。受评级机构或者受评级证券发行人对信用等级有异议的，可以申请复评一次。

证券评级机构受理复评申请的，应当召开评级委员会会议重新进行审查，作出决议，确定最终信用等级。

第十八条 证券评级机构应当建立评级结果公布制度。

评级结果应当包括评级对象的信用等级和评级报告。评级报告应当采用简洁、明了的语言，对评级对象的信用等级做出明确解释，并由符合本办法规定的高级管理人员签字。

第十九条 证券评级机构应当建立跟踪评级制度。证券评级机构应当在对评级对象出具的首次评级报告中，明确规定跟踪评级事项。在评级对象有效存续期间，证券评级机构应当持续跟踪评级对象的政策环境、行业风险、经营策略、财务状况等因素的重大变化，及时分析该变化对评级对象信用等级的影响，出具定期或者不定期跟踪评级报告。

第二十条 受评级机构或者受评级证券发行人对其委托的证券评级机构出具的评级报告有异议，另行委托其他证券评级机构出具评级报告的，原受托证券评级机构与现受托证券评级机构应当同时公布评级结果。

第二十一条 证券评级机构应当采用有效的统计方法，对评级结果的准确性和稳定性进行验证，并将统计结果通过中国证券业协会网站和本机构网站向社会公告。

第二十二条 证券评级机构应当建立证券评级业务信息保密制度。对于在开展证券评级业务活动中知悉的国家秘密、商业秘密和个人隐私，证券评级机构及其从业人员应当依法履行保密义务。

第二十三条 证券评级机构应当建立证券评级业务档案管理制度。业务档案应当包括受托开展证券评级业务的委托书、出具评级报告所依据的原始资料、工作底稿、初评报告、评级报告、评级委员会表决意见及会议记录、跟踪评级资料、跟踪评级报告等。

业务档案应当保存到评级合同期满后5年，或者评级对象存续期满后5年。业务档案的保存期限不得少于10年。

第二十四条 证券评级机构应当建立证券评级从业人员和管理人员的培训制度，开展培训活动，采取有效措施提高人员的职业道德和业务水平。

第四章 监督管理

第二十五条 证券评级机构的董事、监事和高级管理人员以及评级从业人员不得以任何方式在受评级机构或者受评级证券发行人兼职。

第二十六条 证券评级机构的董事、监事和高级管理人员不得投资其他证券评级机构。

第二十七条 证券评级机构应当在下列事项发生变更之日起5个工作日内，报注册地中国证监会派出机构备案：

（一）机构名称、住所；

（二）董事、监事、高级管理人员；

（三）实际控制人、持股5%以上股权的股东；

（四）内部控制机制与管理制度、业务制度；

（五）中国证监会规定的其他事项。

第二十八条 证券评级机构不得涂改、倒卖、出租、出借证券评级业务许可证，或者以其他形式非法转让证券评级业务许可证。

第二十九条 证券评级机构不得为他人提供融资或者担保。

证券评级机构的实际控制人、股东、董事、监事、高级管理人员应当遵纪守法，不得从事损害证券评级机构及其评级对象合法权益的活动。

第三十条 证券评级机构应当在每一会计年度结束之日起4个月内，向注册地中国证监会派出机构报送年度报告。年度报告应当包括本机构的基本情况、经营情况、经具有证券期货相关业务资格的会计师事务所审计的财务会计报告、重大诉讼事项、评级结果的准确性和稳定性统计情况等内容。证券评级机构的董事和高级管理人员应当对年度报告签署书面确认意见;对报告内容持有异议的,应当注明意见和理由。

证券评级机构应当在每个季度结束之日起10个工作日内,向注册地中国证监会派出机构报送包含经营情况、财务数据等内容的季度报告。

发生影响或者可能影响本机构经营管理的重大事件时,证券评级机构应当立即向注册地中国证监会派出机构报送临时报告,说明事件的起因、目前的状态和可能产生的后果。

第三十一条 中国证监会派出机构应当对证券评级机构内部控制、管理制度、经营运作、风险状况、从业活动、财务状况等进行非现场检查或者现场检查。

证券评级机构及其有关人员应当配合检查,提供的信息、资料应当真实、准确、完整。

第三十二条 证券评级机构及从业人员违反本办法规定的,中国证监会派出机构应当向证券评级机构发出警示函,对责任人或者高级管理人员进行监管谈话,责令限期整改。

证券评级机构逾期未改正的,中国证监会可以不受理由其出具的评级报告。

第三十三条 证券评级机构不再符合证券评级业务许可条件的,应当立即向注册地中国证监会派出机构书面报告并依法进行公告。中国证监会派出机构应当责令限期整改,整改期间不得从事证券评级业务。期限届满仍不符合条件的,中国证监会依法撤销证券评级业务许可。

证券评级机构的高级管理人员不符合规定条件的,应当限期更换。逾期未更换的,中国证监会派出机构应当责令证券评级机构整改,整改期间不得从事证券评级业务。

第三十四条 证券评级机构应当加入中国证券业协会。

中国证券业协会应当制定证券评级机构的自律准则和执业规范,对违反自律准则和执业规范的行为给予纪律处分。

中国证券业协会应当建立证券评级机构及其从业人员从事证券评级业务的资料库和诚信档案。

第五章 法律责任

第三十五条 未取得中国证监会的证券评级业务许可,擅自从事证券评级业务的,依照《证券法》第二百二十六条第二款的规定处理。

第三十六条 证券评级机构及其从业人员未勤勉尽责,出具的文件有虚假记载、误导性陈述或者重大遗漏的,依照《证券法》第二百二十三条的规定处理。

第三十七条 证券评级机构的从业人员,故意提供虚假资料,诱骗投资者买卖证券的,依照《证券法》第二百条的规定处理。

第三十八条 违反本办法规定,聘任不具备任职条件、证券从业资格的人员的,依照《证券法》第一百九十八条的规定处理。

第三十九条 证券评级机构未按照本办法规定保存有关文件和资料的,依照《证券法》第二百二十五条的规定处理。

第四十条 利用证券评级业务进行内幕交易的,依照《证券法》第二百零二条的规定处理。

第四十一条 证券评级机构有下列行为之一的,责令改正,给予警告,并处以1万元以上3万元以下的罚款;对直接负责的主管人员和其他直接责任人员给予警告,并处以1万元以上3万元以下的罚款;情节严重或者拒不改正的,依照《证券法》第二百二十六条第三款的规定处理:

(一)违反回避制度或者利益冲突防范制度;

(二)违反信息保密制度;

(三)未按照本办法规定进行跟踪评级;

(四)未按照本办法规定披露信息,或者未对其所依据的文件资料内容的真实性、准确性、完整性进行核查和验证;

(五)涂改、倒卖、出租、出借证券评级业务许可证,或者以其他形式非法转让证券评级业务许可证;

(六)违反本办法规定,拒不报送、提供经营管理信息和资料,或者报送、提供的经营管理信息和资料有虚假记载、误导性陈述或者重大遗漏;

(七)承诺给予高等级信用级别,贬低、诋毁其他证券评级机构、评级从业人员等不正当竞争行为;

(八)内部控制机制、管理制度与业务制度不健全、执行不规范,拒不改正;

(九)为他人提供融资或者担保;

(十)董事、监事和高级管理人员投资其他证券评级机构。

Ⅷ.1.6 证券资信评级机构执业行为准则

（2012 年 3 月 12 日）

证券资信评级机构执业行为准则

第一章 总 则

第一条 为进一步规范证券资信评级机构(以下简称证券评级机构)的执业行为,促进资信评级行业的健康发展,保护投资者的合法权益和社会公共利益,依据《证券法》、《证券市场资信评级业务管理暂行办法》(以下简称《暂行办法》)有关规定,制定本准则。

第二条 本准则所称的证券评级机构,是指根据《暂行办法》的规定,取得中国证券监督管理委员会(以下简称中国证监会)证券市场资信评级业务(以下简称证券评级业务)许可的资信评级机构。

本准则所称评级从业人员,是指在证券评级机构中从事证券评级业务的管理人员和业务人员。

本准则所称高级管理人员,是指对证券评级机构决策、经营、管理负有领导职责的人员,包括总经理、副总经理、评级委员会主任、评级总监、合规负责人、财务负责人以及实际履行上述职责的人。

第三条 证券评级机构及其评级从业人员开展证券评级业务,应遵守法律法规、《暂行办法》以及本准则的规定。

第四条 证券评级机构及其评级从业人员应诚信执业,遵守职业道德,公平、诚实地对待受评级机构或受评级证券发行人、投资者及社会公众,防范利益冲突。

第五条 证券评级机构及其评级从业人员从事证券评级业务,应遵循独立、客观、公正与一致性的原则。

第六条 证券评级机构从事证券评级业务,应制定科学的评级方法和完善的质量控制制度,遵循严格的评级程序,勤勉尽责,审慎分析。

第七条 中国证券业协会(以下简称“协会”)依据《暂行办法》及本准则的规定对证券评级业务活动进行自律管理。

第二章 评级质量

第八条 证券评级机构应使用严谨的、系统的评级方法，对其掌握的评级相关信息进行分析，得出评级结论。证券评级机构在评级过程中所使用的评级方法、模型应与其披露的评级方法、模型保持一致。

第九条 证券评级机构对同一类评级对象进行评级，或者对同一评级对象进行跟踪评级，应采用一致的评级方法、模型与程序。

第十条 证券评级机构应建立新产品评级的专家评估审核机制，负责评估新产品评级的可行性，审定其评级方法、模型和程序。

若结构性产品等新产品过于复杂且缺乏必要数据，并预计会对评级的可信性产生重大影响的，证券评级机构不应予以评级。

第十一条 证券评级机构应由专门部门定期审查其评级方法、模型和程序及其重大变更。

第十二条 证券评级机构开展评级业务，应合理确定评级收费，以保证投入充足的人力、物力等资源，保证评级质量。

证券评级机构应考虑评级业务的实际需要和发展需求，保障必要的数据库建设、技术研发、人员培训等投入水平。

第十三条 证券评级机构应聘用具有评级相关知识与经验的评级分析人员，并根据评级项目特点组成项目组，确保项目组的整体专业素质、执业能力能够满足评级项目的需求，并注意保持项目组成员的连续性。

跟踪评级项目组成员与首次评级或前次跟踪评级相比发生重大变化的，证券评级机构应确保项目组成员具备必要的专业素质和执业能力。

第十四条 证券评级机构应对其评级从业人员定期或不定期开展培训活动，采取有效措施提高从业人员的职业道德和业务水平。

第十五条 证券评级机构应建立评级信息质量审核机制，确保有充足的信息支持信用评级结果。证券评级机构及其评级从业人员应正确使用信息，确保信用评级报告中不存在虚假记载、误导性陈述或重大遗漏。若评级涉及的历史数据有限，应在评级报告的显著位置对评级局限性予以明确说明。

第十六条 证券评级机构应建立评级报告审核机制，加强内部审核和质量控制，确保评级报告的质量。

第十七条 证券评级机构应对可能影响评级对象信用等级的有关因素进行持续跟踪、监测，并及时公布跟踪评级结果。

第十八条 证券评级机构应根据相关规定，对评级相关信息保持完整的业务档案记录。业务档案资料应包括但不限于以下内容：

（一）评级业务委托书（证券评级机构进行主动信用评级的除外）；

（二）形成信用级别的所有内部记录，包括出具评级报告所依据的原始资料、工作底稿、初评报告、评级报告、内部审核记录、评级委员会表决意见与会议记录、跟踪评级资料、跟踪评级报告等；

（三）所使用的用于支持评级观点及构成信用评级报告分析内容的内部研究报告及文件记录；

（四）公开披露的信息及向监管部门备案的信息。

第三章 评级程序

第十九条 证券评级机构应制定评级业务程序，并据此开展评级业务。评级业务程序一般包括评级准备、尽职调查、报告撰写、报告审核、等级评定、评级结果反馈与复评、评级结果公布、资料存档和跟踪评级等环节。

第二十条 证券评级机构及其评级从业人员在承揽评级项目过程中，应自觉维护有序、公平的市场秩序，不得恶意诋毁、贬损同行，不得以低于合理成本的价格进行恶性竞争。

第二十一条 评级准备环节包括以下步骤：

（一）根据受评级机构或受评级证券发行人所处行业特点、企业规模及复杂程度组建评级项目组。项目组实行组长负责制，至少由两名评级分析人员组成。项目组组长应具备证券业从业资格，且从事资信评级业务3年以上。

（二）证券评级机构应对项目组成员进行利益冲突审查，项目组成员应签署利益冲突回避承诺书。

（三）项目组按照评级项目需要，制定完善的评级工作计划。

第二十二条 评级项目组依据初步收集的相关资料，确定对受评级机构或受评级证券发行人尽职调查的工作内容，包括但不限于：

（一）对受评级机构或受评级证券发行人的董事、监事、高级管理人员以及主要业务和管理部门负责人进行访谈；

（二）实地考察受评级机构或受评级证券发行人主要生产经营现场，进一步核实其生产经营现状、资产状况、在建项目等；

（三）必要时，对其他相关机构进行调研访谈，包括金融机构、行政主管部门、工商税务部门、关联公司、主要业务往来单位等。

第二十三条 评级项目组在撰写初评报告时应遵循以下程序：

（一）汇总整理所有评级相关资料，建立完备、规范的工作底稿。工作底稿应包括受评级机构或受评级证券发行人提供的原始材料以及信用评级机构出具项目评级结果所依据的其他全部信息与数据。

（二）对评级所依据的文件资料内容的真实性、准确性和完整性进行核查和验证。

（三）评级项目组运用评级专业知识，根据与评级对象相适应的评级方法，对评级对象的信用风险进行深入分析，形成初评报告并给出建议的信用等级。

如果评级对象有信用增级措施的，还应就信用增级措施的效果进行分析和评价。

第二十四条 初评报告须按照内部审核程序进行审核。各级审核人员应在内部审核记录上签署审核意见、时间并署名。

初评报告必须经过内部审核程序后才能提交评级委员会。

第二十五条 评级对象信用等级的确定、维持、调整以及失效等由评级委员会召开信用等级评审会议决定。

信用等级评审会议由评级委员会主任或其书面委托的其他委员主持。参会评审委员不得少于5人。

评级委员会主任应对所有评审委员进行利益冲突审查，评审委员应签署利益冲突回避承诺书。评级委员会委员不得担任本人作为项目组成员参与的评级项目的评审委员。

评级委员会根据既定程序和评级标准对初评报告进行评审，对信用等级投票表决，信用等级结果须经半数以上参会评审委员同意方为有效。

信用等级评审会议应形成书面会议记录，内容应至少包括：

（一）会议时间、地点及参会评审委员；

（二）参会评审委员的评审意见；

（三）参会评审委员的表决意见与投票结果。

参会评审委员应对其评审意见和表决意见签字确认。

第二十六条 证券评级机构及其评级从业人员在信用级别评定前不得以明示或默示方式承诺或保证级别。

第二十七条 信用等级确定后，证券评级机构应及时将评级结果书面告知受评级机构或受评级证券发行人。如果受评级机构或受评级证券发行人对评级结果有异议，应在5个工作日内向证券评级机构书面提出复评申请，并提供补充材料。

如果受评级机构或受评级证券发行人不能提供充分、有效的补充材料，证券评级机构可不受理复评申请。

证券评级机构受理复评申请后，根据本准则第二十三、二十四、二十五条的规定重新评定级别。复评结果为最终信用级别。

第二十八条 证券评级机构应根据有关法律、法规和协会自律规则的规定，公布评级结果。

证券评级机构在公布或调整评级前，应告知受评级机构或受评级证券发行人评级所依据的关键信息和主要考虑，并评估受评级机构或受评级证券发行人做出的回应。若在特殊情况下证券评级机构未能在公布或调整评级前告知受评级机构或受评级证券发行人，应在其后尽早告知，并解释延迟告知的理由。

第二十九条 在下列情形下，证券评级机构可以终止评级：

（一）受评级机构或受评级证券发行人拒不提供评级所需关键材料或提供的材料存在虚假记载、误导性陈述或重大遗漏的；

（二）委托人不按约定支付评级费用的；

（三）因受评级机构被收购兼并、重组或受评级证券被转股、回购等，导致评级对象不再存续的。

因上述原因终止评级的，证券评级机构应公告原因，并不得退还已收取的评级费用。

证券评级机构终止跟踪评级，应公布最近一次的评级结果及其有效期，并说明该项评级此后将不再更新。

第三十条 委托人同时委托多家证券评级机构对同一评级对象进行评级或委托人对评级结果不满意另行委托其他证券评级机构的，受委托的证券评级机构均应将评级报告报送协会并公布。

第三十一条 评级项目完成或终止后，评级项目组应将项目资料及时进行分类整理和存档，并填写存档资料清单。

受评级机构或受评级证券发行人提供的全套资料均应归档。受评级机构或受评级证券发行人特别要求保密的文件，应单独存档。

第三十二条 在评级对象有效存续期内，证券评级机构应持续跟踪评级对象的政策环境、行业风险、经营策略、财务状况等因素的重大变化，及时分析该变化对评级对象信用等级的影响，出具定期或不定期跟踪评级报告。

证券评级机构应在受评级证券存续期内每年至少出具一次定期跟踪评级报告，且应在受评级证券或其发行人年度报告披露后2个月内披露。如果未能及时公布跟踪评级结果，证券评级机构应披露其原因，并说明跟踪评级结果的公布时间。

证券评级机构应明确不定期跟踪评级的启动程序与条件，并及时公布不定期跟踪评级结果。

第四章 利益冲突防范

第三十三条 证券评级机构及其评级从业人员应保持形式和实质上的独立

性和客观性,确保评级不受委托人、发行人、投资者及其他市场参与者的影响。

第三十四条 证券评级机构应在承接评级项目前进行利益冲突审查。证券评级机构不得为以下评级对象提供证券评级服务:

(一)证券评级机构与受评级机构或者受评级证券发行人为同一实际控制人所控制;

(二)同一股东持有证券评级机构、受评级机构或者受评级证券发行人的股份均达到5%以上;

(三)受评级机构或者受评级证券发行人及其实际控制人直接或者间接持有证券评级机构股份达到5%以上;

(四)证券评级机构及其实际控制人直接或者间接持有受评级证券发行人或者受评级机构股份达到5%以上;

(五)证券评级机构及其实际控制人在开展证券评级业务之前6个月内买卖受评级证券;

(六)中国证监会基于保护投资者、维护社会公共利益认定的其他情形。

第三十五条 证券评级机构应确保证券评级业务在业务、人员、档案管理上与咨询业务等其他业务部门保持独立。

证券评级机构的市场部门和评级部门应互相独立,不得存在职能、人员上的交叉重叠。

评级委员会主任不得在市场部门和评级部门兼任任何职务,市场部门人员不得兼任评级委员会委员。

评级委员会委员与评级分析人员不得参与证券评级业务营销活动,不得参与评级收费谈判。

第三十六条 证券评级机构在与委托人签订的评级业务委托书中应明确评级收费标准,且不得做出收费标准、费用支付与评级对象的最终信用等级级别、受评证券能否成功发行等相联系的约定。

委托人全额支付本次评级费用之后,证券评级机构方可启动评级程序。证券评级机构应根据有关规定,将信用评级委托及收费证明文件向协会备案。

第三十七条 证券评级机构应确保其评级分析人员的薪酬和考核不与该评级人员所评估的证券发行成功与否、评级机构从发行人处获得的收入高低相联系。

证券评级机构应定期对其评级分析人员、其他参与评级过程的人员以及可能以其他方式影响评级过程的人员的薪酬政策及其执行情况进行审查。

第三十八条 评级从业人员应主动向证券评级机构报告因其个人关系可能产生的利益冲突,并遵守相应的回避制度。如评级从业人员离职,应遵守保密协议、竞业禁止约定及向证券评级机构所做的其他承诺。

第三十九条 证券评级机构及其评级从业人员不得从事任何与评级活动存在利益冲突的证券或衍生品交易。

证券评级机构及其实际控制人、董事、监事及高级管理人员、评级项目组成员及其直系亲属、评级委员会委员及其直系亲属在开展证券评级业务期间,不得买卖受评级机构或受评级证券发行人发行或提供担保及其他支持的证券或衍生品。

评级委员会委员及评级从业人员有下列情形之一的,不得参与评级过程:

(一)本人、直系亲属持有受评级机构或者受评级证券发行人的股份达到5%以上,或者是受评级机构、受评级证券发行人的实际控制人;

(二)本人、直系亲属担任受评级机构或者受评级证券发行人的董事、监事和高级管理人员;

(三)本人、直系亲属担任受评级机构或者受评级证券发行人聘任的会计师事务所、律师事务所、财务顾问等证券服务机构的负责人或者项目签字人;

(四)本人、直系亲属持有受评级证券或者受评级机构发行的证券金额超过50万元,或者与受评级机构、受评级证券发行人发生累计超过50万元的交易;

(五)中国证监会认定的足以影响独立、客观、公正原则的其他情形。

第四十条 证券评级机构及其实际控制人、董事、监事、高级管理人员及其他评级从业人员应自觉抵制不正当交易和商业贿赂行为,不得索取或接受现金、贵重礼品或其他好处。

第四十一条 证券评级机构及其评级从业人员在开展证券评级业务期间,不得向受评级机构或受评级证券发行人提供管理咨询或财务顾问方面的服务或建议。

证券评级机构及其评级从业人员在对结构性金融产品进行评级之前或评级过程中,不得对受评结构性金融产品的设计提供咨询服务或建议。

第四十二条 证券评级机构应建立书面的证券评级业务利益冲突防范制度,识别、管理并披露开展评级业务中产生的利益冲突。

(一)明确在开展证券评级业务时可能导致利益冲突的情形,制定利益冲突的管理办法;

(二)建立防火墙制度和回避制度,明确证券评级机构及其评级从业人员从事证券评级活动时应回避的情况;

(三)明确如评级从业人员离职后任职于其曾评级的发行人或就职期间有较多工作往来的机构,则应对其相关的评级工作进行审查;

(四)建立利益冲突报告和披露机制,采用明确、简洁、具体、醒目的方式,全面、及时披露开展评级业务过程中可能产生的潜在或实际利益冲突情形。

第四十三条 证券评级机构应主动接受投资者及社会公众监督，由专门部门或人员负责处理投诉，与市场参与者和社会公众进行沟通交流，及时答复质询与疑问。

第五章 信息披露

第四十四条 证券评级机构及其评级从业人员应保证披露信息的真实、准确、完整、及时、公平，不得有虚假记载、误导性陈述或重大遗漏。

第四十五条 证券评级机构应通过协会网站和公司网站披露以下信息：

（一）评级机构基本情况；

（二）董事、监事及高级管理人员情况；

（三）评级从业人员情况；

（四）内部控制制度和管理制度，包括回避制度、防火墙制度、合规检查制度、人员培训制度、执业行为守则等；

（五）评级业务制度，包括信用等级划分及定义、评级方法、模型、评级程序、评级委员会制度、复评制度、评级结果公布制度、跟踪评级制度、信息保密制度、评级业务档案管理制度等；

（六）评级结果信息，包括首次评级结果、跟踪评级结果以及有关评级行动；

（七）评级结果质量统计报告；

（八）协会要求披露的其他信息。

上述信息若有变更，证券评级机构应及时予以披露。

第四十六条 评级方法、模型与程序有实质性变更的，证券评级机构应在变更后的十个工作日内披露变更事项，并及时披露对信用等级的影响。

第四十七条 证券评级机构应建立评级结果公布制度。评级结果包括评级对象的信用等级和评级报告。评级报告应用简洁、明了的语言，对评级对象的信用等级做出明确解释，说明评级观点和评级依据，并由符合条件的高级管理人员签字同意后公布。

评级结果应以证券评级机构的名义公布，不得以评级从业人员的个人名义公布。

第四十八条 证券评级机构应在跟踪评级结果中说明上一次评级的评级结果和时间。

评级报告应说明使用的评级方法及该方法在何处披露。如使用多种评级方法或评级方法过于复杂，应予以必要解释，并说明不同评级方法对评级结果的影响。

第四十九条 对上市公司或公开发行的证券进行评级,如评级结果全部或部分基于重大非公开信息,在评级结果公开前,除向该上市公司或证券发行人(发起人)提供评级结果外,证券评级机构不得向特定对象选择性披露评级结果。

第五十条 证券评级机构进行主动信用评级,应披露主动评级的评级方法、模型和程序,并在信用评级报告中明确说明该评级为主动评级。

第五十一条 证券评级机构对结构性金融产品进行评级,应采用适当方式明确与其他评级的区别,并对其评级方法、模型和程序予以充分披露和说明。证券评级机构应充分披露其所做的损益和现金流量分析,以及评级结果对评级假设变动的敏感性分析。

证券评级机构应说明结构性金融产品评级结果的局限性以及核实所用评级信息时所受到的限制。

第五十二条 证券评级机构应采用历史违约率、等级迁移率等统计方法,对本机构出具的评级结果的准确性和稳定性进行验证,并将评级结果质量统计结果通过协会网站和公司网站向社会公告。

若由于评级的性质或其他情况造成历史违约率不适用、不具有统计意义或因其他原因可能误导投资者或社会公众的,证券评级机构应予以解释。

第五十三条 证券评级机构应在协会网站和公司网站披露下列情况:

(一)如证券评级机构从受评级机构或受评级证券发行人处获得与评级服务无关的收入的(如咨询服务收入等),应披露此收入与评级服务收入之间的比例;

(二)如证券评级机构从同一发行人、发起人、客户或订户处获得超过该会计年度10%以上收入的,应予以披露;

(三)证券评级行业应鼓励结构性金融产品发行人或创设人披露其产品所有相关信息,以便投资者或其他评级机构能够独立进行分析。证券评级机构应说明结构性金融产品发行人或创设人是否已告知评级机构其公开披露被评级产品的所有相关信息,或这些信息是否仍未公开。

第五十四条 证券评级机构应全面、及时披露开展评级业务过程中可能产生的潜在或实际利益冲突情形。上述披露应明确、简洁、具体。

第六章 保密信息的处理

第五十五条 证券评级机构开展证券评级业务时,应与受评级机构或受评级证券发行人签订保密协议或在评级业务委托书中约定保密条款。

第五十六条 证券评级机构及其评级从业人员对在开展证券评级业务过程中知悉的国家秘密、客户的商业秘密、个人隐私等非公开信息负有保密义务,但下列情况除外:

（一）国家司法机关和政府监管部门按照有关规定进行调查取证的；

（二）有关法律、法规要求提供的；

（三）依据保密协议或保密条款可以公开的。

证券评级从业人员在项目结束或离开所在机构后，仍应履行保密义务。

第五十七条 证券评级机构及其董事、监事、高级管理人员与其他评级从业人员，不得以任何形式利用在开展证券评级业务时知悉的国家机密、商业秘密和个人隐私等非公开信息牟取利益或进行交易。

第五十八条 证券评级机构应制定信息保密制度，明确证券评级机构及其评级从业人员使用评级信息的范围、条件以及保密义务。

证券评级机构应建立合理的程序防止对外或对本机构中与评级分析和级别确定无关的人员泄露在开展评级业务活动中知悉的国家秘密、商业秘密、个人隐私等非公开信息以及尚未正式对外公布的评级结果信息。

证券评级机构应采取合理措施保护评级记录和档案，以免丢失、被骗取和误用。

第七章 合规检查

第五十九条 证券评级机构应制定合规检查制度，明确合规检查内容、工作程序，履职保障以及报告路径等内容。

第六十条 证券评级机构应指定专人担任合规负责人，负责证券评级业务的合法、合规性检查。合规负责人应熟悉证券市场相关法律法规及证券评级业务相关法律、法规。

第六十一条 证券评级机构应保障合规负责人和其他合规管理人员的独立性，保障合规管理人员能够充分行使履职时所必须的知情权和调查权。合规管理人员有权调阅相关文件、资料，要求相关人员对有关事项进行说明。

第六十二条 证券评级机构应向协会报送半年度和年度合规检查报告。合规检查报告内容应至少包括证券评级机构是否持续符合证券评级业务许可的资质条件、评级业务活动的合规情况、违法违规行为的发现及整改情况、可能面临的重大合规风险及应对措施、合规负责人和其他合规管理人员履职情况以及中国证监会、协会要求或公司认为需要报告的其他内容等。

合规检查报告应由证券评级机构法定代表人、合规负责人签字确认并加盖证券评级机构公章。

第六十三条 证券评级机构的评级从业人员如发现受同一评级机构控制的其他从业人员或机构从事违法、违规或违反职业道德、行业行为准则的行为时，应视具体情况立即报告合规负责人或评级机构高级管理人员。证券评级机构应对报告情况进行调查核实，及时采取相关措施或向有权部门报告。

证券评级机构应保护举报人，禁止相关人员对其进行打击报复。

第八章　管理和监督

第六十四条　协会对证券评级机构执行相关法律法规、《暂行办法》和本准则有关规定的情况进行定期或不定期检查。证券评级机构及其评级从业人员应自觉接受协会的自律管理，配合协会检查工作。

第六十五条　证券评级从业人员应谨守职业道德，对证券评级机构或其管理人员发出违反法律、法规的指令应予以抵制，并及时向中国证监会、协会和有关部门举报。

第六十六条　证券评级机构及其评级从业人员违反本准则的，协会按有关规定采取自律管理措施和纪律处分，并记入诚信档案；违反相关法律法规、《暂行办法》的，移交有关监管部门处理。

第九章　附　　则

第六十七条　本准则由协会负责解释。

第六十八条　本准则自公布之日起施行。

Ⅷ.1.7 非金融企业债务融资工具信用评级业务自律指引

(2013 年 1 月 8 日 中国银行间市场交易商协会)

为加强信用评级市场自律管理,规范非金融企业债务融资工具信用评级业务,促进债务融资工具市场健康发展,根据《银行间债券市场非金融企业债务融资工具管理办法》(中国人民银行令[2008]第 1 号)以及《中国银行(2.98,0.02,0.68%)间市场交易商协会章程》,中国银行间市场交易商协会组织市场成员制定了《非金融企业债务融资工具信用评级业务自律指引》,于 2012 年 3 月 1 日经交易商协会第三届常务理事会第一次会议审议通过,并经人民银行备案同意,现予公布。

中国银行间市场交易商协会
二〇一三年一月八日

第一章 总 则

第一条 为加强信用评级市场自律管理,规范非金融企业债务融资工具(以下简称"债务融资工具")信用评级业务,促进债务融资工具市场健康发展,根据《银行间债券市场非金融企业债务融资工具管理办法》(中国人民银行令[2008]第 1 号)及《中国银行间市场交易商协会章程》,制定本指引。

第二条 本指引所称信用评级是指信用评级机构对影响受评对象信用风险的相关因素进行分析研究,就其偿债能力及意愿做出的综合评价。

第三条 本指引所称信用评级业务是以信用评级流程为主线形成的信用评级机构及相关主体活动的总和。信用评级业务包括委托评级业务和主动评级业务,其中委托评级业务分为发行人委托评级业务和投资人委托评级业务等。

第四条 信用评级机构应当遵循独立、客观、公正的原则,保证信用评级的公正性、一致性、完整性。

信用评级机构从业人员应遵守相关法律法规和职业规范,遵循诚实、守信、独立、勤勉、尽责的原则。

第五条 受评企业、信用评级委托方、信用评级结果使用方及其他相关主体应共同维护信用评级的独立、客观和公正。

第六条 为充分发挥信用评级风险揭示的作用，交易商协会鼓励推行双评级制度，提倡由在市场化评价中排名靠前的或不同收费模式的信用评级机构对同一受评对象同时进行评级。

第二章 信用评级机构及人员

第七条 信用评级机构应建立清晰合理的治理结构，完善评级技术和基础数据体系，建立健全并切实执行管理制度，为信用评级质量提供保障。

第八条 信用评级机构应建立并不断完善信用评级体系，加强评级技术的研究开发，通过定期培训等多种方式加强从业人员职业道德修养，提高执业能力。

第九条 信用评级机构应加强数据库等信息体系建设，建立完善并严格执行信用评级信息管理制度，包括评级信息的使用和管理、数据库管理、档案管理等。

第十条 信用评级机构应建立合规监督工作机制和相关制度，设立专门部门负责对信用评级及相关业务工作人员的合规性进行监测、检查和报告，定期评估公司内部控制制度的完备性和执行情况。

第十一条 信用评级机构应建立完善并严格执行评级质量控制机制和相关制度，包括评级新业务评估制度、评级过程质量控制制度和评级质量检验制度等。

第十二条 信用评级机构应建立健全利益冲突管理工作机制和相关制度，有效识别、防范和消除信用评级业务中产生的利益冲突，如无法有效消除的，则应对产生的利益冲突进行充分披露和有效管理。

第十三条 信用评级机构应披露以下信息，接受公众关于信用评级的质询：

（一）在本机构网站公开披露并及时更新公司基本信息、基础设施建设情况和信用评级体系基础信息；

（二）于每年4月30日前在本机构网站和中国银行间市场交易商协会（以下简称“交易商协会”）网站公开披露上一年度信用评级业务开展和合规情况；

（三）相关法律法规及主管部门等机构要求披露的其他信息。

第十四条 出现以下情形，信用评级机构及参与信用评级的人员（包括评级小组成员和信用评审委员会委员）不得参与相关信用评级业务：

（一）信用评级机构与受评企业或其关联机构存在足以影响信用评级独立性的股权关联关系及开展评级业务前6个月内持有与受评对象相关的证券或衍生品头寸；

（二）参与信用评级的人员及其直系亲属与受评企业或其关联机构存在足以

影响信用评级独立性的持股、受聘为高管或其他关键岗位以及持有与受评对象相关的证券或衍生品账面价值超过50万元人民币；

（三）在开展信用评级业务期间，信用评级机构及参与信用评级的人员买卖与受评对象相关的证券或衍生品；

（四）交易商协会认定的足以影响信用评级机构或人员独立、客观、公正立场的其他情形。

第十五条 信用评级机构及其从业人员不得有不正当交易、商业贿赂以及向受评企业提供咨询服务等影响信用评级质量的违法违规行为。

第十六条 对于在开展信用评级业务中知悉的国家秘密、商业秘密和个人隐私，信用评级机构及其从业人员应当履行保密义务，不得利用相关信息为任何机构或个人谋取不正当利益。

第十七条 信用评级机构的董事、监事和高级管理人员应具有良好的声誉，保证信用评级机构规范运作并独立、客观、公正地开展评级业务。

第十八条 参与信用评级的人员应具备相应的职业操守、专业知识和从业经历。

第十九条 评级小组组长及对信用等级有重大影响的人员离职并受聘于其曾参与评级的受评企业、信用评级委托方或主承销商，信用评级机构应从获知起检查其离职前两年内参与的与其受聘机构有关的评级工作。如存在利益冲突的，信用评级机构应及时披露检查结果。

第三章 信用评级业务基本要求

第二十条 项目立项前，信用评级机构应对评级项目进行自我评估，保证本机构具备相应的评级能力。

第二十一条 确定立项的，信用评级机构应组建至少由2名专业分析人员组成的评级小组，小组成员应符合相关资质要求。评级小组成员不得连续5年为同一受评企业或其相关第三方连续提供信用评级服务，自期满未逾两年的不得再参与该受评企业或其关联企业的评级活动。

第二十二条 评级小组应在多渠道、多方式收集受评企业信用质量相关资料并开展研究分析工作的基础上撰写评级报告初稿，提出信用等级及相关建议，并至少经过小组初审、部门复审、公司三审的三级审核，形成评级报告。

第二十三条 信用评级结果应由信用评审委员会通过召开评审会议以投票表决方式确定。评审会议应至少由5名评审委员参加，参会评审委员独立发表评审意见。评级小组成员不得参与其负责项目最终级别的确定。信用评级机构应按多数决策原则设立科学合理的投票表决机制并提交交易商协会。交易商协会鼓励信用评级机构实行参会评审委员轮换制。

第二十四条 信用评级机构应对评级项目作业流程合规性和相关文件资料的完整性、真实性、可靠性进行检查，保证信用评级报告客观公正、观点明确、内容清晰，并应按有关规定或协议约定发布评级结果和报告。评级结果和报告公开发布的，信用评级机构应在交易商协会网站及交易商协会认可的网站披露。

第二十五条 初始信用评级报告至少包括概述、声明、信用评级报告正文、跟踪评级安排和附录等部分，并列明信用评级的局限性和可能存在的利益冲突等内容。

第二十六条 在信用评级结果和报告有效期内，除主动评级外，信用评级机构应持续跟踪受评对象信用状况的变化情况，发布定期跟踪评级结果和报告。

（一）对于主体评级，信用评级机构应在受评企业年报公布后 3 个月内出具跟踪评级结果和报告；

（二）对于一年期内的短期债务融资工具，信用评级机构应在正式发行后 6 个月内发布定期跟踪评级结果和报告；

（三）对于一年期以上债务融资工具，在评级有效期内每年应至少完成一次跟踪评级，跟踪评级结果和报告发布时间应在受评企业年报披露后 3 个月内。

第二十七条 评级结果有效期内发生可能影响受评对象偿债能力的重大事项时，信用评级机构应及时启动不定期跟踪评级程序，发布不定期跟踪评级结果和报告。

第二十八条 出现以下情形之一，信用评级机构可终止已公布信用评级结果和报告，并公告原因：

（一）信用评级委托方不按约定支付评级费用的；

（二）信用评级协议约定的合同期满或主动评级有效期届满的；

（三）受评企业不配合提供信用评级所需材料或提供的材料存在虚假记载、误导性陈述或重大遗漏的；

（四）受评对象不再存续的；

（五）信用评级机构被主管部门等机构吊销评级业务资质或中止评级业务的。

信用评级机构在终止跟踪评级时，应公布最近一次的评级结果及其有效期，说明此项信用评级此后不再更新。

第二十九条 信用评级机构应完整保存评级业务开展过程中的资料、文档、记录和报告等业务信息。业务档案的保存期限应不低于 10 年，且不低于债务融资工具存续期满或受评主体违约后 5 年。

第四章　发行人委托评级

第三十条　发行人委托评级是指信用评级机构经发行人委托，通过公开渠道和实地调研收集受评对象相关资料，并以此为依据对相关发债主体或债项开展的信用评级。

第三十一条　信用评级机构应遵循市场拓展与信用评级分离原则，不得采取低于行业公允价格、级别保证和诋毁同业等不正当竞争手段承揽业务。

第三十二条　受评企业、主承销商及其他相关方不得以级别招标等不正当手段影响信用评级独立性。

第三十三条　信用评级机构与受评企业应签订信用评级协议，明确初始评级安排、信息保密、跟踪评级安排及评级费用等有关事项。受评企业支付委托评级费用后，信用评级机构方可启动评级程序。

第三十四条　信用评级机构应对受评企业开展实地调查，收集有关资料，深入了解受评企业生产经营和财务情况。受评企业应配合信用评级活动，履行信用评级协议，安排实地调研，及时提供有关材料，保证材料的真实、准确和完整。

第三十五条　信用评级机构应在信用等级评定后或跟踪评级等级发生调整时，将评级报告发送受评企业。受评企业对评级报告所使用的信息有异议的，可在 2 个工作日内书面申请复评一次，并可于 5 个工作日内提供补充材料。信用评级机构应于接到补充材料后 2 个工作日内决定是否受理，并应在受理复评申请后 5 个工作日内召开信用评审委员会会议重新评审，明确复评结果，告知受评企业。

第三十六条　信用评级机构应按《银行间债券市场非金融企业债务融资工具信息披露规则》第五条要求公布初始信用评级结果和报告，并及时更新跟踪评级结果和报告及其他意见。

第三十七条　发行人对同一债项委托多家信用评级机构进行评级的，应通知信用评级机构按照相关要求报送交易商协会并披露信用评级结果和报告。

第五章　投资人委托评级

第三十八条　投资人委托评级是指信用评级机构经投资人委托，通过公开渠道以及实地调研收集受评对象相关资料，并以此为依据对相关发债主体或债项开展的信用评级。

第三十九条　投资人不得以任何方式影响信用评级的独立性和公正性。

第四十条　信用评级机构与投资人签订信用评级服务协议，明确服务内容、服务期限、服务评价、服务费用等有关事项。

第四十一条 受评企业应配合信用评级机构开展相关评级业务，安排实地调研、提供有关材料，保证所提供信息的真实、准确和完整。

第四十二条 受评企业对评级报告所使用的信息有异议的，可申请复评一次，复评程序参照第三十五条。

第四十三条 除法律法规要求、公开信息渠道获取、受评企业或第三方公开外，信用评级机构对于受评企业书面提出保密要求的相关信息应承担保密义务，不得向第三方提供或对外披露。

第四十四条 信用评级机构应根据信用评级服务协议约定的方式和范围发布评级结果和报告。

第六章 主动评级

第四十五条 主动评级是指信用评级机构未经委托，主要通过公开渠道收集受评对象相关资料，并以此为依据对相关发债主体或债项开展的信用评级。

第四十六条 信用评级机构开展主动评级业务过程中应充分利用公开渠道收集受评企业相关资料，审慎判断受评企业的信用风险。

第四十七条 信用评级机构出具主动评级报告前，可书面告知受评企业，双方可就评级过程中所使用的资料及报告内容进行沟通。

第四十八条 交易商协会鼓励信用评级机构向市场公开发布主动评级结果和报告。信用评级机构应将主动评级结果特别标注，以区别于委托评级结果，并披露主动评级信息来源、评级方法和程序。

第四十九条 受评企业不得以任何形式对信用评级机构进行利益输送。对于同一受评企业，信用评级机构由主动评级转为委托评级时信用等级发生变化的，要向市场公告说明原因。

第七章 自律管理

第五十条 信用评级机构在非金融企业债务融资工具市场开展信用评级业务应向交易商协会提交并及时更新基本信息，并于每年 4 月 30 日前向交易商协会提交上一年度信用评级业务开展情况报告和合规性报告。

第五十一条 交易商协会可对信用评级机构的信用评级业务开展情况和自律规范执行情况开展定期或不定期的业务调查。信用评级机构应积极配合调查，及时提供真实、准确、完整的材料。

第五十二条 交易商协会按《中国银行间市场交易商协会会员管理规则》及本指引的有关规定，可建立健全信用评级机构市场化评价体系，定期组织市场参与者对信用评级机构的业务表现进行评价。

第五十三条 交易商协会可制定信用评级机构和人员的从业准则。

第五十四条 有关机构及相关人员违反本指引相关规定的，根据违规情节，交易商协会可按《非金融企业债务融资工具市场自律处分规则》的有关规定进行自律处分。涉嫌违法违规的，交易商协会可移交有关部门进一步处理。

第八章 附 则

第五十五条 本指引由交易商协会秘书处负责解释。

第五十六条 本指引自发布之日起施行。

Ⅷ.2 投资者相关法规

Ⅷ.2.1 保险资金投资债券暂行办法

(2012 年 7 月 16 日 保监发[2012]58 号文)

各保险集团(控股)公司、保险公司、保险资产管理公司:

为规范保险资金投资债券行为,改善资产配置,维护保险当事人合法权益,我会制定了《保险资金投资债券暂行办法》,现印发给你们,请遵照执行。

中国保险监督管理委员会
二○一二年七月十六日

第一章 总 则

第一条 为规范保险资金投资债券行为,改善资产配置,维护保险当事人合法权益,根据《中华人民共和国保险法》、《保险资金运用管理暂行办法》及有关规定,制定本办法。

第二条 中国境内依法设立的保险集团(控股)公司和保险公司(以下统称保险公司)投资债券,符合中国保监会规定的专业投资管理机构受托保险资金投资债券,适用本办法。

本办法所称债券,是指依法在中国境内发行的人民币债券和外币债券,包括政府债券、准政府债券、企业(公司)债券及符合规定的其他债券。

第三条 中国保险监督管理委员会(以下简称中国保监会)负责制定保险资金投资债券政策,依法对债券投资活动实施监督管理。

第二章 资质条件

第四条 保险公司投资债券,应当符合下列条件:

(一)具有完善的公司治理、决策流程和内控机制,健全的债券投资管理制度、风险控制制度和信用评级体系;

(二)已经建立资产托管、集中交易和防火墙机制,资金管理规范透明;

（三）合理设置债券研究、投资、交易、清算、核算、信用评估和风险管理等岗位；投资和交易实行专人专岗；

（四）具有债券投资经验的专业人员不少于2人，其中具有3年以上债券投资经验的专业人员不少于1人；信用评估专业人员不少于2人，其中具有2年以上信用分析经验的专业人员不少于1人；

（五）建立与债券投资业务相应的管理信息系统。

第五条 保险资金投资无担保非金融企业（公司）债券，其信用风险管理能力应当达到中国保监会规定的标准。

第三章 政府债券和准政府债券

第六条 保险资金投资的政府债券，是指中华人民共和国省（自治区、直辖市、计划单列市）以上政府财政部门或其代理机构，依法在境内发行的，以政府信用为基础并由财政支持的债券，包括中央政府债券和省级政府债券。

中央银行票据、财政部代理省级政府发行并代办兑付的债券，比照中央政府债券的投资规定执行。

保险资金投资省级政府债券的规定，由中国保监会另行制定。

第七条 保险资金投资的准政府债券，是指经国务院或国务院有关部门批准，由特定机构发行的，信用水平与中央政府债券相当的债券。

以国家预算管理的中央政府性基金，作为还款来源或提供信用支持的债券，纳入准政府债券管理。政策性银行发行的金融债券和次级债券、国务院批准特定机构发行的特别机构债券，比照准政府债券的投资规定执行。

第四章 企业（公司）债券

第八条 保险资金投资的企业（公司）债券，是指由企业（公司）依法合规发行，且不具备政府信用的债券，包括金融企业（公司）债券和非金融企业（公司）债券。

第九条 金融企业（公司）债券包括商业银行可转换债券、混合资本债券、次级债券以及金融债券，证券公司债券，保险公司可转换债券、混合资本债券、次级定期债券和公司债券，国际开发机构人民币债券以及中国保监会规定的投资品种。

保险资金投资的金融企业（公司）债券，应当符合下列条件：

（一）商业银行发行的金融企业（公司）债券，应当具有国内信用评级机构评定的A级或者相当于A级以上的长期信用级别；其发行人除符合中国人民银行、中国银行业监督管理委员会的有关规定外，还应当符合下列条件：

1. 最新经审计的净资产，不低于100亿元人民币；

2. 核心资本充足率不低于6%；

3. 国内信用评级机构评定的A级或者相当于A级以上的长期信用级别；

4. 境外上市并免于国内信用评级的，国际信用评级机构评定的BB级或者相当于BB级以上的长期信用级别。

保险资金投资的商业银行混合资本债券，除符合上述规定外，应当具有国内信用评级机构评定的AA级或者相当于AA级以上的长期信用级别，其发行人总资产不低于2000亿元人民币。商业银行混合资本债券纳入无担保非金融企业（公司）债券管理。

（二）证券公司债券，应当公开发行，且具有国内信用评级机构评定的AA级或者相当于AA级以上的长期信用级别；其发行人除符合中国证券监督管理委员会的有关规定外，还应当符合下列条件：

1. 最新经审计的净资本，不低于20亿元人民币；

2. 国内信用评级评定的AA级或者相当于AA级以上的长期信用级别；

3. 境外上市并免于国内信用评级的，国际信用评级机构评定的BBB级或者相当于BBB级以上的长期信用级别。

（三）保险公司可转换债券、混合资本债券、次级定期债券和公司债券，应当是保险公司按照相关规定，经中国保监会和有关部门批准发行的债券。

（四）国际开发机构人民币债券，其发行人除符合国家有关规定外，还应当符合下列条件：

1. 最新经审计的净资产，不低于50亿美元；

2. 国内信用评级机构评定的AA级或者相当于AA级以上的长期信用级别；免于国内信用评级的，国际信用评级机构评定的BBB级或者相当于BBB级以上的长期信用级别。

第十条 非金融企业（公司）债券包括非金融机构发行的企业债券，公司债券，中期票据、短期融资券、超短期融资券等非金融企业债务融资工具，可转换公司债券，以及中国保监会规定的其他投资品种。

保险资金投资的非金融企业（公司）债券，应当符合下列条件：

（一）其发行人除符合有关部门的规定外，还应当符合下列条件：

1. 最新经审计的净资产，不低于20亿元人民币；

2. 国内信用评级机构评定的A级或者相当于A级以上的长期信用级别；

3. 境外上市并免于国内信用评级的，国际信用评级机构评定的BB级或者相当于BB级以上的长期信用级别。

（二）有担保非金融企业（公司）债券，具有国内信用评级机构评定的AA级

或者相当于AA级以上的长期信用级别,其担保符合下列条件:

1.以保证方式提供担保的,应当为本息全额无条件不可撤销连带责任保证担保,且担保人资信不低于发行人的信用级别;

2.以抵押或质押方式提供担保的,担保财产应当权属清晰。未被设定其他担保或者采取保全措施的,经有资格的资产评估机构评估的担保财产,其价值不低于担保金额,且担保行为已经履行必要的法律程序;

3.担保金额应当持续不低于债券待偿还本息总额。

(三)无担保非金融企业(公司)债券,具有国内信用评级机构评定的AA级或者相当于AA级以上的长期信用级别。其中,短期融资券具有国内信用评级机构评定的A-1级。

有担保非金融企业(公司)债券的担保,不完全符合本条规定的,纳入无担保非金融企业(公司)债券管理。

(四)保险资金投资的无担保非金融企业(公司)债券,应当采用公开招标发行方式或者簿记建档发行方式。其中,簿记建档发行方式应当满足下列条件:

1.发行前,发行人应当详细披露建档规则;

2.簿记建档应当具有符合安全保密要求的簿记场所;

3.簿记建档期间,簿记管理人应当指派专门人员值守并维持秩序;现场人员不得对外泄露相关信息;

4.簿记管理人应当妥善保管有关资料,不得泄露或者对外披露。

(五)保险资金投资的企业(公司)债券,按照规定免于信用评级要求的,其发行人应当具有不低于该债券评级规定的信用级别。

本办法所称净资产,不包括少数股东权益。

第十一条 保险资金投资的企业(公司)债券,其发行人应当及时、准确、完整披露相关信息。披露频率每年不少于一次,披露内容至少应当包括经审计的财务报表和跟踪评级报告。经审计的财务报告,披露时间应当不晚于每年5月31日,跟踪评级报告披露时间应当不晚于每年6月30日。

第五章 投 资 规 范

第十二条 保险公司投资中央政府债券、准政府债券,可以按照资产配置要求,自主确定投资总额。

第十三条 保险公司投资有担保的企业(公司)债券,可以按照资产配置要求,自主确定投资总额;投资无担保非金融企业(公司)债券的余额,不超过该保险公司上季末总资产的50%。

第十四条 保险公司投资同一期单品种中央政府债券和准政府债券,可以自主确定投资比例。

保险公司投资同一期单品种金融企业(公司)债券和有担保非金融企业(公司)债券的份额,不超过该期单品种发行额的40%;投资同一期单品种无担保非金融企业(公司)债券的份额,不超过该期单品种发行额的20%。

同一保险集团的保险公司,投资同一期单品种企业(公司)债券的份额,合计不超过该期单品种发行额的60%,保险公司及其投资控股的保险机构比照执行。

债券发行采取一次核准(备案或注册)、分期募集方式的,其同一期是指该债券分期发行中的每一期。

第十五条 保险公司投资同一发行人发行的企业(公司)债券的余额,不超过该发行人上一会计年度净资产的20%;投资关联方发行的企业(公司)债券的余额,不超过该保险公司上季末净资产的20%。

第十六条 保险公司委托多个专业投资管理机构投资的债券,其投资余额应当合并计算,且不超过中国保监会规定的投资比例。

第十七条 保险公司的投资连结保险产品、非寿险非预定收益型保险产品等独立账户或产品,其投资债券的余额,不超过相关合同约定的比例。

第六章 风险控制

第十八条 保险公司和专业投资管理机构应当建立明确的决策与授权机制,严谨高效的业务操作流程,完善的风险控制制度、风险处置预案和责任追究制度。

第十九条 保险公司应当根据资产配置要求,专业投资管理机构应当按照委托人的投资指引,审慎判断债券投资的效益与风险,合理确定债券投资组合的品种配置、期限结构、信用分布和流动性安排,跟踪评估债券投资的资产质量、收益水平和风险状况。

第二十条 保险公司投资或者专业投资管理机构受托投资债券,应当综合运用外部信用评级与内部信用评级结果,不得投资内部信用评级低于公司确定的可投资信用级别的企业(公司)债券。

同一债券同时具有境内两家以上外部信用评级机构信用评级的,应当采用孰低原则确认外部信用评级;同时具有国内信用评级和国际信用评级的,应当以国内信用评级为准。本条所称信用评级是指最近一个会计年度的信用评级,同时是指同一发行人在同一会计核算期间获得的信用评级。

第二十一条 保险公司投资或者专业投资管理机构受托投资债券,应当充分关注发行人还款来源的及时性和充分性;投资有担保企业(公司)债券,应当关注担保效力的真实性和有效性。

第二十二条 保险公司上季度末偿付能力充足率低于120%的，不得投资无担保非金融企业（公司）债券；已经持有上述债券的，不得继续增持并适时减持。上季度末偿付能力处于120%和150%之间的，应当及时调整投资策略，严格控制投资无担保非金融企业（公司）债券的品种和比例。

第二十三条 保险公司投资或者专业投资管理机构受托投资债券，应当加强债券投资的市场风险和流动性风险管理，定期开展压力测试与情景分析，并根据测试结果适度调整投资策略。

第二十四条 保险公司投资或者专业投资管理机构受托投资债券，参与债券发行认购的，应当书面约定手续费及其他相关费用，且采用透明方式，通过银行转账实现。

保险公司投资或者专业投资管理机构受托投资企业（公司）债券，以非竞价交易方式投资债券的，应当建立询价制度和交易对手风险管理机制。

第二十五条 保险公司投资或者专业投资管理机构受托投资债券，与托管银行签订债券托管协议，应当明确托管事项、托管职责与义务以及监督服务等内容，并按中国保监会的有关规定执行。

保险公司投资或者专业投资管理机构受托投资企业（公司）债券，与托管银行的资金划拨和费用支付，与证券经营机构的费用支付，均应采用透明方式，通过银行转账实现。

第二十六条 保险公司与证券经营机构或其他非保险公司不得发生下列行为：

（一）出租、出借各类债券，中国保监会另有规定的除外；

（二）非法转移利润或者利用其他手段进行利益输送，谋取不当利益；

（三）法律、行政法规和中国保监会禁止的其他行为。

第二十七条 保险公司投资或者专业投资管理机构受托投资债券，参与债券衍生金融工具交易，仅限于管理和对冲投资风险，且应当遵守中国保监会的有关规定。

第二十八条 保险资金已投资债券不再符合本办法规定的，不得增加投资，保险公司或专业投资管理机构应当认真评估相关风险，及时妥善处理。

第七章 监督管理

第二十九条 保险资金可投资债券信用评级机构的规定，由中国保监会另行制定。

第三十条 为保险资金投资债券提供服务的投资管理、资产托管、证券经营等机构，应当接受中国保监会有关保险资金投资债券的质询，并报告相关情况。

第三十一条 保险公司应当按照有关规定，通过保险资产管理监管信息系统及中国保监会规定的其他方式，及时向中国保监会报送下列信息：

（一）债券投资报表；

（二）风险指标的计算方法及说明；

（三）与托管银行签订的托管协议、与证券经营机构签订的经纪业务协议副本；

（四）中国保监会要求的其他报告事项。

专业投资管理机构应当按照有关规定，向中国保监会报送受托保险资金投资债券的相关信息。

第三十二条 保险资金投资债券发生违约等风险，应当立即启动风险管理预案，并及时向中国保监会报告。

保险公司投资债券和专业投资管理机构受托投资债券，应当关注所投资债券的价格及价值波动。债券发行时，保险资金报价偏离公开市场可比债券合理估值1%以上的，或者所投资债券交易价格偏离市场合理估值1%以上的，应当于下一个季度前10个工作日内，向中国保监会报告并说明影响因素及应对方案。

第三十三条 中国保监会定期或不定期对保险公司投资债券、专业投资管理机构受托投资债券的决策与授权机制、投资管理制度、业务操作流程和信用风险管理系统等进行检查，也可聘请会计师事务所等专业中介机构对保险资金投资债券情况进行检查。

保险公司和专业投资管理机构，应当向中国保监会报告债券估值的规则。

第三十四条 保险公司投资债券、专业投资管理机构受托投资债券，违反法律、行政法规及本办法规定的，中国保监会将依据有关法规，对相关机构和人员予以处罚。

第八章 附 则

第三十五条 外国保险公司在中国境内设立的分公司投资债券，比照本办法规定执行。

第三十六条 保险资产管理公司运用自有资金投资债券，比照本办法规定执行。

第三十七条 中国保监会根据有关规定和市场情况，可适时调整保险资金投资债券的范围、品种和比例，规范禁止行为等。

第三十八条 本办法由中国保监会负责解释和修订，自发布之日起施行。废止《关于保险机构投资公司债有关问题的通知》（保监发[2007]95号）、《关于保险机构投资认股权和债券分离交易可转换公司债券的通知》(保监资金[2007]338号)、《关于增加保险机构债券投资品种的通知》(保监发[2009]42号)、《关于债券投资有关事项的通知》(保监发[2009]105号)、《关于保险机构投资无担保企业债券有关事宜的通知》(保监发[2009]132号)的规定。其他规定与本办法不一致的,以本办法为准。

Ⅷ.2.2 关于印发《保险机构债券投资信用评级指引(试行)》的通知

(2007年1月8日 中国保监会)

各保险公司,各保险资产管理公司:

为加强债券投资信用风险管理,建立保险机构内部信用评级系统,规范信用评级程序和方法,我会制定了《保险机构债券投资信用评级指引(试行)》(以下简称指引)。现印发给你们,并将有关要求通知如下:

一、各公司应高度重视信用风险管理,按照《指引》有关要求,建立和完善内部信用评级制度。

二、各公司应严格执行信用评级制度,规范操作流程,保监会将对各保险机构信用评级系统的建设和执行情况进行检查。

三、各公司应加强信用风险研究,通过信用评级,进行持续跟踪分析评估,切实防范信用风险。

请认真遵照执行。

二〇〇七年一月八日

附件:保险机构债券投资信用评级指引(试行)

第一章 总 则

第一条 为加强债券投资信用风险管理,建立保险机构内部信用评级系统(以下简称信用评级系统),规范评级程序和方法,根据有关法律法规,制定本指引。

第二条 保险机构投资各类债券,应当进行内部信用评级(以下简称信用评级)。国债、中央银行票据以及其他经中国保监会认可的债券可免予信用评级。

第三条 信用评级包括发债主体信用评级和债券信用评级。

第四条 保险机构应当根据公司发展战略,设立专门部门或岗位,配备专业管理人员,借鉴外部信用评级机构的制度和程序,建立信用评估模型,健全信用评级系统。

第五条 中国保监会根据保险机构信用评级系统建设和运作情况,实施分类监管。

第二章 制度和流程

第六条 信用评级应当遵循以下原则:

(一)真实一致原则。评级人员应当核实评级数据和资料的真实性,确保基础数据、指标口径、评级方法、评定标准的一致性;

(二)独立客观原则。评级人员应当独立、客观、公正,不受发债主体及其他外部因素的不良影响;

(三)审慎稳健原则。评级人员应当充分考虑宏观经济、特定行业和发债主体经营管理可能存在的波动,全面审慎评估发债主体经营和财务状况、债券风险收益状况以及其他风险。

第一节 管理制度

第七条 保险机构应当建立健全信用评级管理制度,及时报中国保监会备案。信用评级管理制度主要包括:

(一)信用评级议事规则和程序规定;

(二)信用评级方法细则;

(三)信用评级报告准则;

(四)评级人员操作规范;

(五)尽职调查制度;

(六)跟踪评级和复评制度;

(七)防火墙制度等避免利益冲突的制度;

(八)其他制度。

第八条 信用评级部门应当至少由两名以上专业人员组成。信用评级专业人员应当具备金融知识和财务分析能力,主管人员应当具有相关工作经验。

第九条 信用评级部门或岗位应当明确工作职责,避免业务与其他部门交叉。信用评级人员不得同时从事投资交易。

第十条 信用等级评定应当采用国际国内通用的评级定义和符号体系,原则上分为投资级、投机级、违约级三个等级,每一等级分设若干档。

第十一条 信用评级部门或岗位应当规范管理和使用评级信息,逐步完善评级信息数据库,持续积累违约事件、违约率、违约回收率、信用稳定性等信息和数据,并作为经营管理资源长期保存。

第十二条 信用评级部门或岗位应当建立档案管理制度,分类整理相关原始资料、评级材料、信用评级报告等。

第二节 基本流程

第十三条 信用评级基本流程,包括信息收集、调研访谈、初步评定、提交报告、跟踪评级等内容。

第十四条 保险机构应当充分利用媒体信息和其他公开资料,广泛积累各类数据,将其作为信用评级的基础信息。

第十五条 保险机构应当主动与发债主体交流,了解其业务经营、财务计划、管理政策和其他影响信用评级的情况。必要时可根据需要,通过实地考察获取有关信息。

第十六条 信用评级人员应当严格审查所获信息,确保信息真实、准确。信息资料不完整或存在虚假陈述的,保险机构应当不予评级。

第十七条 信用评级人员应当运用科学合理的评级方法,分析研究评级对象,撰写信用评级报告,初步评定信用等级,并按规定程序审定后,形成信用评级结果,作为债券投资和风险管理的重要依据。

第十八条 信用评级报告应当逐级上报,及时提交相关部门使用。风险管理部门应当监督信用评级结果使用情况。

第十九条 保险机构应当及时跟踪债券存续期内评级变化。跟踪评级每年至少二次,应当适当提高信用级别较低的发债主体的跟踪评级频率。

发债主体出现资金链中断问题,需要滚动、重复发行债券,或者发债主体、担保人、担保物状况发生重大变化,保险机构应当及时重新评定发债主体和债券信用等级。

第二十条 保险机构应当加强债券市场研究,分析信用等级与债券价格等关联因素,发现异常情况时,及时向监管机构报告。

第三章 发债主体评级方法

第二十一条 保险机构应当建立科学指标体系,规范评级程序和方法,详尽分析影响发债主体信用评级的风险因素,评定其偿债能力和偿债意愿,确定其信用等级。

第二十二条 偿债能力评估包括个体评估和支持评估。

个体评估主要分析发债主体的外部环境、运营因素、内部风险管理和财务实力。

支持评估主要分析发债主体在宏观经济和股东单位中的地位、股东结构和政府支持程度,评估受评对象需要资金时,获得外部支持的能力。

发债主体法人机构设在其他国家或地区的,应当分析其所在国家或地区的主权风险。

第二十三条 发债主体偿债意愿评估,应当重点考察下列因素:

(一)信用记录,主要考察发债主体历史违约记录;

(二)公司治理,主要考察股东背景和构成,股东大会、董事会、监事会设立和履职情况、管理决策和执行情况、关联交易和履职监督情况、激励和约束机制等;

(三)发债主体人员素质及管理状况,主要考察法人代表素质、员工素质及管理水平等;

(四)其他因素。

第二十四条 保险机构应当考察发债主体的财务管理政策,分析其整体发展目标和资金需求,结合历史记录和业务发展情况,评估其合理性。

第二十五条 保险机构应当根据不同行业特点,建立一般财务状况评估指标体系和特殊财务指标体系。

第二十六条 保险机构应当按照可比原则,按照不同行业财务特征和风险状况,建立并调整相关行业财务评估基准,准确反映发债主体的财务状况。

第二十七条 发债主体为一般工商企业的,应当重点考察其经营风险和财务风险。发债主体为商业银行的,应当重点考察影响其信用的外部环境、运营因素、内部管理风险和财务实力等。(一般工商企业和商业银行主要评估方法参见附录)

第四章 债券信用评级方法

第二十八条 保险机构应当根据发债主体信用状况,结合债券特点和相关合同,考察债务人偿还债务的信用程度,确定其信用等级。

第二十九条 债券和相关合同评估,应当考察发债主体募集资金投向、项目现金流和综合现金流、到期偿付能力、偿付及时性等,重点关注与债券资金流向和收益相关的因素。

第三十条 保险机构确定债券信用等级,应当重点考虑债券清偿顺序。

(一)担保债券:含有抵押、质押、信用保证等增信条件,本金和利息清偿顺序先于普通债券,其信用等级可能高于发债主体信用等级。

(二)普通债券:不含任何增信条件,本金和利息清偿顺序优于次级债券和混合资本,其信用等级一般等同于发债主体信用等级。

(三)次级债券:本金和利息清偿顺序列于公司普通债务之后、优于混合资本和股权资本,其信用等级一般低于发债主体信用等级。

(四)混合资本债券:符合一定条件时,本金和利息可以延期支付,清偿顺序列于次级债券之后,优于股权资本,其信用等级一般低于发债主体信用等级,且低于次级债券信用等级。

第三十一条 第三方机构为发债主体提供全部或部分债务担保的，该债券的信用等级最高可以等同于保证方信用等级。

第三十二条 债券含有抵押、质押、信用保证等增信条件的，应当评估抵押物和质押物的市场价值、流动性、抵押和质押比例，评估担保人的信用状况、承诺条件以及偿付及时性。

第三十三条 保险机构应当根据审慎原则，对增信作用设置一定限制，控制增信债券信用等级上调级别。

第三十四条 保险机构投资企业债券和可转换公司债券，应当根据发债主体信用等级，重点关注特定债券有无担保、担保的法律效力、担保条件、不可撤销性以及担保人财务实力等。

第三十五条 保险机构投资短期融资券，应当根据发债主体信用等级，重点分析其发行期内行业走势，现金流、资产流动性对本期债券的影响，以及发债主体出现危机时，采取融资手段偿付债务的意愿、方式和能力。

（一）发行期内短期融资券走势分析，着重考察行业近期变化、发债主体近期产品结构调整、新项目投产、在建项目建设等因素，分析发债主体新近发生的股权变动、组织构架、管理模式、高管人员、资产并购和出售等变化，对经营的影响等。

（二）现金流分析，着重考察发债主体未来1至2年现金流预测的依据；根据未来两年收入、成本变化及投融资计划，预测未来1至2年的现金流；分析对不利经济环境下，发债主体未来1至2年经济活动现金流的敏感性等。

（三）资产流动性分析，着重考察发债主体资产结构、流动资产机构、资产周转情况以及应收款项、存货等资产的变现能力等。

第五章 信用评级报告

第三十六条 评级人员撰写信用评级报告，应当包括评级分析和评级结论。

第三十七条 评级分析应当简要说明本次评级的评估过程和影响因素。主要包括发债主体基本情况、所处行业、治理结构、业务分析、资本实力、财务状况、风险因素、募集资金投向、偿债保障能力、抗御风险能力、发债主体外部信用增级措施、债券合同条款、第三方潜在支持程度、债券收益率或风险溢价等对信用等级影响。

第三十八条 评级结论应当写明信用级别释义、评级结论的主要依据、发债主体或债券的信用等级等，并简要说明评级对象的风险程度。

第三十九条 信用跟踪评级报告应当与前次评级报告保持连贯，重点说明以下内容：

（一）据以确定发债主体及债券信用等级的有关依据的主要变化情况，以及对评估对象信用状况的影响；

（二）重新确定发债主体和债券的信用等级。

第四十条 信用评级、跟踪评级报告应当注明报告日期。

第六章 附 则

第四十一条 保险机构应当参照本指引，制定其他发债主体和债权类投资工具的信用评级制度、程序和方法，并报中国保监会备案。

第四十二条 本指引由中国保监会负责解释，自发布之日起实施。

附录：一般工商企业和商业银行主要评级方法

一般工商企业主要评级方法

一、一般工商企业个体评估要素，主要包括经营风险和财务风险。

（一）经营风险主要考察宏观环境、行业状况、周边经济环境、管理层素质，受评对象经营情况。宏观环境包括经济环境、产业政策、法律制度等。行业状况包括行业特征、竞争状况、生命周期等。管理层素质包括历史业绩、经营战略、财务政策、经营效率、竞争地位等。

（二）财务风险主要考察财务报告质量、盈利能力、偿债能力、资本结构、财务弹性。财务报告质量包括会计政策、数据真实性、信息披露、注册会计师意见等。

二、一般工商企业基本财务指标，主要包括盈利能力、运营效率、资本结构、现金流状况、流动性、付息水平等。

（一）盈利能力指标主要包括：

1. 主营业务利润率 = 主营业务利润/主营业务收入

2. 销售净利率 = 净利润/主营业务收入

3. 净资产收益率 = 净利润/平均净资产

4. 资产收益率 = 净利润/平均总资产，或者资产收益率 =（利润总额 + 利息支出）/平均总资产

5. 资本回报率 =（利润总额 + 利息支出）/平均总资本。其中，资本 = 少数股东权益 + 所有者权益 + 短期借款 + 一年内到期的长期负债 + 长期借款 + 应付债券。

（二）运营效率指标主要包括：

1. 总资产周转率 = 主营业务收入/平均总资产

2. 固定资产周转率＝主营业务收入/平均固定资产

3. 应收账款周转率＝主营业务收入/平均应收账款

4. 存货周转率＝主营业务成本/平均存货

（三）资本结构指标主要包括：

1. 资产负债率＝负债总额/总资产

2. 总付息债务/资本。其中：总付息债务＝短期付息债务＋长期付息债务；短期付息债务＝短期借款＋一年内到期的长期负债；长期付息债务＝长期借款＋应付债券

3. 长期付息债务/总付息债务

4. 流动资产/资产

5. 固定资产/资产

（四）现金流指标主要包括：

1. 现金负债总额比＝经营性现金流量净额/负债总额

2. 现金流动负债比＝经营性现金流量净额/流动负债

3. 经营性现金流量净额/总付息债务

4. 经营性现金流量净额/短期付息债务

5. 经营性现金流量净额/购建固定资产等长期资产所支付的现金

（五）流动性指标主要包括：

1. 流动比率＝流动资产/流动负债

2. 速动比率＝（流动资产－存货等）/流动负债

3. 货币资金/短期付息债务

（六）付息能力指标主要包括：

1. 息税前利润利息倍数＝（利润总额＋利息支出）/利息支出

2. EBITDA 利息倍数＝（利润总额＋利息支出＋折旧＋摊销）/利息支出

3. 现金利息倍数＝经营性现金流量净额/利息支出

三、工商企业盈利能力评估，应当分析发债主体收入、利润的来源和构成，考察各类资产减值准备计提情况，分析其对未来盈利的影响。

四、盈利能力指标评估，应当剔除非经常性损益项目，确保盈利指标真正体现发债主体核心盈利能力。

五、工商企业资本结构评估，应当分析负债水平与结构，负债结构与资产结构匹配状况，考察存货和应收账款规模以及对发债主体营运资金的影响，分析或有负债情况，综合评价发行人的债务管理能力。

商业银行主要评级方法

一、商业银行个体评估要素，主要包括影响银行信用质量的外部环境、运营因素、内部管理风险和财务实力等。

（一）银行外部环境评估，主要考察经济环境、监管环境和行业环境，掌握银行业和受评银行的利润波动与风险状况。经济环境包括经济周期、产业政策、地区经济状况等。监管环境包括货币政策、利率政策、外汇政策、监管政策等。行业环境包括行业特征、竞争环境等。

（二）银行运营因素评估，主要考察公司治理、管理战略、竞争地位等，评估受评银行内部运营状况及其信用质量。公司治理包括基本结构、决策机制、执行机制、监督机制、激励约束机制等。管理战略包括管理层素质、风险偏好等。

（三）银行管理风险评估，主要考察受评银行信用风险、市场风险、流动性风险、经营决策风险、操作风险等管理能力，评估受评银行安全性等。

（四）银行财务实力评估，主要考察受评银行盈利能力、资产质量、资产流动性及资本充足性等。

二、商业银行基本财务指标，主要包括资产和存贷款规模、盈利能力、流动性、资产质量、资本充足性等。

（一）盈利能力指标主要包括：

1. 净资产收益率 = 净利润/平均净资产

2. 拨备前资产收益率 = 拨备前净营业利润/平均总资产

3. 资产收益率 = 净利润/平均总资产

4. 资产费用率 = 营业费用/平均总资产。其中，拨备前净营业利润 = 营业收入 − 营业支出 − 营业费用 + 投资净收益 − 营业税金及附加。

（二）流动性指标主要包括：

1. 流动比率 = 流动资产/流动负债

2. 超额准备金率 =（在中国人民银行超额备付金存款 + 库存现金）/各项存款余额

3. 存贷款比例 = 各项贷款余额（不含贴现）/各项存款余额

4. 中长期贷款比率 = 中长期贷款余额/中长期存款余额

5. 净拆借资金比率 =（拆入资金余额 − 拆出资金余额）/各项存款余额

6. 关联方贷款比率 = 全部关联方贷款余额/（资本 − 扣除项）

（三）资产质量指标主要包括：

1. 不良贷款率 =（次级类贷款 + 可疑类贷款 + 损失类贷款）/贷款余额

2. 拨备覆盖率＝（一般准备＋专项准备＋特种准备）/（次级类贷款＋可疑类贷款＋损失类贷款）

3. 最大单一客户贷款比例＝最大一家客户贷款余额/（资本－扣除项）

4. 最大十家客户贷款比例＝最大十家客户贷款余额/（资本－扣除项）

5. 非信贷资产损失率＝非信贷资产损失额/非信贷资产余额

（四）资本充足性指标主要包括：

1. 资本充足率＝（资本－扣除项）/（风险加权资产＋12.5倍的市场风险资本）

2. 核心资本充足率＝（核心资本－核心资本扣除项）/（风险加权资产＋12.5倍的市场风险资本）

3. 资本资产比例＝净资产/总资产

三、商业银行盈利能力评估，应当分析银行成本费用、收入、利润构成及来源，考察银行提取贷款损失准备和非信贷资产损失准备情况，以及对银行盈利状况的影响。

四、商业银行流动性评估，应当分析银行资金来源构成、稳定性和资产负债匹配程度，考察银行在流动性不足时，从外部获取资金的能力以及监管政策。

五、商业银行资产质量评估，应当分析贷款行业、地区分布和集中风险，研究不良贷款规模、不良贷款率变动趋势，考察银行信贷风险管理程序和有效性、非信贷资产风险管理制度和执行情况。

六、银行资本充足性评估，应当分析银行资本构成的稳定性、流动性、市场价值、资产质量以及对资本的影响，考察银行内部和外部增加资本的能力、银行资本管理政策和利润分配政策的稳健性。

Ⅷ.2.3 关于保险资金投资有关金融产品的通知

（2012 年 10 月 22 日 保监会[2012]91 号）

各保险集团(控股)公司、保险公司、保险资产管理公司:

为进一步优化保险资产配置结构,促进保险业务创新发展,根据《中华人民共和国保险法》、《保险资金运用管理暂行办法》及相关规定,现就保险资金投资理财产品等类证券化金融产品通知如下:

一、保险资金可以投资境内依法发行的商业银行理财产品、银行业金融机构信贷资产支持证券、信托公司集合资金信托计划、证券公司专项资产管理计划、保险资产管理公司基础设施投资计划、不动产投资计划和项目资产支持计划等金融产品(以下统称金融产品)。

二、保险资金投资的理财产品,其资产投资范围限于境内市场的信贷资产、存款、货币市场工具及公开发行且评级在投资级以上的债券,且基础资产由发行银行独立负责投资管理,自主风险评级处于风险水平最低的一级至三级。

保险资金投资的理财产品,其发行银行上年末经审计的净资产应当不低于300 亿元人民币或者为境内外主板上市商业银行,信用等级不低于国内信用评级机构评定的 A 级或者相当于 A 级的信用级别,境外上市并免于国内信用评级的,信用等级不低于国际信用评级机构评定的 BB 级或者相当于 BB 级的信用级别。

三、保险资金投资的信贷资产支持证券,入池基础资产限于五级分类为正常类和关注类的贷款。按照孰低原则,产品信用等级不低于国内信用评级机构评定的 A 级或相当于 A 级的信用级别。

保险资金投资的信贷资产支持证券,担任发起机构的银行业金融机构,其净资产和信用等级应当符合本通知第二条第二款规定。

四、保险资金投资的集合资金信托计划,基础资产限于融资类资产和风险可控的非上市权益类资产,且由受托人自主管理,承担产品设计、项目筛选、投资决策及后续管理等实质性责任。其中,固定收益类的集合资金信托计划,信用等级应当不低于国内信用评级机构评定的 A 级或者相当于 A 级的信用级别。

保险资金投资的集合资金信托计划,担任受托人的信托公司应当具有完善的公司治理、良好的市场信誉和稳定的投资业绩,上年末经审计的净资产不低于30 亿元人民币。

五、保险资金投资的专项资产管理计划,应当符合证券公司企业资产证券化业务的有关规定，信用等级不低于国内信用评级机构评定的 A 级或者相当于 A 级的信用级别。

保险资金投资的专项资产管理计划，担任计划管理人的证券公司上年末经审计的净资产应当不低于 60 亿元人民币，证券资产管理公司上年末经审计的净资产应当不低于 10 亿元人民币。

六、保险资金投资的基础设施债权投资计划，应当符合《保险资金间接投资基础设施项目试点管理办法》等有关规定，基础资产限于投向国务院、有关部委或者省级政府部门批准的基础设施项目债权资产。偿债主体最近一个会计年度资产负债率、经营现金流与负债比率和利息保障倍数，达到同期全国银行间债券市场新发行债券企业行业平均水平。产品信用等级不低于国内信用评级机构评定的 A 级或者相当于 A 级的信用级别。

保险资金投资的基础设施债权投资计划、基础设施股权投资计划和项目资产支持计划，担任受托人的保险资产管理公司等专业管理机构，应当符合《保险资金间接投资基础设施项目试点管理办法》等有关规定。

七、保险资金投资的不动产投资计划及其受托机构，应当符合《保险资金投资不动产暂行办法》等有关规定。不动产投资计划属于固定收益类的，应当具有合法有效的信用增级安排，信用等级不低于国内信用评级机构评定的 A 级或者相当于 A 级的信用级别；属于权益类的，应当落实风险控制措施，建立相应的投资权益保护机制。

八、保险资金投资的上述金融产品，募集资金投资方向应当符合国家宏观政策、产业政策和监管政策；产品结构简单，基础资产清晰，信用增级安排确凿，具有稳定可预期的现金流；建立信息披露机制和风险隔离机制，并实行资产托（保）管。保险资金应当优先投资在公开平台登记发行和交易转让的金融产品。

九、保险公司投资金融产品，应当符合下列条件：

（一）上季度末偿付能力充足率不低于 120%；

（二）具有公司董事会或者董事会授权机构批准投资的决议；

（三）具有完善的投资决策与授权机制、风险控制机制、业务操作流程、内部管理制度和责任追究制度；

（四）资产管理部门合理设置投资金融产品岗位，并配备专职人员；

（五）已经建立资产托管机制，资金管理规范透明；

（六）信用风险管理能力达到规定标准；

（七）最近三年未发现重大违法违规行为。

保险公司委托投资的，不受第（四）、（六）项的限制。

十、保险公司投资理财产品、信贷资产支持证券、集合资金信托计划、专项资产管理计划和项目资产支持计划的账面余额，合计不高于该保险公司上季度末总资产的30%。保险公司投资基础设施投资计划和不动产投资计划的账面余额，合计不高于该保险公司上季度末总资产的20%。

保险公司投资单一理财产品、信贷资产支持证券、集合资金信托计划、专项资产管理计划和项目资产支持计划的账面余额，不高于该产品发行规模的20%；投资单一基础设施投资计划和不动产投资计划的账面余额，不高于该计划发行规模的50%；保险集团（控股）公司及其保险子公司，投资单一有关金融产品的账面余额，合计不高于该产品发行规模的60%，保险公司及其投资控股的保险机构比照执行。

十一、保险公司应当对有关金融产品风险进行实质性评估，根据负债特性、投资管理能力和风险管理能力，合理制定金融产品配置计划，履行相应的内部审核程序，自主确定投资品种和规模、期限结构、信用分布和流动性安排。

十二、保险公司可以根据投资管理能力和风险管理能力，自行投资有关金融产品，或者委托保险资产管理公司投资有关金融产品。保险公司委托投资的，应当按照《保险资金委托投资管理暂行办法》等规定，与符合条件的保险资产管理公司签订委托投资管理协议，明确双方职责和权利义务。

十三、保险机构投资理财产品，应当充分评估发行银行的信用状况、经营管理能力、投资管理能力和风险处置能力，关注产品资产的投资范围和流动性管理，切实防范合规风险、信用风险和流动性风险。

十四、保险机构投资信贷资产支持证券、集合资金信托计划、专项资产管理计划、基础设施投资计划、不动产投资计划和项目资产支持计划，应当充分关注产品交易结构、基础资产状况和信用增级安排，切实防范信用风险、流动性风险、操作风险和法律风险。

十五、保险机构投资有关金融产品，应当充分发挥投资者监督作用，持续跟踪金融产品管理运作，定期评估投资风险，适时调整投资限额、风险限额和止损限额，维护资产安全。金融产品发生违约等重大投资风险的，保险机构应当采取有效措施，控制相关风险，并及时向中国保监会报告。

十六、保险机构投资有关金融产品，不得与当事人发生涉及利益输送、利益转移等不当交易行为，不得通过关联交易或者其他方式侵害公司或者被保险人利益。

十七、保险公司投资有关金融产品，应当于每季度结束后30个工作日内和每年4月30日前，分别向中国保监会提交季度报告和年度报告，并附以下书面材料：

（一）投资及合规情况；

（二）风险管理状况；

（三）涉及的关联交易情况；

（四）中国保监会规定的其他审慎性内容。

保险公司委托保险资产管理公司投资有关金融产品的，可将前款报告纳入《保险资金委托投资管理暂行办法》规定的定期报告。

十八、本通知所指信用增级安排，其中保证担保的，应当为本息全额无条件不可撤销连带责任保证担保，且担保人信用等级不低于被担保人信用等级；抵押或质押担保的，担保财产应当权属清晰，未被设定其他担保或者采取保全措施，经评估的担保财产价值不低于待偿还本息，且担保行为已经履行必要法律程序。

本通知所指保险公司总资产，应当扣除债券回购融入资金余额和独立账户资产。

十九、本通知自发布之日起施行。《关于保险资金投资基础设施债权投资计划的通知》（保监发[2009]43号）同时废止。

中国保监会

2012年10月12日

Ⅷ.2.4 关于上市商业银行在证券交易所参与债券交易试点有关问题的通知

(2010年10月27日　证监会[2010]91号)

各上市商业银行,上海、深圳证券交易所,中国证券登记结算有限责任公司,中央国债登记结算有限责任公司:

为落实《国务院办公厅关于当前金融促进经济发展的若干意见》(国办发[2008]126号),推进上市商业银行在交易所债券交易试点工作,现就有关问题通知如下:

一、试点上市商业银行应在证券交易所集中竞价交易系统进行规定业务范围内的债券现券交易。

二、试点期间,试点上市商业银行参与证券交易所债券交易涉及的债券登记、托管及结算业务,由中国证券登记结算有限责任公司依据现行规则办理。

三、对于试点启动后新发行的债券,中国证券登记结算有限责任公司和中央国债登记结算有限责任公司应按照双方关于跨市场债券品种的转托管业务协议,办理试点上市商业银行债券跨市场双向转托管业务。

四、中国证券监督管理委员会、中国人民银行、中国银行业监督管理委员会此前下发的关于上市商业银行在证券交易所参与债券交易的相关规定如与本通知不符,以本通知为准。

中国证券监督管理委员会
中国人民银行
中国银行业监督管理委员会
二〇一〇年九月三十日

Ⅷ.2.5 上海证券交易所债券市场投资者适当性管理工作指引

（2012年1月4日 上证债字[2012]1号）

各会员单位：

为促进债券市场健康发展，保护债券投资者合法权益，根据《上海证券交易所债券市场投资者适当性管理暂行办法》，本所制订了《上海证券交易所债券市场投资者适当性管理工作指引》（以下简称"《指引》"），现发布实施，并就有关事项通知如下：

一、各会员单位应根据《指引》制定具体的实施方案和相关工作制度，起草《债券市场专业投资者风险揭示书》，并在2012年1月20日前将上述材料报至本所债券业务部。

二、请各会员单位在2012年1月31日前将首批审核通过的专业投资者账户资料通过本所债券专区报至本所备案。

三、各会员单位应及时做好技术准备，切实加强债券市场投资者适当性管理，保障债券交易的正常进行。

特此通知。

二〇一二年一月四日

上海证券交易所债券市场投资者适当性管理工作指引

第一章 总 则

第一条 为落实债券市场投资者适当性管理制度，规范证券公司业务操作，依据上海证券交易所（以下简称"本所"）《交易规则》、《公司债券上市规则》、《会员管理规则》、《债券市场投资者适当性管理暂行办法》及其他行政规章、规范性文件和业务规则，制定本指引。

第二条 证券公司应当按照中国证监会和本所的有关规定及本指引的要求，建立健全相关工作制度。

第三条 证券公司应当认真审核投资者的申请资料，全面履行评估职责，严格执行债券市场投资者适当性管理制度。

第二章 债券市场投资者适当性标准操作要求

第一节 投资者适当性评估基本要求

第四条 证券公司应当按照本指引制定本公司债券市场投资者适当性综合评估的实施办法,对债券投资者的证券账户净资产、债券投资基础知识测试、债券交易投资经验等进行适当性综合评估,评估其是否适合成为债券市场专业投资者。

第五条 证券公司应当要求投资者提供综合评估各项指标的证明材料,未能提供证明材料的不能确认为债券市场专业投资者。

第六条 对符合债券市场专业投资者条件的,证券公司应当与其签署《债券市场专业投资者风险揭示书》,并填写《债券市场专业投资者资格确认表》(详见附件1)。

第七条 证券公司应当通过本所网站债券专区在线提交债券市场专业投资者账户名单,具体填报方式见附件2。

第二节 专业投资者评估标准

第八条 个人投资者申请成为专业投资者,证券公司应确认该投资者证券账户净资产不低于人民币50万元。

第九条 机构投资者申请成为专业投资者,证券公司应确认该投资者净资产不低于人民币100万元,且其证券账户净资产不低于人民币50万元。机构投资者应当提供加盖公章的最新的年度资产负债表或者距申请成为债券市场专业投资者日期不超过三个月的月度资产负债表作为净资产证明。

第十条 证券公司应当根据本所提供的最新题库编制试卷,组织个人投资者或机构投资者的相关业务人员参加债券投资基础知识测试。题库及答案可从本所网站会员专区和债券专区获取。

第十一条 证券公司客户开发人员不得兼任知识测试人员。

第十二条 测试完成后,知识测试人员根据从本所网站获取的答案对试卷进行评分。知识测试人员和参加测试的人员应当在试卷上签字确认。

投资者测试得分不低于80分的,证券公司方可确认其通过测试。

第十三条 证券公司应当加强对投资者的培训和指导。对于未能通过测试的投资者,经继续培训后,证券公司可以再次组织其参加测试。

第十四条 投资者申请成为债券市场专业投资者,应具有最近3年累计10笔以上的债券交易成交记录。1笔委托分次成交的视为1笔成交记录。

证券公司应当对投资者是否满足前款要求进行审核。

第十五条 证券公司不得接受以下投资者提出的专业投资者资格申请：

（一）被中国证监会采取证券市场禁入措施的投资者；

（二）法律、行政法规、部门规章和本所业务规则禁止从事债券交易的投资者；

（三）近三年存在严重违法违规或其他严重不良诚信记录的投资者。

第三章 附 则

第十六条 证券公司应当将投资者提供的证明文件及相关材料的原件或者复印件、投资者的测试试卷和投资者签署的《债券市场专业投资者风险揭示书》、《债券市场专业投资者资格确认表》等资料予以保存。

第十七条 本指引由本所负责解释。

第十八条 本指引自 2012 年 2 月 1 日起施行。

附件：1. 债券市场专业投资者资格确认表（略）

2. 债券市场专业投资者证券账户填报要求（略）

Ⅷ.2.6 证券公司在全国银行间债券市场开立债券账户有关事项

(2009 年 7 月 16 日 中国人民银行公告[2009]第 11 号)

为拓宽证券公司证券资产管理业务的投资渠道,保护投资者利益,推动债券市场健康发展,根据《全国银行间债券市场债券交易管理办法》(中国人民银行令[2000]第 2 号发布)、《银行间债券市场债券登记托管结算管理办法》(中国人民银行令[2009]第 1 号发布)等有关规定,现就证券公司为开展证券资产管理业务在全国银行间债券市场开立债券账户有关事项公告如下:

一、证券公司在全国银行间债券市场从事证券资产管理业务时,应为其设立的各资产管理计划(包括集合资产管理计划、专项资产管理计划和定向资产管理计划)分别开立单独的专用债券账户。账户名称为“证券公司名称—托管人名称—资产管理计划名称”。

二、资产管理计划可直接进行债券交易和结算,也可通过结算代理人进行债券交易和结算。

三、资产管理计划直接进行债券交易和结算时,资产托管人应以资产管理计划名义向中央国债登记结算有限责任公司(以下简称中央结算公司)申请开立债券账户,资产管理人可以资产管理计划名义向全国银行间同业拆借中心(以下简称交易中心)申请办理交易联网手续。申请时应提交以下材料:

(一)资产管理人与资产托管人的金融业务许可证(复印件)和企业法人营业执照副本(复印件)。

(二)中国证券监督管理委员会颁发的资产管理业务资格证明文件(复印件)。

(三)集合资产管理计划、专项资产管理计划的资产管理合同文本(复印件)和资产托管协议(复印件);定向资产管理业务的资产管理合同(复印件)和资产托管协议(复印件)。

(四)中国证券监督管理委员会出具的对该资产管理计划的批准文件(复印件)(定向资产管理计划除外)。

(五)交易中心和中央结算公司要求的其他材料。

资产管理人和资产托管人应对各自提交材料的真实性、准确性、完整性负责,不得有虚假记载、误导性陈述或重大遗漏。

四、资产管理计划通过结算代理人进行债券交易和结算时，资产管理人应与结算代理人签订债券结算代理协议，有关业务比照金融机构法人办理。

结算代理人应代理资产管理计划向中央结算公司申请开立债券账户。申请时除提交本公告第三条要求的材料外，还应提交资产管理人与结算代理人签订的债券结算代理协议（复印件）。

五、中央结算公司和交易中心对申请材料进行审核后，按规定的程序办理债券账户的开户手续和交易联网手续。

六、资产管理计划直接进行债券交易和结算时，其资产托管人应按照中国人民银行上海总部公告[2008]第3号的有关规定向中国人民银行上海总部备案。备案材料如下：

（一）本公告第三条第（一）、（二）、（四）项要求的材料。

（二）交易中心出具的联网通知书（若有）。

（三）中央结算公司出具的开户通知书。

（四）中国人民银行要求的其他材料。

七、资产管理计划通过结算代理人进行债券交易和结算时，结算代理人应根据中国人民银行上海总部公告[2008]第3号的有关规定备案。备案时除提交本公告第六条要求的材料外，还应提交资产管理人与结算代理人签订的债券结算代理协议（复印件）。

八、资产管理计划的管理人、托管人或结算代理人发生变更时，相关当事人应及时与交易中心及中央结算公司联系，办理相应的变更手续，并应在相关手续办理完毕后参照中国人民银行上海总部公告[2008]第3号的有关规定备案。

资产管理计划终止时，资产管理计划的管理人、托管人或结算代理人应及时与交易中心及中央结算公司联系，办理相应的注销手续，并在相关手续办理完毕后参照中国人民银行上海总部公告[2008]第3号的有关规定备案。

九、除债券分销业务外，同一证券公司管理的各债券账户之间不得相互进行债券交易。

十、证券公司应当对各资产管理计划专用债券账户进行单独管理，不得挪用其管理的资产管理计划专用债券账户的债券。

十一、资产管理人、资产托管人或结算代理人在开展资产管理计划的债券投资、交易和结算等相关业务时，应严格遵守全国银行间债券市场相关管理规定。

十二、交易中心和中央结算公司应根据本公告制定相关业务操作规程，报中国人民银行备案后施行，切实做好资产管理计划专用债券账户开立的相关工作。

交易中心和中央结算公司应做好证券公司资产管理计划专用债券账户交易、结算的日常监测工作，遇到异常情况应及时处理，并向中国人民银行报告。

十三、本公告自发布之日起施行。

中国人民银行
二〇〇九年七月十六日

Ⅸ 债券登记与上市

Ⅸ.1 银行间市场

Ⅸ.1.1 全国银行间债券市场债券交易流通审核规则

（2004年12月7日 中国人民银行公告［2004］第19号）

第一条 为规范对银行间债券市场债券交易流通的审核，维护投资者的合法权益，根据《中华人民共和国中国人民银行法》、《中华人民共和国行政许可法》、《中国人民银行行政许可实施办法》以及《全国银行间债券市场债券交易管理办法》等法律法规规章，制定本规则。

第二条 本规则所称债券与中国人民银行发布的《全国银行间债券市场债券交易管理办法》中的债券含义相同。

第三条 债券发行人（以下简称发行人）申请其发行的债券在银行间债券市场交易流通（以下简称交易流通），应逐期报中国人民银行审核。

证券公司短期融资券交易流通有关事宜按《证券公司短期融资券管理办法》（中国人民银行公告［2004］第12号）规定执行。

第四条 发行人申请其发行的债券交易流通，应符合下列条件：

（一）债券依法公开发行；

（二）债权债务关系确立并登记完毕；

（三）具有较完善的治理结构和机制，申请前两年没有重大违法、违规行为；

（四）债券的实际发行额不少于人民币5亿元；

（五）单个投资人持有量不超过该期债券发行量的30%；

（六）中国人民银行规定的其他条件。

第五条 发行人申请其发行的债券交易流通，应向中国人民银行提交下列文件：

（一）交易流通的申请报告；

（二）主管部门批准债券发行的文件；

（三）债券发行章程或发行公告；

（四）债券发行情况报告；

（五）债券持有量排名前30位的持有人名册（债券持有人不足30人的，为实际持有人名册）；

（六）发行人申请前两年经审计的财务报告和涉及发行人的重大诉讼事项说明；

（七）中国人民银行要求提交的其他材料。

第六条 对申请材料不齐全或者不符合法定形式的，中国人民银行应当场或者在五日内一次告知申请人需要补正的全部内容；对申请材料齐全、符合法定形式，或者发行人按照要求提交全部补正申请材料的，中国人民银行应当受理申请。中国人民银行决定受理的，应当自受理之日起20个工作日内做出同意或者不同意的书面决定。

第七条 中国人民银行同意申请债券的交易流通，并不表明对该期债券的投资价值和投资风险作出了任何判断，投资者应关注发行人的基本状况和披露的信息，进行独立的投资判断，并自行承担投资风险。

第八条 发行人应自接到批准文件起7个工作日内，同时向全国银行间同业拆借中心（以下简称同业中心）和中央国债登记结算有限责任公司（以下简称中央结算公司）提供交易流通公告，公告内容应包括本规则第五条第（三）、（六）项、该期债券信用评级报告及其跟踪评级安排的说明、担保人资信情况说明及担保协议（如属担保发行）。

第九条 中央结算公司接到批准文件后即可确定债券交易流通要素，同时通知同业中心。同业中心和中央结算公司应于收到发行人交易流通公告的第二个工作日向市场参与者公布以下信息，并于第三个工作日办理债券的交易流通：

（一）中国人民银行批准债券交易流通的文件；

（二）债券交易流通公告；

（三）债券交易流通要素；

（四）中国人民银行要求公布的其他信息。

第十条 在债券交易流通期间，发行人应按中国人民银行的规定向市场参与者进行持续的信息披露。

第十一条 发行人按照规定提交债券申请文件和进行信息披露时，应遵守以下基本要求：

（一）发行人按规定提交的债券交易流通申请文件及向市场参与者披露的文

件，应真实、准确、完整，不得有虚假记载、误导性陈述或者重大遗漏；

（二）发行人应披露的信息包括债券交易流通公告、年度报告、临时报告及跟踪信用评级结果；

（三）发行人披露的信息涉及财务会计、法律、资产评估等事项应由具备相关业务资格的会计师事务所、律师事务所和资产评估机构等专业性中介机构审查验证，并出具书面意见。

第十二条 债券交易流通期间，在公布发行人需要披露的信息前，发行人及相关知情人不得泄露其内容。

第十三条 债券交易流通期间，发行人应在每一会计年度结束之日起4个月内（如遇特殊情况，经中国人民银行同意，可延期披露），向市场参与者披露年度报告。

第十四条 对债券交易流通期间发生的重大事件，发行人应在第一时间向市场参与者公告，并向中国人民银行报告。

本条所称重大事件包括但不限于以下事项：

（一）发生重大债务或未能清偿到期债务的违约情况；

（二）发生重大亏损或遭受重大损失；

（三）发行人减资、合并、分立、解散、托管、停业、申请破产的；

（四）涉及发行人的重大诉讼；

（五）涉及担保人主体发生变更或经营、财务发生重大变化的情况（如属担保发行）。

第十五条 发行人应与信用评级机构就跟踪评级的有关安排做出约定，并应于债券交易流通期间每年的7月31日前向市场参与者公告上一年度的跟踪评级报告。

第十六条 发行人的信息披露应通过中国货币网、中国债券信息网或者中国人民银行指定的其他新闻媒体进行。

第十七条 发行人应不晚于债券付息或到期日前的第三个工作日公告债券付息或兑付等有关事宜。

第十八条 债券交易流通期间，发行人不得以自己发行的债券为标的资产进行债券交易，但发行人依据有关规定或合同进行提前赎回的除外。

第十九条 经批准交易流通的债券自到期日前的第三个工作日起终止交易流通。

第二十条 银行间债券市场参与各方有下列情形之一的，由中国人民银行按照《中华人民共和国中国人民银行法》第四十六条的规定予以处罚。对于及时主动纠正有关违法行为的市场参与各方，按照《中华人民共和国行政处罚法》第五条、第二十七条的规定,可以从轻或减轻处罚;违法行为轻微并及时纠正,没有造成危害后果的,不予行政处罚。

(一)发行人擅自或变相以自己发行的债券为标的资产进行债券交易的;发行人未按中国人民银行规定履行信息披露义务的,或者在债券交易流通间,发行人及相关知情人泄露需要披露信息的;发行人违反本规则其他规定的行为。

(二)银行间债券市场参与者擅自交易依法公开发行、但未经批准交易流通债券的。

(三)同业中心和中央结算公司不按规定办理债券交易流通或擅自安排债券交易流通的;同业中心和中央结算公司违反信息披露规定的。

第二十一条 中央政府债券、中央银行债券和政府类开发金融机构债券的交易流通不逐期审核,由同业中心和中央结算公司按中国人民银行规定的时间和程序直接办理交易流通相关事宜。但以上债券应符合本规则第四条第(一)、(二)和(四)项的要求。

政府类开发金融机构债券发行人应于债权债务登记完成后的五个工作日内向中国人民银行书面报告该期债券的发行情况。

中央政府债券和中央银行债券发行人豁免信息披露及信用评级义务,政府类开发金融机构债券发行人豁免信用评级义务。

第二十二条 本规则由中国人民银行负责解释。

第二十三条 本规则自 2004 年 12 月 15 日起施行。

IX.1.2 公司债券进入银行间债券市场交易流通的有关事项

(2005年12月13日 中国人民银行公告[2005]第30号)

为完善公司债券(含企业债券,下同)市场信息披露机制,提高市场透明度,拓宽公司债券投资主体,推动公司债券市场快速、健康发展,根据《中华人民共和国中国人民银行法》,现就公司债券进入银行间债券市场交易流通的有关事项公告如下:

一、符合以下条件的公司债券可以进入银行间债券市场交易流通,但公司债券募集办法或发行章程约定不交易流通的债券除外:

(一)依法公开发行;

(二)债权债务关系确立并登记完毕;

(三)发行人具有较完善的治理结构和机制,近两年没有违法和重大违规行为;

(四)实际发行额不少于人民币5亿元;

(五)单个投资人持有量不超过该期公司债券发行量的30%。

二、中央国债登记结算有限责任公司(以下简称中央结算公司)和全国银行间同业拆借中心(以下简称同业中心)应按照上述条件对要求进入银行间债券市场交易流通的公司债券进行甄选,符合条件的,确定其交易流通要素,对本公告发布前已发行的公司债券,在本公告发布之日起的50个工作日内分期分批安排其交易流通;对本公告发布后发行的、符合上述条件的公司债券,在其债权债务登记日后的5个工作日内安排其交易流通。

三、发行人要求安排其发行的公司债券进入银行间债券市场交易流通的,应在中央结算公司和同业中心安排其发行的债券交易流通时,向中央结算公司提交以下材料:

(一)主管部门批准公司债券发行的文件;

(二)公司债券募集办法或发行章程;

(三)公司债券持有量排名前30位的持有人名册(持有人不足30人的,为实际持有人名册);

(四)发行人近两年经审计的财务报告和涉及发行人的重大诉讼事项说明;

(五)公司债券信用评级报告及其跟踪评级安排的说明、担保人资信情况说

明及担保协议(如属担保发行);

(六)近两年是否有违法和重大违规行为的说明。

四、发行人应在其发行的公司债券进入银行间债券市场交易流通后的3个工作日内,向市场投资者披露上述材料的第(二)、(四)、(五)和(六)项内容。

在债券交易流通期间,发行人应在每年6月30日前向市场投资者披露上一年度的年度报告和信用跟踪评级报告。发行人发生主体变更或经营、财务状况出现重大变化等重大事件时,应在第一时间向市场投资者公告,并向中国人民银行报告。

五、发行人的信息披露应通过中国货币网、中国债券信息网或金融时报、中国证券报进行。

发行人应保证其披露信息的真实、准确、完整,不得有虚假记载、误导性陈述或重大遗漏。

六、银行间债券市场投资者均可买卖在银行间债券市场交易流通的公司债券。投资者投资公司债券应树立风险意识,建立风险控制机制,切实防范投资公司债券可能带来的风险。

七、银行间债券市场做市商应至少对1只公司债券进行双边报价,公司债券承销商要积极开展对公司债券的双边报价,促进公司债券交易流通的活跃。同业中心应加强系统建设、完善系统功能,为做市商和公司债券承销商开展双边报价提供技术支持。

八、中央结算公司应根据银行间债券市场的相关管理规定,制订银行间债券市场公司债券登记、托管和结算业务规则并报中国人民银行核准;进一步强化内控制度建设,规范内部业务操作规程,有效防范操作风险和市场风险。

九、同业中心和中央结算公司应切实做好公司债券交易流通的核准工作,加强对公司债券报价、交易、托管和结算等情况的监测分析,遇到异常情况应及时向中国人民银行报告。

中央结算公司应在安排公司债券交易流通后的5个工作日内,向中国人民银行书面报告公司债券交易流通审核情况。在每季结束后的10个工作日内,向中国人民银行提交该季度公司债券托管结算情况的书面报告(书面报告应包括公司债券总体托管、跨市场转托管、结算、非交易过户以及交易流通核准情况等内容)。

十、公司债券发行人未按本公告要求履行信息披露等相关义务的,由同业中心和中央结算公司通过中国货币网和中国债券信息网向市场投资者公告。

十一、不符合本公告规定的交易流通条件且在中央结算公司托管的公司债券，其转让过户管理办法由中央结算公司制订，报中国人民银行批准后施行。

中国人民银行
二〇〇五年十二月十三日

Ⅸ.1.3　公司债券在银行间债券市场发行、交易流通和登记托管有关事宜

（2007 年 9 月 27 日　中国人民银行公告[2007]第 19 号）

为改善我国融资结构，促进债券市场协调发展，现就公司债券在银行间债券市场发行、交易流通和登记托管有关事宜公告如下：

一、支持公司债券在银行间债券市场发行、交易流通和登记托管。按照市场化运作原则，经其他管理部门核准的公司债券，在办理相应手续后即可在银行间债券市场发行、交易流通和登记托管。

二、公司债券发行人可以利用银行间债券市场债券发行系统等现有基础设施发行公司债券，以提高发行效率，降低发行成本。

三、支持符合条件的公司债券在银行间债券市场交易流通，全国银行间同业拆借中心和中央国债登记结算有限责任公司应在公司债券发行结束后 5 个工作日内办理相应的交易流通手续，具体操作按照中国人民银行公告[2005]第 30 号的规定执行。

四、公司债券在银行间债券市场除可进行现券、质押式回购、买断式回购交易以外，还可以进行债券借贷、远期交易等衍生产品交易。

银行间债券市场做市商要采取措施提高公司债券流动性，至少对 1 只公司债券进行双边报价。

五、支持商业银行等市场参与者在银行间债券市场参与公司债券承销和投资活动，以充分发挥机构投资者的作用，拓宽公司债券发展的深度和广度。

六、全国银行间同业拆借中心和中央国债登记结算有限责任公司要进一步拓展债券交易和登记结算等业务系统功能，保证系统平稳运行，切实防范市场风险，为公司债券在银行间债券市场发行、交易流通和登记托管做好技术支持和服务工作。

七、进一步完善公司债券跨市场转托管功能，支持公司债券在银行间债券市场与其他交易场所之间互相转托管。中央国债登记结算有限责任公司应在接到投资者转托管申请的当日，在系统运行时间内办理转托管事宜，以促进债券市场互通互联。

中国人民银行
二〇〇七年九月二十七日

IX.1.4 银行间债券市场公司债券发行、登记托管、交易流通操作细则

（2008 年 1 月 30 日　中债字[2008]8 号）

第一条　根据中国人民银行[2005]30 号公告（以下简称“30 号公告”）和[2007]19 号公告（以下简称“19 号公告”），制定本细则。

第二条　发行人首次在中央国债登记结算有限责任公司（以下简称中央结算公司）办理债券登记托管手续的，应与中央结算公司签订《债券发行、登记及代理兑付服务协议》，并向中央结算公司提交以下书面文件：

（一）发行人账户开立申请书；

（二）发行人盖章的营业执照副本复印件；

（三）发行人组织机构代码证副本复印件；

（四）债券发行与兑付业务印鉴卡一式四份（格式见附件一）。

中央结算公司依据上述文件为发行人开立发行人账户。

第三条　公司债券发行人（以下简称“发行人”）可通过银行间债券市场债券发行招标系统（以下简称“债券发行系统”）招标发行公司债券。

发行人使用债券发行系统招标发行公司债券的，具体手续如下：

（一）招标日前五个工作日（T－5），发行人向中央结算公司提交以下文件，中央结算公司依据以下文件，配发公司债券代码和简称，与发行人协商确定公司债券招标时间：

1. 本细则第二条规定的发行人账户开立文件；

2. 主管部门核准公司债发行的批文复印件；

3. 发行人盖章的公司债券发行章程或募集说明书；

4. 国际证券识别码系统基础数据资料表（该文件须同时提供 WORD 格式电子版）（格式见附件二）；

5. 招标业务操作人员授权书（格式见附件三）。

（二）招标日前三个工作日（T－3），发行人通过中国债券信息网、中国货币网披露公司债券发行公告。

（三）招标日（T），发行人通过债券发行系统招标发行公司债券。招标结束后，中央结算公司进行公司债券券种要素注册，并根据发行人签署确认的《发行认购额与缴款额汇总表》，将承销商的中标额度记入其债券账户。

跨市场发行的公司债券，承销商需选择登记托管机构及承销额度。

第四条 对于不使用债券发行系统招标发行公司债券的，发行人或主承销商在中央结算公司办理公司债券登记托管时，具体手续如下：

（一）应向中央结算公司提交以下书面文件：

1. 主管部门核准公司债券发行的批文复印件；

2. 发行人盖章的公司债券发行章程或募集说明书；

3. 国际证券识别码系统基础数据资料表（该文件须同时提供 WORD 格式电子版）；

4. 公司债券注册要素表（格式见附件四）；

5. 公司债券承销额度分配表（格式见附件五）。

如果公司债券跨市场发行，对于本项第 5 目，须注明各承销商在其他交易场所债券的发行量。

（二）中央结算公司依据上述文件，配发公司债券代码和简称，进行公司债券券种注册。

（三）跨市场发行的，中央结算公司与相关交易场所进行分市场发行承销额度核对，无误后，根据发行人确认的、扣除在其他交易场所发行量后的各承销商的承销额度，在承销商债券账户中登记其承销的公司债券数额。

第五条 在公司债券缴款截止日前，中央结算公司根据公司债券承销商的指令办理承销商和认购人之间的分销过户手续。认购人没有开户的，应按照中央结算公司《债券账户开销户规程》办理相应的开户手续。

第六条 发行人应于公司债券缴款日向中央结算公司提供《公司债券发行款到账确认书》（格式见附件六）。中央结算公司据此办理公司债券的债券初始登记，并向发行人出具《公司债券发行登记完成确认书》。

第七条 发行人可以申请将其在其他交易场所已完成发行或已上市交易的公司债券按照本细则第四条的规定办理公司债券登记托管手续。

其中对于第四条第（一）项第 5 目，发行人还须提供在其他交易场所登记托管机构的公司债券托管总量。

第八条 对于已办理跨市场交易流通手续的公司债券，有跨市场交易资格的投资者可以申请办理公司债券跨市场转托管。公司债券跨市场转托管通过中央结算公司中央债券簿记系统以及其他交易场所登记托管机构在该系统开立的代理总账户进行。

投资者将托管在中央结算公司的公司债券转托管到其他交易场所登记托管机构的，具体手续参照中央结算公司《国债跨市场转托管业务细则》及相关业务通知办理；投资者将托管在其他交易场所登记托管机构的公司债券转托管到中央结算公司的，具体手续按相关交易场所登记托管机构的规定办理。

第九条 对于跨市场交易流通的公司债券，兑付日或付息日前10个工作日停止办理跨市场转托管，付息日后的第一个工作日恢复转托管。中央结算公司在公司债券暂停跨市场转托管后，与相关交易场所登记托管机构进行跨市场托管余额核对，核对无误后通知发行人及主承销商。

第十条 公司债券每次付息的债权登记日为付息日前一个工作日；公司债券本金兑付的债权登记日为债券到期日之前的第三个工作日。债权登记日日终持有该债券的投资人，享有该债券本金及本期利息，但法律另有规定或当事人另有约定的除外。

第十一条 发行人应按照和中央结算公司签署的《债券发行、登记及代理兑付服务协议》，在协议规定的时间内向中央结算公司划拨兑付或付息资金。中央结算公司收到上述款项后，不迟于公司债券兑付日或付息日日终，将上述公司债券本息款向公司债券持有人的预留资金账户划出。

第十二条 符合以下条件的公司债券，可在全国银行间债券市场交易流通：

（一）依法公开发行；

（二）债权债务关系确立并登记完毕；

（三）发行人具有较完善的治理结构和机制，近两年没有违法和重大违规行为；

（四）实际发行额不少于人民币5亿元；

（五）单个投资人持有量不超过该期公司债券发行量的30%。

第十三条 发行人要求安排其发行的公司债券进入银行间债券市场交易流通的，应及时向全国银行间同业拆借中心（以下简称“同业中心”）和中央结算公司提交以下材料，其中，第（三）、（五）、（六）、（七）项材料须提供PDF格式电子版文件，并包含公司签章的JPG图片：

（一）公司债券交易流通材料目录表；

（二）主管部门批准公司债券发行的文件；

（三）公司债券募集办法或发行章程；

（四）公司债券持有量排名前30位的持有人名册（持有人不足30人的，为实际持有人名册）；

（五）发行人近两年经审计的财务报告和涉及发行人的重大诉讼事项说明；

（六）公司债券信用评级报告及其跟踪评级安排的说明、担保人资信情况说明及担保协议（如属担保发行）；

（七）近两年是否有违法和重大违规行为的说明。

同业中心和中央结算公司根据上述材料对要求进入银行间债券市场交易流

通的公司债券进行甄选。

第十四条 对符合条件的公司债券，中央结算公司于收到材料的当日编制《债券交易流通要素公告》。

同业中心和中央结算公司在三个工作日内分别通过中国货币网和中国债券信息网向市场公布该债券的《债券交易流通要素公告》，并安排其交易流通。

对不符合条件的公司债券，中央结算公司在收到材料的当日，书面通知提交人。

第十五条 同业中心本币交易系统为公司债券在银行间市场的现券交易、质押式回购、买断式回购、债券借贷、远期交易等提供交易服务。

第十六条 同业中心为银行间债券市场做市商对公司债券的做市行为提供报价、成交等服务。

第十七条 同业中心通过中国货币网披露公司债的相关报价、成交信息。

第十八条 发行人应不晚于债券付息或到期日前的第三个工作日在中国债券信息网、中国货币网等指定的信息披露媒体上以公告形式披露债券兑付或付息的具体事项。

第十九条 公司债券进入银行间债券市场交易流通后三个工作日内，发行人应通过中国货币网和中国债券信息网披露以下材料：

（一）公司债券募集办法或发行章程；

（二）发行人近两年经审计的财务报告和涉及发行人的重大诉讼事项说明；

（三）公司债券信用评级报告及其跟踪评级安排的说明、担保人资信情况说明及担保协议（如属担保发行）；

（四）近两年是否有违法和重大违规行为的说明。

第二十条 公司债券交易流通期间，发行人应于每年的 6 月 30 日之前向同业中心和中央结算公司同时提交如下信息披露材料，材料应为 PDF 格式的电子文件，并包含单位签章的 JPG 图片：

（一）发行人上一年度的财务报告；

（二）公司债券信用跟踪评级报告。

上述材料于次一工作日分别通过中国货币网和中国债券信息网进行披露。

第二十一条 发行人发生主体变更或经营、财务状况出现重大变化等重大事件时，应在第一时间通过中国货币网、中国债券信息网或中国人民银行指定的其他新闻媒体向市场投资者公告，并向中国人民银行报告。

第二十二条 发行人如未按公告或本规则要求履行信息披露等相关义务的，同业中心和中央结算公司将通过中国货币网和中国债券信息网向市场投资者公告。

第二十三条 对于不符合交易流通条件的公司债券转让,按照中央结算公司《非交易流通公司债券转让过户业务规则》办理。

第二十四条 本细则未尽事宜按照同业中心和中央结算公司有关业务规定或细则的相关规定办理。

第二十五条 本细则由中央结算公司和同业中心负责解释和修订。

第二十六条 本细则报中国人民银行核准后实施。

Ⅸ.1.5 关于调整债券交易流通审核政策的公告

（2009 年 1 月 7 日 中国人民银行公告[2009]第 1 号）

为进一步推动银行间债券市场健康发展，保护投资者利益，现就债券交易流通审核政策调整有关事项公告如下：

一、取消对在银行间债券市场交易流通的债券发行规模不低于 5 亿元的限制条件，废止《全国银行间债券市场债券交易流通审核规则》（中国人民银行公告[2004]第 19 号发布）第四条第（四）项、中国人民银行公告[2005]第 15 号第二条及中国人民银行公告[2005]第 30 号第一条第（四）项的规定。

二、全国银行间同业拆借中心和中央国债登记结算有限责任公司应按照本公告和中国人民银行的相关规定，做好债券交易流通相关工作。

三、本公告自发布之日起施行。

中国人民银行

二〇〇九年一月七日

IX.1.6 银行间债券市场债券登记托管结算管理办法

（2009 年 3 月 26 日　中国人民银行令[2009]第 1 号）

第一章　总　　则

第一条　为规范债券登记、托管和结算行为，保护投资者合法权益，维护债券登记、托管和结算秩序，促进债券市场健康发展，依据《中华人民共和国中国人民银行法》等有关法律法规，制定本办法。

第二条　固定收益类有价证券（以下简称债券）在银行间债券市场的登记、托管和结算适用本办法。

商业银行柜台记账式国债的登记、托管和结算适用《商业银行柜台记账式国债交易管理办法》。

第三条　债券登记、托管和结算业务遵循安全、高效的原则，采取全国统一的运营管理模式。

第四条　中国人民银行依法对银行间债券市场债券登记托管结算机构和债券登记、托管和结算业务进行监督管理。

第二章　债券登记托管结算机构

第五条　本办法所称债券登记托管结算机构是指在银行间债券市场专门办理债券登记、托管和结算业务的法人。

中央国债登记结算有限责任公司是中国人民银行指定的债券登记托管结算机构。

第六条　债券登记托管结算机构承担债券中央登记、一级托管及结算职能；经中国人民银行批准的柜台交易承办银行承担商业银行柜台记账式国债的二级托管职能。

第七条　债券登记托管结算机构在债券登记、托管和结算业务中履行下列职能：

（一）设立和管理债券账户；

（二）债券登记；

（三）债券托管；

（四）债券结算；

（五）代理拨付债券兑付本息和相关收益资金；

（六）跨市场交易流通债券的总托管；

（七）提供债券等质押物的管理服务；

（八）代理债券持有人向债券发行人依法行使债券权利；

（九）依法提供与债券登记、托管和结算相关的信息、查询、咨询、培训服务；

（十）监督柜台交易承办银行的二级托管业务；

（十一）中国人民银行规定的其他职能。

第八条 债券登记托管结算机构应当采取下列措施保证业务的正常开展：

（一）具有专用的债券登记、托管、结算系统和设备，强化技术手段以保障数据安全；

（二）建立系统故障应急处理机制和灾难备份机制；

（三）完善公司治理，建立健全内部控制机制和风险管理制度，定期对登记、托管和结算情况进行内部稽核和检查；

（四）制定债券登记、托管和结算相关业务规则与操作规程，加强对关键岗位的管理。

第九条 下列事项，债券登记托管结算机构应当报中国人民银行批准：

（一）章程的制定和修改，并购、合并、重组、分立等重大事项；

（二）内部控制制度、风险管理制度、业务规则以及应急预案的制定和修改；

（三）开展新业务，变更登记、托管和结算业务模式；

（四）与境内外其他市场中介机构有关债券登记、托管和结算的业务合作；

（五）中国人民银行要求的其他事项。

第十条 下列事项，债券登记托管结算机构应当报中国人民银行备案：

（一）制定和修改中长期业务发展规划；

（二）高级管理人员变动；

（三）中国人民银行要求的其他事项。

第十一条 债券登记托管结算机构应当妥善保存债券登记、托管和结算的原始凭证及债券账务数据等有关文件和资料，其保存时间至少为债券到期后20年。

第十二条 债券登记托管结算机构根据业务发展需要，可以编制并定期发布债券登记、托管和结算业务相关信息。债券登记托管结算机构向其他组织和个人提供上述信息须符合中国人民银行有关规定。

第十三条 债券登记托管结算机构对债券持有人有关债券登记、托管和结算的数据和资料负有保密义务，但有下列情形的，应当依法予以办理：

（一）债券持有人查询本人的债券账务资料；

(二)受托人持债券持有人的书面委托查询有关债券账务资料;

(三)人民法院、人民检察院、公安机关等依照法定的程序和条件进行查询和取证;

(四)法律法规规定的其他情形。

债券登记托管结算机构应当方便债券持有人及时获得其债券账户记录。

第十四条 债券登记托管结算机构应当公开与债券登记、托管和结算业务相关的收费项目和标准。

债券登记托管结算机构制定或者调整收费项目和标准时,应当充分征求中国银行间市场交易商协会(以下简称交易商协会)、债券发行人和债券持有人的意见,并将征求意见的情况向中国人民银行报告。

第十五条 债券登记托管结算机构应当与债券发行人和债券持有人分别签订相关服务协议,明确双方的权利义务。

债券登记托管结算机构应当在充分征求交易商协会、债券发行人和债券持有人意见的基础上制定相关服务协议的文本,并将征求意见的情况向中国人民银行报告。

第十六条 债券登记托管结算机构应当对债券登记、托管和结算活动进行日常监测,发现异常情况、重大业务风险和技术风险以及重大违法违规行为的,应当及时向中国人民银行报告并进行相应处理,同时抄送交易商协会。

债券登记托管结算机构应当与全国银行间同业拆借中心相互配合,建立债券市场一线监控制度。

第十七条 债券登记托管结算机构应当于每月前5个工作日内向中国人民银行报送上月债券发行、登记、托管、结算等有关数据和统计信息,并于每年度结束后20个工作日内向中国人民银行报送债券登记、托管和结算业务的年度工作报告。

交易商协会、债券登记托管结算机构和全国银行间同业拆借中心应当按照中国人民银行有关规定建立信息和数据交流机制。

第十八条 债券登记托管结算机构应当按有关规定及时公布债券登记、托管和结算业务有关统计信息,但不得泄露非公开信息。

第三章 债券账户

第十九条 债券账户是指在债券登记托管结算机构开立的用以记载债券持有人所持有债券的品种、数量及其变动等情况的电子簿记账户。

第二十条 债券持有人通过债券账户持有债券。债券持有人持有债券以其债券账户内记载的债券托管余额为准。债券持有人对债券账户记载内容有异议的，债券登记托管结算机构应当及时复查并予以答复；因债券登记托管结算机构工作失误造成数据差错并给债券持有人带来损失的，债券登记托管结算机构应当承担相应法律责任。

第二十一条 债券登记托管结算机构应当根据分类设置、集中管理的原则制定债券账户管理制度。

第二十二条 债券持有人开立债券账户应当按照中国人民银行的规定向债券登记托管结算机构提出申请，且应当保证所提交的开户资料真实、准确、完整。

债券账户采用实名制，不得出租、出借或转让。

第二十三条 债券账户分为自营账户和代理总账户。

第二十四条 一个投资者只能开立一个自营账户，中国人民银行另有规定的除外。

具有法人资格的投资者应当以法人名义开立自营账户；经法人授权的商业银行分支机构可以分支机构的名义开立自营账户；证券投资基金等非法人机构投资者可按中国人民银行规定单独开立自营账户。

第二十五条 柜台交易承办银行和其他交易场所证券登记托管结算机构等可以在债券登记托管结算机构开立代理总账户，用于记载其二级托管的全部债券余额。

柜台交易承办银行和其他交易场所证券登记托管结算机构等为二级托管账户持有人确认的托管债券总额应当与其代理总账户记载的债券余额相等，且代理总账户内的债券应当与其自营的债券严格分开。

第二十六条 债券持有人可申请注销其账户。申请注销时，债券登记托管结算机构应当在确定该账户已无债券托管，且无未到期的回购等未了结的债权债务、质押以及冻结等情形时方可予以办理。

第四章 债券登记

第二十七条 债券登记是指债券登记托管结算机构以簿记方式依法确认债券持有人持有债券事实的行为。

第二十八条 债券发行结束后，债券发行人应当向债券登记托管结算机构提供相关机构和组织出具的债券发行审批、核准、注册等文件复印件、有关发行文件及相关资料。债券登记托管结算机构应当根据债券发行募集资金收讫确认及时办理债券登记。涉及二级托管账户的，柜台交易承办银行和其他交易场所证券登记托管结算机构等为二级托管账户持有人办理债券登记。

第二十九条 债券存续期内，因债券发行人预先约定或债券持有人合法要求而派生的债券，债券登记托管结算机构应当根据发行文件和债券持有人的委托,办理派生债券的登记。

第三十条 债券因交易结算、非交易过户、选择权行使等原因引起债券账户余额变化的,债券登记托管结算机构应当办理变更登记。涉及二级托管账户的,柜台交易承办银行和其他交易场所证券登记托管结算机构等应当为二级托管账户持有人办理变更登记。

因分立、合并或解散等原因导致债券发行人变更的,债务承继人应当及时向债券登记托管结算机构提交相关证明材料,债券登记托管结算机构应当依法及时办理变更登记。

第三十一条 债券登记托管结算机构可依法为债券持有人提供债券质押登记服务,对相应债券进行冻结;或依照法律法规对债券进行冻结。债券被冻结时,债券登记托管结算机构应当在相应债券账户内加以明确标记,以表明债券权利受到限制。

第三十二条 因到期兑付、提前兑付、选择权行使等原因导致债权债务终止的,债券登记托管结算机构应当办理债券注销登记;涉及二级托管账户的,柜台交易承办银行和其他交易场所证券登记托管结算机构等应当及时办理托管债券余额注销。

仍处于冻结状态的债券到期兑付时,债券登记托管结算机构应当提存其本息,待相关当事人出具有效法律文件后,按有关规定办理。

第五章 债券托管

第三十三条 债券托管是指债券登记托管结算机构对债券持有人持有的债券进行集中保管,并对其持有债券的相关权益进行管理和维护的行为。

第三十四条 债券持有人应当委托债券登记托管结算机构托管其持有的债券。

债券托管关系自债券登记托管结算机构为债券持有人开立债券账户后成立,至债券账户注销终止。

第三十五条 债券登记托管结算机构应当对债券持有人托管的债券采取安全有效的管理措施,保证其托管账务的真实、准确、完整和安全。债券登记托管结算机构对所托管的债券不享有任何性质的所有权,不得挪用所托管的债券。

债券登记托管结算机构出现破产、解散、分立、合并及撤销等情况时,债券持有人在该机构所托管的债券和其他资产不参与资产清算。

第三十六条 跨市场交易的债券持有人可将其持有的跨市场交易流通债券进行转托管。债券登记托管结算机构应当及时为其提供转托管服务。

第三十七条 债券发行人委托债券登记托管结算机构办理债券兑付本息或

相关收益资金分配时，债券发行人应当及时、足额向债券登记托管结算机构支付相关款项，债券登记托管结算机构收到相关款项后应当及时办理；债券发行人未履行上述支付义务的，债券登记托管结算机构有权推迟办理，债券发行人应当及时向市场说明有关情况。

第六章 债券结算

第三十八条 债券结算是指在确认结算指令的基础上进行的债券过户。

第三十九条 投资者或其代理人应当根据债券交易合同的约定及时发送债券结算指令，其相应的债券账户应当有足够余额用于结算。

第四十条 债券登记托管结算机构应当明确结算指令的形式和传递方式，并对其采取有效的识别措施。

债券登记托管结算机构应当根据有效结算指令及时为投资者或其代理人办理债券结算，债券结算一旦完成不可撤销。

第四十一条 银行间债券市场债券结算机制包括全额和净额两种。净额业务有关规定由中国人民银行另行规定。

第四十二条 债券结算和资金结算可采用券款对付、见券付款、见款付券和纯券过户等结算方式。

券款对付是指结算双方同步办理债券过户和资金支付并互为条件的结算方式。

见券付款是指收券方以付券方应付债券足额为资金支付条件的结算方式。

见款付券是指付券方以收到收券方支付的足额资金为债券过户条件的结算方式。

纯券过户是指结算双方的债券过户与资金支付相互独立的结算方式。

债券结算和资金结算的风险由结算双方自行承担。

第四十三条 已进入债券结算过程处于待付状态的资金和债券，以及该笔结算涉及的担保物只能用于该笔结算，不能被强制执行。

第四十四条 债券登记托管结算机构可为投资者的债券借贷提供便利，以保证债券结算的顺利进行，有关办法由中国人民银行另行规定。

第四十五条 交易流通受到限制的债券办理转让过户，应当符合相关法律、法规和有关主管部门的规定。

第四十六条 办理扣划、继承、抵债、赠与等非交易过户的，债券登记托管结算机构应当要求当事人提交合法有效的法律文件。

第七章 法律责任

第四十七条 债券登记托管结算机构及相关工作人员有下列情形之一的，

由中国人民银行按照《中华人民共和国中国人民银行法》第四十六条的规定进行处罚：

（一）工作失职，给债券发行人和债券持有人造成严重损失；

（二）挪用债券持有人托管债券和资金；

（三）篡改债券账户有关账务数据；

（四）泄露债券持有人账户信息；

（五）其他违反本办法的行为。

违反本办法，构成犯罪的，依法追究刑事责任。

第四十八条 债券发行人和债券持有人违反本办法，由中国人民银行按照《中华人民共和国中国人民银行法》第四十六条的规定进行处罚，构成犯罪的，依法追究刑事责任。

第八章 附 则

第四十九条 本办法由中国人民银行负责解释。

第五十条 本办法自 2009 年 5 月 4 日起施行。

Ⅸ.1.7 中国人民银行关于印发《银行间债券市场债券发行现场管理规则》的通知

（银发[2002]199号）

国家开发银行、中国进出口银行，中央国债登记结算有限责任公司，全国银行间债券市场成员：

为了规范银行间债券市场债券发行现场行为，维护债券发行各方的权益，我行制定了《银行间债券市场债券发行现场管理规则》。现印发给你们，请遵照执行。

附件：银行间债券市场债券发行现场管理规则

二〇〇二年七月三日

附件：

银行间债券市场债券发行现场管理规则

第一条 为保证银行间债券市场债券发行现场工作公平、公正、有序进行，特制定本规则。

第二条 国家开发银行、中国进出口银行和中国人民银行许可的其他机构（以下称发行人）在银行间债券市场的债券发行现场活动受本规则约束。

第三条 中国人民银行债券发行系统（以下称发行系统）由中国人民银行管理。发行人可使用发行系统进行债券发行。

第四条 中国人民银行授权中央国债登记结算有限责任公司（以下称中央结算公司）为债券发行工作的技术支持部门，负责发行系统的日常技术维护。

第五条 债券发行时，中国人民银行将派出观察员进行现场监督。中国人民银行观察员的职责是：监督现场人员执行本规则，保证债券发行的有序、公正、公平。

第六条 债券发行现场只允许发行人的工作人员、中国人民银行观察员和中央结算公司的系统操作人员进入。其他人员在规定的发行时间内，未经人民银行允许，不得入内。

第七条 如需记者进入发行现场采访债券发行情况，发行人应事先告知中国人民银行。

第八条 发行时间内,债券发行现场的任何人员均不得擅自出入,不得对外泄露债券投标信息,必须关闭对外联系的一切通讯工具。

第九条 在下列两种情况下,投标人可通过应急方式进行投标:

(一)正在与中央结算公司办理系统联网过程中而尚未入网;

(二)已与发行系统联网的结算成员出现系统通讯中断或设备故障。

第十条 应急投标的有关注意事项:

(一)应急投标书应按发行人在发行招标规则通知中规定的格式填写,并由已在中央结算公司备案的经办人和复核人签字并盖章;

(二)投标人须在发行人公告的投标时间内将应急投标书发送至招标现场,经审核无误并由发行人的工作人员和中国人民银行观察员签字认可后,由中央结算公司的系统操作人员将投标数据输入发行系统;

(三)应急投标书应字迹清晰,意思表达明确。

第十一条 债券发行结果须经发行人授权代表和中国人民银行观察员签字确认后方能生效。

第十二条 财政部在银行间债券市场的国债发行现场管理比照本规则执行。

第十三条 本规则由中国人民银行负责解释、修订。

第十四条 本规则自印发之日起实行。

Ⅸ.1.8 关于使用中国人民银行发行系统招标发行债券有关事宜的通知

（银市场[2010]11号）

中国银行间市场交易商协会，中央国债登记结算有限责任公司，各银行间债券市场成员：

根据《中华人民共和国中国人民银行法》及《银行间债券市场债券发行现场管理规则》（银发[2002]199号），为规范非金融企业使用中国人民银行发行系统在银行间债券市场公开招标发行（以下简称“招标发行”）债券的行为，现就有关事宜通知如下：

一、中国人民银行金融市场司依法对债券招标发行进行监督管理，并授权中国银行间市场交易商协会（以下简称交易商协会）进行招标备案和现场监督，中央国债登记结算有限责任公司（以下简称中央结算公司）为债券招标发行提供技术支持和信息披露服务。

前款所称债券，是指非金融企业发行的、约定在一定期限内还本付息的有价证券，包括但不限于企业债券、非金融企业债务融资工具和公司债券。铁道部招标发行债券的，适用本通知。

二、债券发行实行公开、公平、公正的原则，发行人、投标参与人等相关各方在招标发行过程中必须遵守相关管理规则，禁止欺诈、串通等损害公平竞争的行为。

三、发行人招标发行债券应符合以下条件：

（一）发行人主体评级不低于AAA级；

（二）当期债券发行总规模不少于人民币100亿元；

（三）发行人规定投标利率区间的，利率区间不得低于50个基点（0.5%）；

（四）发行人不得对投标价位差或投标价位的连续性进行限制；

（五）发行人不得设置基本承销额；

（六）投标参与人不得少于30家。

四、投标参与人应符合以下条件：

（一）具有健全风险内控机制和较强债券定价能力的金融机构；

（二）上一年度通过中国人民银行发行系统投标认购债券总量（不包括中央银行票据）的排名在前80名；

（三）最近两年没有重大违法违规行为；

（四）已与中央结算公司联网。

五、发行人应与投标参与人签订书面协议，规范双方招投标权利义务关系。

六、发行人拟招标发行债券的，应向交易商协会提交以下材料：

（一）主管部门批准本期债券发行的文件；

（二）本期债券发行办法和招标书，发行办法应至少包括招标方式、招标量、招标标的、中标确定方式、应急招投标方案和缴款方式等具体内容，招标书应包括本期债券情况和招标条件；

（三）投标参与人名单（附根据本通知第五条签订的协议）；

（四）准备公开披露的文件目录。

七、符合本通知规定的招标发行条件的，交易商协会应在两个工作日内通知中央结算公司做好该期债券的发行准备工作。中央结算公司应对各类发行人的债券招标发行时间做好统筹安排并及时告知发行人。

发行人不得随意变更已备案的文件。如确需变更的，发行人应重新备案。

八、债券招标发行前，发行人除应按照相关规定向投资者履行信息披露义务外，还应至少提前一个工作日通过中国债券信息网（www. chinabond. com. cn）公开披露以下信息：

（一）本期债券发行办法和招标书，除应包括第六条第二款规定的内容外，还应载明招标日期和时间；

（二）投标参与人名单。

以上信息一经披露不得随意变更。如确需变更的，发行人应专门披露变更原因。

九、发行人应在招标结束后一个工作日内通过中国债券信息网公布当期各只债券的招标结果，招标结果应包括实际投标量、投标家数、中标家数和中标利率等（具体格式见附件一）。

中央结算公司应在招标结束后向中国人民银行金融市场司提供当期各只债券的招投标情况，包括招标结果和投标中标明细（具体格式见附件二）。

十、中央结算公司应及时公布上一年度通过中国人民银行发行系统投标认购债券总量（不包括中央银行票据）的机构排名。

十一、交易商协会、中央结算公司发现发行人、投标参与人或其他发行相关方存在违规行为时，应向中国人民银行金融市场司报告。银行间债券市场投资者发现上述相关方存在违规行为的，可向交易商协会、中央结算公司反映或直接向中国人民银行金融市场司举报。

十二、交易商协会和中央结算公司应定期向中国人民银行金融市场司书面报告债券招标发行工作有关情况。

十三、本通知自发布之日起执行，中国人民银行金融市场司将根据执行情况适时对本通知相关条款进行调整。

附件：

1. 招标结果情况表
2. 投标中标明细表

二〇一〇年六月八日

附件一：

招标结果情况表

债券名称		债券代码	
招标书编号		计划发行总量（万元）	
缴款总金额（元）		实际发行总量（万元）	
基本承购总量（万元）		招标总量（万元）	
应投家数（家）		投标家数（家）	
投标笔数（笔）		有效笔数（笔）	
无效笔数（笔）		有效投标总量（万元）	
最高投标价位		最低投标价位	
中标总量（万元）		中标家数（家）	
中标笔数（笔）		自营中标总量（万元）	
最高中标价位		最低中标价位	
边际中标价位投标总量（万元）		边际中标价位中标总量（万元）	
发行价格（元）		票面利率（%）	

附件二：

投标中标明细表

机构名称	投标价位	投标数量(万元)	中标数量(万元)
机构 1			
小计			
机构 2			
小计			
……			
总计			

Ⅸ.2 交易所市场

Ⅸ.2.1 关于调整公司债券发行、上市、交易有关事宜的通知

（2009 年 11 月 2 日 上海证券交易所）

各公司债券发行人、各市场参与者：

为保障公司债券发行试点顺利进行，推进公司债券发行、上市、交易的分类管理，促进公司债券市场稳定有序发展，依据中国证监会《公司债券发行试点办法》及本所相关规则，现将公司债券试点期间的发行、上市及交易中的有关事项通知如下。

一、公司债券的发行和上市

（一）试点期间，申请在本所上市的公司债券发行，凡符合本所《公司债券上市规则》第 2.2 条所列标准的，原则上可采用“网上发行和网下发行”相结合的方式，向全市场投资者（包括个人投资者）发行。达不到上述标准的，不得向个人投资者发行，只能向机构投资者发行。

网上发行是将一定比例的公司债券，按确定的发行价格和利率或利率区间，通过本所集中竞价系统面向全市场投资者公开发行。

公司债券网上发行的具体事务，由公司债券的主承销商牵头安排。

试点期间，本所对公司债券网上发行不收取发行手续费。

（二）参与网上发行认购的投资者应使用在中国证券登记结算有限责任公司开立的首位为 A、B、D、F 的证券账户。商业银行参与公司债券发行认购的相关事项由本所另行规定。

（三）网上发行期间，本所集中竞价系统于交易日的 9:30 - 11:30，13:00 - 15:00 接受投资者认购申报，以 1000 元面值为一个认购单位。本所按“时间优先”的原则确认成交后，由中国证券登记结算有限责任公司按其业务规则进行清算、注册登记。

（四）公司债券发行完毕，发行人可按《上海证券交易所公司债券上市规则》相关规定，向本所申请上市，并依之履行相关信息披露义务。

（五）在本所挂牌交易的公司债券须按照本所交易规则和其他相关业务规则进行交易或转让，经本所确认后生效。对违反本规则的行为，本所有权制止；对违规交易，本所有权宣布为无效。

二、公司债券的现货交易

（一）试点期间，符合《上海证券交易所公司债券上市规则》第2.2条所列标准的公司债券，可以通过在本所集中竞价系统、大宗交易系统和固定收益证券综合电子平台（以下简称"固定收益平台"）进行交易。达不到上述标准的，只能通过本所固定收益平台进行交易。

（二）公司债券现货交易按账户进行申报，并实行净价交易、全价结算。

（三）固定收益平台的一级交易商可向本所申请，经本所同意后对在固定收益平台挂牌的公司债券进行做市及办理与其客户的协议交易。

三、公司债券的回购交易

（一）经发行人申请，并由本所商中国证券登记结算有限责任公司认定，符合条件的公司债券可作为质押券用于债券质押式回购交易，由本所在上市通知中予以公布。本所可根据市场情况，终止特定的公司债券用于债券质押式回购交易。

（二）公司债券作为质押券进行债券质押式回购交易业务通过本所竞价系统进行；质押券的申报和转回可通过本所竞价系统和固定收益平台进行，固定收益平台的交易商可代理客户进行质押券的申报和转回。

（三）符合以下条件之一的公司债券，可作为债券质押式回购交易的质押券：(1)公司债券发行人是中央直属的国有独资企业；(2)公司债券由中国工商银行股份有限公司、中国银行股份有限公司、中国建设银行股份有限公司、中国农业银行股份有限公司、中国交通银行股份有限公司、国家开发银行股份有限公司之一提供全额无条件不可撤销连带责任担保或者提供足额资产抵押担保；(3)主体评级和债券评级均在AA级（含）以上；(4)经中国证监会认可的其他公司债券。

四、市场监管

（一）公司债券发行人应按照《上海证券交易所公司债券上市规则》相关规定，履行持续信息披露义务。

（二）公司债券发行人出现影响或可能影响公司债券还本付息的重大事件，本所可以视情况暂停其公司债券现货及回购交易，暂停及恢复交易的时间和方式由本所决定。

（三）公司债券发行人为本所上市公司的，若其股票停牌，本所可以视情况决定暂停公司债券的现货交易及回购交易，直至相关当事人作出公告的下一交易日予以复牌。

（四）本所对公司债券交易实行实时监控，对交易出现异常波动或涉嫌违法违规交易的公司债券可实施特别停牌并予以公告，停牌及复牌的时间和方式由本所决定。对异常交易及其他违法违规行为，按照本所相关规定处理。

（五）会员及其他从事债券交易的机构从事公司债券业务，应建立完备的业务管理制度及风险控制机制。

会员及其他从事债券交易的机构参与公司债券交易时不得卖空。对违反该规定的，本所可限制或暂停其在固定收益平台上的债券交易。

五、其他事项

（一）本通知所指公司债券是《公司债券发行试点办法》（中国证券监督管理委员会第49号令）所称公司债券，即公司依照法定程序发行、约定在一年以上期限内还本付息的有价证券。

（二）试点期间公司债券的发行、上市及交易，适用本通知。本通知未作规定的，适用本所其他相关规定。

（三）公司债券的登记、托管和结算及标准券折算比率等事宜按照相关登记机构的规定办理。

本通知所指债券质押式回购交易是指在本所集中竞价系统进行的以标准券为融资额度的质押融资交易。

（四）由国务院有关部门核准的企业债券等，其发行、上市、现货和质押式回购交易比照公司债券相关规定执行。分离交易的可转换公司债券分离出的债券部分，其回购资格条件和质押式回购交易比照公司债券相关规定执行。

（五）公司债券交易产生的行情、指数及附属权利由本所及信息公司所有，使用公司债券行情及开发基于公司债券的衍生产品须得到本所授权。

（六）市场参与者可登陆本所网站（www. sse. com. cn）查阅《上海证券交易所公司债券业务指南》。

（七）本通知发布前已上市但达不到规定分类标准的债券仍可在本所竞价交易系统、大宗交易系统和固定收益平台进行交易。

（八）本通知由本所负责解释，未尽事宜由本所另行规定。原《关于公司债券发行、上市、交易有关事宜的通知》（上证债字［2007］68号）、《关于修订公司债券发行、上市、交易有关事宜的通知》（上证债字［2008］69号）同时废止。

特此通知。

上海证券交易所

二〇〇九年十一月二日

Ⅸ.2.2 上海证券交易所公司债券上市规则（2009年修订版）

（2009年11月2日 上海证券交易所）

第一章 总 则

1.1 为加强对公司债券上市的管理,促进公司债券市场的健康发展,保护投资者的合法权益,根据国家相关法律、法规和《上海证券交易所章程》的规定,制定本规则。

1.2 上市公司及其他公司制法人发行的公司债券在本所上市交易,适用本规则,本所另有规定的除外。

可转换公司债券、可交换公司债券的上市交易,不适用本规则。

非公司制法人所发行的企业债券的上市交易,参照本规则执行。

1.3 发行人申请其所发行的公司债券、企业债券等(以下统称“债券”)在本所上市交易的,应经本所审核同意,并在上市前与本所签订上市协议,明确双方的权利义务和有关事项。

1.4 经证监会核准发行并在本所上市的债券,不得在本所以外的其他场所交易或转让。

1.5 本所根据有关标准,对债券上市、交易实行分类管理。

1.6 本所依据国家证券法律、法规、本规则和本所有关规定对债券发行人及上市推荐人进行监管。

1.7 本所对公司债券上市的核准,不表明对该债券的投资价值或者投资者的收益作出实质性判断或者保证。因公司经营与收益的变化等引致的投资风险,由购买债券的投资者自行负责。

第二章 债券上市条件

2.1 发行人申请债券上市,应当符合下列条件:

(一)经有权部门批准并发行;

(二)债券的期限为一年以上;

(三)债券的实际发行额不少于人民币五千万元;

(四)债券须经资信评级机构评级,且债券的信用级别良好;

（五）申请债券上市时仍符合法定的公司债券发行条件；

（六）本所规定的其他条件。

2.2　对于符合2.1条所列上市条件的债券，本所根据其资信等级和其他指标对其上市交易实行分类管理，不能同时达到下列条件的债券，只能通过本所固定收益证券综合电子平台进行上市交易：

（一）发行人的债项评级不低于AA；

（二）债券上市前，发行人最近一期末的净资产不低于15亿元人民币；

（三）债券上市前，发行人最近三个会计年度实现的年均可分配利润不少于债券一年利息的1.5倍；

（四）本所规定的其他条件。

2.3　本所可根据市场情况，对债券上市条件及分类标准进行调整。

第三章　债券上市申请

3.1　发行人申请债券上市须向本所提交下列文件：

（一）债券上市申请书；

（二）有权部门批准债券发行的文件；

（三）同意债券上市的决议；

（四）债券上市推荐书；

（五）公司章程；

（六）公司营业执照；

（七）债券募集办法、发行公告及发行情况报告；

（八）债券资信评级报告及跟踪评级安排说明；

（九）债券实际募集数额的证明文件；

（十）上市公告书（内容与格式见附件2）；

（十一）具有证券从业资格的会计师事务所出具的发行人最近3个完整会计年度审计报告；

（十二）担保人资信情况说明与担保协议（如有）；

（十三）发行人最近三年是否存在违法违规行为的说明；

（十四）债券持有人名册及债券托管情况说明；

（十五）本所要求的其他文件。

经中国证监会核准发行公司债券的上市公司可豁免上述第（五）、第（十一）、第（十三）等项内容。

3.2　申请债券上市的发行人应当保证向本所提交的文件内容真实、准确、完整，不存在虚假、误导性陈述或重大遗漏。

3.3　本所对债券上市实行上市推荐人制度，债券在本所申请上市，必须由一至二个本所认可的机构推荐并出具上市推荐书。

3.4　上市推荐人应当符合下列条件：

（一）本所会员或本所认可的其他机构；

（二）最近一年内无重大违法违规行为；

（三）负责推荐工作的主要业务人员应当熟悉本所章程及相关业务规则；

（四）本所认为应当具备的其他条件。

3.5　上市推荐人应履行下列义务：

（一）确认债券发行人符合上市条件；

（二）确保债券发行人的董事、高级管理人员了解其所担负责任的性质，并承担本所上市规则及上市协议所列明的责任；

（三）协助债券发行人进行债券上市申请工作；

（四）向本所提交上市推荐书；

（五）确保上市文件真实、准确、完整，符合规定要求，文件所载的资料经过核实；

（六）协助债券发行人与本所安排债券上市；

（七）本所规定的上市推荐人应当履行的其他义务。

3.6　上市推荐人应当保证发行人的上市申请材料、上市公告书及其他有关宣传材料没有虚假、误导性陈述或者重大遗漏，并保证对其承担连带责任。

3.7　上市推荐人不得利用其在上市推荐过程中获得的内幕信息进行内幕交易，为自己或他人牟取利益。

3.8　上市推荐人未能遵守上述规定，本所按有关法规进行处理。

第四章　债券上市的核准

4.1　本所设立的上市委员会对债券上市申请进行审核，作出独立的专业判断并形成审核意见，本所根据上市委员会意见作出是否同意上市的决定。

4.2　债券发行人在提出上市申请至其债券核准上市前，未经本所同意不得擅自披露有关信息。

4.3　发行人和上市推荐人必须在债券上市交易前完成上市债券在本所指定托管机构的托管工作，并将债券持有人名册核对无误后报送本所指定托管机构。发行人和上市推荐人对该名册的准确性负全部责任。

4.4　发行人应当在债券上市交易前在证监会指定的信息披露报刊或/及本所网站上公告债券上市公告书，并将上市公告书、核准文件及有关上市申请文件备置于指定场所供公众查阅。

4.5 债券上市前,发行人应与本所签订上市协议。

第五章 信息披露及持续性义务

5.1 债券上市后发行人应遵守以下信息披露的基本原则:

(一)发行人的董事会全体成员必须保证信息披露内容真实、准确、完整,没有虚假、误导性陈述或重大遗漏,并就其保证承担个别和连带的责任;

(二)发行人应该披露的信息包括定期报告、临时报告。定期报告包括年度报告和中期报告;

(三)发行人的报告在披露前须向本所进行登记,并向本所提交相同内容的电子格式文件。本所对定期报告实行事后审查,对临时报告实行事前审查;

(四)发行人信息在正式披露前,发行人董事会及董事会全体成员及其他知情人,有直接责任确保将该信息的知悉者控制在最小范围内。在公告前不得泄露其内容;

(五)发行人公开披露的信息涉及财务会计、法律、资产评估、资信评级等事项的,应当由会计师事务所(证券从业资格)、律师事务所、资产评估和评级机构等专业性中介机构审查验证,并出具书面意见;

(六)本所根据各项法律、法规、规定对发行人披露的信息进行形式审查,对其内容不承担责任。

(七)发行人公开披露的信息应在至少一种证监会指定的报刊或/及本所网站上予以公告,其他公共传媒披露的信息不得先于指定报刊或/及本所网站。发行人不能以新闻发布或答记者问等形式代替信息披露义务;

(八)如发行人有充分理由认为披露有关的信息内容会损害企业的利益,且不公布也不会导致债券市场价格重大变动的,经本所同意,可以不予公布;

(九)发行人认为根据国家有关法律法规不得披露的事项,应当向本所报告,并陈述不宜披露的理由;经本所同意,可免予披露该内容。

5.2 债券上市期间,发行人应当在《证券法》规定的期间内,向本所提交至少记载以下内容的定期报告,并予以公告:

(一)发行人概况;

(二)发行人上半年财务会计状况或经审计的年度财务报告;

(三)已发行债券兑付兑息是否存在违约以及未来是否存在按期偿付风险的情况说明;

(四)债券跟踪评级情况说明(如有);

(五)涉及和可能涉及影响债券按期偿付的重大诉讼事项;

(六)已发行债券变动情况;

（七）本所要求的其他事项。

5.3 债券上市期间，凡发生下列可能导致债券信用评级发生重大变化，对债券按期偿付产生任何影响等事件或者存在相关的市场传言，发行人应当在第一时间向本所提交临时报告，并予以公告澄清。

（一）公司发生重大亏损或者重大损失；

（二）公司发生重大债务和未能清偿到期重大债务的违约情况；

（三）公司减资、合并、分立、解散、申请破产及其他涉及债券发行人主体变更的决定；

（四）公司涉及或可能涉及的重大诉讼；

（五）公司债券担保人主体发生变更或担保人经营、财务状况发生重大变化的情况（如属担保发行）；

（六）国家法律、法规规定和证监会、本所认为必须报告的其他事项。

5.4 发行人应与债券信用评级机构就跟踪评级的有关安排作出约定，并于每年6月30日前将上一年度的跟踪评级报告向市场公告。

债券信用评级机构应及时跟踪发行人的债券资信变化情况，债券资信发生重大变化的，应及时调整债券信用等级，并及时向市场公布。

5.5 债券到期前一周，发行人应按规定在证监会指定的信息披露报刊或/及本所网站上公告债券兑付等有关事宜。

第六章 停牌、复牌、暂停上市、恢复上市、终止上市

6.1 发行人于交易日公布第5.3条所含信息时，本所将视情况对相关债券进行停牌处理。发行人按规定要求披露后进行复牌。

6.2 债券上市交易后，发行人有下列情形之一的，本所对该债券停牌，并在7个交易日内决定是否暂停其上市交易。

（一）公司出现重大违法行为；

（二）公司情况发生重大变化不符合债券上市条件；

（三）发行公司债券所募集的资金不按照核准的用途使用；

（四）未按照债券募集办法履行义务；

（五）公司最近二年连续亏损。

上述情形消除后，发行人可向本所提出恢复上市的申请，本所收到申请后15个交易日内决定是否恢复该债券上市。

6.3 债券出现下列情况之一时，终止其上市交易：

（一）发行人有前条第（一）项、第（四）项所列情形之一，经查实后果严重的，或者有前条第（二）项、第（三）项、第（五）项所列情形之一，在限期内未能消除

的，由本所决定终止该债券上市；

（二）公司解散、依法被责令关闭或者被宣告破产的，由本所终止其债券上市；

（三）债券到期前一周终止上市交易。

6.4 对本所作出的不予上市、暂停上市、终止上市决定不服的，发行人可向本所设立的复核机构申请复核。

第七章 违反本规则的处理

7.1 发行人及其董事违反本规则有关规定的，本所将视情节轻重，予以下列处理：

（一）责令改正；

（二）内部批评；

（三）在指定报刊上公开谴责；

（四）报证监会查处。

7.2 上市推荐人违反本规则有关规定的，本所将视情节轻重，予以下列处理：

（一）责令改正；

（二）内部批评；

（三）在指定报刊上公开谴责；

（四）取消上市推荐人资格；

（五）报证监会查处。

第八章 附 则

8.1 本规则由本所修改和解释。

8.2 本规则自公布之日起施行。

附件：

1. 债券上市申报材料内容与格式（略）
2. 上市公告书的格式与内容要求（略）

Ⅸ.2.3 关于调整公司债券上市交易分类标准的通知

(2012 年 2 月 27 日 上证债字[2012]55 号)

各会员单位、各公司债券发行人:

为促进本所公司债券市场的发展,根据《上海证券交易所公司债券上市规则》(以下简称“《公司债券上市规则》”)第 2.3 条的规定,本所决定对公司债券上市交易分类管理的有关标准进行调整,将《公司债券上市规则》第 2.2 条第(二)项修改为“债券上市前,发行人最近一期末的净资产不低于 5 亿元人民币,或最近一期末的资产负债率不高于 75%”。修改后的《公司债券上市规则》自 2012 年 3 月 1 日起开始实施。

特此通知。

上海证券交易所

二〇一二年二月二十七日

Ⅸ.2.4 深圳证券交易所公司债券上市规则

（2012 年 6 月 6 日 深圳证券交易所）

第一章 总 则

1.1 为规范公司债券上市交易行为，以及发行人及相关信息披露义务人的信息披露行为，维护债券市场秩序，促进债券市场的健康发展，保护投资者的合法权益，根据有关法律、行政法规、部门规章、规范性文件及《深圳证券交易所章程》，制定本规则。

1.2 公司债券在深圳证券交易所（以下简称“本所”）上市交易，适用本规则。

本规则所称公司债券（以下简称“债券”）是指公司依照法定程序发行，并约定在一定期限内还本付息的有价证券。

企业债券的上市交易，参照本规则执行。

可转换公司债券、可交换公司债券的上市交易，不适用本规则。

1.3 债券在本所上市，不表明本所对该债券的投资价值和按期还本付息作出实质性判断或保证。

债券发行人经营与收益的变化，由发行人自行负责；由此变化引致的投资风险，由投资者自行负责。

1.4 经中国证券监督管理委员会（以下简称“中国证监会”）核准发行并在本所上市的债券，不得在本所以外的其他场所交易或转让。

1.5 本所依据有关法律、行政法规、部门规章、规范性文件、《深圳证券交易所章程》、本规则和本所发布的细则、指引、通知、办法、备忘录等相关规定（以下简称“本所其他相关规定”）审核债券上市申请，安排债券上市，并对发行人和上市推荐人等进行监管。

第二章 债券上市条件

2.1 发行人申请其发行的债券在本所上市，应当符合以下条件：

（一）债券经中国证监会或国务院授权的部门核准、批准或者备案并公开发行；

（二）发行人申请债券上市时仍符合法定的债券发行条件；

(三)债券期限为一年以上;

(四)债券实际发行额不少于人民币五千万元;

(五)债券须经资信评级机构评级,且债券信用级别良好;

(六)本所规定的其他条件。

2.2 发行人申请其发行的债券在本所上市,且仅通过本所综合协议交易平台挂牌交易的,应符合2.1条规定的条件。

2.3 发行人申请其发行的债券在本所上市,且同时通过本所集中竞价系统和综合协议交易平台挂牌交易的,除应符合2.1条规定的条件以外,还应当符合以下条件:

(一)债券须经信用评级机构评级,且债券信用评级达到AA级及以上;

(二)本次债券发行前,发行人最近一期末的资产负债率或加权平均资产负债率(以集合形式发行债券的)不高于70%,或发行人最近一期末的净资产不低于5亿元人民币;

(三)发行人最近三个会计年度实现的年均可分配利润不少于债券一年利息的1.5倍,以集合形式发行的债券,所有发行人最近三个会计年度实现的加总年均可分配利润不少于债券一年利息的1.5倍;

(四)本所规定的其他条件。

2.4 本所可根据市场情况,对债券上市条件进行调整。

第三章 债券上市申请

3.1 发行人申请债券上市,应向本所提交以下申请文件:

(一)债券上市申请书;

(二)中国证监会或国务院授权部门核准、批准或备案债券发行的文件;

(三)申请债券上市的董事会决议或有权决策部门决议;

(四)公司章程(仅适用企业债发行人);

(五)公司营业执照(仅适用企业债发行人);

(六)债券募集说明书及相关发行公告或相关文件;

(七)上市推荐书;

(八)上市公告书(内容与格式见附件2);

(九)债券承销协议;

(十)债券募集资金证明文件;

(十一)本所指定登记结算机构出具的登记托管证明文件;

(十二)具有证券从业资格的会计师事务所出具的最近三年审计报告,或财政主管机关的有关批复;(仅适用企业债发行人)

（十三）律师事务所出具的关于本次债券发行和上市的法律意见书；

（十四）债券资信评级报告及信用跟踪评级安排的说明（如有）；

（十五）担保协议及担保人资信情况说明（如有）；

（十六）债券受托管理协议（如有）；

（十七）债券持有人会议规则（如有）；

（十八）本所要求的其他文件。

3.2 发行人应当保证向本所提交的文件内容真实、准确、完整，不存在虚假记载、误导性陈述或者重大遗漏。

3.3 本所对债券上市实行上市推荐人制度，发行人申请债券在本所上市，须由一个或一个以上经本所认可的机构推荐，并出具上市推荐书。

3.4 上市推荐人应当符合以下条件：

（一）本所会员或本所认可的其他机构；

（二）最近一年内无重大违法违规行为；

（三）负责上市推荐工作的主要业务人员熟悉本所章程及相关业务规则；

（四）本所要求的其他条件。

3.5 上市推荐人应当履行以下义务：

（一）确认债券发行人符合上市条件；

（二）确保发行人的董事、监事、高级管理人员和其他直接责任人员了解相关法律、行政法规、部门规章、规范性文件、本规则及债券上市协议所列明的义务与责任；

（三）协助发行人进行债券上市申请工作；

（四）向本所提交上市推荐书；

（五）确保上市文件及其他有关宣传材料真实、准确、完整，符合规定要求，文件所载的资料经过核实；

（六）协助发行人与本所安排债券上市事宜；

（七）上市推荐协议约定的其他义务；

（八）本所规定上市推荐人应当履行的其他义务。

3.6 上市推荐人应当保证发行人的上市申请材料、上市公告书及其他有关宣传材料没有虚假记载、误导性陈述或者重大遗漏，并保证对其承担连带责任。

3.7 上市推荐人不得利用其在上市推荐过程中获得的内幕信息进行内幕交易，为自己或他人牟取利益。

第四章 债券上市审核

4.1 本所上市委员会对债券上市申请进行审核，本所根据上市委员会意见作出是否同意上市的决定。

上市委员会对债券上市申请的审核工作程序适用《深圳证券交易所上市委员会工作细则》第四章第三节规定的"特别程序"。

4.2 债券发行人在提出上市申请至其债券上市交易前,未经本所同意不得擅自披露与本次债券上市有关的信息。

4.3 债券上市申请经本所审核同意后,发行人应与本所签订上市协议(具体格式见附件3),发行人和上市推荐机构应自收到上市通知书之日起一个月内安排债券上市交易。

4.4 发行人应当于债券上市前五个交易日内,在中国证监会或国务院授权部门指定的信息披露媒体上披露债券上市公告书,同时应将上市公告书、核准文件及有关上市申请文件备置于指定场所供公众查阅。

4.5 发行人对本所作出的不予上市、暂停上市、终止上市决定不服的,可以向本所上诉复核委员会申请复核。申请复核的具体程序和要求参照执行《深圳证券交易所股票上市规则》或者《深圳证券交易所创业板股票上市规则》的相关规定。

第五章 信息披露及其他义务

5.1 债券上市后,发行人及其董事、监事和高级管理人员应遵守以下信息披露基本原则:

(一)发行人董事、监事和高级管理人员应当保证信息披露内容真实、准确、完整,没有虚假记载、误导性陈述或重大遗漏,并就其保证承担个别和连带的责任。

(二)发行人应当披露的信息包括定期报告和临时报告。定期报告包括年度报告和中期报告,其他报告为临时报告。

(三)发行人的报告应当在第一时间报送本所。本所对定期报告实行事前登记、事后审核,对临时报告实行事前审核。

(四)发行人信息在正式披露前,发行人董事、监事和高级管理人员及其他知情人,应当确保将该信息的知悉者控制在最小范围内。在公告前不得透露和泄露其内容。

(五)发行人公开披露的信息涉及财务会计、法律、资产评估、资信评级等事项应当由会计师事务所、律师事务所和资产评估、信用评级机构等专业性中介机构审查验证,并出具书面意见。

(六)本所根据有关法律、行政法规、部门规章、规范性文件、本规则以及本所其他相关规定对发行人披露的信息进行形式审核,对其内容的真实性不承担责任。

(七)发行人公开披露的信息可在本所指定信息披露网站或中国证监会、国务院授权部门指定信息披露媒体上公告，其他公共传媒披露的信息不得先于指定媒体。发行人不得以新闻发布或答记者问等形式代替信息披露义务。

（八）发行人有充分理由认为披露有关信息会损害公司利益，且不公布也不会导致债券市场价格重大变动的，经本所同意，可暂缓或免予披露该内容。

（九）发行人认为根据国家有关法律法规不得披露的事项，应当向本所报告，并陈述不宜披露的内容及理由，经本所同意，可暂缓或免予披露该内容。

（十）集合形式发行债券的信息披露及其他义务参照本章规定执行。

5.2 债券上市期间，发行人应当在每个会计年度的前六个月结束之日起二个月内，向本所提交中期报告，并在中国证监会或国务院授权部门指定的信息披露媒体上予以公告。中期报告至少记载以下内容：

（一）企业财务会计报告和经营情况；

（二）涉及和可能涉及发行人的重大诉讼事项；

（三）已发行债券变动情况；

（四）提交股东大会或其他行使股东大会职权的机构等审议的重要事项；

（五）中国证监会及本所要求的其他事项。

5.3 债券上市期间，发行人应当在每个会计年度结束之日起四个月内，向本所提交至少记载以下内容的年度报告，并在中国证监会或国务院授权部门指定的信息披露媒体上予以公布：

（一）发行人概况；

（二）发行人经具有证券期货从业资格的会计师事务所审计的财务会计报告和经营情况；

（三）发行人董事、监事、高级管理人员简介；

（四）已发行债券情况；

（五）涉及和可能涉及发行人的重大诉讼事项；

（六）中国证监会及本所要求的其他事项。

5.4 债券上市期间，债券信用评级出现变化或发生以下可能导致债券信用评级出现变化的事件或市场传言，发行人应当及时向本所提交临时报告，并予以公告：

（一）发行人发生重大亏损或者重大损失；

（二）发生重大债务和未能清偿到期重大债务的违约情况；

（三）发行人作出减资、合并、分立、分拆、解散、申请破产及其他涉及发行人主体变更的决定；

（四）债券担保人主体发生变更或担保人经营、财务状况发生重大变化的情况（如属担保发行）；

（五）发行人涉及或可能涉及重大诉讼；

（六）国家法律、行政法规、部门规章、规范性文件规定和中国证监会、本所认为必须报告的其他事项。

5.5　在本所集中竞价系统和综合协议交易平台同时挂牌债券的发行人应聘请债券信用评级机构，于每年6月30日前完成上一年度的债券信用跟踪评级报告并对外公告。

5.6　债券付息两个交易日前，发行人应发布付息公告并在中国证监会指定媒体上公告债券付息有关事宜。

5.7　债券到期五个交易日前，发行人应按规定在中国证监会指定媒体上公告债券兑付等有关事宜。

第六章　停牌、复牌、暂停上市、恢复上市、终止上市

6.1　公共媒体中出现发行人尚未披露的信息，可能导致以下情形之一的，发行人应向本所申请停牌，直至按规定发布相关公告后予以复牌：

（一）信用评级发生重大变化；

（二）对还本付息产生重大影响；

（三）对债券及其衍生品种交易价格产生重大影响。

6.2　发行人出现不能按时付息等情形的，本所可根据市场需要对债券及其衍生品种采取临时停牌等措施，相关情形消除后予以复牌。

6.3　债券上市交易后，发行人有下列情形之一的，本所对债券停牌，并在十五个交易日内决定是否暂停其上市交易：

（一）发行人有重大违法行为；

（二）发行人情况发生重大变化不符合债券上市条件；

（三）发行债券募集的资金不按照核准或者批准的用途使用或未按规定程序变更资金用途；

（四）未按照债券募集办法履行义务；

（五）发行人最近二年连续亏损。

6.4　债券暂停上市后，6.3条所列情形消除的，发行人可向本所提出恢复上市的申请，本所在收到申请后十五个交易日内决定是否恢复该债券上市交易。

6.5　债券出现下列情况之一的，本所终止其上市交易：

（一）发行人有6.3条第（一）项、第（四）项所列情形之一经查实后果严重的，或者有6.3条第（二）项、第（三）项、第（五）项所列情形之一，在限期内未能消除的；

（二）发行人解散或者被宣告破产的；

（三）债券到期的。

属于第（一）、（二）项所列情形之一的，由本所上市委员会进行审核，本所根据上市委员会的审核意见作出是否终止该债券上市的决定。

属于第（三）项情形的，本所于债券到期前5个交易日终止其上市交易。

第七章　监管措施和违规处分

7.1　债券发行人及其董事、监事、高级管理人员和其他直接责任人员、上市推荐人违反本规则及本所其他相关规定的，本所视情节轻重，对其采取以下自律监管措施：

（一）要求作出解释和说明；

（二）要求上市推荐人或者要求聘请中介机构核查并发表意见；

（三）书面警示（发出各种通知和函件）；

（四）约见谈话；

（五）要求参加培训或考试；

（六）要求或者建议更换有关人选；

（七）暂不受理有关当事人出具的文件；

（八）上报中国证监会；

（九）其他监管措施。

7.2　债券发行人及其董事、监事、高级管理人员和其他直接责任人员、上市推荐人违反本规则及本所其他相关规定的，本所视情节轻重，对其采取以下纪律处分措施：

（一）通报批评；

（二）公开谴责；

（三）其他纪律处分措施。

7.3　本所纪律处分委员会对7.2条规定的纪律处分事项进行审核，作出独立的专业判断并形成审核意见。

本所根据纪律处分委员会的审核意见，作出是否给予纪律处分的决定。

第八章　附　　则

8.1　本规则经本所理事会审议通过并报中国证监会批准后生效，修改时亦同。

8.2　本规则由本所负责解释。

8.3　本规则自发布之日起施行，本所2009年11月2日发布的《深圳证券交易所公司债券上市规则》（深证上［2009］143号）同时废止。

Ⅸ.2.5 债券业务备忘录第1号——暂停上市、恢复上市、终止上市和申请复核

（2012年8月16日 深圳证券交易所）

为规范公司债券（以下简称“债券”）暂停上市、恢复上市、终止上市和申请复核等相关业务，根据《公司法》、《证券法》、《深圳证券交易所公司债券上市规则（2012年修订）》（以下简称“《债券上市规则》”）等有关规定，制定本业务备忘录。

一、适用范围

本业务备忘录的适用范围与《债券上市规则》第1.2条规定的适用范围相同。

二、暂停上市

（一）发行人首个会计年度亏损，且预计下一个会计年度将继续亏损的，应当在下一个会计年度结束后的二十个交易日内披露债券可能被暂停上市的风险提示公告，并且应当在披露年度报告前至少披露两次风险提示公告。发行人披露年度报告显示其确实亏损的，本所自发行人年度报告披露之日起对债券实施停牌，并在十五个交易日内决定是否暂停债券上市交易。

（二）发行人出现下列情形之一的，应当及时披露债券可能被暂停上市的风险提示公告。本所自发行人前述公告披露之日起，对债券实施停牌，并在十五个交易日内决定是否暂停债券上市交易：

1. 发行人有重大违法行为；

2. 发行人情况发生重大变化不符合债券上市条件；

3. 发行人债券所募集的资金未按照核准或者批准的用途使用；

4. 发行人未按照债券募集办法履行义务；

5. 本所规定的其他情形。

（三）停牌期间，债券的派息及到期兑付工作仍按原募集说明书等相关公告中约定的时间及方式进行。

（四）本所作出暂停债券上市交易决定的，应当向发行人出具《关于××××债券暂停上市的决定》。发行人应当在收到前述决定后及时披露《暂停上市公告》，债券将于前述公告披露之日的次一交易日起复牌并继续交易三十个交易日。

(五)发行人披露的《暂停上市公告》,应当包括以下内容:

1. 暂停上市债券的简称、证券代码及暂停上市起始日;

2. 本所关于债券暂停上市决定的主要内容;

3. 债券正式暂停上市前的特别交易安排,说明债券将自刊登《暂停上市公告书》之日起继续交易三十个交易日;

4. 发行人董事会关于争取恢复债券上市的意见及具体措施;

5. 债券可能被终止上市的风险提示;

6. 暂停上市期间发行人接受投资者咨询的主要方式;

7. 中国证监会和本所要求的其他内容。

(六)特别交易安排期间发行人应当每周刊登一次暂停上市的风险提示公告。

(七)暂停上市期间,债券的派息及到期兑付工作仍按原募集说明书等相关公告中约定的时间及方式进行。

(八)发行人未在募集说明书等相关公告及文件中就债券终止上市作出后续安排的,应当在收到本所关于债券暂停上市决定时,与债券上市推荐人或者本所认可的其他证券公司签署协议,约定如果债券终止上市,由发行人委托该上市推荐人或者证券公司提供终止上市后债券的托管、登记等相关服务。协议签署后,发行人应当及时披露。

三、恢复上市

(一)发行人因最近两年连续亏损导致其债券被暂停上市的,暂停上市期间,符合下列条件的,发行人可以在暂停上市后首个经审计的年度报告披露之日起五个交易日内向本所提出恢复债券上市的书面申请:

1. 该年度报告在法定披露期限内披露;

2. 该年度报告显示发行人实现盈利。

(二)发行人因最近两年连续亏损之外的情形导致其债券被暂停上市的,在本所规定的期限内前述情形已消除的,可以在该等情形消除后五个交易日内向本所提出恢复上市的书面申请。

(三)申请恢复上市应当提交的材料包括:

1. 恢复上市申请书;

2. 上市推荐人出具的《恢复上市推荐书》;

3. 法律意见书;

4. 债券信用跟踪评级报告。

(四)《恢复上市申请书》至少应当包括以下内容:

1. 发行人的基本情况;

2. 发行人主营业务、经营活动、财务状况；

3. 发行人经营能力和盈利能力的持续性和稳定性分析及预测；

4. 发行人存在的主要风险，原发行文件披露的风险已消除的，应当予以说明；

5. 发行人符合恢复上市的条件和依据；

6. 发行人董事会或者有权决策部门的决议。

（五）《恢复上市推荐书》至少应当包括以下内容：

1. 发行人的基本情况；

2. 发行人存在的主要风险，原发行文件披露的风险已经消除的，应当予以说明；

3. 发行人经营能力和还本付息能力的持续性和稳定性分析及预测；

4. 发行人是否符合恢复上市的条件和依据；

5. 表述明确的保荐意见。

（六）《法律意见书》至少应当包括以下内容：

1. 发行人的主体资格；

2. 发行人是否完全符合恢复上市的条件和法律依据；

3. 表述明确的结论意见。

（七）本所在发行人提出恢复上市申请后五个交易日内决定是否受理，本所在受理申请后十五个交易日内作出是否核准恢复上市交易的决定。

本所根据上市委员会的审核意见作出核准债券恢复上市决定的，向发行人发出《关于××××公司债券恢复上市的决定》。发行人应当在收到前述决定后及时披露《恢复上市公告》。债券在前述公告披露之日起的五个交易日后恢复上市交易。

（八）《恢复上市公告》应当包括以下内容：

1. 恢复上市债券的简称、证券代码；

2. 有关债券恢复上市决定的主要内容；

3. 发行人董事会关于恢复上市措施的具体说明；

4. 相关风险因素分析；

5. 中国证监会和本所要求的其他内容。

四、终止上市

（一）债券出现下列情形之一的，本所将终止其上市交易：

1. 发行人有重大违法行为，经查实后果严重的；

2. 因发行人情况发生重大变化不符合债券上市条件，债券被暂停上市后，在本所规定的期限内未能消除的；

3. 因发行人发行债券募集的资金不按照核准或者批准的用途使用,债券被暂停上市后,在本所规定的期限内未能消除的;

4. 发行人未按照债券募集办法履行义务,经查实后果严重的;

5. 因发行人最近两年连续亏损,债券被暂停上市后,首个会计年度审计结果显示发行人继续亏损的;

6. 发行人解散或者被宣告破产的;

7. 债券到期的。

(二)属于前条终止上市情形中第 1 项至第 6 项所列情形的,由本所上市委员会进行审核,本所根据上市委员会的审核意见作出是否终止该债券上市的决定。

属于前条终止上市情形中第 7 项情形的,本所于债券到期前五个交易日终止其上市交易。

(三)本所根据上市委员会的审核意见作出债券终止上市的决定的,向发行人发出《关于××××公司债券终止上市的决定》。发行人应当在收到前述决定后及时披露《终止上市公告》,并报中国证监会备案。债券在前述公告披露之日起的五个交易日后终止上市。

(四)《终止上市公告》应当包括以下内容:

1. 终止上市债券的简称、证券代码以及终止上市的日期;

2. 终止上市决定的主要内容;

3. 终止上市后其债券登记、转让、管理事宜;

4. 终止上市后公司的联系人、联系地址、电话和其他通讯方式;

5. 中国证监会和本所要求的其他内容。

(五)发行人在向本所申请债券上市时,应当与上市推荐人就债券终止上市的后续安排签署协议,约定如果债券终止上市,发行人将委托该上市推荐人提供终止上市后债券的托管、登记等相关服务。

发行人应当在报送债券上市申请材料的同时,向本所报送上述协议。

发行人应当在《终止上市公告》中说明上述协议约定的主要内容。

五、申请复核

发行人对本所作出的关于债券暂停上市或者终止上市的决定不服的,可以向本所上诉复核委员会申请复核。申请复核的具体程序和要求参照《深圳证券交易所股票上市规则(2012 年修订)》或者《深圳证券交易所创业板股票上市规则(2012 年修订)》中有关复核的规定执行。

六、其他

本业务备忘录有关债券暂停上市、恢复上市和终止上市的未尽事宜,参照

《深圳证券交易所股票上市规则(2012 年修订)》或者《深圳证券交易所创业板股票上市规则(2012 年修订)》中有关股票暂停上市、恢复上市和终止上市的规定执行。

本业务备忘录使用但未定义的词语均具有与《深圳证券交易所股票上市规则(2012 年修订)》、《深圳证券交易所创业板股票上市规则(2012 年修订)》中相关表述相同的含义。

Ⅸ.2.6 关于通过上海证券交易所交易系统办理债券分期偿还有关事项的通知

（2012年11月16日 上证债字[2012]456号）

各会员公司及相关市场参与者：

为保护债券持有人利益，维护债券市场秩序，现就通过上海证券交易所（以下简称“本所”）交易系统办理债券分期偿还有关事项通知如下：

一、本所债券分期偿还采取减少持仓的方式实施，如果发生债券分期偿还，债券持有人持仓将会相应减少。

二、根据《上海证券交易所交易规则》“竞价交易中，债券交易的申报数量应当为1手或其整数倍”的规定，由于债券分期偿还后导致的债券不足1手部分将同时全部偿还。

三、债券分期偿还权益登记日当天停止交易，并停止该债券对应的出入库申报。

四、本所会员和相关单位应当做好债券分期偿还业务的相关准备工作。

五、债券分期偿还业务涉及的登记结算事项，按照中国证券登记结算有限责任公司的相关规定执行。

特此通知。

上海证券交易所

二〇一二年十一月十六日

IX.2.7 深圳证券交易所债券交易实施细则

(2012 年 11 月 29 日)

各会员单位:

为规范本所债券市场交易行为,保护投资者合法权益,本所制定了《深圳证券交易所债券交易实施细则》(以下简称“《实施细则》”),现予以发布,自 2012 年 12 月 10 日起施行。

为确保《实施细则》的顺利实施,现将有关事项通知如下:

1. 本所发布的《深圳证券交易所债券、债券回购交易实施细则》(深证会[2006]92 号)、《标准券折算率管理办法》(2004 年 10 月 18 日发布)、《关于调整债券回购标准相关事项的通知》(深证会[2008]162 号)、《关于公司债券、企业债券、分离交易的可转换公司债券实施净价交易的通知》(深证会[2009]41 号)、《关于做好公司债券、企业债券、分离交易的可转换公司债券实施净价交易准备工作的通知》(2009 年 2 月 10 日发布)、《关于贴现式国债实施净价交易有关事项的通知》(深证会[2007]59 号)、《关于调整深圳市场公司债券结算制度相关事项的通知》(深证会[2012]112 号)同时废止。

2. 按照《实施细则》第二十八条,债券质押式回购统一为 1 日、2 日、3 日、4 日、7 日、14 日、28 日、91 日和 182 日 9 个品种。国债回购和企业债回购及其标准券自 2012 年 12 月 10 日起,按以下方式进行调整:

(1)国债回购和企业债回购名称统一为债券质押式回购(以下简称“新债券回购”);

(2)原国债回购直接转化为新债券回购,原国债回购的未到期合约直接转化为新债券回购对应的未到期合约;

(3)原企业债回购品种 RC－001(证券代码:131910)、RC－002(证券代码:131911)、RC－003(证券代码:131900)、RC－007(证券代码:131901)设置为停牌状态,在全部未到期合约到期后,企业债回购代码将摘牌。停牌期间,企业债回购合约到期的,融资方的标准券可用于新债券回购交易;

(4)原国债回购标准券和企业债回购标准券合并为新债券回购标准券,质押库中的所有债券按照标准券折算率折算为统一的标准券可用数量。

3. 本所自 2012 年 12 月 10 日起调整交易数据接口债券成交量统计指标的约定,包括:停止发布原企业债回购成交量统计指标(代码:395023)、将国债回购成交量统计指标(代码:395032)更名为债券回购等,具体详见本所2012年9月10日发布的《关于调整交易数据接口债券成交量统计指标的通知》。

4. 鉴于部分会员单位相关业务技术改造尚未完成,《实施细则》第三十三条有关债券质押式回购购回价格计算公式的规定自2013年2月25日起实施,2013年2月25日之前(不含当日)到期的债券质押式回购仍然执行原来有关购回价格计算公式的规定即:购回价=100元+每百元资金到期年收益×回购天数/360(天)。

请各会员单位及时做好相关业务技术改造及投资者的风险提示工作。

特此通知

深圳证券交易所
2012年11月29日

第一章　总　　则

第一条　为了规范深圳证券交易所(以下简称"本所")债券市场交易行为,保护投资者合法权益,根据《深圳证券交易所交易规则》(以下简称"《交易规则》")、《深圳证券交易所公司债券上市规则》(以下简称"《公司债券上市规则》")和《深圳证券交易所会员管理规则》(以下简称"《会员管理规则》")等规定,制定本细则。

第二条　本所上市债券的现券交易、回购交易适用本细则。本细则未作规定的,适用《交易规则》及本所其他有关业务规则。

第三条　本细则所称债券回购交易,是指采用标准券方式的质押式回购交易,债券买断式回购等交易方式由本所另行规定。

第二章　交易品种、方式与时间

第四条　国债、地方政府债券、企业债券、公司债券、可转换公司债券、分离交易的可转换公司债券及本所认可的其他债券品种,可以进行现券和回购交易。

第五条　债券交易可以采用竞价交易、大宗交易等方式,但不符合《公司债券上市规则》第2.3条要求的债券交易应当采用大宗交易方式。

第六条　债券采用竞价交易方式的,每个交易日9:15至9:25为开盘集合竞价时间,9:30至11:30、13:00至14:57为连续竞价时间,14:57至15:00为收盘集合竞价时间。

债券采用大宗交易方式的,本所接受申报时间为每个交易日9:15至11:30、13:00至15:30。

第三章　债券现券交易

第一节　一 般 规 定

第七条　债券以人民币100元面值为1张。

第八条　债券现券交易的计价单位为“每百元面值的价格”。

第九条　债券现券交易的申报价格最小变动单位为0.001元。

第十条　国债、地方政府债券、企业债券、公司债券、分离交易的可转换公司债券现券交易采用净价交易的方式，可转换公司债券现券交易采用全价交易的方式。

净价交易，是指买卖债券时以不含有应计利息的价格申报并成交。

全价交易，是指买卖债券时以含有应计利息的价格申报并成交。

第二节　应 计 利 息

第十一条　债券现券交易采用净价交易方式的，结算价格为成交价格与应计利息金额之和；债券现券交易采用全价交易方式的，结算价格为成交价格。

第十二条　附息式债券应计利息金额的计算公式为：

应计利息金额＝债券面值×计息天数×票面利率/365天

计息天数，是指本次付息起息日至交易日（包括交易日）期间的自然日天数（闰年的2月29日不计入）；

票面利率，是指固定利率型债券发行的票面利率、浮动利率型债券本付息期的计息利率。

第十三条　贴现式国债应计利息金额的计算公式为：

应计利息金额＝（到期兑付额－发行价格）×计息天数/债券存续天数

计息天数，是指本次付息起息日至交易日（包括交易日）期间的自然日天数（闰年的2月29日计入）；

债券存续天数，是指债券起息日至到期日（不含到期日）期间的自然日天数。

第十四条　每笔债券现券交易的应计利息金额计算结果按照四舍五入原则取至0.01元。

第三节　债券现券竞价交易

第十五条　债券现券竞价交易采用限价申报的方式进行申报。

债券现券竞价交易的申报指令应当包括证券账户号码、证券代码、交易单元代码、证券营业部识别码、买卖方向、数量、价格等内容。

第十六条　通过竞价交易买入债券以10张或其整数倍进行申报。卖出债券时，余额不足10张部分，应当一次性申报卖出。

第十七条　债券现券竞价交易单笔申报最大数量不得超过100万张。

第十八条 债券现券竞价交易不实行价格涨跌幅限制。

第十九条 债券上市首日开盘集合竞价的有效竞价范围为发行价的上下30%，连续竞价、收盘集合竞价的有效竞价范围为最近成交价的上下10%；非上市首日开盘集合竞价的有效竞价范围为前收盘价的上下10%，连续竞价、收盘集合竞价的有效竞价范围为最近成交价的上下10%。

第二十条 债券现券竞价交易实行当日回转交易，通过竞价交易方式买入的债券，当日可以通过竞价交易或者大宗交易方式卖出。

第四章 债券回购交易

第一节 一般规定

第二十一条 债券质押式回购交易，是指债券持有人在将债券质押并将相应债券以标准券折算率计算出的标准券数量为融资额度向交易对手方进行质押融资的同时，交易双方约定在回购期满后返还资金和解除质押的交易。其中，质押债券取得资金的交易参与人为"融资方"；其对手方为"融券方"。

标准券，是指可用于回购质押的债券品种按标准券折算率折算形成的、可用于融资的额度。标准券折算率，是指各债券现券品种所能折成的标准券金额与债券面值之比。

第二十二条 可用于回购质押的债券品种及标准券折算率的具体规定，由本所指定登记结算机构制定。

本所通过交易系统或网站转发本所指定登记结算机构公布的可用于回购质押的债券品种及标准券折算率。

第二十三条 债券回购交易的融资方应当在回购申报前，通过本所交易系统向本所指定登记结算机构申报提交相应的可用于回购质押的债券品种作为质押券。

第二十四条 在质押期间，不得对质押券进行申报卖出或另作他用。

第二十五条 本所接受债券质押、解除质押申报的时间为每个交易日9:15至11:30、13:00至15:00。

第二十六条 当日通过竞价交易方式买入的债券，当日可申报作为质押券；当日通过大宗交易方式买入的债券，次一交易日可申报作为质押券；当日提交的质押券，在确认质押成功后，当日可用于相应的债券回购交易。

第二十七条 质押券对应的标准券数量有剩余的，可以通过本所交易系统申报解除相应债券的质押。当日申报解除质押的债券，当日可以通过竞价交易或者大宗交易方式卖出。

第二十八条 本所债券回购品种按回购期限可分为1日、2日、3日、4日、7

日、14日、28日、91日和182日。

根据市场需要,本所可以调整债券回购的品种。

第二十九条 债券回购交易以100元标准券为1张。

第三十条 债券回购交易的计价单位为“每百元资金到期年收益”。

第三十一条 债券回购交易的申报价格最小变动单位为0.001元。

第三十二条 债券回购交易申报中,融资方按“买入”方向进行申报,融券方按“卖出”方向进行申报。

第三十三条 债券回购交易实行“一次成交、两次结算”。

债券回购交易初次结算的结算价格为100元。回购到期二次结算的结算价格为购回价,购回价等于每百元资金的本金和利息之和,其计算公式为:

购回价=100元+每百元资金到期年收益×回购天数/365(天)

回购天数,是指本细则第二十八条所述债券回购品种对应的回购期限。

第三十四条 每笔债券回购交易到期购回金额的计算公式为:

到期购回金额=成交数量×购回价

到期购回金额的计算结果按照四舍五入原则取至0.01元。

第三十五条 债券回购交易的期限自成交次日起按自然日计算。到期日为非交易日的,顺延至下一个交易日。

第三十六条 债券回购交易的融资方,应在回购期内保持质押券对应的标准券足额。

因标准券折算率调整等导致标准券余额不足的,融资方应当按照本所指定登记结算机构的有关规定予以补足。

第三十七条 债券回购交易到期当日,融资方可以将相应标准券继续用于债券回购交易,也可以申报解除相应债券的质押并卖出。

第二节 债券回购竞价交易

第三十八条 债券回购竞价交易采用限价申报的方式进行申报。

债券回购竞价交易的申报指令应当包括证券账户号码、证券代码、交易单元代码、证券营业部识别码、买卖方向、数量、价格等内容。

第三十九条 通过竞价交易买入、卖出债券回购以10张或其整数倍进行申报。

第四十条 债券回购竞价交易单笔申报最大数量不得超过100万张。

第四十一条 债券回购竞价交易不实行价格涨跌幅限制。

第四十二条 债券回购非上市首日开盘集合竞价的有效竞价范围为前收盘价的上下100%,连续竞价、收盘集合竞价的有效竞价范围为最近成交价的上下100%。债券回购上市首日的有效竞价范围设置,由本所另行规定。

第五章 债券大宗交易

第四十三条 在本所进行的债券交易符合以下条件的，可以采用大宗交易方式：

（一）债券现券交易和债券回购交易单笔买卖交易数量不低于 5 千张，或者交易金额不低于 50 万元人民币；

（二）多只债券合计单向买入或卖出的交易金额不低于 100 万元人民币，且其中单只债券的交易数量不低于 2 千张。

第四十四条 本所接受下列类型的债券大宗交易申报：

（一）意向申报；

（二）定价申报；

（三）成交申报。

第四十五条 意向申报指令应当包括证券账户号码、证券代码、买卖方向和本方交易单元代码等内容。

意向申报不承担成交义务，意向申报指令可以撤销。

第四十六条 定价申报指令应当包括证券账户号码、证券代码、买卖方向、价格、数量和本方交易单元代码等内容。

市场所有参与者可以提交成交申报，按指定的价格与定价申报全部或部分成交，本所按时间优先顺序进行成交确认。

定价申报的未成交部分可以撤销。定价申报每笔成交的数量或交易金额，应当满足大宗交易最低限额的要求。

第四十七条 成交申报指令包括证券账户号码、证券代码、买卖方向、价格、数量、对手方交易单元代码、约定号等内容。成交申报要求明确指定价格和数量。成交申报可以撤销，但在对手方提交申报后不得撤销。本所对约定号、证券代码、买卖方向、价格、数量等各项要素均匹配的成交申报进行成交确认。

第四十八条 债券现券和债券回购大宗交易申报价格范围为前收盘价的上下 30%。

第四十九条 债券现券（除公司债券外）和债券回购大宗交易申报的成交确认时间为每个交易日 15:00 至 15:30。

本所对公司债券现券大宗交易申报进行实时成交确认。

第五十条 通过大宗交易方式买入的债券，当日可以通过大宗交易方式卖出，次一交易日可以通过竞价交易方式卖出。

第六章 交易信息披露

第五十一条 本所每个交易日发布债券竞价交易即时行情、债券指数等交易信息。

第五十二条 开盘、收盘集合竞价期间,债券竞价交易的即时行情内容包括:证券代码、证券简称、集合竞价参考价、匹配量和未匹配量等。

第五十三条 连续竞价期间,债券竞价交易的即时行情内容包括:证券代码、证券简称、前收盘价、最近成交价、当日最高价、当日最低价、当日累计成交数量、当日累计成交金额、实时最高五个价位买入申报价和数量、实时最低五个价位卖出申报价和数量等。

第五十四条 本所在交易时间内通过交易系统、交易所网站等即时公布公司债券大宗交易的报价信息。发布的报价信息包括:证券代码、证券简称、申报类型、买卖方向、数量、价格等。

第五十五条 本所在交易时间内通过交易所网站即时公布公司债券大宗交易的成交信息。发布的成交信息包括:证券代码、证券简称、开盘价、当日最高价、当日最低价、总成交数量、总成交金额、总成交笔数等。

第五十六条 本所在每个交易日结束后,通过交易网站公布债券大宗交易每笔成交信息。

发布的成交信息包括:证券代码、证券简称、成交量、成交价格以及买卖双方所在会员营业部或交易单元的名称。

第五十七条 债券大宗交易不纳入本所指数的计算,成交量在每个交易日结束后计入该债券成交总量。

第五十八条 债券交易信息披露涉及机构专用交易单元的,公布名称为“机构专用”。

第七章 监督管理

第五十九条 会员应当充分了解和评估客户对债券产品的认知水平和风险承受能力,建立完备的客户管理和服务制度,切实履行投资者适当性管理职责。

第六十条 会员应当建立完备的债券回购风险控制机制,对客户参与债券回购交易的标准券使用情况、回购放大倍数、交易情况等进行监控,防范债券回购交易风险。

第六十一条 会员应当按照本所的要求,对客户参与债券交易进行监控,及时向本所报告其客户的异常交易行为、风险事件。

第六十二条 会员违反本细则的,本所依据《会员管理规则》等相关规定采取监管措施、给予纪律处分。拥有或租用本所交易单元的机构违反本细则的,本所比照《会员管理规则》等相关规定予以处理。

第八章 附 则

第六十三条 债券交易的登记、存管和结算,由本所指定的证券登记结算机构按照相关规则办理。

第六十四条 债券交易的收费标准、收费方式,按照本所相关规定执行。

第六十五条 本细则由本所负责解释。

第六十六条 本细则自2012年12月10日起施行。本所此前发布的规定与本细则不一致的,以本细则为准。

IX.3 其他操作细则

含选择权债权业务操作细则

（2007 年 5 月 17 日　中债字[2007]47 号）

第一条　为规范含选择权债券业务操作，制定本细则。

第二条　本细则所称含选择权债券是指发行文件中规定该债券附有选择权的债券，包括但不限于投资人回售选择权债券、发行人提前赎回选择权债券、投资人可调换选择权债券、合并选择权债券、定向转让选择权债券、延期兑付选择权债券等。

投资人回售

第三条　投资人回售选择权债券业务操作流程如下：

（一）在发行文件规定的时间内，中央结算公司通过中国债券信息网向结算成员发布"投资人选择权债券回售公告"。公告中明确债券回售券种、债券回售申请期、选择权行使日、回售价格等相关事项。

（二）投资人在上述公告的回售期间内通过中央债券簿记系统客户端发送"投资人选择赎回指令"。在此期间，投资人可以通过发送新的赎回指令代替原指令。

（三）在回售期截止日日终，中央债券簿记系统将对投资人发送的所有最终赎回指令进行检查，如投资人托管账户内拟回售债券"可用"科目下余额足够，则做冻结处理；如不足，则做回售失败处理。

（四）在回售期截止日次一工作日，中央结算公司将回售金额传真告知发行人。发行人收到回售金额数据后，做提前兑付准备。

（五）在付息日，中央结算公司对投资人选择回售部分的债券，办理赎回行使手续；对没有选择回售部分的债券，按付息处理。

（六）在付息日次一工作日，中央结算公司通过中国债券信息网向结算成员发布"投资人选择权债券回售结果公告"，同时将该公告传真给全国银行间同业拆借中心。

定向转让

第四条 定向转让选择权债券业务操作流程如下：

(一)在发行文件规定的期限内，债券主承销商通过中国债券信息网发布“定向转让选择权债券定向转让公告”。

(二)在定向转让期内，转让人和受让人通过中央债券簿记系统客户端以现券交易方式办理债券结算。

(三)定向转让也可以由中央结算公司代为办理。在公告规定的定向转让期内的工作时间，转让人填写《债券定向转让申请书》(格式见附件一)，其中甲类和乙类结算成员将申请书签章加密押后传真给中央结算公司，丙类结算成员将申请书签章后交其结算代理人，由代理人签章加密押后传真给中央结算公司。中央结算公司收到核对无误后即办理债券过户手续。

发行人赎回

第五条 发行人选择赎回债券业务操作流程如下：

(一)在债券到期日前发行文件规定的时间内，发行人通过中国债券信息网进行公告是否行使赎回选择权，并以书面形式通知中央结算公司。

(二)选择权行使日，中央结算公司对发行人行使赎回部分的债券作兑付处理。不行使选择权部分的债券，按付息处理。需要调整利率的，根据发行文件调整行使日后各计息期的利率，并同时调整该债券的截止过户日。

调换债券

第六条 可调换选择权债券操作流程如下：

(一)在规定的债券调换申请期前，中央结算公司通过中国债券信息网向结算成员发布“可调换选择权债券调换公告”(格式见附件二)。公告中明确债券调换券种、债券调换比例、债券调换申请受理期限、债券调换操作日等相关事项。

(二)在上述公告规定的债券调换申请受理期限内，投资人通过中央债券簿记系统客户端发送债券调换指令，或填写“债券调换申请书”(格式见附件三)，其中甲类和乙类结算成员将申请书签章加密押后传真给中央结算公司，丙类结算成员将申请书签章后交其结算代理人，由代理人签章加密押后传真给中央结算公司。

(三)在债券调换操作日，中央结算公司进行债券调换操作。对于债券“可用”科目下余额足够的，办理债券换出换入手续，向投资人签发“债券调换确认书”；对于债券“可用”科目下余额不足的，不办理债券调换手续，向投资人签发

“债券调换失败通知书”。

（四）在债券调换操作日次一个工作日，中央结算公司通过中国债券信息网公布“债券调换结果公告”（格式见附件四），并传真给全国同业拆借中心，同时向发行人出具“债券调换结果报告”（格式见附件五）。

（五）如换出债券是部分调换，则该债券继续流通，如全部调换，则该债券注销。相关事宜在“债券调换结果报告”注明。

债券合并

第七条 债券合并业务操作流程如下：

（一）债券合并业务是指中央结算公司根据发行文件在指定的日期将一期债券（以下称并出债券）并入另一期债券（以下称并入债券）的业务。

（二）在发行文件规定的并券日前3个工作日起停止办理并出债券的结算过户。

（三）在债券发行文件规定的债券合并日，中央结算公司对并出债券和并入债券进行合并操作。

（四）中央结算公司于债券合并次一个工作日通过中国债券信息网公布“债券合并结果公告”（格式见附件六），并报送发行人，传真给全国同业拆借中心。

延期兑付

第八条 延期兑付选择权债券业务操作流程如下：

（一）在兑付日前规定的时间内，中央结算公司通过中国债券信息网向结算成员发布“延期兑付选择权债券公告”。公告中明确债券延期兑付申请受理期限等相关事项。

（二）在上述公告规定的受理期限内，投资人填写“债券延期兑付申请书”（格式见附件七），其中甲类和乙类结算成员将申请书签章加密押后传真给中央结算公司，丙类结算成员将申请书签章后交其结算代理人，由代理人签章加密押后传真给中央结算公司。

（三）在受理期限截止日日终，中央结算公司汇总投资者延期兑付申请，次日将延期兑付金额传真通知发行人。

（四）在兑付日，中央结算公司进行债券兑付操作。对于延期兑付的，投资者继续持有该债券；对于没有提出延期兑付的，办理债券兑付手续。

（五）在兑付日后次一个工作日，中央结算公司通过中国债券信息网公布“债券延期兑付结果公告”，并传真给全国银行间同业拆借中心。

第九条 投资人办理回售、调换、延期兑付业务应向中央结算公司支付相关费用，具体收费标准为100元/笔。缴费方式和具体要求按《中央国债登记结算有限责任公司业务收费办法》（以下简称《收费办法》）执行。

中央结算公司对上述收费标准进行调整时，通过《收费办法》予以公布。

第十条 本细则从2007年6月1日起实行。《债券调换与合并业务操作流程》同时废止。

附件：

1. 债券定向转让申请书
2. 可调换选择权债券调换公告
3. 债券调换申请书
4. 债券调换结果公告
5. 债券调换结果报告
6. 债券合并公告
7. 债券延期兑付申请书

附件1：

债券定向转让申请书

中央国债登记结算有限责任公司：

本公司（申请机构名称托管账号）持有可定向转让选择权债券（名称：债券代码：　　），现申请定向转让。

受让人名称：

受让人托管账号：

转让面额大写：（小写：）万元。

业务联系人：联系电话：传真：

托管业务专用密押：

申请机构（盖章）结算代理人盖章（如有）

年　月　日　年　月　日

年　月　日

附件2：

可调换选择权债券调换公告

根据债券发行文件和《债券调换与合并业务操作流程》，现将该债券本次调换事宜公告如下：

换出债券名称债券代码

换入债券名称债券代码

债券调换比例

债券调换申请受理期限年月日至年月日

债券调换操作日年月日

请需要调换该债券的结算成员在本公告规定的债券调换申请受理期限内以传真加密方式提交“债券调换申请书”。如撤销调换申请，请在申请受理期限截止日当日16:00之前以书面形式提出，逾期恕不办理。根据债券发行文件，本次债券调换之后，换入、换出债券的到期日、付息日、利率均不变。

中央结算公司受理“债券调换申请书”的联系方式如下：

电话：传真：

联系人：

中央国债登记结算有限责任公司

年　月　日

附件3：

债券调换申请书

中央国债登记结算有限责任公司：

本公司（申请机构名称托管账号）持有可调换选择权债券（名称：

债券代码：），现申请调换成债券名称：

债券代码：，调换面额大写：

（小写：）万元。

业务联系人：联系电话：传真：

托管业务专用密押：

申请机构（盖章）结算代理人盖章（如有）

年　月　日　年　月　日

附件4：

债券调换结果公告

根据债券发行文件和结算成员申请，我公司于年月日办妥本期债券本次调换手续。现将本次调换结果公告如下：

单位：万元

换出债券名称换入债券名称

换出债券代码换入债券代码

原发行总额（面额）原发行总额（面额）

换出总额（面额）换入总额（面额）

换出后总额（面额）换入后总额（面额）

其他事宜：

特此公告。

中央国债券登记结算有限责任公司

年　　月　　日

附件5：

债券调换结果报告

根据债券发行文件，我公司按结算成员申请，于年月日办妥了本期债券调换手续。现将本期债券本次调换结果报告如下，请按新的债券额度办理换入债券和换出债券的利息支付和到期兑付事宜。

单位：万元

换出债券名称换入债券名称

换出债券代码换入债券代码

原发行总额（面额）原发行总额（面额）

换出总额（面额）换入总额（面额）

换出后总额（面额）换入后总额（面额）

中央国债券登记结算有限责任公司

年　　月　　日

附件6:

债券合并公告

根据债券发行文件,我公司于年月日办妥了并出债券名称:债券代码:,和并入债券名称:债券代码:的合并手续,现将合并结果公告如下:

并出债券名称并入债券名称

并出债券代码并入债券代码

原债券总额(面额)原债券总额(面额)

并出后总额(面额)并入后总额(面额)

从即日起,并出债券名称:债券代码:注销。

特此公告。

中央国债登记结算有限责任公司

年　　月　　日

附件7:

债券延期兑付申请书

中央国债登记结算有限责任公司:

本公司持有可延期兑付选择权债券名称:债券代码:面额大写:(小写:万元),现申请延期兑付。请予办理。

业务联系人:联系电话:传真:

申请机构名称:

托管账号:

托管业务专用密押:

申请机构(盖章)结算代理人盖章(如有)

年　　月　　日　　年　　月　　日

文献资料

中华人民共和国国家发展和改革委员会网站 http://www.sdpc.gov.cn/
中国人民银行网站 http://www.pbc.gov.cn/
中华人民共和国中国银行业督管理委员会网站 http://www.cbrc.gov.cn/
中华人民共和国中国保险督管理委员会网站 http://www.circ.gov.cn/
中华人民共和国中国证券监督管理委员会网站 www.csrc.gov.cn
中国银行间市场交易商协会网站 http://www.nafmii.org.cn/
上海证券交易所网站 http://www.sse.com.cn/
深圳证券交易所网站 http://www.szse.cn/
中国债券信息网－中央结算公司网站 http://www.chinabond.com.cn/
百度文库
证券市场基础知识,中国证券业协会编,中国财政经济出版社 2012

图书在版编目(CIP)数据

债务资本市场融资工具手册/龙丽,申文波编著.—北京:法律出版社,2013.4
ISBN 978-7-5118-4834-5

Ⅰ.①债… Ⅱ.①龙… ②申… Ⅲ.①企业债务—企业融资—手册 Ⅳ.①F275.1-62

中国版本图书馆CIP数据核字(2013)第073876号

债务资本市场融资工具手册	龙 丽 申文波 编著	责任编辑 高 山 装帧设计 李 瞻

开本 787毫米×1092毫米 1/16
印张 45.75 **字数** 820千
版本 2013年6月第1版
印次 2013年6月第1次印刷
出版 法律出版社
编辑统筹 学术·对外出版分社
总发行 中国法律图书有限公司
经销 新华书店
印刷 北京北苑印刷有限责任公司
责任印制 陶 松

法律出版社/北京市丰台区莲花池西里7号(100073)
电子邮件/info@lawpress.com.cn
销售热线/010-63939792/9779
网址/www.lawpress.com.cn
咨询电话/010-63939796

中国法律图书有限公司/北京市丰台区莲花池西里7号(100073)
全国各地中法图分、子公司电话:
第一法律书店/010-63939781/9782
西安分公司/029-85388843
重庆公司/023-65382816/2908
上海公司/021-62071010/1636
北京分公司/010-62534456
深圳公司/0755-83072995

书号:ISBN 978-7-5118-4834-5
定价:140.00元
(如有缺页或倒装,中国法律图书有限公司负责退换)